Mehrfachadressierung, Handlung
und Konflikt

Europäische Hochschulschriften

Publications Universitaires Européennes
European University Studies

Reihe I
Deutsche Sprache und Literatur

Série I Series I
Langue et littérature allemandes
German Language and Literature

Bd./Vol. 1656

PETER LANG
Frankfurt am Main · Berlin · Bern · New York · Paris · Wien

Thomas Zimmermann

Mehrfachadressierung, Handlung und Konflikt

Dargestellt am Beispiel der Asylrechtsdebatte vom 26. Mai 1993

PETER LANG
Europäischer Verlag der Wissenschaften

Die Deutsche Bibliothek - CIP-Einheitsaufnahme

Zimmermann, Thomas:

Mehrfachadressierung, Handlung und Konflikt : dargestellt am Beispiel der Asylrechtsdebatte vom 26. Mai 1993 / Thomas Zimmermann. - Frankfurt am Main ; Berlin ; Bern ; New York ; Paris ; Wien : Lang, 1998

(Europäische Hochschulschriften : Reihe 1, Deutsche Sprache und Literatur ; Bd. 1656)
Zugl.: Hamburg, Univ., Diss., 1997
ISBN 3-631-32890-7

D 18
ISSN 0721-3301
ISBN 3-631-32890-7

Danksagung

Hiermit möchte ich mich bei allen bedanken, die mich beim Abfassen der Arbeit unterstützt haben.

Besonders verpflichtet bin ich Herrn Prof. Dr. Gunter Presch, aus dessen Seminaren und Arbeiten die Anregung für das Thema hervorging und dem ich für seine wertvollen Hinweise während der Betreuung der Arbeit danke.
Bei Prof. Dr. Jochen Rehbein und Prof. Dr. Ludger Hoffmann möchte ich mich für ihre Gesprächsbereitschaft und ihren Einsatz bei der Besprechung von Teilen der Arbeit bedanken.
Geholfen haben mir auch die Gespräche über die Arbeit mit Dieter Schlichting, Ingo Böttcher und Christina Gebert.

Den größten Dank schulde ich meinen Eltern und meiner Frau Christine, die mir in allen Fragen unermüdlich mit Rat und Tat zur Seite stand.

Inhaltsverzeichnis

III. Arbeiten REHBEINs und Ausblick auf andere Arbeiten, die sich mit problematischen Textsorten auseinandersetzen

VII. Anhang 415

0. Einleitung

0.1. Die Problematik

Die Arbeit „Deutung der Probleme der Mehrfachadressierung und Ambiguität von Texten als Ausdruck komplexer gesellschaftlicher und individueller Handlungsbedingungen" stellt den Versuch dar, eine handlungstheoretische Beschreibung für mehrfachadressierte Texte u.a. auch in Konfliktsituationen zu liefern.

Beginnen möchte ich mit einer kurzen Einführung in die Problematik der Mehrfachadressierung anhand eines Beispiels.

> *„Die Unsicherheit nimmt zu. Dies ist der Nährboden, auf dem Aggression und Protest wachsen und Fremde oft zum Sündenbock gemacht werden."*

Um diese Äußerung zu verstehen, benötigt man nähere Kenntnisse über den Kontext. Man muß zumindestens wissen, von welcher Unsicherheit die Rede ist und welche Fremden gemeint sind, die zu Sündenböcken werden.
Weiter fragt man sich: Was soll diese Äußerung eigentlich? Was will man bei uns damit erreichen?
Soll unsere Einstellung zu Fremden verändert werden, oder werden wir über einen Sündenbockmechanismus aufgeklärt?
Wer meint da überhaupt, uns belehren zu müssen, oder sind wir überhaupt nicht gemeint?
Wir müssen wissen: Wer spricht wen an? In welchem Zusammenhang geschieht das? Welche Absicht steckt dahinter?
Nur so läßt sich die volle Äußerungsbedeutung erfassen.

Wir stellen die Fragen nach Sprecher- und Hörerrollen, nach dem Handlungscharakter und der Situationseinbettung der Äußerung.
Der Sprecher ist in diesem Beispiel der Politiker Wolfgang SCHÄUBLE. Er spricht als Fraktionsvorsitzender seiner Partei, als Bundestagsabgeordneter und als Befürworter des zu verabschiedenden Gesetzes im Bundestag.
Die Hörer sind die eigene Fraktion, die Abgeordneten, die Parteimitglieder, die Wähler, der Wahlkreis, die Medienvertreter, politische Gegner usw.
SCHÄUBLE tätigt die Äußerung im Rahmen seines Redebeitrages zur Asylrechtsdebatte am 23.5.93, was zumindestens schon einmal einen Hinweis für die Interpretation der „Unsicherheit" als Angst vor Überfremdung durch Ausländer und der „Fremden", nämlich als Asylbewerber, liefert.
Aber, was soll bei welchen Zuhörern erreicht werden?
Werden die Wähler über die Gründe der Gesetzesänderung informiert, legitimiert der Redner seine Entscheidung vor den anderen Abgeordneten oder betreibt er Eigenwerbung vor seinen Parteianhängern?

Um diese für das Verständnis der Äußerung zentralen Fragen beantworten zu können, müssen die möglichen sprachlichen Handlungen, die innerhalb der Institution Parlamentsdebatte von Rednern getätigt werden können, genauer untersucht werden.
Die Untersuchung muß die vielfältigen Adressaten, an die sich ein Parlamentsdebattenbeitrag richtet, berücksichtigen.

Der eigentliche Clou des Beispiels liegt allerdings auf einer anderen Ebene. SCHÄUBLE begründet mit der Äußerung, die er als Zitat kenntlich macht, die Notwendigkeit einer Einschränkung des Asylrechts. Es handelt sich aber um eine Äußerung, die ursprünglich das Gegenteil bewirken sollte: nämlich zur Bekämpfung von Ausländerfeindlichkeit und zur Aufnahme von Flüchtlingen aufrufen. So täuscht er eine Übereinstimmung mit den Kirchen, die er zitiert, nur vor.

Solche Täuschungen - die Zuhörer wissen ja nicht, daß das Kirchenzitat ursprünglich etwas anderes aussagen sollte - sind in die Handlungsbeschreibung einzubauen.

Für die Beschreibung von Äußerungen wie der obigen muß also ein Handlungsmodell zur Verfügung stehen, das

1. konfliktäre Handlungen wie Täuschungen beschreiben kann,
2. die Komplexität mehrerer Sprecher- und Hörereinflüsse auf die Äußerung und mehrere Hörerdeutungen eben dieser Äußerung systematisch erfassen kann und
3. die beschriebene Erfassung handlungstheoretisch leistet.

Daher habe ich ein Modell entwickelt, dessen Grundlage die Handlungstheorie REHBEINs darstellt, die in ihrer Flexibilität und Reichweite über ihre handlungstheoretischen Alternativen wie HARRAS, HERINGER oder HOLLY/KÜHN/PÜSCHEL hinausgeht.

Die Erweiterung der Handlungstheorie auf der Grundlage von HABERMAS' Ausführungen zum kommunikativen Handeln ermöglicht es, konflikttheoretische Erkenntnisse in die Handlungsbeschreibung einzubauen.

Dabei wird der Blick auf einen Problembereich gerichtet, der in der Literatur unter dem Begriff der „Mehrfachadressierung" diskutiert wird.

Die Ausführungen der Autoren GOFFMAN und LEVINSON zur Mehrfachadressierung werden modifiziert und zur veränderten Handlungstheorie in Beziehung gesetzt.

Ich möchte das Modell jetzt kurz in seinen Grundzügen darlegen, bevor ich eine verkürzte modelladäquate Handlungsbeschreibung der Beispieläußerung vorstelle.

0.2. Die Modellbildung

Seit BUHL wird in der Konflikttheorie von einer Verschränkung von Konflikt und Kooperation ausgegangen. Seine Überlegungen finden ihren Niederschlag in den zentralen Stellen meines Handlungsmodells.
Handeln, das der Konfliktaustragung dient, weist oft funktional bedingt kooperative Züge auf.
Es ist immer damit zu rechnen, daß der Konflikt nicht völlig gelöst werden kann oder daß weitere Konflikte gemeinsam gelöst werden müssen, die eine erneute Zusammenarbeit erfordern.
Eine radikale Konfliktlösung im Sinne lediglich einer Partei würde die Zusammenarbeit in folgenden Auseinandersetzungen behindern. Durch Zugeständnisse von Konfliktparteien auf einer Konfliktebene kann ein Entgegenkommen auf anderen Ebenen abgefedert werden. Verluste werden durch Zugeständnisse kompensiert.
Schonende Konfliktlösungen werden auch durch beiderseitige Zugeständnisse in derselben Sache geleistet, dem Kompromiß. Gerade an dieser kooperativen Form der Konfliktlösung setzt aber der Versuch an, das Versuchsergebnis einseitig durch die Formen des „Aussitzens" oder des „Scheinkompromisses" zu manipulieren. Auf der Folie des gemeinsam gefundenen und akzeptierten Kompromisses werden einseitig die eigenen Interessen durchgesetzt.

Die Berücksichtigung konfliktären Handelns erfordert die Änderung handlungstheoretischer Grundannahmen.
Um Konflikthandlungen zu beschreiben, gehe ich von Handlungsmustern aus, die zwar gemeinsam durchgeführt werden, die aber eine unterschiedliche Zielverfolgung der Durchführenden berücksichtigen, und zwar als im Muster bereits beinhaltete Möglichkeit der gegensätzlichen Zielverfolgung.
Um zweitens Muster beschreiben zu können, die - wie in der Konflikttheorie gefordert - Zugeständnisse durch Entgegenkommen kompensieren können, habe ich unterschiedliche Konflikthandlungsebenen in eine Handlungsmusterzuschreibung integriert.
Zusammengefaßt bedeutet dieses Vorgehen aber nichts Geringeres, als von mehreren parallel existierenden Zielen in einem Muster auszugehen.

Einen Anknüpfungspunkt für eine solche veränderte Handlungsbeschreibung liefert die Handlungstheorie REHBEINs mit ihrer Unterscheidung von individuellen Zielen und gebundenen gesellschaftlichen Zwecken einer Handlung.
Hier befindet sich die Gelenkstelle der Veränderung eines gesellschaftlich etablierten Handlungsmusters zu einem Muster mit individueller Zielverfolgung. Das modifizierte Muster entsteht auf der Folie des alten Handlungsmusters. Diese von REHBEIN angedeutete Dynamik läßt sich systematisch weiterdenken und führt letztlich zur Möglichkeit, widersprüchliche Zwecke in einem Handlungsmuster zu verbinden.
Einen weiteren Anknüpfungspunkt bietet die Theorie durch die Berücksichtigung der Hörerrolle, d.h. des ins Handlungsmuster hineingezogenen Interaktanten.
Sie liefert so den Ansatzpunkt für eine rezipientenorientierte Handlungsmusterzuschreibung, die für die komplexe Beschreibung von Konfliktlösungsmustern mit verschiedenen Handlungsebenen notwendig ist. Dazu muß allerdings die

Sprecher-Hörer-Dyade, die bei REHBEIN noch vorausgesetzt wird, aufgelöst werden.

Die Integration verschiedener Konflikthandlungsebenen in den Handlungsbegriff REHBEINs leiste ich durch die Modifikation des Zweckbegriffs auf der Basis der Theorie des kommunikativen Handelns von HABERMAS.
Ich gehe mit HABERMAS von der parallelen Existenz einer teleologischen, einer normativen und einer dramaturgischen Ebene des Handelns aus.
Handlungen sind demnach zu interpretieren als auf ein Ziel hin ausgerichtet, als gesellschaftlichen Erwartungen mehr oder weniger entsprechend und als der Selbstdarstellung dienend.
Nimmt man den Handlungscharakter dieser drei Ebenen ernst, muß von der potentiellen dreifachen Zwecksetzung in jedem Handlungsmuster ausgegangen werden.

Als „kooperativ" sollen Handlungen aufgefaßt werden, in denen die Handlungsbeteiligten über die volle Textbedeutung und die Kenntnis aller betroffenen Gesprächsrollen verfügen oder sich problemlos diese Kenntnisse verschaffen können.
Fehlen bei einem oder mehreren eine oder mehrere Informationen über die Handlung, in die sie involviert sind, handelt es sich um eine unkooperative Handlung.
Die Trennung zwischen einer gesprächsstrukturellen und einer textinternen Täuschungsmöglichkeit ist bereits bei PRESCH 85 und KÜHN 95 gegeben.

Aber, was sind Gesprächsrollen?
Gesprächsrollen verweisen auf die Übernahme von Elementen aus den Mehrfachadressierungskonzepten LEVINSONs und GOFFMANs.

Die Gesprächsrollen stellen die vielfältigen Möglichkeiten des Einflusses von verschiedenen Personen auf die konkrete Gestaltung der Äußerung und die vielfältigen Berücksichtigungsmöglichkeiten von verschiedenen Zuhörertypen dar: Möglichkeiten der Interessenvertretung durch einen Sprecher oder Anwalt (spokesman), des Ansprechens einer Person (indirect target) über einen Mittelsmann (intermediary), der Berücksichtigung eines zuhörenden Publikums (audience) oder gar Lauschers (overhearer) werden durch die Gesprächsrollen erfaßt.

Es ist bei der Beschreibung von einem Äußerungsdesign mit Gesprächsrollen in einer Konstellation auszugehen, die zeitlich begrenzt und im Wandel befindlich ist. GOFFMAN wählt die Begriffe "PRODUCTION FORMAT" und "PARTICIPATION FRAMEWORK".
Ich gehe mit GOFFMAN von ständig wechselnden Äußerungsrahmen, von Möglichkeiten der Einbettung von Äußerungsrahmen in andere (Embedding) aus, von: "byplays" in der Hauptkommunikation, "sideplays" in der Nebenkommunikation und "crossplays" zwischen Haupt- und Nebenkommunikation.
Es lassen sich gezielte Täuschungsmanöver der Verdeckung (collusion) und Anspielung (innuendo) beschreiben.
Offizielle Gesprächsteilnehmer, mit der Äußerung anvisierte Teilnehmer und das Publikum der Äußerung sind einem ständigen Wandel in sich immer neu gestaltenden Konstellationen ausgesetzt.
Dieser Wandel ermöglicht die Beteiligung von Zuhörern an der Äußerung in wechselnden Gesprächsrollen, was auch die Zielsetzung betrifft (z.B. sagt einer plötzlich nur noch, was andere ihm eingeflüstert haben, d.h. der Beweggrund, die Äußerung zu tätigen, liegt ab dann auch außerhalb des Sprechers).
Aber auch die Aufnahme der Äußerung ist betroffen (z.B. wenn alle außer dem Angesprochenen wissen, daß der Sprecher einen Scherz macht, d.h.

Angesprochener und übrige Zuhörer von unterschiedlichen Interpretationen der Äußerung ausgehen).

Durch die Verbindung der Konzepte GOFFMANs und LEVINSONs können komplexe Äußerungen beschrieben werden, an deren Zustandekommen mehrere Faktoren beteiligt sind und die an verschiedene Zuhörer mit unterschiedlicher Zielsetzung gerichtet werden.
Mehrfachadressierung wird also als ÄUSSERUNG IN EINEM KOMPLEXEN ÄUSSERUNGSDESIGN aufgefaßt.

0.3. Die Analyse

Mit dem so entwickelten Modell habe ich Parlamentsdebattenbeiträge zur Änderung des Asylrechts beschrieben[1].
Im ersten Schritt wurden typische Handlungsmuster der parlamentarischen Rede herausgearbeitet, zweitens wurde das Gesprächsrollenkonzept anhand der Bedingungen des parlamentarischen Sprachhandelns (breite Zuhörerschaft, die nicht eingreifen kann, mediale Speicherung der Beiträge etc.) modifiziert, drittens wurden Kontextinformationen geliefert, viertens wurde eine Argumentationsanalyse nach KOPPERSCHMIDT durchgeführt und fünftens wurde eine Handlungsmusterzuschreibung vorgenommen, die die Mehrfachadressierung der Äusserung berücksichtigt.
Die Beschreibung der eingangs vorgestellten Äußerungen SCHÄUBLEs:

---

[1] Um das Verständnis zu erleichtern, wird an dieser Stelle auf die Benutzung der Fachtermini zugunsten von umgangssprachlich zu verstehenden Ausdrücken verzichtet.

„Die Unsicherheit nimmt zu. Dies ist der Nährboden, auf dem Aggression und Protest wachsen und Fremde oft zum Sündenbock gemacht werden."

erfährt anhand des Modells folgende Interpretation der Mehrfachadressierung und Handlungsmusterzuordnung:

1. Äußerungsdesign
SCHÄUBLE tritt als authentischer Autor und Sprecher seiner Partei zurück und übernimmt die Rolle eines Vorlesers, indem er die Kirchen zitiert und explizit auf den Zitatcharakter seiner Äußerungen hinweist.
Er nimmt Äußerungen aus ihrer Äußerungssituation heraus und stellt sie in den Rahmen seiner anderen Äußerungssituation.
Sein uninformiertes Publikum kennt nur die aktuelle Äußerungssituation, kann folglich die Angemessenheit der Übertragung nicht überprüfen.
Durch das EMBEDDING des Zitats ändert sich der zur Äußerung führende Beweggrund der Hauptkommunikation, da SCHÄUBLE vom Autor und Sprecher seiner Partei zum Vorleser der Bischofskonferenz und des Rats der Evangelischen Kirche wird, die so zu den Auftraggebern der Äußerung werden.
Das Publikum hält die mit SCHÄUBLE vollzogene Handlung für eine Handlung, die gleichzeitig mit den Kirchen als Auftraggebern vollzogen wird.
Gerade diese Gemeinsamkeit existiert aber nicht, wie die Betrachtung der Äußerungssituation ergeben hat.
Die uninformierten Teilnehmer vollziehen eine Handlung, bei der sie nicht wissen, daß ein geheimer Bedeutungsveränderer statt eines Vorlesers spricht.
Ihnen sind zwar mehrere Kommunikationsrollen - die des EMBEDDINGs - bekannt, aber nicht die richtigen und ihre konkrete Besetzung.
Sie selbst meinen, über die komplette Kenntnis des Äußerungsdesigns zu verfügen. Da sie keinerlei Hinweise bekommen, daß Lücken in ihrer

Wahrnehmung existieren, kann von einem unkooperativen Mehrfachadressierungstyp gesprochen werden.

2. Handlungsmusteranalyse

In (74.-76.) wird der Nachweis von Rationalität und Legitimität der Gesetzesänderung von SCHÄUBLE über das Zutreffen des Zitats geführt. Da die Kirchen als verantwortliche Auftraggeber angeführt werden, scheinen die Geltungsansprüche für Wahrheit und Richtigkeit der Sachverhaltsdarstellungen (Handlungsbedarf bei Einschränkung des Asylrechts) eingelöst zu sein.

Auch die Werbungsmuster werden aufgrund der Annahme durchgeführt, daß SCHÄUBLE lediglich der Vorleser der Kirchen ist und so durch ihn christliche Werte vertreten werden.

Da sich die Kirchen aber in ihrer Erklärung auf das gegensätzliche Problem der Fremdenfeindlichkeit beziehen und die Aufnahme von Flüchtlingen fordern, bleibt die Äußerung für informiertes Publikum eine persönliche Stellungnahme von SCHÄUBLE (nämlich, daß sich das Zitat auch auf andere Zusammenhänge beziehen läßt).

Das uninformierte Publikum, das die Erklärung nicht kennt, vollzieht demgegenüber ein Informationsmuster über den Sachverhalt, daß die Kirchen davon ausgehen, daß es zu Ausländerfeindlichkeit kommt, wenn die Aufnahme von Flüchtlingen nicht gestoppt wird.

Der Widerspruch, den SCHÄUBLE durch die Art des Zitierens in seine Äußerung einbaut - er benutzt eine gegensätzliche Position als Beleg für die Richtigkeit seiner Auffassung - wird nicht offenbar, weil die Zuhörer das EMBEDDING nicht problematisieren können.

Allerdings werden sich diejenigen, die die Erklärung kennen, und die, die sie verabschiedet haben, bewußt sein, daß die Kirchen keineswegs Auftraggeber von SCHÄUBLE sind, sondern nur als solche ausgegeben werden.

Bei der Betrachtung der Rezeptionsgeschichte kann jedoch keinerlei Distanzierung der Kirchen gegen die Vereinnahmung durch SCHÄUBLE entdeckt werden.
Damit kann davon gesprochen werden, daß sie mit SCHÄUBLE zusammen das Täuschungsmuster vollziehen, in das Informations-, Legitimations- und Werbungsmuster eingebaut sind - sofern sie die Rede von SCHÄUBLE verfolgt haben.

0.4. Der Aufbau

Die Arbeit „Deutung der Probleme der Mehrfachadressierung und Ambiguität von Texten als Ausdruck komplexer gesellschaftlicher und individueller Handlungsbedingungen" versucht, sich ihrem Gegenstand in vier Abschnitten zu nähern. Im ersten Teil der Arbeit sollen die handlungstheoretischen Überlegungen REHBEINs[2] modifiziert werden, so daß mit ihnen mehrfachadressierte Texte in Konfliktsituationen erfaßt werden können. Das geschieht in vier Teilschritten. Im ersten Schritt wird kurz aufgezeigt, warum sich gerade die Theorie REHBEINs zur Erfassung solcher Texte eignet. Im zweiten Schritt wird die Modifizierung des REHBEIN-Ansatzes vorgenommen, indem sein Zweckbegriff auf der Basis der Theorie des kommunikativen Handelns von HABERMAS 81 verändert wird.

---

[2]Es wird vereinfachend von REHBEIN gesprochen. Bezogen wird sich an dieser Stelle in erster Linie auf REHBEIN 77, REHBEIN 79a und EHLICH/REHBEIN 79b.

Der erweiterte Handlungsbegriff wird durch Ausführungen zur Rollentheorie (nach GERHARDT 71) und zum dramaturgischen Handeln (GOFFMAN 67/68/71/77/79/81a/b und KRAPPMANN 71) erläutert. Im dritten Schritt werden die konflikttheoretischen Überlegungen BÜHLs (BÜHL 71/76), die im Handlungsmodell berücksichtigt werden sollen, dargestellt. Das Problem der Mehrfachadressierung wird im vierten Schritt anhand der Arbeiten GOFFMANs (GOFFMAN 79), CLARK/CARLSONs (CLARK/CARLSON 82) und LEVINSONs (LEVINSON 88) diskutiert. Dabei wird das LEVINSONsche Gesprächsrollenkonzept auf die GOFFMANschen Wurzeln rückbezogen, um die bei LEVINSON verlorengegangene Dynamik und Komplexität des GOFFMAN-Ansatzes zurückzugewinnen, ohne die größere Differenzierung der Sprecher- und Hörerrollen bei LEVINSON aufgeben zu müssen. Damit ist der einleitende Theorieteil abgeschlossen.
Im zweiten Teil der Arbeit werden die Ergebnisse des ersten Teils durch die Konstruktion eines eigenen Modells umgesetzt. Das Modell verbindet die konflikttheoretischen Überlegungen mit den Betrachtungen zur Mehrfachadressierung und liefert eine handlungstheoretische Beschreibung des Ganzen auf der Basis des modifizierten REHBEIN-Ansatzes. Dazu werden sieben Mehrfachadressierungstypen gebildet, denen unterschiedliche Kooperationsgrade zugesprochen werden. Weiter wird eine Betrachtung der Stadien des Handlungsprozesses unter den veränderten Bedingungen möglicher Zweckevielfalt und Zweckheterogenität durchgeführt. Im Anschluß an die Darstellung des Modells werden einige kritikwürdige Aspekte des Modells herausgestellt und kurz diskutiert.
Der dritte Teil versucht eine kurze Rückübertragung der Ergebnisse auf zwei empirische Arbeiten REHBEINs und beleuchtet schlaglichtartig weitere Arbeiten, die sich mit dem Problem der Mehrfachadressierung auseinandersetzen.
Im vierten Teil der Arbeit wird eine Analyse von drei Bundestagsdebattenbeiträgen vorgenommen. Sie geschieht in drei Schritten. Zuerst wird das Handlungs-

muster des Debattenbeitrags in seinen institutionellen Verflechtungen herausgearbeitet. Im zweiten Schritt wird ein Rückblick auf die Geschichte des Problems der Asylgesetzgebung in der Bundesrepublik geliefert, weil es in der Debatte, der die Beiträge entnommen sind, um die Änderung des Asylrechts geht. Der dritte Schritt arbeitet die Umsetzung des Handlungsmusters durch die drei Abgeordneten SCHÄUBLE, KLOSE und HIRSCH heraus. Exemplarisch werden dabei verschiedene Möglichkeiten des Umgangs mit divergierenden Handlungsanforderungen, die das Modell bietet, herausgegriffen und an Textausschnitten verdeutlicht. Parallel dazu wird eine Argumentationsanalyse nach KOPPERSCHMIDT 89 durchgeführt, die dazu dient, die Handlungsmuster der Legitimierung und Rationalisierung besser zu erfassen. (Die komplette Argumentationsanalyse und Handlungsmusterzuordnung wird aus Vollständigkeitsgründen im Anhang abgedruckt.)

0.5. Einordnung in den Forschungsstand

Die Relevanz des Themas ergibt sich aus zahlreichen neueren Arbeiten innerhalb der linguistischen Pragmatik. Zu ihnen zählen die Arbeiten der bereits erwähnten Autoren EHLICH, HOFFMANN, HOLLY, KÜHN, CLARK/CARLSON, GOFFMAN, LEVINSON, PRESCH und REHBEIN. Ebenfalls in diesem Zusammenhang zu nennen sind die Autoren BAVELAS 82/83/90, BROWN/LEVINSON 87, CRAIG 90, DIECKMANN 69/81/85, GLOY 81, GRINSHAW 92, HENNE/REHBOCK 82, HERMANNS 87, HOPFER 95, O'KEEFE 90, KELLER/LIEDTKE 87, KLEIN 81/89a/b/93/95, LAUERBACH 89/93, NOTHDURFT 89, PAPENHEIM 91, PETTER-ZIMMER 90, REIHER 95, SANDIG 89, SOEFFNER 86, SPEIER 80, TRACY 90a/b und WILSON/PUTNAM 90. Die Arbeiten dieser Autoren mit ihren diversen unterschiedlichen Forschungsansätzen verbindet, daß sie in ihren Analysen die Grundannahme der Homogenität von Textfunktionen in Frage stellen. Bei einigen führt dieses in Ansätzen zur Bildung eines veränderten Sprechaktmodells im Sinne einer Auflösung der Sprecher-Hörer-Dyade (so HOFFMANN 84, CLARK/CARLSON 82, GOFFMAN 79, KÜHN 95 und PRESCH 85). PRESCH 85 und 91 zieht die weitreichendsten Konsequenzen aus dieser Entwicklung. Zur Erklärung von heterogenen Textfunktionen fordert er nicht nur ein verändertes Sprecher-Hörer-Modell und den Einbau eines Konfliktmodells, die er auch beide in Ansätzen liefert, er leitet auch die Forderung ab, die historische Perspektive der Entwicklung von Texten und Handlungsmustern zu berücksichtigen (was er am Beispiel der Textsorte Arbeitzeugnis auch plausibel durchführt). Unter dieser Perspektive bespricht er in PRESCH 91 kritisch die beiden Analyseansätze von BRINKER 85 und REHBEIN 77. Er kommt dabei zu dem Schluß, daß die REHBEINsche Handlungstheorie durchaus so erweiterbar wäre, daß sie den neuen Anforderungen genügen könnte. An dieser Stelle der Diskussion setzt die Arbeit ein. Hier wird versucht die Handlungstheorie REHBEINs so weiterzudenken, daß die Forderungen PRESCHs umgesetzt werden können.

I. Theorieteil

1. Handlungstheorien

In diesem Eingangskapitel soll vereinfachend die handlungstheoretische Stellungnahme für den REHBEIN-Ansatz[3] an groben Zusammenhängen illustriert werden. Dieses Vorgehen reicht aus, weil es die nicht zu vereinbarenden Grundannahmen sind, die für die Wahl ausschlaggebend waren. Der andere Ansatz REHBEINs macht es möglich, soziale Aspekte von Handlungen zu erschließen, die für das sprachliche Handeln konstitutiv sind und die in den anderen linguistischen Handlungstheorien bisher noch nicht erfaßt werden konnten. - Das trifft allerdings weniger auf HOLLY/KÜHN/PÜSCHEL zu, deren Handlungstheorie als mögliche Alternative aufgefaßt wird und deren Diskussion entsprechend breiten Raum einnimmt.
Die Darstellung des REHBEIN-Ansatzes selbst wird beschränkt. Zum einen werden die Punkte, die den anderen Ansätzen fehlen, erläutert, zum anderen werden die Aspekte erwähnt, die verändert werden sollen.

1.1. HARRAS

Einen wichtigen Platz in der handlungstheoretischen Diskussion nimmt HARRAS ein. Warum ihre Arbeiten keine weitere Berücksichtigung finden, kann leicht durch die Wiedergabe ihrer Prämissen für eine Handlungstheorie erläutert

[3]Der Ansatz wird in erster Linie entwickelt in: REHBEIN, Jochen: Komplexes Handeln, Tübingen 1977.

werden. In ihrem Buch „Handlungssprache und Sprechhandlung"[4] schreibt HARRAS in der Einleitenden Vorbemerkung:

> *„Im ersten Teil, den ich 'Handlungssprache: analytische Handlungstheorie' genannt habe, wird zunächst eine Darstellung analytischer anglo-amerikanischer Handlungsphilosophien gegeben. Diese Schwerpunktsetzung - und damit auch der Ausschluß soziologischer Handlungsmodelle wie die von Max Weber oder Alfred Schütz - ist folgendermaßen motiviert:" (S.7)*

Diese Theorien hätten die linguistische Pragmatik in den siebziger Jahren maßgeblich beinflußt, sie seien sprachbezogen, da sie die Frage nach Handlungsbeschreibungen zum Gegenstand hätten, und sie seien in schwer verständlichen Aufsatzsammlungen erschienen, die durch das Buch verständlicher gemacht werden sollten (S.7f.).
Infolge dieser Einschränkung konzentriert sich HARRAS auf die *„Intentionalität"* von sprachlichen Handlungen. Sie faßt Handlung zusammen als:

> *„1. Eine Handlung ist eine als Handlung interpretierte Aktivität;*
> *2. mit der Interpretation wird auf die Intention des Handelnden verwiesen;*
> *3. für solche Interpretationen kann es mehrere Möglichkeiten der Beschreibung geben." (S.22)*

Weiter schreibt sie:

> *„1. Die möglichen Handlungsbeschreibungen einer Handlung stehen zueinander in einer dadurch-daß-Relation;*
> *2. diese Relation läßt sich durch die Zuordnung von Handlungen zu ihren jeweiligen Ausführungsmöglichkeiten näher bestimmen;*
> *3. eine solche Zuordnung kann durch Handlungsmuster erfolgen, in denen dargestellt ist, in welcher Weise man eine bestimmte Handlung X ausführen kann, damit sie als diese bestimmte Handlung X gilt;*
> *4. mit solchen Handlungsmustern werden zugleich Regeln angegeben*

---

[4]Die Seitenangaben im Text beziehen sich auf eben dieses Buch: HARRAS, Gisela: Handlungssprache und Sprechhandlung. Eine Einführung in die handlungstheoretischen Grundlagen, Berlin/New York 1983.

a) dafür, was für eine Handlung X gilt und
b) dafür, wie man eine Handlung X machen kann." (S.49f.)

Sie geht damit von Beschreibungen von Basishandlungen aus, die durch *„dadurch-daß-Relationen"* mit anderen Handlungsbeschreibungen verbunden werden können.
Handlungsmuster sind die Regeln, nach denen Handlungen durchgeführt werden. Das Handlungsmuster enthält alle möglichen Aufzählungen von Handlungen eines bestimmten Typs (S.56).

Durch diese Auffassung von Handlungstheorie ist es HARRAS nur möglich, individuelle Handlungen nach einem statischen Konzept zu erfassen. Es bleibt im dunkeln, wie das Individuum zur Kenntnis über Handlungen und Handlungsmuster gelangt und wie es in der Interaktion mit der Interpretation des anderen Aktanten umgeht. Kooperatives Handeln wird sowieso durch den intentionalistischen Ansatz ausgeschlossen, wenn es sich nicht um die reine Anpassung eines Interaktanten an die Intentionen (richtig oder nur vermutet) des anderen handelt. Diese Handlungstheorie ist auf die Bedürfnisse der Sprechakttheorie, sich als Handlungstheorie zu verstehen, ausgerichtet. Dadurch kann sie aber bei der Beschreibung von Texten, die in gesellschaftlich komplexen Situationen produziert werden, nicht über den Erklärungsgehalt der Sprechakttheorie hinaus greifen und muß so vor denselben Problemen kapitulieren wie diese. Dieser eingeschränkte Nutzen, der indirekt bereits in der Vorbemerkung durch den Verzicht auf die Berücksichtigung soziologisch ausgerichteter Handlungstheorien deutlich wird, zeigt das Interesse an einem Modell, das nicht für die empirische Forschung nützlich sein soll, sondern das rein analytisch verstanden werden will. HARRAS behauptet nie etwas anderes, und deshalb sollte ihr Handlungsmodell auch nicht als für die Empirie tauglich zweckentfremdet angewendet werden.

1.2. HERINGER/HÄFELE

Als zweiter wichtiger Ansatz, der in seiner praktischen Reichweite über HARRAS hinausgeht, soll hier der von HERINGER genannt werden. HERINGER bescheibt in seinem Buch „Praktische Semantik"[5] seine handlungstheoretischen Überlegungen, die von HÄFELE geringfügig modifiziert übernommen werden.

Es soll keine empirische Theorie des menschlichen Handelns geliefert werden, sondern es sollen nur auf der Grundlage existierender Theorien Teile einer formalen Handlungssprache eingeführt werden (S.40).

Handlungsmuster versteht HERINGER als Regeln und die Handlung als die Befolgung dieser Regeln. Für Handlungsmuster führt er die Verkettung von Großbuchstaben ein, z.B. *„HA"*. Für Handlungen schreibt er Kleinbuchstaben, z.B. *„x"*. Handlungsmuster und Handlung sind nach der *„a-Relation"* miteinander verknüpft:

x1aHA : die Handlung x1 ist nach dem Handlungsmuster HA.

Handlungen sollen nur durch Zuordnung zu einem Muster identifizierbar sein:

> *„Das Verstehen einer Handlung nach einem bestimmten Muster setzt die Kenntnis dieses Musters voraus. Wie stellen wir aber fest, daß diese Handlung zu jenem Muster gehört? Dazu vergleichen wir, ob die Handlung bestimmte Merkmale hat, die das Muster verlangt. Wenn solche Merkmale gleich sind, dann verstehen wir die Handlung nach diesem Muster."(S.38)*

Aus diesem Musterbegriff folgt die Einschätzung der Handlung als nicht primär intentional beschreibbar:

---

[5]Die Seitenzahlen im Text beziehen sich auf: HERINGER, Hans Jürgen: Praktische Semantik, Stuttgart 1974.

„Denn wenn wir die Handlung als regelgeleitet ansehen, dann sind Ursache und Ziel Teil der Regel, sie sind ein Teil der Anwendungs- und Verstehensbedingungen der Handlung."(S.38)[6]

Handlungsmuster können durch andere Handlungsmuster vollzogen werden. Dieses stellt HERINGER durch Indem-Relationen (-->) dar. Die Handlungen, die nach der Darstellung im Rahmen der Indem-Relation links stehen, nennt er Basishandlungen (S.46)[7].
Verschiedene Handlungsexemplare können nach einem Handlungsmuster sein. Das schließt wiederum nicht aus, daß sie als unterschiedliche Exemplare desselben Handlungsmusters mit unterschiedlichen Handlungsmustern durch Indem-Relationen verbunden werden können (S.47). Für die Muster gibt es nach HERINGER notwendige Wahrheitsbedingungen (S.48), die die unterschiedlichen Erzeugungsmöglichkeiten noch wahrscheinlicher oder plausibler machen. Mit Hilfe dieser Bedingungen, die er durch unterschiedliche Mittel (S.53), derer sich bei der Durchführung bedient werden kann, noch weiter spezifiziert, stellt er weitere Möglichkeiten der Idem-Relationen fest. So können Handlungsmuster, parallel durchgeführt, ein oder mehrere weitere Muster erzeugen und umgekehrt von einem Handlungsmuster durch die Spezifizierungsmöglichkeiten mehrere Handlungsmuster abgeleitet werden (S.52).
Die Schwierigkeit liegt in der Einschätzung des Zutreffens der Wahrheitsbedingungen, von der letztlich abhängt, welche Handlungsmuster vollzogen wurden.

---

[6]Dazu auch HERINGER, Hans Jürgen: Eine Regel beschreiben, in: HERINGER, Hans Jürgen (Hrsg.): Der Regelbegriff in der praktischen Semantik, Frankfurt 1974, S.48-87, S.82: *„Eine Handlung ist intentional, wenn mit ihr eine Absicht verbunden sein kann."* Dieses „kann" gibt insofern die Intentionalität auf, als es vom Betrachter und nicht vom Handlungstragenden aus eingeschätzt wird.

[7]HERINGER spricht auch von Erzeugung von Handlungsmustern durch andere Handlungsmuster.

Dadurch wird das Problem der Handlungsbeschreibung nicht gelöst, sondern nur verlagert.
Aber HERINGER hat das Problem wahrgenommen, wenn er schreibt:

> *„Das menschliche Handeln ist nur als soziales Handeln zu verstehen, und so kann nur eine auf Interaktion basierende Handlungstheorie das menschliche Handeln erklären."(S.67)*

Er spricht von kooperativer und kompetitiver Interaktion, wobei die Kompetition die Kooperation im weitesten Sinne voraussetzt (S.69). Er stellt heraus, daß in der Interaktion mindestens zwei Partner handeln und mindestens die Handlung des nichteröffnenden Partners als Reaktion zu verstehen ist (S.68). Beide Partner können die Handlungen des anderen mißverstehen und nur der Extremfall, daß die Handlung des einen die Handlung des anderen völlig ausschließt, führt zum Interaktionsabbruch (S.69). Die Partner können, immer auf der Basis ihrer vielleicht unterschiedlichen Verständnisse von dem, was abläuft, sich behindern oder unterstützen, indem sie in den vermuteten Handlungsbaum des anderen eingreifen (S.72).
Damit hat HERINGER bereits den fundamentalen prozeßhaften Aspekt von Handlung angesprochen, der auch bei REHBEIN eine wichtige Rolle spielt. Er scheint nur noch nicht in seinen Konsequenzen durchdacht worden zu sein. Die Hervorhebung des Regelcharakters von Handlungen scheint bei HERINGER auch zu einem Verschwinden der intentionalen Komponente zu führen, die aber, gerade wenn man von Interaktion ausgeht, zumindestens das Handeln eines Interaktanten genauer beschreibt, als die Berücksichtigung der reinen Regelhaftigkeit.
Den Hauptunterschied sieht REHBEIN selbst in der Auffassung über den Begriff des *„Handlungsmusters"*:

„... (Die Handlung x1 ist nach dem Handlungsmuster HA). Dieser Auffassung ist im Prinzip zuzustimmen, allerdings liegt der kritische Punkt gerade in der a-Funktion; denn sie gibt an, wodurch eine Handlung ein bestimmtes Muster realisiert. Meines Erachtens ist eine Handlung genau dieser Prozeß der Realisierung des Musters. Dieser Prozeß wird im folgenden Handlungsprozeß genannt und in seinen einzelnen Stadien analysiert, um zu zeigen, daß der Vollzug dieser konstitutiven Stadien das ist, was man eine Handlung nennt."[8]

Josef HÄFELE modifiziert die Äußerungen HERINGERs noch in einigen Punkten, die schnell zusammengefaßt sind: er stellt die umgekehrte Lesart der Indem-Relation als Wenn-dann-Relation heraus, verzichtet auf den *„irreführenden"* Ausdruck *„erzeugen"*, wenn Handlungsmuster durch Indem-Relationen verbunden werden und schränkt den Gebrauch des Terminus *„Basismuster"* ein. Er stellt fest, daß bei Handlungen, die nach mehreren Mustern durchgeführt werden, die Muster einen Bezug zueinander aufweisen müssen. Dadurch, daß Basismuster immer relativ sind, kommt er zu dem Schluß, daß auch nur in Relation zum Zweck der Beschreibung festgestellt werden kann, was als Basismuster gelten soll. Das dient der internen Verbesserung des Modells, wirkt sich aber nicht auf die Kritikpunkte aus. HÄFELE macht allerdings noch einen entscheidenden Schritt in die falsche Richtung, indem er die Indem-Relation von AUSTIN ableitet. Damit schließt er von dem Spezialfall der Sprachhandlungsbetrachtung auf Strukturen der allgemeinen Handlungen und verbaut sich durch die Übernahme des sprachphilosophischen Ansatzes AUSTINs die Möglichkeit der sozialen Betrachtungsweise, die HERINGER hervorhebt. So bleibt er hinter den Erkenntnissen HERINGERs zurück und braucht nicht weiter berücksichtigt zu werden (ausgenommen zur Explikation des Zusammenhanges von Bedingungen und Handlungsmustern, die er in seiner Arbeit ausführlich beschreibt).

---

[8]REHBEIN 77, S.351f.

1.3. HOLLY/KÜHN/PÜSCHEL

Eine weitere wichtige Handlungstheorie wird von den Autoren HOLLY, KÜHN und PÜSCHEL vertreten. Wichtig ist sie vor allem deshalb, weil die emiprischen Arbeiten zur Sprache der Politik auf dieser Theorie basieren, die von HOLLY/KÜHN/PÜSCHEL, HOLLY und KÜHN durchgeführt wurden. KÜHN versucht sogar, diese Theorie als Basis zur Erstellung eines Mehrfachadressierungskonzeptes zu nutzen. Der Aufsatz der Autorengruppe von 1984 sorgte zudem für ein erneutes Aufleben der Handlungstheoriediskussion in der „Zeitschrift für germanistische Linguistik".

HOLLY/KÜHN/PÜSCHEL bezeichnen den Handlungsbegriff als den zentralen Begriff in der linguistischen Pragmatik[9] (S.275). Mit ihm sehen sie die Kategorien Ziel/Zweck, Intention/Absicht, Wille/Bewußtsein verbunden. Dabei interpretieren sie das zweckrationale Handeln nicht prototypisch, da es auch Handeln ohne Willen oder Bewußtsein gebe (S.278). Daraus leiten sie ab, daß Handlungen insgesamt nur durch intersubjektive Zuschreibung von Sinnhaftigkeit, Zielgerichtetheit und Kontrollierbarkeit beschrieben werden können (S.281). Der Interaktant verfügt so über die Perspektive des intendierten Handelns, der Beobachter über die Perspektive des faktischen Handelns (S.283).

Den eigenen Handlungsbegriff bestimmen sie als sinnvolles und zweckgerichtetes Tun oder Unterlassen (als ein Verhalten, dem man durch Beschreibung ein oder mehrere Handlungsmuster zuordnen kann)(S.288). Handlung wird so als ein durch Beschreibung konstituiertes Interpretationskonstrukt aufgefaßt. Der Begriff des Handlungsmusters bezieht sich auf HERINGER 74. Entsprechend erwähnen sie, daß Handlungsmuster in der Interaktion regelrecht ausgehandelt werden kön-

---

[9]Die Seitenangaben im Text beziehen sich auf: HOLLY, Werner / KÜHN, Peter / PÜSCHEL, Ulrich: Für einen sinnvollen Handlungsbegriff in der linguistischen Pragmatik, in: Zeitschrift für germanistische Linguistik 12, 1984, S.275-312.

nen. Sie sehen diesen Handlungsbegriff weiter als aus der Soziologie abgeleitet an, und zwar aus der Tradition WEBER/SCHÜTZ[10]. Sinnhaft, und damit eine Handlung, ist ein Tun, wenn es zweckgerichtet ist.

Ein Zweck kann a) als Ende des Handlungsmusters (HM) strukturiert sein oder b) als Ende eines Handlungsmusters (HM') strukturiert sein, das durch eine Indem-Relation mit dem entsprechenden Handlungsmuster (HM) verbunden ist oder c) durch perlokutäre Effekte erzeugt werden (S.289).

Gehandelt wird nach sozialen Regeln, die im Bewußtsein der Handelnden präsent sein müssen (S.290), was folgendermaßen präzisiert wird:

> *„Handlungen sollen also Realisierungen von kulturell geprägten Handlungsmustern sein, wobei in der Regel eine Handlung nach mehreren Mustern beschrieben werden kann, entweder so, daß diese Muster durch „Indem"-Ketten verbunden sind, oder so, daß man sie durch eine „Wobei"-Relation verknüpft als gleichzeitig realisiert beschreiben kann." (S.291)*

Die kulturelle Prägung wird ausschließlich durch einen vagen Hinweis auf WEBER präzisiert.

Dadurch, daß sie die Absicht des Handelnden als nicht konstitutiv ansehen und stattdessen von der Zuschreibung von Sinn ausgehen (S.295)[11], ist es ihnen möglich, Mehrfachadressierung als rezipientenspezifisches Verstehen von Mustern

---

[10]An der Berücksichtigung dieser Autoren kann man schon die gegensätzlichen Grundvoraussetzungen zu HARRAS sehen, die gerade diese Autoren aus ihrer Handlungstheorie auslassen wollte.

[11]Inwieweit sie sich dabei noch in der Tradition von SCHÜTZ befinden, ist zweifelhaft: *„Aber erst Alfred Schütz hat mit seiner Unterscheidung von unmittelbarem nichtreflektiertem Handeln Handeln, das zunächst einmal sinnlos ist, und der reflektierten im Rückgriff oder Vorgriff erfaßten Handlung klargemacht, daß nur Reflexion auf Handeln, d.h. Deutung durch den Handelnden selbst oder durch Handlungspartner bzw. Beobachter Handlungen als sinnvoll konstituiert; Sinn ist immer prädizierter Sinn."* (S.289, Unterstreichung von mir) Schütz scheint hier die Selbstzuschreibung nicht als konstitutiv auszuschließen, im Gegensatz zu HOLLY/KÜHN/PÜSCHEL.

einer Handlung zu interpretieren. Sie äußern die Vermutung: *„Vielleicht gibt es dabei auch typische Musterkombinationen."(S.291)* Damit sind sie handlungstheoretisch nah an dem Problem, dessen Behandlung Gegenstand meiner Arbeit sein soll.

Die Kriterien ihrer Handlungstypologie, Absicht, Wille, Bewußtsein, sind von WEBER entlehnt. Sie werden jedoch nicht systematisch hergeleitet, sondern als übernommen proklamiert. Dieses Vorgehen wirft Verständnisprobleme auf[12]. Sie erstellen eine idealtypische Handlungstypologie, die Handlungsmuster folgendermaßen ordnet (S.298):

(Schema 1)

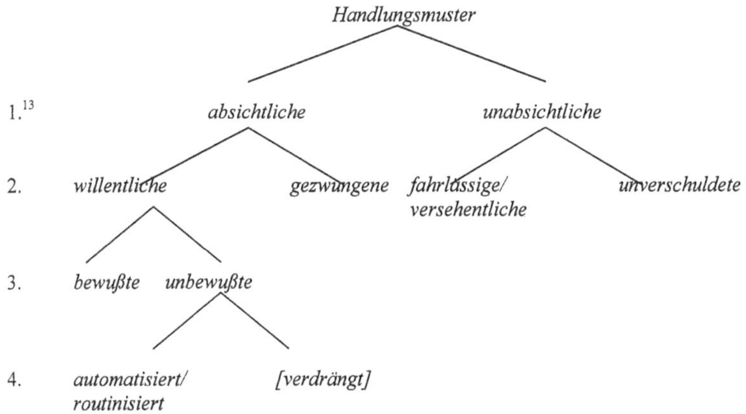

[12]Beispielhaft für Äußerungen, die ein Verständnis der Bezugnahme auf WEBER erschweren, sei hier genannt: *„Wir knüpfen an die bekannte Typologie von Max Weber an, auch wenn wir sehen, daß seine Unterscheidungen anders, anders motiviert und anders eingebettet waren." (S.298).* Eine Klärung dessen, was übernommen wird, wenn eigentlich alles anders gemeint war, wäre an dieser Stelle hilfreich.

[13]Die Ebenen wurde von mir ins Schema eingeführt, um bei der Erklärung eine Orientierung zu erleichtern.

1. Ebene

ABSICHTLICHE Handlungsmuster:

Sie sind als auf ein Ziel oder einen Zweck gerichtet zu beschreiben und können, müssen aber nicht, gewollt sein (S.293).

UNABSICHTLICHE Handlungsmuster:

Sie sind als auf ein Ziel gerichtet zu beschreiben, ohne daß ein Wille zur Zielerreichung vorliegen muß (S.293).

2. Ebene

WILLENTLICH ABSICHTLICHE Handlungsmuster:

Sie sind als gewollt auf ein Ziel gerichtete Handlungsmuster zu beschreiben (S.297).

GEZWUNGEN ABSICHTLICHE Handlungsmuster:

Sie sind als ungewollt auf ein Ziel gerichtet zu beschreiben und gelten als absichtlich, da sie *„nach Abwägung der Interessen und Möglichkeiten, Umstände usw. gewissermaßen „sehenden Auges" vollzogen"* werden (S.297).

FAHRLÄSSIG UNABSICHTLICHE Handlungsmuster:

Sie sind als auf ein Ziel gerichtet zu beschreiben, ohne daß ein Wille zur Zielerreichung vorliegt, ohne daß der Handelnde körperlich oder geistig nicht in der Lage gewesen wäre, das Handlungsmuster als solches zu erkennen, und ohne daß die Zielgerichtetheit aufgrund von Zerstreutheit, Gedankenlosigkeit, Unaufmerksamkeit, Erregtheit usw. nicht hätte erkannt werden können (S.300). /VERSEHENTLICH UNABSICHTLICHE Handlungsmuster: der Unterschied zum fahrlässig unabsichtlichen Handlungsmuster liegt darin, daß davon ausgegangen wird, daß der Handelnde das Handlungsmuster nicht erkannt hat, weil er zerstreut, gedankenlos oder unaufmerksam war (S.300).

UNVERSCHULDET UNABSICHTLICHE Handlungsmuster:

Sie sind als auf ein Ziel gerichtet zu beschreiben, ohne daß ein Wille zur Zielerreichung vorliegt, da der Handelnde eine andere Zielsetzung verfolgte und die Regeln des ihm zugeschriebenen Handlungsmusters nicht kannte (S.301).

3. Ebene

BEWUSST WILLENTLICH ABSICHTLICHE Handlungsmuster:

Sie sind als bewußt und gewollt auf ein Ziel gerichtet zu beschreiben; nach HOLLY/KÜHN/PÜSCHEL zweckrationales Handeln im Sinne WEBERs (S.298).

UNBEWUSST WILLENTLICH ABSICHTLICHE Handlungsmuster:

Sie sind als gewollt auf ein unbewußtes oder unterbewußtes Ziel gerichtet zu beschreiben, was das Wissen um die Durchführung des durchgeführten Handlungsmusters ausschließt (S.298).

4. Ebene

AUTOMATISIERT/ROUTINISIERT UNBEWUSST WILLENTLICH ABSICHTLICHE Handlungsmuster:

Sie sind als gewollt auf ein unbewußtes Ziel gerichtet zu beschreiben, wobei die Bewußtheit aufgrund von Gewohnheit der Anwendung des Handlungsmusters (automatisiert im Sinne von routinisiert) ausgeschaltet wird (S.297f.).

VERDRÄNGT UNBEWUSST WILLENTLICH ABSICHTLICHE Handlungsmuster:

Sie sind als gewollt und auf ein unterbewußtes Ziel gerichtet zu beschreiben, wobei das Bewußtsein über die Durchführung des Handlungsmusters aufgrund eines innerpsychischen Konflikts ausgeschaltet wird (S.298).

Unerklärt bleibt, warum *„verdrängt"* in eckigen Klammern erscheint und die Verbindungslinie des Strukturbaums gestrichelt ist. Meine Vermutung ist, daß der innerpsychische Konflikt durch den beschreibungstheoretischen Ansatz schwer nachzuweisen ist und der Unterschied zu den anderen Handlungstypen so kenntlich gemacht werden soll.

Eng mit der Handlungstypologie hängt die Voraussetzung zusammen, daß jede Handlung im Gegensatz zu Verhalten kontrollierbar, d.h. prinzipiell beherrschbar ist (S.290). Das liegt daran, daß Handeln als Zuschreibung zu sozialen Regeln verstanden wird, deren Kenntnis bei Handelnden vorausgesetzt wird, womit die Kontrollierbarkeit in der Handlungsdefinition angelegt ist, was allerdings nicht bedeuten muß, daß jede Handlung auch kontrolliert ablaufen muß, um als kontrollierbar beschrieben werden zu können. Aus der Kontrollierbarkeit, dem Wissen, wie man handeln muß, folgt nach HOLLY/KÜHN/PÜSCHEL die Verantwortbarkeit, d.h. das Einstehen-müssen für eine Handlung (S.291). Daher kümmern sie sich auch um die unbewußten und unabsichtlichen Handlungen.

Als Kritik läßt sich neben den schon erwähnten Unklarheiten über die WEBER- und SCHÜTZ-Interpretationen anmerken, daß die Möglichkeit, Konflikthandlungen in Handlungsmuster zu integrieren, nur angedeutet wird.
Es ergeben sich jedoch zwei wichtigere Differenzen zum REHBEIN-Modell: der Begriff des Handlungsmusters und die Begriffe Ziel und Zweck. Das Handlungsmuster von HOLLY/KÜHN/PÜSCHEL entspricht dem von HERINGER und daher trifft auch die gleiche Abgrenzung zu. Die Handlung wird durch *„a-Relation"* einem Handlungsmuster zugeordnet. REHBEIN betont die *„a-Relation"* statt des Musters, d.h. die Umsetzung des Musters, den Handlungsprozeß, als nach einem Handlungsmuster ablaufend. Die Unterscheidung liegt bei einer eher statischen Konstruktion bei HOLLY/KÜHN/PÜSCHEL gegenüber einer dynamischen bei REHBEIN.
HOLLY/KÜHN/PÜSCHEL benutzen „Ziel" und „Zweck" synonym im Gegensatz zu REHBEIN, wie sie selbst hervorheben. REHBEINs Unterscheidung von „Ziel" und „Zweck" ermöglicht erst die Unterscheidung von gesellschaftlich erarbeiteten Mustern mit inhärenten Zwecken und individueller Zielsetzung unter Benutzung solcher Muster. Damit wird die Dynamik, die sich aus den Hand-

lungsbedingungen des Individuums bei Ziel- und Zweckkonkurrenz ergeben kann, ausgeklammert zugunsten der eher statischen Beschreibung des Endproduktes.
Man sieht, daß die beiden Unterschiede eng zusammenhängen und auf eine eher statische gegenüber einer dynamischen Handlungsbeschreibung hinweisen. Für eine Handlungstheorie, die für sich in Anspruch nimmt, Handlungsabläufe über längere Zeiträume hinweg beschreiben zu wollen, wirkt sich diese Statik ungünstig aus, da sie Brüche, Veränderungen innerhalb von Situationen nicht systematisch erfassen kann.

1.4. KÜHNs[14] Mehrfachadressierungskonzept

KÜHNs Modell der Mehrfachadressierung beruht auf der Handlungstheorie von HOLLY/KÜHN/PÜSCHEL (S.55). Danach können Äußerungen *„adressatenspezifisch verschiedenen Handlungsmustern zugeordnet werden" (S.62)*.

> *„Dies bedeutet, daß Adressaten - vergleichbar mit sprachlichen Handlungen - erst durch Beschreibungen konstituiert werden und damit weder objektiv feststellbar („angesprochener Adressat") sind, noch im alleinigen Ermessen der Handlungsbeteiligten („gemeinter Adressat") liegen." (S.72)*

Dementsprechend ähnelt KÜHNs Typologie mehrfachadressierter Handlungen[15] (S.63) der idealtypischen Handlungstypologie von HOLLY/KÜHN/ PÜSCHEL.

---

[14]Die Seitenangaben im Text beziehen sich auf: KÜHN, Peter: Mehrfachadressierung. Untersuchungen zur adressatenspezifischen Polyvalenz sprachlichen Handelns, Tübingen 1995.

[15]Es handelt sich lediglich um eine Typologie der Adressierungsarten, die jedoch einen zentralen Stellenwert im Mehrfachadressierungskonzept KÜHNs einnimmt (S.108ff.).

(Schema 2)

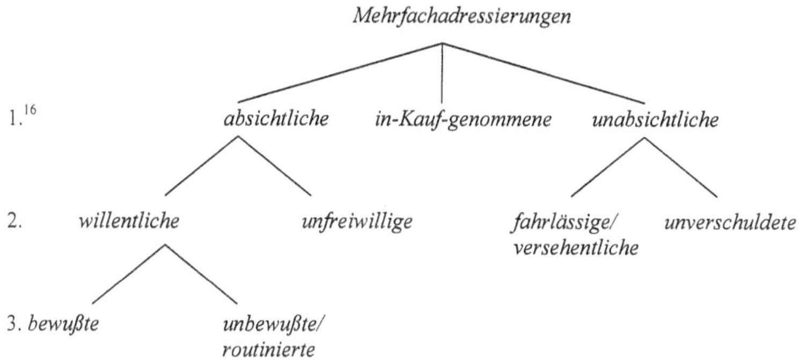

Ebene 1.

ABSICHTLICHE Mehrfachadressierung:

Eine absichtlich mehrfachadressierte Handlung liegt dann vor, wenn ein Sprecher/Schreiber willentlich und wissentlich ein und dieselbe Äußerung an zwei oder mehrere Adressaten richtet und diese Äußerung in bezug auf die verschiedenen Adressaten unterschiedlichen Handlungsmustern zugeordnet werden muß (S.63).

IN-KAUF-GENOMMENE Mehrfachadressierung:

So werden Fälle bezeichnet, in denen der Handelnde eine Mehrfachadressierung nicht unbedingt will, sie aber billigend in Kauf nimmt und daher auch verantworten muß (S.67).

UNABSICHTLICHE Mehrfachadressierung:

Sie ist unbeabsichtigt aber prinzipiell vorhersagbar und vermeidbar und deshalb vom Handelnden zu verantworten (S.69).

Ebene 2.

ABSICHTLICH WILLENTLICHE Mehrfachadressierung:

---

[16]Die Einführung der Ebenen stammt nicht von KÜHN, sondern wurde von mit zur besseren Orientierung angefügt.

Die Mehrfachadressierung wird aufgrund des Alltagsverständnisses des *„freien Willens"* geleistet (S.63).

ABSICHTLICH UNFREIWILLIGE Mehrfachadressierung:

Die Mehrfachadressierung wird nicht aufgrund des Alltagsverständnisses des *„freien Willens"* geleistet, sondern erzwungen (S.64).

UNABSICHTLICH FAHRLÄSSIGE/VERSEHENTLICHE Mehrfachadressierung:

Von diesen Adressierungsarten ist zu sprechen, wenn der Handelnde die unabsichtlichen Mehrfachadressierungen hätte unbedingt erkennen und vermeiden müssen, weil er aufgrund seiner Fähigkeiten dazu verpflichtet oder imstande gewesen wäre (S.69).

UNABSICHTLICH UNVERSCHULDETE Mehrfachadressierung:

Sie kommt ohne Wissen des Handelnden zustande, weil er die Regeln, nach denen er gehandelt hat, nicht erkannt hat oder nicht hat kennen können (S.70).

Ebene 3.

ABSICHTLICH WILLENTLICH BEWUSSTE Mehrfachadressierung:

Eine Mehrfachadressierung ist dann eine bewußte Handlung, wenn sich der Handelnde zum Zeitpunkt seines Handelns darüber im klaren ist, daß er mit ein und derselben Äußerung mehrere Adressaten erreicht und diese Äußerung adressatenspezifisch verschiedenen Handlungsmustern zugeordnet werden kann (S.64).

ABSICHTLICH WILLENTLICH UNBEWUSSTE/ROUTINIERTE Mehrfachadressierung:

Eine mehrfachadressierte Handlung ist dann unbewußt oder routiniert, wenn der Handelnde sich zum Zeitpunkt seines Handelns nicht bewußt ist, daß er mit seiner Äußerung mehrere Adressaten *„anspricht"* und diese Äußerung in bezug auf die verschiedenen Adressaten unterschiedliche Bedeutungen hat (S.64).

Die Modifizierungen der Handlungstypologie sehen so aus: KÜHN fügt den Aspekt der *„in-Kauf-genommenen Mehrfachadressierungen" (S.67f.)* hinzu. Das wird in seiner Arbeit plausibel durch einen Verweis auf die Reichweite der medialen Vermittlung von Politikeräußerungen begründet. In-Kauf-genommenen Handlungen fehlt das Kriterium des fehlenden Willens der unabsichtlichen Handlungen sowie des Willens oder des erzwungenen Willens der absichtlichen Handlung. Hierbei ist sich der Handelnde bewußt (nach Zuschreibung), daß seine Handlung mindestens nach zwei verschiedenen Handlungsmustern interpretiert werden kann. Es wird ihm ein Reflexionsvermögen unterstellt, das bei den anderen Handlungstypen nicht notwendig vorausgesetzt werden mußte. Dieser Unterschied wird allerdings wieder relativiert, wenn man sich vor Augen führt, daß bei einer Interpretation von Mehrfachadressierungen als Handlungen sowieso mindestens zwei adressatenspezifische Handlungsmuster pro Handlung analysiert werden, die Reflexion also schon per definitionem bei der Betrachtung mehrfachadressierter Handlungen gegeben ist. Die Frage der gegenseitigen Beeinflussung gleichzeitig zu beschreibender Handlungsmuster wird jedoch bei HOLLY/KÜHN/PÜSCHEL auf der Theorieebene ausgespart.

Den Begriff *„gezwungen"* tauscht KÜHN durch *„unfreiwillig"* aus, was er aber unkommentiert läßt. Es steht zu vermuten, daß er die Begriffe synonym gebraucht. Eine ganze Ebene verschwindet, indem KÜHN automatisierte und verdrängte Handlungsmuster aus dem Strukturbaum entfernt. Routinisierte Handlungsmuster werden, ebenfalls durch einen Querstrich, den unbewußten gleichgestellt[17]. Auch auf diese Änderung des Handlungsmodells wird nicht hingewiesen. Hier entfällt aber nicht nur eine Unterscheidungsebene, sondern auch in-

---

[17]Allerdings muß eingeräumt werden, daß schon bei HOLLY/KÜHN/PÜSCHEL keine überzeugende Differenzierung zwischen *„automatisiert"* und *„routinisiert"* getroffen wurde. So ist nicht auszuschließen, daß die Fortlassung durchaus „im Sinne der Erfinder" war.

haltlich entfällt ein wichtiger Aspekt: die psychologische Ebene innerpersoneller Konflikte verschwindet aus dem Blick[18].

Trotz der herausgestellten Abhängigkeit des Adressierungskonzepts von der Handlungstheorie scheinen sich durch die lückenhafte Übernahme Schwierigkeiten bei der Verbindung abzuzeichnen.

Die Typologie der Adressierungsarten stellt KÜHN als wesentlich heraus und kontrastiert sie mit der formalen Typologie der *„Adressierungsformen"*, d.h. der Bezugnahme auf die Arten von Adressaten[19]. Die Adressierungsarten, die eine beschreibungstheoretische Zuschreibung von Intentionen des Sprechers darstellen, werden durch Adressierungsformen realisiert. Die Formen bezeichnen so lediglich die gesprächsstrukturelle Ebene. KÜHN gliedert sie in einem Strukturbaum (Typen von Adressierungsformen (S.106)):

(Schema 3)

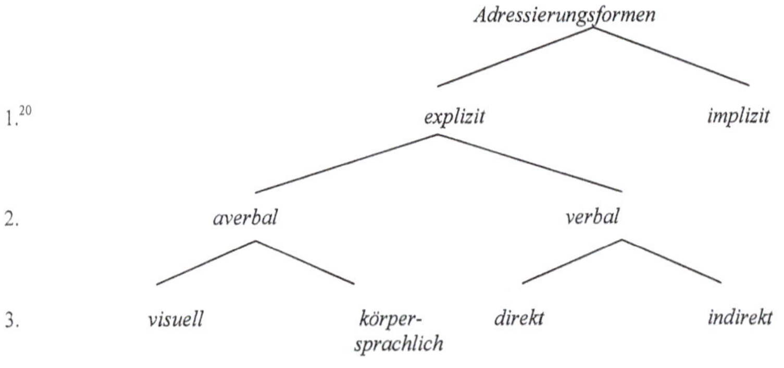

[18]Es soll jedoch darauf hingewiesen werden, daß dieser Handlungstyp schon bei HOLLY/KÜHN/PÜSCHEL einen etwas merkwürdigen Status hatte (in eckigen Klammern). Das Fortlassen könnte so durchaus "im Sinne der Erfinder" sein. Nichtsdestoweniger findet so eine Beschränkung der Reichweite der Theorie statt.

[19]Eine ähnliche Differenzierung liegt bereits in PRESCH 85 vor, der zwischen *„Ziel der Äußerung"* und *„Vokativkriterium"* unterscheidet (S.97).

[20]Die Ebenenbezeichnung wurde von mir durchgeführt.

Ebene 1

EXPLIZITE Mehrfachadressierungsform:

Die Adressaten können aufgrund sprachlicher/nichtsprachlicher Mittel festgestellt werden (S.106).

IMPLIZITE Mehrfachadressierungsform:

Sie liegt immer dann vor, wenn der Sprecher den Adressaten anspricht, dabei jedoch keine Kontaktsignale verwendet: es werden Wissens- oder Beziehungsvoraussetzungen gemacht (S.107).

Ebene 2

EXPLIZIT AVERBALE Mehrfachadressierungsform:

Sie werden visuell und körpersprachlich getätigt (S.106).

EXPLIZIT VERBALE Mehrfachadressierungsform:

Die Mehrfachadressierung wird sprachlich realisiert (S.106).

Ebene 3

EXPLIZIT AVERBAL VISUELLE Mehrfachadressierungsform:

Sie wird mit Blickkontakt durchgeführt (S.106f.).

EXPLIZIT AVERBAL KÖRPERSPRACHLICHE Mehrfachadressierungsform:

Sie wird mit Hinweisgesten oder Körperzuwendung durchgeführt (S.107).

EXPLIZIT VERBAL DIREKTE Mehrfachadressierungsform:

Sie hat die Möglichkeiten der vokativischen Anrede, personenbezeichnender Appellativa, Performativa, Routineformeln mit phatischer Funktion (S.106f.).

EXPLIZIT VERBAL INDIREKTE Mehrfachadressierungsform:

Sie kann durch Redeerwähnung von Namen und Titeln, personenbezeichnende Appellativa, Pronomen und Performativa durchgeführt werden (S.107).

Bei dieser Typologie bleiben einige Dinge im Unklaren: Warum werden visuell und körpersprachlich als getrennte Typen bezeichnet? Visuell ist höchstens eine Spezifizierung von körpersprachlich. Wäre eine Trennung von körpersprachlich und verbal nicht sinnvoller? In welcher Beziehung stehen die averbalen Adressierungsformen zur impliziten Adressierungsform, d.h. macht es überhaupt Sinn, sie lediglich als explizit aufzufassen? Und wo verläuft überhaupt die Grenze zwischen explizit verbal indirekten Adressierungsformen und impliziten Adressierungsformen bei Pronomen und Performativa?

Die letzte Frage läßt sich nicht beantworten und kann wohl nur durch empirische Analysen entschieden werden. Die anderen Einwände können aber durch einen anderen Strukturbaum aufgehoben werden.

(Schema 4)

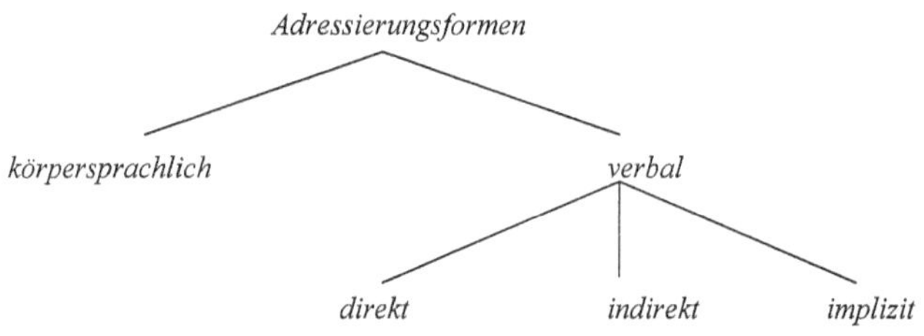

Diese vier Formen der Adressierung sollen für die eigene Modellbildung als Formen übernommen werden, auch wenn die damit verbundenen Schwierigkeiten der Unterscheidung von indirekten und impliziten Formen dadurch importiert werden.

Aus der Kombination von Adressierungsarten und Adressierungsformen leitet KÜHN sein Verständnis von offener und verdeckter Mehrfachadressierung ab.

> *„Sind Adressierungsformen und -arten in dem Sinne kongruent, daß z.B. der angesprochene (nach Adressierungsform: TZ) mit dem gemeinten (nach Adressierungsart: TZ) Adressaten identisch ist, so kann von einer offenen Mehrfachadressierung gesprochen werden. Bei Inkongruenzen und Verschiebungen zwischen Adressierungsformen und -arten liegen verdeckte Mehrfachadressierungen vor." (S.52)*

Dieser Auffassung liegt ein grundlegender Fehler zugrunde. KÜHN vergißt hier, das Wissen der angesprochenen und gemeinten Adressaten über die Adressierung einzubeziehen. Ohne hier die Begriffe *„Verdeckung"* und *„Täuschung"* vermischen zu wollen, muß doch festgestellt werden, daß eine Verdeckung nicht sinnvoll festgestellt werden kann, wenn nicht angegeben wird, vor wem diese Verdeckung stattfindet. Gerade die von KÜHN herausgestellte Beeinflussung des Bedeutungsgehalts einer Äußerung durch ihre Adressaten (S.71) hebt diesen Aspekt hervor.

Dabei soll nicht abgestritten werden, daß die von KÜHN erwähnten Inkongruenzen eine Verdeckung der Mehrfachadressierung vor Adressaten erleichtern oder vielleicht auch erst möglich machen.

KÜHNs nächster entscheidender Schritt (nach der handlungstheoretischen Fundierung des Adressatenproblems) ist die Erklärung des Problems der verdeckten Mehrfachadressierung unter Rückgriff auf eine soziologische Handlungstheorie, die Konflikt und Kompromiß zum Gegenstand hat[21]. Dem Kompromiß wird unter Berufung auf Autoren wie WILHELM und HAHN eine zentrale Bedeutung in der Konfliktbewältigung zugebilligt. Die Kompromisse können in mehrfachadressierten Kompromißformeln gebunden werden, d.h. es werden adressatenabhängig verschiedene Handlungen durch dieselbe Äußerung vollzogen[22]. Als Kritik läßt sich anmerken, daß diese Formen des Kompromisses von einer kooperativen Durchführung ausgehen, auch wenn der Kompromiß als *„der Verständigung auf Zeit" (S.120)* dienend aufgefaßt wird. Die von BÜHL herausgestellten

[21]Auch dieser Schritt wurde bereits in PRESCH 85 vorgezeichnet, der sich der konflikttheoretischen Überlegungen BÜHLs bedient und dessen Konfliktstrategien um das *„Aussitzen"* und den *„Scheinkompromiß"* erweitert (S.87ff.).

[22]Als Beispiel dafür führt KÜHN das Berlin-Abkommen von 1971 an, dessen adressatenspezifische Interpretationen er detailliert dokumentiert (S.122-133). Interessanterweise handelt es sich um ein Beispiel, das schon von PRESCH 85 zur Erläuterung für *„kooperativ vielfach interpretierbare Formulierungen"* angeführt wurde (S.85).

und von PRESCH 85 erweiterten Möglichkeiten der kompetitiven Konfliktlösung durch Kompromisse, in denen die unterschiedlichen Zielsetzungen verdeckt ungleichgewichtig berücksichtigt werden, finden keine Berücksichtigung.
KÜHN entdeckt bei der Untersuchung der Funktionalität der Mehrfachadressierung, daß sie darin besteht, adressatenabhängige Handlungsbedeutungen zu liefern (S.116). Diese adressatenabhängigen Handlungsbedeutungen ermöglichen die Verbindung von unterschiedlichen und zum Teil gegenläufigen Handlungsmustern in einer gemeinsamen Handlung (S.116). Dadurch wird der existierende Dissens für einen Augenblick außer acht gelassen und die Kontrahenten bleiben handlungsfähig statt sich zu blockieren. So wird die Mehrfachadressierung als Grundtechnik der sprachlichen Handlungskoordinierung hervorgehoben[23].

Zur Verdeckung von Mehrfachadressierung vor Adressaten kann es nach KÜHN *„kodiert"* oder *„inszeniert"* kommen. Bei der Kodierung wird ein Teil der Adressaten über die Äußerungsbedeutungen getäuscht, da sie den Kode nicht kennen (S.133f.). Die Kodierung wird von verbündeten Interaktionspartnern vor anderen Interaktionspartnern verborgen und mit ihr auch durchgeführte Handlungsmuster. Bei der Inszenierung wird einem Adressaten vorgespielt, er sei kein *„gemeinter"* Adressat der Äußerung. Stattdessen muß ein anderer Adressat als primär gemeinter in Erscheinung treten, der an der Inszenierung beteiligt ist. Dem getäuschten Adressaten wird der Vollzug eines Handlungsmusters, in das er selbst involviert ist, vorenthalten. An dieser Stelle kommen nun doch noch die unterschiedlichen Handlungsbeteiligten ins Spiel. Ihr Wissen um die Mehrfacha-

---

[23]Als Beispiel für eine typische *„offen"* durchgeführte Mehrfachadressierung rekonstruiert KÜHN folgende Situation: Ein Junge wird von seiner Mutter in einem Restaurant vor einem durch ihn zu Schaden gekommenen Gast ermahnt, sich zu entschuldigen (S.113-116). Die Mehrfachadressierung ist in dieser Situation allen bekannt. Der Mann ist ein *„gemeinter"* Adressat, der formal nur körpersprachlich adressiert wird. Die Mutter leistet Imagearbeit.

dressierungen ermöglicht ihnen erst, an Täuschungen teilzunehmen (S.162-164). Die Verdeckungsmöglichkeiten, die KÜHN hier anspricht, werden nicht systematisch durchdacht. Er hat Verdeckungsmöglichkeiten der Adressaten, aber auch der Textbedeutung. Die Adressaten können zwar die Textbedeutung beeinflussen, aber dadurch, daß alle Adressaten bekannt sind, kennt noch lange nicht jeder alle Textbedeutungen. Kennt man alle Textbedeutungen, heißt das im umgekehrten Fall noch nicht, daß auch alle Adressaten bekannt sein müssen. Hier muß also differenziert werden. Was KÜHN fehlt, ist die Berücksichtigung eines komplexen Äusserungsdesigns im GOFFMANschen Sinne, das unterschiedliche Beteiligungen und ineinander verschobene Äußerungsrahmen in der Äußerungssituation berücksichtigt.

Zum Schluß soll noch auf vier Begriffe hingewiesen werden, die von KÜHN übernommen werden sollen. Sie beschreiben Erscheinungen, die schon von PRESCH 85, HOFFMANN[24] und CLARK/CARLSON[25] angeführt, von KÜHN aber begrifflich auf den Punkt gebracht werden (S.50ff.). Es ist sinnvoll, zeitlich zwischen *„simultanen"*, d.h. innerhalb eines Analysesegments stattfindenden, und *„sukzessiven"*, d.h. in aufeinanderfolgenden Äußerungssegmenten stattfindenden, Mehrfachadressierungen zu unterscheiden. Ebenso ist es sinnvoll, zwischen *„monovalenten"*, d.h. dem gleichen Handlungsmuster zuzuordnenden, und *„polyvalenten"*, d.h. unterschiedlichen Handlungsmustern zuzuordnenden, sprachlichen Handlungen zu unterscheiden.
Hier soll dann auch die letzte Kritik geäußert werden. KÜHN gibt keine theoretisch motivierten Hinweise darauf, was passiert, wenn simultane polyvalente

[24]HOFFMANN, Ludger: Mehrfachadressierung und Verständlichkeit, in: LiLi 55, 1984, S.71-86.

[25]CLARK, Herbert H./CARLSON, Thomas B.: Hearers and speech acts, in: Language 58, 1982, S. 332-373.

Mehrfachadressierung stattfindet, d.h. in welchem Sinne sich die unterschiedlichen Handlungsmuster beeinflussen, wenn mehrere *„gemeinte Adressaten"* berücksichtigt werden[26]. Klar ist noch die von ihm angeführte Unterscheidung zwischen *„Indem-"* und *„Wobei-Relationen"*. Die Frage ist jedoch, inwiefern eine Handlungsmusterzuschreibung beeinflußt wird, wenn Teile der gemeinten Adressaten die *„Indem-Kette"* weiter verfolgen als die übrigen gemeinten Adressaten. Ist diese Art der Täuschung nicht als nach einem eigenen Muster ablaufend zu beschreiben? Und würde dieses Muster nicht die adressatenabhängige Interpretation bereits beinhalten? Aber kann dieses überhaupt als Handlungsmuster im Sinne von HOLLY/KÜHN/PÜSCHEL beschrieben werden? Die adressatenspezifische Gabelung läge in der *„a-Relation"*, die durch die Statik ihres Handlungsbegriffs vernachlässigt wird. Ähnliches gilt für die *„Wobei-Relation"*. Es ist ja schön, wenn parallel mehrere *„unabhängige"* Handlungsmuster zugeordnet werden. Aber wie wirkt es sich auf die Handlung aus, wenn sie heterogene Zielvorstellungen realisieren sollen? Diese Probleme werden theoretisch nicht erörtert. Das liegt meines Erachtens nicht nur an der Vernachlässigung der Arbeiten GOFFMANs und LEVINSONs[27] zur Mehrfachadressierung, sondern auch am handlungstheoretischen Ansatz, der den Prozeß der Handlungsdurchführung nicht genügend würdigt.

---

[26]Die bisherigen Täuschungsmöglichkeiten wurden anhand des Dualismus Adressierungsarten und Adressierungsformen erörtet. Konkurrenz durch (eventuell sogar heterogene) Doppelberücksichtigungen innerhalb der Adressierungsarten spielen in der Theorie von KÜHN noch keine Rolle.

[27]Die Ignorierung dieser Arbeiten kommt durch die Vernachlässigung mehrerer Sprecherrollen bei KÜHN zum Ausdruck. Er beschränkt sein Mehrfachadressierungsmodell auf die Berücksichtigung mehrerer Hörer.

1.5. REHBEIN[28]

Die Handlungstheorie REHBEINs weist kein Mehrfachadressierungskonzept und auch keinen Einbau einer Konflikttheorie auf. Damit bleibt sie erst einmal hinter der Theorie von KÜHN zurück. Allerdings bieten sich Ansatzpunkte, die die Integration von Konflikt und Mehrfachadressierung möglich erscheinen lassen. Sie entstehen durch die Handlungsauffassung, d.h. durch die Betonung des Handlungsprozesses und den daraus entstehenden Folgen (z.B. die Beachtung des mentalen Bereichs) und der Trennung von *„Zwecken"* und *„Zielen"*[29].

REHBEIN geht davon aus, daß es durch die gesellschaftlichen Verhältnisse bedingte Ziele von Individuen gibt, die allgemein auftreten. Es handelt sich so um kollektive Ziele - kollektiv, da sie aus der Gesellschaftsstruktur hervorgehen -, die individuell angestrebt werden. Der Lösungsmechanismus zur Erlangung des Ziels, d.h. eine Handlungsverkettung, ist durch eben das wiederholte Auftreten des Problems der gleichen Zielerreichung kollektives Gemeingut (S.90). Diesen Lösungsmechanismus bezeichnet er als Handlungsmuster und das Ziel eines solchen Handlungsmusters als Zweck[30]. Ziel und Zweck unterscheiden sich nach REHBEIN dadurch, daß das Ziel individuell gesetzt wird, während der Zweck ein Ziel ist, das durch die gesellschaftlichen Umstände für das Individuum entsteht. Handlungsmuster sind demnach Lösungsstrategien für Handlungsverkettungen,

---

[28]In diesem Abschnitt beziehen sich die Seitenangaben im Text auf: REHBEIN, Jochen: Komplexes Handeln, Tübingen 1977.

[29]Auf die Erweiterungsmöglichkeiten des REHBEIN-Ansatzes durch Funktionsheterogenitätsannahmen und eine genetische Erklärungsebene wurde bereits in: PRESCH, Gunter: Widersprüche zwischen Textfunktionen als ein Ausgangspunkt sozialgeschichtlicher Pragmalinguistik, in: BUSSE, Dietrich: Diachrone Semantik, Tübingen 1991, S.83-100, S.89. Die dort angestellten Beobachtungen dienen als Ausgangspunkt der eigenen Einschätzung.

[30]EHLICH, Konrad/REHBEIN, Jochen: Sprachliche Handlungsmuster, in: SOEFFNER, Hans Georg (Hrsg.): Interpretative Verfahren in den Sozial- und Textwissenschaften, Stuttgart 1979, S.243-274, S.248f.

die einen Zweck erfüllen sollen. Durch diese Unterscheidung ermöglicht REHBEIN nicht nur die Differenzierung, daß ein Handlungsmuster entgegen seines Zwecks gebraucht, d.h. für eine Zielerreichung instrumentalisiert werden kann. Er läßt auch eine systematische Lücke für eine historisch-genetische Betrachtungsweise der Herausbildung von Handlungsmustern und deren Zwecken aus Zielsetzungen[31]. Dadurch ist theoretischer Raum dafür geschaffen, auch die Veränderung von existierenden Handlungsmustern zu erfassen. Um noch einmal die Unterschiede zu den vorangegangenen Theorien anzuschneiden. HARRAS verzichtet in ihrem Handlungsbegriff auf das, was REHBEIN unter *„Zweck"* faßt. Entsprechend ist auch ihre Vorstellung, was ein *„Handlungsmuster"* sein soll, grundlegend anders. HERINGER differenziert ebenfalls *„Ziel"* und *„Zweck"* nicht. Er betont allerdings die Regelhaftigkeit und damit eine gesellschaftlich anerkannte Zielsetzung von Handlungsmustern. Die intentionale Dominanz des *„Ziels"* in der individuellen Handlungsplanung wird so unterbelichtet. Ähnliches gilt für HOLLY/KÜHN/PÜSCHEL, die sich explizit gegen eine Trennung von *„Zweck"* und *„Ziel"* aussprechen, sich im Musterbegriff aber HERINGER anschließen. Durch die konsequente Anwendung des *„beschreibungstheoretischen Ansatzes"* gelangen sie aber wieder zu einer Bestimmung der Intention des Handelnden als einer neben anderen Perspektiven. Somit entfällt eine Unterscheidung nicht, sie wird nur an anderer Stelle getroffen.

Ein grundlegender Unterschied liegt in der prozessualen Handlungsauffassung REHBEINs (S.184):

> *„Eine Sachverhaltsänderung ist dann eine Handlung, wenn sie von einem oder mehreren Aktanten in einem Handlungskontext dadurch herbeigeführt wird, daß a) die Stadien eines Handlungsprozesses: Einschätzung der Situation, Motivation, Zielsetzung, Planbildung, Ausführung und Resultat, durchlaufen werden und b) der Durchlauf durch die Stadien des Handlungsprozesses die Anwendung eines Handlungsmusters ist."*

---

[31] Siehe dazu PRESCH 91, S.88.

Hier wird das Prozeßhafte der Handlungsmusterzuordnung betont. Dadurch gerät der mentale Bereich eines oder mehrerer Aktanten in den Blick. REHBEIN beruft sich auf sein Modell[32] des Π-Bereichs. Dabei werden *„P"* als Wirklichkeitsausschnitt und *„p"* als der propositionale Gehalt einer Sprachhandlung über diesen Wirklichkeitsausschnitt aufgefaßt. Der psychische Prozeß der Widerspiegelung von *„P"* in *„p"* wird als *„Π"* bezeichnet. *„Π"* wird in das *„Π"* von Sprecher (Π^s) und Hörer (Π^h) differenziert[33]:

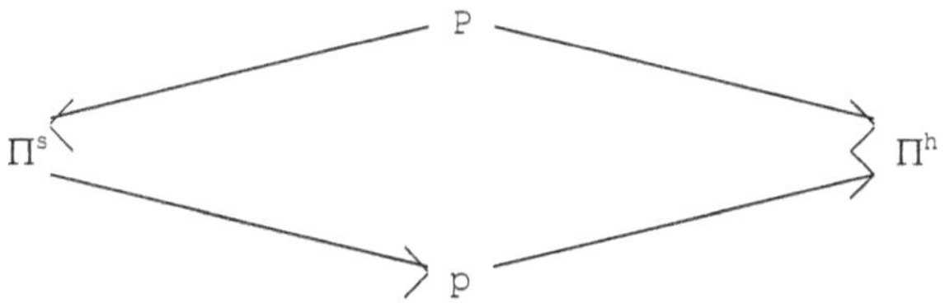

So gerät nicht nur der mentale Prozeß des Sprechers, sondern auch der des Hörers in den Blick der Beschreibung.
Die Stadien des Handlungsprozesses sollen näher erläutert werden, da in ihnen eine Veränderung des Modells für die Erfassung mehrfachadressierter Handlungen stattfinden soll.

REHBEIN geht von *„Kategorien des Handlungsraums"* aus, die in eine Handlung, die nach einem bestimmten Handlungsmuster ausgeführt wird, determinie-

---

[32]Das Modell ist als Weiterentwicklung von BÜHLERs „Organonmodell" zu verstehen. Dazu: BÜHLER, Karl: Sprachtheorie, Stuttgart/New York 1982 (1934); S.28.

[33]EHLICH; Konrad/REHBEIN, Jochen: Muster und Institution. Untersuchungen zur schulischen Kommunikation, Tübingen 1986, S.96.

rend einfließen. Er benennt die objektiven Kriterien[34] *„Handlungsfeld"*[35], *„Interaktionsraum"*[36], *„Kontrollfeld"*[37] und *„System der Bedürfnisse"*[38] und die subjektiven Kriterien *„Mechanismus des Wahrnehmens"*, *„Wissensraum"*, *„Mechanismus des Bewertens"*, *„Mechanismus des Glaubens"* und *„Motivationsmechanismus"*. Diese Kriterien haben eine eigene Struktur und fließen in die Handlung ein. Die Handlung selbst wird aber als ein Prozeß aufgefaßt und von REHBEIN in Stadien gegliedert. Die Stadien werden zum Teil von den Kategorien des Handlungsraumes beeinflußt, und so greifen die Kategorien über die statische Konstruktion des Handlungsraumes in den dynamischen Prozeß der Handlung ein. Sie stehen sogar in einem Wechselverhältnis zum Handlungsprozeß, da dieser Einfluß auf die Kategorien ausüben und sie dadurch verändern kann (S.16). Eine besondere Bedeutung wird der Situation (S.258-281) beigemessen, auf deren existenzielle Unabhängigkeit gegenüber der Durchführung der Handlung

---

[34]Diese vier Kategorien des Handlungsraums faßt er auch als Konstellation zusammen. REHBEIN 77, S.16.

[35]Dazu gehören institutionelle Einflüsse, die Struktur des Wahrnehmungsfeldes, vorhandene Bedürfnisse, Wissensdimensionen und individuelle Fähigkeiten. REHBEIN 77, S.20.

[36]Der Interaktionsraum als Zone spezifischer Beziehungen zwischen den Interaktanten auf dem Handlungsfeld kann durch folgende Faktoren beschrieben werden: die Institution, die wie beim Handlungsfeld auch die Interaktion beeinflußt, die Menge und die Qualifizierung der Relationen zwischen den Aktanten, die sich im Interaktionsraum befinden, die Struktur der Wahrnehmungsfelder der Aktanten, ihre vorhandenen Bedürfnisse, ihre einzelnen und ihre gemeinsamen Wissensräume sowie ihre individuellen Fähigkeiten. REHBEIN 77, S.22.

[37]Der Kontrollraum kann unterteilt werden in einen Machtbereich, in dem ein Aktant andere Aktanten seinem Willen unterwerfen kann, einen Einflußbereich, d.h einen Sektor des Handlungsfeldes, auf dem Interaktanten bestimmte Rechte, Ansprüche oder Kompetenzen haben, ein Territorium, das durch einen Interaktanten zwar dominiert wird, welches aber jederzeit strittig gemacht werden kann, und eine Integritätszone, bei deren Verletzung ein Interaktant aufgrund seiner Zugehörigkeit zu einem Kollektiv Rechte in Anspruch nehmen kann. REHBEIN 77, S.22f.

[38]Das System der Bedürfnisse wird als gesellschaftlich bedingt aufgefaßt. So dringen die gesellschaftlichen Bedürfnisse in den Handlungsraum ein. REHBEIN 77, S.23ff.

verwiesen wird, die aber gleichzeitig als durch die Handlung beeinflußbar dargestellt wird.
Mit Hilfe des Begriffs der Situation formuliert REHBEIN seine Handlungen als Prozesse mit erheblichen zeitlichen Dimensionen. Es werden die Vor- und Nachgeschichten von Handlungen relevant, die in die Durchführung real oder als angenommen einfließen.

Das zweite Stadium des Handlungsprozesses ist das der Motivation. Dabei handelt es sich um einen Situationseinschiebemechanismus, d.h um einen Vorgang, durch den in einem vorliegenden Handlungskontext ein Anstoß (Initial) zu einer neuen Handlung entsteht (S.57). Die normale Motivation kann folgendermaßen beschrieben werden: Es wird vorausgesetzt, daß sich der Sprecher S in einem Handlungskontext befindet, so daß für ihn a) eine Sachverhaltslücke, d.h. ein zu stillendes Bedürfnis, existiert, b) die Präsenz eines Sachverhalts, der die Sachverhaltslücke schließen kann, vorhanden ist und c) eine Kognitions- und Wahrnehmungskette im Sprecher existiert, durch die der Sachverhalt, der die Lücke schließen kann, vom Sprecher auch entsprechend wahrgenommen wird (S.50ff.).

Bei der Zielsetzung, dem dritten Stadium, wird ein Ausgangspunkt auf dem Handlungsfeld (siehe Einschätzung der Situation und Motivation) vorausgesetzt, an dem die Zielsetzung ansetzt. Weiter wird mit der Wahrnehmung der Daten die Situation als nach einem bestimmten Typus vorliegend identifiziert, bevor a) ein Ziel des Aktanten ins Spiel kommt, das er realisieren möchte, und was b) eine Handlung F erfordert, durch die ein Zweck realisiert werden kann, d.h. die einen inhärenten Zweck besitzt. Die Durchführung dieser Handlung, d.h. die Erfüllung des Zwecks, erfordert die Verkettung von entsprechend vielen Routinen (standardisierten Teilhandlungen). Für die Verkettung der Teilhandlungen verfügt S über eine Hierarchie von a) Maximen und Vorannahmen oder b) über reinforcing-Elemente (Verstärkungselemente) des Wahrnehmungsfeldes. Aus der Bestimmung von Ziel und Zweck der Handlung findet die Vorauskonstruktion des Hintergrunds des Handlungsfeldes statt, die durch die Hierarchisierung gestützt wird. Weiter findet die Ausschaltung von Handlungsalternativen (Framing) unter Berücksichtigung der Hierarchisierung und der Vorauskonstruktion des Hintergrunds statt. Schließlich werden in einem letzten Schritt die Routinen (Teilhandlungen) zur Gesamthandlung amalgiert (verschmolzen).[39]

Die Planbildung als eigenes Stadium (S.148-171) wird in vier Bereiche unterteilt. Einmal verfügt der Aktant über Konzepte von Akten (Handlungsmuster), die konkret in der Gesamthandlung eine Funktion haben, und zwar auf drei Kooperationsstufen. Zweitens weiß der Aktant, welche Entscheidungen er konkret fällen muß, d.h. welche Akte er wählen kann. Durch diese beiden Annahmen konstruiert der Aktant sein Handlungsfeld voraus. Drittens spezifiziert er seine Konstruktion, indem er eine konkrete Aktverkettung vornimmt, d.h. er konstruiert eine Handlungslinie durch das Treffen von Vorentscheidungen voraus. Dafür steht ihm viertens das Wissen um Mittel-Ziel-Ketten, die für die Erreichung seines Ziels in dem spezifischen Handlungskontext benötigt werden, zur Verfügung.

Die drei Kooperationsstufen, auf denen die Vorauskonstruktion geleistet wird, unterscheiden sich wie folgt: die erste Stufe beschreibt die unmittelbare Kooperation bei der gemeinsamen Ausführung eines Handlungsmusters. Die zweite Stufe findet im Rahmen von Kooperationssystemen (z.B. Betriebe) statt. Die

---

[39]Die Begriffe der Routine und Amalgierung sind glücklich gewählt. Sie machen deutlich, daß REHBEIN in der Diskussion, wie weit eine Handlung zerlegt werden kann, die Relativität, dessen, was als eigenständige Handlung bezeichnet werden kann, durch den Begriff der Routine (erstarrte Handlung) herausstreicht. Er begründet so, warum Teilhandlungen als Handlungen und als Verhalten aufgefaßt werden können. Durch den Begriff der Amalgierung beschreibt er die komplexe Verbindung der Teilhandlungen zu einer Handlung, die nicht einfach additiv als Summe der Routinen aufgefaßt werden kann.

dritte Stufe stellt die gesamtgesellschaftliche Kooperation dar, wird von REHBEIN jedoch nicht näher ausgeführt.

Die unmittelbare Kooperation tritt bei der gemeinsamen Ausführung eines Handlungsmusters auf. Dafür muß gewährleistet sein, daß in einem Kollektiv von n Mitgliedern ein Bedürfnis eines bestimmten Typs auftritt, daß zwischen den Mitgliedern ein Netz kollektiver Beziehungen besteht und daß das Kollektiv über ein gemeinsames Wissen verfügt.

Dazu gehören das Wissen über Handlungskonzepte (innere Arsenale), Werkzeuge (äußere Arsenale), eine Symbolik zur Benennung von Sachverhalten und Handlungen und sprachliche Muster mit spezifischen Funktionen. Durch das gemeinsame Bedürfnis wird ein kollektiver Entscheidungs- und Planungsprozeß ausgelöst, durch den ein Gesamtziel gesetzt und ein Muster für die Gesamthandlung konstruiert oder ein bekanntes Muster übernommen wird. So weiß jeder an der Gesamthandlung Beteiligte, daß seine Teilhandlung die Teilhandlung eines anderen Kooperationsteilhabers voraussetzt sowie die eines nächsten zur Voraussetzung hat. Ebenfalls kennt er ihre Funktion innerhalb der Gesamthandlung, die zur Erfüllung der Gesamtfunktion der Handlung und damit zur Bedürfnisstillung führt. Dadurch gilt für jeden Teilnehmer alternativ, daß, wenn seine Teilhandlung lediglich eine Tätigkeit (Routine) darstellt, ihn das Gesamtziel motiviert, die Tätigkeit auszuführen. Oder, wenn er eine Teilhandlung des Gesamtmusters ausführt, ihn der kollektive Zweck der Handlung motiviert und die Gesamthandlung auch wirklich das Bedürfnis stillt, das gestillt werden soll.

Die zweite Kooperationsstufe sind Kooperationssysteme, durch die die vorige Form erst möglich wird (z.B. Betriebe). Es wird davon ausgegangen, daß ein entsprechender Aktant Mitglied einer Gesellschaft mit komplexer Arbeitsteilung ist und folglich auf diesem Niveau arbeitsteilig kooperativ mit den anderen Gesellschaftsmitgliedern verbunden ist. Weiter hat der Aktant ein Ziel vor Augen, das er erreichen will. Bedingung ist, daß, wenn der Aktant sein Ziel nicht allein erreichen kann, er in Kooperation nach dem Muster der ersten Kooperationsstufe mit anderen Aktanten agieren muß. Ist diese Kooperation Teil eines Kooperationssystems, dann gibt es eine feste Kooperationsreihe, in die der Aktant eintreten kann. Ist sie es nicht, dann gibt es die Möglichkeit, dieses in vier Schritten nachzuholen: Erstens, der Aktant realisiert, nachdem er sein Ziel in einen Zweck transformiert hat, einen Akt, der Teil der Zerlegungsmenge eines Gesamthandlungsmusters ist. Zweitens, der Kooperant nimmt den Akt als Teil eines Handlungsmusters wahr. Drittens, er führt sich die zugehörigen Akte vor Augen. Und viertens realisiert er den anschließenden Akt des Gesamthandlungsmusters, wodurch Aktant und Kooperant zu einer Kooperationsreihe verkoppelt werden. Dabei kann es zu Koordinationshandlungen kommen, indem Verständigungsprozesse zwischen den Aktanten hinsichtlich des Zwecks des angeschlossenen Akts stattfinden. Das kann so lange wiederholt werden, bis die Gesamthandlung durchgeführt worden ist. Letztlich findet dann das Erreichen des Zwecks durch die Performierung des Gesamthandlungsmusters statt.

Die Ausführung als viertes Stadium des Handlungsprozesses (S.75-80 und S.283ff.) wird in einen sprecher- und einen hörerseitigen Teil untergliedert.
Sprecherseitig bildet der Aktant aus dem Handlungskontext durch Rückgriff auf die Planbildung (ein Muster für die Gesamthandlung wird konstruiert; oder es wird auf ein bereits erarbeitetes Muster einer Gesamthandlung zurückgegriffen) einen Handlungsplan, der folgende Charakteristika aufweist: Der Aktant hat ein Ziel. Der Aktant verfügt aktuell über externe oder interne Vororganisationen der bevorstehenden Handlung derart, daß er über Konzepte der gesamthandlungsspezifischen Akte verfügt und daß er ein Wissen über die im Handlungskontext relevanten Mittel-Ziel-Ketten hat. Der Aktant trifft durch die Bildung des Handlungsplanes folgende Mitentscheidungen: 1. selektiert er kontrafaktische Elemente und Handlungskonzepte weg, die in der Vorphase des Handlungsschemas noch

explizit berücksichtigt waren, 2. fixiert er ein Startelement (den Initialakt der bevorstehenden Handlung) und trifft Handlungspräsuppositionen (handlungsrelevante Voraussetzungen). Gegebenenfalls (abhängig vom Handlungskontext) weiß der Aktant, welche Kooperanten welche Teilakte ausführen, wie die Lücken des Handlungsschemas überbrückt werden und wie die zeitliche Reihenfolge entsprechend den erwarteten Elementen des Handlungskontextes ist. Der Aktant ist ausführungsbereit, er verfügt über einen Handlungsplan, der folgendermaßen zu beschreiben ist: Der Aktant ist dabei, eine komplexe Handlung durchzuführen, wobei er bereits Teilhandlungen der Gesamthandlungen gemacht hat. Es können unvorhergesehen Entscheidungspunkte oder Handlungslücken oder Widerstand auf dem Handlungsfeld auftreten. Dann kommt es zur Rekapitulation der bereits geleisteten Teilhandlungen, des Plans für die geleisteten Teilhandlungen und des Restplans für die im Rahmen der Gesamthandlung noch zu leistenden Teilhandlungen. Daraufhin kommt es zur Bestätigung oder Wiedereröffnung der erneuten Situationsperzeption (Einschätzung der Situation, Zielanalyse oder des Handlungsschemas Plan/Planbildung). Ihr folgt dann entweder die Reparatur des Restplans, die Verfeinerung des Restplans oder die Bestätigung des Restplans.

Die hörerseitige Handlungsbeschreibung berücksichtigt den zeitlichen Ablauf der Ausführung. Sie beginnt mit dem Zeitpunkt, kurz bevor der Hörer handelt. Der Hörer „H" befindet sich mit dem Aktanten „S" auf einem Handlungsfeld, auf dem „S" eine Handlung vollzieht. Dadurch kann „H" die Daten der Handlung von „S" wahrnehmen, was folgendermaßen geschieht: zu einem Zeitpunkt vor der Handlung hat der Aktant „H" bereits eine innere Liste „Y" über ein Wirklichkeitselement „W" gebildet, das als Vorwissen an die Interpretation der Handlung herangetragen werden kann. Zum Zeitpunkt der Handlung liegt durch die Handlung eine Kollektion von Sachverhalten auf dem Handlungsfeld vor. Es wird durch ein Symbol „x" der Kollektion ein Element „y" aus dem Vorwissen von „H" repräsentiert, was „H" veranlaßt, sich das Muster „Y", als dessen Element er „y" vermutet, zu vergegenwärtigen. Daraufhin vergleicht „H" die Kollektion seines Musters mit der Kollektion der auf dem Handlungsfeld vorliegenden Sachverhalte. Weiter identifiziert er ein Element seines Musters mit einem Element der Kollektion, woraufhin er die Handlung „F" als nach dem Muster „Y" identifiziert.

Die Widerspiegelung des Sprecherplans setzt die Rekonstruktion des Sprecherplans voraus, für die die Ausführung (Verbalisierung) der Handlung und die Wahrnehmung der Daten der Handlung vorausgesetzt werden. Daraufhin bildet [illegible] des Sprechers. Weiter entwirft er ein Handlungsschema, das der Handlung des Sprechers entsprechen soll, einen Plan der Äußerung, der dem tatsächlichen Plan von „H" entsprechen soll, und eine Vorstellung des Ziels und der Motivation des Sprechers. Das wird als Voraussetzung für die Rekonstruktion des sprecherseitigen Teils der Gesamthandlung angesehen.

Nach dieser Identifizierung durch „H", der einfachen hörerseitigen Identifizierung, kann es zur Informierung eines weiteren Hörers „H'" über die Handlung durch „H" kommen, nachdem dieser die Daten von „F" abgespeichert hat. Dabei geschieht folgendes: „H" weiß, daß „H'" die Handlung „F" erstens nicht kennt und zweitens kennenlernen will; oder: „H'" hat Vorinformationen über die Handlung „F" und macht eine Nachfrage an „H" nach „F". Darauf folgt, daß „H" Annahmen über das Vorwissen von „H'" macht und daß „H" „F" durch Sprechhandlungen reproduziert, die eine Bewertung enthalten können. Das geschieht nach den Maximen 1. so viel Information für „H'" wie möglich und 2. nicht mehr Informationen als für „H'" erforderlich. Daraufhin rekonstruiert „H'" die Handlung aufgrund der Darstellung von „H", wobei er der Hörermaxime *„Wende Kategoriesierungs-Muster für Handlungen vom Typ „F" an"* folgt. Durch Nichtnachfragen gibt „H'" „H" zu verstehen, daß die Informierung abgeschlossen ist, oder es folgt eine Nachfragesequenz zwischen „H'" und „H".

Das letzte Stadium ist das des erreichten Resultats, d.h. der Zielerreichung, die bei dem Durchlauf der Stadien nach einem Handlungsmuster als Zweckerreichung aufgefaßt wird. Zum Resultat zählt REHBEIN die Folgen der Handlung. Wenn die Sachverhaltsänderung (das Resultat) durch den Durchlauf der Stadien nach einem Handlungsmuster vollzogen wurde, handelt es sich dabei um eine Handlung, auch wenn dieser Durchlauf nicht in der angegebenen Reihenfolge vollzogen wurde.

Eine Veränderung des Modells im Sinne einer adressatenspezifischen Beschreibung hat diese Stadien des Handlungsprozesses zu berücksichtigen.

1.6. Kritik am REHBEIN-Modell

Wie bereits kurz angedeutet wurde, hat REHBEIN gegenüber KÜHN den Nachteil, daß er weder konflikttheoretische Überlegungen noch Mehrfachadressierung berücksichtigt. Die Lieferung eines Konfliktmodells wird zwar als nötig empfunden, aber erst einmal aufgespart:

> *„Eine wichtige Einschränkung ist vorwegzuschicken: Wir diskutieren nur den Fall des Musters, in dem die Aktanten in ihrem Handeln demselben gesellschaftlichen Zweck unterstellt sind. Wir betrachten nicht den Fall, daß sie gegensätzliche Zwecke verfolgen: auch dabei haben sie Muster zur Verfügung, nämlich Muster des Kampfes. Kooperative Handlungsmuster stellen also einen Fall des gesellschaftlichen Zusammenwirkens von Aktanten dar, und dieser wird im folgenden untersucht." (REHBEIN 77, S.102.)*[40]

---

[40]Das *„Kampfmodell"* der BERLINER GRUPPE von 1975, auf das REHBEIN an dieser Stelle verweist, ist nach seiner Aussage nicht weiter entwickelt worden.

Für eine Betrachtung von Konfliktmustern muß allerdings vorher geklärt werden, was als ein Konflikt aufzufassen ist. Dazu bedarf es einer Berücksichtigung konflikttheoretischer Überlegungen, wie sie in PRESCH 85 oder KÜHN bereits stattgefunden haben. Klar zu sein scheint, daß eine scharfe Trennung zwischen Kooperation und Konflikt nur schwer aufrechterhalten werden kann. Es ist eher von einer Verschränkung auszugehen, was PRESCH dazu veranlaßt, die oben zitierte Passage aus REHBEIN 77 als *„Humpty-Dumpty-Lösung"*[41] zu kritisieren. In diesem Zusammenhang wird im Kapitel der Modellbildung (II.3.) auf die Stadien des Handlungsprozesse für Kooperation zurückgegriffen werden.

Ein weiterer Punkt ist, daß mehrere Hörer- und Sprecherrollen in das Handlungsmodell eingebaut werden müssen. Gesellschaftliche Interaktion findet schließlich nicht generell *„dyadisch"*[42] beschränkt statt. Das bedeutet aber, daß nicht nur von mehreren Hörern ausgegangen werden muß, die unterschiedliche Verstehens und Beteiligungsprozesse an der Handlung durchlaufen. Es müssen auch auf der Sprecherseite mehrere Aktanten als Handelnde möglich sein. Die Handlungen werden so noch ein Stück weit komplexer. Das wirft Probleme auf, nicht nur, was die Art der Darstellung in Sequenzplänen, die auf der dyadischen Darstellung beruht, angeht, sondern auch grundsätzlicher Art. Denn die Berücksichtigung mehrerer Handlungsbeteiligter und die gleichzeitige Berücksichtigung von Konfliktaustragungen in Handlungsmustern führen dazu, daß eben doch eine gegensätzliche Zwecksetzung von Aktanten berücksichtigt werden muß. Damit wird aber ein tiefer Einschnitt in die Handlungstheorie REHBEINs durchgeführt, der von einem Handlungszweck ausgeht, auf dessen Erreichung hin das Hand-

---

[41]PRESCH 91, S.89. Hier wird kritisiert, daß die Trennung von Kooperation und Kampf in der Modellbildung dazu führt, daß der Zusammenhang zwischen ihnen später nicht wieder hergestellt werden kann: *"all the kings horses and all the kings men couldn't put Humpty-Dumpty together again"*.

[42]Zum Begriff „dyadische Reduktion" siehe PRESCH 91, S.86.

lungsmuster konstruiert ist. Unter der neuen Perspektive müssen auch mehrere Zwecke berücksichtigt werden, die einander widersprechen können. Es nützt auch nichts, an dieser Stelle auf die „Ziel/Zweck"-Unterscheidung REHBEINs zurückzugreifen. Dadurch lassen sich lediglich instrumentalisierende Musternutzungen im einzelnen Konfliktfall analysieren. Wird von Mustern der Konfliktlösung ausgegangen, müssen auch die Gegensätze in der Zielvorstellung der Aktanten auf der Zweckebene - eben als gesellschaftlich erarbeitete - beschrieben werden können. In diesem Zusammenhang wird es dann auch möglich, die historisch genetische Entstehung und Veränderung von Handlungsmustern zu beschreiben, wie es von PRESCH gefordert wird[43].

Eine Berücksichtigung von Mehrfachadressierung und Konflikt im REHBEIN-Modell hat also zuerst einmal beim Zweckverständnis anzusetzen. Da dieses bei REHBEIN gesellschaftstheoretisch begründet ist, hat es auf einer gesellschaftstheoretischen Basis zu geschehen.

[43]PRESCH stellt heraus, daß das Phänomen der Arbeitszeugnisse, über eine Funktionsheterogenität zu verfügen, sich letztlich nur unter einer Berücksichtigung der historischen Entwicklung dieser Textsorte, die er auch ausführlich vornimmt, erklären läßt. PRESCH, Gunter: Verdeckte Beurteilungen in qualifizierten Arbeitszeugnissen: Beschreibung, Erklärung, Änderungsvorschläge, in: JANUSCHEK, Franz (Hrsg): Politische Sprachwissenschaft. Zur Analyse von Sprache als kulturelle Praxis. Opladen 1985a, S. 307-364, S.348.

2. Diskussion des Zweckbegriffs: HABERMAS[44]

Die Diskussion des Zweckbegriffs wird in 2.1. auf der Grundlage von HABERMAS „Theorie des kommunikativen Handelns" geführt. Dabei sollen die Vor- und Nachteile des Begriffs „Zweckrationalität" aufgezeigt werden. Es werden die Rationalitätsbegriffe WEBERs, wie sie HABERMAS herausgearbeitet hat, dargestellt. Dieses geschieht unter Bezug auf die Theorie des kommunikativen Handelns und der Unterscheidung zwischen „Systemwelt" und „Lebenswelt". Daraufhin wird die These begründet, daß sich REHBEINs Zweckbegriff auf die Systemwelt beschränkt und um lebensweltliche Faktoren erweitert werden muß, soll mit ihm alltägliches Handeln erklärt werden.

Weiter werden aus der Theorie des kommunikativen Handelns die Grundlagen herausgelesen, aus denen sich eine Einbettung der Rollentheorie als sinnvoll zur Überbrückung der „lebensweltlichen Lücke" bei REHBEIN in bezug auf die Integration normenregulierten, dramaturgischen und kommunikativen Handelns ergibt. Die Interaktion der Rationalitätssyteme wird dabei zwischen System- und Lebenswelt im kommunikativen Handeln angesiedelt. Danach wird der systematische Ort der kommunikativen Konfliktaustragung in HABERMAS Theorie markiert, um den Ansatzpunkt der Einbettung der Konflikttheorie zu finden.

In 2.3. wird die Rollentheorie GERHARDTs eingeführt, die zur Erfassung des „normenregulierten" Handelns beitragen soll. Damit soll sie die lebensweltliche Lücke schließen helfen. Denselben Zweck erfüllt die Beschreibung dramaturgischen Handelns nach GOFFMAN in 2.4..

---

[44]Die Seitenangaben im Text beziehen sich auf: HABERMAS, Jürgen: Theorie des kommunikativen Handelns Bd. 1 u. 2, Frankfurt/M 1981. Kursiv gedruckte Passagen sind von HABERMAS übernommen.

2.1. Theorie des kommunikativen Handelns

HABERMAS beginnt seine Ausführungen über die Theorie des kommunikativen Handelns in einer Einführung über Handlungsrationalität (Bd 1, S.126-152). Nachdem er WEBERs Theorie der Rationalisierung behandelt (Bd 1, S.225-369), baut er sie in einer ersten Zwischenbetrachtung (Bd 1, S.377-385) weiter aus. Er setzt dabei drei Handlungsbegriffe voraus, die er nach Aktor-Welt-Bezügen differenziert: teleologisches, normenreguliertes und dramaturgisches Handeln. Zum teleologischen Handeln zählt er auch strategisches Handeln.[45]
Er lehnt sich bei seinen Ausführungen an WEBERs Handlungstypologie (1. zweckrational, 2. wertrational, 3. affektuell und 4. traditional[46]) an, indem er eine WEBER-Interpretation von SCHLUCHTER[47] übernimmt, die die WEBERsche Unterscheidung von zweck- und wertrationalem sowie traditionalem und affektuellem Handeln als Graduierung des Begriffs *„zweckrational"* auffaßt (Bd 1, S.380f.). Dieses wird von HABERMAS als verengt und als von WEBER in seinen Gesellschaftsanalysen bereits überholt aufgefaßt. Er will die Komplexität, die er WEBERs Untersuchungen zuspricht, durch die Konstruktion seiner Theorie des kommunikativen Handelns auch theoretisch sichtbar machen (Bd 1, S.384). Deshalb leitet er die seiner Auffassung nach von WEBER typologisch vernachlässigten Handlungsaspekte ab.

> *„Dabei gehe ich von einer Klassifikation von Handlungen aus, die sich an die inoffizielle Version der WEBERschen Handlungstheorie insofern anlehnt, als soziale Handlungen nach zwei Handlungsorientierungen unterschieden werden, die einer*

---

[45]Damit trifft HABERMAS ähnliche Handlungsunterscheidungen wie BÜHL (Bd 1, S.126ff.).

[46]Zitiert wird: WEBER, Max: Wirtschaft und Gesellschaft, 1964, S.17 nach HABERMAS 81, S.207f.

[47]SCHLUCHTER, W.: Die Entwicklung der okzidentalen Rationalismus, Tübingen 1979.

Handlungskoordinierung durch Interessenlage und normatives Einverständnis korrespondieren:

(Schema 5)

Handlungsorientierung / Handlungssituation	erfolgsorientiert	verständigungsorientiert
nicht-sozial	instrumentelles Handeln	-
sozial	strategisches Handeln	kommunikatives Handeln

„(...) Der Erfolg ist definiert als das Eintreten eines erwünschten Zustandes in der Welt, der in einer gegebenen Situation durch zielgerichtetes Tun oder Unterlassen kausal bewirkt werden kann. (...) Eine erfolgsorientierte Handlung nennen wir instrumentell, wenn wir sie unter dem Aspekt der Befolgung technischer Handlungsregeln betrachten und den Wirkungsgrad einer Intervention in einen Zusammenhang von Zuständen und Ereignissen bewerten; strategisch nennen wir eine erfolgsorientierte Handlung, wenn wir sie unter dem Aspekt der Befolgung von Regeln rationaler Wahl betrachten und den Wirkungsgrad der Einflußnahme auf die Entscheidungen eines rationalen Gegenspielers bewerten. Instrumentelle Handlungen können mit sozialen Interaktionen verknüpft sein, strategische Handlungen stellen selbst soziale Handlungen dar. Hingegen spreche ich von kommunikativen Handlungen, wenn die Handlungspläne der beteiligten Aktoren nicht über egozentrische Erfolgskalküle, sondern über Akte der Verständigung koordiniert werden. Im kommunikativen Handeln sind die Beteiligten nicht primär am eigenen Erfolg orientiert; sie verfolgen ihre individuellen Ziele unter der Bedingung, daß sie ihre Handlungspläne auf der Grundlage gemeinsamer Situationsdefinitionen aufeinander abstimmen können. Insofern ist das Aushandeln von Situationsdefinitionen ein wesentlicher Bestandteil der für kommunikatives Handeln erforderlichen Interpretationsleistungen." (Bd 1, S.384f.)

Die Begriffe „*strategisch*" und „*kommunikativ*" bezeichnen die Aspekte wechselseitiger Beeinflussung zweckrational handelnder Gegenspieler und den Prozeß der Verständigung zwischen Angehörigen einer Lebenswelt bei derselben Handlung. Zum anderen wird zwischen einer erfolgsorientierten und einer verständigungsorientierten Einstellung unterschieden (Bd 1, S.385).

> *„Verständigungsprozesse zielen auf ein Einverständnis, welches den Bedingungen einer rational motivierten Zustimmung zum Inhalt einer Äußerung genügt. Ein kommunikativ erzieltes Einverständnis hat eine rationale Grundlage; es kann nämlich von keiner Seite, sei es instrumentell, durch Eingriff in die Handlungssituation unmittelbar, oder strategisch, durch erfolgskalkulierte Einflußnahme auf die Entscheidungen eines Gegenspielers, auferlegt werden. Wohl kann ein Einverständnis objektiv erzwungen sein, aber was ersichtlich durch äußere Einwirkung oder Anwendung von Gewalt zustande kommt, kann subjektiv nicht als Einverständnis zählen. Einverständnis beruht auf gemeinsamen Überzeugungen." (Bd 1, S.387)*

Diese Legitimationsfunktion des verständigungsorientierten Handelns, das sich im kommunikativen Handeln manifestiert, spielt eine wichtige Rolle beim Einbau konflikttheoretischer Überlegungen ins Konzept des kommunikativen Handelns. Nach dieser ersten Ableitung und Kurzeinführung des Begriffs des kommunikativen Handelns aus WEBERs Handlungstypologie, sollen die Handlungstheorien, die sich der Beschreibung der verschiedenen Handlungstypen widmen, näher beleuchtet werden.

2.1.1. Teleologisches (strategisches) Handeln

Der Begriff des teleologischen Handelns ist grundlegend für alle Handlungstheorien (Bd 1, S.150f.). Der Aktor bewirkt *„das Eintreten eines erwünschten Zustandes, indem er die in der gegebenen Situation erfolgversprechenden Mittel wählt und in geeigneter Weise anwendet" (Bd 1, S.126).*

Der Rationalitätsbegriff, dem diese Handlungsweise entspricht, ist der der Zweckrationalität. Unter diesem Gesichtspunkt kann eine Handlung mehr oder weniger rational geplant werden oder durch einen Außenstehenden als rational geplant interpretiert werden (Bd 1, S.127).

Der Begriff des teleologischen Handelns setzt Beziehungen zwischen einem Aktor und einer Welt existierender Sachverhalte voraus. In dieser als objektiv aufzufassenden Welt kann der Aktor entweder wahr oder unwahr zu Sachverhalten Stellung beziehen, wie beispielsweise durch einen Dritten beurteilt werden kann. Weiter kann er versuchen, in der Welt zu intervenieren, um seine Wünsche mit den Sachverhalten in Übereinstimmung zu bringen. Diese Handlungen können nach ihrer Wirksamkeit, unter anderem wieder von Dritten, beurteilt werden. Diese Weltbeziehungen werden von HABERMAS rational genannt, da sie einer Überprüfung durch Dritte zugänglich sind.

Ein Spezialfall des teleologischen Handelns ist das strategische Handeln, in dem die Handelnden in ihren Entscheidungen mögliche Entscheidungen von mindestens einem weiteren zielgerichtet handelnden Aktor berücksichtigen. Diese Berücksichtigung findet statt, indem sich an den Entscheidungen orientiert wird oder versucht wird, sie zu beeinflussen. Der Handlungserfolg hängt so von anderen Aktoren ab, die am Erfolg ihrer eigenen Handlungen interessiert sind und sich nur kooperativ verhalten, soweit es ihrem persönlichen Nutzen entspricht. Unterstellt man den Aktoren eine Kalkulierung der Mittel und Zwecke unter dem Aspekt der Nutzenmaximierung, erhält man das Modell, das den entscheidungs- und spieltheoretischen Handlungsansätzen zugrunde liegt (Bd 1, S.129ff.).

2.1.2. Normenreguliertes Handeln

Der Begriff des normenregulierten Handelns bezeichnet eine Beziehung zwischen einem Aktor als Mitglied einer sozialen Gruppe und deren Mitglieder, die ihr Verhalten an gemeinsamen Werten (anstatt egoistischen Motiven) orientieren.

Die Normen drücken ein in der Gruppe bestehendes Einverständnis aus:

> *„Alle Mitglieder einer Gruppe, für die eine bestimmte Norm gilt, dürfen voneinander erwarten, daß sie in bestimmten Situationen die jeweils gebotenen Handlungen ausführen bzw. unterlassen. Der zentrale Begriff der Normbefolgung bedeutet die Erfüllung einer generalisierten Verhaltenserwartung." (Bd 1, S.127)*

Es werden dabei die Beziehungen des Aktors zu zwei Welten vorausgesetzt, der objektiven der existierenden Sachverhalte und der sozialen der rollenspielenden Interaktanten, die untereinander normativ geregelte Interaktionen aufnehmen (Bd 1, S.132).

> *„Das normative Handlungsmodell geht davon aus, daß die Beteiligten sowohl eine objektivierende Einstellung zu etwas, das der Fall oder nicht der Fall ist, wie auch eine normenkonforme Einstellung zu etwas, das, nun zu Recht oder zu Unrecht, geboten ist, einnehmen können." (Bd 1, S.135)*

Damit hat dieser Handlungsbegriff eine breitere Fundierung als der teleologische. Zur sozialen Welt ist weiterhin anzumerken:

> *„Eine soziale Welt besteht aus einem normativen Kontext, der festlegt, welche Interaktionen zur Gesamtheit berechtigter interpersonaler Beziehungen gehören." (Bd 1, S.132)*

Die intersubjektive Anerkennung der Norm begründet ihre soziale Geltung. Werte können in solchen Normen verkörpert werden. Übertragen hieße dies, daß die Angehörigen einer sozialen Gruppe voneinander erwarten dürfen, daß alle sich in entsprechenden Situationen nach normativ festgeschriebenen Werten orientieren. So wird normenkonformes Verhalten nicht nur kognitiv, sondern auch motivational begründet.

Normen können in der sozialen Welt auf ihre Richtigkeit hin überprüft werden. Einmal läßt sich fragen, ob die Handlungen und Motive eines Aktors mit den anerkannten Normen übereinstimmen. Andererseits läßt sich aber auch fragen, ob die Normen anerkennenswert sind (Bd 1, S.132f.).

2.1.3. Dramaturgisches Handeln

Der Begriff des dramaturgischen Handelns bezieht sich in erster Linie weder auf einen Aktor noch auf eine soziale Gruppe, sondern auf Interaktanten, die füreinander ein Publikum bilden, vor dem sie sich darstellen. Jeder Aktor ruft beim Publikum ein bestimmtes Bild (eine bestimmte Art und Weise, wie er vom Publikum gesehen und akzeptiert werden möchte) hervor, indem er seine Subjektivität mehr oder weniger gezielt enthüllt. Zu seiner Subjektivität, den persönlichen Erlebnissen, hat jeder Interaktionsteilnehmer einen privilegierten Zugang, und so kann er den Zugang des Publikums zu seinen Wünschen, Einstellungen, Gedanken, Absichten usw. steuern. Die Interaktion findet demnach über die Steuerung des gegenseitigen Zugangs zur Subjektivität statt, wobei noch einmal betont werden soll, daß es sich nicht um spontanes Ausdrucksverhalten, sondern um *„die zuschauerbezogene Stilisierung des Ausdrucks eigener Erlebnisse" (Bd 1, S.128)* handelt.

HABERMAS ordnet diesem Handlungsbegriff ebenfalls zwei Weltbezüge zu, zur objektiven und zur subjektiven Welt. In expressiven Äußerungen kann die Subjektivität in der Abgrenzung zur objektiven Welt vorgezeigt werden. Die subjektive Welt hat als Rationalitätskriterium nur die Aufrichtigkeit vorzuweisen, d.h. der Aktor glaubt an das Bild, das er beim Publikum erzeugen will (Bd 1, S.137). Gleichzeitig schränkt HABERMAS aber ein, daß dramaturgisches Handeln strategisch sein kann, um das Publikum zu täuschen, und geht in Anlehnung an GOFFMAN sogar so weit, von latent strategischer Selbstinszenierung zu sprechen. Er löst diesen Widerspruch durch die Feststellung, daß die Täuschung nur gelingen kann, wenn das Publikum an die Aufrichtigkeit des Akteurs glaubt; der dadurch erzwungene Perspektivenwechsel wird von ihm nicht mehr problematisiert (Bd 1, S.140f.).

2.1.4. Kommunikatives Handeln, System und Lebenswelt

Der Begriff des kommunikativen Handelns bezieht sich auf mindestens zwei Personen, die versuchen, eine Verständigung über ihre Handlungssituation und ihre Handlungspläne zu erzielen und ihre Handlungen zu koordinieren. Der Schwerpunkt liegt dabei auf dem Aushandeln konsensfähiger Situationsdefinitionen (Bd 1, S.128).

HABERMAS schickt die Bemerkung voraus, daß eine Handlungsregel sich auf etwas in der Welt bezieht und mit handlungsmotivierenden Gründen verknüpft ist, weshalb der Weltbezug der Handlungsbegriffe von Wichtigkeit ist. Weiter unterscheiden sich Handlungsregeln dadurch von anderen Regeln, die ohne solchen sinnstiftenden Bezug auskommen (Bd 1, S.143f.). Im Zusammenhang stellt HABERMAS Weltbezüge und Situationsdefinition so dar:

> *„Für das kommunikative Handlungsmodell ist Sprache allein unter dem pragmatischen Gesichtspunkt relevant, daß Sprecher, indem sie Sätze verständigungsorientiert verwenden, Weltbezüge aufnehmen, und dies nicht nur wie im teleologischen, normengeleiteten oder dramaturgischen Handeln direkt, sondern auf eine reflexive Weise. Die Sprecher integrieren die drei formalen Weltkonzepte, die in den anderen Handlungsmodellen einzeln oder paarweise auftreten, zu einem System und setzen dieses gemeinsam als einen Interpretationsrahmen voraus, innerhalb dessen sie eine Verständigung erzielen können. Sie nehmen nicht mehr geradehin auf etwas in der objektiven, sozialen oder subjektiven Welt Bezug, sondern relativieren ihre Äußerung an der Möglichkeit, daß deren Geltung von anderen Aktoren bestritten wird. Verständigung funktioniert als handlungskoordinierender Mechanismus nur in der Weise, daß sich die Interaktionsteilnehmer über die beanspruchte Gültigkeit ihrer Äußerungen einigen, d.h. Geltungsansprüche, die sie reziprok erheben, intersubjektiv anerkennen. Ein Sprecher macht einen kritisierbaren Anspruch geltend, indem er sich mit seiner Äußerung zu mindestens einer Welt verhält und dabei den Umstand, daß diese Beziehung zwischen*

> *Aktor und Welt grundsätzlich einer objektiven Beurteilung zugänglich ist, nutzt, um sein Gegenüber zu einer rational motivierten Stellungnahme aufzufordern." (Bd 1, S.148)*

Die Rationalität des kommunikativen Handelns findet sich in den drei Weltbezügen wieder, nach denen eine Äußerung implizit genau drei Geltungsansprüche erfüllen muß: sie muß in der objektiven Welt wahr, in der normativen Welt richtig und in der subjektiven Welt wahrhaftig sein. Die Rationalitätsstufen machen die Äußerungen überprüfbar und einer prinzipiellen Einigung zugänglich (Bd 1, S.149).

Die Situationsdefinition stellt eine Ordnung her, mit der die Interaktanten Elemente der Handlungssituation den drei Welten zuordnen, d.h. sie bauen die Handlungssituation in ihr Lebensweltkonzept ein. Da die Deutungen der Interaktanten abweichen können, besteht die Aufgabe des kommunikativen Handelns darin, daß der Einzelne die abweichenden Deutungen der anderen in sein Konzept einbaut und das revidierte Konzept mit den Vorstellungen der anderen zur Dekkung bringt. Diese Kooperation hat man sich als instabil und mehrdeutig vorzustellen. Die Kooperation wird notwendig, wenn man sich vor Augen führt, was HABERMAS Erweiterung der WEBERschen Handlungstypologie erbracht hat: verständigungsorientiertes Handeln (als Gegensatz zum erfolgsorientierten Handeln) ist wichtig, da nur durch Verständigung soziale Regelungen legitimiert werden können und erst durch die Legitimation Bestand gesichert wird. Verständigung findet aber nach HABERMAS rational statt, d.h. über die Weltbezüge der Aktoren. Insofern umfaßt der Begriff des kommunikativen Handelns das teleologische, das normenregulierte und das dramaturgische Handeln. Es muß im kommunikativen Handeln Verständigung über Ziele der Interaktanten im weitesten Sinne, ein Einverständnis über Werte und Normen sowie eine konsensuelle Beziehung zwischen Darstellern und Publikum herrschen (Bd 1, S.150f.). Die drei Welten dienen als Bezugssysteme, mit denen sich die Aktanten über ihre Situationsdefinitionen einigen (Bd. 2, S.184). Diese Situationsdefintionen, die sich in gewisser Weise überlappen müssen, soll Verständigung überhaupt möglich sein, bilden so den Hintergrund für Kommunikation überhaupt (Bd. 2, S.184). Die Handlungssituation ist ein thematisch ausgegrenzter Ausschnitt aus der Lebenswelt. Die Lebenswelt selbst ist stets präsent und basiert auf unhinterfragtem als sicher angenommenem Wissen, das zur Interpretation neuer Situationen einen Rahmen (eine Menge von Deutungsmustern) bildet (siehe REHBEIN zur Situation). Durch diesen Bezugsrahmen wird keine Situation als neu erlebt, sondern neue Ereignisse werden als dem alten Wissen entsprechend geordnet. Wichtig ist, daß dieses unbewußt geschieht. Durch das Auftreten einer Handlungssituation, oder genauer eines Themas durch die Interessen und Handlungsziele mindestens eines Interaktanten, werden Ausschnitte der Lebenswelt aus ihrer Selbstverständlichkeit gelöst, Sachverhalte als Bestandteile einer Handlungssituation können als Tatsachen, Norminhalte und Erlebnisinhalte problematisiert werden. Nur diese begrenzten Ausschnitte bilden einen *„thematisierungsfähigen Kontext verständigungsorientierten Handelns und treten unter der Kategorie des Wissens auf" (Bd. 2, S.189).*

Die Bewältigung von Handlungssituationen kann erfolgsorientiert, durch teleologisches, zweckrationales Handeln, und verständigungsorientiert durch kommunikatives Handeln gelingen.

Nur die Berücksichtigung der drei Faktoren Kultur, Gesellschaft und Persönlichkeit[48] kann den lebensweltlichen Horizont angemessen beleuchten. Die kulturelle Reproduktion der Lebenswelt sorgt für die Angleichung von neuen Bedeutungen

---

[48] *„Kultur nenne ich den Wissensvorrat, aus dem sich die Kommunikationsteilnehmer, indem sie sich über etwas in einer Welt verständigen, mit Interpretationen versorgen. Gesellschaft nenne ich die legitimen Ordnungen, über die die Kommunikationsteilnehmer ihre Zugehörigkeit zu sozialen Gruppen regeln und damit Solidarität sichern. Unter Persönlichkeit verstehe ich die Kompetenzen, die ein Subjekt sprach- und handlungsfähig machen, also instandsetzen, an Verständigungsprozessen teilzunehmen und dabei die eigene Identität zu behaupten." (Bd. 2, S.209)*

in Situationen an die bestehenden Weltzustände und sichert so Kontinuität und Überlieferung. Gelingt diese Reproduktion nicht, kommt es zu Krisen durch Sinnverlust. Die soziale Integration sorgt dafür, daß in neu auftretenden Situationen Handlungen über legitim geregelte inpersonale Beziehungen geregelt und so Identitäten gestärkt werden. Gelingt das nicht, kommt es zu Anomie und Auflösung von Solidaritäten. Die Sozialisation der Angehörigen einer Lebenswelt sichert durch Einordnung neuer Situationen in die historische Zeit an die bestehenden Weltzustände *„den Erwerb generalisierter Handlungsfähigkeiten und sorgt für die Abstimmung von individuellen Lebensgeschichten und kollektiven Lebensformen" (Bd. 2, S.213)*. Bei Störungen kommt es zu Abwehrmechanismen des Individuums auf Kosten seiner Ich-Stärke.

Zielgerichtete Handlungen werden neben Prozessen der Verständigung auch durch funktionale Zusammenhänge koordiniert, die nicht von den Interaktanten intendiert sind und den Horizont der Alltagspraxis überschreiten können. Deshalb wird zwischen Sozial- und Systemintegration unterschieden.

> *„Im einen Fall wird das Handlungssystem durch einen, sei es normativ gesicherten oder kommunikativ erzielten Konsens, im anderen Fall durch die nicht normative Steuerung von subjektiv unkoordinierten Einzelentscheidungen integriert." (Bd. 2, S.226)*

Handlungssysteme werden als spezieller Fall lebender Systeme aufgefaßt. Lebende Systeme sind offene Systeme, die sich durch Austauschprozesse über ihre Grenzen gegenüber einer überkomplexen und instabilen Umwelt erhalten. Alle Systemzustände erfüllen dabei die Funktionen der Systemerhaltung (Bd. 2, S.227). Die gesamtgesellschaftlich relevanten Funktionen verteilen sich auf die verschiedenen Handlungssysteme Verwaltung, Militär und Rechtssprechung, in denen sich der Staatsapparat darauf spezialisiert, über bindende Entscheidungen kollektive Ziele zu verwirklichen (Bd. 2, S.255). Das kapitalistische Wirtschaftssystem repräsentiert eine Form des entpolitisierten und nicht-staatlichen Subsystems. Es ist aus dem lebensweltlichen Verständigungsprozeß ausgekoppelt. Allerdings geschieht das nur aus der Außen(System-)perspektive. Die Binnen(Lebenswelt-)perspektive ist weiter auf die erfolgs- oder verständigungsorientierte Deutung der Interaktanten angewiesen, bei der sich zwangsläufig dort unschließbare Lücken auftun, wo Ziele und Systemfunktionen nicht miteinander harmonieren. Das Gesellschaftssystem sprengt so den lebensweltlichen Horizont und entzieht sich dem Vorverständnis der kommunikativen Alltagspraxis. Die Gesellschaft als Ganzes soll aber weder mit der Lebenswelt identifiziert, noch auf systemische Zusammenhänge reduziert werden.

> *„Was sich unter systemischen Aspekten als eine Integration der Gesellschaft auf dem Niveau einer erweiterten materiellen Reproduktion darstellt, bedeutet unter sozialintegrativen Aspekten eine Steigerung sozialer Ungleichheit, die massenhaft ökonomische Ausbeutung und juristisch bemäntelte Repression der abhängigen Klassen." (Bd. 2, S.280)*

Beide Aspekte wirken aufeinander ein: der Eigensinn der kommunikativen Rationalisierung bewirkt einen Strukturwandel der Lebenswelt; die strukturellen Differenzierungen der Lebenswelt bestimmen den Grad der Komplexitätssteigerung der Systeme (Bd. 2, S.230).

Systeme wirken über Steuerungsmedien auf die Lebenswelt ein. Geld kodiert beispielsweise einen *„zweckrationalen Umgang mit kalkulierbaren Wertmengen und ermöglicht eine generalisierte strategische Einflußnahme auf die Entscheidungen anderer Interaktionsteilnehmer unter Umgehung sprachlicher Konsensbildungsprozesse" (Bd. 2, S.273)*. Damit werden erfolgsorientierte Einstellungen in kommunikatives Handeln integriert, ohne daß dies kenntlich gemacht würde. HABERMAS spricht von verborgener Einwirkung des Systems auf die Lebenswelt und bezeichnet sie als strukturelle Gewalt, die die Kommunikation ein-

schränkt, indem sie für die Kommunikationsteilnehmer den Zusammenhang von objektiver, sozialer und subjektiver Welt in *„typischer Weise präjudiziert"* (Bd. 2, S.278). An dieser Stelle warnt HABERMAS davor, daß die systematischen Mechanismen die sozialintegrativen Formen an Stellen verdrängen könnten, an denen sie unersetzbar sind, d.h., daß die Mediatisierung der Lebenswelt zu ihrer Kolonialisation werden könnte.
Gesellschaftliches Handeln findet also erfolgsorientiert (strategisch) und verständigungsorientiert (kommunikativ) statt. Der Aspekt der Zweckrationalität tritt nicht nur in Erscheinung, wenn Interaktanten einander instrumentalisieren, sondern er dringt über die Systemwelt strukturell in die Lebenswelt ein. Solange aber verständigungsorientiert gehandelt wird, spielen die Aspekte der Wahrheit, Richtigkeit und Wahrhaftigkeit von Handlungen eine zentrale Rolle. Nur sie gewährleisten die Rationalität des kommunikativen Handelns, die die Legitimität von Handlungen erzeugt.

Die Schwierigkeit, dieses auf Kooperation ausgelegte Konzept für die Analyse von Konfliktsituationen fruchtbar zu machen, liegt auf der Hand. Dennoch scheinen sich mit den unterschiedlichen Weltbezügen, von denen nur einer thematisiert und die anderen vorausgesetzt werden (Bd. 2, S.184), sowie mit dem Gedanken der Legitimation durch gemeinsames Handeln zwei wesentliche Aspekte ergeben zu haben: eine Erklärung der Aufrechterhaltung des kooperativen Scheins, selbst bei Konfliktlösungen durch Macht, und die Verortung von Mehrfachadressierung in verschiedenen Ebenen der Kommunikation, d.h. verschiedenen Welten, in denen eine Veränderung stattfindet.
Durch verdeckte Beteiligungen an strategischen Handlungen können Interaktanten, ihre zweckrational erlangten Ergebnisse zu legitimieren und damit zu stabilisieren versuchen. Dafür bieten die verschiedenen Ebenen der Weltbezüge diverse

Möglichkeiten, die unter den Gesichtspunkten der Integrierung von Mehrfachadressierung und Konflikttheorie genauer betrachtet werden sollen.

2.2. REHBEINs Zweckbegriff: systemtheoretisch und zweckrational im Sinne von HABERMAS

An dieser Stelle soll der Zweckbegriff REHBEINs kritisch analysiert werden. Dies geschieht durch das Aufzeigen seiner Relevanz im REHBEINschen Theoriengebäude und der Interpretation der gesellschaftstheoretischen Ausführungen im Rahmen der Theorie des kommunikativen Handelns von HABERMAS. Erleichternd wirkt sich dabei aus, daß beide Autoren Strömungen der kritischen Theorie als wesentliche Elemente in ihre Ausführungen einbauen, was einen Bezug aufeinander in dem Sinne ermöglicht, daß von ähnlichen Voraussetzungen ausgegangen wird.

2.2.1. REHBEINs Zweckbegriff als abhängig vom Wirtschaftssystem

In seinem Aufsatz von 1979 „Handlungstheorien" beschreibt REHBEIN zwei verschiedene Theoriebildungsarten, die emische und die etische. Damit scheint er die systematische Begründung für sein Vorgehen in „Komplexes Handeln" zu liefern. Dort hat er die *„Elemente einer Handlungstheorie"* untersucht und versucht sie unter dem Begriff des Handlungsmusters zu subsummieren. Dadurch wird aus dem Eklektizismus der Darstellung ein aufs Ganze bezogener Ansatz, wie er in REHBEIN 79 favourisiert wird. Unterstützt wird dieses Vorgehen durch die Auffassung des Handlungsprozesses als in Stadien unterteilt, denen die unterschiedlichen Theorieansätze zugeordnet werden. Ein Handlungsmuster wird als eben dieser Durchlauf durch die Stadien bezeichnet. Ohne näher auf die inneren Schwierigkeiten eines solchen Vorgehens eingehen zu wollen (eine ausführlichere Diskussion findet am Schluß der Modellbildung statt), soll jetzt nur auf die hervorragende Rolle des Handlungsmusters als wesentlicher Theorieteil hingewiesen werden, ohne den die Elemente REHBEINs zusammenhangslos bleiben würden.

Das Handlungsmuster ist aufs engste mit dem *„Zweck"* verbunden:

> *„Als wesentliches Charakteristikum (der Handlungsmuster TZ) ist festzuhalten, daß die Muster auf der Grundlage gesellschaftlicher Kooperation entwickelt und erprobt wurden und damit als Formen anzusehen sind, in denen sich gesellschaftliche Arbeit entsprechend bestimmter gesellschaftlicher Zwecke vollzieht." (REHBEIN 77, S.90)*

Das Handlungsmuster dient also der Erreichung eines gesellschaftlichen Zwecks. In „Komplexes Handeln" werden zur näheren Erläuterung der gesellschaftlichen Situationsbeschreibung und damit des Zwecks des Handelns die *„Kategorien des Handlungsraumes"* eingeführt. In ihnen wird der Zweck im *„System der Bedürfnisse"* spezifiziert:

> *„Die Zwecke ihrerseits sind nicht beliebig, sondern sie sind verbunden mit dem System der Bedürfnisse (REHBEIN 77, 1.1.4.) (sic! TZ) der Handelnden." (EHLICH/REHBEIN 79, S.244)*

Zu den Bedürfnissen führt REHBEIN in Anlehnung an MARX und der sich auf ihn berufenden Kritischen Psychologie (HOLZKAMP) folgendes aus:

> *„Die Bedürfnisse sind keine Entitäten, sondern treten in einem System auf, das eingelagert ist in ein entsprechendes Produktionssystem. Ihre Befriedigung vollzieht sich daher nicht direkt, sondern ist erst durch einen in dem Produktionssystem entwickelten „Vermittlungszusammenhang" möglich, durch den Bedürfnisträger und Inhaber der Mittel zur Befriedigung der Bedürfnisse „zueinanderkommen".*
> *Mit dem Fortschreiten der Arbeitsteilung im gesamtgesellschaftlichen Maßstab werden neue und speziellere Bedürfnisse erzeugt. Das System der Bedürfnisse entspricht dem System der Arbeitsteilung. Damit haben die Bedürfnisse ihre „natürliche Basis"*

verlassen und sind auch nicht mehr durch Rückführung auf sie zu erklären. Ein individueller Aktant, der zu einem bestimmten Zeitpunkt der Geschichte in einem Handlungsraum auftritt, findet also bereits ein ausgearbeitetes System von Bedürfnissen vor, das sowohl Konsequenz wie Voraussetzung eines speziellen Systems der Arbeitsteilung ist." (REHBEIN 77, S.24f.)

Damit[49] bindet REHBEIN sein handlungstheoretisches Konzept über die grundlegende Kategorie des *„Handlungsmusters"* mit der grundlegenden Kategorie *„Zweck"* durch die marxistische Interpretation der *„Bedürfnisse"* an die Arbeitsteilung und Produktionsbedingungen oder, anders gesagt, an das ökonomische System[50].

2.2.2. Kritik am REHBEINschen Zweckbegriff auf der Basis der Theorie des kommunikativen Handelns

Obwohl REHBEINs Begriff *„System"* wahrscheinlich nicht identisch mit der HABERMASschen Verwendung ist, läßt sich doch aufgrund der Erläuterungen von HABERMAS zur Trennung von System- und Lebenswelt erkennen, daß HABERMAS die von REHBEIN als System bezeichneten Phänomene als System in seinem Sinne versteht. Das ökonomische System in der Interpretation von MARX dient ihm geradezu zur Exemplifikation seines Systembegriffs. Am Begriff der gesellschaftlichen Arbeit, der materiellen Reproduktion bei

[49]REHBEIN gibt allerdings ein Beispiel für Bedürfnisse, das nicht mit seiner Bedürfnisableitung zu erklären ist (S.19): Durch das Umkippen eines Patienten im Wartezimmer eines Arztes wird das Bedürfnis zur sofortigen Behandlung erzeugt. Durch das Umkippen tritt kein objektives aus den Produktions- und Arbeitsverhältnissen erwachsenes Bedürfnis auf. Eher entsteht ein normativer Zwang aufgrund des Wertesystems, den Patienten sofort zu behandeln. Hier überschreitet REHBEIN unbewußt den engen Rahmen seiner Bedürfnisausführungen.

[50]REHBEIN sieht jedoch durchaus den Stellenwert des Individuums, indem er die Rolle des Individuums im Bedürfniskonflikt herausstellt. (REHBEIN 77, S.53).

HABERMAS, macht er deutlich, wie sich ein Subsystem aus dem lebensweltlichen Horizont der Handelnden verselbständigt. Durch das Medium *„Geld"* wird die Interaktion in diesem Subsystem zum Teil entsprachlicht. Durch die Wahl dieses Subsystems als Basis für ein Handlungskonzept werden lebensweltliche Handlungsaspekte ausgeblendet, indem als Handlungsrationalität nur noch zweckrationales Handeln im Sinne von Systemerhaltung vorausgesetzt wird. Durch den Einbau des Zielbegriffs, der auch zweckunabhängig Geltung beansprucht, erweitert REHBEIN die Zweckrationalität zwar noch auf erfolgsorientiertes Handeln, der lebensweltliche Aspekt der verständigungsorientierten Handlungen und damit die Rationalitäten normenregulierten, dramaturgischen und kommunikativen Handelns können jedoch nicht systematisch erfaßt werden. Die Beschränkung des Zweckbegriffs auf zweckrationales Handeln durch seine Rückführung auf das systemisch und damit zweckrational aufzufassende Wirtschaftssystem scheint klar zu sein. Schwieriger ist es jedoch, die Behauptung aufrecht zu erhalten, die Lebenswelt bliebe dabei unberücksichtigt. Durch den Rückgriff auf die kritische Psychologie installiert REHBEIN die systemisch erzeugten Bedürfnisse als lebensweltliche Faktoren. Er beschreibt damit gerade das, was HABERMAS als *„Mediatisierung der Lebenswelt"* bezeichnet hat, das versteckte Eindringen systemisch erzeugter Medien in die Lebenswelt und damit verbunden ihre zweckrationale Manipulierung. Die Ausschließlichkeit, mit der REHBEIN jedoch die Bedürfnisse von dieser systemischen Perspektive ableitet, bietet nur das verkürzte Bild einer bereits *„kolonialisierten Lebenswelt"*.

Daher halte ich den Zweckbegriff REHBEINs nicht für falsch, sondern für im hohen Maße auf die lebensweltliche Perspektive des kommunikativen Handelns erweiterungsbedürftig.

Ein letzter Einwand, der gegen eine Vernachlässigung der lebensweltlichen Perspektive bei REHBEIN spräche, soll noch kurz angeschnitten werden: REHBEIN untersucht Handlungen in Institutionen[51], wo er zwischen Agenten und Klienten der Institution unterscheidet. Die Klienten verfügen über ein Institutionswissen erster Stufe, während die Agenten über Institutionswissen erster und zweiter Stufe verfügen. Obwohl EHLICH/REHBEIN[52] sehr vorsichtig argumentieren, was das wissenschaftliche Reflexionsniveau der Agenten der Institution angeht, scheinen hier doch zwei unterschiedliche Perspektiven vorzuliegen. Eine, die professionelles Wissen über die Zwecke der Institution beinhaltet, da es sich um Funktionsträger innerhalb der Institution handelt. Und eine Perspektive, die eher lebensweltliche Einschätzungen über die Institution an sie heranträgt, da es sich lediglich um Klienten handelt.

> *„Gleichwohl ist dieses Wissen keineswegs bloß individuell. Es ist geprägt vom Charakter und Zweck des jeweiligen gesellschaftlichen Apparates - jedoch nicht so, daß es als solches eine Erkenntnis über diese Institution, über ihren gesellschaftlichen Zweck beinhaltet." (EHLICH/REHBEIN, S.38)*

Solch ein Wissen kann wohl als lebensweltlich charakterisiert werden. Allerdings möchte ich auch an dieser Stelle darauf hinweisen, daß REHBEIN von einer Abhängigkeit von der materialistischen Analyse auch für diesen Wissensbereich ausgeht. Das Wissen *„ist geprägt vom Charakter und Zweck des jeweiligen gesellschaftlichen Apparates"*. Gleichzeitig wird hervorgehoben:

---

[51]Der Begriff *„Institution"* wird nicht synonym zu *„Norm"* gebraucht, wie es andere Ansätze praktizieren. Zum Begriff der Institution siehe genauer: EHLICH, Konrad/REHBEIN, Jochen: Sprache in Institutionen, in: ALTHAUS, Paul/HENNE, Helmut/WIEGAND, Herbert Ernst (Hrsg.): Lexikon der Germanistischen Linguistik. Artikel 30, Tübingen 1980, S.338-345, speziell S.339. und EHLICH, Konrad/REHBEIN, Jochen: Institutionsanalyse. Prolegomena zur Untersuchung von Kommunikation in Institutionen, in: BRÜNNER, Gisela/GRAEFEN, Gabriele (Hrsg.): Texte und Diskurse. Methoden und Forschungsergebnisse der funktionalen Pragmatik, Opladen 1994, S.287-327, speziell S.304f.

[52]EHLICH, Konrad/REHBEIN, Jochen: Wissen, kommunikatives Handeln und die Schule, in: H.C. Goeppert (Hrsg.): Sprachverhalten im Unterricht, München 1977, S.36-114, S.36-42.

„Wir verstehen Institutionen also als gesellschaftliche Apparate. Sie bilden Bewegungsformen, in denen sich die gesellschaftlichen Kämpfe zwischen den verschiedenen Klassen und Subklassen abspielen.“ (EHLICH/REHBEIN, S.37)

Die Lebenswelt wird so nur als kolonialisierte, durch Systemimperative beeinflußte, wahrgenommen.

Zum Schluß sollen die Vor- und Nachteile des Zweckbegriffs noch einmal kurz zusammengefaßt werden. Die systemische Perspektive liefert die Außenperspektive der Handlungsbeschreibung, wie sie von einem unabhängigen Beobachter (Soziologen/Linguist) eingenommen wird. Ohne sie bleibt die Handlungsbeschreibung auf die Binnenperspektive der Mitglieder einer lebensweltlichen Gemeinschaft beschränkt. Die von außen durch Systemimperative an sie herangetragenen Probleme, zu denen sie handelnd Stellung beziehen, können so nur teilweise und auf keinen Fall ausreichend erfaßt werden. Das erfolgsorientierte, strategische, zweckrationale Handeln und die damit verbundene Planbildung spielt nicht nur als Möglichkeit der Interaktion eine gleichrangige Rolle wie das kommunikative Handeln; die teleologische Struktur, die diesem Handeln zugrunde liegt, dient auch als primäre Struktur, mit deren Hilfe kommunikatives Handeln erst stattfinden kann. Die Erkenntnisse, die REHBEIN für sein Handlungsmodell gesammelt hat, werden also nicht automatisch ungültig, wenn der Zweckbegriff erweitert wird. Das gilt insbesondere für die Planbildungsprozesse, die Plandurchführung, bei der es zur Berücksichtigung verschiedener Deutungsmuster kommt, und für die Situationseinbettung, in die REHBEIN sogar indirekt ein Lebensweltkonzept durch die Rezeption von Alfred SCHÜTZ einbaut, was dann zur systematischen Berücksichtigung der historischen Komponente von Handlungsmustern in seinem Modell führt. Der letztere Aspekt hängt wohl eher mit dem laxen Umgang mit dem Zweckbegriff bei REHBEIN zusammen, der ihn nicht davon abhält, Phänomene zu erfassen, die eigentlich durch die Einschränkung des Zwecks ausgeschlossen werden.

Was dem Zweckbegriff und damit dem Modell fehlt, ist die systematische Berücksichtigung der lebensweltlichen Binnenperspektive des verständigungsorientierten Handelns, d.h. die Sinngebung des Handelns aus Interaktantensicht, was die kulturelle, soziale und persönliche Reproduktion angeht. Ohne einen Zugang zu den Deutungsmustern der Interaktanten können deren Handlungen, die sie aufgrund dieser Deutungsmuster durchführen und interpretieren, nicht beschrieben werden.

Konflikte können aus dieser Perspektive ebenfalls nur als zweckrational strategisch gedeutet werden. Die Einbeziehung der Lebenswelt und des kommunikativen Handelns, dessen Abhängigkeit als Idealtypus von Kooperation HABERMAS ausdrücklich als keine Vorentscheidung für eine Konsens- gegen eine Konflikttheorie gewertet wissen will[53], eröffnet ein breites Feld der Konfliktbeschreibung auf den verschiedenen Ebenen der System-, Rollen- und Identitätskonflikte. Im kommunikativen Handeln eröffnet sich ein Modell, das es erlaubt, den Zusammenhang zwischen Kooperation und Konflikt besser als bisher zu beleuchten.

Dazu müssen allerdings grundlegende Aspekte der verschiedenen Theorien der Gesellschaft und Persönlichkeit für das Handlungsmodell fruchtbar gemacht werden. Der Bereich der kulturellen Reproduktion kann auf die Ausführungen REHBEINs über die Kategorien des Handlungsraumes aufbauen und bedarf keiner weiteren Entlehnung, sondern lediglich einer Systematisierung. Es bleibt also übrig, im Bereich der Rollentheorie und der Sozialpsychologie nach Konzepten

---

[53]HABERMAS, Jürgen: Vorstudien und Ergänzungen zur Theorie des kommunikativen Handelns, Frankfurt/M 1983, S.571.

zu suchen, die im Hinblick auf ein Handlungsmodell verwertbare Aspekte liefern könnten.

2.3. Erweiterung des Zweckbegriffs um den „normativen" Aspekt: GERHARDT

Die Aufstellung der Forderung, daß normative und dramaturgische Handlungsorientierungen in den Zweckbegriff einfließen müssen, stößt auf Schwierigkeiten bei der Umsetzung. Es stellt sich nämlich die Frage, wie diese Handlungen überhaupt verallgemeinernd zu erfassen sind. Für den Begriff der Norm existiert eine Fülle von Angeboten, nicht zuletzt die Ersetzung durch den Begriff „Institution". Eine Analyse des normativen Handelns wäre so eine Institutionsanalyse. Von dieser Auffassung soll aber Abstand genommen werden, allein um den Institutionsbegriff von EHLICH/REHBEIN nicht zu verwischen. Stattdessen möchte ich zur Beschreibung normativen Handelns den Begriff der „Rolle" ausgraben. Normatives Handeln wird so als Handeln nach Rollennormen interpretiert. Damit dieses Konstrukt haltbar wird, muß eine komplexe Rollentheorie als Grundlage gewählt werden, die einen weiten Rollenbegriff vertritt. Ein Vorteil der Rollentheorie besteht darin, einen systematischen Übergang von normativem und dramaturgischem Handeln zu liefern. Die Rolle nimmt einen zentralen Punkt in den Ausführungen GOFFMANs und KRAPPMANNs ein. Man könnte sogar soweit gehen, den Rollenbegriff als unverzichtbar für deren Handlungsorientierung anzusehen, der ja metaphorisch nicht zufällig zum dramaturgischen Handeln gehört. Der rollentheoretische Ansatz von GERHARDT[54] bietet sich als Rollentheorie

[54]Die Seitenangaben im Text beziehen sich auf: GERHARDT, Ute: Rollenanalyse als kritische Soziologie, Berlin 1971

an, da sie eine Dynamisierung des prinzipiell statischen Rollenkonstrukts versucht. Um das zu leisten, differenziert GERHARDT ihr Rollenmodell weiter als andere Rollentheoretiker aus, indem sie Status-, Positions- und Situationsrollen unterscheidet (S.226f.). Dabei ist der Ansatz so weit gefaßt, daß sich der sozialpsychologische Konfliktansatz von KRAPPMANN problemlos ins Konzept einpassen läßt, da GERHARDT selbst eine systematische Lücke dafür läßt (S.228 u. 294ff.). Normenreguliertes und dramaturgisches Handeln treten so als zwei Seiten einer Medaille des Rollenhandelns hervor. Weiter eignen sich ihre Ausführungen, einen direkten Bezug zu REHBEINs *„Kategorien des Handlungsraums"* herzustellen.

2.3.1. Grundzüge der Rollentheorie GERHARDTs

GERHARDT leitet die Darstellung ihrer Theorie mit folgender Definition ein:

> *„Rollen sind das Ergebnis einer Abstraktion, welche Handlungen, Eigenschaften, Leistungen und Tätigkeiten für gleichrangige und/oder gleichartige Personen zu einem aus Handlungsregeln bestehenden Typisierungsschema zusammenfaßt."* (S.226)

Die Abstraktion geschieht auf der Basis *„struktureller Kontexte"*, die sie als *„Aggregationen empirischer Gegebenheiten"* bezeichnet. Damit scheint sie Konstellationen empirischer Daten in der Umgebung der Rollen zu meinen. Die *„strukturellen Kontexte"* sind dementsprechend auch nicht als normative Aspekte der Rolle aufzufassen. Zu diesen strukturellen Kontexten stellt sie vier Hypothesen auf:

> *„Hypothese 1: Rollen haben einen strukturellen Kontext."* (S.226)

Was sie sich darunter vorstellt wurde bereits kurz erläutert.

„Hypothese 2: Die strukturellen Kontexte variieren im Grad der Abstraktion von der unmittelbaren Erlebniswelt sowie im Grad der Generalisierung ihrer Gültigkeit." (S.226)

Hier unterscheidet sie zwischen drei Abstraktionsniveaus: geringe Abstraktion:

„Eine wenig dauerhafte Konstellation von Faktoren ([illegible]) bildet einen strukturellen Kontext, der unmittelbar erlebt wird (Situation)" ([illegible]).

mittlere Abstraktion:

„Eine Einheit in einem arbeitsteilig differenzierten, hierarchisch organisierten sozialen Gebilde ist ein struktureller Kontext von - gegenüber der einzelnen Situation - weniger unmittelbarem Erlebnisgehalt und längerer Dauer der individuellen Teilhabe (Position)" (S.226f.);

und hohe Abstraktion:

„Der Besitz nicht-erwerbbarer, also zugeschriebener oder ererbbarer Merkmale der Person (Status)" insofern diese Merkmale „für die Bewertung von Individuen in einer Gesellschaft von Bedeutung sind" währt meistens lebenslang (S.227).

Ein Status beeinflußt den Erwerb von Positionen und das Auftreten von Situationen. Positionen wirken sich ebenfalls auf das Auftreten von Situationen aus. Situationen wirken weder auf Positionen noch auf Status zurück und besitzen so auch die geringste Generalisierbarkeit.

„Hypothese 3: Entsprechend ihrem strukturellen Kontext entstehen Rollen von unterschiedlichem Grad der institutionellen Verfestigung in einer Gesellschaft." (S.227)

Damit will GERHARDT ausdrücken, daß Status stark institutionalisiert sind und kaum in der Interpretation variieren können, da sie die Einordnung der Individuen in größere Sozialsysteme leisten, während Positionen die Funktion der Optimierung innerhalb der Einordnungen besitzen und ihnen daher ein weiterer Interpretations- und Variationsraum zur Verfügung steht.

„Solche Positionenrollen leisten die Einordnung der Person in soziale Subsysteme, sie garantieren die Vergesellschaftung des Individuums in Institutionen und Organisationen." (S.228)

In Situationen wird die unmittelbare Interaktion der Positions- und Statusinhaber koordiniert. Sie besitzen einen weiten Spielraum bei Variation und Interpretation und ermöglichen so die Artikulation persönlicher Bedürfnisse, bei denen höchstens der Grad der sozialen Distanz sanktioniert werden kann.

„Solche Situationsrollen bewirken, daß die Kommunikation der Gesellschaftsmitglieder zugleich zwei disparaten Zwecken dient, nämlich die Rollen allgemeiner struktureller Kontexte zu spielen und ihre personale Identität aufrechtzuerhalten." (S.228)

Damit eröffnet GERHARDT die Möglichkeit, das sozialpsychologische Identitätskonzept KRAPPMANNs in den Rahmen der Situationsrollen zu integrieren.
Die vierte Hypothese, die GERHARDT zugrunde legt, ergibt sich aus der Überlegung, daß neben dem strukturellen Kontext, d.h. den Gegebenheiten der Umwelt und den Merkmalen der Person, und dem Typisierungsschema aus institutionalisierten Regeln, der Rolle, eine Stufe der Interpretation zwischengeschaltet werden muß, die aus der Perzeption des Kontextes durch die Interaktionsteilnehmer hervorgeht und zur Zuordnung von Rollen zu Kontexten führt.

„Hypothese 4: Rollen und strukturelle Kontexte, sofern sie handlungsrelevant werden, werden interpretiert."(S.279)

Dabei läßt sich zwischen kollektiven, gruppenspezifischen oder positionsklassenspezifischen Deutungen der Reichweite und der Inhalte einer Rolle und individuellen Auslegungen, die aus der Persönlichkeitsstruktur oder Rollengeschichte des Einzelnen zu erklären sind, unterscheiden.
Diese Einflüsse werden bei REHBEIN in der Beschreibung der Konstellation erfaßt. Daher soll bei der Wiedergabe der Rollentypen jeweils kurz der Zusam-

menhang zwischen Konstellation und den jeweiligen Rollentypen mitberücksichtigt werden.

2.3.1.1. Situationsrollen

Für GERHARDT ist elementar, daß Situationen auf die Rolle hin strukturiert werden. Die raum-zeitlich begrenzte Situation umfaßt Personen als Rollenträger und Dinge als notwendigerweise involviert. Rollenträger und Dinge werden raum-zeitlich in Situationsrollen verbunden, wie beispielsweise Fußgänger und Fußweg in der Situation Straßenverkehr. Fußgänger entstammt der Person-Dimension und Fußweg der Sachdimension der Situation. Die weiteren Rollenteilhaber (Autofahrer, Radfahrer) zeichnen sich durch den Bezug zu anderen Situationsaspekten aus, der sie anderen Regeln folgen läßt. Ihre unterschiedlichen Rollen bilden Typisierungsschemata, welche vorgeben, wie sich zu Fuß, mit dem Auto oder mit dem Rad bewegende Verkehrsteilnehmer typischerweise verhalten. Für andere Verkehrteilnehmer wird dieses Verhalten erwartbar, und sie können ihr eigenes Verhalten darauf abstimmen (S.232f.). In den Situationsrollen sind auf diese Art ein gemeinsames Handlungsfeld der Akteure und ein Interaktionsraum (nach REHBEIN) strukturiert. Die Bedürfnisse werden gemäß der objektiven Gegebenheiten eingeschränkt berücksichtigt.

Situationsrollen sind allerdings meistens nicht mit Sanktionsmöglichkeiten verbunden, was GERHARDT daran verdeutlicht, daß Polizisten Verkehrsteilnehmern gegenüber Sanktionen aufgrund ihrer Positionsrolle und nicht ihrer Situationsrolle ausüben (S.234). Die Sanktionierung von Verkehrsteilnehmern durch andere Verkehrsteilnehmer ist zwar sehr beliebt (Lichthupe, Hupe, etc.), wird aber seinerseits sanktioniert. Die Typisierung der Situation in Situationsrollen ist also als Generalisierung zu verstehen, die „richtiges" Verhalten festlegt. Dabei

handelt es sich um konsensuell koordiniertes Handeln, das normenorientiert ist und nur auf einer höheren Ebene sanktioniert werden kann (S.234).
Die Unterscheidung von Sach- und Person-Dimension ermöglicht die Differenzierung von spezifischen Situationsrollen, die sich auf einen Kontext von objektiven Gegebenheiten beziehen, und diffusen Situationsrollen, die sich auf viele solcher Kontexte, die jeweils eine gemeinsame Person-Dimension haben, beziehen. Während die spezifischen Situationsrollen funktional universalistisch geprägt werden, implizieren funktional diffuse Situationsrollen einen spezifischen Grad an sozialer Distanz der Interaktionspartner (S.235ff.).

2.3.1.2. Positionsrollen

Als Positionen sollen soziale Zusammenhänge verstanden werden, die langandauernde, sich häufig wiederholende Beziehungen in organisierte Sozialgebilde einordnen (S.238). Das Individuum hat Positionen inne, die es nur in förmlichen Übergängen wechseln kann, im Gegensatz zu den Situationsrollen, die es nicht inne hat, sondern die sich immer wieder neu konstituieren (S.238). In Positionen sind Normen zu Rollen verfestigt. Positionen sind Teile von Organisationen oder Institutionen und damit Teile verfestigter Beziehungsgefüge (S.238).

> *„Eine Organisation ist eine Menge von Positionen, welche horizontal und vertikal gegliedert ist, d.h. 1) eine arbeitsteilige (bezüglich ihrer funktionalen Aufgabe) Differenzierung und 2) eine hierarchische Anordnung (hinsichtlich des Ranges) der Position aufweist." (S.239)*

Eine Organisation bildet so ein Positionsfeld, in dem einer Position Bezugspersonen wie Vorgesetzte oder Untergebene zugeordnet werden, die den Handlungsspielraum des Positionsinhabers einschränken. Weiter können Positionen zu Positionsklassen (Positionen innerhalb von Organisationen, die ähnliche Merkmale aufweisen) zusammengefaßt werden.

> *„Positionen sind standardisierte Aggregate von Situationen. Eine Position umfaßt eine Anzahl von Situationen, und der Inhaber der Position ist darauf vorbereitet, diese Situation mit Hilfe manueller und sozialer Techniken zu bewältigen." (S.239)*

In der Sach-Dimension der Situationszusammenfassung wird ein Tätigkeitsbereich und in der Person-Dimension ein Kommunikationsbereich gemäß des Rangs der Position (Menge der zur Verfügung stehenden Sanktionsmedien Herrschaft, Einkommen, Prestige und Information) umschrieben (S.242). Positionsrollen sollen das Verhalten von Positionsinhabern erwartbar und kontrollierbar machen, indem es an den Positionsnormen ausgerichtet interpretiert werden kann (S.244). Der Grad der Abstraktheit differiert dabei, wie GERHARDT am Beispiel Handwerker, Glaser, Glasergeselle deutlich macht, wobei jedoch alle Rollennormen gleichzeitig zutreffen (S.247). Bei hoher Abstraktheit der Positionsrolle ist der Übergang zu Statusrollen fließend. Sowohl komplexe Positionsrollen können zu Statusrollen werden wie auch Statusrollen zu Positionsrollen „herabsinken" können (S.253).

Positionsrollen systematisieren so Handlungsfeld, Interaktionsraum und Kontrollraum innerhalb der Konstellation. Bedürfnisse werden nur bezüglich der Erfüllung der Rollennorm wahrgenommen.

2.3.1.3. Statusrollen

Der Status soll nach GERHARDT *„variable Kombinationen bilden, welche das Substrat gesellschaftlicher Strukturen sind" (S.258)*. Dabei sind die Kriterien *„askriptive Merkmale der Person"* wie Alter, Geschlecht, Schichtzugehörigkeit,

Staatsbürgerschaft, Rasse, Religionszugehörigkeit, Beruf, Familien-, Person- und Nation-Status und die *„Bewertung dieser Merkmale in den Termini von Sanktionsmedien" (S.258).* Die askriptiven statuskonstituierenden Merkmale, die dem Individuum in der Regel zufallen, *„werden sozial bedeutsam, weil sie Aufhänger für die Zuweisung von Gratifikationschancen innerhalb einer ungleichen Verteilung der Güter und Leistungen in der Gesellschaft sind." (S.262)*
Die Chancen selbst werden in Positionen realisiert, die so mit den Status verbunden sind (S.263).
Auch unter den Status gibt es unterschiedliche Abstraktheitsgrade, doch zeichnen sie sich dadurch aus, daß das Verhältnis von Statusrollen zu Status ein Eins-zu-Eins-Verhältnis darstellt, d.h., daß das Individuum nur einen Status einer Art besitzt (S.268).

> *„Im Schnittpunkt dieser Status entsteht ein Set der individuellen gesellschaftlichen Teilhabe." (S.268)*

Je mehr dominante Status ein Individuum besitzt, desto stärker ist seine Legitimation zur Einnahme von hohen Positionsrollen. Fehlende nicht-dominante Status können durch den Besitz mehrerer dominanter Status kompensiert werden (S.272).
Statusrollen durchdringen Positions- und Situationsrollen, indem sie Teile derer Normen bestimmen. Dieses geschieht aber immer in Relation zu anderen Status. Sie werden in Positionen realisiert, indem Positionsrollen in Positionen realisiert werden. In Situationsrollen prägen sie die Regeln für die Performanz (S.277). Statusrollen üben ihren Einfluß auf die Konstellation so nur über Situations- und Positionsrollen aus. Deshalb werden sie nicht selbst als strukturierend angesehen, sondern ihr Einfluß wird über die anderen Rollen bestimmt.

2.3.2. Möglichkeiten der Konfliktbeschreibung

GERHARDT entwirft sechs Konfliktmodelle, die sich logisch aus der Kombination der drei Rollentypen ergeben, als idealtypische Grundmuster von Rollenkonflikten, da sie den Handlungsakt als ein Zugleich von Status-, Positions- und Situationsrollen auffaßt (S.297). Der Rollenkonflikt wird durch die Überdeterminiertheit einzelner Verhaltensakte durch Rollen, die zwangsläufig Inkonsistenzen bei der Befolgung von Rollennormen erzeugen, zum Normalfall, weshalb sie für den Begriff „Konflikt" den Ausdruck *„Dilemma"* wählt (S.297). Als Dilemmata werden unterschieden (S.297-307):

1. Positionsrolle konfligiert mit Situationsrolle

Bei der Lösung des Dilemmas kommt es zu einem Kompromiß zwischen privater Neigung und öffentlicher Funktion. Als Beispiel wird ein Versuch genannt, bei dem Studenten als Aufsichtspersonen in Versuchung geführt werden, einen Freund zu bevorteilen.

2. Positionsrolle und Statusrolle konfligieren

Bei der Lösung des Dilemmas zeigt sich, daß eine statusspezifische Interpretation der Positionsrolle entwickelt wird. Als Beispiel wird der Rollenkonflikt der berufstätigen Frau angeführt.

3. Positionsrolle konfligiert mit Positionsrolle

Das Dilemma (in der Literatur als Inter-Rollen-Konflikt bekannt) entsteht, wenn von einem Individuum Positionen mit widersprechenden Anforderungen in verschiedenen Positionsfeldern eingenommen werden. Als Beispiel wird der Widerspruch zwischen Familienfunktion und Berufstätigkeit genannt. Bei der Lösung des Dilemmas kommt es zu keiner umfassenden Vernachlässigung von Rechten und Pflichten einer Rolle, was zu einer Differenzierung von relevanten und weniger relevanten Erwartungen einer Rolle führt.

4. Situationsrolle konfligiert mit Situationsrolle

„Ein Dilemma dieser Art ist vorhanden, wenn das Verhalten der Vordergrundsregion, das Erving GOFFMAN als „decorum" bezeichnet, mit jenem der Hintergrundsregion kollidiert, welches weitgehend durch Gewohnheiten, unmittelbare Ausdrucksformen und persönliche Bedürfnisse geprägt ist. Dieser Fall kann eintreten, wenn ein Außenstehender, der eine Person in ihrer Vordergrundsrolle kennt, unangemeldet in die Hintergrundsregion eindringt und diese Person in die Verlegenheit bringt, entweder in der Hintergrundsregion (und vor deren Publikum) eine Rolle der Vordergrundsregion zu spielen, oder andernfalls den Außenstehenden mit Verhaltensweisen zu konfrontieren, die dieser nicht kennt und möglicherweise nicht billigt." (S.303)

5. Situationsrolle konfligiert mit Statusrolle

Dilemmata dieser Art werden von GOFFMAN als Rollendistanz beschrieben. Die Lösung findet als statusspezifische Interpretation der Situations-Rolle statt. Dadurch soll der Besitz eines bestimmten Status dokumentiert werden.

6. Statusrolle konfligiert mit Statusrolle

„Orientierungsdilemmata zwischen Status-Rollen treten beim Übergang innerhalb institutionalisierter Statussequenzen auf." (S.304)

Als Beispiel wird der Übergang vom Jugendlichen- in das Erwachsenenalter genannt. *„Eine zweite Form des Statusdilemmas gibt es nur in entwickelten Industriegesellschaften, nämlich die Unvereinbarkeit zwischen den von einem Indivi-*

duum eingenommen Status" (S.305), z.B. Rassen- und Schichtzugehörigkeit in den USA. Bei letzterer Form ist die Unvereinbarkeit jedoch lediglich vorübergehend. Die Dilemmata werden ebenfalls im Kompromiß gelöst.

Die Fragen stellen sich, was passiert, wenn mehrere Konflikte zugleich auftreten, und wie werden sie gelöst. GERHARDT entwirft durch die Ableitung der sechs Typen hier noch keine ausreichende Konflikttheorie, aus der man Formen der Konfliktregelung erkennen könnte. Festzuhalten bleibt erst einmal, daß mehrere Möglichkeiten von Rollenkonflikten existieren, die als systemimmanent aufgefaßt werden müssen. Daher ist im Sinne der Erfüllung mehrerer Rollennormen von einer Vielfalt normativer Zwecke, die auch heterogen sein können, auszugehen. Diese Zwecke, die durch eine Analyse der Konstellation zutage treten, müssen bei der Beschreibung komplexer Handlungsmuster Berücksichtigung finden.

2.4. Erweiterung des Zweckbegriffs um den Aspekt des „dramaturgischen" Handelns: GOFFMAN

Die Idee des dramaturgischen Handelns wird vor allem von GOFFMAN entwikkelt und für Interaktionsanalysen fruchtbar gemacht. Wichtig ist im Rahmen der Arbeit, daß sich das Konzept, zu dessen Interpretation und Erweiterung KRAPPMANN[55] beiträgt, sowohl in die Rollentheorie GERHARDTs einfügen läßt, und zwar unter dem Aspekt der Situationsrollen, als auch einen systematischen Ansatzpunkt für die Mehrfachadressierung bietet, die GOFFMAN in seinem Aufsatz „Footing"[56] beschreibt. Das in diesem Aufsatz beschriebene Modell

[55]KRAPPMANN, Lothar: Soziologische Dimensionen der Identität, Stuttgart 1971, S.133.

[56]GOFFMAN, Erving: Footing, in: Semiotica 25, 1979, S.1-29.

soll - wenn auch modifiziert - die Grundlage der Überlegungen zur Mehrfachadressierung bilden. Das differenzierte Hörer-Sprecher-Modell GOFFMANs läßt sich als eine Herausarbeitung von strukturellen Möglichkeiten von Gesprächsrollen im Sinne GERHARDTs verstehen. Zieht man zusätzlich die Untersuchungen GOFFMANs zur strategischen Interaktion hinzu, gewinnt eine Konfliktbeschreibung Konturen, die Mehrdeutigkeit und Mehrfachadressierung bereits zum Thema hat.

2.4.1. Theater

Der Begriff des dramaturgischen Handelns beruht auf der Vorstellung, Aspekte von Kommunikation mit den Begriffen des Theaters beschreiben zu können, wie es GOFFMAN erstmals in seinem Buch „Wir spielen alle Theater"[57] konsequent durchführt. Es geht dabei um *„Eindrucksmanipulation"* in gesellschaftlichen Einrichtungen, die durch Wahrnehmungsschranken abgegrenzt sind. Zur Begrifflichkeit des Modells gehören die Darsteller, die Rollen die gespielt werden, das Publikum, das der Darbietung beiwohnt, das *„Ensemble von Darstellern, die zusammenarbeiten, um vor einem Publikum eine bestimmte Situation darzustellen"*, der Hintergrund, auf dem die Darstellung einer Rolle vorbereitet wird, und der Vordergrund, auf dem die Aufführung stattfindet. Weiter führt GOFFMAN den Begriff des Ethos ein, das vorausgesetzt wird und die Aufrechterhaltung des Anstands und der Höflichkeit gewährleistet.

Die komplexen Beziehungen zwischen Ensemble, Publikum und Schauspiel faßt GOFFMAN folgendermaßen zusammen:

---

[57]GOFFMAN, Erving: Wir spielen alle Theater. Die Selbstdarstellung im Alltag, München 1968 (1959).

„Der Zugang zu diesen Regionen (des Hintergrunds (TZ)) wird unter Kontrolle gehalten, um das Publikum daran zu hindern, hinter die Bühne zu schauen, und um Außenseiter davon fernzuhalten, eine Aufführung zu besuchen, die nicht für sie bestimmt ist. Innerhalb des Ensembles herrscht Vertraulichkeit, entwickelt sich zumeist Solidarität, und Geheimnisse, die das Schauspiel verraten könnten, werden gemeinsam gehütet. Zwischen Darstellern und Publikum herrscht ein stillschweigendes Einverständnis darüber, daß beide Gruppen handeln, als bestünde ein bestimmtes Ausmaß an Übereinstimmung und Gegensatz zwischen ihnen. Im typischen Fall, aber nicht immer, wird die Übereinstimmung betont und der Gegensatz herabgespielt. Dem daraus entstehenden Konsensus widerspricht ein wenig die Einstellung, die die Darsteller dem Publikum gegenüber in dessen Abwesenheit sowie durch sorgfältig kontrollierte Kommunikation außerhalb der Rolle in dessen Anwesenheit ausdrüken. Wir stellen fest, daß sich abweichende Rollen entwickeln: Einige der Personen, die anscheinend Ensemblegefährten oder Zuschauer oder Außenseiter sind, erwerben Informationen über die Vorstellung und knüpfen Beziehungen zum Ensemble an, die nicht offen in Erscheinung treten und das Problem einer Inszenierung komplizieren. Manchmal treten Störungen durch ungewollte Gesten, Fauxpas und Szenen auf, widersprechen der dargestellten Situation oder diskreditieren sie. Diese störenden Ereignisse werden zur Mythologie des Ensembles. Wir beobachten, daß sowohl die Darsteller als auch Publikum und Außenseiter bestimmte Techniken anwenden, um das Schauspiel zu retten. Um eine Gewähr dafür zu haben, daß solche Techniken zum Einsatz kommen, wird das Ensemble möglichst Mitglieder wählen, die loyal, diszipliniert und sorgfältig sind, und sich taktvolle Zuschauer suchen." (Theater, S.217f.)

Dieses ist das Grundmodell GOFFMANs, von dem er behauptet, es auf einen großen Teil gesellschaftlicher Interaktion anwenden zu können. Es umfaßt die abstrakten Ebenen der Persönlichkeit, der Interaktion und der sozialen Struktur einer *„Aufführung"*. Dieses Modell liegt meines Erachtens den weiteren Untersuchungen GOFFMANs zugrunde, d.h es wird stillschweigend vorausgesetzt, weshalb ich es als Zusammenhang auf seine weiteren Untersuchungen über Stigmatisierungen, Imagearbeit und strategische Interaktionen anwenden werde.
Der für die Arbeit wichtige Aspekt der Untersuchung „Stigma"[58] ist die Feststellung GOFFMANs, *„wir alle hätten unsere Leiche im Keller" (Stigma, S.157)*, d.h. es trifft auf alle Menschen (im anglo-amerikanischen Raum) zu, daß sie in bestimmten wichtigen Lebenszusammenhängen stigmatisiert sind und versuchen,

---

[58]GOFFMAN, Erving: Stigma. Über Techniken der Bewältigung beschädigter Identität, Frankfurt/M 1967 (1963).

dieses Stigma vor den anderen zu verbergen[59]. Die Tatsache der Verschleierung von Mängeln, d.h. der Manipulation von Eindrücken über die eigene Person, wird so zum Normalfall verallgemeinert, daß wir tatsächlich *„alle Theater spielen"*. Durch diese Feststellung bekommen GOFFMANs Untersuchungen über das Verhalten von und gegenüber sichtbar Stigmatisierten wie Tauben, Blinden, Lahmen oder Verunstalteten einen anderen Stellenwert. Hier werden exemplarisch die Techniken der Täuschung von Seiten der Stigmatisierten und der Ächtung von Seiten der Normalen aufgezeigt (Stigma, S.161). Die Transparenz ist dadurch gewährleistet, daß das Stigma, das Gegenstand der Täuschung oder Ächtung ist, deutlich sichtbar und unabstreitbar ist.

Das Problem zwischen der nicht akzeptierten Fremdeinschätzung als Grundlage für das eigene Verhalten und der abweichenden Selbsteinschätzung von den Vorstellungen anderer und das daraus resultierende Stigma-Management als Ambiguitäten in der sich reflektierenden Persönlichkeit verlagert GOFFMAN in die Idee der Ich-Identität (Stigma, S.159f.). Um dieses zentrale Konzept zu erläutern, wird im nächsten Abschnitt auf das Identitätskonzept KRAPPMANNs zurückgegriffen, das als eine Interpretation des GOFFMAN-Ansatzes aufgefaßt werden soll.

Um kurz den Bezug zum Theaterkonzept herzustellen, sei erwähnt, daß das stigmatisierte Individuum in der Öffentlichkeit eine Rolle, nämlich die des normerfüllenden Individuums, spielt. Publikum sind die Individuen, die nicht über das Stigma des betreffenden Individuums informiert sind. Die informierten Individuen bilden das Ensemble, das das Geheimnis, d.h den Hintergrund, vor dem Publikum abschottet, welches nur den Vordergrund geliefert bekommt. Der Normalfall

---

[59]Siehe die Bemerkung: *„Es gibt in den USA nur einen akzeptablen Menschen: den jungen, verheirateten, weißen, städtischen, nordstaatlichen, heterosexuellen, protestantischen Familienvater mit Collegeausbildung, voll beschäftigt, gutes Aussehen, normale Größe und normales Gewicht, sportliche Erfolge." (GOFFMAN, Stigma, S.158).*

wird aber wahrscheinlich in der Abweichung von dieser Standardsituation bestehen, nämlich sowohl in der Mischung von Informiertheit beim Publikum aufgrund von Bindungen mit einigen Darstellern des Ensembles, als auch in der Tatsache, daß mehrere Darsteller in unterschiedlichen Ensembles gleichzeitig agieren, d.h., daß die Begriffe Ensemble und Publikum immer nur relationär Gültigkeit beanspruchen können. Auf diese Schwierigkeit [illegible] GOFFMAN explizit hin (Theater, S.231).

2.4.2. Image

Von diesen Voraussetzungen ist es nicht weit zum Imagemodell GOFFMANs, das er in „Interaktionsrituale"[60] entfaltet. Er geht davon aus, daß jeder Mensch bei der Begegnung mit anderen Menschen einem bestimmten Verhaltensmuster, einer Strategie folgt, und das zumeist, ohne daß er sich dessen bewußt ist (IR, S.10). Die anderen setzen bei ihm ebenfalls eine bestimmte Strategie voraus und deuten so sein Verhalten als regelgeleitet, was für das Individuum bedeutet, daß es diese Fremdinterpretation in seine Strategie einbauen muß, will es erfolgreich sein (IR, S.11). Mit dem Terminus Image steht dieses Verhaltensmuster in folgendem Zusammenhang:

> *„Der Terminus „Image" kann als der positive soziale Wert definiert werden, den man für sich durch die Verhaltensstrategie erwirbt, von der die anderen annehmen, man verfolge sie in einer bestimmten Interaktion. Image ist ein in Termini sozial anerkannter Eigenschaften umschriebenes Selbstbild, - ein Bild, das die anderen übernehmen können." (IR, S.10)*

---

[60] GOFFMAN, Erving: Interaktionsrituale, Frankfurt/M 1971 (1967). Die Seitenangaben im Text, die auf dieses Buch verweisen, werden durch die Abkürzung von „Interaktionsritualen" durch „IR" eingeleitet.

Dieses Image (bei Stigmatisierten ist das Normal-Sein als Teil ihres Images aufzufassen) wird wie gesagt durch die anderen bestätigt und führt dabei zu unterschiedlichen Gefühlslagen des Individuums: eine Bestätigung wird als normal empfunden und neutral aufgenommen; eine Erhöhung des Images führt zu einer Steigerung des Wohlbefindens des Individuums in der Situation; eine Abwertung, d.h. Nicht-Anerkennung, führt dazu, daß das Individuum sich schlecht fühlt und kann als Grund für einen Interaktionsabbruch ausreichen (IR, S.11).
Die Verletzung von Images hat demnach Konsequenzen für die Fortsetzung der Interaktion. Dabei kann bei der Imageverletzung zwischen drei Ebenen der Verantwortlichkeit unterschieden werden:

„1. arglose Imageverletzung: Dummheit, Taktlosigkeit
2. boshafte Imageverletzung: offene Beleidigung
3. zufällige Imageverletzung: Nebenprodukte von Handlungen, die aber bewußt ausgeführt werden

Die Wichtigkeit des Images, GOFFMAN bezeichnet es als etwas Heiliges, ist Grund für den *„rituellen"*, regelgeleiteten Ablauf der Wiederherstellung des durch die Imageverletzung gestörten Gleichgewichts (IR, S.21). Die Ausgleichshandlungen werden von GOFFMAN in vier Schritte unterteilt:

„1. Herausforderung: Hinweis auf Fehlverhalten
2. Angebot: Chance an Missetäter, die Folgen wiedergutzumachen: Entschädigung oder Selbstbestrafung
3. Annahme des Angebots als befriedigendes Mittel zur Wiederaufrichtung der expressiven Ordnung
4. Signalisierung von Dankbarkeit" (IR, S.26)

Dieses Modell ist hochgradig idealisiert und beschreibt einen Arbeitskonsens. Gerade die Mittel der Imagepflege in Interaktionen können strategisch genutzt werden, um Images gezielt ab- bzw. aufzuwerten. So werden Lippenbekenntnisse nur als kooperativer Deckmantel benutzt, um in einem Konflikt als Sieger hervorzugehen (IR, S.30). Diese Möglichkeiten der Konfliktaustragung innerhalb des verständigungsorientierten Handelns durch den Einfluß einer strategischen Handlungsorientierung kann bereits als Beispiel für das im Handlungsmodell angestrebte Konfliktmodell gelten, das die theoretische Fundierung der von GOFFMAN beobachteten und beschriebenen Erscheinung liefern soll. Mit der Bemerkung:

> *„Für diesen Kampf ist ein Publikum fast eine Notwendigkeit. Die generelle Methode besteht darin, über sich selbst vorteilhafte Fakten und über andere ungünstige Fakten in einer Weise einzuführen, daß die einzig mögliche Erwiderung für die anderen wäre, die Ausgleichshandlung mit einem Murren zu beenden, einer schwachen Entschuldigung, einem imagewahrenden „ich kann schon Spaß verstehen", einem Lachen oder einer stereotypen Erwiderung wie „Naja, wenn Sie das wirklich meinen!" In solchen Fällen werden die Verlierer ihre Verluste ignorieren müssen, stillschweigend die Einbuße eines Punktes hinnehmen und versuchen, es bei der nächsten Ausgleichshandlung besser zu machen." (IR, S.31)*

weist GOFFMAN auf eine der zentralen Thesen der Arbeit stützend hin. Das Publikum ist notwendig, es legitimiert die Imageveränderung, die als Produkt des Kampfes entstanden ist. Für das Publikum wird der verständigungsorientierte Rahmen von den Widersachern, die sich natürlich ihrer Gegnerschaft bewußt sind und diesen Rahmen eigentlich nicht benötigen, aufrecht erhalten. Für das Publikum wird das Schauspiel der Imagepflege auf dem Vordergrund inszeniert, während im Hintergrund ein Imagekampf ausgetragen wird, den nur die Ensemblemitglieder als solchen durchschauen.

In erster Linie geht es bei diesen Kämpfen darum, Pluspunkte zu sammeln, indem entweder das eigene Image direkt durch die Hinzufügung positiver Informationen oder indirekt durch die Herabsetzung der Images der anderen durch Hinzugabe negativer Informationen gestärkt wird (IR, S.30). Diese Kämpfe um Images sind in der Arbeit von HOLLY „Imagearbeit in Gesprächen"[61] bestätigt und sprach-

---

[61]Die Seitenangaben im Text beziehen sich auf: HOLLY, Werner: Imagearbeit in Gesprächen, Tübingen 1979.

wissenschaftlich konkretisiert worden. Er arbeitet Handlungsmuster für die Gesprächsanalyse heraus. Als bestätigende Schritte stellt er heraus (S.48ff.):

> *„a) Sympathie- und Interessebekundungen*
> *b) höfliche Angebote (Aufnahme in einen Kreis von Interaktanten)*
> *c) Ratifizierungen (betreffen veränderten Zustand des Interaktanten)*
> *d) Zugänglichkeitsbekundungen (Begrüßen/Abschied): minimaler ritueller Rahmen, er bedeutet das Anerkennen der allgemeinen rituellen Ordnung.*
> *Diese Sequenzen müssen quittiert werden: Dank - Bagatellisierung" (S.51)*

Zur Herstellung des rituellen Gleichgewichts bei Imageverletzungen durch Zwischenfälle wie Mißachtung, Aufdringlichkeit oder Selbstlob werden nach HOLLY die schlimmstmöglichen Deutungen durch andere Deutungen ersetzt.
Die Markierung des Zwischenfalls nennt er *„Veranlassung"*. Für Veranlassungen gibt es folgende Alternativen (S.54ff.):

1. Zwischenfallmarkierungen
2. Präferenzmarkierungen
3. Tätermarkierungen

Das Vier-Punkte-Schema GOFFMANs zur Wiederherstellung des rituellen Gleichgewichts arbeitet HOLLY weiter zu einem sequenziellen Handlungsmuster aus (S.58):

(Schema 6)

„erweiterte Korrektivsequenz:

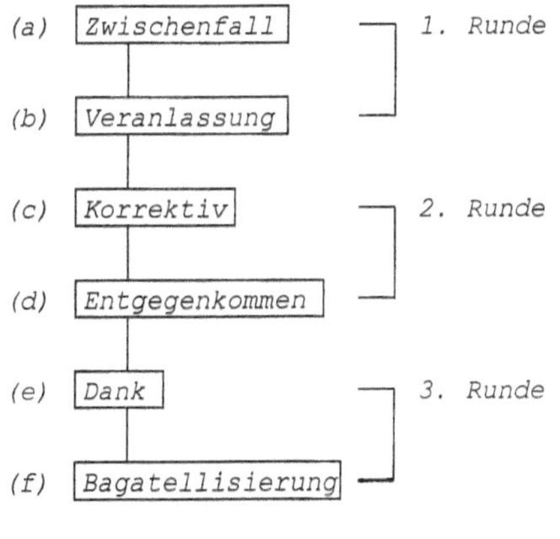

HOLLY fügt hinzu, daß das Opfer der Imageverletzung Entgegenkommen zeigen muß, wenn der Täter ein Korrektiv anbietet.

Als Taxonomie für Korrektive macht HOLLY folgenden Vorschlag (S.72):

(Schema 7)

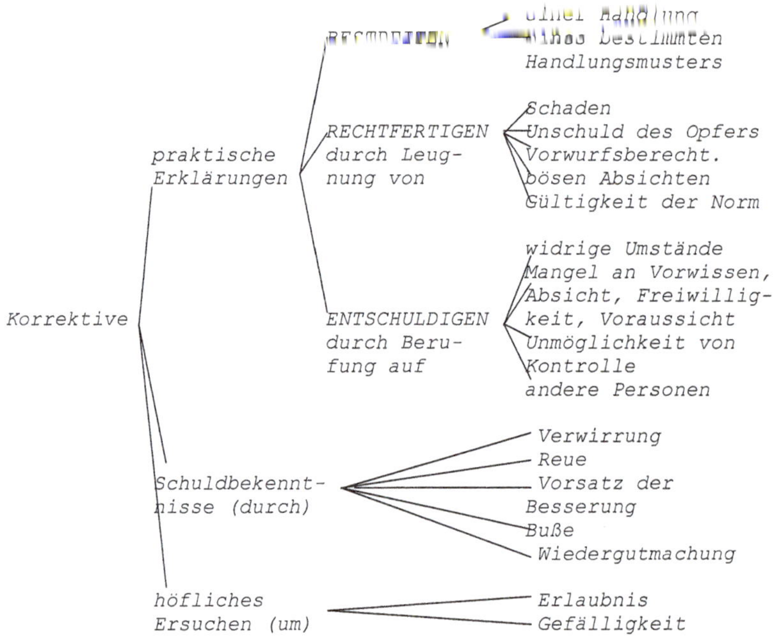

Schuldbekenntnisse bieten sich für kleinere Vergehen an, da durch sie der Interaktionsablauf nicht aufgehalten wird (S.69).

Als agressive Muster beschreibt HOLLY vor allem Verweigerungen, bei denen den Opfern von Imagebeschneidungen ausreichende Korrektive verweigert werden (S.82). Die Spannweite reicht von der intendierten Unterlassung bestätigender Schritte wie Begrüßung, Verabschiedung oder Dank, die den anderen in einem Imagedefizit zurücklassen, bis zu fadenscheinigen, formellen Korrektiven, die für das Opfer nur schwer nachzuweisen sind (S.82).

Zu den aggressiven Mustern gehören auch die Ausweichmanöver vor einer sich abzeichnenden Veranlassung: Verdrehen, lächerlich machen, Mystifikation dessen, was der andere sagt, Verwirrung stiften, sich dumm stellen, scheinbare Selbstkritik üben und sich hilflos stellen, wobei sich das Interesse auf die Probleme des Täters verlagert (S.85-87). In dieselbe Kategorie gehört die präventive Beschwichtigung angesichts eines sich abzeichnenden Vorwurfs (S.86). Da Ausweichmanöver nicht vorgesehen sind, benutzen Täter einen Vorwand oder lassen eine Rückzugsmöglichkeit offen, durch die man das illegitime Verfahren wenigstens oberflächlich immunisieren kann (S.87). Der Täter stützt sich offiziell meist auf irgendeine mögliche Lesart, die legitimiert werden kann. Dabei nutzt er den doppelbödigen Charakter von indirekten oder vagen Ausdrücken (S.89).

Eine weitere agressive Form sind Inszenierungen, in denen bestimmte Situationen hervorgebracht werden, um kritische Muster (Muster, die das Image eines anderen herabsetzen) geschickt und gesichert anbringen zu können. Dabei werden die relativ festen Sequenzstrukturen ritueller Muster als Folien für Tricks benutzt, mit denen man unkorrigierte kritische Muster besonders geschickt und gesichert anbringen kann: es wird ein Köder ausgeworfen, der auf eine Schwäche des Partners trifft - dann wird das Interaktionsziel geändert (S.90).

Ein zweiter Typ von Inszenierungen nutzt bestimmte, eigentlich bestätigende oder imagekorrigierende Schritte, um dabei erst Verletzungen anzubringen; weil die rituelle Ordnung dem anderen eine bestimmte Reaktion vorschreibt oder weil es sich bereits um den Schlußzug einer Sequenz handelt, ist der Gegner für die Ausführung einer *„Veranlassung"* oder eines *„Korrektivs"* des plötzlichen Angriffs meist zu verblüfft. Deshalb werden sie als *„Einbahnhiebe"* bezeichnet (S.92).

Die Schwierigkeit, nicht-kooperative Tricks rechtzeitig aufzudecken, liegt nach HOLLY meist darin, daß man vage und indirekte Ausdrücke oder inkonsistente Verhaltensweisen für so alltäglich und selbstverständlich hält, daß man nicht mehr darauf achtet, wenn sie zur Verletzung von Images mißbraucht werden (S.92).

Die umfangreiche Wiedergabe der Arbeiten zum dramaturgischen Handeln soll nicht darüber hinwegtäuschen, daß die Imagearbeit im eigenen Handlungsmodell nicht im Zentrum steht. Es sollte lediglich plausibel gemacht werden, daß die Ebene der Selbstdarstellung existiert und handlungsrelvant sein kann. Die Wahrung des Images durch Selbstdarstellung ist also als ein Handlungszweck anzusehen, der komplexen Handlungsmustern inhärent ist. Das schließt nicht aus, daß ein Aktant in seiner Rolle oder der funktionellen Durchführung des Handlungsmusters aufgeht, der Zweck der Imagewahrung also hierarchisch untergeordnet ist. Er kann aber auch, wie aus den Arbeiten HOLLYs und GOFFMANs hervorgeht, primär verfolgt werden, so daß andere Handlungszwecke ihm untergeordnet werden. Mischformen, die durch parallele Zweckverfolgung entstehen, sind ebenfalls einzurechnen. Es kann sogar auf der dramaturgischen Ebene bereits zur Kollision unterschiedlicher imagebezogener Handlungszwecke kommen, wie ein Blick auf KRAPPPMANNs Identitätskonzept zeigt.

2.4.3. KRAPPMANNs Identitätskonzept

In seinem Buch „Soziologische Dimensionen der Identität” greift KRAPPMANN[62] die Äußerungen GOFFMANs zur sozialen und persönlichen

---

[62]Die Seitenangaben im Text beziehen sich auf: KRAPPMANN, Lothar: Soziologische Dimensionen der Identität, Stuttgart 1971.

Identität (in der Tradition MEADs) auf, interpretiert sie auf der Grundlage seines modifizierten Identitätskonzepts und setzt dieses zu den Arbeiten GOFFMANs (die ihm zugänglich waren) in Beziehung (S.11f.). Das ist der Grund, warum sein Modell als spezifizierende Interpretation des GOFFMANschen Identitätskonzeptes aufgefaßt werden soll. Das Modell soll es erleichtern, die von GOFFMAN beschriebenen Erscheinungen auch unter dem Aspekt der intraindividuellen Konfliktlösung zu erfassen. Es geht also darum, daß im dramaturgischen Handeln Konflikte ausgedrückt werden, die unter der Kategorie der Ich-Identität beschrieben werden können.

2.4.3.1. Das Grundmodell KRAPPMANNs

Das Modell KRAPPMANNs ist das einer balancierenden Ich-Identität. Die Balance findet statt zwischen dem Aufgehen des Verhaltens des Individuums in den Erwartungen seiner Interaktionspartner und der Darstellung der Individualität des Individuums, d.h. der völligen Enttäuschung der Erwartung der anderen (S.135). Die Anpassung an die Erwartung der anderen, die Normierung des Verhaltens, ist notwendig, damit sich die Interaktionspartner auf einer gemeinsamen Grundlage verstehen können. So wird Verhalten erwartbar und Integration möglich (S.98). Schwierigkeiten tauchen auf, indem das Individuum in Interaktionszusammenhängen steht, die es unterschiedlichen Erwartungen, im Extremfall gleichzeitig, aussetzen (S.137). So kommt es zwangsläufig zu einer Normenkonkurrenz, mit der das Individuum irgendwie umgehen muß (S.137). Eine hierarchische Lösung des Problems kommt nach KRAPPMANN nicht in Frage, da sie das Individuum aus zu vielen Interaktionen (durch die Brüskierung des niederen Hierarchieplatzes) ausschließen und damit isolieren würde (S.137). Die Lösung dieses Intrarollenkonfliktes - Rollenkonflikt, wenn die von außen gestellten normativen Erwartungen an das Individuum als Rolle aufgefaßt werden[63] - sieht KRAPPMANN in der von GOFFMAN beschriebenen Rollendistanz[64], die das Individuum zusätzlich zu den Rollennormen erlernt, und den drei anderen identitätsfördernden Fähigkeiten Empathie[65], Ambiguitätstoleranz[66] und Identitätsdarstellung[67] (S.132). Alle vier Begriffe sind mit der Ich-Identität des Individuums in wechselseitiger Abhängigkeit verbunden. Ich-Identität wird nach KRAPPMANN gewonnen, indem das Individuum Andersartigkeit, d.h. Abweichung von den Erwartungen der anderen, zeigt, und diese Abweichung von diesen akzeptiert wird (S.133). Das Aufzeigen von Individualität führt also nur zur Stärkung der Ich-Identität, wenn diese Individualität von den anderen anerkannt wird. Die Anerkennung kann nur stattfinden, wenn die Individualitätsdarstellung nicht soweit von den

---

[63]KRAPPMANN, S.10: *„Oder mit den Worten, die die Perspektive einer soziologischen Betrachtungsweise noch klarer herausheben: die Chance des Individuums, sich als identisches darzustellen, soll hier von sozialstrukturellen Gegebenheiten abgeleitet werden, nämlich von der Inkonsistenz der Normensysteme und den Widersprüchlichkeiten zwischen den Handlungskontexten in sozialen Systemen her."*

[64]*„Das Ausmaß der Hingabe des Individuums an seine Rolle schwankt zwischen Aufgehen und Entfremdung von der Rolle. Der Bereich zwischen diesen Verhaltensweisen ist Distanz." (KRAPPMANN, S.135)* Die Rollendistanz wird durch den Rückgriff auf andere Rollen ermöglicht, deren Gesamtheit in ihrer Widersprüchlichkeit der Normen eine Identität des Individuums erzeugt.

[65]Letztlich handelt es sich bei der *„Empathie"* um eine Deutung der Handlungsbedingungen der Interaktionspartner, die einer dauernden Veränderung innerhalb der Interaktion unterworfen ist, da die Interaktionspartner für eine Fülle neuer Daten innerhalb der Interaktion sorgen (KRAPPMANN, S.142).

[66]Ambiguitätstoleranz ist notwendig, damit das Individuum die Daten und Erkenntnisse, die ihm aus Rollendistanz und Empathie zufließen, in ihrer Widersprüchlichkeit ertragen kann.
Die Widersprüche zwischen Erwartung und Wahrnehmung der anderen lassen sich nicht zwangsläufig auflösen, weshalb das Individuum in der Lage sein muß, sie zu ertragen. Ertragen werden muß auch der prinzipielle Widerspruch, daß Interaktionen nicht immer der vollen Bedürfnisbefriedigung des Individuums dienen, aber trotzdem von diesem aufrechterhalten werden, da sie die einzigen Plattformen der Bedürfnisbefriedigung liefern. (KRAPPMANN, S.150f.)

[67]KRAPPMANN zur Identitätsdarstellung, S.170: *„Der erste Schritt besteht darin, zu signalisieren, daß das Individuum nicht nur das ist, was die Umstände im Augenblick von ihm zu erkennen geben; der zweite Schritt, auszudrücken, was das Individuum denn tatsächlich noch ist."*

Erwartungen der anderen abweicht, daß sie diese nicht mehr verstehen können. Die Interaktionsgruppe hat so einerseits Normen zur Strukturierung von Verständigung, und andererseits toleriert sie Abweichungen im Rahmen der Individualitätsdarstellung. Diese Toleranz ist nach KRAPPMANN wiederum funktional - im Sinne einer soziologischen Notwendigkeit - zu interpretieren, wenn man sich vergegenwärtigt, daß es Individuen unmöglich ist, in der Akzeptanz von Rollennormen aufzugehen, da sich unterschiedliche Rollennormen widersprechen. Da die Rollenkonflikte bei jedem Menschen anders geartet sind, ist auch bei jedem das Bedürfnis zur Darstellung der Andersartigkeit gegeben, will er seine Ich-Identität erhalten, womit jeder auf die Akzeptanz der anderen für seine Individualitätsdarstellung angewiesen ist, soll sie zur Identitätsbildung beitragen (S.11).

Normatives und individuelles Verhalten sind durch diese wechselseitigen Abhängigkeiten untrennbar miteinander verbunden.

Ein weiterer Aspekt ist der, daß das Individuum sich durch Darstellung seiner Individualität über die aktuelle, normativen Erwartungen unterliegende Situation identifizierbar macht:

> *„Die vom Individuum für die Beteiligung an Kommunikation und gemeinsamem Handeln zu erbringende Leistung soll hier mit der Kategorie der Identität bezeichnet werden. Damit das Individuum mit anderen in Beziehung treten kann, muß es sich in seiner Identität präsentieren; durch sie zeigt es, wer es ist. Diese Identität interpretiert das Individuum im Hinblick auf die aktuelle Situation und unter Berücksichtigung des Erwartungshorizontes seiner Partner. Identität ist nicht mit einem starren Selbstbild, das das Individuum für sich entworfen hat, zu verwechseln; vielmehr stellt sie eine immer wieder neue Verknüpfung früherer und anderer Interaktionsbeteiligungen des Individuums mit den Erwartungen und Bedürfnissen, die in der aktuellen Situation auftreten, dar." (S.8f.)*

Eine gelungene Identitätsbildung führt zur Ordnung der Interaktionsbeteiligungen des Individuums in einer Biographie für sich und andere, die es ermöglicht, zukünftiges Verhalten des Individuums zu antizipieren (S.120). Deutungsmuster

werden über Rollennormen hinaus relevant, die den jeweiligen Rahmen, innerhalb dessen sich das Individuum bewegt, bestimmen (S.141f.).
Als Formen der Identitätsdarstellung führt KRAPPMANN die Arbeiten GOFFMANs an, in denen mit dem Theaterkonzept die Imagearbeit des Selbst (der Ich-Identität KRAPPMANNs) durchgeführt wird. Damit sieht KRAPPMANN selbst sein Konzept als in ähnlicher Weise grundlegend für die Perspektive des Individuums bei GOFFMAN (und natürlich aus dessen Arbeiten erwachsend) an, wie es innerhalb der Arbeit interpretiert wird (S.168f.).

2.4.3.2. Die Relevanz des Modells für Rollentheorie und dramaturgisches Handeln

Die Verbindung zur Rollentheorie sieht KRAPPMANN folgendermaßen:

> *„Kommunikatives Handeln zwischen Interaktionspartnern, die sich an Normen orientieren, welche unabhängig von einem gerade aktuellen Interaktionsprozeß bestehen, soll hier als Rollenhandeln bezeichnet werden. Unter Rollen sind folglich sozial definierte und institutionell abgesicherte Verhaltenserwartungen zu verstehen, die komplementäres Handeln von Interaktionspartnern ermöglichen." (S.98)*

Damit zieht er eine Verbindungslinie zwischen normativem Handeln und Rollenhandeln, wie sie auch in meiner Arbeit als Interpretation des Begriffs des normativen Handelns bei HABERMAS vorausgesetzt wurde. Gleichzeitig bedeutet diese Auffassung neben der Begründung des dramaturgischen Handelns als der Möglichkeit der Identitätsdarstellung auch die Verbindung von dramaturgischem und normenreguliertem Handeln (im Sinne von Rollenhandeln), indem der Begriff der Ich-Identität für beide Handlungstypen als grundlegend herausgearbeitet wird:

> *„Mit Hilfe des hier entwickelten Begriffs von Ich-Identität sollte es möglich sein, den Rollenbegriff so zu interpretieren, daß Rollenhandeln nicht nur die Möglichkeit für individualisiertes Auftreten der Rollenpartner bietet, sondern daß sogar die strukturelle Notwendigkeit besteht, auf der Grundlage einer zu wahrenden Ich-Identität mit anderen in Interaktionsbeziehungen zu treten." (S.114)*

Die Theorie der balancierenden Ich-Identität nimmt damit eine zentrale Stellung bei der Grundlegung des verständigungsorientierten Handelns ein. Der ihr zugrundeliegende Konflikt zwischen Anpassung und Selbstbehauptung, der auf der Basis der Akzeptanz der anderen beurteilt wird, wird so als latente Größe ins dramaturgische und normenregulierte Handeln hineingetragen.

2.5. Zusammenfassung von 2.

In 2. wurde ein Zweckbegriff auf gesellschaftstheoretischer Basis entwickelt, mit dessen Hilfe Konfliktaustragungen als Handlungsmuster erklärt werden können. Dafür wurde die HABERMASsche Interpretation von WEBERs Handlungstypologie übernommen. Im Kontext der Theorie des kommunikativen Handelns wurde der Zweckbegriff REHBEINs als systemisch beschränkt interpretiert. Zur Erweiterung des Zweckbegriffs wurde die Berücksichtigung der lebensweltlichen Handlungsorientierungen des normativen und dramaturgischen Handelns vorgeschlagen. Als Vorschlag für die konkrete Ausgestaltung einer Berücksichtigung des normativen Handelns wurde die Rollentheorie GERHARDTs vorgestellt, die bereits Übergänge zu Mehrfachadressierung, Konfliktbeschreibung und dramaturgischem Handeln bietet. Das dramaturgische Handeln wurde ausführlich an den Arbeiten GOFFMANs dargestellt. Damit sollte zum einen seine Relevanz herausgestellt, zum anderen sollten die von GOFFMAN und HOLLY beschriebenen Konfliktmuster in Erinnerung gerufen werden. Vor dem Hintergrund von GOFFMANs Arbeiten ist auch sein Mehrfachadressierungskonzept zu inter-

pretieren, was übernommen werden soll. KRAPPMANN, der eine psychologische Begründung des dramaturgischen Handelns liefert, mußte diskutiert werden, da seine Arbeit begründet, daß von einer dauernden Präsenz einer dramaturgischen Zielsetzung im Handeln auszugehen ist. Durch die Verankerung des dramaturgischen Handelns in der Identitätsbildung der Aktanten ist diese Zielsetzung kollektiv vorhanden und kann so als „Zweck“[68] interpretiert werden.
So wurde in 2. die Grundlage geschaffen, einer Handlung mehrere Zwecke auf mehreren Ebenen zuzuordnen und die Frage nach den Mustern solcher Handlungen zu stellen.

3. Konflikttheorien

Eine Berücksichtigung des Konflikts fehlt in der Handlungstheorie REHBEINs. Das liegt in einer einseitigen Auslegung des „Kooperationsprinzips” begründet, die besagt, daß sprachliches Handeln erst erfolgreich stattfinden kann, wenn sich die Beteiligten über die Inhalte, über die sie sich verständigen wollen, im klaren sind. Um sicher zu gehen, daß der andere versteht, was man sagen will, muß durch kooperative Mechanismen die Verständigung gesichert und gesteuert werden.
Die Einseitigkeit liegt darin, daß das kooperative Handeln zum Normalfall gemacht wird, von dem das konfliktäre Handeln nur einen strategisch bedingten Spezialfall darstellt. Eine Trennung zwischen rein kooperativem und rein konfliktärem Handeln ist ein aus der Philosophie stammendes Gedankenspiel, das durch eine soziologische Betrachung, wie sie u.a. BÜHL vornimmt, widerlegt wird.

---

[68] Der Zweckbegriff hat mit dem REHBEINschen nur noch insofern zu tun, als er einer kollektiv vorkommenden Zielerreichung dient. Die Muster zur Erreichung sind aber nicht mehr als im Sinne einer gesellschaftlichen Kooperation kollektiv erarbeitet anzusehen.

BÜHLs These von der permanenten Verschränkung von Konflikt und Kooperation im gesellschaftlichen Handeln führt zu einer differenzierteren Betrachtungsweise, die die Wechselwirkung berücksichtigen sollte[69].

Für die Konfliktbeschreibung haben auch die Ausführungen zum kommunikativen Handeln wenig ergeben: Einmal konnte festgestellt werden, daß HABERMAS seine Theorie nicht als Vorentscheidung gegen eine Konflikttheorie ansehen möchte. Zweitens liefert er zwar mit der Trennung von System- und Lebenswelt die Grundlage für die Beschreibung von Konfliktfeldern zwischen Institutionen und Aktanten, die Konfliktbeschreibung selbst bleibt aber unterbelichtet. Eine erste Systematisierung wurde innerhalb der Rollentheorie GERHARDTs vorgenommen, die sich allerdings in der Aufzählung unterschiedlicher Rollenkonflikte erschöpft. GOFFMANs und HOLLYs Arbeiten zur Austragung von Imagekämpfen beschränken sich auf die Konfliktebene des dramaturgischen Handelns. Dort liefern sie zwar entscheidende Hinweise für das rituelle Konfliktverhalten, von der Existenz einer Konflikttheorie kann aber nicht gesprochen werden, da die notwendige Abstraktionsebene fehlt. Durch die Auswertung der Arbeiten BÜHLs zur Konflikttheorie soll das nachgeholt werden.

3.1. Voraussetzungen BÜHLs[70]

BÜHL stellt drei Voraussetzungen fest, die eine Konflikttheorie erfüllen sollte, will sie Erklärungsgehalt besitzen:

---

[69]Auf die Wichtigkeit der konflikttheoretischen Überlegungen BÜHLs für die sprachwissenschaftliche Textanalyse hat zuerst PRESCH 85 hingewiesen.

[70]Die Seitenangaben im Text beziehen sich auf: BÜHL, Walter L. (Hrsg.): Konflikt und Konfliktstrategie. Ansätze zu einer soziologischen Konflikttheorie, München 1972; und BÜHL, Walter L.: Theorien sozialer Konflikte, Darmstadt 1976. Zur Unterscheidung wird den Seitenzahlen das Erscheinungsjahr vorangestellt.

1. Der Konflikt kann nur durch Verweis auf regelmäßig zugrunde liegende gesellschaftliche Beziehungen und Prozesse erklärt werden. Eine Erklärung, die das *„Wesen"* des Menschen zum Ausgangspunkt macht, um ihn als friedvoll oder konfliktsuchend zu beschreiben, und alles andere als Abweichung deklariert, reicht nicht aus (72, S.10).
2. Der Konflikt soll als mehrdimensional aufgefaßt werden. Es bestehen unterschiedliche Ebenen des Konflikts (materielle, herrschaftliche, soziale, wert- und normenorientierte Ebene), die nicht voneinander ableitbar sind (72, S.10)[71].
3. In Erweiterung vom zuerst Gesagten ist von der gesellschaftlichen Ambivalenz des Konflikts auszugehen. Er ist weder im ethischen noch im sozialen Sinn ausschließlich positiv oder negativ. Die positiven und negativen Funktionen und Wirkungen des Konflikts sind eng miteinander verbunden (72, S.11).

Eine so zu entwickelnde Konflikttheorie muß das multipolare Gesellschaftssystem berücksichtigen, d.h. es müssen zu unterscheidende Variablen gebildet werden, die einen hohen Grad gegenseitiger Abhängigkeit und im zeitlichen Prozeß in diesen Abhängigkeiten einen hohen Grad der Variabilität aufweisen. Nur so wird eine Konflikttheorie der komplexen (pluralistischen oder multipolaren) gesellschaftlichen Beziehungen geschaffen, die es erlaubt, die inneren Zusammenhänge, den inneren Mechanismus abhebbarer typologischer Gruppen von Konfliktvorgängen darzustellen.

> *„Wenn wir uns zu einer prozessualen Sicht verstehen könnten - eine Anstrengung, die die neuere Soziologie etwa seit SIMMEL unternommen hat -, dann müßten wir anerkennen, daß an der gleichen Zeit- und Raumstelle gleichzeitig mehrere Einflüsse, Wirkungen, Funktionen, Beziehungen, Bedürfnisse, Rollenerwartungen usw. wirksam*

---

[71]Hier erweist es sich als nützlich, Handlungen nach Zwecken auf unterschiedlichen Ebenen erfassen zu können, wie es durch die Diskussion des kommunikativen Handelns ermöglicht wurde. So ist eine Verbindungslinie von der modifizierten Handlungstheorie zur Konflikttheorie bereits geschaffen worden.

werden können. Das soziale Handeln - auf allen Ebenen - ist dann gleichzeitig von bestimmten Werten und Normen, von bestimmten Machtverhältnissen und von bestimmten materiellen Produktions- und Reproduktionsbedingungen bestimmt; und diese verschiedenen Komponenten können durchaus im Widerspruch zueinander stehen; sie können teils funktional integriert, teils dysfunktional und teilweise einfach afunktional sein; (...)" (72, S.21)

Für die Konflikttheorie bedeutet diese Erkenntnis die Abkehr vom dyadischen Konfliktmodell (lediglich zwei Konfliktparteien) zu triadischen oder polyadischen Konfliktmodellen (72, S.47). Für die Handlungstheorie bedeutet das, daß von einer komplexen Überlagerungsstruktur von Handlungsmustern ausgegangen werden muß. Wenn von Konfliktmustern ausgegangen werden soll - wie in dieser Arbeit - muß sogar von gesellschaftlich erarbeiteten Mustern, die diese Bedürfnis- und Zielevielfalt binden, ausgegangen werden. So wird die Möglichkeit, mehrere Zwecke erfassen zu können, zur unabdingbaren Voraussetzung einer dynamischen Konfliktbeschreibung nach BÜHL.

3.2. Formen der Konfliktaustragung

BÜHL stellt fest, daß Konflikte nur dann in einer geordneten Weise, wie sie unsere pluralistische Gesellschaft fordert, entstehen und ausgetragen werden können, wenn es einen zugrundeliegenden Konsens gibt, der die kooperative Konfliktlösung ermöglicht. Dieser Konsens, in dem die unterschiedlichen Bedürfnisse mehrdimensional integriert, d.h. auf einen Nenner gebracht sind, trägt durch eben diese Reduktion den Konflikt in sich, der jederzeit wieder ausbrechen kann (72, S.12).

Deshalb ist eine Konfliktlösungsstrategie in der komplexen und dynamischen Gesellschaft nur sinnvoll, wenn soziale Verluste vermieden und soziale Energien mobilisiert werden. Unter Mobilisierung als Konfliktaustragungsmethode versteht BÜHL die Konfliktlösung durch die planmäßige Umgestaltung und Weiterentwicklung der Sozial- und Sachzusammenhänge auf der Basis des zur Krise führenden Konflikts (72, S.25).

BÜHL stellt verschiedene Dimensionen der Konfliktaustragung fest[72]. Es werden die Konflikte meistens nicht direkt ausgetragen. Weder das gesamte vom Konflikt betroffene Personal ist an der Konfliktlösung beteiligt, noch geht es bei der Konfliktaustragung unmittelbar um die ursprünglichen Streitpunkte. Es handelt sich, wie oben gesagt, nicht um Zweierkonflikte, sondern es sind mehrere Parteien beteiligt, zwischen denen sich ein Geflecht sozialer Beziehungen entwickelt. Konfliktlösungen selbst können sich nicht auf bloß situative Änderungen beschränken; insofern von der Sozialität und Soziabilität des Menschen ausgegangen wird, ist die Situation abhängig von der Wahrnehmung der Situation, d.h. situative und intentionale Momente sind eng miteinander verwoben (72, S.26).

Alle sozialen Konflikte werden in der Form von Metakonflikten ausgetragen (72, S.28). Nach GALTUNG gibt es drei Konfliktlösungsmechanismen, einen direkten, einen indirekten und einen unabhängigen.

„1. Ein direkter Konfliktlösungsmechanismus ist dadurch gekennzeichnet, daß der Sieger des Metakonflikts als Sieger im zugrunde liegenden Konflikt anerkannt wird und daß eine dementsprechende Umverteilung der strittigen Werte erfolgt. (...)
2. Der indirekte Konfliktlösungsmechanismus ist dadurch gekennzeichnet, daß der Gewinner des Metakonflikts zwar als Gewinner des zugrunde liegenden Konflikts anerkannt wird, daß es jedoch zu keiner grundlegenden Umverteilung in der ursprünglichen Konfliktebene (wohl aber in einer anderen) kommt. (...)
3. Wenn der Metakonflikt zu keiner Bestätigung des Gewinners und zu keiner Umverteilung führt bzw. wenn zwischen Konflikt und Metakonflikt keine erkennbare und kulturell legitimierbare Verbindung mehr besteht (wenn z.B. die Frage „er liebt mich, liebt mich nicht" - und ein in dieser Frage zugrunde liegender Konflikt - nach dem

---

[72]BÜHL stellt sich den verschiedenen Dimensionen durch den Rückgriff auf unterschiedliche Theorien wie Handlungstheorie (wobei unklar ist, was genau er darunter versteht, da er den Begriff auch als Oberbegriff für die anderen Theorien verwendet), Entscheidungs-, Spiel- und Systemtheorie. Er möchte auf keinen dieser Erklärungsansätze verzichten (76, S.41). Dadurch existiert eine weitere Parallele zum eigenen Handlungsansatz, der die Ebenen des zweckrationalen, normativen und dramaturgischen Handelns unterscheidet.

Magaritenorakel entschieden wird), ist von einem unabhängigen Mechanismus zu sprechen." (72, S.28)

Der soziale Kontext der Konfliktaustragung kann ebenfalls eine Rolle bei der Konfliktlösung spielen. Dabei unterteilt BÜHL vier Formen der Konfliktlösung. Erstens kann ein Konflikt vermieden werden, indem der Gegner und damit die soziale Beziehung überhaupt vermieden wird (72, S.30).

„Eine zweite Möglichkeit der Konfliktaustragung besteht darin, daß die beiden konfligierenden Parteien sozusagen auf eine Partei reduziert werden. Diese Reduktion erfolgt, wie besprochen, durch die Liquidation der schwächeren Konfliktpartei oder durch Institutionalisierung des Konflikts, wodurch die beiden Konfliktparteien sozusagen zu einem einzigen Konflikt verschmolzen werden. (...) Eine dritte Methode ist die Konfliktaustragung unter Aufrechterhaltung der beiden konfligierenden Parteien durch die Schließung eines Kompromisses, durch die Belohnung des anderen Partners oder durch die gegenseitige Modifikation wenigstens der Nahziele. Die beiden Parteien bleiben hier ihrem Personal und ihren grundlegenden Wertsetzungen nach erhalten; man schließt Kompromisse dort, wo es möglich ist, und man duldet sich gegenseitig, wo ein Kompromiß nicht möglich ist." (72, S.30)

Diese Kompromißvorstellung stellt eine kooperative Konfliktlösung dar, da sie verständigungsorientiert abläuft.
Hier setzt PRESCH 85 an. Er differenziert zwei Strategien, die beim Kompromiß verfolgt werden können: das *„Aussitzen"* und den *„Scheinkompromiß"*[73]. Durch das *„Aussitzen"* wird der aktuelle Handlungszwang suspendiert, ohne daß an einer Konfliktlösung gearbeitet würde. Es wird darauf spekuliert, daß im Laufe der Zeit Änderungen der Situation oder der Machtverhältnisse stattfinden oder

---

[73] *„3. Aussitzen: Suspendierung des Handlungszwangs mit der Aussicht, daß die Interessenkollision bis zu einem späteren Zeitpunkt aufgelöst, in handlungsrelevanten Ausschnitten verändert, zur Gänze nicht mehr handlungsrelevant ist oder auf andere Weise in Angriff genommen werden kann*

4. Scheinkompromiß: eine vorläufige Herstellung der Handlungsfähigkeit durch eine Scheinlösung, durch unterbliebene und zugleich als geleistet in Anspruch genommene Interessenvermittlung" PRESCH 85, S.87.

aber neue Lösungswege gefunden werden können. Teilen die Handlungspartner ihr Wissen um das *„Aussitzen"*, handelt es sich um eine kooperative Konfliktlösung.

Sofern das *„Aussitzen"* nicht allen am Konflikt Beteiligten deutlich ist, möchte ich es als strategische Ausnutzung verständigungsorientierten Handelns interpretieren. Der Kompromiß als kooperative Konfliktlösung wird instrumentalisiert, um die eigene Position für eine spätere andere Konfliktlösung zu stärken.

Der *„Scheinkompromiß"* soll eine vorläufige Handlungsfähigkeit durch das Erreichen einer Scheinlösung ermöglichen. Wesen dieser Scheinlösung ist es, als Ergebnis der Interessenvermittlung zu erscheinen, ohne es zu sein. Es werden Ansatzpunkte in die Kompromißformel implantiert, an denen der Konflikt zu gegebener Zeit wieder aufgebrochen werden kann[74]. Auch hier ist erst wieder von einer unkooperativen Lösung zu sprechen, wenn diese Art der Konfliktlösung nicht allen am Kompromiß Beteiligten klar ist.

> *„Sofern das Wissen der Scheinhaftigkeit der behaupteten Interessenvermittlung von den Parteien offen geteilt wird, weist die Koordination der Handlungszüge sowohl Elemente des Konflikts wie des Konsenses auf. Wo dieses Wissen strategisch vorenthalten werden kann, wird der Konflikt einseitig unter dem Anschein des Konsenses ausgetragen: Antagonistisches Handeln durch List." (PRESCH 85, S.89)*

Dynamischer ist die einzige triadische[75] Methode, die BÜHL erwähnt. Das Vorgehen in den erster drei Fällen, nämlich die Beschreibung von Konfliktlösungs-

---

[74] *„Wenn die nun gleichzeitig als Partei wie auch als Vermittlungsinstanz fungierende Seite sich inhaltlich nicht voll durchsetzen kann, wird sie den Kompromiß oder Scheinkompromiß überwiegend in ihrem Sinne zu beeinflussen suchen. Die in der Bestimmung der Vermittlungsinstanz nicht erfolgreiche Partei muß, sofern es zu keinem sie befriedigenden Ergebnis kommt, notwendig bestrebt sein, in das inhaltliche Vermittlungsergebnis Widersprüche einzubringen, die dessen Einheit zumindest latent gefährden. Aus ihrer Sicht sind die Widersprüche insofern progressiv, als sie sich zu einem späteren Zeitpunkt dieser Widersprüche bedienen kann, wenn es ihr aussichtsreich erscheint, die erzielte Regelung aufzukündigen." (PRESCH 85, S.90).*

[75] Zur Kritik am Begriff *„triadisch"* siehe PRESCH 85, S.90f. Polyadisch wäre sicher treffender, da BÜHL nirgends von einer Beschränkung auf drei Konfliktparteien ausgeht.

mechanismen auf der Basis einer dyadischen Konfliktbetrachung, wird später noch kritisch beleuchtet werden müssen.

> *„Dynamischer ist die vierte Methode der Konfliktaustragung durch Erweiterung der Sozialbeziehungen, vor allem durch die Einschaltung einer dritten Person oder Partei, wie das schon bei primitiven Stämmen, wie es aber auch in der internationalen Politik die Regel ist. Anstelle von ad hoc hinzugezogenen dritten Parteien können auch permanente Organisationen treten wie Gerichte, Vermittlungsausschüsse, die Presse oder das ganze Wahlvolk. Die dritte Person oder Partei erfüllt verschiedene wichtige Funktionen: Sie trägt zunächst einmal zur Information und Kommunikation und damit zur kognitiven Abklärung des Konflikts bei. Zweitens werden die Sozialbeziehungen erweitert, der Konflikt aus seiner sozialen Enge herausgelöst; die dritte Partei kann immer mit der Mobilisierung der Öffentlichkeit bzw. mit weiteren Allianzen drohen. Damit wird die ganze Strategie der Konfliktlösung sozusagen umgepolt, nämlich von einer kausalen Therapie zu einer normativ-funktionalen Sichtweise, d.h. von einer Orientierung an der persönlichen Schuld der Beteiligten zu einer Orientierung am weiteren gesellschaftlichen Zusammenleben. Die dritte Partei trägt viertens auch zur Objektivierung des Konflikts bei: Nicht nur, daß mit der Einbeziehung Dritter auch inhaltlich ganz neue Variablen eingeführt werden, ist die dritte Partei oder Person auch dazu gezwungen, einen mittleren Weg zu suchen und objektivierbare Normen anzuwenden - schon um ihre vermittelnde Position halten zu können. Würde sie die Asymmetrie zwischen den konfligierenden Parteien zu sehr verstärken, geriete sie in Gefahr, selbst Konfliktpartei zu werden. Sie muß außerdem stets darauf sehen, die Dinge in Fluß zu halten, denn sonst geht sie ihrer Rolle ebenfalls verlustig." (72, S.30f.)*

Diese Aufstellung des Postulats der dritten Partei ist die eigentliche Leistung BÜHLs in der Theoriebildung des Konflikts. Sie erklärt die Rolle eines Publikums bzw. der Öffentlichkeit bei der Konfliktaustragung, für die die „Form" gewahrt wird. PRESCHs Scheinkompromisse gewinnen als Lösungen, die vor solch einem Publikum als kooperativ ausgehandelt ausgegeben werden können, besondere Bedeutung. Durch sie kann unter den Augen der Öffentlichkeit an ihr vorbei gehandelt werden. PRESCH kritisiert aber die Gleichsetzung der vier Methoden der Konfliktaustragung bei BÜHL[76]. Während PRESCH die ersten drei Methoden als *„Konfliktergebnisse"* beschreibend ansieht, faßt er die vierte Methode als auf das *„Verfahren der Konfliktaustragung"* bezogen auf. Darin ist ihm vollständig

---

[76]PRESCH, 5.7.95: persönliche Mitteilung.

recht zu geben, da BÜHLs vierte Methode sich sowohl auf die zweite Methode, speziell der Institutionalisierung des Konflikts, als auch auf die dritte, die Schliessung von Kompromissen, bezieht.

3.3. Grundzüge eines triadischen Konfliktmodells

Durch die Einbeziehung mindestens einer dritten Partei C neben A und B werden die Beziehungen ambivalent oder sogar mehrdeutig. Das erfordert ein Umdenken auf verschiedenen Ebenen. Geht man von einer Heterogenität der Konfliktparteien aus oder betrachtet man nur die verschiedenen Konfliktebenen[77], liegt ein Koalitionswechsel einzelner Parteimitglieder auf einzelnen Ebenen immer in der Luft. Es brauchen nur die Situation oder Zielrichtungen geringfügig geändert werden, um eine neue Konstellation zu schaffen. Der Konflikt ist damit immer ein mehrdimensional und gleichzeitig ablaufender Prozeß, d.h. er wird auf verschiedenen Ebenen und mit verschiedenen Zeitmaßen und Ablaufformen gleichzeitig ausgetragen. Das soziale Feld, auf dem er ausgetragen wird, ist immer multipolar und muß potentiell gewünschte oder unerwünschte Eingriffe Dritter berücksichtigen. Konflikte können nicht als Nullsummenspiel[78] aufgefaßt werden.
Aufgrund dieser Erkenntnisse muß laut BÜHL eine Revision der Konfliktstrategie in zehn Punkten vorgenommen werden: Konflikte sollen als soziale Konflikte aufgefaßt werden; Konfliktlösungen werden durch Depolarisierung angestrebt, Gegner sind nie voll und ganz Gegner, d.h. sie werden nicht zum Feind hochstilisiert; Konflikte werden durch Begrenzung statt Manifestierung gelöst, wobei die

---

[77]Sie werden im eigenen Modell mit der Berücksichtigung des zweckrationalen, normenorientierten und dramaturgischen Handelns vorgegeben.

[78]Der Begriff *„Nullsummenspiel"* stammt aus der Spieltheorie und bezeichnet die Voraussetzung, daß der Gewinn eines Mitspielers immer gleich der Verlust eines anderen ist.

Konflikte an Autarkie verlieren, indem sie einen Teil ihrer Aktionsfreiheit organisatorisch binden; Konfliktlösungen haben einen weiten zeitlichen Horizont und sind nicht augenblicksbezogen; endgültige Lösungen werden zugunsten einer prozeßhaften übergangsweisen Konfliktlösung vernachlässigt, da Konflikte nur durch sozialen Wandel und nicht durch ein Einfrieren des Wandels gelöst werden können (die Lasten der Lösung werden verteilt und es besteht für die Benachteiligten die Hoffnung auf Änderung ihres Status); weiter sollte eine Konfliktlösung in dem Sinne wertschöpferisch sein, daß beide Partner ihre Ehre behalten und an Prestige eher noch gewinnen können, und im Sinne einer kulturell legitimen Konstruktion erfolgen: direkte Konfliktlösungen sind kostspielig und wertvernichtend, indirekte kostensparend und wertschöpferisch; die Konfliktlösung sollte sich mehrfunktional auf mehrere Dimensionen erstrecken; letztlich muß die Konfliktlösung sozialproduktiv statt reduktiv sein: zwischen lediglich zwei Parteien kann nicht vermittelt werden, es muß eine dritte Partei eingeschaltet werden, die indirekt durch die Teilnahme am Kommunikationsprozeß, an der Formulierung und Interpretation von Beschlüssen und an der Überwachung von politischen Vorgängen Einfluß nimmt oder sich direkt durch offene oder verdeckte Koalitionsbildung einschaltet.

3.4. Zusammenfassung und Nutzen für die Erfassung von Mehrfachadressierung

Deutlich geworden ist die Vielschichtigkeit der Konflikte zwischen Interaktionspartnern, Rollennormen, Werten, Interessen usw.. Diese Vielschichtigkeit der Beziehungen stärkt die Auffassung des permanenten Konflikts in der Kooperation und der permanten Kooperation in Konflikten. Sie läßt sich nicht anders handhaben als in der Form von kurzzeitigen Kompromissen mit der Chance zur Änderung. Dadurch kommt der zeitliche Aspekt, d.h. der Prozeßcharakter von Interaktion, als grundlegend ins Blickfeld der Untersuchung. Sprachliches Handeln, das dem Rechnung trägt, muß vielschichtig sein. Ist es dies nicht, kann es auf die Dauer in Interaktionen nicht erfolgreich sein. Aus den Ausführungen über die Komplexität von Konflikten ergibt sich, daß die Rollen, Werte, Interessen usw. nicht nur aus der Produzentensicht, sondern auch aus der Rezipientensicht eine wichtige Rolle spielen, wenn es darum geht, Handlungen, d.h. auch sprachliche Handlungen, zu organisieren. Dazu kommt eine weitere elementare Erkenntnis BÜHLs: Konflikthandeln ist kaum dyadisch zu erklären. Er führt den *„Dritten"* ein, der als potentieller Koalitionspartner Dynamik ins Spiel bringt. Kompromisse auf den verschiedenen Ebenen sind so in verschiedenen Konstellationen möglich. Die Folge für die Konfliktlösungen ist, daß auf eindeutige Lösungen, die zur völligen Niederlage eines Interaktionspartners führen, weitgehend verzichtet wird, da er an anderer Stelle wieder gebraucht wird. Die komplexe Gesellschaft bildet damit Lösungsmechanismen der Balance aus, die mit primitiver Herrschaftsausübung nicht mehr durchgeführt werden können. Stattdessen rückt die Verhandlung und Aushandlung in mündlichen und schriftlichen Texten in den Vordergrund. Sprache leistet in ihrer Vielschichtigkeit und potentiellen Ambiguität die Vermittlung der komplexen Interaktionsstrukturen von Kooperation und Konflikthandeln. Mit dem *„Dritten"* ist eine Möglichkeit gegeben, die Sprecher- und Adressatenspezifizierungen der Mehrfachadressierungskonzepte bei Konflikthandlungen auf eine soziologische Grundlage zu stellen. Hier können Koalitionspartner verdeckt oder offen, nach Sprecher- und Hörerrollen gestaffelt, untersucht werden. Unterschiedliche Mehrfachadressierungsformen können als funktional im Sinne der Konfliktlösung aufgefaßt werden.

Bevor darauf jedoch näher eingegangen werden kann, muß noch ein Mehrfachadressierungskonzept vorgestellt werden, das zur Konfliktbeschreibung benutzt werden kann.

4. Mehrfachadressierung

Die theoretische Erfassung von Mehrfachadressierung steckt noch in den Anfängen. Nachdem WUNDERLICH 72 bereits auf die Möglichkeit der zeitgleichen aktantenabhängigen Durchführung von Sprechakten hingewiesen hat, gibt es parallel eine Bearbeitung des Problems auf der Sprechaktebene[79] bei CLARK/CARLSON und HOFFMANN 84, die durch PRESCH 85 aufgegriffen, kritisiert und weitergeführt wird. Aus soziologischer Sicht kommt es durch GOFFMAN 79 zu einer Kritik der sprechakttheoretischen Perspektive der Gesprächssituation. Er stellt ein erweitertes Sprecher-Hörer-Konzept vor, daß von LEVINSON 88 aufgegriffen und intensiv bearbeitet wird. Die letzte Arbeit ist der bereits aufgeführte Versuch von KÜHN 95, der allerdings die letztgenannten Arbeiten GOFFMANs und LEVINSONs nicht berücksichtigt. In empirischen Arbeiten taucht das Problem der Mehrfachadressierung bei vielen Autoren auf: PRESCH, KLEIN, DIECKMANN, HOLLY, HOFFMANN, HOLLY/KÜHN/PÜSCHEL, PAPENHEIM, SPEIER, PETTER-ZIMMER u.a..
Warum die neueste Arbeit (KÜHN) nicht im Zentrum des Kapitels steht, wurde bereits mit der Diskussion der von ihm verwendeten Handlungstheorie und der Nichtberücksichtigung von GOFFMAN und LEVINSON begründet. Die Vernachlässigung HOFFMANNs in meiner Arbeit hat mehrere Gründe: einmal wird HOFFMANN in KÜHN bereits intensiv diskutiert. Zum anderen weisen die Konzepte von HOFFMANN und CLARK/CARLSEN starke Parallelen auf. Letztlich ist aber entscheidend, daß HOFFMANN nicht auf GOFFMAN eingeht und LEVINSON noch nicht kennen konnte. Auf CLARK/CARLSON selbst wird aufgrund ihres sprechakttheoretischen Ansatzes nur kurz eingegangen.

---

[79]Das kann nur mit der Einschränkung gesagt werden, daß in den entsprechenden Arbeiten Modifikationen der Sprechakttheorie stattfinden, die eventuell den sprechakttheoretischen Rahmen bereits sprengen.

Mit der Diskussion der Mehrfachadressierung werden mehrere Ziele verfolgt: Erstens sollen die Modelle von GOFFMAN und LEVINSON kurz vorgestellt werden, um ihre Tragweite zu verdeutlichen. Zweitens werden sie unter dem Aspekt möglicher Täuschungen von Handlungsbeteiligten betrachtet. Bei der unkooperativen Austragung von Konflikten spielt die Möglichkeit der Bedeutungsverdeckung von Handlungen eine besondere Rolle. Insofern stehen auch die Täuschungsmöglichkeiten im Zentrum des Interesses. Unter diesem Aspekt wird deshalb auch der Aufsatz von CLARK/CARLSON diskutiert.

4.1. GOFFMAN[80]

Bei seinen Arbeiten zur Interaktionsanalyse geht GOFFMAN von einem sozialen Rahmen aus, der die Gesprächssituation eingrenzt. Dieser Gesprächsrahmen kann innerhalb des Gesprächs durch den Sprecher gewechselt werden (S.5). Dieses kann durch den Footingwechsel eingeleitet werden. Footing faßt GOFFMAN kurz folgendermaßen zusammen:

> *"i. Participant's alignment, or set, or stance, or posture, or projected self is somehow at issue*
> *ii. The projection can be held across a strip of behaviour that is less long than a grammatical sentence, or longer, so sentence grammar won't help us all that much, although it seems clear that a cognitive unit of some kind is involved, minimally, perhaps, a phonemic clause. Prosodic, not syntactic, segments are implied.*
> *iii. A continuum must be considered, from gross changes in stance to the most subtle shifts in tone that can be perceived.*
> *iv. For speakers, code switching is usually involved, or at least the sound markers that*

---

[80]Die Seitenangaben im Text beziehen sich auf: GOFFMAN, Erving: Footing, in: Semiotica 25, 1979, S.1-29. Die englischen Begriffe werden größtenteils nicht übersetzt. Dieses Vorgehen rechtfertigt sich mit der Komplexität der GOFFMANschen Termini, die durch eine Übersetzung zerstört würde. Die Fachbegriffe werden nur bei ihrer Einführung kurz in Anführungszeichen gesetzt. Später verwende ich die englischsprachigen Ausdrücke ohne Kennzeichnung im Text, da die auftretende Menge zu Verwirrungen führen würde.

linguists study: pitch, volume, rhythm, stress, tonal, quality.
v. The bracketing of a 'higher level' phase or episode of interaction is commonly involved, the new footing having a liminal role, serving as a buffer between two more substantially sustained episodes." (S.4)

In Gesprächen scheint ihm ein dauernder Footing- oder Rahmenwechsel stattzufinden (S.5): GOFFMAN stellt fest, daß er die Strukturen des Footing nicht ausreichend erklären kann, wenn er das herkömmliche Modell der Sprechakttheorie auf die Gesprächsbeschreibung anwendet. Die Gesprächssituation, die mit einem einfachen Sprecher-Hörer-Modell beschrieben werden kann, ist auf folgende Weise eingeschränkt: Es wird von nur zwei am Gespräch beteiligten Personen ausgegangen. Der Sprecher drückt nur seine eigenen Gedanken und Gefühle gegenüber den Hörern aus. Der Sprecher konzentriert sich auf den Hörer und der Hörer sich auf den Sprecher. Keine anderen Personen nehmen das Gespräch wahr oder beeinflussen es. Der Redewechsel wird zwischen den beiden Beteiligten im Laufe des Gesprächs nach bestimmten Regeln eingeleitet. Diese Art von Gespräch findet nach GOFFMAN zwar durchaus statt, bildet aber eher eine Ausnahme in den von ihm untersuchten Fällen. Weiter kritisiert er, daß die Bezeichnung Sprecher-Hörer die Wichtigkeit des visuellen Kanals für die Gesprächsorganisation verschleiert (S.5/6).

4.1.1. Das „participation framework"

GOFFMAN beginnt mit einer Betrachtung des „Hörers". Er unterscheidet zwischen der Möglichkeit der physikalischen Wahrnehmung des Hörens (in the communication-system sense)[81] und dem social slot, in dem das Hören stattfindet,

[81]Die Ersetzung des Begriffs mit „physikalisch", statt mit „Kommunikationssystem", soll das Technische des Begriffs eindeutig hervorheben. Dadurch soll jeglicher Zusammenhang zu sozialen Abhängigkeiten, der meiner Meinung nach allein mit dem Wort „Kommunikation" gege-

dem *„official status as a ratified participant in the encounter"*[82]. In einem anderen Zusammenhang weist er noch darauf hin, daß in Gesprächen die Aufmerksamkeit der Hörer auf eine Person außerhalb der ratified participants gerichtet werden kann. Diese „Objekte" erhalten dadurch ebenfalls Participantenstatus (S.15). Er stellt heraus, daß physikalisches Hören nicht auf ratified participants beschränkt ist und daß physikalisches Nicht Hören auch durch ratified participants geleistet werden kann, auch wenn sie dadurch gegen eine normative Erwartung des Sprechers verstoßen[83]. Wenn das physikalische Hören jemandem, der nicht ratified participant, sondern *„bystander"*[84] ist, zufällig, d.h. nicht intendiert, passiert, dann nennt GOFFMAN es *„overhearing"*. Legt er es allerdings darauf an zu lauschen, bezeichnet es GOFFMAN als *„eavesdropping"*. Auch dann, wenn es nach GOFFMAN zum guten Ton gehört, als bystander sein Desinteresse am laufenden Gespräch zu zeigen, läßt es sich doch nicht vermeiden, daß overhearer (eavesdropper sowieso) wichtige Informationen aufnehmen. Das geschieht über das Hören wie über das Sehen. Er erfährt, wer mit wem spricht (ratified participants), wer der Sprecher ist und wer zuhört, wie die generelle Stimmung ist usw..[85] Innerhalb der ratified participants gibt es meistens einen *„addressed one"*,

---

ben ist, eindeutig ausgeschlossen werden.

[82]Ratified participant wird von GOFFMAN folgendermaßen konkretisiert: "*Typically ritual brackets will also be found, such as greetings and farewells, these establishing and terminating open, official, joint engagement, that is, ratified participation in a social encounter." (S.7).*

[83]Festzuhalten bleibt aber, daß das Nichthören von participants nicht durch einen prinzipiell fehlenden Kommunikationskanal, sondern durch seine Nichtbenutzung durch den participant verursacht wird.

[84]GOFFMAN nennt als etwas zwischen participant und bystander die Lage eines participants in einem *„open state of talk"*. Als Beispiel wählt er ein Gespräch, das in einen Arbeitsablauf eingebettet ist und daher des öfteren unterbrochen werden muß, um wieder neu begonnen zu werden. Die participants haben in diesem Fall das Recht, aber nicht die Pflicht, sich am Gespräch zu beteiligen. Diese Kategorie bleibt aber ansonsten unbeleuchtet und entfällt deshalb in der weiteren Darstellung.

[85]Vorgreifend läßt sich an dieser Stelle sagen, daß die Wissensannahmen bei der Erweiterung des

einen Adressaten, der besonders angesprochen wird. Das kann durch Vokative und Ähnliches oder durch Gesten oder Blicke geschehen[86]. Die so beschriebene Kommunikation kann nach GOFFMAN als *„dominating communication"* beschrieben und von drei Arten der *„subordinate communication"* begleitet werden. Das geschieht, indem im *„byplay"* ratified participants, im *„crossplay"* ratified participants und bystanders und im *„sideplay"* bystander miteinander kommunizieren (sprachlich oder lediglich mimisch-gestisch). Die subordinate communication kann offen geschehen, indem sie und gegebenenfalls auch ihr Gegenstand nicht verdeckt werden[87]. Die Verdeckung (collusion) dessen, worüber kommuniziert wird, kann durch die Benutzung scheinbar harmloser Begriffe, deren kritischer Charakter nur Eingeweihten zugänglich ist, geleistet werden. Haben die aus der subordinate communication Ausgeschlossenen die Wörter physikalisch nicht verstanden, kann suggeriert werden, daß nur Harmloses gesagt wurde. Collusion wird so von Sprechern und Hörern gegenüber anderen Hörern[88] durchgeführt. Weiter differenziert GOFFMAN *„innuendo"*, eine Anspielung, bei der der Sprecher seine Bemerkung, die er angeblich an einen recipient adressiert, mit einer offensichtlichen aber leugbaren weiteren (meist abwertenden) Bedeutung versieht. Diese Bedeutung trifft das *„target"*[89], unabhängig davon, ob es

---

GOFFMAN-Ansatzes durch LEVINSON zwar nicht beachtet werden, in der Diskussion des LEVINSON-Ansatzes jedoch hervorgehoben werden. Hier ist eine Stelle zu kennzeichnen, an der LEVINSON die Überlegungen GOFFMANs deutlich einschränkt.

[86]Vgl. dazu die Typologie von den Adressierungsformen von KÜHN 95, S.124, die modifiziert übernommen werden soll.

[87]Hier findet eine Trennung zwischen einer Verdeckung, daß heimlich kommuniziert wird, und einer Verdeckung, worüber kommuniziert wird, statt. Diese Unterscheidung soll später noch systematisch berücksichtigt werden.

[88]Später wird zwischen Sprecher- und Hörerrollen differenziert werden können. Dann verbirgt ein Ensemble von Sprecher- und Hörerrollenträgern (im Extremfall auf eine Person beschränkt) die Bedeutung vor einem Publikum von participants oder bystanders.

[89]*„Target"* läßt sich wohl am ehesten mit „Ziel der Äußerung" übersetzen. Dieses Ziel liegt auf

sich beim target um einen addressed recipient, unaddressed recipient oder einen bystander handelt.

Mit der Kategorie *„bystander"* hat GOFFMAN das Analysegebiet *„encounter"* durch die Berücksichtigung der *„social situation"* verlassen. Er schlägt für die Bezeichnung der erweiterten Personengruppe den Begriff *„gathering"* vor[90]. Er begründet diese Erweiterung mit den vielfachen Möglichkeiten und deren Realisierungen, sich in Anwesenheit von bystanders unklar auszudrücken. Als Kehrseite dieser Medaille faßt er die *„response cries"* auf, die in erster Linie an bystanders gerichtet sind, um sie mit Informationen (besonders das eigene Image betreffend) zu versorgen, ohne ihnen eine Gesprächsrolle (ratified participant) zuzuweisen, die ihnen eine Antwort oder Einmischung nahelegen würde.

Die Beziehung der einzelnen am gathering teilnehmenden Personen bezeichnet GOFFMAN als participation status. Alle participation status zusammengefaßt nennt er participation framework. Die beiden Begriffe umfassen demnach alle bisher genannten Konzepte von ratified participant, bystander, overhearer und eavesdropper über byplay, crossplay und sideplay zu collusion und innuendo[91].

LEVINSON reduziert in seiner GOFFMAN-Interpretation diese Konzepte auf

---

einer anderen als der gesprächsorganisatorischen Ebene. Zur Trennung der Ebenen siehe auch PRESCH 85, S.97.

[90]Als Beleg dafür, daß innerhalb des gatherings nach ratified participants und bystanders differenziert wird, führt GOFFMAN das Beispiel der Redewiedergabe an, bei der klar herausgestellt wird, ob man das Wiedergegebene als bystander oder ratified participant mitbekommen hat. Das kann aber auch als Selbstschutz des Sprechers aufgefaßt werden, der durch Hervorhebung seines Bystander-Status den Wahrheitsanspruch seiner Aussage relativiert.

[91]Als Beleg führe ich an: *"Finally, observe that if one starts with a particular individual in the act of speaking - a cross-sectional instantaneous view - one can describe the role of functions of all the several members of the encompassing social gathering from this point of reference (whether they are ratified participants of the talk or not), couching the description in the concepts that have been reviewed. (...) The point of all this, of course, is that an utterance does not carve up the world beyond the speaker into precisely two parts, recipients and non-recipients, but rather opens up an array of structurally differentiated possibilities, establishing the framework in which the speaker will be guiding his delivery." (S.11).*

den ersten Block: ratified participant, bystander, overhearer und eavesdropper. Das erklärt seinen, im Vergleich zu GOFFMAN, eingeschränkten Zugang zur Mehrfachadressierung, der im nächsten Abschnitt thematisiert werden soll.
Die bisher wiedergegebenen Ausführungen will GOFFMAN nur auf *„ordinary conversation"* beschränkt wissen. Er setzt dem *„talk from the podium"* entgegen, bei dem weniger von *„co-conversationalists"* als von *„audience"* auf der Hörerseite gesprochen werden muß. Das audience hat nur die Chance, sich durch *„'back-channel' response"* an dem Gesprächsereignis zu beteiligen. Durch einen Verweis auf Radio- oder Fernsehübertragungen[92] illustriert GOFFMAN, daß es mehrere Formen von audience parallel zueinander geben kann: das in der Situation anwesende und das durch die Medien verbundene. Beide können vom selben Sprecher wechselseitig die Rezipientenrolle zugeschrieben bekommen. Der Begriff *„audience"* an sich beschreibt je nach Handlungssituation unterschiedliche Eingriffsmöglichkeiten. GOFFMAN verdeutlicht das an den Möglichkeiten des audience, in einer politischen Rede Fragen zu stellen und innerhalb einer Theateraufführung die Schauspieler zu beeinflussen. Je nach gesellschaftlichen Anlässen lassen sich unterschiedliche Formen der Eingriffsmöglichkeiten des audience oder auch nur von Teilen desselben finden:

> *"... a participation framework specific to it will be found, and the array of these will be different from, and additional to, the one generic to conversation." (S.14)*

GOFFMAN setzt seinen Untersuchungsgegenstand *„speech event"* von Äußerungssituationen ab, die in außersprachlichen Handlungszusammenhängen stehen, wie beispielsweise das Gespräch zweier Automechaniker während einer gemeinsamen Reparatur. Die Sprache ist hier der außersprachlichen Handlung

---

[92]Wobei das audience der Radio- und Fernsehsendungen sich nach GOFFMAN, S.12, vom normalen audience dadurch unterscheidet, daß es kein direktes 'back-channel' response geben kann.

funktional untergeordnet und so in ihrer Eigenständigkeit eingeschränkt. Verkaufsgespräche, Zeit- oder Wegeerkundigungen etc. werden von ihm ebenfalls darunter gefaßt.

> *"One clearly finds, then, that coordinated task activity - not conversation - is what lots of words are part of." (S.16)*[93]

4.1.2. Das „production format"

Bei der Betrachtung des *„speaker"* unterscheidet GOFFMAN zwischen *„animator"*, demjenigen, der physikalisch gesehen die Laute der Äußerung erzeugt[94], dem *„author"*, der die in der Äußerung ausgedrückten Ansichten ausgewählt und formuliert hat, und dem *„principal"*, jemandem, dessen Ansichten durch die Äußerung vertreten werden oder der sich in irgendeiner Weise durch die Äußerung verpflichtet[95]. Dabei liegt animator auf einer anderen Ebene als die anderen beiden Begriffe; GOFFMAN spricht von einer *„analytical role"* statt einer *„social role"*. Unter principal faßt er hingegen nicht den individuellen Kör-

[93]Diese konsequente Trennung möchte ich unter Vorgriff auf die Diskussion der Arbeiten REHBEINs in Frage stellen. REHBEIN, der seinen Handlungsbegriff anhand der *„coordinated task activity"* entwickelt, wendet ihn durchaus erfolgreich auf die Beschreibung von Erzählungen an, eine Kategorie, die bei GOFFMAN wohl eindeutig unter *„conversation"* fallen würde. Eine Beschreibung von *„conversation"* oder *„speech event"* mithilfe des Konstrukts des sprachlichen Handlungsmusters wird in meiner Arbeit gerade angestrebt. GOFFMAN liefert, wie später noch gezeigt werden wird, durch sein Konzept des *„embedding"* selbst eine Beschreibungsmöglichkeit, wie situationsadäquate Handlungsweisen in andere Situationen importiert werden. Warum sollte gerade zwischen *„conversation"* und *„coordinated task activity"* eine unüberschreitbare Grenze existieren?

[94]*"In short, he (the animator TZ) is the talking machine, a body engaged in acoustic activity, or, if you will, an individual active in the role of utterance production."* (GOFFMAN 79, S.17)

[95]*"Sometimes one has in mind that a principal (in the legalistic sense) is involved, that is, someone whose position is established by the words that are spoken, someone whose beliefs have been told, someone who has committed himself to what the word say."* (GOFFMAN 79, S.17)

per oder Geist einer Person, sondern ihr Handeln nach bestimmten sozialen Rollen als Rollenträger. Diese Rollen können im Gespräch wechseln, was als wechselnder principal bei gleichbleibendem animator und author aufzufassen ist. Die Rollen, die dabei eingenommen werden, hängen von den Rollen der Zuhörer[96] ab, mit denen man verbunden ist (S.17). Aus denen werden die Realisierungen der principals ausgewählt. Die drei Aspekte animator, author und principal beschreiben das *„production format"* einer Äußerung. Über den principal kommt die soziale Eingebundenheit des Sprechers in der Äußerungssituation zum Tragen. Die Realisierung der principals richtet sich nach der Verbindung der gesellschaftlichen Rollen von bystanders und participants. So gelangen Strukturen des Kontextes in die Analyse der Äußerung. Diese Abhängigkeit des production format von einer Rollentheorie der Gesellschaft, die LEVINSON in einer verkürzenden Interpretation des production format fallen läßt, indem er sie ignoriert, versuche ich wieder aufzugreifen. Das geschieht, indem ich die *„production roles"* LEVINSONs, das einerseits erweiterte aber andererseits auf die eben beschriebene Art reduzierte production format GOFFMANs, als Situationsrollen im Sinne GERHARDTs interpretiere und so in den Rahmen einer gesellschaftlichen Rollentheorie stelle. Dadurch hoffe ich, den Aspekt der Verflechtung von Gesprächsrolle und sozialen Rolle, wie er bei GOFFMAN vorliegt, wieder aufnehmen zu können.

Animator, author und principal können in einer Person vereint sein, dann spricht GOFFMAN von *„speaker"*. Es gibt aber viele Fälle, in denen die drei Rollen von unterschiedlichen Personen (im Fall des principal sogar von Abstrakta wie Christenheit, Volk usw.) besetzt sind.

[96]Zuhörer im physikalischen Sinn, von GOFFMAN in diesem Teil des Aufsatzes als recipients bezeichnet.

Mit den Begriffen production format und participation framework kann nach GOFFMAN das Footing beschrieben werden. Allerdings fehlt mit den Begriffen noch die Möglichkeit, den lockeren, flüssigen, selbstreferentiellen Charakter von Sprache zu erfassen. Er widmet sich deshalb noch einer genaueren Erfassung des Phänomens animator. Ein animator - auf den rein analytischen Charakter dieser Kategorie wurde bereits hingewiesen - wird immer im Zusammenhang mit der Person, die diese Rolle innehat, gesehen. Diese Person agiert aber in bestimmten Funktionen, durch die die Äußerungen Gewicht erlangen. Diese Funktionen können dazu führen, daß der animator einen weiteren animator projeziert, der er selbst ist. Beispielsweise mit dem Satz: *„Ich bin sprachlos!"* GOFFMAN stellt fest, daß die Person, die es äußert, ganz und gar nicht sprachlos ist, aber durch „ich" auf seine Person referiert. Aber eben nicht als die Person in der momentanen Rolle des animator, sondern als animator, der auf eine Situation oder Äußerung zu reagieren versucht (die übrigens durchaus zeitgleich sein kann), als animator einer anderen Funktion der Person. Klarer wird diese Unterscheidung, wenn man sich vorstellt, daß sich eine Person über etwas äußert, was sie in der Vergangenheit geäußert hat (zu dessen Inhalt sie nicht mehr stehen muß): *"I said shut the window" (S.20)*. Die Person „I" ist in beiden Fällen animator, einmal in der Äußerungssituation und einmal „embedded"[97] in der Vergangenheit. So können nicht nur indirekte Redewiedergaben organisiert werden, indem andere Personalpronomina zur Kennzeichnung anderer animator eingesetzt werden. Die Einstellung der äußernden Person zu dem, was der embedded animator sagt, kann auf verschiedene Arten (ironisierende Betonung beispielsweise) modifiziert ausgedrückt werden. Die Möglichkeit des *„embedding"* kann auf das Einflechten

---

[97]Um diese Differenzierung mit einem Zitat zu belegen: *"In which case, two animators can be said to be involved: the one who is physically animating the sounds that are heard, and an embedded animator, a figure in a statement who is present only in a world that is being told about, not in the world in which the current telling takes place."* (GOFFMAN 79, S.21)

von Zitaten übertragen werden. Damit beschränkt sich das embedding aber nicht mehr auf den animator, sondern umfaßt auch den author und den principal, d.h. die Gründe für die Äußerung und deren Realisierungsform. Die so eingeleiteten Veränderungen im production format sind nach GOFFMAN durch Footing-Wechsel gekennzeichnet.

GOFFMAN benennt aber noch eine zweite Art von embedding, auf die im vorigen Teil bereits Bezug genommen wurde: das embedding von participation framework.

> *"... that is, we self-consciously transplant the participation arrangement that is natural in one social situation into an interactional environment in which it isn't." (S.23)*

Durch diese Möglichkeit des Transfers von participation framework und production format wird auch der Transfer von Handlungen in andere Handlungen theoretisch faßbar, da beide, wie erwähnt, durchaus soziale Rollenbeziehungen beinhalten. Es wäre nicht plausibel zu unterstellen, daß GOFFMAN mit seinem Embedding-Konzept eine Beschränkung der Begriffe participation framework und production framework unternähme. Es muß aber hervorgehoben werden, daß durch die Einbeziehung der sozialen Situation Probleme auftauchen, deren Lösung GOFFMAN höchstens durch einen Verweis auf *„Rahmenwechsel"* andeutet. Diese Art des embeddings wird aber unter der handlungstheoretischen Perspektive des REHBEIN-Ansatzes als Musterimport aufgefaßt. Die dabei entstehenden Probleme, insbesondere das Auftauchen von Interferenzen bei solchem Aufeinandertreffen von Handlungsmustern (oder Doppel- und Mehrfachrahmungen, um in der Terminologie GOFFMANs zu bleiben), werden einen Schwerpunkt der weiteren Arbeit ausmachen.

4.1.3. Zentrale Begriffe und Täuschungen

Unter diesem Abschnitt sollen noch einmal die zentralen Begriffe und Unterscheidungen GOFFMANs zusammenhängend unter dem Aspekt der Täuschung dargestellt werden. Zunächst fallen sicherlich die Möglichkeiten der subordinated communication byplay, crossplay und sideplay auf. GOFFMAN hat hier bereits zwischen der Verheimlichung des Stattfindens und der Verheimlichung des Gegenstandes unterschieden. Implizit stecken in diesen Begriffen Koalitionen von Personen, die zusammen etwas vor anderen verheimlichen. Im Prinzip kann so vor jedem Kommunikationsteilnehmer etwas verheimlicht werden. Unberücksichtigt bleiben aber das production format und das participation framework dieser Kommunikationsformen, ganz zu schweigen von ihrem Verhältnis zur Hauptkommunikation. Wird im byplay etwas über den Sprecher der Hauptkommunikation bemerkt, was dieser nicht hört, kann man nicht mehr davon sprechen, daß er participant des byplays ist. Er ist dann eher bystander. Dadurch daß das byplay in die Hauptkommunikation eingebettet ist tritt der Fall ein, daß der Sprecher participant im einen und bystander des zweiten Gesprächsrahmens ist. Dabei ist der Gesprächsrahmen des byplay in den der Hauptkommunikation „embedded".
Im crossplay werden aus bystanders der Hauptkommunikation participants. Wie beim byplay besteht die Möglichkeit, daß aus participants der Hauptkommunikation bystanders des crossplays werden. So liegt auch in diesem Fall eine Doppelrahmung vor, in der ein abweichender Gesprächsrahmen in die Hauptkommunikation embedded wird.
Im sideplay dreht sich die gesamte Gesprächsordnung um. Aus den bystanders der Hauptkommunikation werden die participants des sideplays.
Mit dem Begriff des *„target"* tritt eine weitere Komplizierung ein, da er ja unabhängig davon, ob eine bystander oder ein participant gemeint ist, verwendet wird.

Findet also eine subordinate communication statt, ist prinzipiell von einer Mehrfachbelegung der Personen mit Kommunikationsrollen auszugehen. Diese Mehrfachbelegung braucht nicht allen beteiligten Personen bekannt zu sein, sowohl was die Tatsache ihrer Existenz betrifft, als auch was den konkreten Belegungsplan angeht[98]. Die Mehrfachbelegung läßt sich ebenfalls am besten mit dem Begriff des *„embedding"* strukturell deuten. In der subordinate communication wird ein anderes participation framework und production format embedded. Durch diese Überlegung ist aber ein Argumentationskreis geschlossen worden. Production format und participation framework hatten bereits Möglichkeiten der subordinate communication beinhaltet, bilden also das Endprodukt eines Vorgangs, der sie voraussetzt. Meines Erachtens wird hierdurch die Dynamik der GOFFMANschen Begriffe betont, die eben nicht starr gedacht sind, sondern Prozesse beschreiben und dadurch auch Veränderungen unterworfen sind[99]. Eine Schwierigkeit tritt allerdings auf, wenn man sich die Kategorie des principals vergegenwärtigt. Hier wurden soziale Beziehungen in das abstrakte Gesprächsrollenkonzept implantiert. Durch die subordinate communication findet auf dieser sozialen Ebene eine Konfrontation statt, die als solche nur auf der sozialen Ebene geklärt werden kann, auch wenn sie Konsequenzen auf die Äußerungen der Beteiligten hat.

Täuschungen können also bei der falschen oder unvollständigen Informiertheit von Teilnehmern des gathering über participation framework und production

---

[98] Allerdings gilt auch hier, daß bystanders bestimmte elementare Informationen immer sammeln können, selbst wenn es unabsichtlich geschieht.

[99] Derselbe Gedanke tritt auf, wenn die Veränderung von Handlungsmustern diskutiert wird. Zwei ursprünglich getrennte Handlungsmuster werden parallel realisiert bis irgendwann die parallele Realisierung dazu führt, daß sie eher als ein Handlungsmuster zu beschreiben sind, d.h. sie selbständig werden. Daß diese Amalgierung zu Veränderungen der ursprünglich beteiligten Einzelmuster durch Interferenzen (im Sinne von PRESCH 91) etc. führt, wird im Laufe der Arbeit noch angesprochen werden.

format ansetzen. Diese Fehlinformiertheit kann durch andere Teilnehmer gestützt werden, die ein unzutreffendes framework und production format inszenieren, indem sie Verheimlichungen im byplay, crossplay oder sideplay durch innuendo oder collusion vornehmen. Diese Täuschungen können auch bei GOFFMANs Differenzierungen beim podium talk angewendet werden. Es besteht allerdings die Ausnahme, daß das audience, das nur über Radio oder Fernsehen mit der Situation verbunden ist (sofern es sich nicht durch Anrufe innerhalb der Übertragung zu Wort melden kann), im Gegensatz zum anwesenden audience nicht an einer Täuschung aktiv teilnehmen kann.

Zusammenfassend kann gesagt werden: Participation framework und production format sind komplexe dynamische Begriffe, innerhalb derer Täuschungen auf vielfältige Weise beschrieben werden können. Diese Täuschungen finden aber in Zusammenarbeit statt und haben mit embedding zu tun. Sie gelingen, indem unkooperative Strukturen[100] innerhalb kooperativer Strukturen realisiert werden.

4.2. CLARK/CARLSON[101]

CLARK/CARLSON[102] unternehmen den Versuch, das Problem der Mehrfachadressierung mit einer erweiterten Sprechakttheorie zu erklären. Sie greifen bei

---

[100]Unter unkooperativen Kooperationsstrukturen soll eine Bedeutungsverdeckung verstanden werden, die Kooperationsteilnehmern gezielt verheimlicht wird, so daß sie sich weder nach ihr erkundigen können, noch Mißtrauen entwickeln. Dieser Kooperationsbegriff beruht auf der Voraussetzung des *„kommunikativen Handelns"* von HABERMAS, daß kooperatives Handeln rationalisierbar ist. Wird durch eine Bedeutungsverdeckung die Rationalisierung von sprachlichem Handeln verhindert, ist es unkooperativ.

[101]Die Seitenangaben im Text beziehen sich auf: CLARK, Herbert H./CARLSON, Thomas B.: Hearers and Speech Acts, in: Language 58, 1982, S. 332-373.

[102]Eine intensivere Diskussion dieses Aufsatzes findet sich in PRESCH 85, S.93-98 und KÜHN 95 im Kapitel 2.2.1. Sprechakttheorie: *„informatives"* und *„divided illocution"*.

der Erörterung des Problems auf den Footing-Aufsatz von GOFFMAN zurück. Allerdings entnehmen sie ihre Beispiele der Literatur, also der künstlichen Darstellung von Gesprächen, und nicht den Gesprächen selbst, oder sie konstruieren Beispiele. Dieses innerhalb der Sprechakttheorie übliche Verfahren ist sicherlich per se nicht zu verwerfen, es zeigt sich aber in der Kritik am Ansatz, daß eine Berücksichtigung der Beispiele GOFMMANs beispielsweise eine Simplifizierung des Modells verhindert hätte. Das Verfahren eignet sich zur Illustration von Gedanken, aber nicht zu ihrer Überprüfung.

Ihre Grundannahme ist, daß jeder normale illokutionäre Akt auch ein *„informativer Akt"*[103] ist, mit dem die offiziellen Zuhörer über den Vollzug des illokutionären Aktes aufgeklärt werden. Dieser informative Akt soll wesentlicher für die Äußerung sein als der illokutionäre Akt (S.333). Diese *„INFORMATIVE-FIRST HYPOTHESIS"* wird innerhalb des gesamten Aufsatzes erläutert und plausibel gemacht. Informative Akte lassen sich innerhalb der Funktor-Argument-Schreibweise darstellen und sich auf diese Weise gut mit der Beschreibung illokutionärer Akte vergleichen, wo dieses ebenfalls möglich ist. CLARK/CARLSON unterscheiden folgende Hörerrollen: Zum Adressaten (addressee), der Person oder den Personen, denen der illokutionäre Akt gilt, kommen die offiziellen Partizipanten (participants) und die inoffiziellen Zuhörer (overhearers), die der Sprecher kennt oder nicht, die aber jedenfalls nicht teilhaben sollen (S.343)[104].

Die illokutionären Akte können direkt und indirekt an die Adressaten gerichtet werden. Richten sich direkter und indirekter Sprechakt an dieselbe Person, sprechen sie von einem *„linearen"* indirekten illokutionären Akt. Richtet sich der

---

[103]Ich übersetze hier die Begriffe, um Verwirrung zu vermeiden. Im Englischen würde es sonst zu einer Doppelbelegung zentraler Begriffe, einmal nach GOFFMAN und einmal nach CLARK/-CARLSON, kommen.

[104]Die Unterscheidung GOFFMANs zwischen overhearer und eavesdropper entfällt.

indirekte Sprechakt an eine andere Person als der direkte, nennen sie ihn *„lateralen"* indirekten Sprechakt (S.336). Durch die Einführung des lateralen Sprechakts ist es möglich die Situation zu erfassen, daß ein Sprecher bei mehreren Partizipanten seine Äußerung an Adressaten richtet, die er als solche noch nicht kennt (S.338).

CLARK/CARLSON unterscheiden zwischen Äußerungen, die hauptsächlich an die Adressaten gerichtet sind, und Äußerungen, die überwiegend die Partizipanten informieren sollen: Ziel der Äußerung ist damit der Partizipant und nicht der Adressat (S.340). Das führt dazu, daß CLARK/CARLSON ein Fernsehinterview so interpretieren, daß das Ziel der Äußerungen das Publikum ist, während die Gesprächsteilnehmer die Adressaten sind. Sie nehmen hier implizit eine Trennung von zwei Analyseebenen vor, *„der sprechergesteuerten Rede-/Textorganisation"* und *„des inhaltlich zu bestimmenden kommunikativen Handlungszusammenhangs"*[105], wie PRESCH herausgestellt hat. PRESCH kritisiert, daß letzteres Kriterium nicht herausgearbeitet ist und holt dieses in seinem Aufsatz nach. Ohne die Berücksichtigung des kommunikativen Gesamtzusammenhangs kann nicht entschieden werden, ob in einer Äußerung laterale Adressaten oder lediglich Partizipanten angesprochen werden[106].

Da sich CLARK/CARLSON innerhalb des Rahmens der Sprechakttheorie bewegen (obwohl sie an der Stelle der Hörerdifferenzierung durch die Einführung des

---

[105]PRESCH 85, S.97.

[106]PRESCH (85, S.97) arbeitet einen Widerspruch in der Adressatenbestimmung heraus, indem er behauptet, daß der laterale Adressat in der Äußerung nicht vokativisch gekennzeichnet werden könne. Damit bezieht er sich auf den Satz: *"The addressees are the participants who are, or could be, designated vocatively in the utterance, as Barbara is named in 24."* (CLARK/CARLSON, S.342f.) Da der laterale Adressat gerade durch seine indirekte Erwähnung definiert ist, klingt dieses plausibel. Ich interpretiere das *„could be"* aber so, daß der laterale Adressat vokativisch genannt werden könnte - nicht wird, da er referentiell direkt in der Äußerung auftaucht. Daher sehe ich den Widerspruch in dieser Bestimmung nicht. Anders ist es mit der an dieser Stelle ebenfalls von PRESCH geäußerten Kritik, daß der Adressatenbegriff innerhalb der Beispiele unklar verwendet wird. Dem schließe ich mich an.

informativen Aktes eine entscheidende Veränderung vornehmen), tauchen die Überlegungen GOFFMANs teilweise nur in eingeschränkter Form auf. Das Problem des production format wird nur innerhalb einer Anmerkung kurz erwähnt. Und dieses ist kein Zufall, sondern folgerichtig. CLARK/CARLSON gehen auch bei ihrer Differenzierung der Zuhörerschaft von einer Zuordnung aus, die mittels der Intention des Sprechers geleistet wird (S.343). Im production format ist eine klare Intentionszuordnung, die Hörerrollen betreffend, aber schwierig. Einmal hängt bei GOFFMAN die Zusammensetzung der participants nicht ausschließlich vom Sprecher ab. Sie sind *„ratified"*, d.h. mit der Gruppe, innerhalb der die Äusserung stattfindet, verbunden. Dann entfällt die Unterscheidung zwischen overhearer und eavesdropper, da sie auf die Intentionen der Hörer abzielt und nicht auf die des Sprechers. Der targetted overhearer GOFFMANs wird zum participant bei CLARK/CARLSON und verwischt alle mit der Differenzierung gewonnenen Vorteile. Diese Einschränkungen haben Folgen für die restliche Auswertung GOFFMANs durch CLARK/CARLSON. Aus dem production framework wird ein audience design, mit folgenden Möglichkeiten für den Sprecher, seine Äußerungen zu gestalten:

In der *„Canonical Conversation"* verstehen alle Partizipanten die Äußerung gleich (S.344). In der *„Non-Canonical Conversation"* wird das gleiche Verständnis dadurch erschwert, daß unterschiedliche Partizipantengruppen über verschiedenes Wissen verfügen (S.344). Dieses verschiedene Wissen ermöglicht die unterschiedlichen Formen der partial informatives: 1. der Adressat kennt die volle Bedeutung, der Partizipant nicht, der Partizipant wird gezielt getäuscht; 2. der Adressat wird gezielt getäuscht, der Partizipant kennt die volle Bedeutung und der Adressat nicht; 3. der Adressat und der Partizipant werden über Teilbedeutungen gezielt getäuscht, indem sie jeweils nur den ihnen zugedachten Teil der Äußerung verstehen (S.368-371). In GOFFMANs Terminologie werden hier Möglichkeiten der Bedeutungsverheimlichung durch den Sprecher im *„byplay"* genannt. Auf die gleiche Weise kann Mithörern die korrekte Hypothesenbildung ermöglicht, eine falsche Hypothesenbildung nahegelegt oder unter ihnen eine gezielte Verwirrung gestiftet werden. Dieses kann geschehen, wenn die Mithörer bekannt sind, oder aber vorsorglich, ohne daß sie bekannt wären (S.345). Diese Beschreibungen entsprechen den Täuschungsmöglichkeiten des Sprechers im *„crossplay"* GOFFMANs. Es werden also die vielfältigen Möglichkeiten des by-, cross- und sideplay auf diese [illegible] der Sprechertäuschung reduziert[107]. Das liegt einmal an der Intentionsgebundenheit des sprechakttheoretischen Ansatzes, zum anderen aber an der Beschränkung auf die Beschreibung einer Äußerung statt eines Gesprächs oder eines Gesprächsausschnittes. Im Verlauf eines Gesprächs kann es zu side-, by- oder crossplays kommen, die Perspektive ist dann aber die eines *„encounter"*, nicht eines Sprechakts. CLARK/CARLSON befassen sich also mit einer Untergröße bei ihrer Behandlung der Mehrfachadressierung, was erklärt, warum sie die Täuschungsmöglichkeiten GOFFMANs nur teilweise und das Phänomen des embedding gar nicht erfassen.

4.3. LEVINSON[108]

LEVINSON[109] kennt sowohl die Arbeiten GOFFMANs wie auch den Aufsatz

---

[107] Allerdings soll nicht verschwiegen werden, daß bei der Parallelität der Täuschungsmöglichkeiten GOFFMAN von sideplays ausgeht, die im Rahmen der Betrachtung von CLARK/CARLSON nicht existieren können.

[108] Die Seitenangaben im Text beziehen sich auf: LEVINSON, Stephan C.: Putting Linguistics on a Proper Footing: Explorations in Goffman's Concepts of Participation, in: DREW, P/WOTTON, A. (Hrsg.): Exploring the Interaction Order, Cambridge 1988, S.161-227.

[109] Für die Gespräche über das Verhältnis von GOFFMAN und LEVINSON habe ich Ingo BÖTTCHER zu danken, dessen Seminarhausarbeit zu diesem Thema auch im Literaturverzeichnis aufgeführt ist.

von CLARK/CARLSON (S.164). Er baut im wesentlichen auf den Äußerungen GOFFMANs auf (S.161). Allerdings stellt er sie in den Rahmen der sozialen Deixis und dadurch in den deiktischen Funktionszusammenhang von Sprache allgemein (S.163). LEVINSON schließt sich einer Deixisinterpretation an, die die Personendeixis[110] als grundlegende Kategorie ansieht[111]. Die Personendeixis ist aber an die Sprechsituation und damit an die Sprecher-Hörer-Konstellation gekoppelt. Die Spezifizierung der Sprecher- und Hörerrollen, wie sie GOFFMAN und in seiner Nachfolge LEVINSON vornehmen, haben so direkten Einfluß auf die Deixisanalyse.

LEVINSON will die Spezifizierung der Sprecher- und Hörerrollen von GOFFMAN aufgreifen und systematisieren, um sie für die Linguistik fruchtbar zu machen: Putting Linguistics on a Proper Footing. Dabei hat er speziell grammatische, ethnolinguistische und gesprächsanalytische Fortschritte im Sinn. Er versucht im Hauptteil des Aufsatzes, sein spezifiziertes Rollenmodell anhand der drei Bereiche (in denen Deixis natürlich eine herausragende Rolle spielt) plausibel erscheinen zu lassen, indem er die Existenz seiner Rollen (oder auch die Voraussetzung ihrer Existenz) in den drei Bereichen nachzuweisen versucht.

Wie LEVINSON aber auf der einen Seite zu systematisieren versucht,

> *"Here I shall attempt to answer this criticism by showing how a number of quite different kinds of evidence can be brought to bear on this ideas about 'footing'." (S.162)*

schränkt er auf der anderen Seite den GOFFMAN-Ansatz ein, indem er bestehende Zusammenhänge auseinanderreißt.

---

[110]Personendeixis und Sozialdeixis sind eng miteinander verwoben. LEVINSON trennt diese Aspekte als einer der ersten, während LYONS, auf dessen Arbeiten LEVINSON aufbaut, beide Aspekte noch unter Personendeixis zusammenfaßt.

[111]Die Begründung läuft auf die anthropozentrische Sichtweise hinaus, d.h. auf die Verortung der Origo in der Person des Sprechers in einer Sprechsituation, die als Ursprung oder Modell für andere Deixisformen (z.B. Phantasma) genommen wird.

"Although his remarks on footing have the same character, there are two extenuating circumstances: first, in such uncharted territory there really seems to be a need for some sort of preliminary Linnean operation; secoundly, although he didn't feel it necessary to emphasize this, there are important connections both to his concept of the social self and, more obviously, to the other substantive focus of his work, the social encounter. Here however I shall largely ignore these theoretical connections, which provide the theory breathing life into the categories, seeking only to assess and improve the analytical categories he offered." (S.163)

Die Einschränkung beginnt konkret mit der Ersetzung des Begriffs *„footing"* durch *„participant role"* durch LEVINSON (S.163). Auch wenn im späteren Teil des Aufsatzes klar wird, daß participant role einen kurzen Zustand, das Andauern einer gleichen Rollenkonstellation innerhalb einer Sprechsituation, meint und nicht nur eine Gesprächsteilnehmerrolle, ist damit nur ein Teil des Footing-Begriffs erfaßt. Des weiteren schränkt er GOFFMANs *„participation framework"* als *„The notion hearer should be decomposed into a set of categories for different kind of recipient"* ein: reception roles (S.168). GOFFMANs *„production format"* wird auf die gleiche Weise in einen Set von differenzierten Sprecherrollen verwandelt: production roles (S.169). Folglich kann LEVINSONs tabellarische Aufstellung der participant roles als seine Interpretation des Footing aufgefaßt werden:

(Schema 8)

"TABLE 7.1 Goffman's participant roles (1981b page references) (Footing in: Forms of Talk)
Production format (henceforth production roles):
1. animator 'sounding box' (p. 226)
2. author 'the agent who scripts the lines' (p. 226)
3. principal 'the party to whose position the words attest' (p. 226)

Participation framework (henceforth reception roles)
A: ratified
1. addressed recipient 'the one to whom the speaker addresses his visual attention and to whom, incidentally, he expects to turn over his speaking role' (p. 133 cf. 1976)
2. unaddressed recipient (p. 133) the rest of the 'official hearers', who may or may not listening
B: unratified
1. overhearers 'inadvertent', 'non-official' listeners (p. 132) or bystanders
2. eavesdroppers 'engineered', 'non-official' followers of talk (p. 132)" (LEVINSON 88, S.169)

Bei seiner Systematisierung von GOFFMANs Kriterien stellt LEVINSON zuerst ein System mit Basiskategorien und davon abgeleiteten Kategorien auf, das er aber wieder verwirft. Wichtig bleibt allerdings, daß er in diesem System eine explizite Unterscheidung zwischen illokutionärer Kraft und Proposition trifft (S.170), die in seinen späteren Schemata wieder verschwindet (S.171-173), aber in der Beschreibung seiner Kategorien der Schemata (als Alternative) (S.177) wieder auftaucht. Bei seinen Analysen geht er sogar soweit, die Unterscheidung als systematisch von ihm getroffen darzustellen. Seine endgültige Systematisierung besteht darin, acht Basiskategorien für die participant roles aufzustellen, vier für production roles und vier für reception roles. Die jeweils vier Kategorien werden durch eine Boolean-Operation miteinander verbunden, und die einzelnen Ergebnisse (oder besser Kombinationsmöglichkeiten) bekommen den Namen einer participant role. In der Tabelle sind dann noch Redundanzregeln aufgeführt. Weiter illustriert LEVINSON seine auf diese technische Art produzierten Rollen mit Beispielen aus seinen späteren Analysen. Die künstliche Rollenerstellung an sich sagt noch nichts über die Existenz und über den Sinn der produzierten Rollen aus. Das Verfahren ist mechanisch und damit neutral. Nicht neutral sind die Basiskategorien und das, was mit ihnen passiert, wenn sie kombiniert werden. Hier muß kritisch geschaut werden, welche Ungenauigkeiten oder Fehler produziert werden, die sich mit der Kombination eventuell potenzieren können.

Dazu sollen zuerst die Basiskategorien genannt und ihre Zuordnung in der tabellarischen Aufstellung LEVINSONs wiedergegeben werden.

Basiskategorien (S.174-180)

TRANSMISSION (Übertragung):

Eigenschaft, die „Äußerer" (utterer) oder momentane Sender (actual transmitters) besitzen

MESSAGE ORIGIN (Ursprung der Botschaft):

Eigenschaft, die Botschaft (message) hervorzubringen (originate); wird aufgeteilt in:

MOTIVE (Beweggrund):

Beweggrund (motive) oder Wunsch/Verlangen (desire) eine bestimmte Botschaft (Propositon in Funktion)[112] zu übermitteln

FORM (Gestalt):

das Ausdenken (devise) der Gestalt/Form der Botschaft, auch illokutionäre Aspekte umfassend

PARTIC (Teilnehmer):

ratifizierte Teilnehmerrolle (ratified role nach GOFFMAN) auf utterance event bezogen

ADDRESS (Adressat):

die Botschaft greift einen Rezipienten durch einen Adressierungsgesichtspunkt heraus, Anredeformen, Vokative, Gesten, Anblicken oder Kombinationen davon oder reine Einzigartigkeit von möglichen Hörern (wobei nichts über das Einzigartigkeitskriterium ausgesagt wird)[113]

RECIPIENTSHIP (Empfängerschaft):

kann durch die sprachliche Form ausgewiesen werden, z.B. durch die Art und Weise, die Information auszudrücken (formulation of information), läßt sich

---

[112]Proposition in Funktion ist eine Umschreibung, die betonen soll, daß der funktionale Aspekt im Sinne von Handlungszielen mit der hier gemeinten „Botschaft" eng verbunden ist. Dieser Hinweis erscheint mir notwendig, um deutlich zu machen, daß es sich bei LEVINSON nicht um einen Vertreter eines „technischen Sender-Empfänger-Modell" handelt, auch wenn seine Begrifflichkeiten (Sender, Botschaft, Empfänger) dies nahezulegen scheinen.

[113]Hier bietet sich ein Rückblick auf die Adressierungsformen KÜHNs an. Auch er hatte durch die implizite Adressierungsform ein Einzigartigkeitskriterium genannt, das nicht genau geklärt werden konnte.

allerdings schwer fassen, im großen und ganzen geht es darum, für wen eine Botschaft im speech event gedacht ist[114]

CHANNEL-LINKAGE (Verbindung der Kommunikationskanäle):

Fähigkeit, eine Botschaft zu empfangen, sowohl den Kanal als auch den Sendecode betreffend

(Schema 9)

"+": reception oder production role besitzt die Basiskategorie
"-": reception oder production role besitzt die Basiskategorie nicht
PARTIC oder PARTICIP.: PARTICIPANT
TRANS: TRANSMISSION
CH-LK: CHANNEL-LINKAGE

"TABLE 7.4 Production roles (complex version) (S.72)

Term	*PARTIC*	*TRANS*	*MOTIVE*	*FORM*	*Examples*[115]
(a) Participant producer roles					
author	+	+	+	+	*ordinary speaker*
'ghostee'	+	+	+	-	*ghosted speaker*
spokesman	+	+	-	+	*barrister*
relayer	+	+	-	-	*reader of state ment*
deviser	+	-	+	+	*statement maker*
sponsor	+	-	+	-	*defendant in court*
'ghostor'	+	-	-	+	*copr. ghostwriter*
(b) Non-participant producer roles					
ultimate source	-	-	+	+	*source of military command*
principal	-	-	+	-	*delegate's constituents*
formulator	-	-	-	+	*absent ghost writer*

[114]KÜHN versucht, diese Schwierigkeiten durch den Rückgriff auf die Handlungs-theorie von HOLLY/KÜHN/PÜSCHEL bei der Erfassung der Adressierungsarten zu lösen.

[115]Die Beispiele stammen aus LEVINSONs Aufsatz. Auf ihre Erläuterung wird hier aus Platzgründen verzichtet, auch wenn dadurch einige Beispiele unverständlich erscheinen.

Redundancy rule:

+ TRANSMITTER -> (implies) + PARTIC
corollary:
- PARTIC -> - TRANSMITTER

Usefull superordinate categories (unspecified for other features):

speaker = + TRANS (Goffman's animator)
composer = + FORM (Goffman's author)
motivator= + MOTIVE (Goffman's principal)
source = (+ MOTIVE + FORM)

TABLE 7.5 Reception roles (S.73)

	ADDRESS	*RECIPIENT*	*PARTICIP.*	*CH-LK*	*Examples*
(a) Participant reception roles					
interlocutor	+	+	+	+	*ordinary addres see*
indirect target	-	+	+	+	*see Karen in (1)*
intermediary	+	-	+	+	*committee chair man*
audience	-	-	+	+	*see Ruthie in (1)*
(b) Non-participant reception roles					
overhearer	-	-	-	+	*bystanders*
targetted overhearer	-	+	-	+	*Barbadian 'butt'*
ultimate destination	-	+	-	-	

Redundancy rules:

+ PARTICIPANT -> + CHANNEL-LINK
(Corollary: - CHANNEL-LINK -> - PARTICIPANT)
+ ADDRESS -> + PARTICIPANT

Useful superordinate classes:

recipient = + RECIPIENT
addressee = + ADDRESS
participant = + PARTIC
hearers = + CHANNEL-LINK
etc.

Die Gestalt (FORM) und der Beweggrund (MOTIVE) stehen nicht gleichberechtigt nebeneinander. Der Beweggrund ist nicht nur Ursache des inhaltlichen Teils der Äußerung, sondern setzt ihn auch fest (some particular message). Die Gestalt hingegen setzt diesen inhaltlichen Teil der Äußerung voraus. Die Kategorie betrifft die Gestaltung eines durch den Beweggrund Vorausgesetzten.
Eine ähnliche Abhängigkeit besteht zwischen der Übertragung (TRANSMISSION) und der Gestalt (FORM) einer Äußerung. Die Übertragung einer Äußerung setzt deren Gestalt voraus.
Mit der Kenntnis der Gestalt ist aber nicht zwangsläufig eine Kenntnis des inhaltlichen Teils der Gestalt verbunden - auch wenn die Kenntnis des Inhalts die Übertragung erleichtert, da der Inhalt die Gestaltung bestimmt hat.
Eine Schwierigkeit wird durch die Kategorie der Teilnehmer (PARTIC) aufgeworfen. Sie ist Basiskategorie, sowohl für die Sprecherrollen als auch für die Hörerrollen. Wann ist aber eine Rolle ratifiziert, wenn sie weder durch die Sprecher- noch durch die Hörerrollen als ratifiziert festgelegt werden kann, da sie als Basiskategorie für beide gilt? Deutlich wird hier ein Zuschreibungsmodell vorausgesetzt! Welche Rolle spielen dabei zeitlich-räumliche Dimensionen der Rezeptionsgeschichte, wenn Übermittlungskanäle (CHANNEL-LINKAGE) vorhanden sind? An diesen Stellen wird die Komplexität des GOFFMAN-Ansatzes in das vereinfachte Rollenmodell LEVINSONs implantiert, allerdings ohne daß dieses gekennzeichnet würde.
Bei den production roles scheinen die Teilnehmer auf die zeitlich-räumliche Anwesenheit während des Äußerungsereignisses bei vorhandenen Aufnahmekanälen eingeschränkt zu sein. Diese These läßt sich durch einen Vergleich der participant producer roles mit den non-participant producer roles begründen: alle Beispielrollen, die dem Merkmal + PARTIC (Teilnehmer) zugeordnet sind, sind in der Äußerungssituation zeitlich-räumlich vorhanden. Die ersten vier Gesprächsrollen (author, 'ghostee', spokesman und relayer) müssen anwesend sein, weil sie das

Merkmal der Übertragung (TRANSMISSION) aufweisen. Sie übertragen die Botschaft, d.h. sie äußern sie.

Die Gesprächsrolle des ghostor wird von LEVINSON durch das Beispiel des copresent ghost writers erläutert. Es wird so ebenfalls Anwesenheit vorausgesetzt[116]. Der defendant in court, als Beispiel für die Gesprächsrolle des sponsors, ist durch die soziale Eingebundenheit der Rolle ebenfalls konstitutiv in der Äußerungssituation vorhanden. Der participant producer role des sponsors steht die non-participant producer role des principals gegenüber. Als Beispiel für die Gesprächsrolle principal wurde delegate's constituents gewählt (Bestandteile des Delegiertenauftrages). Dieser Vertretungsauftrag stellt ein Abstraktum dar und entzieht sich somit der zeitlich-räumlichen Einordnung.

Über die Anwesenheit des statement makers, des Beispiels für die Gesprächsrolle des devisers, läßt sich nichts Eindeutiges sagen. Allerdings ist sein Gegenstück, die non-participant producer role ultimate source, Beispiel source of military command, ein Abstraktum. Dieses Abstraktum hat aber durchaus *„a ratified role"* in der Äußerungssituation der Befehlsübermittlung, auch wenn sie nicht in der Situation entsteht. Ausschlaggebend für die Belegung mit dem Merkmal -PARTIC (kein Teilnehmer) scheint wieder die zeitlich-räumliche Präsenz in der Äußerungssituation zu sein. Für die non-participant producer roles werden als Beispiele eine der Äußerungssituation ferne Produktionsrolle und zwei Abstrakta genannt. Das soll zur Begründung der These, daß LEVINSON Teinehmer (PARTIC) auf zeitlich-räumliche Anwesenheit in der Äußerungssituation beschränkt, ausreichen.

Nach dieser ersten Durchsicht der production roles ist bereits klar geworden, daß LEVINSON nicht nur Probleme hat, seine Basiskategorien zu begründen

---

[116]Zusätzlich unterscheidet sich der copresent ghost writer als Beispiel für die Rolle des ghostors nur durch die Anwesenheit vom Beispiel für die Rolle des formulator, dem absent ghost writer.

(Abhängigkeiten der Kategorien MOTIVE, FORM und TRANS voneinander, keine ausreichende Erklärung über den Inhalt und die Verwendung der Kategorie PARTIC), sondern auch seine abgeleiteten producer roles. Sie weisen kategorielle Unterschiede auf: einmal werden Gesprächsteilnehmerrollen erzeugt und einmal Abstrakta. Auch das liegt bereits in den Basiskategorien verankert, da die Kategorie des Beweggrundes (MOTIVE) im Gegensatz zu den anderen Kategorien kein menschliches Wesen zu seiner Erfüllung voraussetzt. Die Gestaltung einer Botschaft, FORM, ist nur durch eine menschliche Tätigkeit möglich (von den eingeschränkten Möglichkeiten von Computerprogrammen abgesehen). Ebenso benötigt man zur Übertragung der Botschaft, TRANS, ein menschliches Wesen[117]. PARTIC als Teilnehmerrolle setzt ebenfalls ein menschliches Wesen voraus[118].

Der Beweggrund hat interessanterweise einen menschlichen Aspekt im Sinne von Handlungsorientierungen (teleologisch, normativ und dramaturgisch), die in erster Linie im Individuum zu suchen sind (Ziele im Sinne REHBEINs). Die Ziele können aber mehr oder weniger gesellschaftlich bedingt sein, so daß es dazu kommen kann, daß die Handlungsorientierung nicht allein vom Individuum ausgeht, sondern als gesellschaftliche Zweckerfüllung zu verstehen ist, womit der Grund für eine Äußerung in komplexe gesellschaftliche Gegebenheiten verlagert wird[119]. Damit sind in der Basiskategorie des Beweggrundes konkrete Gesprächsrollen (Menschen, die die Beweggründe für eine Äußerung haben, also als Ursa-

---

[117]Das gilt auch, wenn z.B. die zeitlich-räumliche Dimension durch schriftliche Medien überwunden wird: es muß jemand das Formulierte abdrucken.

[118]Tiere oder Gegenstände fallen zwar meines Erachtens unter die Definition, das kann aber nur gelingen, indem sie vermenschlicht werden, d.h. ihnen menschliche Fähigkeiten zugesprochen werden, die sie nicht besitzen. Deshalb fallen sie in diesen Fällen unter die Kategorie „Mensch".

[119]Zu diesem Punkt gibt es in den Kapiteln „Darstellung des REHBEIN-Ansatzes" und „Veränderung des Zweckbegriffs" eine ausführliche Darstellung, so daß es an dieser Stelle bei der Aufstellung der Behauptung bleiben kann.

che anzusehen sind) und Abstrakta, gesellschaftliche Bedingungen als Ursache des Bedürfnisses, eine Botschaft zu übermitteln, verbunden. In den production roles werden diese beiden Aspekte getrennt, weshalb sie in die unterschiedlichen Kategorien Gesprächsteilnehmerrolle (sponsor) und Abstraktum (principal) zerfallen.

Es wäre also mit GOFFMAN besser von production format die Rede als von production roles, da die Darstellung LEVINSONs die Komplexität nicht abbaut, sondern nur verdeckt.

Bei den reception roles fällt auf, daß die Anwesenheit der Gesprächsrollen in der Äußerungssituation vorausgesetzt wird, also kein trennendes Kriterium darstellt. Bei der bereits kritisierten Kategorie der Teilnehmer (PARTIC) geht es stattdessen um die *„ratified roles"* der Anwesenden[120]. Die beiden Aspekte der Kategorie Teilnehmer (PARTIC) werden also unterschiedlich und isoliert angewendet, je nachdem, ob es sich um production oder reception roles handelt. So wird PARTIC von LEVINSON als Homonym für unterschiedliche Erscheinungen gebraucht[121].

In der Basiskategorie des Adressaten (ADDRESS) wird beschrieben, wie die Botschaft auf gesprächsorganisatorischer Ebene zugeordnet wird. Im Kontrast dazu steht die Empfängerschaft (RECIPIENTSHIP), die Zuordnung der Botschaft zu demjenigen, der mit dem Ziel (target) der Botschaft verbunden ist. Diese Zuordnung ist schwer zu fassen, da sie in dem Sinne indirekt ist, wie sie auf die Ka-

---

[120]Eine Ausnahme bildet die letzte non-participant reception role ultimate destination, die ein Abstraktum darstellt und weder eine Rolle ist, noch sich räumlich fassen läßt.

[121]Allerdings ist hier noch die non-participant role des targetted overhearers zu hinterfragen. Das Beispiel *„Barbadian 'butt'"* legt die Anwesenheit nahe. Andererseits wäre es denkbar, daß die Kanalverbindung auch durch ein Medium hergestellt wird und die Rolle so von der Äußerungssituation zeitlich und räumlich getrennt werden kann. Das würde bedeuten, daß PARTIC an dieser Stelle in seiner vollen Bedeutung zu verstehen ist und die These von der systematischen Auftrennung der Bedeutungen von PARTIC nach production und reception roles widerlegt wird.

tegorie der gesprächsorganisatorischen Zuordnung verzichtet. Sie läuft über gemeinsame Konventionen, Wissensbestände etc., ist aber ausschlaggebend für die Bestimmung des Ziels der Botschaft[122].

Bei der letzten Basiskategorie, der Verbindung der Kommunikationskanäle (CHANNEL-LINKAGE), ist es bedauerlich, daß wieder nichts über die zeitlich-räumlichen Dimensionen ausgesagt wird, die eventuell überbrückt werden können[123]. Der einzige Anhaltspunkt für eine Überschreitung der situationellen Spannweite der Kategorien LEVINSONs liegt somit in der bereits als hoch problematisch charakterisierten Kategorie der Teilnehmer (PARTIC). Im weiteren Verlauf wird erst einmal davon ausgegangen, daß Anwesenheit eine Realisierungsvariante von *„ratified roles"* darstellt, um beide Teilnehmer-Versionen miteinander verbinden zu können[124].

Da LEVINSON GOFFMAN auf production und reception roles verkürzt, besteht zunächst keine Möglichkeit, sein Konzept aus der Gebundenheit an die Äußerungssituation zu lösen. Das soll aber mit der Berücksichtigung einer Embedding-

---

[122]Es sei noch einmal an KÜHNs Typologie der Adressierungsarten erinnert, wo KÜHN das Problem mit dem beschreibungstheoretischen Handlungsansatz angeht.

[123]Auch GOFFMAN hält sich in dieser Beziehung bedeckt, da er ein auf die Äußerungssituation begrenztes Modell entwickelt. Allerdings sprengen seine Betrachtungen zum Radio Talk und dem damit verbundenen audience, das durch Medien mit der Äußerung verbunden ist, diesen Rahmen.

[124]Die Entwicklung einer Möglichkeit, das situationsgebundene Konzept auf Handlungen, die sich über einen weiteren Zeitraum erstrecken, beziehen zu können, steht nicht im Mittelpunkt von GOFFMANs Interesse. Allerdings entwickelt er bereits eine Betrachtungsweise, die die mediale Vermittlung - allerdings nur simultan zum Äußerungsereignis - berücksichtigt. Gleichzeitig scheint er mir auch die strukturellen Grundlagen für die Erfassung eines länger andauernden Prozesses gelegt zu haben. Und zwar hat er dieses durch die Möglichkeiten des embeddings geleistet. Durch embedding gelangen zeitlich vorgeschaltete Äußerungssituationen oder Teile davon in die aktuelle Situation. Damit sind aber, wie bereits hervorgehoben wurde, participation framework und production format in ihrer gesamten Komplexität umfaßt. Dadurch kann so etwas wie eine Äußerungsgeschichte erfaßt werden.

Version für das LEVINSONsche Rollenkonzept ermöglicht werden. Dadurch wird die Möglichkeit geschaffen die Differenzierung LEVINSONs wieder mit der Komplexität GOFFMANs zu verbinden.

Mit dieser Diskussion der Arbeiten zur Mehrfachadressierung ist die Schaffung der theoretischen Voraussetzungen für die Entwicklung eines eigenen Modells abgeschlossen. Im nächsten Punkt wird das REHBEINsche Handlungsmodell so weiterentwickelt, daß die konflikttheoretischen Überlegungen wie auch die Ausführungen über Mehrfachadressierung Berücksichtigung finden. Dazu wird auf die Kernaussagen dieses ersten Teils ausschnitthaft zurückgegriffen.

II. Das Modell

1. Handlungstheorie und Konflikt

Ausgangspunkt der neuen Grundlegung des Handlungsmodells ist die Theorie des kommunikativen Handelns von HABERMAS (I. 2.1.). Es wurden die verständigungsorientierten Handlungstypen des normenorientierten Handelns, das mit einer Rollentheorie erfaßt wird (I. 2.3.), und des dramaturgischen Handelns, das mit der Hilfe des GOFFMAN-Ansatzes und seiner Spezifizierung durch KRAPPMANN (I. 2.4.) beschrieben wird, herausgearbeitet. Die Rationalisierbarkeit dieser Handlungstypen ermöglicht eine kommunikativ erarbeitete einheitliche Situationsdefinition von Interaktanten. Diese verständigungsorientierte Situationsdefinition, wird mit der Möglichkeit des instrumentellen Handelns konfrontiert, d.h. mit der nichtkooperativen strategischen Zielverfolgung durch einen oder mehrere Aktanten. Dabei können die kooperativen Mechanismen in die Berechnung des unkooperativ Handelnden einfließen. Die (scheinbare) Einhaltung des kooperativen Rahmens sichert die Anerkennung des gemeinsam erzielten Ergebnisses und sorgt im Fall des instrumentellen strategischen Handelns für eine Legitimierung des „zu unrecht" (im Sinne der Kooperation) erreichten Vorteils des Aktanten. Diese Legitimierung ist für den lebensweltlichen Aspekt der Umweltorientierung der Aktanten von großer Wichtigkeit, da sonst für sie der status quo[125] zu verändern wäre.

Da eine Äußerung immer auf den drei Ebenen stattfindet, werden implizit im kommunikativen Handeln ihre Wahrheit (in bezug auf die Ziele der Aktanten), ihre Richtigkeit (in bezug auf die Erfüllung von Rollennormen) und ihre Wahr-

[125] Siehe dazu HABERMAS 81, Bd. 1, S.382ff.

haftigkeit (in bezug auf die Darstellung der Identität) als Rationalitäten vorausgesetzt. Wenn nur ein Aspekt auf einer der Ebenen thematisiert wird, fließen die anderen Voraussetzungen unreflektiert in die Kommunikation ein (solange sie nicht ebenfalls thematisiert werden). Hier bietet sich für Täuschungen ein Ansatzpunkt. In jeder Äußerung, so die Kernthese meiner Arbeit, wird also ein Ziel angestrebt (das einen Zweck im Sinne REHBEINs [illegible] kann), eine Bestätigung von Rollennormen geleistet und Identität dargestellt, die den Ansatzpunkt für eine weitere Kommunikationsfähigkeit der Individuen bildet. Die beiden letztgenannten Funktionen einer Äußerung müssen in den Zweckbegriff einfließen, soll dieser als konstitutiv für Handlungsmuster angenommen werden.

Weiterhin ist für den Zweckbegriff wichtig, daß HABERMAS von Systemimperativen spricht, die das Verhalten von Individuen steuern, ohne von den Aktanten durchschaut zu werden. Da im Zweckbegriff der Ursprung des gesellschaftlichen Handelns verortet wird, muß hier auch die Kategorie der Systemfunktion des außenstehenden Betrachters integriert werden.

Täuschungen können gelingen, indem der Zweck eines Handlungsmusters durch eine individuelle Zielsetzung eines Aktanten modifiziert wird. Dadurch kann es zum instrumentellen Einsatz im Konfliktfall kommen. Es sind aber auch Handlungsmuster vorstellbar, deren Zwecke sich von vornherein widersprechen, deren Funktionswiderspruch aber in dem Sinne als funktional aufzufassen ist, als daß sich in ihnen gesellschaftliche Widersprüche spiegeln, die in den Handlungssituationen nicht aufgelöst werden können.

Es gibt demnach kooperative Konfliktlösungen - wobei zu fragen ist, ob durch sie ein Konflikt wirklich beseitigt werden kann - und nicht-kooperative Konfliktlösungen, bei denen sich diegleiche Frage stellt.

1.1. Kooperative Konfliktlösungen

Konflikte sollen mit BÜHL als mehrdimensional, d.h. als auf materieller, herrschaftlicher, sozialer, wert- und normenorientierter Ebene zugleichablaufend, und prozeßhaft aufgefaßt werden. Die Trennung zwischen materiellen, wertebezogenen und identitätsbetreffenden Konflikten ist nur analytisch zu ziehen, da sich die Ebenen in der Praxis vermischen. Die Mischung der Ebenen erleichtert die Kompromißbildung, da Zugeständnisse auf einer Ebene durch Nachgeben auf anderen Ebenen kompensiert werden können. So existert nach BÜHL eine Art schwebendes Gleichgewicht zwischen den Konfliktparteien, die vorläufige Lösungen finden, bei denen alle Seiten zu gewinnen meinen. Konflikte sind also nicht nur als Nullsummenspiele aufzufassen, bei denen der Gewinn einer Partei den Verlust einer anderen Partei ausmacht. Klare Verluste behindern eine Koalitionsbildung in folgenden Konflikten und sind so sozial destruktiv, während das Bewußtsein, nicht zu viel für eine Lösung aufgegeben zu haben, die überdies noch innerhalb eines längeren Zeitraums revidierbar ist, den Koalitions- und damit den Handlungsspielraum erweitert und so sozial produktiv ist.

So kann es zu Handlungsmustern der Konfliktlösung kommen, in denen sich die Zwecke auf den verschiedenen Handlungsebenen insofern widersprechen, als daß sie das Individuum auf einer Seite gewinnen lassen, während auf einer anderen Ebene Verluste eingeplant sind. Sinn macht dieser eingeplante Verlust durch die Erkenntnis, daß Konflikte in langandauernden Prozessen gelöst werden, zu deren erfolgreicher Bewältigung Gesprächsbereitschaft aufrecht erhalten werden muß. Dazu werden Zugeständnisse (materiell, sozial oder wertebedingt) geleistet, ohne daß ein objektiver Zwang ausgeübt würde. Bei dieser Vorstellung wird das triadische Konfliktmodell BÜHLs unterstellt, der von wechselnden Koalitionen ausgeht, die Entscheidungen durch reine Macht unfunktional werden lassen, weil sie später notwendig werdende Koalitionen stark erschweren (I 3.).

Dieses kooperative Konfliktmodell geht von Kompromißlösungen als einzig dauerhaften Möglichkeiten aus, die Vielfalt existierenden Interessensgegensätze zu bewältigen. Es wird die Prozeßhaftigkeit der Verhältnisse betont, die immer wieder zu neuen Koalitionen zwingt. Die zentralen Hilfsmittel der Konfliktlösung sind das Aushandeln und das Verhandeln. Die Ergebnisse der Verhandlungen sind zwar fest, aber dennoch im Rahmen des fortlaufenden Prozesses prinzipiell, bei veränderter Ausgangslage, revidierbar. Das sind die Voraussetzungen, die auch den von PRESCH 85 herausgestellten Konfliktlösungen durch *„Aussitzen"* und *„Scheinkompromisse"* bei geteiltem Wissen über die Konfliktlösung zugrunde liegen. Dem liegt meines Erachtens die Vorstellung eines *„Arbeitskonsens"* im Sinne GOFFMANs zugrunde, der die Vorläufigkeit der Einigung über Images so begründet hat. Dieses kooperative Grundmodell des Konflikts ist funktional begründet, da es die Blockierung der Interaktionsfähigkeit durch Gegensätzlichkeiten mit Arbeitskonsensen aufhebt.

Wenn allerdings die Voraussetzung, daß der größtmögliche Gewinn aller der größtmögliche Gewinn des Einzelnen ist, bestritten wird oder eine private Hierarchisierung von Werten und von Interessen stattfindet, kommt man zur Überlegung, wie sich der Konfliktlösungsmechanismus manipulativ beeinflussen läßt, um den eigenen Interessen im Rahmen zugestandener Interessenspluralität mehr Geltung zu verschaffen.

1.2. Nicht-kooperative Konfliktlösungen

Das Prozeßhafte an Konflikten erleichtert den Konfliktparteien, Zugeständnisse unter der Perspektive ihrer späteren Aufhebung zu machen. Die Zugeständnisse sind überhaupt nur notwendig, da die Situation eine Konstellation aufweist, in der die eigenen Interessen nicht voll durchgesetzt werden können. Es herrscht ein

relatives Machtgleichgewicht, oder besser eine Machtbalance, da dieser Begriff die mögliche Vielfalt der beteiligten Parteien stärker betont. Nun kann aber gerade unter Berücksichtigung des zeitlichen Aspektes die „instrumentelle" Ausnutzung der kooperativen Konfliktlösung ansetzen. Gemeint ist damit, daß sich Interaktanten nur scheinbar an der Kompromißbildung beteiligen, ohne die Sanktionierung bei Aufdeckung ihres unkooperativen Verhaltens zu fürchten, da sie in nächster Zeit mit einer Veränderung der Machtbalance oder wesentlicher Einflüsse auf die Situationskonstellation zu ihren Gunsten rechnen, so daß sie nicht mehr auf eine kooperative Vermittlung ihrer Interessen angewiesen sind, sondern diese auf Kosten ihrer Gegner gefahrlos durchsetzen können.
Beispiele dafür wären das von PRESCH erwähnte *„Aussitzen"* von Konflikten[126] und der *„Scheinkompromiß"* bei denen das Wissen um die Scheinhaftigkeit der Lösung strategisch vorenthalten wird[127]. Dabei wird beim *„Aussitzen"* die Gesprächsbereitschaft scheinbar aufrecht erhalten, indem kein direkter Einfluß auf die Situation ausgeübt wird. Durch den Verzicht der eigenen Handlung wird im Rahmen der Kooperation von den Konfliktgegnern das gleiche gefordert, eine Kompromißbildung als Handlungsgrundlage wird blokiert. Dieses scheinbar kooperative Verhalten wird als instrumentell offenbar, wenn eine Verzögerung der Konfliktaustragung der betreffenden Konfliktpartei eine bessere Ausgangsbasis verschafft, ohne daß dies allen Konfliktbeteiligten deutlich ist. Ähnliches gilt für den *„Scheinkompromiß"*[128]. Hierbei bietet ein Konfliktpartner seine Mitarbeit an einem Kompromiß schon unter der Perspektive an, Bedingungen auszuhandeln, die ambivalent verstanden werden können, um dann bei veränderten Machtver-

---

[126]PRESCH 85, S.87.

[127]Das Vorenthalten steht im Gegensatz zum *„Aussitzen"* und dem *„Scheinkompromiß"*, bei denen das Wissen um die Scheinhaftigkeit der Lösung geteilt werden. Diese Lösungen werden aufgrund dieses gemeinsamen Wissens als kooperativ aufgefaßt.

[128]PRESCH 85, S.87f.

hältnissen die Konfliktlösung neu, nämlich lediglich in seinem Sinne auslegen zu können, was ihm eine neue Konfliktaustragung erspart und die Legitimation eines ausgehandelten Ergebnisses verschafft.

Diese beiden „instrumentellen" Lösungsmechanismen des Aussitzens und des Scheinkompromisses leiten ihren Erfolg von der Parallelität des ihnen zugrundeliegenden Handlungsmusters mit dem Handlungsmuster der kooperativen Konfliktlösung ab.

Ein weiterer Aspekt nicht-kooperativer Konfliktlösungen ist durch den Einfluß von Institutionen gegeben, deren Mechanismen sich der lebensweltlichen Perspektive der Interaktanten entziehen. HABERMAS hat dafür das Recht und das Geld als Kommunikationsmedien, in denen Verständigungsprozesse zweckrationaler Form gebunden sind, herausgestellt. Im Klartext heißt dies, daß in Konflikten, die in materiell bestimmten Kontexten wie am Arbeitsplatz auftreten, der kooperativen Form von Konfliktlösungen Grenzen gesetzt sind, da zweckrationale Systemimperative wie die Wirtschaftlichkeit eines Betriebes die Konfliktform beeinflussen. Daß innerhalb der Zweckrationalität des Systems bereits Interessen eingegangen sind, die dann als Systemimperative in die Auseinandersetzungen ein- (oder auch zurück-) fließen, bleibt den Konfliktparteien durch die Komplexität des Systems entweder verborgen oder wird akzeptiert oder ausgenutzt. In Konflikten, in denen das Recht einen konstitutiven Kontext bildet, wie in allen staatlichen Institutionen, verhält es sich ähnlich. In Kontakt und Konflikt von Vertretern der Institutionen und ihren Klienten sind die Institutionsvertreter an die Systemimperative des Rechtssystems durch die ihre Institution betreffenden Gesetze und Verordnungen gebunden, da die Rechtmäßigkeit ihres Verhaltens ihre Legitimation ausmacht. Da sie aber keine Juristen sind und auch mit ihren Klienten keinen juristischen Diskurs beginnen können, wenn sie erfolgreich arbeiten wollen, sind sie auf lebensweltliche Verständigungsformen angewiesen. Diese unterliegen aber auf ihrer Seite den Systemimperativen des Rechtssystems, das eben-

falls (wie das Wirtschaftssystem) zweckrational strukturiert ist, und in das an anderer Stelle Interessen eingeflossen sind, die jetzt als Imperative zurückkehren. Die Verständigung wird also zweckrational manipuliert, ohne daß diese Erscheinung allen Kommunikationsteilnehmern bewußt sein muß.
In beiden Bereichen müssen zwangsläufig Konfliktlösungsmuster auftreten, die die Vermischung der beiden Ebenen widerspiegeln und die nicht kooperativ sein können. Ansonsten gelten die Voraussetzungen einer prozeßhaften Konfliktlösung auf verschiedenen Ebenen hier ebenfalls, da sie das Grundmuster darstellen.

1.3. Der intraindividuelle Konflikt

Aus den Ergebnissen der Beschreibung des Rollenhandelns und des dramaturgischen Handelns geht hervor, daß das Individuum seine Identitätsbalance in einer permanenten Konfliktsituation der Rollennormen und Interaktionsbedingungen (so individuell wie möglich und so angepaßt wie nötig) hält. Die Identitätsbalance ist ebenfalls als momentaner Kompromiß zu interpretieren, in dem Widersprüche gebunden sind, ohne aufgelöst worden zu sein. Jede Handlung ist demnach durch die Ebene des Rollenhandelns als Momentaufnahme des Konflikts widerstreitender Rollennormen zu verstehen und auf der Ebene der Identitätsdarstellung als *„Arbeitskonsens"* zwischen ebenfalls widerstreitenden Anforderungen (Anpassung versus Individualität) aufzufassen. Es wäre ausgesprochen verwunderlich, wenn diese widerspruchsvolle Ausgangsstruktur innerhalb von Handlungen (speziell sprachlichen Handlungen) als homogene Verfolgung eines Handlungszieles erscheinen würde, besonders, wenn das zeitliche Ausmaß eines Handlungsprozesses berücksichtigt wird. Etwas anderes ist es, wenn gerade das *„Image"* zentraler geheimer Gegenstand der Kommunikation ist, der unterschwellig thematisiert wird. Dabei verfolgen die Interaktionspartner eine gezielte

Strategie der Imageverbesserung, wobei ihnen ein konkretes Ergebnis als zu erzielend vorschwebt. Dieses Image wird durch Informationsmanipulation oder Imagekämpfe gerade von widersprüchlichen Interpretationsmöglichkeiten befreit, wie GOFFMANs Arbeiten zeigen. Der Kampf um das Image ist aber auch nicht mehr intraindividuell - jedenfalls der Beschreibung nach nicht - sondern findet zwischen mehreren Aktanten statt. Er wird dann unter den Bedingungen des offenen oder des verdeckten Konflikts ausgetragen.

Die Kollision dieser Ebene mit *„konstitutiven"*[129] Kommunikationsregeln steht im Zentrum der Arbeit LAUERBACHs.

Konstitutive Regeln geraten mit normativen Regeln[130] in Konflikt, wenn unange-

---

[129]aus: LAUERBACH, Gerda L.: 'We don't want war, but...' Speech Act Schemata and Inter-Schema-Inference Transfer, in: Journal of Pragmatics 13, 1989, S.25-51., S.28: *"Table 1*

Constitutive rules of interaction: Be clear.

Presuppose (Schütz, Cicourel):
The reciprocity of perspectives
The congruence of relevance systems
Shared rules of interpretation and production
Shared normal form typifications

Raise intersubjectively acceptable validity claims (Habermas) regarding:	*Observe conversational maxims (Grice)*
Comprehensibility	*Manner*
	Quantity
Truth	
Authenticity	*Quality*
Normative correctness	
'Binding force'	*Relevance"*

[130]LAUERBACH 89, S.28/29: *"Table 2*
Normative rules of interaction: Be polite.

(a) Attend to negative face: the basic claim to territories, personal preserves, rights to non-distraction, i.e. to freedom of action and freedom from imposition.
(b) Attend to positive face: the positive consistent self-image or personality (crucially including the desire that this self-image be appreciated and approved of) claimed by interactants (cf. Brown and Levinson (1978:66)).

nehme Wahrheiten, problematische Gefühle oder abweichende normative Auffassungen vertreten werden.

Wenn die normativen Regeln aber verletzt werden, können eventuell die gesamten Interaktionsziele nicht erreicht werden, weil der soziale Diskurs gefährdet wurde (LAUERBACH 89, S.29).

LAUERBACH arbeitet zwei Interaktionsschemata heraus, in denen der Konflikt gelöst wird: das *„Disarm Schema"* und das *„Double-Bind Schema"*.

Das Disarm Schema (Entwaffnungsschema) setzt sich aus folgenden Elementen zusammen (LAUERBACH 89, S.33):

- normative Interaktionsregel (positive/negative face)
- sprachliche Ausdrücke, die verbal oder non-verbal FTAs (siehe Anmerkung 130 (TZ)) bedeuten
- ein die Einstellung ausdrückendes Verb (wissen, glauben, wollen, hoffen, lieben, hassen)
- Meinung und Verständnis ausdrückendes Verb

Die Äußerung hat dadurch die Form von: *"I'm sorry to bother you, BUT..." (LAUERBACH 89, S.34)*.

Das Double-Bind Schema (Doppelbindungsschema) ist ein spezieller Fall des Disarm-Schema und drückt das Dilemma der Regelverletzung explizit aus. Weiter wird der Unwillen darüber, eine normative Regel zu verletzen, explizit ausgedrückt.

Brown and Levinson further define a set of elementary speech act types as intrinsically face-threatening acts (FTAs) because they run counter to members' positive or negative face wants
- regarding hearer negative face (e.g. requests, threats),
- regarding hearer positive face (e.g. criticism, contradictions),
- regarding speaker negative face (e.g. thanks, apologies)
- regarding speaker positive face (e.g. admission of guilt)."

Aus diesen Verletzungsmöglichkeiten des Images ergeben sich nach LAUERBACH, S.29, „*strategies of positive* and of *negative politeness*", die mit den „konstitutiven Regeln" in Konflikt geraten können.

Die Äußerung hat dadurch die Form von: *"I don't want to bother you, BUT..." (LAUERBACH 89, S.35f.)*.

BAVELAS[131] untersucht ähnliche Erscheinungen und gelangt zur Lösung der *„disqualifications"*[132] in *„avoidance-avoidance" Konflikten*[133].
Ähnliche Untersuchungen finden sich auch bei O'KEEFE[134].
Die Ebene des intraindividuellen Konflikts ist mit der des Konfliktes zwischen verschiedenen Parteien insofern verbunden, als daß das Individuum auf die Akzeptanz der individuellen Lösung des intraindividuellen Konflikts durch andere Aktanten angewiesen ist, soll sie als Lösung wirklich Bestand haben.
Dadurch verbindet sich die Ebene der intraindividuellen Konfliktaustragung mit denen der kooperativen und der nicht-kooperativen Konfliktaustragung durch einen *„Arbeitskonsens"* der gegenseitigen Identitätsanerkennung.

---

[131]BAVELAS, Janet Beavin: Situations that lead to disqualifications, in: Human Communication Research 9, 1983, S.130-145.

[132]Jede Botschaft sollte nach BAVELAS vermitteln:
1. Wie klar ist die Botschaft: Was wurde gesagt?
2. In welchem Umfang gibt die Botschaft die Meinung des Sprechers wieder?
3. In welchem Umfang ist die Botschaft an den Hörer adressiert?
4. In welchem Umfang geht die Antwort auf die gestellte Frage ein?

Disqualified „ungeeignete" Botschaften lassen einen oder mehrere dieser Aspekte offen. (BAVELAS 83, S.131).

[133]Unter *„avoidance-avoidance conflict"* versteht BAVELAS eine Situation, in der zwei Imageverletzungen vermieden werden sollen, z.B.: Jemand soll einen guten Freund einem anderem Freund als Arbeitnehmer empfehlen. Der Freund ist aber ein schlechter Arbeitnehmer.
Vermeidung 1: den einen Freund zu brüskieren, indem eine Warnung ausgesprochen wird;
Vermeidung 2: den anderen Freund zu brüskieren, weil ein schlechter Arbeitnehmer als gut empfohlen wird;
Die Disqualifikation *"It's been years since I employed "A", so I can't answer specifically."* vermeidet beides. (BAVELAS 83, S.134f.)

[134]O'KEEFE, Barbara J.: Message Design Logic and the Management of Multiple Goals, in: TRACY, Karen (Hrsg.): Understanding Face-to-Face interaction. Issues linking goals and discourse, Hillsdale 1990, S.131-150.

2. Mehrfachadressierung

Mit dem Begriff „Mehrfachadressierung" möchte ich Äußerungen (schriftliche wie mündliche) innerhalb eines komplexen Äußerungsdesigns bezeichnen. Komplex wird das Äußerungsdesign durch ein production format und ein participation framework, die sich nicht auf insgesamt zwei Gesprächsrollen reduzieren lassen[135]. Das ist z.B. bei gezielt eingesetzter Mehrdeutigkeit als Mittel der Konfliktlösung eines wie auch immer gearteten Konflikts der Fall.

Eine Gesprächsrolle kann auch zugeschrieben werden, wenn deren Träger nicht in der Äußerungssituation anwesend sind. Insofern werden auch Texte eingeschlossen, deren Rezeptionszeitraum außerhalb des Produktionszeitraumes liegt. Mehrfachadressierung wird auch nicht konstitutiv an den Willen oder das Bewußtsein der Sprecherseite gebunden, weil dadurch die bedeutungskonstituierende Seite durch die Textrezipienten aus den Augen verschwinden würde[136].

Unabhängig davon, ob eine Mehrfachadressierung lediglich innerhalb eines Gesprächsrahmens mit production format und participation framework stattfindet oder ob sie durch embeddings verschiedener Arten des by-, cross- oder sideplay geleistet wird, kann systematisiert werden. Und zwar geht es darum, welche Informationen einem Teil der Personen des *„gatherings"* vorenthalten werden. Zum einen betrifft das Informationen darüber, wer alles durch production und reception roles in die Äußerung involviert ist. Dabei muß differenziert werden zwischen einer Verdeckung, daß mehrere Gesprächsrollen neben den offensichtlichen wie author und interlocutor existieren, und der Verdekung, wer konkret als Rollenträger auftritt. Zum anderen sind Informationen über die Textbedeutung

---

[135]Zu den Begriffen siehe den GOFFMAN-Teil, S.91-102.

[136]Damit befinde ich mich in der Nähe zu KÜHNs beschreibungstheoretischem Verständnis von Mehrfachadressierung.

betroffen. Dabei kann unterschieden werden, ob Mehrdeutigkeit als solche verdeckt wird oder lediglich ihre konkreten Bedeutungen[137].

Die Kenntnisse beziehen sich auf alle am *„gathering"* Beteiligten:

Information 1 (I1): Es ist für alle offen ersichtlich, daß mehrere Gesprächsrollen (production und reception roles) existieren (participants oder bystanders);

Information 1 ist nicht gewährleistet (-I1): Es bleibt für einige verdeckt, daß mehrere Gesprächsrollen existieren

Information 2 (I2): Es ist für alle offen ersichtlich, wer welche Gesprächsrolle innehat

Information 2 ist nicht gewährleistet (-I2): Es existiert bei einigen Unkenntnis darüber, wer welche Gesprächsrollen innehat

Information 3 (I3): Es ist für alle offen ersichtlich, daß mehrere Textbedeutungen existieren

Information 3 ist nicht gewährleistet (-I3): Es bleibt für einige verdeckt, daß mehrere Textbedeutungen existieren

Information 4 (I4): Es ist für alle offen ersichtlich, wie die Textbedeutungen lauten

Information 4 ist nicht gewährleistet (-I4): Es existiert bei einigen Unkenntnis darüber, wie die Textbedeutungen lauten

Durch die Kombination dieser vier Informationstypen lassen sich Typen der Verdeckung bei Mehrfachadressierungen erstellen:

Klar ist einmal, daß sich Informationstypen nicht auf sich selbst anwenden lassen (z.B. I1 auf I1) und daß Informationstypen, die auf Gegensätzlichkeit beruhen, sich ausschließen (z.B. I1 und -I1) und so ebenfalls nicht kombiniert werden können. Plausibel ist auch, daß die Existenz von mehreren Gesprächsrollen nicht verdeckt werden kann (Information 1: -I1), wenn bereits mehrere Gesprächsrollenträger (Information 2: I2) bekannt sind. Ebenso kann die Existenz mehrerer Textbedeutungen nicht verdeckt werden (Information -I3), wenn man die Bedeutungen selbst schon kennt (Information I4). Interessanter ist schon, daß, wenn die

[137]Es wird dabei noch nichts über die Art und Weise der Bedeutungsverdeckung ausgesagt. So können das einzelne Wörter, die eine aktantenspezifisch erkennbare zweite Bedeutung haben, partiell zu erkennende Anspielungen oder so differenzierte Verdeckungen, wie sie PRESCH bei Arbeitszeugnissen beschreibt, sein.

Existenz mehrerer Gesprächsrollen oder ihre direkte Kenntnis vorhanden ist (Information 1: I1 oder Information 2: I2), nicht mehr die generelle Existenzmöglichkeit von Mehrdeutigkeit (Information 3: -I3) verdeckt werden kann[138]. Die Informationstypen stehen also nicht gleichberechtigt nebeneinander, sondern einige weisen Abhängigkeiten auf.

Tabellarisch lassen sich die Kombinationsmöglichkeiten folgendermaßen darstellen:

(Schema 11)

zugeordnete Informationen / vorausgesetzte Informationen		Information 1		Information 2		Information 3		Information 4	
		I1	-I1	I2	-I2	I3	-I3	I4	-I4
Information 1	I1	0							
	-I1	-	0						
Information 2	I2	+	-	0					
	-I2	+	+	-	0				
Information 3	I3	+	+	+	+	0			
	-I3	-	+	-	+	-	0		
Information 4	I4	+	+	+	+	+	-	0	
	-I4	+	+	+	+	+	+	-	0

\+ bedeutet: die Kombination der Typen ist möglich
\- bedeutet: die Kombination der Typen ist nicht möglich
0 bedeutet: der Typ wird mit sich selbst kombiniert, Kombination ist nicht möglich

Kombiniert man die jeweils 2 Möglichkeiten der vier Informationstypen ergeben sich in einem ersten Schritt 16 (2^4) Möglichkeiten.

---

[138]Gemeint ist, daß die Kenntnis mehrerer Gesprächsrollen auch die Kenntnis über die Existenz mehrerer gesprächsrollenspezifischer Bedeutungen beinhaltet.
Die Kenntnis der Existenz mehrerer Bedeutungen ist aber nicht mit der Kenntnis der Bedeutungen im einzelnen gleichzusetzen.

(Schema 12)

I.	II.	III.	IV.	V.	VI.	VII.	VIII.
I1	I1	I1	I1	I1	I1	I1	I1
I2	I2	I2	I2	- I2	- I2	- I2	- I2
I3	I3	- I3	- I3	I3	I3	- I3	- I3
I4	- I4	I4	- I4	I4	- I4	I4	- I4

IX.	X.	XI.	XII.	XIII.	XIV.	XV.	XVI.
- I1	- I1	- I1	- I1	- I1	- I1	- I1	- I1
I2	I2	I2	I2	- I2	- I2	- I2	- I2
I3	I3	- I3	- I3	I3	I3	- I3	- I3
I4	- I4	I4	- I4	I4	- I4	I4	- I4

Von diesen sechzehn Typen bleiben sieben übrig, wenn man die vorangegangene Argumentation über die Unverträglichkeit von bestimmten Kombinationen berücksichtigt. Demnach sind Kombinationen von -I1 mit I2 (betrifft die Typen IX, X, XI und XII) ausgeschlossen. Ebenfalls schließt sich die Kombination von I1 und I2 mit -I3 aus (betrifft die Typen III, IV, VII und VIII). Nicht möglich ist auch die Kombination -I3 mit I4 (betrifft die Typen III, VII, XI und XV). Nach diesen Einschränkungen bleiben nur noch die Typen I, II, V, VI, XIII, XIV und XVI als Kombinationsmöglichkeiten übrig.

(Schema 13)

Typen / Informationen	1.	2.	3.	4.	5.	6.	7.
Information 1	I1	I1	I1	I1	- I1	- I1	- I1
Information 2	I2	- I2	I2	- I2	- I2	- I2	- I2
Information 3	I3	I3	I3	I3	I3	I3	- I3
Information 4	I4	I4	- I4	- I4	I4	- I4	- I4

Die sieben Typen sind noch nicht besonders praxisrelevant, weil in ihnen von participation framework und production format[139] abstrahiert wurde. Dieser Schritt soll auch noch verzögert werden bis geklärt ist, in welchem Verhältnis diese Mehrfachadressierungstypen zur Theorie des kommunikativen Handelns stehen.

2.1. Kooperative Verwendung

Mehrfachadressierung kann im Sinne von CLARK/CARLSON kooperativ verwendet werden, wenn das Wissen um die *„informatives"* (informativen Akte) von allen offiziellen Zuhörern geteilt wird, d.h. alle *„participants"* über die Sprachhandlung eines Sprechers gegenüber einem Adressaten oder einer Adressatengruppe gleichzeitig informiert werden. Adressaten des informativen Aktes sind demnach die offiziellen Zuhörer.

Im kooperativen Konfliktmodell, das mehrere Parteien, die über die Handlung/Situationsdefinition informiert sind, voraussetzt, werden die informativen Akte zur Voraussetzung des Funktionierens. Allerdings kann, wenn von unterschiedlichen Wissensbeständen ausgegangen wird, die nicht allen Interaktanten deutlich sind, eine Handlung adressatenspezifische Bedeutung gewinnen. Dadurch, daß diese Ambiguität nicht intendiert und damit nicht strategisch eingesetzt ist, fällt sie noch unter die kooperative Mehrfachadressierung. Ein weiteres Problem ist es, wenn eine Äußerung an mehrere Aktanten gerichtet wird, die zum Teil nichts Neues erfahren, aber wissen, daß andere mit der Äußerung auf den gleichen Wissensstandard gebracht werden sollen, den sie schon besitzen. Die,

[139] Um es in den alten Begriffen zu sagen: es findet keine Differenzierung von Sprecher und Hörer statt.

die das Neue erfahren, können dabei durchaus über diesen Umstand informiert sein. Die Sprechhandlung ist mehrfachadressiert, indem die Adressaten, die den Inhalt der Äußerung bereits kennen, nur Adressaten des informativen Aktes (der Information der anderen Adressaten) sind. Demgegenüber werden die anderen Adressaten auch durch die Vermittlung des für sie neuen Inhalts der Äußerung in eine Handlung involviert. Hier ist die Mehrfachadressierung der Sprechhandlung [illegible], aber offen kenntlich und damit kooperativ funktional. Zur Offenheit gehört auch die Kenntnis, wer alles an der Kommunikation in welcher Kommunikationsrolle teilnimmt. Das kann allerdings nur prinzipiell gelten, und es kann nicht ausgeschlossen werden, daß auf eine nähere Klärung dieser Verhältnisse verzichtet wird, weil sie als irrelevant, da das Wissen weder Vor- und Nachteile für die Interaktanten bringt, aufgefaßt werden.

Bezogen auf die abgeleiteten Typen ergibt sich folgendes Bild: Allein in Typ 1 kann man von einem rein kooperativen Aushandeln der Situationsdefinition sprechen. Wie aber bereits erwähnt, wird davon ausgegangen, daß unter dem Kriterium der Verständigungsökonomie gewisse Aufklärungen wegfallen können, ohne daß von unkooperativem Handeln gesprochen werden kann. So wird normalerweise in allen Fällen, in denen offen ist, daß es mehrere Gesprächsrollen und mehrere Bedeutungen gibt, davon auszugehen sein, daß Interaktanten sich nach entsprechenden Leerstellen erkundigen können und in einem kommunikativen Diskurs Aufklärung erhalten müssen, soll er nicht gestört und damit sein Ergebnis hinfällig werden (Typen 2, 3 und 4). In Fällen, in denen Mehrfachadressierung oder Mehrfachinterpretierbarkeit an sich nicht sichtbar ist, wird Uninformierten die Möglichkeit genommen, sich nach den Leerstellen zu erkundigen, da sie gar nicht angezeigt sind. Das Nichtaufzeigen der Leerstellen wird als gezielte Verdeckung und damit als unkooperativ interpretiert (Typen 5, 6 und 7).

Dem Typ 1 liegt das kommunikative Handeln in Reinform zugrunde. Die Mehrfachadressierung, die funktional für die Konfliktlösung im verständigungsorientierten Rahmen ist, wird in jeder Hinsicht offen gehandhabt. Alle Kommunikationsteilnehmer kennen alle Gesprächsrollen, deren Kommunikationsrollen und Wissensbestände, alle Bedeutungen des Textes und alle damit verbundenen Handlungen. Dieser Typ bildet die Grundlage für ein verständigungsorientiertes Aushandeln der Situationsdefinition.

Der Typ 2 unterscheidet sich vom Typ 1 dadurch, daß in ihm die Gesprächsrollenträger nicht bekannt sind, d.h., daß nicht klar ist, wer von welchen Adressierungen und welchen (bekannten) Bedeutungen betroffen ist. Daher werden die in diesem Rahmen vollzogenen Handlungen als verdeckt aufgefaßt, nicht aber als nicht kooperativ, weil die Leerstellen (die konkrete Besetzung der Gesprächsrollen) klar sind und sich theoretisch nach ihnen erkundigt werden kann.

Der Typ 3 unterscheidet sich vom Typ 1 dadurch, daß ein Teil der Bedeutungen des mehrfachinterpretierbaren Textes unbekannt bleiben, d.h., daß sie als Leerstelle behandelt werden. Wie für den Typ 2 gilt, daß die Handlungen, die so vollzogen werden, als verdeckt aufgefaßt werden müssen, während die Handlungsorientierung wegen der offenen Kennzeichnung der Leerstellen durchaus als kooperativ einzuschätzen ist.

Der Typ 4 vereint die Abweichungen von Typ 2 und 3 von Typ 1. Es fehlt sowohl das Wissen um die Gesprächsrollenträger als auch das Wissen um einen Teil der Textbedeutungen, wobei bekannt ist, daß es mehrere Gesprächsrollen und Bedeutungen gibt. Auch die in dieser Situation vollzogenen Handlungen sind verdeckt und die Handlungsorientierung ist aus den gleichen Gründen wie bei Typ 2 und 3 kooperativ.

Durchbrochen wird die Kooperation, wenn unterschiedliche Wissensbestände ausgenutzt werden, um exklusiver zu kommunizieren, ohne daß die am Interaktionsprozeß - im Konfliktfall am Einigungsprozeß - Beteiligten es alle erfahren.

2.2. Nichtkooperative Verwendung

2.2.1. Unkooperative Typen nach dem Schema

Eine nichtkooperative Verwendung liegt vor, wenn Interaktionsteilnehmer mit Absicht von unterschiedlichen Bedeutungen der Handlungen ausgeschlossen werden und dieses zu ihrem Schaden (im weitesten Sinne auch zur Imageeinbuße durch das Ausgeschlossensein) führt. Möglich ist dieses bei den letzten drei der abgeleiteten Typen:
Mit den Typen 5 und 6 werden Adressierungen erfaßt, bei denen zwar klar ist, daß die Äußerung mehrfachinterpretierbar, aber nicht, daß sie an mehrere Gesprächsrollenträger gerichtet ist. Dabei ist zu differenzieren, ob die Mehrfachinterpretierbarkeit offen und die Bedeutungen der Äußerung kenntlich (Typ 5) oder ob die Mehrfachinterpretierbarkeit offen, Teile der einzelnen Bedeutungen aber unkenntlich sind (Typ 6). In beiden Fällen werden unter diesen Bedingungen vollzogene Handlungen verdeckt, da keine Anhaltspunkte für die Erschließung mehrerer Adressaten geliefert werden.

Der Typ 7 stellt den reinen Typus des nichtkooperativen Handelns dar. In ihm werden sowohl Gesprächsrollen als solche und deren Rollenträger wie auch Mehrfachinterpretierbarkeit und Teile ihrer Bedeutungen verborgen. Er ist unkooperativ.

Zusammengefaßt ergibt sich die folgende Ergänzung des Schemas:

(Schema 14)

k bedeutet: kooperativer Typ
-k bedeutet: nicht kooperativer Typ
o bedeutet: es sind allen Beteiligten alle durchgeführten Handlungen bekannt
-o bedeutet: es sind nicht allen Beteiligten alle durchgeführten Handlungen bekannt

Typen	1.	2.	3.	4.	5.	6.	7.
Information 1	I1	I1	I1	I1	-I1	-I1	-I1
Information 2	I2	-I2	I2	-I2	-I2	-I2	-I2
Information 3	I3	I3	I3	I3	I3	I3	-I3
Information 4	I4	I4	-I4	-I4	I4	-I4	-I4
Handlungen	o	-o	-o	-o	-o	-o	-o
Kooperation	k	k	k	k	-k	-k	-k

Nachgeholt werden muß an dieser Stelle ein Bezug des Embedding-Konzepts von GOFFMAN auf die Täuschungsmöglichkeiten innerhalb der Gesprächsrollen LEVINSONs. Dazu muß aber zunächst ein Rückgriff auf die von KÜHN übernommene Systematisierung der Adressierungsformen stattfinden, da sie zur Erklärung benötigt werden.

2.2.2. Adressierungsformen

Mit der bisherigen Typologie ist noch nichts über die Art der Umsetzung der Typen der Mehrfachadressierung in Handlungen ausgesagt worden. In Anlehnung an KÜHN, dessen Unterscheidung von Adressierungsarten und Adressierungsformen bei dieser Systematisierung hier Pate gestanden hat, soll zur Umsetzung der Mehrfachadressierung die Typologie der Adressierungsformen übernommen werden. Sie zählt die Möglichkeiten der formalen Adressierung in einer Kommunikationssituation auf, an denen sich Mehrfachadressierungen orientieren müssen (siehe Schema 4, S.21).

Die Möglichkeiten der Adressatenverdeckung vor participants liegen demnach in der impliziten sowie in bestimmten Fällen der indirekten Adressierungsform, wenn von einer normalen Verständigungssituation ausgegangen wird. Als nicht normal fasse ich Situationen auf, in denen Kommunikationsteilnehmer aus irgendwelchen Gründen (seien sie kulturell oder physikalisch bedingt) die expliziten Adressierungsformen nicht vollständig wahrnehmen können, was nicht heissen soll, daß sie nicht berücksichtigt werden sollen und können. Es macht nur keinen Sinn, sie in eine charakterisierende Systematik einzubauen, weil sie auf ganz spezifische Situationsfaktoren angewiesen sind.

Ebenfalls von KÜHN übernommen werden sollen die Begriffe *„simultane"* und *„sukzessive Mehrfachadressierung"*. Sie beschreiben die Gleichzeitigkeit bzw. die Aufeinanderfolge von unterschiedlichen Adressierungen (unabhängig davon, ob es sich um eine Adressierungsart oder Form handelt) innerhalb eines Analysesegments (z.B. Äußerungen, Sätze oder Texte).

2.2.3. Verbindung des Schemas der Gesprächsrollen zum Embedding-Konzept GOFFMANs

Die production roles LEVINSONs (author, 'ghostee', spokesman, relayer, deviser, sponsor, 'ghostor', ultimate source, principal, formulator) und seine reception roles (interlocutor, indirect target, intermediary, audience, overhearer, targetted overhearer, ultimate destination) sollen zur Beschreibung mit all den Einschränkungen, die in der Diskussion gemacht wurden, übernommen werden. Durch die Diskussion der Basiskategorien und der in ihnen implantierten Wissensvoraussetzungen wurden die Kategorien problematisiert, und so konnte auch ein tieferes Verständnis der formal abgeleiteten Gesprächsrollen erreicht werden. Dadurch wurde es möglich, ihnen einen Teil der Komplexität zurückzugeben, die sie durch die vereinfachte GOFFMAN-Rezeptions LEVINSONs verloren hatten, ohne daß die umfangreiche Differenzierung, die LEVINSON vorgenommen hat, aufgegeben werden mußte.

Grundlegend ist bei einer Täuschung, daß die Interaktanten von einer unterschiedlichen Belegung der production und reception roles ausgehen. Das kann bereits im simplen Rahmen geschehen, indem einfach, wie bereits dargestellt wurde, Rolleninhaber über bestimmte andere Rollen im unklaren gelassen werden. Simpel wurden diese Täuschungen genannt, da sich die Gesprächsrollen der Getäuschten durch die Täuschungen nicht ändern. Diese Täuschungsmöglichkeiten waren auch stark begrenzt.

Komplexere Täuschungsmöglichkeiten existieren dadurch, daß Interaktanten eine Konstellation von Gesprächsrollen nahegelegt wird, die so nicht existiert. Aus der Sicht der Täuschenden (und des Betrachters) ist dann von einer Doppelrahmung zu sprechen. In die Gesprächsrollenkonstellation ist die Konstellation, deren Schein vermittelt wird, eingebaut.

Die Möglichkeiten der Täuschungen wurden schon bei GOFFMAN systematisch unter dem Begriff der *„collusion"* (Verdeckung) dargestellt. Er differenziert zwischen 1. collusive byplay (Nebenspiel), 2. collusive crossplay (Querspiel) und 3. collusive sideplay (Außenspiel). Sie finden als subordinate communications (untergeordnete Kommunikationen) innerhalb der dominating communication (dominierenden Kommunikation) statt, d.h. embedded (GOFFMAN 79, S.9). Die Verdeckung kann sich auf unterschiedliche Bereiche beziehen: a) kann verborgen werden, daß die untergeordnete Kommunikation stattfindet; b) können Wörter, die die von der untergeordneten Kommunikation Ausgeschlossenen nicht verstehen können, deren Vorhandensein sie aber trotzdem (akkustisch verzerrt oder lediglich visuell) wahrnehmen, als harmlos dargestellt werden; c) können Ausdrücke verwendet werden, die nur von einigen, eben den Teilnehmern der untergeordneten Kommunikation, in einer bestimmten Weise verstanden werden, die die anderen aber als harmlos und an alle gerichtet interpretieren. Als eine weitere Möglichkeit neben der Verdeckung führt GOFFMAN innuendo (Anspielung) an. Dabei fügt der Sprecher seiner Äußerung eine offensichtliche zusätzliche Bedeutung bei, behält sich jedoch die Möglichkeit vor, diese zusätzliche Bedeutung zu bestreiten (S.10)[140]. So lassen sich in allen Formen der untergeordneten Kommunikation die drei Verdeckungsformen durchführen (siehe Schema 15 auf Seite 175).

Wie bereits an anderer Stelle (S.100) ausgeführt wurde, wird mit der untergeordneten Kommunikation ein anderes participation framework (Teilnehmer-Rahmung) in die dominierende Kommunikation eingebettet. Diese Doppelrahmung wird in a) verdeckt. Die Verdeckung kann nach Kooperationstyp 7[141] be-

(Schema 15)

Verdeckungs-moeglichkeiten / subordinate communication	Stattfinden der Kommunikation	Relevanz des Gesagten	zweite Bedeutung
collusive byplay	+	+	+
collusive crossplay	+	+	+
collusive sideplay	+	+	+

[140]In diesen Verdeckungsformen werden die Möglichkeiten einer Verdeckung durch Codes, wie sie von KÜHN herausgestellt wird, eingeschlossen. Dies gilt auch für komplexe Verdeckungsformen, wie sie PRESCH mit seinen gestreckten Skalen, der Auslassung von relevanten Informationen und des Betonens von Irrelevantem herausgearbeitet hat. Auch Anspielungen (siehe dazu besonders die Arbeiten von SVENSON) fallen in diesen Bereich.

[141]Zum Vergleich der Kooperationstypen siehe die Tabelle S.140.

schrieben werden. Es werden die Gesprächsrollen und die Textbedeutung verdeckt. In b) verdecken die Beteiligten der untergeordneten Kommunikation die Textbedeutung gegenüber den übrigen Beteiligten der dominierenden Kommunikation. Das entspricht den Kommunikationstypen 3 und 4. Da die untergeordnete Kommunikation nicht an sich verdeckt wird, ist auf jeden Fall klar, daß mehrere Gesprächsrollen und Bedeutungen existieren. Dabei spielt es keine Rolle, ob den Getäuschten die Besetzung der Gesprächsrollen klar ist oder nicht. In c) wird ebenfalls verdeckt, daß eine untergeordnete Kommunikation stattfindet. Da keinerlei Hinweise auf mehrere Gesprächsrollen oder Textbedeutungen existieren, ist c) ebenfalls als nach Typ 7 aufzufassen.

Voraussetzung für das Gelingen der Täuschungen ist, daß die Getäuschten von einem anderen Kooperationstyp ausgehen. Bei a), b) und c) müssen sie davon ausgehen, sich mit den Täuschenden in Typ 1 zu befinden. Dabei müssen sie in b) einen Vertrauensvorschuß erbringen, was die Belanglosigkeit der Textbedeutung angeht, da ihnen ja die Nebenkommunikation nicht verheimlicht wurde. Es ist aber davon auszugehen, daß sie die Einschätzung der Harmlosigkeit der Äußerung teilen müssen, soll die Kommunikation ungehindert weiterlaufen. Insofern ist es auch gerechtfertigt, von einer Kenntnis der Textbedeutung, wie sie in Typ 1 vorausgesetzt wird, auszugehen. Die Getäuschten meinen die Bedeutung als harmlos interpretieren zu können und so Kenntnisse über sie zu besitzen.

Die Verdeckung durch *„innuendo"* stellt eine Ausnahme dar, da die unterschiedlichen Textbedeutungen allen bekannt sind. Dadurch entspricht die Verwendung den Typen 1, 2 und 5. Es wird nicht zwangsläufig von unterschiedlichen Kooperationstypen ausgegangen. Nur wenn Typ 5 vorliegt, d.h. wenn die Getäuschten nicht wissen, daß die Anspielung noch auf andere Gesprächsteilnehmer zielt, wird ein zweiter Rahmen eingebettet (embedding). Die Getäuschten müssen dann, wie in den anderen Verdeckungsfällen, vom gemeinsam durchgeführten Typ 1 ausgehen.

Bei einer Täuschung durch embedding gehen also die Getäuschten von einem anderen Gesprächsrahmen aus als die Täuschenden. Die Täuschenden bewegen sich aber innerhalb des Rahmens, den die Getäuschten für gültig ansehen, weil sonst die Täuschung durchbrochen würde. Das Vortäuschen der Existenz des gemeinsamen Rahmens und des damit verbundenen Kommunikationstyps setzt eine Zusammenarbeit der Täuschenden voraus. Man kann auch von einer Inszenierung des kooperativen Rahmens durch alle Täuschenden sprechen[142]. Betrachtet man jetzt die Kooperation der Täuschenden untereinander, stellt man fest, daß sie sich auch gegenseitig täuschen können. Das kann sukzessiv durch einen heimlichen Ensemble-Wechsel oder simultan durch ein weiteres embedding in den bereits eingebetteten Rahmen geschehen. Voraussetzung solch einer Täuschung ist aber wieder, daß die Teilnehmer des ersten Embeddings sich gegenseitig die kooperative Durchführung der Handlung unterstellen, also von denselben Voraussetzungen ausgehen wie diejenigen, die sie durch ihr embedding täuschen.
Wenn so innerhalb einer dominierenden Kommunikation mehrere verdeckte untergeordnete Kommunikationen stattfinden, wäre besser von Mehrfachrahmungen statt von Doppelrahmungen zu sprechen.

Ein einfacher Fall ist bereits der, daß bei der Existenz eines indirect targets der intermediary sich für den interlocutor hält. Zur Illustration mag ein konstruiertes Beispiel dienen:

---

[142]Im Unterschied zu KÜHN soll die reine Kodierung ohne Inszenierung hier keine Rolle spielen. Sie ist meiner Meinung nach nur möglich, wo Interessensgegensätze offen durch Macht ausgetragen werden, und zwar nur einseitig auf der Seite der Mächtigen. Die Schwächeren werden selbst bei der Benutzung von Codes darauf bedacht sein, die Codierung als solche zu verbergen. Sie werden versuchen, eine „sinnvolle" Botschaft mit anderer Bedeutung zu inszenieren, damit niemand Unbefugtes auf die Idee kommt, es handele sich um etwas, was vor ihnen verborgen werden soll. Näheres dazu siehe GOFFMAN, Strategische Interaktion.

A, B und C stehen zusammen an einer Bushaltestelle und betreiben Small talk. A und C sind befreundet. A sieht Cs Fahrrad unabgeschlossen in der Nähe der Haltestelle stehen.

A zu B: Ist das nicht ein schönes Fahrrad dort drüben? Und nicht eimal abgeschlossen!
B zu A: Ja, es ist wirklich schön. Da kommt man schon in Versuchung! (C entfernt sich, um sein Fahrradschloß zu holen.)

Es wäre dann folgende Beschreibung angebracht: A spricht B in Gegenwart von C an. Dabei spielen zwei unterschiedliche Gesprächsrahmen eine Rolle:

1): A ist author, B ist interlocutor und C ist audience;

2): A ist author, B ist intermediary und C ist indirect target.

Der Gesprächsrahmen 2) kann in Rahmen 1) realisiert werden, wenn B von A und C getäuscht wird. B weiß nicht, daß A und C sich kennen und daß A über das Fahrrad von C spricht. Es läßt sich davon sprechen, daß A und C den Gesprächsrahmen 1) für B inszenieren. Sie bilden ein Ensemble vor B, der davon nichts ahnt. Man kann auch von einem verdeckten byplay zwischen A und C sprechen. Der Kommunikationstyp ist Typ 7, da B sowohl über die Gesprächsrolle des indirect targets nicht informiert ist wie auch über die Textbedeutung, nämlich die Aufforderung, das Fahrrad abzuschließen. B geht vielmehr von Typ 1 aus, nämlich alle Gesprächsrollen und Bedeutungen der Äußerung zu kennen.

Eine ähnliche Inszenierung liegt vor, wenn der Gesprächsrahmen 1) gleich bleibt und sich 2) ändert, indem C devisor und A relayer ist.

1): A ist author, B ist interlocutor und C ist audience;

2): A ist relayer, B ist interlocutor und C ist devisor.

Auch in diesem Fall wird vor B ein anderer Gesprächsrahmen inszeniert als vorliegt.

Als konstruiertes Beispiel dient wieder die Situation an der Bushaltestelle.

A und C standen vor der Ankunft Bs an der Haltestelle, und C hatte A nach der Urzeit gefragt, die dieser nicht wußte.

A zu B: Weißt Du, wie spät es ist?
B zu A: Gleich 12 Uhr!
(C atmet beruhigt durch.)

Komplexer wird die Beschreibung, wenn von mehr als drei Aktanten ausgegangen werden muß, A, B, C, D und E

Im konstruierten Beispiel stehen sie wieder an der Bushaltestelle und A, B, C und D betreiben Small talk, während E etwas abseits steht.

A zu B: Ist das nicht ein schönes Fahrrad dort drüben? Und nicht einmal abgeschlossen!
B zu A: Ja, es ist wirklich schön. Da kommt man schon in Versuchung!
D: ha ha ha
(C entfernt sich, um sein Fahrradschloß zu holen.)

A spricht B in Gegenwart von C und D an. Es lassen sich zwei Gesprächsrahmen unterscheiden:

1): A ist author, B ist interlocutor, C und D sind audience und E ist overhearer;

2): A ist author, B ist intermediary, C ist indirect target, D ist audience und E ist overhearer.

Je nach dem Wissen von D und E werden sie durch die Inszenierung von A und C mitgetäuscht, ohne jedoch eine aktive Rolle zu spielen. Durchschauen sie die Täuschung (D und E kennen A und C und Cs Fahrrad), ist D an der Inszenierung mitbeteiligt, da er zu den participants gehört, während E als overhearer nicht als direkt beteiligt gelten kann.

Komplexer wird es, wenn man von folgendem ausgeht:

A ist der Vater von C und D. E ist ein Bekannter von C. C hatte sich das Fahrrad von D ausgeliehen, das jetzt unabgeschlossen in der Nähe der Bushaltestelle steht. Das Fahrradschloß hat sich wiederum E von C ausgeliehen und nicht zurückgegeben. Jetzt stehen A, B, C und D und betreiben Small talk, während E etwas abseits den Fahrplan studiert. D hatte A von der Notlage, in der sich sein Fahrrad befindet, berichtet.

A zu B: Ist das nicht ein schönes Fahrrad dort drüben? Und nicht einmal abgeschlossen!
B zu A: Ja, es ist wirklich schön. Da kommt man schon in Versuchung!
D (schaut vorwurfsvoll zu C)
C (schaut verzweifelt zu E)
(E entfernt sich, um das Fahrradschloß zu holen.)

Zunächst einmal lassen sich vier unterschiedliche Gesprächsrahmen unterscheiden:

1): A ist author, B ist interlocutor, C und D sind audience, E ist overhearer;

2): A ist author, B ist intermediary, C ist indirect target, D ist audience und E ist overhearer;

3): A ist relayer, B ist intermediary, C ist indirect target, D ist deviser und E ist overhearer;

4): A ist relayer, B ist intermediary, C ist indirect target, D ist deviser und E ist targetted overhearer.

Unter diesen Voraussetzungen ist es möglich, daß B von Gesprächsrahmen 1) ausgeht, während C von 2), A und D von 3) und E von 4) ausgehen. An allen Täuschungen beteiligt ist E. Es werden zwei verdeckte byplays und ein verdecktes crossplay durchgeführt. Es liegt eine Vierfachrahmung vor. Die Getäuschten B und C sind in unterschiedlichem Maße an der Verdeckung beteiligt, nicht nur was die Beteiligung Cs an der Täuschung von B angeht. Ein Problem ist, daß B darüber getäuscht wird, daß er gar kein Ziel der Äußerung ist, also über seine Gesprächsrolle, während C durchaus ein Ziel der Äußerung ist und so nicht über seine eigene, sondern nur über die Gesprächsrolle von A und D getäuscht wird. Ein weiteres Problem ist, daß die Sprecherrollen nicht über den targetted overhearer informiert sind.

Das verdeckte Ansprechen von Gesprächsrolleninhabern kann wohl am besten implizit geleistet werden. Bei direktem Ansprechen wäre die Täuschung hinfällig, bei indirektem Ansprechen können Erkundigungen über die Referenzträger eingeholt werden, was ebenfalls zur Aufdeckung führen würde. Eine parallele körpersprachliche Adressierung müßte ebenfalls vor den getäuschten Interaktanten verdeckt ablaufen. Ohne implizite Bezüge zwischen den Täuschenden stelle ich mir dieses aber sehr schwer vor. Eine Täuschung kann deshalb auf der Ebene der Adressierungsformen am besten durchgeführt werden, wenn ein körpersprachlich oder verbal adressierter Aktant herausgestellt wird, während implizite Adressierungen parallel stattfinden. Sie werden durch die offensichtliche Adressierung zusätzlich verdeckt, weil sie einen Gesprächsrahmen vom Sprecher aus festzulegen scheinen[143].

Ein wichtiger Aspekt wurde bislang bei der Betrachtung der Verdeckung und Täuschung bewußt außer acht gelassen: der Nutzen solch einer Verdeckung. Er läßt sich einmal nicht pauschal feststellen und ist situationsgebunden. Zum anderen weist er aber darauf hin, daß sich Personen nicht ohne ihre sozialen Bezüge zueinander treffen und miteinander austauschen. Zwischen ihnen stattfindende Täuschungen müssen nicht nur technisch, sondern auch sozial möglich sein. Die Gesprächsrollen sind nur Strukturen, die ich mit den Situationsrollen, wie sie GERHARDT beschreibt, gleichsetzen möchte. Die bisherigen Ausführungen stellen lediglich die Möglichkeiten, innerhalb dieser Situationsrollen zu agieren, dar. Dabei wurden die anderen Situationsrollen, die die Äußerungssituation betreffen ausgelassen. Ebenso wurde der Einfluß möglicher Positions- und Statusrollen, die von Situationsrolleninhabern eingenommen werden können, oder die institutionelle Eingebundenheit des Gesprächs vernachlässigt.

---

[143]Eine ähnliche Unterscheidung trifft auch KÜHN, S.106.

Wenn die einzelnen Rolleninhaber über die Rollen der anderen Interaktanten getäuscht werden können, können sie auch über die Bedeutung, die vermittelt wird, getäuscht werden. Im handlungstheoretischen Ansatz bedeutet dieses, die Ebenen des thematisierten Ausschnitts der Lebenswelt können unterschiedlich thematisiert werden, und innerhalb eines thematisierten Ausschnitts können durch unterschiedliche Wissensbestände andere Folgerungen über die Bedeutung der Handlung abgeleitet werden. So können verschiedene Interaktanten unterschiedliche Handlungen zu vollziehen meinen, indem sie scheinbar dasselbe tun. Bei einer nachträglichen Interpretation der gemeinsam vollzogenen Handlung kann es zur Aufdeckung der unterschiedlichen Handlungen kommen, indem verschiedene Aktanten sie ihren Interessen entsprechend interpretieren und als so vollzogen und damit als legitimiert hinstellen. Damit bietet die Mehrfachadressierung eine Möglichkeit, in scheinbar kooperativ ausgehandelten Situationsdefinitionen Personen zu Zugeständnissen zu bewegen, die sie nie gemacht hätten, wenn sie die Situation voll überblickt hätten. Diesen Zugeständnissen wird dadurch Geltung verschafft, daß andere Interaktionsteilnehmer, die selbst durch andere Wissensbestände über die umstrittenen Bestandteile der Handlung informiert waren, und daher von einem vollen Überblick der betroffenen Person und daher von voller Verantwortlichkeit derselben für ihr Zugeständnis ausgehen, Zeugen dieser Zugeständnisse sind. Was die Personen dabei nicht wissen dürfen, ist, daß sie über andere Wissensbestände verfügen und dieses ausgenutzt wurde, um einen Konfliktgegner auszutricksen, ohne daß er diesen Trick als unfair einklagen und aus seiner Klage Kapital schlagen könnte in bezug auf spätere Koalitionsbildungen. Weiter ist es außerordentlich schwer zu beweisen, daß ein Handelnder den komplexen Plan einer Täuschung gehabt hat, da er sich immer mit der generalisierten Wissensannahme der Mehrzahl der Interaktionsteilnehmer herausreden kann.

Kommt es zur Konfliktaustragung, ist das Rollengeflecht auch zu berücksichtigen, weil es eventuell strategisches Handeln erfordert, um in späteren Konflikten koalitionsfähig zu sein. Das strategische Handeln darf aber nicht so weit führen, daß das Individuum nicht mehr als identisches wahrgenommen wird, da das die Voraussetzung für Kommunikations- und damit Konfliktfähigkeit überhaupt bildet. Die Kategorie der Selbstdarstellung wirkt so unmittelbar auf das Verhalten in Kommunikationsrollen ein. Es bleibt also immer relativ an Status, Position und Konstellation gebunden, inwieweit Kommunikationsrollenträger es sich erlauben können, anders zu handeln, d.h. nicht kooperative Konfliktlösungen zu wählen.

2.3. Mehrfachadressierung und Konfliktlösungen

Die Verbindung der Mehrfachadressierung zur Konflikttheorie besteht zum einen darin, daß kooperative Konfliktlösungen nach dem triadischen Modell Mehrfachadressierung nach den als kooperativ herausgestellten Typen als konstitutiv voraussetzen.

Unkooperative Konfliktlösungen zeichnen sich im Sinne dieses Modells[144] dadurch aus, daß Konfliktpartner über das Ergebnis der Konfliktaushandlung getäuscht werden. Die Getäuschten interpretieren die Konfliktlösung als kooperativ abgelaufen, während die Täuschenden die kooperativen Strukturen zur einseitigen Interessensdurchsetzung zu instrumentalisieren versuchen. Die Vagheit in der Formulierung „Getäuschte/Täuschende" ist durchaus beabsichtigt und angemessen. Geht man von einer komplexen Interessenkonstellation mit Interessenvertretern und Ziel- und Zweckstrukturen auf den unterschiedlichen Ebenen aus, können, wie das Beispiel für Mehrfachadressierung mit A,B,C,D und E gezeigt hat, sehr komplexe Kooperationen und Ensembles inszeniert werden. Ein anderer Fall

---

[144]Von den Konfliktlösungen durch blanke Machtausübung oder Interaktionsabbruch wird abgesehen. Das geschieht nicht, weil behauptet werden soll, daß sie nicht vorkommen können, sondern weil sie als sozial „reduktiv" im Sinne BÜHLs weniger interessant sind.

tritt auf, wenn alle beteiligten Parteien einander zu täuschen versuchen. Doch auch das kann nur gelingen, indem die Beteiligten voreinander kooperatives Aushandeln inszenieren. Zumindest subjektiv haben dann die Interaktionspartner den Eindruck, über den (wenn auch alleinigen) völligen Überblick zu verfügen. Grundvoraussetzungen sind einmal die Möglichkeit, auf verschiedenen Ebenen Handlungen parallel zu vollziehen, und zum anderen, diese Handlungen partiell zu verdecken. Die Betrachtungsperspektive muß mehr als zwei in die Handlung involvierte Interaktanten einbeziehen.

3. Handlungstheoretische Beschreibung von mehrfachadressierten Konfliktlösungen

Aus den Ausführungen über Mehrfachadressierung hat sich ergeben, daß kooperative Formen von Mehrfachadressierung grundlegend sind für kooperative Konfliktlösungen nach dem triadischen Konfliktmodell. Durch die Unterteilung der Handlungsebenen und die Voraussetzung von verschiedenen Wissensbeständen besteht die Möglichkeit der Produktion intendierter Ambiguität für verschiedene Adressaten kooperativ unter dem Gesichtspunkt der Relevanz, d.h. der Handlungsökonomie. Die adressatenspezifisch ambig gehaltene Äußerung ist damit ebenfalls grundlegend für kooperative Konfliktlösungen in einer Reihe von Fällen, wobei wohl nicht unbedingt davon auszugehen ist, daß alle Betroffenen den Überblick über alle Adressierungen haben müssen. Die Trennlinie zur gezielten Bedeutungsverheimlichung ist hier unscharf. Deshalb bietet sich an dieser Stelle der Übergang zur nicht-kooperativen Konfliktlösung an.
Mehrfachadressierung und Ambiguität müssen mit einer verständigungsorientierten Handlungsbeschreibung erfaßt werden können, bevor Muster ihrer strategischen (instrumentellen) Ausnutzung beschrieben werden können. Dafür müssen

die Gesprächsrollen systematisch zu Positionsrollen und Konfliktebenen in Bezug gesetzt werden. Das kann nur situationsspezifisch geschehen, d.h. unter Berücksichtigung der Kategorien des Handlungsraums (nach REHBEIN). Die Muster selbst können erst durch empirische Analyse herausgearbeitet werden, aber das systematische Modell, unter dessen Perspektive die Muster herausgearbeitet werden sollen, kann noch weiter, in Anlehnung an REHBEIN, präzisiert werden. Dabei werden die REHBEINschen Stadien des Handlungsprozesses als Ausgangspunkt für die Beschreibung des Konfliktregelungsmusters genommen.

3.1. Stadium 1: Die Situationseinschätzung[145]

Die unterschiedlichen Situationsrollen mit ihrer Verstrickung in das Positionsrollengeflecht, die kommunikatives und instrumentelles Handeln maßgeblich beeinflussen, werden bei REHBEIN indirekt unter der Kategorie der Konstellation[146] im Rahmen der Einschätzung der Situation behandelt. Das Zentrale an dieser Kategorie kommt dadurch zum Ausdruck, daß REHBEIN sie als Ausgangsbasis

---

[145]Zu den verwendeten Termini siehe Kapitel 1.5. Darstellung des REHBEIN-Ansatzes und REHBEIN 77, S.22f. und S.259-281.

[146]Die fünf Kategorien der objektiven Dimension des Handlungsraums Konstellation, Handlungsfeld, Interaktionsraum, Kontrollraum und Bedürfnisse überschneiden sich, und zwar nicht nur, indem sie gleiche Unterkategorien aufweisen, sondern auch dadurch, daß Unterkategorien einer Kategorie so umfassend interpretiert werden können, daß sie Unterkategorien anderer Kategorien umfassen können. Dieses komplizierte Verhältnis sieht REHBEIN wohl und macht dies auch deutlich. Sein Ziel ist es jedoch, die einzelnen Kategorien so vollständig wie möglich zu beschreiben, was ihn die Interdependenz nicht berücksichtigen läßt. In der konkreten Analyse müßten die Interdependenzien an den einzelnen Fällen zutage treten. Da REHBEIN sich auf Handlungen in Institutionen spezialisiert, die sich dadurch auszeichnen, immer gleiche Konstellationen zu erzeugen, wird verständlich, warum für ihn die reine Auflistung ausreichend ist: die einmal festgestellten Beziehungen wiederholen sich und spiegeln in ihrer Wiederholung eine Systematik wider. In dieser Arbeit soll der Schritt zur Empirie noch verzögert werden, weil ein Konfliktmodell gewisse Strukturen in der Konstellation voraussetzt, die beschrieben werden können.

für den Handlungsprozeß betrachtet, sie aber innerhalb des Prozesses Veränderungen eben durch den Prozeß unterliegt. Durch diese Schleifenbildung wird die Dynamik des Prozesses betont, in dem die Voraussetzungen der Handlungen geändert werden können.

Auf einem Handlungsfeld findet eine Interaktion statt, in der unterschiedliche Bedürfnisse mit verschiedenen Kontrollmöglichkeiten vertreten sind. Für eine Beschreibung der Konstellation wären zuerst die beteiligten Personen festzustellen. In Abhängigkeit ihres Interaktions- und ihres Kontrollraums werden ihre Situations-, Positions- und Statusrollen eingeschätzt (speziell: Menge und Qualifizierung der Relationen zwischen den Aktanten).

Im Rahmen der kooperativen Konfliktlösung werden die unterschiedlichen Bedürfnisse offengelegt. Soll der Konflikt verständigungsorientiert gelöst werden, müssen alle Beteiligten über eine Integritätszone verfügen, die mit der Vertretung ihrer Bedürfnisse zusammenhängt, d.h. niemand darf durch seinen Machtbereich in der Lage sein, die Bedürfnisse der anderen ohne eigenen Nachteil zu übergehen. Die Zuordnung von Territorien und der Einflußbereiche zu einzelnen Interaktanten setzt eine genaue Analyse der institutionellen Gegebenheiten, der Machtbereiche und der Rollenkonstellation voraus. Über die Annahme generalisierter Bedürfnisse gelangen erste Annahmen über unterschiedliche Zielsetzungen der Interaktanten auf normativer, dramaturgischer und kommunikativer Ebene in die Konstellation. Im konkreten Fall der Analyse können hier unterschiedliche individuelle Ziele bereits festgestellt werden. In günstigen Fällen werden auch Vermutungen über die anderen Konstellationsfaktoren wie unterschiedliche Wissensvoraussetzung, Struktur von Wahrnehmungsfeldern und von individuellen Fähigkeiten angestellt. Diese Konstellationsfaktoren bleiben für die Interaktanten hypothetisch, sind aber gleichfalls die Grundlage für die Durchführung der Handlung. REHBEIN betont, daß im Laufe des Handlungsprozesses die gemachten Annahmen revidiert wie auch verändert werden können. Diese Struktu-

rierungsannahmen der Situation bestimmen die lebensweltliche Situationswahrnehmung.
An die Konstellation wird der Handlungsprozeß angeknüpft. Anknüpfung und Handlungsprozeß werden so als Situationsfaktoren verstanden, da sie auf die Konstellation zurückwirken.

> *„Der Handlungsprozeß [illegible] die Situation bis zu einem Punkt, an dem sie in ihrer [illegible] werden kann." (REHBEIN 77, S.265)*

Dieser Punkt wird als ein weiteres Situationselement aufgefaßt. Das Ende der Situation ist ein weiteres Situationselement. Es ist erreicht, wenn entweder alle Handlungsmöglichkeiten innerhalb der Konstellation ausgeschöpft sind oder wenn sich die Konstellation durch den Handlungsprozeß entsprechend verändert hat. Die Bewältigung einer Situation mit Hilfe eines Handlungsprozesses weist als letztes Situationselement die Folgen auf, die der Handlungsprozeß haben wird. Der weit gefaßte Situationsbegriff erlaubt es, auch zeitlich stark gestreckte Handlungsprozesse zu erfassen. Dadurch wird es möglich, auch die Entwicklung, d.h. die Vorgeschichte des Handlungsprozesses in seine Analyse über die Konstellation einfließen zu lassen. Permanente Konflikte können als Konstellationsfaktoren im Rollen- und Bedürfnissystem beschrieben werden.
Die Wichtigkeit der Berücksichtigung des normenorientierten und dramaturgischen Handelns sowie des Konfliktansatzes kommt erst bei der weiteren Beschreibung der Stadien des Handlungsprozesses zum Vorschein.

3.2. Stadium 2: Motivation

Das zweite Stadium muß grundlegend erweitert werden, indem nicht mehr von einem Bedürfnis im Normalfall und zwei zu hierarchisierenden Bedürfnissen im Ausnahmefall ausgegangen werden kann, sondern eine ganze Reihe von konkurrierenden Bedürfnissen vorausgesetzt werden muß. Diese Bedürfnisse existieren parallel zu den unterschiedlichen Handlungsebenen: zielorientiertes Handeln, normengeleitetes Handeln und Identitätsdarstellung, wobei bei den beiden letzteren von einer Konkurrenz zwischen verschiedenen Bedürfnissen ausgegangen wird. Es wird also immer versucht, mehrere Sachverhaltslücken gleichzeitig zu schließen. Dabei kann es aufgrund widersprüchlicher Bedürfnisse auch zu widerspruchsvollen Handlungen kommen, insbesondere wenn man davon ausgeht, daß nur eine der drei Ebenen explizit thematisiert wird. Unter dieser grundlegenden Veränderung der Voraussetzungen soll das Motivationsstadium neu beschrieben werden[147]:

(Schema 16)

(i) Aktant S ist in einem Handlungskontext, der gekennzeichnet ist durch
- a) Sachverhaltslücken (Bedürfnisse)
    - i) auf der teleologischen Ebene
    - ii) auf der normativen Ebene
    - iii) auf der Identitätsebene
- b) Präsenz von Sachverhalten, die die Lücken schließen können
- c) situative (in S) Π-Ketten, die die Sachverhalte widerspiegeln
- d) Motivation des Aktanten zu jeder Handlung, die Sachverhaltslücken auf den drei Ebenen schließt

Bei dieser Darstellung ist noch folgender Sachverhalt zu beachten, der durch das REHBEIN-Modell nicht erfaßt werden konnte: Durch die Voraussetzung mehrerer Lücken, nicht nur auf den verschiedenen Ebenen, sondern auch innerhalb einzelner Ebenen, kann der Fall eintreten, daß die Beseitigung einzelner Sachverhaltslücken der Beseitigung anderer Sachverhaltslücken entgegenwirkt oder aber

[147]Modifiziert wird hier das Schema von REHBEIN 77, S.57.

sie voraussetzt, so daß es zu Erscheinungen kommt, die von PRESCH 91 bereits als Interferenzen klassifiziert wurden: Sachverhaltslücken werden verstärkt als zu schließen wahrgenommen oder sie „kompensieren sich" scheinbar, indem sie nicht thematisiert werden, um ihre Widersprüchlichkeit nicht aufdecken zu müssen. Dabei ist allerdings zu beachten, daß das Interferenzproblem, wie es PRESCH beschreibt, an der Oberfläche stattfindet, so daß die Bedürfnisse in der Tiefe (dazu paßt auch die Anlehnung an FREUD, die PRESCH vornimmt) nur die Gegensätze als solche aufweisen. Die Interferenz findet im Handlungsprozeß selbst statt.

Bei der Beschreibung eines Konfliktes ist aktantenabhängig von differenzierten Bedürfniskonstellationen auszugehen, die nicht nur innerhalb eines Aktanten widerspruchsvoll sein können, sondern eben gerade Widersprüche zwischen den Bedürfnissen der Aktanten voraussetzen.

3.3. Stadium 3: Zielsetzung

Das Stadium der Zielsetzung kann größtenteils von REHBEIN[148] übernommen werden. Es muß nur berücksichtigt werden, daß der Aktant entsprechend seiner Bedürfnisse mehrere Ziele und Zwecke verfolgt.

Hier wird aktantenabhängig eine Entscheidung getroffen, wie mit der Vielfalt der Ziele und Zwecke umgegangen werden soll. Bei Widersprüchen kommt es an dieser Stelle zur Bildung von Interferenzerscheinungen schon in der Zielsetzung, die ihre Inhomogenität in die weiteren Stadien hineinträgt und dort zur Komplexitätssteigerung beiträgt.

---

[148] Siehe dazu das Schema zur Zielsetzung in REHBEIN 77, S.48f..

(Schema 17)

(i) (gegeben) Ausgangspunkt auf dem Handlungsfeld;
(ii) Identifizierung der Daten als Vorliegen einer Situation eines bestimmten Typs (Wahrnehmung)[149];
(iii) a) der Aktant S hat verschiedene Ziele
b) die Ziele erfordern eine Handlung F (mit bestimmten inhärenten Zwecken)[150];
(iv) Die Zwecke von F erfordern die Verkettung von Routinen f_1-f_n;
(v) (Verfügbar) Hierarchie von
a) Maximen, Vorannahmen oder
b) reinforcing-Elementen des Wahrnehmungsfeldes;
(vi) (aus (iii):) Vorauskonstruktion des Hintergrunds des Handlungsfeldes (Stütze: Konsultiere (v));
(vii) aus (v) und (vi)) Framing (Ausschaltung von Handlungsalternativen);
(viii) Amalgierung von Routinen f_1-f_n zu F.

Regeln des Glaubensmechanismus:
a) wenn möglich, gehe sofort von (iii) zu (vi);
b) wenn (vi) nicht ausreichend, gehe zurück zu (v);
c) wenn (viii) nicht möglich, gehe zurück zu (v);
d) wenn b) und nicht c) erfolgreich, suspendiere den Mechanismus.
Einschränkung: Bei Wahrnehmung von Daten, die einen anderen Situationstyp ankündigen, Zusammenbruch des Glauben-frame.

Zu einem entscheidenden Stadium wird das framing, bei dem alternativ existierende Handlungen ausgeschaltet werden, die bei einer mißlungenen Durchführung wieder aktiviert werden können, um die Ziele oder Teilziele doch noch zu erreichen.

3.4. Stadium 4: Plan/Planbildung

Das komplexe Stadium der Planbildung wird ebenfalls in Anlehnung an REHBEIN[151] dargestellt. In ihm findet die Umsetzung der Bedürfnisse und Ziele

[149]In diesem Fall eine Konfliktsituation mit anderen Aktanten.

[150]Eine komplexe Konflikthandlung, in der bereits Ziel- und Zwecküberschneidungen gebunden sind.

[151]Siehe dazu REHBEIN 77, S.146-174.

in Handlungspläne statt, die die Situation berücksichtigen. Das Umsetzen geschieht durch den Bezug der Situation und der Ziele auf bekannte Muster, hier der Konfliktaustragung. Angelehnt wird sich dabei an die Kooperationsmuster REHBEINs. So wird die Planbildung bei einer kooperativen Handlungsdurchführung aufgezeigt. Dem wird die nicht-kooperative Handlungsplanung gegenübergestellt. Um die Parallelen besser aufzeigen zu können, wird die nicht-kooperative Planbildung kursiv in die kooperative Planbildung eingebaut. Damit werden die Schnittstellen, an denen die beiden ähnlichen Muster ineinander übergehen, gekennzeichnet. Kommt es zu Pannen bei der Durchführung einer Handlung, kann es an diesen Schnittstellen zu einer Umorientierung zu kooperativen oder nicht-kooperativen Mustern kommen. So wird deutlich, daß bei einer prozeßhaften Sicht selbst komplexe Handlungen während der Durchführung grundlegend geändert werden können.

Die Darstellung selbst ist als große Prozedur zu lesen. Sie ergibt sich durch die Verschachtelungen der Schemata REHBEINs, dieses Stadium betreffend[152].

(Schema 18)

```
(IV) PLAN/PLANBILDUNG
(1)   der Aktant verfügt über Konzepte von Akten, die konkret in der
      Gesamthandlung eine Funktion haben;
      Kooperationsstufen:
      A:   Zum einen findet eine unmittelbare Kooperation auf dem
      Handlungsfeld statt, die gebunden ist an die gemein-
      same Ausführung eines Handlungsmusters.
           (i)   In einem Kollektiv von n Mitgliedern tritt ein
                 Bedürfnis eines bestimmten Typs auf;
           (ii)  zwischen den Mitgliedern besteht ein Netz
                 kollektiver Beziehungen;
           (iii)das Kollektiv verfügt über kollektives Wissen der
                 Form von:
                 a)   inneren Arsenalen (Handlungskonzepten);
                 b)   äußeren Arsenalen (Werkzeugen usw.);
                 c)   Symbolik zur Benennung von Sachverhalten und
                      Handlungen;
                 d)   sprachliche Muster mit spezifischen
                      Funktionen;
           (iv) (i) löst einen kollektiven Entscheidungs-
```

---

[152]Das sind im einzelnen die Schemata REHBEIN 77, S.112, S.123f. und S.173f.

/Planungsprozeß folgenderart aus, (geht bei *(e')* weiter)

(a) Ein Bedürfnis des Kollektivs von n Mitgliedern ist das Bedürfnis nach einer Konfliktlösung zwischen differierenden Interessen;

(b) Es gilt bei Kooperation: So werden

....

(b') Es gilt bei Nicht-Kooperation

(i) Ein oder mehrere Mitglieder sind bereit, die verständigungsorientierte Lösungsfindung für die Durchsetzung der eigenen Ziele zu instrumentalisieren

(ii) i) löst einen kollektiven Aushandlungsprozeß aus, durch den

a) eine Kompromißbildung im legitimen Rahmen der Aushandlung bewußt verschleppt wird, da mit der Zeit von einer sich ändernden Konstellation ausgegangen wird;
oder

b) ein Kompromiß scheinbarer Berücksichtigung aller Interessen formuliert wird, diese Formulierung aber im Hinblick auf spätere Interpretationen unter anderen Konstellationen bewußt von nicht-kooperativ handelnden Interaktanten mehrdeutig gehalten wird;
oder

c) durch heimliche Druckausübung oder Manipulation Koalitionen nicht-kooperativ erzwungen werden, die nach außen hin freiwillig und dadurch legitim erscheinen;

(iii) Der Aushandlungsprozeß muß so verdeckt geschehen, daß die Interaktanten unterschiedliches Wissen darüber haben

a) welche Ziele die anderen verfolgen;

b) wie die Interaktionsrollen im Aushandlungsprozeß verteilt sind;

c) welchen Einfluß Situations-, Positions- und Statusrollen auf Koalitionen beim Aushandeln ausüben;

(iv) Die verdeckten Aktionen dürfen nicht enttarnt werden.
So werden scheinbar

....

i.) ein Kompromiß unter Berücksichtigung aller Interessen formuliert;

ii.) Nachgeben auf bestimmten Konfliktebenen durch

Zugeständnisse auf anderen Ebenen ausgeglichen;

iii.) auf eventuell bewährte Muster des Ausgleichs formelhaft zurückgegriffen;

(c) Der Aushandlungsprozeß muß offen geschehen,

....

(c') muß für einige Interaktanten aussehen als ob es zuträfe,

....

daß alle Interaktanten wissen

(i) welche Ziele die anderen verfolgen;

(ii) wie die Interaktionsrollen im Aushandlungsprozeß verteilt sind;

(iii) welchen Einfluß Situations-, Positions- und Statusrollen auf Koalitionen beim Aushandeln ausüben;

(d) Jeder Aktant muß wissen,

....

(d') Einige Aktanten müssen davon ausgehen

....

(i) daß Einigung nur über Kompromisse zu erzielen ist;

(ii) daß klare Verluste vermieden werden sollten;

(iii) daß der Einigungsprozeß verständigungsorientiert abläuft;

(e) Der einzelne Aktant muß die unvollständige Durchsetzung seiner Interessen akzeptieren

....

(e') Einige Aktanten müssen die unvollständige Durchsetzung ihrer Interessen akzeptieren

....

(schließt an (iv) an) durch den

1) Ziele gesetzt werden (Gesamtziele);

2) Muster für die Gesamthandlung konstruiert werden;

oder (1' +2') auf bereits erarbeitete Muster einer Gesamthandlung zurückgegriffen wird;

(v) jeder an der Gesamthandlung beteiligte Aktant weiß:

a) wenn ich $f_{i(k,l)}$ tue, gibt es ein Mitglied, das $f_{i(k,l)-1}$ und ein anderes, das $f_{i(k,l)+1}$ tut;

b) $f_{i(k,l)}$ hat eine Funktion innerhalb einer Gesamthandlung, durch die Bedürfnisse vom Typ i,k,l, kollektiv gestillt werden;

(vi) Für einen einzelnen Aktanten gilt alternativ:

a) ist $f_{i(k,l)}$ eine Tätigkeit, dann motiviert das Gesamtziel dazu, das Teilziel mit $f_{i(k,l)}$ zu erreichen;

b) ist $f_{i(k,l)}$ eine Teilhandlung eines Gesamthandlungsmusters F(G,H), dann motivieren ihn die kollektiven Zwecke von F(G,H);

```
        (vii) die Mitglieder des Kollektivs führen diejenige
              Gesamthandlung F(G,H) aus, durch die Bedürfnisse
              des Typs i,k,l gestillt werden.
```

Allerdings hat die unkooperative Einstellung einiger Mitglieder Folgen für die Handlungsbeschreibung. Es werden unter (vi) a) verdeckt adressatenspezifische Ziele gesetzt, was zur Folge hat, daß in b) unterschiedliche Muster realisiert werden, von deren Unterschiedlichkeit nicht alle wissen. In (v) - (vii) muß jede Handlung F oder Teilhandlung f_i adressatenspezifisch aufgefaßt werden, also alternativ als F(G,H,I) und f_i(k,l,m) bezeichnet werden, um die verschiedenen Voraussetzungen, unter denen die Adressaten handeln, zu kennzeichnen. Damit wäre die kooperative Konfliktlösung nur ein Spezialfall der nicht-kooperativen, jedenfalls was die schematische Darstellung betrifft, in dem jeweils nur eine Handlung und dazugehörige Teilhandlungen bezeichnet werden bräuchten.

Zur Konfliktstufe B, der Konfliktlösung in Kooperationssystemen (wie Betrieben) läßt sich folgendes Muster aufführen:

(Schema 19)

```
(i)   a)  Ein beliebiger Aktant W ist Mitglied einer Gesellschaft
          mit komplizierter Arbeitsteilung, Verwaltung und
          Rechtssystem, W steht also mit anderen Mitgliedern in
          Kooperation C (gesamtgesellschaftliche
          Kooperationsstrukturen);
      b)  W hat bestimmte Ziele;
(ii)  W tritt in Konfliktkooperation A mit Kooperanten X, Y, Z, die
      andere Ziele verfolgen, ein: Bedingung: W kann sein Ziel nicht
      allein erreichen;
(iii) Das Kooperationssystem besitzt eine zweckrationale
      Lösungsstrategie von Problemen, die sich in der
      Sanktionsgewalt von Positionsrollenträgern manifestiert;
      a)  Ist Kooperation A Teil einer Kooperation B, dann gibt es
          eine feste Kooperationsreihe, in die W eintreten kann,
          dann wird der Konflikt durch Macht in
          unterschiedlichen Positionsrollen entschieden und
          dabei werden:
          (i)  das Machtverhältnis nicht beschönigt oder
          ...........................................................
```

(i') die Machtentscheidung durch verständigungsorientierte Argumentation verdeckt, bei der

1. der Unterlegene nicht auf anderen Ebenen gestützt wird; oder

2. dem Unterlegenen auf anderen Ebenen Gewinne zugestanden werden (etwa momentane Imageaufbesserung)

so daß

(a) Der Konflikt wird durch verdeckte Macht in unterschiedlichen Positionsrollen entschieden wird, und dabei ist

(i) das Machtverhältnis einigen Interaktanten bewußt, während andere es nicht kennen; so daß

(ii) einige Interaktanten von einem verständigungsorientiert ausgerichteten Konfliktmuster ausgehen und ihre Handlungen danach ausrichten, während andere über den instrumentellen Charakter informiert sind und ihn nutzen;

(b) Die Kommunikationsrollen werden je nach Wissen unterschiedlich interpretiert, so daß die Handlungsmöglichkeiten im späteren Verlauf des Handlungsprozesses ungleich verteilt werden, indem

(i) einige die komplette Situation zur Grundlage ihrer Planung machen; und

(ii) andere die Situation nur stark eingeschränkt wahrnehmen und danach handeln;

(c) Es existieren wissensabhängige Einflußmöglichkeiten auf die Konfliktlösung und Durchsetzung der Interessen.

....

(ii) der prinzipiell unnötigen Lösung der Zugeständnisse ist der Vorzug zu geben, da sie neben der zweckrationalen Legitimierung den Schein der Legitimierung einer kooperativen Konfliktlösung aufweist;

....

(b) Ist Kooperation A nicht Teil einer Kooperation B, dann

(1) performiert Kooperant W(Y,Z) einen Akt $f_{i(k,1)}$, der Teil der Zerlegungsmenge eines Gesamthandlungsmusters F(G,H) ist;
Bedingung: Transposition des Ziels in einen passenden Zweck;

(2) perzipiert Kooperant X(Y,Z) $f_{i(k,1)}$ als Inskription eines Akts des Handlungsmusters F(G,H);

(3) X(Y,Z) konsultiert Aktinventar (in seinem inneren Arsenal)

(4) X(Y,Z) performiert die Anschlußhandlung $f_{i(k,1)+1}$;

```
                 W(Y,Z) und X(Y,Z) sind zu Kooperationsreihen
                 verkoppelt (nach (4));
(iv)  Koordinationshandlungen:
      Verständigungsprozesse zwischen W und X(Y,Z) hinsichtlich der
      den Zwecken entsprechenden korrekten Anschlußakte;
(v)   Wiederholung von den (iii) und (iv) entsprechenden
      Schritten durch den nächsten Aktanten der Kooperationsreihe, bis
      die Gesamthandlung performiert ist;
-------------------------------------------------------------
(vi)  Die Erreichung des Zwecks durch Performierung des
      Gesamthandlungsmusters zählt als „komplizierte" Kooperation.
```

Durch die Einführung der verschiedenen Parameter wird die Beschreibung von unterschiedlichen Zielsetzungen in einer vermeitlich gemeinsamen Handlung möglich, die je nach Wissen, d.h. adressatenspezifisch, unterschiedlichen Handlungsmustern entspricht. Formal sind folgende Kombinationen möglich: Alle Kooperanten haben unterschiedliche Ziele, einige Kooperanten haben unterschiedliche Ziele, ein Kooperant verfolgt unterschiedliche Ziele und als Spezialfall: alle Kooperanten haben ein Ziel; dabei meinen alle Kooperanten ihren Zielen entsprechende Handlungen vollzogen zu haben.

Die Ebene C muß auch beim Konfliktmodell abstrakt bleiben. Sie wird noch am ehesten durch die Konflikttheorie des gesellschaftlichen Handelns selbst beschrieben, d.h. durch das Konfliktmodell in Anlehnung an die Theorie des kommunikativen Handelns.

3.5. Stadium 5: Ausführung

Das Stadium der Ausführung ist am schwersten systematisch zu beschreiben, da zahlreiche Schleifen zur Situationseinschätzung, zur Zielsetzung und zur Planbil-

dung zurückführen, die wiederum auf die Ausführung zurückwirken[153]. Im Konfliktfall gilt als Grundstruktur die Struktur der Ausführung des kooperativen Handelns. Zu berücksichtigen ist dabei nur, daß der Plan, d.h. das Handlungsmuster, der durchgeführt wird, wesentlich komplexer ist, da er interaktantenspezifisch zu verstehende Teilhandlungen aufweisen kann und in ihm eine kooperative oder instrumentelle Einstellung gegenüber der Situation zum Tragen kommt.
Weiter ist in die Ausführung aufzunehmen, daß die Handlung der Konfliktlösung von allen Interaktanten gestaltet wird, d.h., daß prinzipiell eher von einer Modifizierung des Handlungsplans eines Interaktanten ausgegangen werden kann als von der Akzeptierung und Durchführung durch die anderen. In der Ausführungsprozedur von REHBEIN kommt es so unter (vi) zu einer vorausgesetzten mehrfachen Schleifenbildung des bis dahin abgelaufenen Handlungsprozesses, in dem Situationseinschätzung, Zielsetzung und der Handlungsplan auf die Reaktionen und Handlungen der anderen Interaktionsteilnehmer abgestimmt werden. Das führt zu einer stärkeren Betonung der Aktanten als Agierende und Reagierende zugleich, deren Reaktionen durch ihre geplanten Handlungen und deren Aktionen durch die Aktionen und Reaktionen der anderen beeinflußt werden.
Die Darstellung REHBEINs geht nur bis zu dem Punkt, an dem ein Interaktant sich entweder verständlich gemacht hat, oder, aus der anderen Perspektive gesehen, ein Aktant verstanden hat, was der andere will. Für das eigentliche Handeln bildet dieses Stadium aber erst die Voraussetzung, um die eigene Handlung an die verstandene anzubinden und in einer Art Handlungskonkurrenz ein Handlungsmuster, das diese Handlungen einbinden kann, gemeinsam zu konstruieren und durchzuführen.
Die Muster der nicht-kooperativen Konfliktlösung setzen eine weitere Ebene des Handelns voraus. Um in der Terminologie GOFFMANs zu bleiben, es findet eine

[153]Dieses Stadium ist bereits bei REHBEIN 77, S.175-180 und S.195-221 stark differenziert.

Handlung auf der Bühne zwischen Ensemblemitgliedern statt, die diese Handlung verstehen und kooperativ stützen müssen, und gleichzeitig wird mit dieser Handlung eine Handlung vom Ensemble für das Publikum inszeniert, welches nur diese Handlung verstehen und kooperativ stützen soll. Das Ensemble versteht die Teilhandlungen seiner Mitglieder (und auch die vom Publikum unbeabsichtigt passenden, d.h. vom Ensemble instrumentell auf die dem Publikum (noch) unbekannte Ebene zu beziehenden Handlungen) auf beiden Ebenen, während das Publikum nur die eine Ebene kennt. Dieser qualitative Unterschied kommt in der prozeduralen Darstellung[154] lediglich quantitativ zur Geltung.

(Schema 20)

(V) AUSFÜHRUNG

I. sprecherrollenspezifisch
- Der Aktant bildet aus seinem Handlungskontext
  - (a) durch die Transformation eines Handlungsschemas (aus Präphase 2)
  - (b) oder durch Wiederaneignung

    einen Handlungsplan, der folgende Charakteristika hat:
    - (i) der Aktant hat einen Fokus (Präphase 1) (Zielsetzung ist dem Fokus inhärent);
    - (ii) der Aktant verfügt aktuell über eine externe oder interne Vor-Organisation der bevorstehenden Handlung derart,
      - (a) daß er über adressatenspezifische Konzepte der gesamthandlungsspezifischen Akte verfügt;
      - (b) daß er eine Vorauskonstruktion einer Handlungslinie hat;
      - (c) daß er ein Wissen über die im Handlungskontext relevanten Mittel-Ziel-Ketten hat;
    - (iii) der Aktant trifft durch die Bildung des Handlungsplans folgende Mitentscheidungen:
      - (a) er selektiert kontrafaktische Π-Elemente und Handlungskonzepte weg, die in der Vorphase des Handlungsschemas noch explizit berücksichtigt waren;
      - (b) er fixiert ein Startelement (exponiert

[154]Für diese Darstellung wurden die Schemata REHBEINs, die das Ausführungsstadium betreffen, zueinander in Bezug gesetzt. Siehe dazu REHBEIN 77, S.192, S.203 und S.219.

den Initialakt der bevorstehenden Handlung);
(c) er macht Handlungspräsuppositionen;
(iv) gegebenenfalls (abhängig vom Handlungskontext) weiß der Aktant:
(a) welche Kooperanten führen welche Teilakte aus;
(b) wie werden die Lücken des Handlungsschemas überbrückt (soweit nicht durch den Mechanismus des Glaubens geleistet);
(c) wie ist die zeitliche Reihenfolge der Akte entsprechend den erwarteten Elementen des Handlungskontextes,

---

(v) Der Aktant ist ausführungsbereit = der Aktant hat einen Handlungsplan.
(a) (i) S ist dabei, eine komplexe Handlung F zu tun
(ii) S hat ambige Teilhandlungen $f_1,...,f_n$ der mehrfachadressierten Gesamthandlung F gemacht;
(b) (i) (unvorhergesehen) Entscheidungspunkt auf dem Handlungsfeld; oder
(ii) (unvorhergesehen) Handlungslücke/ Widerstand auf dem Handlungsfeld;
(c) Rekapitulation
(i) Teilhandlungen $f_1,...,f_i$;
(ii) Plan für $f_1,...,f_i$, der Teil des Plans der Gesamthandlung F ist;
(iii) Plan von $f_{i+1},...,f_n$, der Restplan der Gesamthandlung ist;
(d) Deliberation und gegebenenfalls Wiedereröffnung von
(1) Perzeption (Stadium I); und/oder
(2) Zielanalyse (Stadium IV.1); und/oder
(3) Handlungsschema (Stadium IV.") bezüglich des neuen Handlungskontextes;

(e) (1) Reparatur/Revision des Restplans; oder
(2) Verfeinerung des Restplans; oder
(3) Bestätigung des Restplans;
(vi) aus (v): Fortsetzung der Ausführung [von (1)] (mit alter oder neuer Orientierung)

II. hörerrollenspezifisch
1. S tut F;
2. H(T,U) nimmt Daten von F wahr;
H(T,U) bildet innere Liste Y(X,Z) über ein Wirklichkeitselement B (Vorwissen);
....
(i) Kollektion von einschlägigen Sachverhalten $P_1...P_n$ liegt auf dem Handlungsfeld vor;

(ii) cue (P) = $y_1(x_1,v_1)$ repräsentiert für H(T,U) ein Element $x_1(a_1,c_1)$ aus seinem Vorwissen;
(iii) H(T,U) aktualisiert seine gesamte innere Liste Y(X,Z) (aufgrund von $y_1(x_1,v_1)$);
(iv) der Aktant vergleicht die Kollektion $P_1...P_n$ von Sachverhalten mit der aktualisierten Liste Y(X,Z);

(v) Aktant identifiziert ein Element der Kollektion mit der inneren Liste Y(X,Z) = H(T,U), nimmt adressatenspezifisch B wahr.
H(T,U) spiegelt F als $P_{H(T,U)}(F)$ wider;
(a) Planausführung von S: Verbalisierung des Plans in der Äußerung;

....

(b) Perzeption der Inskription des Aktes [von (a)] durch H(T,U);
(c) Hörerfokus (H(T,U));
(d) Schemabildung;
(e) Plan der Äußerung von S;
(f) Rekonstruktion des Ziels und der Motivation von S;
(g) Rekonstruktion des S-seitigen Teils der Gesamthandlung: Gesamthandlung verstehen (--> illokutiver Punkt der Sprechhandlung);

....

(vi) H(T,U) speichert Daten (Wissen von F) ab: $P'_{H(T,U)}(F)$;

Innerhalb der Punkte (vi) (b)-(e) der sprecherrollenspezifischen Darstellung der Ausführung wird die Intervention der Hörer angesetzt, die bis dahin den Sprecherplan hörerrollenspezifisch nachvollzogen haben. Die Intervention findet statt, wenn die Hörer mit der Handlung nicht einverstanden sind oder sie sie nicht verstanden haben. Im ersten Fall kann es dazu kommen, daß sich die Beschreibung mit dem Modell umkehrt, indem ein Hörer eine Sprecherrolle übernimmt (Wechsel der Besetzung von S durch H(T,U) und umgekehrt), die der gleichen komplexen Beschreibung von Situationseinschätzung, Bedürfnissen, Zielsetzung, Plan/Planbildung und Ausführung bedarf wie zuvor die Handlung der anderen Person. Die deiktische Komponente der Interaktion muß also bei der Beschreibung der Handlung mitbeschrieben werden. Die konkurrierenden Handlungen, die so entstehen können, führen zum Phänomen der Bedeutungskonstitution in der Situation, die die Grundlage für kommunikatives Handeln, sei es kooperativ oder nicht-kooperativ, bildet.

3.6. Resultat

Als Resultat wird bei REHBEIN das Ergebnis der Handlung aufgefaßt, das zur Geschichte der Handlung gehört. Das Resultat ist im Konfliktfall entweder das offen herbeigeführte oder das scheinbar herbeigeführte Ergebnis. Das scheinbare Ergebnis differiert adressatenspezifisch und hängt davon ab, wer meint, welche Handlung ausgeführt zu haben. Von Bedeutung ist das scheinbare Ergebnis im Hinblick auf spätere Interpretationskämpfe um eben dieses Ergebnis, auf das sich berufen wird, und wobei versucht wird, nachträglich eine mögliche Interpretation durchzusetzen. Dieser Interpretationskampf gehört aber bereits zu den Folgen und damit nach REHBEIN zur Nachgeschichte einer Handlung, die aus der eigentlichen Handlungsdefinition ausgeschlossen wird, da mit ihr bereits eine neue Handlung eingeleitet wird, zu deren weiterer und auch engerer Vorgeschichte die vorangegangene Handlung gehört (REHBEIN 77, S.182): Der Übergang bleibt so offen.

3.7. Handlungstheorie und Texte

Der Sinn einer Beschreibung von Gesprächen mit diesem Handlungsmodell wird durch die Betonung des interaktiven Charakters in der Ausführungsphase hergestellt. Es stellt sich die Frage, ob auch geschriebene Texte analysiert werden können. Die handlungstheoretische Betrachtung von Texten greift einen Aspekt der Textanalyse heraus[155]. Es geht um die Funktionen der Texte, die handlungstheoretisch gedeutet werden. Die Durchführung von Handlungen nach bestimmten

[155]Als Beispiel für den Versuch einer Erfassung der Komplexität von Textebenen und deren Zusammenspiel siehe BRINKER, Klaus: Linguistische Textanalyse. Eine Einführung in die Grundbegriffe und Methoden, Berlin 1985.

Mustern und ihr Erscheinen im Text stehen dadurch im Mittelpunkt des Interesses. Der Text als solches individuelles Einzelstück wird auf diese Weise nicht adäquat erfaßt. Aber auch die Produktion schriftlicher Texte kann gesellschaftlichen Handlungs- oder Kooperationszusammenhängen zugeordnet werden. Sogenannte Textsorten zeichnen sich, bei aller Diskussion um die richtige Belegung des Begriffs, dadurch aus, daß ihre Exemplare alle auf die Erfüllung gleicher *„Zwecke"* (im REHBEINschen Sinn) hin konstruiert werden. Dementsprechend wird davon ausgegangen, daß sich Textsorten u.a. als Handlungsmuster beschreiben lassen. Einen praktischen Versuch in diese Richtung unternimmt EHLICH[156], indem er Schulaufsätze handlungstheoretisch analysiert.
Schriftliche Texte überdauern durch ihre mediale Gebundenheit die Situation ihrer Produktion. Es müssen die Rezeptionssituationen in die Situationsbeschreibung eingebaut werden. Damit zusammen hängt aber auch ein komplexeres, da über die Zeit verteiltes production format und participation framework. Der Begriff PARTIC muß nach dieser zeitlichen Dimension neu gefaßt werden. Dies bereitet aber meiner Meinung nach kein grundsätzliches Problem, wie am Beispiel der Parlamentsdebatten im Analyseteil der Arbeit nachgewiesen werden soll (IV. 1.3. Die Rolle des Abgeordneten in production format und participation framework).

4. Kritik am Modell

Bei der Kritik am Modell kann zwischen zwei Hauptrichtungen unterschieden werden, die allerdings ineinandergreifen. Zum einen ist die gesellschaftstheoreti-

[156]EHLICH, Konrad: Handlungsstruktur und Erzählstruktur zu einigen Kennzeichen des Weiterentwickelns von Erzählanfängen, in: EHLICH, Konrad (Hrsg.): Erzählen in der Schule, Tübingen 1984, S.126-175.

sche Grundlegung zu hinterfragen. Die Theorie des kommunikativen Handelns ist an sich schon umstritten. Die Wichtigkeit, die der Rollentheorie als Handlungstheorie beigemessen wird, ist zweifelhaft, wie auch der Nutzen und Erklärungsgehalt rollentheoretischer Aussagen an sich angezweifelt werden können. Auf diese beiden Aspekte soll die Kritik an den gesellschaftstheoretischen Grundlagen beschränkt werden, da sie das Modell prinzipiell in Frage stellen. Eine nähere Auseinandersetzung mit GOFFMAN und KRAPPMANN und ihrer Rezeption in der Soziologie unterbleibt aus Platzgründen.
Der andere Teil der Kritik befaßt sich mit der inneren Geschlossenheit des Modells, der Kombinierbarkeit seiner Bausteine, seiner Erweiterung des REHBEIN-Modells und seinen Möglichkeiten und Schwächen bei der Textanalyse.

4.1. Als Analysemodell

4.1.1. Der Zweckbegriff

Die zentrale Veränderung des REHBEIN-Modells hat beim Zweckbegriff angesetzt. Es wird davon ausgegangen, daß jede zweckhafte Handlung über mindestens einen Zweck auf teleologischer, normativer und dramaturgischer Ebene verfügt, auch wenn nur ein Zweck explizit gemacht wird. Es existieren so Handlungszwecke anstatt eines Zwecks, die sich untereinander sogar ausschließen können, ohne unfunktional zu werden. Die Unterscheidung REHBEINs zwischen individuellen Zielen und gesellschaftlichen Zwecken ermöglicht eine getrennte Beschreibung rein intentionaler Handlungsauffassung und Handlungszuweisung. In diesem Sinne ist es schwer, von einem *„zwecklosen"* Handeln zu sprechen, wenn es die Kategorie der Zuschreibung ist. Von *„ziellosem"* Handeln kann schon eher gesprochen werden, da die Zielsetzung als rein individuelle Größe

nicht zugeschrieben werden muß. Um diese Aussagen zu erläutern, sollen die Äußerungen HERMANNS[157] zum Zweckbegriff in der Handlungstheorie kritisch diskutiert werden.
HERMANNS geht von einer WEBER-Interpretation des Zweckbegriffs aus, wie es in ähnlicher Weise auch in dieser Arbeit geschieht. Er stellt heraus, daß Handlungen nur im Ausnahmefall in dem Sinne zweckrational sind, daß sie der Erreichung nur eines Zwecks dienen. Im Normalfall seien sie sinnvoll in bezug auf mehrere Zwecke konstruiert:

„Dat helpt för de Müs, sä de Buur; do steek he dat Huus an" (S.76)

Das Beispiel zeigt, daß auf einen Zweck ausgerichtetes Handeln rational sein kann, ohne sinnvoll zu sein. In der Alltagssprache sei das Reden vom „Zweck" einer Handlung lediglich sprachökonomisch begründet, wobei der wichtigste Aspekt herausgestellt werde (S.81). In der WEBERschen Terminologie bringt er die Kritik am zweckrationalen Zweckbegriff folgendermaßen auf den Punkt:

> *„In dem Maß jedoch, wie dieser Begriff (monofunktionaler, zweckrationaler Handlungsbegriff (TZ)) - durch sein Abstrahieren von einer Vielzahl möglicher Zwecke, nämlich von den Werten einer Gesellschaft und des handelnden Individuums („wertrational"); von der inneren Befindlichkeit des Handelnden („affektuell"); vom Üblichen und Gewohnten („traditional") - das praktische Handeln von sonst nötiger Rücksichtnahme befreit und damit effizien macht, in eben diesem Maß ist dieser Begriff auch, (sic!) als theoretischer, ungeeignet, ein Bild vom Handeln, wie es typischerweise geschieht, zu geben." (S.84)*

In diesem Zitat schreibt HERMANNS wertrationalem, affektuellem und traditionalem Handeln Zwecke zu, die in einem Handlungsbegriff nicht vernachlässigt werden dürfen. Um der Komplexität eines Handlungsbegriffs gerecht zu werden, der die Vielzahl der Zwecke berücksichtigt, entschließt sich HERMANNS, statt

---

[157]Die Seitenangaben im Text beziehen sich auf: HERMANNS, Fritz: Handeln ohne Zweck - Zur Definition linguistischer Handlungsbegriffe, in: LIEDKE, Frank/KELLER, Rudi (Hrsg.): Kommunikation und Kooperation, Tübingen 1987, S.71-106.

von den Zwecken einer Handlung vom Sinn einer Handlung zu sprechen (S.84). Diese Ableitung des *„Sinns"* von den *„Zwecken"* ist wichtig, weil HERMANNS an anderer Stelle schreibt, daß wertrationales, affektuelles und traditionales Handeln lediglich Rationalitäten, aber keine Zwecke aufweisen (S.82f.) und sich seine Interpretation an dieser Stelle fundamental von der des Modells unterscheidet. Mit dem oben genannten Zitat gehe ich davon aus, daß er seine Meinung revidiert hat und sich die Interpretationen insofern gleichen[158], als daß HERMANNS bis zu diesem Punkt *„Sinn"* für die Komplexität der Zwecke setzt.

Die Übereinstimmung setzt aber an dem Punkt der HERMANNSschen Darstellung aus, wo er für eine Berücksichtigung des *„zweckfreien"* und *„sinnlosen"* Handelns eintritt. In Anlehnung an SCHÜTZ[159] deutet er affektuelles und wertrationales Handeln als sinnvoll, aber als zwecklos, da es kein *„Künftiges"* gebe, *„das zeitlich nach der Handlung läge, um dessentwillen die Handlung geschähe" (S.87)*: Damit wäre die Handlung nicht Mittel zum Zweck, sondern der Zweck selbst. Dieser Rückgriff auf SCHÜTZ, der das Kriterium „Zweck hat künftig zu sein" schafft, ist zwar sehr interessant, stellt aber eine Modifikation des Zweckbegriffs, der diese Unterscheidung nicht berücksichtigte, dar, wie er nicht angekündigt oder gar begründet wird. Deshalb ist es nicht zulässig, durch den plötzlichen Einbau neuer Kriterien ein zweckloses Handeln zu propagieren. Weiterhin bleibt offen, wie HERMANNS es schafft, den Sinnbegriff plötzlich vom Zweckbegriff zu differenzieren, da er *„Sinn"* als die Beschreibung der Komplexität der Zwecke eingeführt hatte, der *„Zweck"* also der Basisbegriff für *„Sinn"* ist.

Ein weiterer Grund für die Differenz zu HERMANNS liegt darin, daß mit REHBEIN Zwecke gesellschaftlich interpretiert werden (als gesellschaftlich erar-

---

[158]Inhaltliche Abweichungen sind natürlich durch die Verwendung unterschiedlicher WEBER-Interpretationen gegeben, gemeint sind aber Parallelen bei der Handlungstypologie.

[159]HERMANNS bezieht sich nach eigener Angabe auf: SCHÜTZ, Alfred: Der sinnhafte Aufbau der sozialen Welt, Frankfurt/M 1974 (1932), S.115ff.

beiteten Handlungsmustern zur Zielerreichung innewohnend), während HERMANNS sie für allein individuell zuschreibbar hält. Die Trennung zwischen Zielen und Zwecken bei REHBEIN entfällt also bei HERMANNS. Dadurch werden bei HERMANNS die Zwecke an die (unterstellte) Intention des Handelnden gebunden, während es bei REHBEIN die Ziele sind, die allerdings den Zwecken entsprechen können. Durch die Differenzierung von Zielen und Zwecken wird aber noch ein entscheidender Schritt getan: durch die Gesellschaftlichkeit der Zwecke wird eine weitere Perspektive der Handlungsbeschreibung eröffnet. Sie ermöglicht es, eine Handlung ohne Rücksicht auf die vermeintlichen Intentionen des Handelnden zu interpretieren. Die Handlung kann als Zuordnung von außen und von innen (intentional: zielbezogen) beschrieben werden. Damit kann ein Verhalten, mit dem der Handelnde keine Intention verbindet, als zweckhaft gedeutet werden[160]. Handlungen können damit ziellos im Sinne von unbewußt sein. Die Ziellosigkeit ist aber nicht gleichbedeutend mit Sinnlosigkeit im Sinne HERMANNS, weil, wie bereits erwähnt, die Zwecke nicht miterfaßt werden.

Aus dieser Differenz ergibt sich auch die Ablehnung der zwei Typen sinnlosen Handelns bei HERMANNS. Ein Handeln, das die Folgen, die der Handelnde wollte, nicht hat, kann von Außenstehenden durchaus als Handlung, eben eine andere als die vom Handelnden intendierte, oder als Versuch einer Handlung interpretiert werden. In der REHBEINschen Handlungsdarstellung wird deutlich, daß der Hauptteil der Handlung bereits gelaufen ist, bevor das Resultat erreicht ist. Daher kann die mißlungene Handlung immer noch als Versuch identifiziert werden. Zugegeben werden muß, daß es sich um eine mißglückte Handlung, die eventuell als eine andere Handlung interpretiert werden sollte, handelt, aber es ist

[160]Das geschieht in der speziellen Form der automatisierten Anwendung eines Handlungsmusters oder auch in Routinen im Sinne REHBEINs.

absurd, ihr jeglichen Sinn oder Zweck abzusprechen, weil das Ergebnis nicht erreicht wurde.

Ein Handeln, das Folgen hat, die der Handelnde nicht wollte, kann ebenfalls von außen her als konsistente Handlung interpretiert werden. Nur der Handelnde selbst hat den ausreichenden Bewußtheitsgrad bei der Durchführung der Handlung nicht gehabt. Bei REHBEIN bietet sich eine Trennung von Resultat und Folgen an. Ein anderes Resultat als das erwünschte stellt eine abgebrochene Handlung oder einen Versuch dar, der Folgen hat, die jedoch nicht Folgen der Handlung, sondern der versuchten Handlung sind. Andere Folgen als die erwünschten bei erwünschtem Resultat sind ein Problem der Nachgeschichte und haben auf die Handlung keinen Einfluß. Das führt zu dem Problem, das bei HERMANNS unberücksichtigt bleibt und maßgeblich dazu beiträgt, die These vom sinnlosen Handeln zu stürzen oder wenigstens zu differenzieren: die unterschiedliche Komplexität von Handlungen wurde nicht berücksichtigt. Wie REHBEIN gezeigt hat, ist es müßig, den Versuch zu machen, Handlungen in sogenannte Basishandlungen zu zerlegen. Er führt dafür den Begriff der Routinen ein, die in komplexeren Handlungen kombiniert werden. Bleibt eine komplexere Handlung im Ausführungsstadium stecken - nichts anderes bezeichnet HERMANNS als sinnlos - bleiben doch noch die einzelnen Elemente Handlungen im herkömmlichen Sinne, da sie mit Zielen und Zwecken verbunden bleiben. Nur die komplexere Handlung findet nicht statt. Wirklich sinnlos können so nur Basishandlungen sein, für die aber erst ein Kriterium zu ihrer Benennung gefunden werden müßte, so daß davon ausgegangen werden kann, daß HERMANNS sich nicht auf sie bezieht.

4.1.2. Handlungstheoretischer Eklektizismus

Ein Kritikpunkt, der schon auf das REHBEIN-Modell zutraf, aber dort nicht diskutiert wurde, ist die Verbindung verschiedener Beschreibungsansätze im Modell. Der zielorientierte Ansatz von VON WRIGHT wird im Modell mit der Situationseinschätzung von SCHÜTZ kombiniert und auf kooperatives Handeln übertragen, in dem ein Interaktionspartner eingeführt wird, von dessen Aktionen das Gelingen der Handlung abhängig gemacht wird. Es existieren eine Sprecher-, mehrere Hörer- und eine objektivierende Perspektive, aus denen die Handlung beschrieben wird, ohne daß die Verträglichkeit der unterschiedlichen Voraussetzungen geprüft worden wäre.
Die zielorientierte Handlungsbeschreibung aus der Sicht des Sprechers berücksichtigt implizit die Reaktionen des Hörers bis zur Planbildung, wo mit der Kategorie des Hörerplans zum ersten Mal ein Interaktionspartner berücksichtigt wird, wenn auch nur jemand, der den Sprecherplan übernehmen soll, d.h. seine Perspektive teilt. Beim Ausführungsstadium kommt es aber zu einer neuen Qualität der zwei Perspektiven, indem die Handlungsrezeption hörerseitig beschrieben wird, d.h. nicht mehr vermittelt durch die Perspcktive des Sprechers. Darin liegt dann das diskursive Element des REHBEINschen Ansatzes. Durch Schleifenbildung wird dem Sprecher ein Eingehen auf die Reaktionen des Hörers ermöglicht. Die unterschiedlichen Perspektiven wurden aber noch nicht so weit gedacht, daß der Hörer eine eigene Hypothese über den Planbildungsprozeß, die Zielsetzung und die Bedürfnisse des Sprechers anstellt, aufgrund derer er interpretiert. Weiter wurden nicht mehrere Hörer oder gar Mehrfachadressierung, die ein Schwergewicht auf die Hörerrezeption werfen, also den diskursiven Aspekt einer Handlung stärker betonen, berücksichtigt. Durch diese Berücksichtigung kommt das diskursive Element auch in Zielsetzung und Planbildung des Sprechers hinein, der unterschiedliche Reaktionen berücksichtigt, die ihn zu unterschiedlichen Fortset-

zungen der Handlungen nötigen. Die Trennung zwischen Lebenswelt und System ermöglicht die reflektierte Einführung einer dritten Perspektive, des Analysierenden, die den Handelnden nur bedingt zugänglich ist. Eine Handlung ist demnach aus mindestens drei verschiedenen Perspektiven zu beschreiben, von denen jede einzelne ihre Berechtigung hat. Die Verbindung der Perspektiven wurde durch die Theorie des kommunikativen Handelns geleistet, was aber nicht ausschließt, daß sich einzelne Theorien zur Beschreibung unterschiedlicher Perspektiven in ihren Grundlagen ausschließen. Die Situationseinbettung wird durch die Übernahme von Ideen Alfred SCHÜTZs gewährleistet, was bei REHBEIN neben den zwei Perspektiven und den damit verbundenen Ansätzen teleologischen und diskursiven Handelns eine dritte Theorie, die der Lebenswelt, einführt, die die beiden Perspektiven Sprecher und Hörer verbindet, jedenfalls wenn der Interpretation des Modells gefolgt wird. In das Modell werden noch soziologische Modelle eingefügt, so daß sich vier verschiedene Theoriesorten gegenüberstehen, selbst wenn die psychologischen Ansätze, die REHBEIN in seinem Modell verwendet, nicht mitgezählt werden.

Die Frage, die sich stellt, ist die der Vereinbarkeit solch unterschiedlicher Theorien. REHBEIN ist darauf nicht eingegangen, wie es auch MENG in ihrer Rezension kritisch vermerkt (S.617). Beim Modell geht es darum, den Handlungscharakter von Sprache in konkreten Situationen erschließbar zu machen. Aus dem Titel der Arbeit „Deutung der Probleme der Mehrfachadressierung und Ambiguität von Texten als Ausdruck komplexer gesellschaftlicher und individueller Handlungsbedingungen" wird bereits ersichtlich, daß es sich beim Modell um ein Interpretationskonstrukt handelt, das eine Perspektive darstellt, Sprache als gesellschaftlichen Bedingungen funktional entsprechend aufzufassen. Damit ist kein Absolutheitsanspruch für die Erklärung von Sprache postuliert worden, sondern ein Interpretationsweg aufgezeigt worden, der auf einem bestimmten Gebiet neue Erkenntnisse bringen soll. Die Theorie wird also als Perspektive und damit als subjektiv aufgefaßt. In der Theorie wird ebenfalls subjektiv verfahren, indem die Teiltheorien berücksichtigt werden, um das Ereignis aus möglichst vielen Perspektiven zu beschreiben, psychologisch, soziologisch, linguistisch und philosophisch. Im Vordergrund des Interesses steht, mehr über das Ereignis zu erfahren, um bei künftigen Ereignissen angemessener reagieren zu können. Ontologische Gedanken sind solch einem Ansatz fremd[161]. Die Perspektiven brauchen damit in erster Linie nur ihre Rechtfertigung in der Verankerung in der jeweiligen Fachwissenschaft zu haben. Die Verbindung durch die Theorie des kommunikativen Handelns stellt dabei eine Möglichkeit dar, die verschiedenen Perspektiven aufeinander zu beziehen.

4.1.3. Abstraktheitsgrad

Ein Kritikpunkt am Modell ist sein relativ hoher Abstraktheitsgrad, der durch die Veränderung des Zweckverständnisses auf der Basis der Theorie des kommunikativen Handelns noch erhöht wurde. Dieser Abstraktheitsgrad macht das Modell nicht nur durch soziologische und politologische Einwände gegen das Modell leicht angreifbar, sondern es ist schwer ersichtlich, wie mit ihm in konkreten Analysen verfahren werden soll. Selbst durch die Minderung des Abstraktheitsniveaus durch die Interpretation der Rollentheorien GERHARDTs, GOFFMANs und KRAPPMANNs unter der heuristischen Perspektive des kommunikativen Handelns ist es von einer sinnvollen linguistischen Analyse noch weit entfernt.

[161]Das Verfahren der Beschreibung aus unterschiedlichen Perspektiven wird innerhalb der Physik erfolgreich praktiziert. Man denke an den „Teilchencharakter" und den „Wellencharakter" des Lichtes. Bei der Beschreibung und dem Umgang mit der Erscheinung des Lichts wird sich der unterschiedlichen Erklärungsmodelle bedient, die einander eigentlich ausschließen. Näheres siehe KOPPERSCHMIDT, Josef: Methodik der Argumentationsanalyse, Stuttgart-Bad Cannstadt 1989, S.171.

Das ändert sich auch nicht viel, wenn man diese Theorien in das Handlungsmodell REHBEINs einbaut und damit verändert. Das Modell REHBEINs ist selbst noch abstrakt und nur als Grundlage für die Analyse konkreter Handlungsmuster zu verstehen. Zum Verhältnis von Muster und Analyse führt REHBEIN aus:

> *„Die Muster gehören zu den gesellschaftlichen Gesetzmäßigkeiten. Solche Gesetzmäßigkeiten sind nicht an der Oberfläche der konkret erscheinenden Handlungen manifest. Sie liegen nicht auf der Hand. Vielmehr erscheint das Handeln der Handelnden durchaus zu weiten Teilen als zufällig, unzusammenhängend, ohne irgendwelche erkennbaren Bestimmungsgründe isoliert. Die analytische Aufgabe besteht gerade darin, die Determination dieser Oberfläche durch die zugrundeliegenden tatsächlichen Gesetzmäßigkeiten herauszuarbeiten.*
> *Die Erscheinungen der Oberfläche können im Bewußtsein, das die Handelnden von ihrem Handeln haben, bis zum Schein der völligen Ablösung von ihrem Determinationszusammenhang verselbständigt werden. (...)*
> *Die Muster bestimmen als Organisationsformen gesellschaftlichen Handelns, als Resultat gesellschaftlicher Prozesse, durch ihre Struktur das individuelle Handeln. Die Handelnden bedienen sich der Muster zur konkreten Realisierung der Zwecke, die im Muster niedergelegt sind, indem sie diese jeweils zu ihrem eigenen Zweck machen.*
> *In den einzelnen Erscheinungen des Handelns sind die Muster also präsent; sie sind also nicht eine analytisch-theoretische Fiktion, die den Erscheinungen oktroyiert wird. Sondern die Muster werden als Teil der gesellschaftlichen Wirklichkeit selbst aufgefunden und in der Analyse bewußt gemacht. Das heißt: die Identifikationen und theoretische Rekonstruktion der Muster bringt die gesellschaftlichen Erscheinungen des sprachlichen Handelns auf den Begriff. Die Muster sind objektiv, obwohl sie im allgemeinen nicht selbst an der Oberfläche des Handelns manifest werden. Ihre Rekonstruktion ist eine wichtige Voraussetzung dafür, daß die Rekonstruktion des Konkreten als ganze gelingen kann."*[162]

Dieser Schritt, die Herausarbeitung konkreter sprachlicher Handlungsmuster, geschieht aber unter Berücksichtigung der Kriterien des Modells an konkreten Textexemplaren und ist deshalb aus der Modellbildung ausgeklammert worden. Ein Überblick über die Analysefähigkeit des Modells wird demnach erst durch den Vergleich eines Analyseergebnisses und dem Stellenwert, den das Modell bei der Analyse hatte, gegeben. Daß dieses Vorgehen durchaus Sinn gibt, zeigt ein

---

[162]EHLICH, Konrad/REHBEIN, Jochen: Sprachliche Handlungsmuster, in: SOEFFNER, Hans Georg (Hrsg.): Interpretative Verfahren in den Sozial- und Textwissenschaften, Stuttgart 1979, S.243-274, S.250f.

Blick auf die Analysen REHBEINs, denen sein Modell des komplexen Handelns zugrunde liegt. Daher wird die Frage des Abstraktheitsgrades an dieser Stelle noch nicht beantwortet, obwohl sie hier gestellt und ernst genommen werden muß.

4.2. Als Gesellschaftstheorie

Der große Zusammenhang zwischen den verschiedenen Handlungstheorien und deren Verbindung zur Konfliktbeschreibung wird über die Interpretation der Theorie des kommunikativen Handelns von HABERMAS hergestellt. Diese Theorie erfreut sich eines großen Echos innerhalb verschiedener Fachrichtungen und wird kontrovers diskutiert. Die Kontroversen annähernd exakt widerzuspiegeln scheint mir nicht möglich, aber im Rahmen dieser Arbeit auch nicht notwendig. Die Entscheidung für HABERMAS wird schon durch die relativ kritiklose Übernahme seiner Theorie deutlich. Trotzdem sollen zwei Einwände gegen HABERMAS kurz dargestellt werden, weil ihr Zutreffen die Konstruktion des Modells so stark erschüttern würde, daß es aufgegeben werden müßte. Sie betreffen die Verbindung der unterschiedlichen Handlungstheorien im Rahmen des kommunikativen Handelns, deren Reichweite und die Schwierigkeiten der Verbindung von System- und Lebenswelt als Grundlage der Dynamik des Modells. Begonnen werden soll aber mit einer kurzen Erklärung dazu, warum auf die handlungstheoretischen Grundlagen bei HABERMAS zurückgegriffen wird, ohne daß die Ausführungen zur Universalpragmatik berücksichtigt werden.

4.2.1. Ausklammerung der Universalpragmatik[163]

HABERMAS bezieht sich zur Stützung seiner Argumentation für eine Theorie des kommunikativen Handelns auf die Ergebnisse der Sprechakttheorie, der formalen Pragmatik, wie er sie nennt. Er entwickelt auf der Basis von AUSTIN und SEARLE eine eigene Klassifikation von Sprechakten, die auf den Kriterien Wirksamkeit, Wahrheit, Richtigkeit und Wahrhaftigkeit beruht.

Er teilt ein in Perlokutionen/Imperative, Konstative, Regulative und Expressive und ordnet ihnen die Handlungstypen strategisches Handeln, Konversation, normenreguliertes Handeln und dramaturgisches Handeln zu. Die Kooperationsarten führt er zur Stützung seiner soziologischen Theorie heran. Obwohl HABERMAS hier explizit auf die linguistische Pragmatik eingeht, soll ihm in diesem Punkt nicht gefolgt werden. Der Ausgangspunkt der Arbeit war gerade die Kritik an der formalen Pragmatik und ihre Unbrauchbarkeit für die empirische Analyse mehrdeutiger und mehrfachadressierter Texte, die durch den hohen Idealisierungsgrad, Beschränkung auf ein dyadisches Sprecher-Hörermodell, homologe Funktionszuweisungen, Ahistorizität und Verallgemeinerung der Konsensvoraussetzung bedingt wird. Diese Schwäche sieht HABERMAS wohl (Bd 1, S.440), er hält sie jedoch für im Rahmen der Sprechakttheorie überbrückbar (Bd 1, S.441), obwohl er zugeben muß:

> *„Diese Erweiterungen (der Sprechakttheorie TZ) laufen auf die Preisgabe der methodischen Vorkehrungen hinaus, die mit der Einführung von Standardsprechakten zunächst beabsichtigt waren. Im Standardfall deckt sich die wörtliche Bedeutung der geäußerten Sätze mit dem, was der Sprecher mit seinem Sprechakt meint. Je mehr aber das, was ein Sprecher mit seiner Äußerung meint, von einem implizit bleibenden Hintergrundwissen abhängig gemacht wird, um so weiter kann sich die kontextspezifische Bedeutung der Äußerung von der wörtlichen Bedeutung des Gesagten unterscheiden." (Bd 1, S.442f.)*

---

[163]Die Seitenangaben im Text beziehen sich auf: HABERMAS, Jürgen: Theorie des kommunikativen Handelns Bd. 1 u. 2, Frankfurt/M 1981.

Unser Weg ist aber der umgekehrte: es wird versucht, sprachliche Handlungen auf eine soziologische Handlungstheorie zurückzuführen. Daß dabei die soziologische Handlungstheorie zu ihrer Begründung auf pragmatische Überlegungen zurückgreift, von denen sich abgesetzt werden soll, ist nur scheinbar widersprüchlich. Die Sprechakttheorie wurde nicht als philosophisch-analytische Sprachbeschreibung abgelehnt, sondern nur als empirisch nicht verwendbar kritisiert, d.h. es wurden Versuche abgelehnt, die sie zur Textanalyse instrumentalisierten. Die Kritik bezieht sich demnach auf die unangemessene Verwendung der Sprechakttheorie und nicht auf ihren analytischen Gehalt. Wenn dieser analytische Gehalt nun herangezogen wird, um bei einer soziologischen Handlungstheorie, die zur Erstellung eines Textanalysemodells verwendet werden soll, eine theoretische Abstützung der Kernaussagen zu leisten, heißt das noch nicht, daß deren als falsch kritisierte Anwendung in dem Textanalysemodell modifiziert wieder abgebildet wird. So kann HABERMAS Auffassung über die Sprechakttheorie, auch wenn seine Einschätzung ihrer Reichweite und ihres Ertrages nicht geteilt wird, auf der Ebene der Modellbildung, wo er sie verwendet, akzeptiert werden, ohne daß sich dadurch Schwierigkeiten für die eigene Modellbildung ergeben. Daß HABERMAS selbst eine zwiespältige Haltung einnimmt, zeigt sich nicht nur daran, daß er seine Theorie der formalen Pragmatik als noch in weiten Teilen entwicklungsbedürftig bezeichnet, sondern auch darin, daß er eine Perspektive für die Weiterentwicklung entwirft, die den Rahmen der Sprechakttheorie sprengt und die als mit der von uns geäußerten Kritik verträglich interpretiert werden kann.

„Damit lenkt er (Searle TZ) den Blick auf einen Kontinent, der verborgen bleibt, solange der Theoretiker die Sprechhandlung aus dem Blick des Sprechers analysiert, der sich mit seiner Äußerung auf etwas in der objektiven, sozialen und subjektiven Welt bezieht. Erst mit der Rückwendung auf den kontextbildenden Horizont der Lebenswelt, aus der heraus sich die Kommunikationsteilnehmer miteinander über etwas verständigen, verändert sich das Blickfeld so, daß die Anschlußstellen der Handlungstheorie für die Gesellschaftstheorie sichtbar werden: das Gesellschaftskonzept muß an ein zum

Begriff des kommunikativen Handelns komplementäres Lebensweltkonzept angeknüpft werden. Dann wird kommunikatives Handeln in erster Linie als ein Prinzip der Vergesellschaftung interessant; und zugleich gewinnen die Prozesse gesellschaftlicher Rationalisierung einen anderen Stellenwert. Diese vollziehen sich eher an den implizit gewußten Strukturen der Lebenswelt als, wie es WEBER nahelegt, an den explizit gewußten Handlungsorientierungen." (Bd 1, S.452)

Aus diesem Zitat scheint mir die Forderung zu sprechen, die Kommunikationsbedingungen, wie sie in der Theorie des kommunikativen Handelns beschrieben werden, bei der Beschreibung und Analyse von Sprechakten zu berücksichtigen, d.h. das Ergebnis der Modellbildung auf die Voraussetzungen des Modells anzuwenden und diese damit zu modifizieren.
Dieser (unterstellte) flexible Umgang mit der Sprechakttheorie soll weder wegen seiner Risiken (Veränderung des Ergebnisses bei Veränderung der Voraussetzungen) kritisiert, noch soll ihm zugestimmt werden. Es sollte lediglich gezeigt werden, daß HABERMAS zu diesem Problem nicht so eindeutig Stellung bezieht, wie es in „Was ist Universalpragmatik?"[164] den Anschein hat.

4.2.2. Kritik an der HABERMASinterpretation der Handlungstheorien

Stellvertretend für die Kritik am handlungstheoretischen Teil der Ausführungen HABERMAS wird der Aufsatz von JOAS: „Die unglückliche Ehe von Hermeneutik und Funktionalismus"[165] berücksichtigt. JOAS folgt HABERMAS in der Bindung des ziel- und normenorientierten sowie des dramaturgischen Handelns

---

[164]HABERMAS, Jürgen: Was heißt Universalpragmatik? in: APEL, K.O. (Hrsg): Sprachpragmatik und Philosophie, Frankfurt/M 1976, S.174-272.

[165]JOAS, Hans: Die unglückliche Ehe von Hermeneutik und Funktionalismus, in: HONNETH, Axel/JOAS, Hans (Hrsg.): Kommunikatives Handeln. Beiträge zu Jürgen Habermas',„Theorie des kommunikativen Handelns", Frankfurt/M 1985, S.144-176.

in das kommunikative Handeln über die Rationalitätsbegriffe, obwohl er die Trennung von instrumentellem und kommunikativem Handeln als trivial bezeichnet. Seine Kritik als Handlungstheoretiker setzt bei der Beschreibung der Handlungstheorien an, die HABERMAS verkürzt dargestellt habe, um die Gegenüberstellung von System- und Lebenswelt plausibler erscheinen zu lassen. Dem zielorientierten Handeln HABERMAS fehlen nach JOAS ein Typus des seine Zwecke in Situationen erst findenden Handelns sowie ein rein spielerischer Umgang. Weiterhin fehle eine Beschreibung von nicht oder gering normativer Interaktion. Beim dramaturgischen Handeln schließlich vermißt er ein Modell des Selbstausdrucks.

4.2.2.1. Typus eines seine Zwecke in Situationen erst findenden Handelns

Vorangestellt werden muß die Bemerkung, daß JOAS keine eigene Zweckdefinition einbringt. Daraus ist zu schließen, daß er sich der HABERMASschen Terminologie anschließt und damit das gesellschaftsbezogene Handlungsziel (zweckrationales strategisches Handeln ist soziales Handeln nach HABERMAS, im Gegensatz zu instrumentellem Handeln) meint. Der Typus eines seine Zwecke in Situationen erst findenden Handelns wird als extra Typus tatsächlich nicht eingeführt. Aber nach den Ausführungen zum Lebensweltkonzept, das die Situationswahrnehmung aufgrund komplexer Deutungsmuster zum Ausgangspunkt für die Orientierung als Handlungsgrundlage macht, scheint durch die Überprüfung der Situation während des Handelns sowieso eine dauernde Kontrolle der Angemessenheit von Zielen und Zwecken der Handlung und damit eine potentielle Änderung der Handlung möglich zu sein. Diese Änderung der Handlung ist aber nichts anderes als *„ein seine Zwecke in Situationen erst findendes Handeln"*. Etwas anderes ist es allerdings, wenn JOAS „erst" so interpretiert haben will, daß die Interaktanten nach einer Weile zwecklosen Handelns Zwecke finden. Diese Kategorie des „zwecklosen" Handelns fehlt tatsächlich, aber meines Erachtens zu recht, da zweckloses Handeln (als soziales und nicht als rein instrumentelles Handeln, wovon aber auch JOAS auszugehen scheint, da er den Begriff des instrumentellen Handelns nicht gelten läßt) in einer Handlungstheorie ein überflüssiger Begriff ist (zur näheren Ausführung siehe 4.1.1. Der Zweckbegriff, S. 170)

4.2.2.2. Spielerisches Handeln und geringe normative Interaktion

Die Kritik an einem Fehlen der Beschreibung eines rein spielerischen Umgangs mit teleologischem Handeln verkennt den gesellschaftlichen Zweck, den solches Handeln hat, auch wenn der Bewußtheitsgrad der ausführenden Person nicht ausreicht, den Handlungszweck zu intendieren. Ziel und Zweck des Handelns können so differieren, da der Zweck nicht wie das Ziel allein an die Intention des Handelnden gebunden ist. So kann ein spielerisch Handelnder das Ziel haben, sich zu amüsieren, diese Handlung aber so ausführen, daß sie einen gesellschaftlichen Zweck wie Aneignung oder Schulung kognitiver/manueller Fähigkeiten erfüllt. HABERMAS scheint durch seinen Zweckbegriff also auch rein spielerisches Handeln beschreiben zu können, selbst wenn es unreflektiert geschieht. Eine Ausnahme stellt, wie im vorangegangenen Gliederungspunkt, das Ausgehen von der Voraussetzung dar, daß Handeln ohne Sinn und Zweck möglich wäre. Bei der Kritik, daß nicht oder nur gering normative Interaktion nicht erfaßt würde, wird ebenfalls die Trennung zwischen individuellen Zielen und Zwecken übersehen, die dazu führt, daß intentionales Handeln, welches sich nicht an Normen orientiert, als nicht beschreibbar angesehen wird. Die Beobachterperspektive, die aber im Zweckbegriff anklingt, läßt den normativen Aspekt als Deutungs- und Orientierungsmuster bei jeder Interaktion hervortreten. So kann in der Tat davon ausgegangen werden, daß jede Handlung normenorientiert beschrieben werden kann, auch wenn der Handelnde sich weder bewußt noch reflexiv mit der Dimension der Normenorientiertheit seiner Handlung auseinandergesetzt hat.

4.2.2.3. Das expressivistische Modell des Selbstausdrucks fehlt

Als letzter Kritikpunkt wird von JOAS das Modell des expressivistischen Selbstausdrucks im dramaturgischen Handeln vermißt, da er bei HABERMAS das normenorientierte Rollenkonfliktmodell GOFFMANs isoliert zu finden meint. Richtig ist, daß HABERMAS die identitätsorientierte Komponente an dieser Stelle nicht ausführt und sich auf die Schilderung GOFFMANs beschränkt. Aber ganz davon abgesehen, daß die Arbeiten GOFFMANs von einem Identitätsbegriff ausgehen, der mit dem Imagebegriff nicht nur von Rollennormen ausgeht, die von außen an das Individuum herangetragen werden, berücksichtigt HABERMAS ausdrücklich auch die Arbeiten KRAPPMANNs zur Identitätsbalance, in der die Identitätsdarstellung als vierte identitätsbedingende Fähigkeit herausgestellt wird. Durch den Anschluß an GOFFMAN, der in dieser Arbeit bereits näher beleuchtet wurde, liefert KRAPPMANN so ein Modell für die identitätstheoretischen Lükken oder besser gesagt Leerstellen in GOFFMANs Analysen. Eine implizite Berücksichtigung ist also durchaus vorhanden. Auch explizit berücksichtigt HABERMAS das expressivistische Modell. Die Wahrhaftigkeit als Rationalitätsform im dramaturgischen Handeln belegt, daß HABERMAS den Selbstausdruck ernst nimmt - so ernst, daß er ihr eine eigene Kategorie der Rationalität widmet.

4.2.3. Kritik an der Theorie des kommunikativen Handelns

Ein weiterer Ansatzpunkt für Kritik bietet für viele (stellvertretend seien McCHARTHY und JOAS[166] genannt) die Verbindung von Lebenswelt und System. Diese Verbindung macht den Kern der HABERMASschen Theorie aus, nämlich die Verbindung einer lebensweltlich interpretierten und damit hermeneutisch aufzufassenden Handlungstheorie des kommunikativen Handelns mit dem funktionalistischen Konzept der Systemtheorie. Dadurch werden zwei gegensätzliche Sichtweisen zusammengebracht, deren Grundvoraussetzungen einander widersprechen. HABERMAS selbst betont die Vorteile, die sich gerade aus der zweifachen Analyse ergeben, die sich einmal die Handlungen unter dem Aspekt des Bewußtseins der Situation und der eigenen Möglichkeiten vergegenwärtigt und zum anderen objektive Bedingungen des Seins systemtheoretisch erschließt und die Handlungen aus dieser Perspektive beurteilen läßt. Solange klar ist, auf welcher Analyseebene gerade Aussagen getroffen werden, d.h. auch, wo die Grenzen dieser Aussagen innerhalb des Modells liegen, scheint diese Vorgehensweise noch nicht falsch oder absurd zu sein.

Im Auseinanderhalten der Ebenen liegt allerdings die prinzipielle Schwierigkeit, daß die Systemperspektive in die Lebensweltanalyse eingreift und umgekehrt die Lebensweltperspektive das System beeinflußt. Dadurch verschränken sich die beiden zu trennenden Theorieteile, so daß in Extremfällen nicht mehr zwischen den beiden reinen Typen unterschieden werden kann. Es kommt zu Verwirrungen auf den Ebenen, die nicht mehr klar getrennt werden können. Es bleibt jedoch die Frage, ob sich in dieser Situation das Vorgehen rächt, zwei Theorieteile, deren Voraussetzungen sich widersprechen, zu verbinden, oder ob gerade die Konfusi-

---

[166]JOAS 85; McCHARTHY, Thomas: Kritik der Verständigungsverhältnisse. Zur Theorie von Jürgen Habermas, Frankfurt/M 1981.

on der Beschreibung die Realität am treffendsten abbildet. Gerade in der Verschränkung der Perspektiven kommt es zu den interessanten Analysen scheinbarer Orientierungslosigkeit, wenn subjektive Faktoren Systeme beeinflussen oder durch Medien Teile der Lebenswelt kolonialisiert werden. Das Modell der Konfliktbeschreibung setzt hier an, wenn Konflikte mit Institutionen (Institutionen im weitesten Sinne) beschrieben werden, und gewinnt gerade durch die Verschränkung seinen Erklärungsgehalt. Ohne letztlich mit Sicherheit beurteilen zu können, ob die Kritik an der Verbindung beider Theorieteile so vernichtend zutrifft, wie sie geäußert wird, schließe ich mich der Ansicht HABERMAS und seiner Befürworter an, die dieses Problem natürlich erkennen (es steht schließlich im Zentrum des zweiten Bandes der Theorie des kommunikativen Handelns). Das liegt zum einen daran, daß die Analysen, die HABERMAS unternimmt, schlüssig erscheinen, und zum anderen an der erwartbaren Verwertbarkeit der Theorie bei der Beschreibung von textuellen Äußerungen. Ein weiterer Aspekt ist der, daß beim REHBEINschen Handlungsmodell eine unbewußte Vermischung der beiden Aspekte Lebenswelt und System stattgefunden hat (näheres siehe bei der Diskussion des REHBEINschen Zweckbegriffs), was gerade zur Attraktivität des Modells für die Erklärung sozialen sprachlichen Handelns maßgeblich beiträgt. Es ist fraglich, ob eine ähnlich hohe Dimension im Erklärungsgehalt ohne die Verschränkung beider Theorien überhaupt denkbar ist.

4.2.4. Kritik an GERHARDT und der Rollentheorie allgemein

Ein weiterer Kritikpunkt ist die Wahl einer rollentheoretischen Theorie als Bestandteil einer Handlungstheorie allgemein und die Wahl GERHARDTs speziell. Gerechtfertigt wird ein Rollenmodell durch die Voraussetzung, daß die Rollennormen die Grundlage sowohl des Handelnden als auch der Interpretation der

Beteiligten sind. Da Interaktion immer auch als rollenbezogen aufgefaßt werden kann, wird so die Komponente des normenorientierten Handelns bei HABERMAS konkretisiert. Diese Konkretisierung, die für ein Handlungsmodell, mit dem analysiert werden soll, ausschlaggebend ist, handelt sich aber die Kritik an Rollentheorie und Rollenmodell ein, die bei HABERMAS nicht berücksichtigt werden mußte. Um darauf zu reagieren, sollen wichtig erscheinende Vorwürfe gegen die Rollentheorie allgemein und das Modell von GERHARDT speziell an den Arbeiten HAUGs und JOAS exemplarisch verdeutlicht und entkräftet werden.

4.2.4.1. Die Kritik HAUGs[167]

HAUG sieht das Modell GERHARDTs als typisch für rollentheoretische Entwürfe an. Sie kritisiert die formale Gliederung der Rollen, aus der keine Einsicht in Ursachen und Zusammenhänge wie Macht abgeleitet werden kann (S.67). Die Rollentheorie werde als Erkenntnistheorie für die gesamte Soziologie aufgefaßt (S.67), sei aber lediglich die Theorie des Mittelstandes und für niemand sonst relevant. Die Rollentheorie sei die Weltanschauung einer ihrer Privilegien beraubten Klasse oder Schicht (S.125). Sie geht noch weiter und hebt den repressiven Charakter solcher Vorstellungen heraus:

> *„Mit der Definition des Menschen als Rollenträger werden zunächst einmal alle wirklichen Unterschiede unkenntlich gemacht (...) man könnte sagen, Rolle sei gleichmacherisch." (S.122)*

---

[167]Die Seitenzahlen im Text beziehen sich auf: HAUG, Frigga: Kritik der Rollentheorie, Frankfurt/M 1972.

Das führe zum Ablenkungsaspekt gegen die Verbesserung der Gesellschaft (S.127), indem wie bei GERHARDT Ungleichheit als durch die Arbeitsteilung bedingt abgeleitet wird (S.124).
Die Kritikpunkte treffen für diese Arbeit aus folgenden Gründen nicht voll zu: Die Rollentheorie wird als ein Teil des kommunikativen Handelns und damit als ein Teil einer Gesellschaftstheorie aufgefaßt und verliert allein dadurch jeglichen alleinigen Gültigkeitsanspruch für die Erklärung von Gesellschaft. Macht und Ursachen der Macht werden aber durch die starke Anlehnung an das Rollenmodell im Modell unterbelichtet, d.h. es wird auf die durchaus möglichen Erklärungen, wie sie HABERMAS vornimmt, verzichtet. Dieser Verzicht leitet sich aber nicht zwangsläufig aus dem Verwenden der Rollentheorie ab, sondern daraus, daß es sich um ein Kommunikationsmodell handelt, mit dem in erster Linie Handlungen und nicht die Entstehung von Handlungskonstellationen beschrieben werden sollen. Im Rahmen dieser Einschränkung versucht das Modell trotzdem Machtstrukturen zu beschreiben, indem es ein Konfliktmodell berücksichtigt und auf den genetischen Aspekt von Konflikten eingeht, um Handlungen auch in Konfliktkonstellationen beschreiben zu können.
Die Kritik, die Rollentheorie sei lediglich für den Mittelstand relevant, scheint sich auch überwiegend auf den Macht- und Ursachenaspekt zu beziehen, da Rollenhandeln, wenn es wie im Modell an Identität gebunden wird, schichtenunabhängig zu beobachten ist. Außerdem sprechen GOFFMANs Untersuchungen (Beispiel: Shetland Inseln) dagegen.
Der Vorwurf, die Rollentheorie wirke gleichmacherisch, geht einmal vom Absolutheitsanspruch der Rollentheorie aus und versteht sie zweitens rein statisch. Im Modell wird aber gerade die Varianz betont, mit der sich Individuen zu Rollennormen, die konkurrieren können, verhalten. Weiter wird das Rollenmodell mit dem teleologischen Handeln kontrastiert und in Wechselwirkung beschrieben. So wird der repressive Charakter, der durch generalisierte Verhaltenserwartungen,

eben Rollen, für Individuen bei der Durchsetzung ihrer Bedürfnisse entstehen kann, berücksichtigt. Damit entfällt auch der letzte Kritikpunkt, die Anwendung der Rollentheorie führe zu einer unkritischen Sicht gesellschaftlicher Mißstände, die teilweise sehr wohl durch die Diskrepanz von Bedürfnissen und Möglichkeiten, sie zu realisieren, beschrieben werden.

4.2.4.2. JOAS'[168] Kritik

JOAS geht, ohne Rollentheorie pauschal abzulehnen, auf die einzelnen Modelle ein, um sie zu kritisieren. Seine Hauptkritik an GERHARDT trifft auch die Übernahme ihrer Gedanken ins Modell. Er wendet sich gegen die Trennung von Situations-, Positions- und Statusrollen:

> *„Ich glaube, behaupten zu können, daß in diesem Gedankengang völlig unterschiedliche Dimensionen so sehr vermischt werden, daß streckenweise GERHARDTs Text begrifflich fast unverständlich ist." (S.51)*

Als unterschiedliche Dimensionen faßt er den Institutionalisierungsgrad, der in der Reihenfolge Situationsrollen, Positionsrollen und Statusrollen wächst, und den Sanktionsspielraum, der in eben dieser Folge zunimmt, auf. Demnach ständen Beispiele wie die Situationsrolle *„Verkehrsteilnehmer"*, die nach JOAS durch die Straßenverkehrsordnung mit vielen Sanktionsmöglichkeiten verbunden sei, und die Statusrolle *„Geschlecht in einer Sekte"*, die mit wenig Sanktionsmöglichkeiten verbunden sei, im Widerspruch zum GERHARDTschen Konzept (S.62). Diese Kritik kommt zustande, weil JOAS nicht berücksichtigt, daß

---

[168] Die Seitenangaben im Text beziehen sich auf: JOAS, Hans: Die gegenwärtige Lage der Rollentheorie, Frankfurt/M 1973.

GERHARDT ihr Rollenmodell doch differenzierter darstellt. Die Sanktionsgewalt wird nämlich nur in Positionsrollen ausgeübt, auf deren Besetzung aber wieder der Status von Personen starken Einfluß ausübt. Die Sanktionsmöglichkeiten der Statusrollen sind also nur vermittelt. Genauso ist ein Situationsrollenträger nur in seiner weiteren Eigenschaft als Positionsinhaber berechtigt, Sanktionen durchzuführen. Das Beispiel des Verkehrsteilnehmers hinkt, da GERHARDT gerade darauf hingewiesen hat, daß Verkehrsteilnehmer selbst keine Sanktionen anwenden dürfen, sondern sich auf der Basis der Straßenverkehrsordnung an Positionsrollenträger wie Polizisten und Richter wenden müssen. Das Beispiel trifft aber zu, wenn allein die Institutionalisierung der Situationsrollen betrachtet wird. Sie ist hochgradig durch die Straßenverkehrsordnung gewährleistet. Bei der Beurteilung der Institutionalisierung des Statusmerkmals *„weibliches Sektenmitglied"* läßt sich so eine Aussage nicht begründen, bevor geklärt ist, wie weit ein sinnvoller Begriff der Institution zu reichen hat. JOAS scheint einen engeren Begriff als GERHARDT anzuwenden, weshalb seine Kritik auch ins Leere geht (S.62ff.).

Den Grund für die Unzulänglichkeiten von GERHARDTs Konzept sieht JOAS in der Grundlegung eines Typisierungsschemas von Rollen, das vom *„Normbegriff"* abstrahiere und damit das Rollenmodell zu einem reinen Perzeptionsschema ohne Chance auf die Erfassung des entscheidenden normativen Anspruchs (bei der Verhaltenserwartung) von Rollen reduziere, indem der Rollenbegriff vom Typisierungsschema abgeleitet werde (S.63). Richtig an dieser Kritik ist, daß GERHARDT ein formelles Typisierungsschema beschreibt, ohne auf die normativen Erwartungen, die die typisierten Rollen implizieren, ausdrücklich einzugehen. Das kann aber nicht heißen, daß sie den normativen Charakter von Rollenerwartungen in konkretem Rollenhandeln verkennt. Diese Unterstellung läßt sich nirgends belegen (außer mit den von JOAS gebrachten und entkräfteten Beispielen) und mutet auch ein wenig böswillig an, wenn man sich vergegenwärtigt, daß GERHARDTs Arbeit einen Überblick über die Geschichte der Rollentheorie beinhaltet, der diesen Aspekt durchaus nicht unberücksichtigt läßt (GERHARDT, S.87-98). Aus diesen Gründen wird die Kritik JOAS nicht zur Veränderung des Modells herangezogen.

4.2.4.3 Fehlen der „Rahmenanalyse" GOFFMANs

„Rahmenanalyse"[169] gilt als das Hauptwerk GOFFMANs. In ihm gibt er seinem Werk einen strukturellen Zusammenhang, was durch die zahlreichen Zitate aus seinen vorangegangenen Arbeiten hervorgeht[170]. Dennoch ist dieser Zusammenhang der Rahmenanalyse in erster Linie implizit zu erkennen. GOFFMAN selbst legte keinen großen Wert auf die Verdeutlichung des systematischen Zusammenhangs seiner Arbeiten und überläßt es so den Lesern, seine *„Zitatensammlung von Kuriositäten"*[171] auf ein Forschungsprogramm zurückzuführen[172]. Deshalb beschränke ich mich auf eine Auswahl von Theorieteilen, die sich bereits in der

---

[169]GOFFMAN, Erving: Rahmenanalyse, Frankfurt/M 1977.

[170]HETTLAGE, Robert: Rahmenanalyse - oder die innere Organisation unseres Wissens um die Ordnung der Wirklichkeit, in: HETTLAGE, Robert/LENZ, Karl (Hrsg.): Erving Goffman - ein soziologischer Klassiker der zweiten Generation, Bern/Stuttgart 1991, S.95-156, S.128.

[171]LENZ, Karl: Erving Goffman - Werk und Rezeption, in: HETTLAGE, Robert/LENZ, Karl (Hrsg.): Erving Goffman - ein soziologischer Klassiker der zweiten Generation, Bern/Stuttgart 1991, S.25-94; S.25.

[172]Dieses versuchen LENZ/HETTLAGE in ihrem Buch „Erving GOFFMAN - Ein soziologischer Klassiker der zweiten Generation", indem sie die theoretischen Exkurse GOFFMANs zusammenfassen. Es bleibt bei dem Versuch, da sie es nicht schaffen, die Rahmenanalyse als das Zentrum der Theorie in abstrakten Begriffen so zu fassen, daß klar wäre, was ganz konkret als Rahmen verstanden werden kann und wie man eine Rahmenanalyse durchzuführen hätte. Stattdessen greifen sie auf zentrale Beispiele GOFFMANs zurück und lassen diese für sich selbst sprechen, ohne dabei jedoch das Niveau GOFFMANs erreichen zu können.

Gesprächsanalyse bewährt haben[173]. Besonders bedauerlich erscheint der Verzicht einer systematischen Auswertung der Rahmenanalyse unter der Perspektive des Modells des kommunikativen Handelns. Wie von Thomas S. EBERLE[174] überzeugend dargestellt wurde, wäre die Rahmenanalyse im Sinne GOFFMANs als spezifizierendes Modell der Lebensweltanalyse im Sinne von SCHÜTZ aufzufassen. So wäre sie bei einer differenzierten Aufarbeitung als Lebensweltkonzept direkt verwendbar. Damit könnte durch sie der Umweg über die Rollentheorie gespart werden.

4.2.4.4. Differenzen zu KRAPPMANN

Bei der Übernahme der zentralen Gedanken KRAPPMANNs soll nicht verschwiegen werden, daß zum Teil andere Auffassungen über den Stellenwert seines Modells vertreten werden, als er selbst vertritt. Einigkeit herrscht noch über die Aussage, daß die Abstraktionsebene, auf der die Begriffe konstruiert wurden, keine Aussagen über direktes Verhalten zulassen (KRAPPMANN, S.15f. u.199) - weshalb sie ja auch lediglich zur Begründung der Arbeiten GOFFMANs und zur Reformulierung des Handlungskonzeptes von REHBEIN (auf der Grundlage der Theorie des kommunikativen Handelns von HABERMAS) herangezogen werden. Das grundsätzliche Problem stellt sich mit der Übernahme des Begriffs des analytischen Sprachgebrauchs, den KRAPPMANN HABERMAS entlehnt und

---

[173]Solch ein Vorgehen wurde von LENZ/HETTLAGE (S.71) zu Recht als Steinbruchsoziologie bezeichnet und kritisiert. Da es aber keinen vernünftigen Zugang zum Gesamtwerk gibt, scheint das „Steinebrechen" der einzige Weg zu sein, die Erkenntnisse GOFFMANs überhaupt zu nutzen.

[174]EBERLE, Thomas S.: Rahmenanalyse und Lebensweltanalyse, in: HETTLAGE, Robert/LENZ, Karl (Hrsg.): Erving Goffman - ein soziologischer Klassiker der zweiten Generation, Bern/Stuttgart 1991, S.157-211.

den er mit einem, nicht weiter ausgeführten, En- und Decodierungssystem in Verbindung bringt. Dessen Grenzen durch den dialogischen Sprachgebrauch erwähnt KRAPPMANN zwar (KRAPPMANN, S.196), doch zieht er daraus weiter keine Konsequenzen. Folglich erwartet er, ebenfalls in Anlehnung an HABERMAS, die Entwicklung einer Universalpragmatik als „*die genaue Kenntnis des Regelsystems, das die Kommunikation der Interaktionspartner beherrscht*" (KRAPPMANN, S.199) analog zu Versuchen der Universalgrammatik. Gerade die Kritik an den Idealisierungen einer Universalpragmatik als für die Analyse untauglich hat aber zum Rückgriff auf das komplexe handlungstheoretische Konzept geführt. In dessen Zusammenhang spielt die Identitätsbalance KRAPPMANNs eine wichtige Rolle dadurch, daß sie eben die Dynamik und nicht die Systematik von Sprachverhalten beschreibt, d.h. nicht den Weg zu einem Regelsystem der Sprachverwendung geht.

Diese Differenzen scheinen jedoch die Übernahme des Modells nicht zu beeinflussen, weshalb sie auch nicht weiter thematisiert werden sollen.

III. Arbeiten REHBEINs und Ausblick auf andere Arbeiten, die sich mit problematischen Textsorten auseinandersetzen

1. Einleitung

In diesem Teil der Arbeit geht es darum zu belegen, daß die theoretischen Überlegungen, die in den beiden vorangegangenen Teilen angestellt wurden, eine praktische Relevanz besitzen.
Die Arbeiten REHBEINs (beschränkt auf die zur Schulkommunikation und zu der Sozialberatung in England) sind wichtig, weil seine Handlungstheorie die Grundlage für die eigene Modellbildung darstellte. Es ist von Interesse, inwieweit die Veränderungen tatsächlich eine neue Sichtweise eröffnen. Außerdem steht noch eine Beschreibung dessen aus, wie Handlungsmuster im Sinne REHBEINs überhaupt methodisch erfaßt werden.
PRESCHs Arbeiten zu Arbeitszeugnissen sind ebenfalls aus mehreren Gründen interessant. Zum einen waren seine Ergebnisse und seine Theoriebildung der Ausgangspunkt für die theoretischen Überlegungen im ersten Teil der Arbeit.
HOFFMANNs Arbeit „Kommunikation vor Gericht" bedient sich der Handlungstheorie REHBEINs, um komplexe Handlungsmuster der institutionellen Gerichtskommunikation herauszuarbeiten.
Der letzte Teil befaßt sich mit der Politikersprache. Dazu werden die Arbeiten HOLLY/KÜHN/PÜSCHELs, HOLLYs, KÜHNs und KLEINs berücksichtigt.

2. REHBEIN: Schulkommunikation und Sozialberatung

2.1. Erarbeitung von Handlungsmustern

In einem ersten Schritt wird die Handlung, die untersucht werden soll, in konstitutive Teilhandlungen zerlegt. Dazu werden konstitutive Konstellationsfaktoren als Handlungswiderstand der Bedürfniserfüllung herausgearbeitet und die Zielsetzung und Planbildung auf konstitutive Merkmale hin untersucht. Das ganze wird auf Ausführungsmerkmale übertragen, und mögliche Standardlösungen werden herausgestellt. Damit befindet man sich aber bereits im Ausführungsstadium, das anhand von Texten überprüft werden kann.

Am Anfang einer Analyse von Handlungsmustern steht demnach eine vortheoretische Erfassung der Erscheinung - zum Teil mit Hilfe alltagssprachlicher Bezeichnungen - der die Erfüllung gesellschaftlicher Bedürfnisse zugeordnet wird. Diese Zuordnung findet im Zusammenspiel mit der Interpretation der für die Erscheinung typischen Konstellationsfaktoren statt. Der Einfluß typischer Konstellationsfaktoren auf die Bedürfnisbefriedigung läßt wiederum typische - nämlich für die Bedürfnisbefriedigung unter annähernd gleicher Konstellation funktionale - Zielsetzungen und Planbildungen deutlich werden. Selbst bei der Umsetzung der Pläne können aufgrund der wiederkehrenden Konstellationen typische Ausführungswege herausgearbeitet werden. Allerdings kommt hier der individuelle Faktor zum Tragen, da die Ausführung direkt analysiert wird. Das heißt, die typische Ausführung, die sich überwiegend auf den mentalen Bereich beschränken muß, also eine Art Tiefenstruktur darstellt, wird mit der konkreten Ausführung, die interaktional festgestellt wird und damit die Oberfläche darstellt, in Beziehung gesetzt. So erfolgt eine Überprüfung der Prognosen über den men-

talen Bereich nicht nur bei der Ausführung, sondern auch durch Schleifen verbunden bei der Zielsetzung und der Planbildung.
Die Resultate bestehen in der Bedürfnisbefriedigung oder einer Annäherung an sie bei Gelingen der Handlung und bei deren Scheitern im Fortbestand des Defizits oder sogar in dessen Verschlimmerung durch eben den mißlungenen Versuch der Befriedigung der Bedürfnisse. Sie sind aber interaktional zu überprüfen, da sie je nach individueller Konstellation eine andere Nachgeschichte der Handlung eröffnen.

2.1.1. Beispiel: „Problemlösen"

Als erstes Beispiel soll exemplarisch die Erstellung eines Musters in „Muster und Institution"[184] von EHLICH/REHBEIN dargestellt werden. Insgesamt werden die Muster *„Problemlösen"*, *„Aufgaben-Stellen/Aufgaben-Lösen"*, *„Rätselraten"*, *„Lehrervortrag"*, *„Lehrervortrag mit verteilten Rollen"*, *„Regiefrage"*, fünf Formen *„Begründen"* und *„Rechtfertigen"* in diesem Buch beschrieben. Die Entwicklung der Muster wird allerdings unterschiedlich transparent vorgenommen. Deshalb wird als Beispiel ein ausführlich dokumentierter Beschreibungsprozeß wiedergegeben, der des *„Problemlösens"*.
Begonnen wird mit Zitaten aus psychologischen Arbeiten und weiteren Verweisen auf pädagogische und psychologische Literatur, die das Verhältnis von Aufgabe und Problem beschreiben (S.8f.). Dabei wird vom individuellen über das kollektive zum gesellschaftlichen Problem übergeleitet. Es geht beim Problemlö-

[184]EHLICH,Konrad/REHBEIN, Jochen: Muster und Institution - Untersuchungen zur schulischen Kommunikation, Tübingen 1986. Auf diese Arbeit beziehen sich auch die Seitenangaben im Text.

sen um die Erreichung eines (individuellen, kollektiven oder auch gesellschaftlichen) Ziels.

Nach dieser ersten Beschreibung des *„Problemlösens"*, die ich im vorangegangenen als vorwissenschaftliche Beschreibung des Ereignisses bezeichnet habe, werden in einem zweiten Schritt die *„Elemente des Problemlösens"*, d.h. die konstitutiven Kriterien der Stadien des Handlungsprozesses, beschrieben (S.10f.). Das *„Problemlösen"* wird als Bedürfnis beschrieben, das allgemein funktional für die Gattungsentwicklung, im Einzelfall aber *„interessendeterminiert"* ist. Für die Konstellation bedeutet das das Eingehen auf den Einzelfall (wie die Schule, wie später gezeigt wird) oder die Beschränkung auf das abstrakte Niveau, das bereits festgestellt wurde. Hinzugefügt werden kann noch, das die Konstellation einer *„Sache"* einen Handlungswiderstand bietet. Dieser Handlungswiderstand wird im nächsten Stadium in eine Zielsetzung umgewandelt, indem die fehlenden Handlungslinien zwischen dem momentanen und dem zukünftigen Zustand gefunden werden.

> *„Das Problemlösungsverhalten besteht eben darin, solche Handlungslinien, d.h. Lösungswege, aufzufinden. Dies geschieht, indem das schon vorhandene Wissen auf die Problemstruktur, d.h. auf die konkreten Qualitäten des Handlungswiderstandes, bezogen wird. Die Problematik wird zerlegt, um bekannte Teilelemente zu identifizieren und handlungsmäßig zugänglich zu machen. Die eigentlich unzugänglichen Teile werden so isoliert und besser strukturiert. Damit entsteht eine konkrete Negation, d.h. eine Auszeichnung des Unbekannten als unbekannt. Bestimmte Praktiken dienen dazu, die unbekannten Teile mit unterschiedlichen Sicherheitsgraden des Erfolges weiter zu bearbeiten." (S.10)*

Im nächsten Stadium werden diese Lösungsmöglichkeiten dann in Pläne umgesetzt. Darauf folgt das *„Abarbeiten der Teilprobleme"* im Ausführungsstadium und die Lösung als Resultat des Handlungsmusters. Schematisch stellen EHLICH/REHBEIN (S.11) das folgendermaßen dar:

(Schema 21)

Situation[185]	*(a)*	*Problemkonstellation (Handlungswiderstand)*
	(a')	*konkrete Negation*
Zielsetzung	*(b)*	*Zielsetzung*
	(c)	*Konsultation (Befragung) des Wissens*
	(d)	*Zerlegung*
Planbildung	*(e)*	*Planbildung*
Ausführung	*(f)*	*Lösungswege*
Resultat	*(g)*	*Lösung*

Wird ein Plan erfolgreich durchgeführt, setzt er sich als Standardproblemlösung im *„neuen Wissen"* der Handelnden um.

Nach der Herausstellung der konstitutiven Elemente des Handlungsmusters *„Problemlösen"* gehen EHLICH/REHBEIN auf die spezifischeren Konstellationsfaktoren der Vermittlung des Musters *„Problemlösen"* in der Schule ein. Sie arbeiten heraus, daß die Aufgabe der Schule, *„Problemlösen"* zu lehren, zu einer Spezifizierung des Musters innerhalb der Institution und ihrer typischen Situationskonstellationen führt. Diese Spezifizierung des Musters bekommt den Namen *„Aufgabe-Stellen/Aufgabe-Lösen" (S.14)*. Als charakteristisch wird herausgestellt, daß die Elemente des *„Problemlösens"* auf zwei Aktanten verteilt werden.

(Schema 22)

„Der Aufgabensteller verfügt über

(a) *die Problemstellung*
(b) *die Zielsetzung*
(b') *die sinnvolle (d.h. problemrelevante) Zerlegung der Problematik*
(c) *die Lösung*
(c') *die Lösungswege." (S.14)*

---

[185]Die Stadien des Handlungsprozesses in der ersten Spalte habe ich dem Schema hinzugefügt, um eine Einordnung zu erleichtern.

Planbildungen und Probehandlungen fallen für ihn aus. Diese sollen durch den Aufgabenlöser geleistet werden und zu Lösungen führen. Der Aufgabenlöser verfügt dabei nicht über die Problemstellung insgesamt, nicht über die Zielsetzung und nicht über die problemrelevanten Zerlegungsmöglichkeiten der Problematik. Damit fehlt ihm der zentrale Steuerungsmechanismus des *„Problemlösens"* beim *„Aufgaben-Stellen/Aufgaben-Lösen" (S.15).* Das Muster wird noch einmal systematisch in einem Diagramm dargestellt, welches die einzelnen Schritte zwischen interaktionalen und mentalen Bereichen von Aufgabensteller und Aufgabenlöser einordnet. Damit ist die theoretische Konstruktion des Musters - erste Einordnung der Erscheinung, allgemeines Handlungsmuster, institutionsspezifisches Handlungsmuster - abgeschlossen (S.15ff.).

Im nächsten Schritt wird es an einem Beispiel aus dem Schulalltag, einem Auszug aus dem Stundenmitschnitt einer 6. Hauptschulklasse[186], überprüft (S.17ff.). Dazu wird der Ausschnitt zum Gesamtstundenaufbau aus Lehrersicht in Beziehung gesetzt (S.19). Daraus ergibt sich das Zutreffen der Bedingungen für die Anwendung eines Handlungsmusters. Die Ausführung des Handlungsmusters wird anhand der Lehrer- und Schüleraussagen, denen ihr funktionaler Stellenwert im Handlungsmuster zugeordnet wird, plausibel gemacht. Das Handlungsmuster wird als strukturbildend für den Stundenausschnitt herausgestellt (S.19f.).

Danach wird ein Rückgriff auf theoretische Schwierigkeiten, die sich aus der Struktur des Musters für Aufgabensteller und Aufgabenlöser ergeben, gemacht, worauf kurze Lösungsansätze innerhalb des Musters skizziert werden (S.20-25). Diese werden dann wiederum mit empirischem Material konfrontiert und exem-

---

[186]Die Transkription liegt nach der gereinigten HIAT-Form vor. Dazu: EHLICH, Konrad/REHBEIN, Jochen: Halbinterpretative Arbeitstranskriptionen (HIAT), in: Linguistische Berichte 45, 1977, S.21-41; EHLICH, Konrad/REHBEIN, Jochen: Erweiterte halbinterpretative Arbeitstranskriptionen (HIAT 2): Intonation, in: Linguistische Berichte 55, 1979, S.51-75.

plifiziert, indem sie als Struktur der Lehrer- und Schüleräußerungen herausgearbeitet werden (S.26f.).
Nachdem institutionsbedingte Widersprüche und Schwierigkeiten herausgearbeitet und empirisch belegt werden, stellen EHLICH/REHBEIN eine Hypothese auf, mit der sie diesen *„Mißstand"* als gesellschaftlich funktional erklären können (S.29).

2.1.2. Erzählen

In „Sequentielles Erzählen - Erzählstrukturen von Immigranten bei Sozialberatungen in England"[187] von Jochen REHBEIN wird das Handlungsmuster *„Erzählen"* herausgearbeitet. Zuerst wird die Erscheinung *„mündliche Erzählung"* mit Verweis auf die Erzählforschung eingekreist. Es werden verschiedene Typen der mündlichen Erzählung aufgeführt, von denen die *„Leidensgeschichte"* als Untersuchungsgegenstand hervorgehoben wird (S.66f.). Dann beginnt die theoretische Beschreibung der Elemente der *„Leidensgeschichte"*. Die typischen Musterfaktoren werden herausgestellt. Ihre Ausarbeitung geschieht nicht systematisch, sondern nur unter einem Hinweis auf vier empirisch erhobene Geschichten, die jeweils in einem Satz zusammengefaßt werden (S.67ff.). Dieses Verfahren nenne ich vortheoretisch, da es weder theoriegeleitet noch exakt empirisch vorgeht. Als Struktur (Muster) einer *„Leidensgeschichte"* faßt REHBEIN zusammen:

---

[187] REHBEIN, Jochen: Sequentielles Erzählen - Erzählstruktur von Immigranten bei Sozialberatungen in England, in: EHLICH, Konrad (Hrsg.): Erzählen im Alltag, Frankfurt 1980, S.64-108. Die Seitenangaben im Text beziehen sich auf diesen Aufsatz.

(Schema 23)

„(1) *Der Aktant verhält sich „normal";*
(2) *durch die Normalität seines Handelns wird er Gegenstand einer Offensivhandlung mit einem gegnerischen Aktanten, dem Offender, er selbst wird Opfer (Konstellation);*
(3) *der Aktant ergreift Gegenmittel;*
(4) *durch (3) verstrickt er sich um so tiefer;*
(5) *dem Aktanten wird klar, daß er aufgrund einer Konstellation Opfer geworden ist (=„Skandalon");*
(6) *das Andauern der Konstellation erzeugt Hilflosigkeit beim Aktanten;*
(7) [illegible]

Im Handlungsmuster „*Erzählen einer Leidensgeschichte*" wird eine real erlebte Geschichte unter Benutzung dieser Struktur wiedergegeben.

> *„Der Sprecher setzt sein partikuläres Erlebniswissen gezielt derart in einer Erzählung um, daß sich formulieren läßt: Erzählen heißt Interpretieren der realen Geschichte als Leidensgeschichte." (S.70)*

Daraufhin gibt REHBEIN Phasen des Musters „*Erzählen einer Leidensgeschichte*" in Form eines Diagramms an (S.74f.). Das Diagramm ist die systematische Zusammenfassung der Möglichkeiten des Erzählens, wie REHBEIN sie aus der Literatur über das Erzählen übernimmt. Dieses vortheoretisch gewonnene Muster wird zum Text einer Leidensgeschichte in Beziehung gesetzt, die sich als das Muster durchlaufend interpretieren läßt (S.71-78).
Nun werden die verschiedenen Möglichkeiten, das Muster der Leidensgeschichte im Handlungsmuster des Erzählens einer Leidensgeschichte umzusetzen, theoretisch herausgearbeitet (S.78ff.). Damit ist das Handlungsmuster „*Erzählen einer Leidensgeschichte*" fertig beschrieben. Auffällig ist, daß keine Zuordnung des Handlungsmusters zu Zwecken oder Bedürfnissen stattfindet, die ja durch das Handlungsmuster befriedigt bzw. erfüllt werden sollen. Meine These ist, daß Zwecke und Bedürfnisse im terminologischen Sinne REHBEINs dem Muster des Erzählens nicht befriedigend zugeordnet werden können. Mit dem Auffinden des

Handlungsmusters ist aber im Rahmen des Aufsatzes erst der Anfang einer komplexen Analyse des Ineinandergreifens zweier Muster unter institutionellen Bedingungen gegeben, die im folgenden näher beleuchtet werden sollen, da es in diesem Abschnitt erst um die Mustererstellung im allgemeinen geht.

2.2. Umdeutung von Ergebnissen REHBEINs aufgrund des Modells

Nachdem klar gemacht wurde, wie Handlungsmuster nach REHBEIN aufgestellt werden, soll auf einige Aspekte seiner Arbeiten eingegangen werden, an denen die Kritik am Zweckbegriff verdeutlicht werden kann, und zwar sowohl an betreffenden Handlungsmustern, als auch an den konkret beschriebenen Einzelhandlungen selbst. Ebenfalls soll hier die abstrakte Veränderung der Stadien des Handlungsprozesses exemplarisch begründet werden.

2.2.1. Zweckkollision innerhalb von Handlungsmustern in der Schule

Als erster Punkt wird die Kollision von Zwecken in der Schule beschrieben. Es wird die Meinung vertreten, daß es sich bei den beschriebenen Erscheinungen um Handlungsmuster handelt, denen mehrere Zwecke zugrunde liegen. Der Versuch, den unterschiedlichen Zwecken gerecht zu werden, führt zu Interferenzerscheinungen innerhalb des Musters und an seiner Oberfläche.

2.2.1.1. Lehrerseitig

Für die Lehrerperspektive soll das Handlungsmuster *„Lehrervortrag mit verteilten Rollen"*[188] diskutiert werden. EHLICH/REHBEIN arbeiten anhand einer Unterrichtsstunde heraus, daß das Muster Lehrervortrag mit dem Muster der Frage, genauer der Regiefrage, verbunden und durchgeführt wird. Das neue Muster, das sowohl Elemente des Vortrags als auch der Frage enthält, nennen sie *„Lehrervortrag mit verteilten Rollen"*.

> *„Es hat sich gezeigt: Der Lehrervortrag mit verteilten Rollen ist eine eigene Diskursart innerhalb der Institution Schule. Sie wird konstituiert durch die systematische Kombination von Handlungsmustern, der Diskursart Vortrag und der Frage-Antwort-Sequenz mit dem Fragetyp der Regiefrage an der Initialstelle der Sequenz." (S.86)*

Daraus ergibt eine voll lehrerseitig gesteuerte schnelle Wissensvermittlung und ein Einfluß auf die mentalen Operationen der Schüler. Den Grund für dieses Doppelmuster sehen EHLICH/REHBEIN in zwei gegensätzlichen Handlungsanweisungen, von ihnen als Maximen bezeichnet (S.86):

> *„(M1) >Setze den Stoff möglichst zeitökonomisch um!<*
> *(M2) >Laß die Schüler aktiv und selbständig Wissen erwerben!<"*

Die Maximen sind verursacht durch den Widerspruch zwischen der gesellschaftlichen Zwecksetzung der Institution und den Handlungsmöglichkeiten der Schüler. Die Elemente des Vortrags tragen (M1) und die der Frage-Anwort-Sequenz (M2) Rechnung. Da (M1) und (M2) inkompatibel sind, kommt es zum Maximenkonflikt, der im Lehrervortrag mit verteilten Rollen gelöst wird (S.87).

---

[188]Der *„Lehrervortrag mit verteilten Rollen"* wird in EHLICH/REHBEIN 85, S.59-87 herausgearbeitet. Auf EHLICH/REHBEIN 85 beziehen sich auch wieder die Seitenangaben im Text.

Meines Erachtens tauchen bei dieser Analyse etliche Ungereimtheiten auf. Die Kritik läßt sich an den folgenden vier Punkten festmachen:

1. Der Lehrervortrag mit verteilten Rollen wird als genetisches Produkt der Muster Lehrervortrag und Frage-Antwort-Sequenz beschrieben.
2. Die Muster Lehrervortrag und Frage-Antwort-Sequenz werden als Prototypen unterschiedlicher Maximendominanz dargestellt.
3. Alle drei Muster haben denselben Zweck, nämlich den der Institution: *„Wissensakzelleration"*.
4. Die Unterschiede der Muster liegen in den Unterschieden der Maximen begründet.

So werden die Maximen zum ausschlaggebenden Unterscheidungskriterium der stark verschiedenen Handlungsmuster. Da diese Maximen keine individuellen Faktoren sind, sondern gesellschaftlich bedingte oder erarbeitete innerhalb der Institution Schule (S.86), bleibt die Frage offen, was sie von den Zwecken als gesellschaftliche Ziele von Handlungsmustern unterscheidet. Es läßt sich höchstens ein niedrigerer Abstraktheitsgrad der Maximen herauslesen. Aber gerade der führt doch anscheinend in die Irre, wenn alle drei Muster als Realisierungsformen des selben Zwecks angesehen werden müssen und der Zweck in keinem spezifischen Zusammenhang mit den einzelnen Handlungsmustern mehr steht. Es ist sinnvoller, von spezifischen Zwecken auszugehen, die dann durch die spezifischen Handlungsmuster realisiert werden, z.B. rasche Wissensvermittlung als Zweck des Handlungsmusters Lehrervortrag und Wissensvermittlung durch Beeinflussung mentaler Operationen bei Adressaten als Zweck des Handlungsmusters Frage-Antwort-Sequenz. Damit könnte man sich den Einfluß von Maximen bereits auf gesellschaftlicher Stufe vorstellen und deren Umsetzung leichter erklären[189].

Für das Handlungsmuster Lehrervortrag mit verteilten Rollen hätte diese Sichtweise folgende Konsequenz. Es hätte der Realisierung von zwei sich widersprechenden Zwecken (rasche Wissensvermittlung versus Erzeugung mentaler Operationen bei Schülern) zu dienen und damit per se inkonsistent zu sein. Bei seiner Realisierung kann es entsprechend zu Interferenzen im Sinne von PRESCH 91 kommen.

Eine zur Anwendung kommende Maxime könnte dabei lauten:

(M') Willst Du den Nachteilen des Lehrervortrags und der Frage-Antwort-Sequenz bei der Wissensvermittlung in der Schule ausweichen, wähle das Muster des Lehrervortrags mit verteilten Rollen.

Diese Maxime kann im Einzelfall handlungsleitend für den Lehrer sein, der die Wahl zwischen den verschiedenen Mustern der Wissensvermittlung mit den spezifischen Vor- und Nachteilen hat.

Für die in EHLICH/REHBEIN unternommene Analyse ergäbe sich daraus folgende Lesart:

Der Lehrer wählt unter institutionellen Bedingungen (die an dieser Stelle vernachlässigt werden) einen Unterrichtsinhalt aus, der dem Zweck der Wissensvermittlung der Institution entspricht. Sein Ziel ist die optimale Umsetzung des

---

[189]Damit soll kein Einwand gegen die Maximen erhoben werden, die zu einer Umorientierung der Zielsetzung innerhalb eines Handlungsmusters führen. Sie sind als solche zu verstehen und zu beschreiben. Aber gerade die individuelle Entscheidung scheint bei der Realisierung der Handlungsmuster des Unterrichts nicht vorzuliegen, da es sich um feste Strukturen handelt. Bei der Wahl zwischen der Realisierung der zwei Muster Frage-Antwort-Sequenz und Lehrervortrag innerhalb des Musters „Unterrichtsgestaltung" könnte man sich aufgrund von Maximen entscheiden.

Inhalts in der Klasse. Dazu berücksichtigt er die klassenspezifische Konstellation[190]. Aufgrund von Maximen wie „Halte in der sechsten Stunde vor Ferienbeginn keine Vorträge!"[191] wählt der Lehrer zur Erreichung seines Ziels der konkreten Stoffvermittlung das Muster Lehrervortrag mit verteilten Rollen. Dabei kann er sich auf die Berücksichtigung beider Zwecke, rasche Wissensvermittlung und Auslösung von Denkprozessen bei den Schülern verlassen. Andererseits steht der Lehrer in permanenter Entscheidungsnot, welchem Zweck er in der Situation den Vorrang geben soll. Er kann der Entwicklung der Lösung der Frage durch Assertionen vorweggreifen[192]. Eine andere Möglichkeit ist es, die Frage so oft verändert zu stellen, bis alle Teilinformationen, die zur Antwort benötigt werden, explizit gegeben sind[193]. In diesen Fällen wird der Zweck der Frage durch den Zweck des Vortrags im Muster überlagert. Innerhalb des Musters Lehrervortrag mit verteilten Rollen kommt es zu Interferenzen, die nur mit dem Hinweis auf widerstreitende Textfunktionen, eben die Erreichung widersprüchlicher Zwecke, erklärt werden können.

---

[190]Dazu können gehören Alter, Leistungsvermögen, Wissen durch bisherigen Unterricht, Lernbereitschaft, Konzentrationsfähigkeit zum Unterrichtszeitpunkt - abhängig vom Stundenplan, von Klassenarbeiten, Ferienbeginn usw.. In dem Fall der konkreten Stunde ist wohl die Aufnahmesituation zu berücksichtigen, die dem Lehrer das ergebnisorientierte Unterrichtsgespräch insofern nahelegt, als daß es Gegenstand von Übungs- und Prüfungspraxis innerhalb der Lehrerausbildung ist und so zu dem wenigen gehört das objektiv - durch Benotung ausgewiesen - beherrscht wird.

[191]Diese Maxime ist natürlich fiktiv und dient, da die näheren relevanten Konstellationsfaktoren nicht mitgegeben sind, lediglich zur Illustration.

[192]Beispiel, S.28f. des Anhangs (Transskription der Unterrichtsstunde): Hier erklärt der Lehrer, daß es sich bei der im Unterricht behandelten Geschichte um eine *„Außenseitergeschichte"* im Unterrichtszusammenhang handelt. Nachdem er vorher das Interesse auf die Person *„Heinos Vater"* gelenkt hat, fragt er nach dem Außenseiter und bekommt mit *„Heinos Vater"* die gewünschte Antwort genannt.

[193]Beispiel, S.24ff. der Transskription: Der Lehrer läßt die Personen der Geschichte ermitteln. Dabei greift er wiederholt eingrenzend und Aufmerksamkeit steuernd ein.

2.2.1.2. Schülerseitig

Für die Mitarbeit der Schüler an einem Handlungsmuster wirkt es sich erschwerend aus, daß in der Schule alle drei Handlungsmuster (und noch etliche mehr, die hier unberücksichtigt bleiben) verwendet werden. Die drei Handlungsmuster stellen aber unterschiedliche Anforderungen an die Mitarbeit der Schüler: der Vortrag erfordert lediglich ein mentales Nachvollziehen und Behalten des Textes, während in der Frage-Antwort-Sequenz nicht nur die eigene Abfragung entsprechender Wissensbereiche nach Lösungen, sondern auch eine Wortmeldung innerhalb des Unterrichtsverlaufs gefordert ist. Das stellt den Schüler nicht nur vor die zeitliche Aufgabe des Abpassens des richtigen Augenblicks für seinen Antwortversuch, sondern auch vor die Schwierigkeit, sich innerhalb der Gruppe zu äussern. Für jeden Schüler gibt es dabei zunächst einmal zwei Adressierungsgruppen: die Lehrer und die Mitschüler. Da der meiste Unterricht lehrerzentriert abläuft, ist der Lehrer der institutionsspezifische „*interlocuter*" der Äußerung. Seiner Frage wird geantwortet. Gegenüber dem Lehrer hat jeder Schüler die gleichen Rechte, mit seiner Antwort gehört zu werden. Allerdings beginnen sich hier bereits rollengemäße Erwartungen an die Qualität und damit an den durch den Beitrag für den Unterrichtsverlauf zu erwartenden Fortschritt einzustellen, die das Lehrer- oder aber auch, in vorweggenommener Selbstzensur, das Schülerverhalten beeinflussen. Das kann sich sowohl in bezug auf die Ausnutzung des Rederechts als auch in der Bereitschaft, sich der mentalen Operation zu stellen, äußern. Bezüglich des „*targets*" Lehrer bildet so jeder Schüler individuell auf ihn zutreffende Maximen auf die Angemessenheit der Äußerung eines Lösungsversuchs aus. Mit in diese Problematik spielt hinein, daß der Lehrer - institutionell bedingt - als „*interlocuter*" für den Schüler Widersprüche personifiziert. Er spielt die Rollen Förderer und Ausleser (Notengebung), die sich im überwiegenden Fall

widersprechen. Darüber, welche Rolle er im Äußerungsmoment einnimmt, bleiben die Schüler im unklaren.
Die zweite Adressatengruppe, die nicht weiter in Freundeskreise usw. unterteilt wird[194], bildet das Publikum für die Äußerung des Schülers dem Lehrer gegenüber. Die Mitschüler als institutionell definierte *„participants"* haben Erwartungen an das Verhalten jedes Schülers entsprechend seiner Rolle im Klassenverband. Der Zweck des Wissenserwerbs durch mentales Geführtwerden durch den Lehrer wird in jeder Äußerung durch den Zweck der Identitätsdarstellung und den Zweck der Erfüllung der Rollennormen der Mitschüler ergänzt. Dafür ist der Lehrer dann nur *„intermediary"*, während die Mitschüler *„indirect targets"* sind. Diese Zwecke können für den einzelnen Schüler widersprüchlich sein: Sie sind es für jeden Schüler, der nicht den Zweck der Schule verinnerlicht hat, dessen Identitätsbedürfnis nicht über die Rollenidentität des strebsamen Schülers hinausgeht und dem keine anderen normativen Erwartungen seitens seiner Mitschüler entgegengestellt werden.
Innerhalb dieser Widersprüche entscheidet sich der Schüler aufgrund von Maximen, die die möglichen Handlungsweisen gegeneinander abwägen, möglicherweise situationsabhängig verschieden. Es ist mit Handlungsmustern zu rechnen, die diesen Widersprüchen Rechnung tragen.

Einen Anhaltspunkt für diese Interpretation liefern EHLICH/REHBEIN[195] durch die Analyse einer Einzelhandlung, indem sie einen Schüler, der dem Verhalten seiner Lehrerin entnehmen kann, daß sie seinen Beitrag als falsch bewertet, be-

---

[194]Diese Unterteilung wäre für eine genaue Analyse notwendig, gibt aber an dieser Stelle keinen Sinn, weil diesbezügliche Kontextinformationen nicht vorliegen.

[195]EHLICH, Konrad/REHBEIN, Jochen: Wissen, kommunikatives Handeln und die Schule, in: GOEPPERT, H.C. (Hrsg.): Sprachverhalten im Unterricht, München 1977, S.36-114. Die folgenden Seitenangaben im Text beziehen sich auf diesen Aufsatz.

schreiben, der mitten in seiner Antwort abbricht und sie „ins Lächerliche" zieht (S.104-107). EHLICH/REHBEIN interpretieren dies als Handeln nach der Maxime *„Mach das Beste draus!"* (das Unglück besteht in diesem Fall aus den unterstellten, negativen Konsequenzen des Vorfalls bei der Benotung des Schülers) (S.106). Das Schülerhandeln ist demnach zu verstehen als *„außer Kraft setzen der Aufrichtigkeitsbedingung"* von Handlungen. Trifft die Aufrichtigkeit beim (mißglückten) Lösungsversuch nicht zu, soll es nach EHLICH/REHBEIN nicht zur Verantwortbarkeit der Handlung kommen. Der Schüler wechselt demnach aufgrund der Maxime die Muster mitten in der Ausführung (S.107). Allerdings ist bei dieser Interpretation zu beachten, daß im allgemeinen zwar die Verantwortbarkeit eingeschränkt wird, aber die Breite dieser Einschränkung von Fall zu Fall schwanken kann. Weiter wäre zu beachten, daß die Strategie des Abstreitens der Verantwortung in der Schule der mißtrauischen Rezeption des Lehrers unterliegt, der dieses Verhalten als Täuschung häufig erlebt und als Muster durchaus durchschauen kann. Gerade, wenn er „seine Schüler kennt", fällt er kaum auf solche Tricks herein. Es bleibt also für die Interpretation von EHLICH/REHBEIN die Unterstellung, daß die Schüler es nicht wissen, daß ihr Lehrer das Muster durchschaut. Das kommt mir nicht sehr wahrscheinlich vor. Vielmehr scheint es von Bedeutung zu sein, daß der Schüler sich explizit an seinen Mitschüler wendet, d.h. den formal angesprochenen Adressaten wechselt oder zumindestens einen weiteren Adressaten formal adressiert (S.88f., Bild 17-20).

Bei der Anwendung des Handlungsmusters *„Lehrervortrag mit verteilten Rollen"* kommt es für die Schüler zur Schwierigkeit, zwischen diesem Muster und den Mustern Frage-Antwort-Sequenz oder gar Aufgabe-Stellen/Aufgabe-Ausführen zu unterscheiden, wie es auch das Beispiel einer weiteren Einzelhandlung EHLICH/REHBEINs[196] (S.85) zeigt, in dem ein Schüler nicht musteradäquat, sondern weitergehend antwortet.

2.2.2. Interaktantenspezifische Durchführung von Handlungsmustern

Zu einer weiteren Art von Zweckkollision kommt es, wenn Interaktanten gemeinsam eine Handlung ausführen, sie diese aber als nach unterschiedlichen Handlungsmustern ablaufend interpretieren.

2.2.2.1. Interferierende Muster

Als Beispiele für solche interaktantenabhängige Handlungsinterpretationen werden die schon erwähnten Arbeiten REHBEINs und EHLICH/REHBEINs zu Sozialberatungen in England und zur Kommunikation in der Schule herangezogen.

2.2.2.1.1. Bei „Sozialberatungen in England": Erzählung versus Tatbestandsermittlung

Nachdem REHBEIN[197] das bereits erwähnte Muster des Erzählens einer Leidensgeschichte im Aufsatz über Sozialberatungen in England herausgearbeitet hat, kontrastiert er es mit dem Muster des Berichtens, das er ebenfalls herausarbeitet (S.83f.). Mit diesen beiden Mustern geht er an die Analyse der aufgezeichneten Sozialberatungen. Er stellt fest, daß es unterschiedliche Interessen innerhalb der

---

[196]EHLICH/REHBEIN 85.

[197]Die Seitenangaben im Text beziehen sich wieder auf REHBEIN 80.

Beratungssituation gibt: der Klient möchte seine Version der Leidensgeschichte als persönliche Welterfahrung darlegen und anerkannt wissen; der Agent möchte anhand eines Berichts über die juristisch relevanten Tatsachen informiert werden (S.85-89). Dazu greift er als Hörer mit Nachfragen in das Muster der Leidensgeschichte des Klienten ein. Der Klient kann sein Muster nicht vollständig realisieren, da ihm das wichtigste Element, nämlich die Zweckerfüllung in Form einer Übernahme der Bewertung der Ereignisse durch den Hörer, verweigert wird. Stattdessen kommt der Hörer zu einer eigenen Bewertung aufgrund der Durchführung seines eigenen Musters, das vom Klienten übernommen werden muß. Diese Überschneidung der Muster nennt REHBEIN Sequentialisierung oder, in Verbindung mit Institutionen, auch institutionelle Diskursverarbeitung (S.90-105).

Wichtig ist nun, daß diese Sequentialisierung typisch für die Institution der untersuchten Sozialberatung ist. Deshalb erscheint es sinnvoll, die Handlung der Sozialberatung an sich als etabliertes Muster mit dem Zweck, aus der Erzählung von Klientenerlebnissen juristisch relevante Sachverhalte zu gewinnen, zu verstehen. Diese Handlung wird vollzogen, indem zwei Handlungen mit widersprüchlicher Zwecksetzung gleichzeitig vollzogen werden, und zwar die eine vom Klienten und die anderen vom Agenten der Institution. Durch die widersprüchliche aktantenabhängige Zwecksetzung kommt es zu Interferenzerscheinungen bei der Durchführung des Musters der Sozialberatung, da der Klient bemüht ist, den Gesamtzusammenhang der Handlung durch den Vollzug des Musters der Leidensgeschichte aufrecht zu erhalten, während für den Agenten der Gesamtzusammenhang eher störend - im Sinne eines Gegenkonstrukts zu seiner juristischen Deutung - ist. Dennoch ist dieser Widerspruch funktional. Der Klient ist nicht in der Lage - zumal er in den untersuchten Fällen aus einer anderen Kultur stammt -, die juristisch relevanten Merkmale seiner Erlebnisse festzustellen und zu ordnen. Insofern ist er nicht in der Lage, einen Bericht über die ihn betreffenden Vorfälle zu liefern. Durch die Erzählung seiner Leidensgeschichte, d.h. der Schilderung der Ereignisse aus der lebensweltlichen Perspektive, werden Daten genannt, die dem Fachmann (Agenten der Institution) als Ausgangspunkt für die Rekonstruktion der Ereignisse in Berichtform dienen. Ohne diese Daten sind eine annähernd gezielte Nachfrage und damit verbunden eine juristisch relevante Interpretation nicht möglich.

Um noch einmal deutlich zu machen, worin der Unterschied zwischen den beiden Interpretationen liegt: Während REHBEIN das Aufeinandertreffen der Muster als in Beratungssituationen vorkommend interpretiert, möchte ich dieses Aufeinandertreffen als ein eigenes Handlungsmuster darstellend verstanden wissen. Meine Interpretation führt zu weitreichenden Konsequenzen wie die Annahme von mehreren Zwecken innerhalb eines Muster, die sich widersprechen können und so Inkonsistenz und Interferenz während der gesamten Musterdurchführung erzeugen.

Muster: Sozialberatung

Zwecke: i) Übernahme einer Einstellung zu Vergangenem

ii) Entwicklung einer juristisch relevanten Beurteilung

Deutliche Parallelen zum Ineinandergreifen der Muster gibt es in REHBEINs Untersuchungen zu Arzt-Patient-Gesprächen, speziell wenn es sich um das Aufeinandertreffen zweier Kulturen handelt[198]. Auch hier führen die unterschiedlichen Erwartungen zu unterschiedlichen Handlungsdurchführungen bei Agent und Klient der Institution. Das Lenken des Agenten (Arztes) als Institutionsvertreter entspricht dem Lenken des Rechtsberaters.

[198]Siehe: REHBEIN 86, S.313, S.316f., S.317-318. Und REHBEIN 93, S.12f. und S.16f.

2.2.2.1.2. In der Schule: Stoffvermittlung versus Leistungsbeurteilung

In der Schule kann es zu einer interaktantenspezifischen Musterdurchführung kommen, wenn Muster wie *„Lehrervortrag mit verteilten Rollen"* von Agent und Klienten mit unterschiedlichen Maximen durchgeführt werden[199]. Während der Lehrer das bereits als mehreren Zwecken dienend beschriebene Muster seinen Zwecken entsprechend einsetzt, wird in EHLICH/REHBEIN (S.107) davon ausgegangen, daß der Schüler in jedem Beitrag den Beurteilungsaspekt thematisiert sieht. Dieser Zweck der Auslese der Schule wird durch die mündliche Note in jede Äußerung der Schüler implantiert. Unter dieser Voraussetzung ist ein *„guter Beitrag"* für den Schüler (wie er von EHLICH/REHBEIN, S.106 als Maxime genannt wird) etwas anderes als für den Lehrer. Für den Lehrer ist gut, was ihn in der Durchführung seines Unterrichtsplans voranbringt, für den Schüler, was ihm eine positive Bewertung durch den Lehrer einbringt. Die unterschiedlichen Zwecke der Äußerung werden so aktantenspezifisch gewichtet. Dabei kann es zu Abweichungen kommen, wenn der Schüler eine Möglichkeit findet (oder meint zu finden), sich mit einem Beitrag optimal herauszustellen, der im Handlungsplan des Lehrers nicht oder an der geäußerten Stelle nicht vorgesehen war (siehe dazu EHLICH/REHBEIN S.105-107). In diesen Abweichungen kommt deutlich heraus, daß Schüler und Lehrer zwar eine Handlung vollziehen, in ihr aber unterschiedliche Handlungsmuster realisieren.
Der Normalfall scheint zu sein, daß sich beide Muster decken, da eine optimale Anpassung an den Plan des Lehrers in der Regel eine optimale Bewertung der Mitarbeit des Schülers zur Folge hat, d.h. die Anpassung des eigenen Musters an die Bedürfnisse des Musters des anderen ist innerhalb des eigenen Musters funktional.

---

[199]Die Seitenangaben im Text beziehen sich wieder auf EHLICH/REHBEIN 85.

Muster: Lehrervortrag mit verteilten Rollen

Zwecke: i) Wissensvermittlung zeitlich optimal
ii) Wissensvermittlung durch Aktivierung mentaler Prozesse bei den Schülern
iii) Auslesekriterien liefern

2.2.2.1.3. REHBEINs Stil

Im Aufsatz „Zur pragmatischen Rolle des „Stils""[200] erfaßt REHBEIN bereits die Möglichkeit interferierender Handlungsmuster. Er analysiert einen Gesprächsausschnitt, in dem sich stilistisch eindeutig verschiedenen Mustern zuzuordnende Äußerungsteile von einem Sprecher produziert werden. Er bezieht sich dabei auf lexikalische und syntaktische Unterschiede im *„Stil"*[201] der beiden Muster *„Öffentliche Ansprache"* und *„Direktes Gespräch"*. Interessant ist die Schlußfolgerung, die er aus seiner Analyse zieht:

> *„Kommt es beim Sprechen zu einer gleichzeitigen Orientierung an unterschiedlichen Mustern, die ihrerseits von ihren kommunikativen Zwecken her nicht miteinander verträglich sind, so entsteht auf der Ebene der stilistischen Realisierungsmittel eine „Überblendung", die in sich Schwierigkeiten (Kontaminationen, Reparaturen, Anakoluthen usw.) bei der Verbalisierung niederschlägt. Es entsteht das Problem, unverträgliche Diskurstypen miteinander mischen zu müssen." (S.37)*

---

[200]REHBEIN, Jochen: Zur pragmatischen Rolle des „Stils", in: SANDIG, Barbara (Hrsg.): Stilistik. Band 1: Probleme der Stilistik, Hildesheim 1983, S.21-48. Die Seitenangaben im Text beziehen sich auf diesen Aufsatz.

[201]Später arbeitet er die Intonation als weiteres wichtiges Stilmerkmal heraus. REHBEIN 83, S.38.

Weiter wird ausgeführt, daß die angesprochene Überlagerung für das Sprechen allgemein charakteristisch sei (S.37).
Diese Überlegungen führen ihn aber nicht zu einem Überdenken der theoretischen Grundlagen des Zweckbegriffs oder des Handlungsmusters. Er bleibt bei der Analyse, daß die Überlagerungen der Muster zwar typisch, aber in ihren Erscheinungen jeweils singulär sind, stehen. Nur so kann er die Vermittlung der Zwecke unter eine individuelle Zielsetzung erklären und innerhalb seines Handlungsmodells bleiben. Mir scheint es aber so, daß gerade dieser Prozeß der Zielsetzung historisch und damit vergänglich ist. Durch die wiederholte Anwendung der Musterüberlagerung entsteht meines Erachtens ein neues Muster, welches die widersprüchlichen Zwecke bindet. Das hat zur Folge, daß auch die Überlagerungen auf der Stilebene bei der Anwendung solch eines Musters generell stilistische Inkonsistenzen erzeugen müssen[202]. Das ist aber ziemlich exakt das, was ein pragmalinguistisches Interferenzkonzept (PRESCH 91) ausmacht bzw. was es erklären will.
Deshalb scheint mir in diesem Aufsatz REHBEINs der deutlichste Beleg für meine These gebracht zu werden, daß REHBEIN in seinen Untersuchungen sein theoretisches Handlungsmodell eingeholt hat und daß sich meine Veränderung seines Modells innerhalb der Bahnen seiner Arbeiten bewegt[203].

---

[202]Auf der Stilebene gesteht er die Interferenzen zu, indem er systematisch die Möglichkeiten der Überdeckung der stilistischen Repertoires aufführt: (1) Repertoire A verdrängt Repertoire B; (2) Repertoire A wird von Repertoire B absorbiert; (3) es entsteht ein Repertoire C; (4) es besteht eine Inkompatibilität zwischen den Mustern, daher findet ein dauernder Wechsel („switch") der Repertoires statt (S.38).

[203]Den Hinweis auf die Relevanz dieses Aufsatzes in der Frage der interferierenden Handlungsmuster verdanke ich Prof. Jochen REHBEIN.

2.2.2.2. Auflösung der dualen Kommunikationsbeschreibung in Sequenzplänen

Der Einbau von Mehrfachadressierungen in das Handlungsmodell hat Konsequenzen für die Darstellung der Handlung in Sequenzplänen, wie sie von REHBEIN eingeführt wurden[204]. Diese Sequenzpläne lassen sich wie eine Art Schaltplan bei der Durchführung eines Handlungsmusters lesen. Durch die Trennung von mentalen und interaktiven Bereichen bei Sprecher und Hörer gelingt es REHBEIN, die Verbindung von interaktiver Oberflächen- und mentaler Tiefenstruktur der Handlung bildlich vor Augen zu führen. Das Aufzeigen dieser Verbindung ist ebenso faszinierend wie elementar: wenn nämlich die Existenz einer Tiefenstruktur behauptet wird, deren Vorhandensein sich lediglich auf den Glauben einiger eingeschworener Analytiker zurückführen läßt, nimmt die Überzeugungskraft solch einer Konstruktion Schaden. Um so bedauerlicher ist es, daß die Darstellung auf die Sprecher-Hörer-Dyade beschränkt ist. Eine Erweiterung der beteiligten Personen im Sinne mehrerer Adressaten, die ins Handlungsgeschehen eingreifen und deren Eingriffe wieder die Grundlage für adressatenspezifische mentale Handlungen und daraus folgende interaktive Eingriffe bilden, läßt sich nur schwer abbilden. Die dyadische Darstellung brachte einen chronologischen Ablauf auf einem gemeinsamen Handlungsfeld und zwei getrennten mentalen Bereichen zum Vorschein. Die Chronologie wird gestört, indem die Parallelität der mentalen Handlungen mehrerer Adressaten berücksichtigt werden muß. Dieser Faktor kompliziert das Durchschauen des Sequenzplanes. Erschwerend wirkt sich weiter aus, daß eine Äußerung immer nach den unterschiedlichen Zwecken des teleologischen, normenorientierten und dramaturgischen Handelns interpretiert werden können muß, auch wenn einige Interpretationen aufgrund gemeinsa-

[204]Siehe z.B. REHBEIN 77, S.252, aber auch alle anderen empirischen Arbeiten REHBEINs.

mer Situationseinschätzungen ausfallen. Hier müssen schon Handlungen im Interaktionsfeld als Interferenzprodukte des mentalen Tätigkeitsfeldes aufgefaßt werden. Das muß bei jedem Aktanten bei jeder Tätigkeit auf dem Interaktionsfeld geschehen und noch chronologisch, dem Ablauf der Interaktion folgend, geordnet werden. Berücksichtigt werden muß weiter, daß die Entscheidungsknoten und damit die Möglichkeiten alternativer Handlungsstränge durch die Berücksichtigung mehrerer Aktanten [illegible]. Hält man sich dann vor Augen, daß die Sequenzpläne in ihrer jetzigen Form bei REHBEIN ohne vorherige Übung schon schwer nachzuvollziehen sind, scheint es nicht nur kaum machbar, die komplexeren Bedingungen einzubeziehen. Selbst wenn dies gelänge, würde es kaum jemanden geben, der das Gewirr von alternativen Handlungslinien noch zu durchschauen vermöchte.
Daher sehe ich im folgenden von der Darstellung von Handlungen in Sequenzplänen ab, die für dyadische Sprecher-Hörer-Konstellationen sinnvoll bleibt (z.B. bei der Analyse von Arzt-Patient-Gesprächen oder der bereits beschriebenen Arbeit über Sozialberatungen in England).

2.2.2.3. Modellspezifische Interpretation anhand dreier Einzelhandlungen

Muster: Lehrervortrag mit verteilten Rollen

Stadium 1. Situationseinschätzung: Innerhalb der Institution Schule, die der Wissensvermittlung dient, sind folgende Bedingungen konstitutiv: bei der Wissensvermittlung kommt es zu Widersprüchen durch den Gegensatz von Darstellungs- und Aufnahmemöglichkeiten unterschiedlicher Schüler; neben der Wissensvermittlung soll die Schule Auslesekriterien liefern, was sich als Gegensatzpaar Förderung versus Auslese darstellt. Die Schüler sind schulpflichtig, es herrscht ein

gewisser Anwesenheitszwang. Der Lehrer als Agent der Institution vertritt die Widersprüche in seiner Person. Zudem tritt er den Schülern als Person entgegen, zu der zwischenmenschliche Beziehungen aufgebaut werden. Neben individuellen Beziehungen zu den Schülern existiert eine Beziehung zum Klassenverband. Der Klassenverband ergibt sich aus dem gemeinsamen Erleben des Unterrichts bei verschiedenen Lehrern sowie aus gemeinsamer Pausen- und Freizeitgestaltung. Innerhalb des Klassenverbands kommt es zu Gruppenbildungen, d.h. zu Sozialbeziehungen. Innerhalb dieses Beziehungsgeflechts findet die Gestaltung des Unterrichts statt. Der vom Lehrer gesteuerte Unterricht bemüht sich im Normalfall, die Wissensvermittlung ins Zentrum der Aktionen zu stellen.
Trotzdem gehört eine Analyse der genannten Faktoren zu einer Unterrichtsvorbereitung, wie sie innerhalb der Lehrerausbildung von den Referendaren gefordert wird. Es wird also der Planung der Unterrichtsstunde eine klassenspezifische Situationseinschätzung vorangestellt, die die Rahmenbedingungen beschreibt, die in den Untersuchungen REHBEINs unterlassen werden. Da diese Einschätzung unterbleibt (bezüglich der Hauptanliegen der Untersuchungen EHLICH/REHBEINs aus Relevanzgründen sicher zu recht), ist die Analyse mit Hilfe meines Modells empirisch nicht fundiert. Die Interpretation bleibt in diesem Fall spekulativ und muß sich auf die Plausibilität der Aussagen beschränken. An dieser Stelle der Arbeit erscheint es mir noch möglich, diese Mängel in Kauf zu nehmen, da es in erster Linie um die Sondierung modellrelevanter Erscheinungen in anderen Arbeiten geht, die eben je nach Ansatz unterschiedliche Faktoren herausarbeiten und so keine optimalen Daten für die Analyse mit meinem Modell liefern. Spätestens im dritten Teil dürfen solche Einschränkungen aber nicht mehr als Entschuldigung gelten.

Stadium 2. Bedürfnisse: Die Bedürfnisse des Lehrers bestehen einmal in der Erfüllung der institutionellen Forderungen an ihn, die, wie bereits erwähnt, widersprüchlich sind. Ein weiteres Problem ist es, daß die Förderung der Klienten über den Aufbau persönlicher Beziehungen geleistet wird. Es besteht also ein Bedürfnis nach Anerkennung der Lehrerrolle und einer von der Rolle abweichenden Identität. Die Bedürfnisse der Schüler bestehen einmal im Anerkennen ihrer Schülerrolle aber auch darüber hinausgehend in der Akzeptierung ihrer Persönlichkeit. Dazu gehört ihre Rolle im Klassenverband der Mitschüler, ihre Gruppenzugehörigkeiten sowie ihre Individualität. Diese Anerkennung muß sowohl vom Lehrer als auch von den Mitschülern, Freunden usw. geleistet werden.

Diese Bedürfnisse existieren im schulischen Rahmen, unabhängig davon, welche Muster konkret durchgeführt werden. Auch wenn die Muster im Unterricht sich in erster Linie auf die Schülerrolle und der damit verbundenen Lehr-/Lernsituation beschränken, darf die Existenz der Bedürfnisse als handlungsmotivierend nicht unbeachtet bleiben. Durch die Gruppenkonstellation ergibt sich Mehrfachadressierung als konstitutives Element der Musterdurchführung und damit der Bedürfnisse, deren Befriedigung sie dient.

Stadium 3. Ziel-/ und Zwecksetzung: Die Zwecke dienen der Bedürfnisbefriedigung. Bei der Durchführung der Handlung wird jedoch einer individuellen Zielsetzung entsprechend, die sich aus Maximen ableiten läßt, der Erreichung von einem oder einigen Zwecken der Vorrang gegeben. Das heißt nicht, daß die übrigen Zwecke aus dem Handlungsmuster verschwänden, sie werden nur nicht vom Aktanten thematisiert. Die einzelnen Zwecke sind etwa:

(Schema 23)

i) Wissensvermittlung zeitlich optimal

ii) Wissensvermittlung durch Aktivierung mentaler Prozesse bei den Schü lern

iii) Auslesekriterien liefern

iv) Lehrerrollennorm entsprechen
v) Schülerrollennorm entsprechen
vi) Rollennorm im Klassenverband entsprechen
vii) Identität darstellen

Im Stadium der Zielsetzung kommt es nun für den einzelnen Aktanten darauf an, welche Zwecke er aufgrund welcher Maximen in der gegebenen Situation realisieren will. Der Lehrer als Initiator des Musters hat die Möglichkeit, seine Zwekke der Stoffvermittlung mit seiner Lehrerrolle zu verbinden. Die Schüler, die seine Zwecksetzung übernehmen, führen ebenfalls ihre Schülerrolle gegenüber dem Lehrer und den Mitschülern aus (erste Abweichungen können entstehen, wenn die Turn-Zuweisung durch den Lehrer durch Selbstzuweisung der Schüler gestört wird, dann wird das Muster durch Abweichung von der Schülerrolle gestört und muß in der Regel durch den Lehrer unter Hinweis auf die Rollennormen und die damit verbundenen Regeln der Turn-Zuweisung repariert werden).

Stadium 4. Plan/Planbildung

Die Planbildung auf der Lehrerseite ist von EHLICH/REHBEIN bereits ausführlich beschrieben worden (S.59-88)[205]. Dennoch gibt es Äußerungen des Lehrers, die vom engen Schema der Durchführung des Musters *„Lehrervortrag mit verteilten Rollen"* in dem Sinne abweichen, als sie eher einer anderen Zweckerreichung dienlich zu sein scheinen - der Selbstdarstellung als schlagfertiges Individuum, das mehr ist als ein in seiner Lehrerrolle aufgehender Institutionsvertreter.

> *„Eh ja, es gibt zwar Leute, die sagen, die Hunde sind die einzig richtigen . und guten Menschen, aber wir wolln se do'nicht unter die Personen zählen." (S.18, Zeile 7-10 der Transkription)*

---

[205]Die folgenden Seitenzahlen beziehen sich auf EHLICH/REHBEIN 85.

Hier geht der Lehrer auf den falschen Antwortversuch (dessen Ernsthaftigkeit hier nicht überprüft werden kann) mehrerer Schüler ein, die versuchen, einen Hund unter die im Stück auftretenden Personen zu summieren. Die Ironie, derer er sich bedient, ist schlecht mit den Zwecken der Wissensvermittlung zu vereinbaren. Auch auf die mentalen Prozesse der Schüler als *„interlocuter"* scheint mir hier nicht im positiven Sinne eingewirkt zu werden, da für diese Äußerung die Mehrfachadressierung zählt: die betroffenen Schüler werden bespöttelt (oder sogar lächerlich gemacht), die anderen Schüler als *„indirect targets"* dürfen sich am gelungenen Witz des Lehrers erfreuen (und werden vielleicht indirekt gewarnt, sich mit ähnlichen Antworten der Gefahr auszusetzen, selbst Gegenstand eines öffentlichen Auslachens zu werden).

Sinn gibt die Bemerkung, wenn man davon ausgeht, daß der Lehrer in dem Moment seiner Antwort die Gelegenheit nutzt, sich als schlagfertig und humorvoll zu präsentieren, indem er eine unerwartete, vielleicht sogar von ihm als absurd aufgefaßte Antwort ausführlicher als für den Unterrichtszweck erforderlich kommentiert. Nicht zuletzt wird durch diese Bemerkung des Lehrers das Verhältnis Schülerrolle-Lehrerrolle betont. Der Lehrer ist der einzige, der öffentlich einen Witz machen darf. Vor dem Hintergrund, daß zwei Minuten zuvor diverse Witzversuche der Schüler als Albernheiten und Störungen abgetan und unterbunden wurden (Transkription S.1-3) wird die Selbstdarstellung des Lehrers zur (bewußten oder unbewußten) Machtdemonstration.

Gleiches gilt für S.32, 8-12:

> *„Darf ich dich mal unterbrechen, Doro?! Die Daniela hat noch darüber hinaus was gesagt, das hast Du aber leider nicht mitgekriegt, weil du dich (glaub ich) wieder wie n Filmstar gefühlt hast, ämmm..."*

Dieser Witz (diesmal erfolgreicher, da laut Transkription mit Lachen von Schülern honoriert) auf Kosten der Schülerin ist als Herabwürdigung der Person wieder als den eigentlichen Musterzwecken entgegenlaufend einzuschätzen. Das „wieder" scheint der Schülerin sogar eine Rolle zuzuschreiben, die durch das Lachen der Schüler als lächerlich quittiert wird. Die extrem höfliche Einleitung des Witzes schwächt ihn ein wenig ab. Der Lehrer ist durch seine Positionsrolle befugt, die Schülerin zu unterbrechen, und seine Bitte um die Turn-Zuweisung ist nur formal auf das Image der redenden Schülerin bezogen, da sie jeglicher realer institutioneller Grundlage entbehrt.

Wieder wird eine Antwort, anstatt sie sachlich als unzutreffend darzustellen, benutzt, um Individualität zu zeigen und gleichzeitig ein Machtverhältnis zu stabilisieren. Da die Schülerin in dieser Äußerung jedoch in eine Rolle gedrängt wird, die sie in den Augen aller Beteiligten lächerlich macht, ist ein Schaden in ihrem Verhältnis zum Lehrer nicht auszuschließen[206].

Diese beiden Abschnitte sollen vorerst reichen, um die These des Modells zu stützen, daß das Handeln des Lehrers beim Vollzug des Handlungsmusters *„Lehrervortrag mit verteilten Rollen"* immer auch auf die Zwecke normativen und dramaturgischen Handelns ausgerichtet sind. Die Frage ist jedoch, ob in der Planbildung Aktionen zu diesen beiden Ebenen berücksichtigt werden oder ob situationsabhängig Routinen beim Lehrer aktualisiert werden. Letzteres scheint mir wahrscheinlich, wenn der Lehrer nicht von einem direkten Angriff auf seine Autorität (Lehrerrolle) oder seine Person (Identität) von seiten der Schüler ausgehen muß. Dann würde der Fall der Thematisierung dieser Ebenen durch die Schüler auftreten und die Zwecke der Wissensvermittlung, Notenerzielung usw. des normalen Unterrichtsablaufs würden unthematisiert bleiben (ohne daß sie jedoch ganz verschwinden würden).

---

[206]Genaueres bleibt hier jedoch Spekulation, da es durchaus zu einem etablierten Spielchen zwischen Lehrer und Schülerin gehören kann, sich auf diese Art hochzunehmen. Da das zu einer reflektierteren Wahrnehmung der eigenen Persönlichkeit auf Seiten der Schülerin führen könnte, wäre solch ein Vorgehen dann pädagogisch sinnvoll.

Der Schüler versucht in Adaption des Lehrerplans (allerdings lediglich von kleinen Teilen des Gesamtplans, meistens in Form von gestellten Fragen), die Leerstellen zu füllen. Seine Zwecke unterscheiden sich aber, da er durch seine Wortmeldung neben einem Beitrag zur Lösung des Problems einen Beitrag zu seiner Benotung leistet. Zudem meldet er sich vor der Gruppe seiner Mitschüler zu Wort, vor denen er sein Image als kompetenter Klassenkamerad zu wahren hat. Außerdem besteht die Gefahr, durch falsche Antworten die Beziehung zum Lehrer zu gefährden, der den Schüler in seiner Persönlichkeit abgewertet sehen könnte, dadurch daß er nicht die geforderten Leistungen bringt.
Diese Zwecke kommen dann zum Tragen, wenn die erfolgreiche Wortmeldung nicht gelingt. Es kommt dann zum *„Monitoren"* des Plans, um doch noch einige der Zwecke zu realisieren.

Als Beispiel dafür, daß Schüler durchaus über Möglichkeiten verfügen, sich vor den Mitschülern durch Beiträge selbst darzustellen, liegt auf S.28, 11 vor[207]. Der Schüler kommentiert einen Beitrag des Lehrers S.28, 9-11

> *„Mir wurde das schon so n bißchen klar, als ich die Geschichte zum ersten Mal ansah" mit „Mir nicht".*

Dadurch stellt er sich nicht nur durch das in Anspruch genommene Recht der Selbstzuteilung des Turns formal auf gleiche Stufe mit seinem Lehrer. Durch die parallel gebaute Parenthese, die allerdings den festgestellten Sachverhalt verneint, stellt er seine Kompetenz als Textrezipient der des Lehrers als mindestens gleichbedeutend und anders entgegen. Da ein dahingehendes Selbstbewußtsein beim Schüler eher unwahrscheinlich erscheint, möchte ich die Äußerung als Ironie

---

[207]Von der Anfangsphase der Stunde, S.1-3 der Transkription, wird abgesehen, da sie fast nur aus Selbstdarstellung in Form von Imagegefechten besteht.

auffassen. Entweder scheint er mir die vorausgesetzte Erwartung, die Schüler würden ähnliche Schlüsse wie der Lehrer aus dem Text ziehen können, zu persiflieren oder aber die Selbstdarstellung des Lehrers als einer, der schon „von Anfang an alles wußte", lächerlich zu machen, indem er sein Image als Allwissender formal mit dem der Schüler gleichsetzt, was nicht ernst gemeint sein kann. Da die Äußerung des Lehrers uminterpretiert wird, scheint sie in erster Linie an die Mitschüler gerichtet zu sein. Sie stellt eine Subversion des institutionell bedingten Lehrer-Schülerrollenverhältnisses dar. Der Lehrer hört den Beitrag entweder nicht oder er ignoriert ihn, indem er so tut, als höre er ihn nicht. So braucht er die Thematisierung des Normkonfliktes nicht zum Gegenstand seiner Ausführungen zu machen, sondern kann in seinem Unterrichtsplan fortfahren.

Gezeigt werden sollte mit diesen Exkursen, in denen Elemente der Planbildung in Bezug zur realen Ausführung gesetzt wurden, daß im Muster *„Lehrervortrag mit verteilten Rollen"* das Muster aktantenabhängig durchgeführt wird, nämlich als *„Lehrervortrag mit verteilten Rollen"* vom Lehrer und von den Schüler als *„Antwort-Sequenzen"*. Daraus ergeben sich unterschiedliche Schwerpunktsetzungen bei der Planbildung. Weiter wurde gezeigt, daß die Stabilisierung des Rollenverhältnisses zwischen Schülern und Lehrer durchaus berücksichtigt wird, ebenso wie die Rollenverhältnisse der Schüler untereinander (allerdings überwiegend auf der Ebene der „Nebenkommunikation") thematisiert werden. Die Selbstdarstellung nimmt einen relativ breiten Raum beim Lehrer ein, womit die These, daß ein persönliches Verhältnis zu den Schülern aufgebaut werden soll, gestärkt wird. Persönliche Verhältnisse lassen sich eben besser zu einem Individuum aufbauen als zu einem auf die Rollennormen beschränkten Institutionsvertreter. Bei den Schülern sind ebenfalls solche Ansätze zu erkennen. Insbesondere, wenn sie versuchen, einen ähnlich flapsigen Ton anzuschlagen wie ihr Lehrer, oder wenn sie sich ganz von ihm distanzieren, um ihre Mitschüler zu erfreuen.

Stadium 5. Ausführung

Der Lehrer führt sein Handlungsmuster *„Lehrervortrag mit verteilten Rollen"* über einige Strecken unkooperativ durch. Die Schüler werden über die volle Bedeutung seiner Äußerungen getäuscht. Das hängt einerseits von institutionellen Gegebenheiten wie dem Zwang zur raschen Wissensvermittlung ab, der es verhindert, daß selbständige Lösungsversuche von Schülern verfolgt werden, die außerhalb der Planung des Lehrers liegen. Die Zwänge, denen der Lehrer beim Durchgang durch das Muster ausgesetzt ist und die seine Bewertungsentscheidungen von Schülerantworten erheblich mitbestimmen, sind für die Schüler nicht transparent. Sie werden als unwesentlich für das Schülerwissen aufgefaßt. Im Gegenteil, es wird den Schülern suggeriert, sie sollten selbständig Aufgaben problemadäquat lösen. Das schlägt sich darin nieder, daß als Kriterium für die Bewertung von Schülerantworten ihre problemorientierte Unangemessenheit postuliert wird, während in Wirklichkeit ihre Einordbarkeit in den Lösungsplan des Lehrers im Zentrum ihrer Bewertung steht. Der Lehrer als Agent, der über institutionsbedingtes Maximenwissen der Schule verfügt, weiß oder geht unreflektiert davon aus, daß die Durchführung seines Handlungsplanes den größtmöglichen institutionsbedingten Erfolg in der Wissensvermittlung mit sich bringt. Den Schülern, als Klienten der Institution, fehlt das „eigentliche Problem", um das es in der Stunde geht. Sie werden beim entwickelnden Erschließen des Handlungsmusters vom Lehrer auf bestimmte Wege gebracht, die sie zu dessen Ausgangspunkt führen. Das Abschneiden der Wege durch die Bewertung als falsches Antworten wird höchstens als Bevormundung und mindestens als Frustration empfunden.

Im Sinne des Modells handelt es sich um ein nicht-kooperatives Muster, in das institutionsbedingte Systemimperative einfließen, die nur der Agentenseite bekannt sind. Die Situationsdefinition wird durch die Oberfläche des Unterrichtsdiskurses lebensweltlich - in diesem Fall als problemorientiertes Fragen und Aufgabenlösen - geleistet. Den Klienten wird so eine Bedeutungsebene ihres Handelns verdunkelt.

Ebenfalls als nicht-kooperativ muß die Ebene der Bewertung aufgefaßt werden. Jede Schüleräußerung kann neben ihrer Funktion im Unterricht einen Beitrag zur Benotung für den Lehrer darstellen. Welche Relevanz ein aktueller Beitrag hat, weiß nur der Lehrer allein, es sei denn, es wird direkt eine notenrelevante Frage angekündigt (Beispiel Hausaufgabenabfrage). Aber auch dann stehen dem Lehrer noch pädagogische Entscheidungsräume zur Gewichtung der Beiträge zur Verfügung. Durch die Vielschichtigkeit der Aufgaben des Lehrers innerhalb des Unterrichts kommt noch hinzu, daß die Bewertung meistens wohl eher unbewußt, d.h. unreflektiert, abläuft und sich in Form eines Eindrucks niederschlägt. Auf die Berücksichtigung der Bewertungsebene hat der Schüler also so gut wie keine Einflußmöglichkeit. Da sie aber die Bedeutung seines Beitrags mit konstituiert, folgt daraus wieder eine institutionell bedingte Nicht-Kooperation innerhalb des Unterrichts. Dieser Konflikt, der in der Person des Lehrers manifest wird, wird gehandhabt, indem ein Identitätsbild bei den Schülern für die einzelnen Lehrer geschaffen wird. In dieses Bild fließen Rollenerwartungen von Institution, von persönlichen Beziehungen und der Individualität des Lehrers ein. Es werden Vertrauensmaximen ausgebildet, die dem Lehrer unterschiedliche Fairnessgrade bei der Bewertung zusprechen. Diese unterstellte Fairness, die auf der Ebene der Identität liegt, ermöglicht es den Schülern, sich mehr oder weniger angstfrei in diesem unkooperativen Rahmen zu bewegen.

Einen weiterer Ansatzpunkt zur Feststellung nicht-kooperativen Verhaltens liefert das bereits beschriebene Beispiel, in dem der Lehrer einen Witz über eine Schülerin macht. Obwohl es nur ein Beispiel eines Lehrers in einer Unterrichtsstunde ist, möchte ich behaupten, daß es allgemeine Gültigkeit beansprucht, da in ihm funktionale Handlungsweisen deutlich werden. Es wurde bereits gesagt, daß statt einer sachlichen Beurteilung des Beitrags eine Lächerlichmachung der Schülerin erfolgt, die durch Gelächter der Mitschüler honoriert wird. Es gibt also mindestens zwei Adressatengruppen, die Mitschüler und die Schülerin (für das Lachen jedes Mitschülers gibt es als Adressaten die eigene Person, als Selbstausdruck, die betroffene Mitschülerin, die den Imageverlust erleidet, die anderen Mitschüler, die zum Imageverlust mehr oder minder Stellung nehmen, und den Lehrer, der die Imageverletzung einleitet). Für die angesprochene Adressatin bedeutet die Äußerung des Lehrers auf der Ebene der Frage-Antwort-Sequenz eine Bewertung des Beitrags als falsch und unnötig, auf der Ebene der Mitschülerrolle eine Kritik, da sie einer Mitschülerin nicht zugehört und sich so unsozial verhalten hat, und auf der Ebene der Persönlichkeit, da ihr das realitätsferne Selbstbild einer Schauspielerin unterstellt wird, eine Imageeinbuße, die durch das provozierte Gelächter der Mitschüler noch verstärkt wird.

Die Mitschüler entnehmen der Äußerung, daß der Lehrer die Frage-Antwort-Sequenz kontrolliert, er Normverstöße innerhalb des Schülerrollenkomplexes sanktioniert und er Imageverletzungen begehen kann, durch die sein Image aufgewertet wird. Sie sind durch die Thematisierung des Beziehungsaspekts aufgefordert, zur Äußerung Stellung zu beziehen. Durch die Äußerung wird ihnen vor Augen geführt, was einem Schüler blühen kann, wenn er sich unbeliebt macht. Durch eine Stellungnahme dazu - beispielsweise Gelächter - solidarisieren sie sich gegen die Mitschülerin mit dem Lehrer und erkennen so das Prinzip und die Herrschaftsstruktur an, die in anderen Fällen gegen sie gewendet werden kann. Durch eine negative Stellungnahme - Schweigen oder Protest - wird dem Lehrer auf der Herrschaftsebene die Kompetenz der Imageverletzung versagt. Es kommt wahrscheinlich zu einer Konfliktaustragung. Der Lehrer benutzt dieses Mittel zur Disziplinierung der Schüler, d.h. zur Herrschaftsausübung. Interessant daran ist, daß er zweifelsohne über eine ausgeprägte Form der Herrschaft institutionell bedingt verfügt, der Weg, sie durch die Schüler bestätigen zu lassen (durch Gelächter) und ihnen damit sogar ein scheinbares Maß an Verfügbarkeit über diese

Herrschaft zuzubilligen, wird aber bevorzugt. Damit entspricht diese Äußerungssequenz dem Fall der komplexen Konfliktlösung, Konfliktstufe B.

Die Schüler führen das Handlungsmuster ebenfalls zum Teil unkooperativ durch. Und zwar werden dem Lehrer in einigen Fällen sowohl Gesprächsrollen der Äusserung vorenthalten, als auch damit verbunden die gesamte Bedeutung. Die Adressaten, die der Lehrer nicht wahrnimmt, sind Mitschüler, für die die Äußerung gestaltet wird. Es geht dabei zum Teil um Rivalitäten untereinander, die verdeckt auf dem Forum des Unterrichtsgeschehens ausgetragen werden. Formal bedienen sich die Schüler dabei des Lösungsversuchs innerhalb des Handlungsmusters, also der ihnen zufallenden Lösungssequenz, um Kritik an Mitschülern und Mißfallen an ihren Äußerungen zu üben. Innerhalb des Beziehungsgefüges in der Klasse, Cliquen, „Feindschaften" usw., bekommen diese Äußerungen erweiterte Funktionen der Entsprechung von Rollennormen sowie der Imagebehauptung und -verletzung. Dieser Kampf gegeneinander ist unkooperativ dem Lehrer gegenüber, der über die Bedeutung der Äußerungen im unklaren bleibt und auf Spekulationen angewiesen ist, selbst wenn er Verdacht schöpft.
Die Aktivität der Schüler kann sich sogar gegen den Lehrer richten, ohne daß er Notiz davon nimmt. Wenn die Schüler in einer exklusiven Nebenkommunikation (byplay) einen Kontext schaffen, der sich auf eine folgende Äußerung eines Beteiligten in der Hauptkommunikation vor der Klasse mit dem Lehrer beziehen läßt, so bleibt der Lehrer als Handlungsbeteiligter bei einer wichtigen Teilbedeutung seiner Handlung unwissend[208]. Beim *„Lehrervortrag mit verteilten Rollen"*, der vom Lehrer geleitet wird und bei dem, wie festgestellt wurde, lediglich der

---

[208]Schon PRESCH 85, S.104-106, weist auf ein diesbezügliches Beispiel hin: HENNE, Helmut/REHBOCK, Helmut: Einführung in die Gesprächsanalyse, 2. erw. Aufl. Berlin/New York 1982, S.248-252. Ein Schüler führt hier seine Lehrerin vor, indem er sie zur Ermahnung seiner Mitschülerin veranlaßt. Dazu bedient er sich eines fingierten Antwortversuchs auf eine Frage der Lehrerin. Seine Mitschüler sind sich über den Trick im klaren, die Lehrerin ahnt nichts davon.

Lehrer über einen vollen Überblick über den Handlungsplan verfügt, heißt dieses, daß die Schüler einen konkurrierenden Plan ausführen, über den nur sie den Überblick haben, und der Unterrichtsstruktur so ein Gegenkonzept entgegensetzen.
Unter der scheinbar kooperativen Oberfläche des Unterrichtsdiskurses lassen sich so permanent Konflikte erkennen.

Stadium 6. Resultat: Das Resultat kann vielfältig sein und in einer Bewertung der Schülerleistung, dem Wissenszuwachs von Schülern, einer Imageeinbuße von Schülern oder Lehrer usw. bestehen.

Mit dem Durchgang durch die Stadien des Handlungsprozesses soll die Bezugsetzung zu den Arbeiten REHBEINs abgeschlossen werden.

3. Andere Arbeiten

Neben REHBEIN verdienen es die Arbeiten von HOFFMANN, PRESCH, HOLLY/KÜHN/PÜSCHEL und KLEIN hervorgehoben zu werden. Gemeinsam ist ihnen, daß sie anhand bestimmter Textsorten oder Diskursformen mehrfachadressiertes Sprachhandeln erfassen.

3.1. HOFFMANN

HOFFMANN liefert zu zwei Themenbereichen Arbeiten zur Mehrfachadressierung im hier verstandenen Sinne. In seinem Aufsatz „Mehrfachadressierung und

Verständlichkeit" entwirft er ein Mehrfachadressierungskonzept, das dem parallel von CLARK/CARLSON entwickelten sehr ähnelt (weshalb es unter dem Punkt der Mehrfachadressierungskonzepte nicht weiter diskutiert wurde). Mit Hilfe dieses Konzepts nimmt er eine Interpretation von Beipackzetteln vor und weist für diese Textsorte mehrere adressatenspezifische Textbedeutungen nach.
In seinen Arbeiten zur Kommunikation vor Gericht[209] stehen unterschiedliche Wissensbestände bei Agenten und Klienten der Institution im Vordergrund des Interesses. Die aktantenspezifische Deutung und Umdeutung von Äußerungen führt hier zu Kollisionen von Zielsetzungen der Aktanten untereinander und von individuellen Zielsetzungen mit den institutionellen Zwecken der Äußerungen. So werden Klienten in sprachliche Handlungen einbezogen, deren volle Bedeutungen sie nicht immer verstehen können. Das Äußerungsdesign, in dem diese teilweise verdeckten Handlungen stattfinden, ist komplex. Es existieren verschiedene institutionelle Teilnehmerrollen: Schöffen, Richter, Angeklagter, Verteidiger und Vertreter der Staatsanwaltschaft. An sie alle sind Äußerungen gerichtet, auch wenn beispielsweise nur der Angeklagte angesprochen wird.

3.2. PRESCH

PRESCH findet bei seinen Untersuchungen zu Arbeitszeugnissen heraus, daß sich für den Zeugnisaussteller eine Fürsorgepflicht gegenüber dem Arbeitnehmer

---

[209] HOFFMANN, Ludger: Zur Pragmatik von Erzählformen vor Gericht, in: EHLICH, Konrad (Hrsg.): Erzählen im Alltag, Frankfurt 1980, S.28-62; HOFFMANN, Ludger: Kommunikation vor Gericht, Tübingen 1983; HOFFMANN, Ludger: Kommunikation vor Gericht: Zum Forschungsstand, in: OBST 23, 1983, S.7-28; HOFFMANN, Ludger (Hrsg.): Rechtsdiskurse, Tübingen 1989; HOFFMANN, Ludger: Verstehensprobleme in der Strafverhandlung, in: HOFFMANN, Ludger (Hrsg.): Rechtsdiskurse, Tübingen 1989, S.165-196.

und eine Solidarität gegenüber seinen Arbeitgeberkollegen ergibt. Diese doppelte Verpflichtung führt zu einer Charakterisierung von Arbeitszeugnissen als:

a) mehrfachadressiert: Arbeitnehmer und künftiger Arbeitgeber (auch das Arbeitsgericht im möglichen Streitfall)
b) unterschiedlichen Interessenslagen dienlich, die sozialstrukturell aus den Produktionsverhältnissen herrühren
c) zweifach funktional, ergibt sich aus der Verbindung von a) und b)
d) eventuell widersprüchlichen Funktionen dienend (falls sich die Interessenslagen nicht decken)
e) einer Zeugniswahrheit verpflichtet, die inhaltlich nicht näher beschrieben werden kann (aufgrund der Verankerung der Widersprüche innerhalb der Gesellschaftsstruktur)
f) mehrfachinterpretierbar, um den Konflikt „scheinbar" aufzulösen.

Der beschriebene Konflikt, dessen gesellschaftliche Ursachen historisch begründet sind und dessen Festschreibung durch juristische Vorgaben geleistet wird, wird auf seiten der Arbeitgeber durch die Verdeckung der vollen Bedeutung der Bewertung - insbesondere der Negativbewertungen - angegangen. Als Möglichkeiten der Bedeutungsverdeckung arbeitet PRESCH vier *„Formulierungsstrategien"*[210] heraus.

1. Gestreckte Skalen[211]
2. Weglassen relevanter Informationen[212]

---

[210]Zu diesen vier Strategien muß angemerkt werden, daß sie nicht angewendet werden müssen, d.h., daß die Möglichkeit besteht, daß ungeübte Schreiber von Arbeitszeugnissen Zeugnisse ausstellen, die, anhand der Strategien gelesen, schlecht sind, aber durchaus positiv gemeint waren.

[211]In ihnen werden durch eine kleine Anzahl stereotyper Wendungen eine klar definierte Rangfolge aufgebaut, die Bewertung findet innerhalb des Rahmens der Wendungen statt (PRESCH 85a, S.328f.).

3. Betonung von Selbstverständlichkeiten[213]

4. Nahelegung negativer Schlüsse[214]

Diese empirisch gewonnenen Ergebnisse führen in PRESCH 85 zu den bereits erwähnten (und in der eigenen Arbeit berücksichtigten) Ausführungen über Mehrfachadressierung und Konfliktlösung sowie in PRESCH 91 zur Aufstellung eines linguistischen Interferenzkonzeptes (in Anlehnung an FREUD), die es ihm ermöglichen, seine Ergebnisse theoretisch zu untermauern. Die dort hergestellten Bezüge zwischen dem „*Interferenzkonzept*" und der Handlungstheorie REHBEINs waren der Ausgangspunkt der eigenen Arbeit.

3.3. HOLLY/KÜHN/PÜSCHEL

HOLLY/KÜHN/PÜSCHEL beschreiben das Handlungsfeld von Politikern als von Widersprüchen bestimmt. Sie gehen mit DIECKMANN[215] von der „*Doppelung des Politischen*" aus. Diese Doppelung äußert sich in einer permanenten Inszenierung von politischem Handeln beim politischen Handeln, d.h. in einer Doppelrahmung im GOFFMANschen Sinn. Es wird also nicht nur politisch gehandelt, sondern, mit der Handlung verbunden, ein Schein dieser Handlung vermittelt (HOLLY/KÜHN/PÜSCHEL 86, S.17). Sie begründen diese These mit

---

[212]Dieser Typus setzt die Kenntnis eines beruflichen, fachlichen wie sozialen Anforderungsprofils voraus. Werden für dieses Anforderungsprofil relevante Informationen weggelassen, wird aus dem Fehlen die Negativbeurteilung dieser Punkte geschlossen.

[213]In diesen Typus wird durch das Hervorheben von selbstverständlichen Grundqualifikationen das Fehlen von Normal- und Spitzenqualifikationen nahegelegt.

[214]Durch die Verknüpfung zweier Aussagen werden negative Schlüsse nahegelegt.

[215]DIECKMANN, Walther: Politische Sprache. Politische Kommunikation. Vorträge. Aufsätze. Entwürfe. Heidelberg 1981.

der gesellschaftstheoretischen Annahme, daß das *„Pyramidenmodell"*[216], nach dem der Wille des Volkes durch die von ihm gewählten Vertreter in einer rationalen Diskussion dieser Vertreter manifest wird, in der Praxis nicht zutreffend ist. Die Handlungszwänge des politischen Systems führen stattdessen zu einer Spezialisierung der Politiker in einem kleinen Bereich und einer Unterwerfung unter die Fraktionsdisziplin in der Fülle der anstehenden Entscheidungen. Eine spezielle Vertretung der Interessen der Wähler kann so nicht geleistet werden.
Da das Pyramidenmodell aber die zentrale Legitimationsfigur für die Durchsetzung des Volkswillens in der repräsentativen Demokratie darstellt, wird der Schein einer Demokratie der diskutierenden Volksvertreter von den Politikern aufrecht erhalten: die Doppelung des Politischen oder die Inszenierung von Propaganda als Diskussion.

> *„Man geht davon aus, daß den Bürgern die Handlungsziele einerseits nicht klar sind, daß sie aber andererseits nicht zu klar werden dürfen, da sie sonst zum Gegenstand eines Meinungsstreites werden, der Akzeptanz gefährdet und Integration verbaut; sie müssen deshalb in einer flexiblen Propagandasprache formuliert werden, so Bergsdorf (1985, S.188)*[217]*."* (HOLLY 89, S.15)

Die Arbeiten basieren auf der bereits besprochenen Handlungstheorie von HOLLY/KÜHN/PÜSCHEL. Durch die Doppelung des Politischen kommt es zur parallelen Zielverfolgung bei der Durchführung von Handlungsmustern, die adressatenspezifisch realisiert werden. Als Beispiele analysieren HOLLY/KÜHN/PÜSCHEL zwei Diskussionssendungen des ZDF mit Politikern, „Bonner Runde" und „ZDF-Hearing".

---

[216]Der Ausdruck *„Pyramidenmodell"* bezieht sich auf die Vorstellung der Willens-übertragung durch Repräsentanten (Abgeordnete) von der Basis im Wahlkreis bis an die Spitze der Regierung, die graphisch in Pyramidenform dargestellt werden kann (HOLLY 90, S.129).

[217]Der Literaturnachweis bezieht sich auf: BERGSDORF, Wolfgang: Über die Schwierigkeiten des politischen Sprechens in der Demokratie. In: WIMMER, Rainer (Hrsg.): Sprachkultur. Jahrbuch 1984 des Instituts für deutsche Sprache, Düsseldorf 1985, S.184-195.

HOLLY begleitet in seiner Arbeit „Politikersprache" einen Bundespolitiker bei seiner Arbeit in Wahlkreis und Parlament. Er findet bei ihm vier Arten der Versöhnung des Widerspruchs zwischen realer Situation des Politikers und den Erwartungen der Wähler an ihn heraus: widersprüchliches ARGUMENTIEREN, Wechsel zwischen WIDERLEGUNG und IMAGE-SCHONUNG, IKONISIERUNG und OFFENLEGUNG eines vermeintlichen Rollenkonflikts (S.245f).

3.4. KÜHN

KÜHN 95 untersucht die Textsorte der parlamentarischen Zwischenfragen in einer Debatte. In die Debatte als Inszenierung von Politik als Diskussion eingebettet, erfüllt die Zwischenfrage die Funktion, die Redebeiträge der Politiker aufzulockern und den Zuschauern (Wählern) den Eindruck eines kritisch diskutierenden Parlaments zu vermitteln. Bei den Fragen handelt es sich überwiegend um politische Statements, die formal in Frageform vorgebracht werden, bei den Antworten ebenfalls, was dadurch begünstigt wird, daß die Antworten nicht direkt auf die Fragen eingehen müssen. Fragender wie Antwortender profilieren sich durch die Zwischenfrage als schlagfertig vor Wählern und Fraktion.

3.5. KLEIN

KLEIN arbeitet in KLEIN 81 auf der Grundlage seiner eigenen Erfahrungen als Politiker auf Kreis-, Land- und Bundestagsebene[218] verschiedene Adressatenty-

[218]Das Insiderwissen ist bei der Herausstellung von Sprachstrategien von Vorteil. Politiker, für die das Funktionieren ihrer Strategien existenznotwendig ist, werden kaum bereit sein, diese

pen von Äußerungen Kohls während einer Wahlkampfveranstaltung, die im Fernsehen übertragen wird, heraus. Er differenziert in naive und nicht so naive Teilnehmer, und zwar bei CDU-Anhängern, CDU-Gegnern und beim Publikum. Für jede Adressatengruppe stellt er Partnerhypothesen auf, die Kohl entwickelt haben soll[219]. Anhand dieser Partnerhypothesen wird deutlich, daß die Adressatengruppen den Beitrag unterschiedlich aufnehmen. Eine Beachtung funktionaler Gesichtspunkte bei der Gewichtung der Adressatengruppen durch Kohl bringt das Ergebnis, daß er Adressatengruppen bewußt brüskiert, um andere Adressatengruppen in ihrem Urteil über sich zu bestätigen. So verstößt er gegen Konversationsmaximen und macht sich beim unparteiischen Publikum unbeliebt, um innerparteiliche Querelen zu vermeiden, was ihn wiederum vor weniger naiven Anhängern auszeichnet, da so parteischädigende Diskussionen vermieden werden. Die Entscheidung, welche Adressatengruppen hofiert und welche vergrätzt werden, führt KLEIN auf Maximen des Machterhalts und damit verbunden der Konfliktvermeidung zurück. Ähnlich wie bei HOLLY/KÜHN/PÜSCHEL scheint mit der Trennung zwischen naiven und weniger naiven Adressaten eine Trennung zwischen Eingeweihten der Inszenierung und nicht-eingeweihtem Publikum vorzuliegen. Es wird bei ihm allerdings nicht einfach die Legitimierung vor den Wählern durch Demokratisierung erklärt. KLEIN verweist auf den Einfluß von Interessengruppen, vor denen eine Legitimierung stattfinden muß, die teilweise wichtiger ist als die Legitimierung vor unentschlossenen Wählern. Die Legitimierung findet in diesem Fall eben nicht durch eine Demokratieaufführung statt, sondern durch ziemlich eindeutige politische Stellungnahmen.

---

vollständig transparent zu machen (KLEIN 81).

[219]Dieses Verfahren wird durch seine Insiderkenntnisse und seine Prüfung der Hypothesen durch befreundete Politiker glaubwürdig.

IV. Anwendung des Modells auf die Analyse von Debattenbeiträgen im Bundestag

Im letzten Teil der Arbeit soll das Modell anhand einer eigenständigen Analyse auf seine Brauchbarkeit überprüft werden. Ausgewählt wurde zu diesem Zweck eine Textsorte, bei der die Bedingungen der Mehrfachadressierung und Konfliktbewältigung offensichtlich zu sein scheinen: Debattenbeiträge im Bundestag. Diese Textsorte fällt unter die Kategorie des politischen Sprachhandelns, die schon bei der Besprechung der Arbeiten von HOLLY, HOLLY/KÜHN/PÜSCHEL, KÜHN und KLEIN behandelt wurde. Die Besonderheit liegt in der institutionellen Bedeutung der Beiträge, die mit der Öffentlichkeitsfunktion politischen Handelns in der Bundesrepublik schlechthin in Verbindung steht (ZEH, S.917). Da die Debatte - insbesondere die Debatte um gesellschaftlich besonders relevante Themen - streng genommen die einzige Möglichkeit bietet, das Informationsgebot des Parlaments vor der breiten Öffentlichkeit des Volkes zu realisieren, kommt dieser Kommunikationsform besondere Bedeutung innerhalb des demokratischen Systems der Bundesrepublik zu.

Die einzelnen Debattenbeiträge sollen als sprachliche Handlungsmuster beschrieben werden, die institutionell geprägt sind. Daher wird eine kurze Institutionsanalyse, die die Öffentlichkeitsfunktion (siehe KISSLER 76) des Bundestages in das Zentrum stellt, geliefert. Diese Analyse deckt sich zwar in einigen wichtigen Aussagen mit der Analyse von HOLLY/KÜHN/PÜSCHEL, sie versucht aber, sie in einigen zentralen Punkten zu widerlegen. Zur Institutionsanalyse gehört ebenfalls eine Analyse institutioneller Handlungszwänge, die, wie im Falle der im Grundgesetz nicht explizit vorgesehenen Fraktion oder der Rolle von besonderen Teilöffentlichkeiten wie Verbänden, nicht normativ erfaßt worden sind, aber realiter das Sprachhandeln der Abgeordneter innerhalb der Institution beeinflussen (KISSLER 76, S.346-362).

Das so gewonnene Handlungsmuster wird dann anhand der Analyse von Debattenbeiträgen zur Änderung des Grundrechts auf Asyl konkretisiert. Diese Debatte eignet sich besonders, weil es sich zweifelsohne um eine „große Debatte" handelt, die massives öffentliches Interesse geweckt hat. Da es sich um eine Grundgesetzänderung handelt, hat auch die Begründung dieses politischen Handelns einen zentralen Stellenwert im demokratischen System der Bundesrepublik.

1. Handlungsmuster Parlamentsdebattenbeitrag

KÜHN hat mit seiner Analyse von parlamentarischen Zwischenfragen bereits auf den zentralen Aspekt des Beitrags als zum Fenster hinaus gerichtet hingewiesen (KÜHN 95). Dabei hat er die Rolle der Zwischenfrage im Rahmen der Geschäftsordnung des Deutschen Bundestages (GOBT) mit ihrer mehrfachadressierten Realisierung kontrastiert. Den Schlüssel für die Erklärung der Verschiebung von Theorie und Praxis findet er mit der von HOLLY/KÜHN/PÜSCHEL in Anlehnung an DIECKMANN vertretenen Auffassung über den Stand der politischen Praxis in der Bundesrepublik allgemein. Sie gehen davon aus, daß die Öffentlichkeit der politischen Entscheidungen in direkter Konfrontation der Politiker miteinander vor dem Volk als Publikum nicht mehr existiert. Dieses Modell der Begründung der Entscheidungen der Gewählten vor ihrem Souverän sei nach den ersten Parlamenten entwickelt worden, setzt aber einen anderen Typus des Abgeordneten und eine entscheidend weniger komplexe Gesellschaft voraus. Die heutige Komplexität setzt die Form der gezielten Arbeit der einzelnen Abgeordneten in Ausschüssen zu Spezialthemen voraus, was dazu führt, daß die Politik sich zu einer Verwaltung von Sachzwängen entwickelt hat, deren demokratische Begründung sich auf die durch die Wahlen herbeigeführten Personalwechsel beschränke. Da die Politiker sich und ihre Existenz eben für diese Wahlen legitimieren müssen, werben sie massiv. Die Werbung findet innerhalb des Rahmens des überholten Demokratiemodells statt, in dem die Übertragung von Macht noch durch die Kontrolle der Handelnden durch das Publikum der Wähler gewährleistet ist. Vor diesem Publikum diskutieren die unterschiedlichen Politiker ihre verschiedenen Ansichten und das bessere Argument gewinnt. Diese Art von Demokratie hat einen hohen Legitimationswert innerhalb der heutigen Gesellschaft, der ideologisch fundiert ist. So wird das überholte Demokratiemodell instrumentalisiert, um in einem „geheimen" Modell der Legitimation zu dienen: Inszenierung von Propaganda als Information.

Diese Gedankengänge werden durch die Behauptung gestützt, das eine Modell sei systemtheoretisch und das andere ideell. Während die Systemtheorie vom Parlament als Arbeitsparlament ausgehe - und damit die Realität treffe - gehe das ideelle Modell vom Redeparlament aus, das faktisch nicht existiere. Dieser Gedanke scheint mir aber zu einfach zu sein. Sicher gibt es innerhalb des bundesrepublikanischen Parlamentarismus eine Dominanz des Arbeitsparlaments, der Gedanke des Redeparlaments ist aber sowohl normativ im Grundgesetz verankert, als auch in der Praxis relevant, wenn debattiert wird. Sicher findet Legitimation innerhalb der Beiträge statt, und es ist im Sinne von HOLLY von Propaganda zu sprechen. Aber die Ausschließlichkeit, die von dem Begriff *„Inszenierung von Propaganda als Diskussion"* im Sinne von Bürgerbetrug ausgeht - ein Betrug, den, wie HOLLY feststellt, auch noch jeder durchschaut, der aber trotzdem flächendeckend Wirkung zeigt - ist abzulehnen. Um diese Meinung zu belegen, soll jetzt kurz die Öffentlichkeitsfunktion des Bundestages diskutiert werden. Dabei werden die zentralen Begriffe von Rede- und Arbeitsparlament als gegensätzliche Pole der deutschen Verfassungstheorie und -wirklichkeit herausgearbeitet werden.

1.1. Öffentlichkeitsfunktion des Bundestages

Die Öffentlichkeitsfunktion des Bundestages läßt sich aus zwei unterschiedlichen Rechtsgrundsätzen[220] begründen (KISSLER 76, S.65-68). Einmal gehört es zur Legitimation politischer Herrschaft, die sich durch Wahlen herleitet, daß die Repräsentierten von den Repräsentanten über deren Stellvertreterhandeln unterrichtet werden, damit die nächste Wahl auf eine rational begründbare Entscheidungsgrundlage gestellt werden kann (KISSLER 76, S.65f.). Zum anderen spielt die Kontrolle der Machtausübung, d.h. die Rechtsstaatlichkeit; eine Rolle (KISSLER 76, S.66). Formell rechtlich wird dieses im Artikel 42 Absatz 1 Satz 1 Grundgesetz festgehalten: *„Der Bundestag verhandelt öffentlich."* Grundsätzlich ist dabei die Frage nach der Rolle der Abgeordneten im deutschen Parlamentarismus zu stellen. Der Abgeordnete ist Repräsentant und damit Träger des Informationsgebots des Grundgesetzes (KISSLER 76, S.284). Ebenfalls im Grundgesetz festgelegt ist ein Rollenkonflikt des Abgeordneten, der nach Artikel 38 Absatz 1, Satz 2 Grundgesetz[221] seinem Gewissen verantwortlich und damit unabhängig sein soll, der sich aber faktisch, um gewählt werden zu können, einer Partei anschließen muß (ARNDT, S.646), die ebenfalls laut Artikel 21 Absatz 1 Satz 1 Grundgesetz[222] an der politischen Willensbildung teilhaben soll. Durch die Organisation der Abgeordneten in einer Partei gewinnt diese einen grundrechtlich abgesicherten Einfluß auf die Entscheidungen der Abgeordneten (ARNDT, S.646). Ein Ein-

---

[220]Grundlage dafür bildet Artikel 20, Absatz 2 Grundgesetz: *„Alle Staatsgewalt geht vom Volke aus. Sie wird vom Volke in Wahlen und Abstimmungen und durch besondere Organe der Gesetzgebung, der vollziehenden Gewalt und der Rechtssprechung ausgeübt."*

[221]Der Artikel im Wortlaut: *„Sie (die Abgeordneten TZ) sind Vertreter des ganzen Volkes, an Aufträge und Weisungen nicht gebunden und nur ihrem Gewissen unterworfen."*

[222]Der Artikel im Wortlaut: *„Die Parteien wirken bei der politischen Willensbildung des Volkes mit."*

fluß, der theoretisch durch das Unabhängigkeitspostulat des Artikels 38 ausgeschlossen wird (KISSLER 76, S.291). Der Verdacht liegt nahe, daß es sich bei der Festlegung der Entscheidungsfreiheit im Grundgesetz um ein Interferenzprodukt handelt, das versucht, beide widerstreitenden Aufgaben zu vereinen. Tatsächlich besteht durch die Forderung, daß keine Auslegung eines Grundgesetzartikels die Existenz eines anderen Grundgesetzartikels außer Kraft setzen kann, sondern daß im Gegenteil die einzelnen Artikel immer als aufeinander bezogen interpretiert werden müssen (ARNDT, S.650), ein normatives Patt, eine Konfliktlösung nach dem Modell des *„Aussitzens"* oder *„Scheinkompromisses"* im Sinne von PRESCH 85. Die Geschichte des Konflikts wird in HAMM-BRÜCHER[223] kurz dargestellt. Das Augenmerk wird so von der normativen Basis und ihrem zugrundeliegenden Konflikt auf die Praxis der konkreten Anwendung gerichtet. Nichtsdestoweniger bleibt jedoch der Grundkonflikt zwischen wünschenswerter Repräsentationstheorie und der Konzessionen dieser Theorie an die Praxis der Erlangung von Repräsentationsmöglichkeiten und der Ausübung von Herrschaft in der komplexen industriellen Gesellschaft bei jeglicher praktischer Anwendung bestehen. Konkrete Gestalt findet dieser Widerspruch in den empirischen Betrachtungen zur Existenzweise des Parlaments als Arbeits- oder als Redeparlament (HAMM-BRÜCHER, S.688-699).

1.1.1. Rede- versus Arbeitsparlament

Rede- und Arbeitsparlament stehen sich als gegensätzliche Pole parlamentarischer Arbeit gegenüber. Während das englische Parlament sowie die frühen Parlamente in Frankreich (ab 1789) und Deutschland (seit 1849) Redeparlamente

---

[223]HAMM-BRÜCHER, S.674-680.

darstellten, in denen in freier Rede und Gegenrede das beste Argument herausgefunden werden sollte (HAMM-BRÜCHER, S.675f.), was dann den Ausschlag für die Entscheidungen liefern sollte, liegt in den Vereinigten Staaten von jeher der Typus des Arbeitsparlaments vor. Das dort herrschende Präsidialsystem macht die Regierung unabhängig von der im Parlament stattfindenden Meinungsbildung (KISSLER, S.389)[224] Während das englische Beispiel sogenannte Honoratioren voraussetzt, die universell entscheidungskompetent sein müssen, setzt das amerikanische Beispiel Spezialisten voraus, die die Materie, die verhandelt wird, beherrschen. Diese spezielle Sachkompetenz wird im ersten Beispiel durch die Exekutive geleistet. Beide Systeme sind mit Mängeln behaftet, haben sich jedoch in der Praxis der beiden Länder bewährt. Im Modell der Bundesrepublik wurde versucht, beide Prinzipien zu vereinen, um die Vorteile beider Systeme nutzen zu können (KISSLER 76, S.397f.). So ist der einzelne Abgeordnete einmal als Experte für ein Sachthema im Ausschuß gefragt, während er als Plenardebattenteilnehmer als universalkompetente Honoration über die unterschiedlichsten Themen abstimmen - und theoretisch als Informant der Öffentlichkeit auch berichten muß. Das führt zu der oftmals festgestellten Überbelastung der Abgeordneten (KISSLER 76, S.398). Um noch einmal die Vorteile dieses Verfahrens aufzuzeigen: die Arbeit in den Ausschüssen gewährleistet ein Expertentum der Parlamentarier, das als Gegengewicht zur geballten Sachkompetenz der Exekutive und damit speziell zur Regierung steht, dient also der Öffentlichkeitsfunktion im Sinne von Überprüfung der Regierung durch die Opposition; die Arbeit im Plenum dient der Übertragung von Information über das politische Handeln der Volksrepräsentanten und stellt damit letztlich die einzige demokratische Legitimation der politischen Machtausübung dar. Allerdings bleibt die Frage, inwieweit der hohe

[224] Zur differenzierten Erörterung dieser Problematik siehe STEFFANI, Winfried: Parlamentarische und präsidentielle Demokratie, Opladen 1979.

Anspruch eingelöst werden kann, wenn die Abgeordneten permanent überfordert sind. Zur Organisation ihrer Arbeit schließen sie sich in den Fraktionen zusammen, die so zu den eigentlichen Einheiten politischen Handelns werden (RAUSCH, S.90). Die Aufgaben der Fraktionen und die Stellung der einzelnen Abgeordneten in ihnen werden in der Geschäftsordnung des Deutschen Bundestages (GOBT) festgelegt. Weiterhin gibt es parteiinterne Fraktionsordnungen[225], die insofern von Bedeutung sind, da es keine außerparteiliche Fraktion im Bundestag gibt[226]. Das sieht in der Praxis dann so aus, daß innerhalb der Fraktionen die Entscheidungen getroffen werden, wie die einzelnen Abgeordneten im Plenum abstimmen. Gerechtfertigt wird diese *„Fraktionsdisziplin"*, in der der Abgeordnete seine Repräsentation und Gewissensfreiheit auf die Fraktion überträgt, durch die Erkenntnis, daß ein Abgeordneter sich mit seinen politischen Vorhaben nur mit der Unterstützung einer Gruppe durchsetzen kann (ARNDT, S.644ff.). Zum Betreiben dieser Durchsetzung ist er verpflichtet[227]. Das Agieren in einer Gruppe setzt aber die Bereitschaft zu Kompromissen voraus, die sich in der oben genannten Fraktionsdisziplin äußert. Eine weitere Rechtfertigung erfährt die Fraktionsarbeit dadurch, daß in ihr die Experten für die unterschiedlichen Bereiche zusammentreffen und in Richtung auf eine allen gemeinsame Grundüberzeugung, die durch die Mitgliedschaft der Fraktionsmitglieder in derselben Partei gewährleistet ist, Vorschläge für das Abstimmungsverhalten unterbreiten können (KISSLER 76, S.292). Nur so ist es den Abgeordneten auf der Grundlage der auf

---

[225]Zu den Einschränkungen, die diese Fraktionsordnungen für die Gewissensfreiheit der Abgeordneten bedeuten: HAMM-BRÜCHER, S.688-690.

[226]Um die Verfassungsmäßigkeit dieses Sachverhalts zu gewährleisten, d.h. um zu verhindern, daß die Fraktionen und ihre Handlungsmöglichkeiten ausschließlich an die Mitgliedschaft in Parteien gebunden sind und so parteiintern bestimmt werden können, sieht die Geschäftsordnung vor, daß Anträge, die von mehr als fünf Prozent der Abgeordneten gestellt werden, als gleichberechtigt mit Fraktionsanträgen behandelt werden.

[227]Als Vertreter „des Volkes".

sie einstürzenden Gesetzesvorlagen überhaupt möglich, eine Entscheidung zu treffen, die, wenn auch nicht durchschaut, so doch weitgehend vernünftig und in die Richtung der eigenen Überzeugung gehend ist[228].

Die eine Rechtfertigung bezieht sich eher auf das Modell des Redeparlaments, während sich letzterer Argumentationsstrang auf das Arbeitsparlament bezieht. HOLLY und diverse andere Autoren gehen jetzt davon aus, daß aufgrund der faktischen Lage der anfallenden Arbeit, die sie als Ausdruck einer komplexen Industriegesellschaft werten, kein anderes Demokratiemodell als das des Arbeitsparlaments die gesellschaftliche Wirklichkeit in der Bundesrepublik beschreibt. Diese Sichtweise bezeichnen sie selbst als systemtheoretisch. Zur Erhaltung des Systems gehört im Sinne von politischer Machtausübung auch die Legitimierung dieser Macht vor denjenigen, von denen sie ausgeht, dem Volk. In einem Verbindungsschritt behauptet HOLLY nun, daß das Modell des Redeparlaments sich besonders zur Legitimation politischer Macht eignet, da sich die Repräsentierten in den Handlungen ihrer Repräsentanten wiederzufinden meinen. Da dieses Modell geistesgeschichtlich etabliert sei und auch real früher eine Rolle gespielt habe, eigne es sich als inszeniertes Erklärungsmodell, d.h. als Modell, mit dem die politische Machtausübung legitimiert wird, besser als das Modell des real existierenden Arbeitsparlaments. Daher habe es lediglich durch das andere Erklärungsmodell (des Arbeitsparlaments) eine leichte Praxisberührung, spiegele aber in keiner Form die parlamentarische Realität wider. Diese Sichtweise setzt voraus, daß die im Grundgesetz verankerten Elemente des freien Mandats keinerlei Anwendung mehr finden, d.h. daß das Grundgesetz in seiner parlamentarischen Praxis zum Teil abgeschafft ist.

---

[228] Zur Darstellung der zur Entscheidung anstehenden Menge an Gesetzesvorlagen siehe ARNDT, S.644.

Diese Interpretation verkennt meines Erachtens folgende Fakten und ist daher nicht haltbar:

1. Ein Redeparlament in Reinfunktion hat es schon seit über hundert Jahren nicht mehr gegeben (HAMM-BRÜCHER, S.678). Eine Organisation der Abgeordneten in Parteien und Fraktionen ist in Deutschland in diesem Jahrhundert bereits praktiziert worden und hat die Schwierigkeiten zwischen Abhängigkeit und Unabhängigkeit der Abgeordneten bereits aufgedeckt (HAMM-BRÜCHER, S.678). Bei der Entstehung des Grundgesetzes hatte der Artikel 38 unter anderem den Sinn, eine Wiederholung der katastrophalen Auswirkungen des Fraktionszwangs bei den Beschlüssen zum Ermächtigungsgesetz 1933 einzuschränken (HAMM-BRÜCHER, S.678ff.). Man war sich also durchaus des Spannungsverhältnisses von legitimierter Repräsentation und Arbeitsorganisation bewußt, als man es im Grundgesetz manifestierte.

2. Die laufend geführten Diskussionen um die Parlamentsreform[229] müßten schon als reine Augenwischerei abgetan werden, um unterstellen zu können, daß nicht von seiten einiger Parlamentarier versucht würde, dem Artikel 38 mehr Geltung zu verschaffen, als er in der Praxis der Fraktionsherrschaft aufweist. Aber der Versuch zeigt, daß durchaus der Legitimationsanspruch in der Praxis ernst genommen wird.

Richtig ist hingegen, daß die Öffentlichkeit parlamentarischen Handelns nur noch sehr vermittelt hergestellt wird, so daß als kritische Frage die nach ihrer faktischen Existenz im Raume stehen muß.

Die Entscheidungen, die getroffen werden, finden in den Ausschüssen statt, die nicht öffentlich[230] tagen (KISSLER 89, S.1001f.). Die Mitglieder werden von den

---

[229]Eine kurze Zusammenfassung liefert HAMM-BRÜCHER, S.686-688 und 699f. Ebenso KISSLER 89, S.1015-1017.

[230]Artikel 69 Absatz 1 Geschäftsordnung des Deutschen Bundestages: *„Die Beratungen der Ausschüsse sind grundsätzlich nicht öffentlich. Der Ausschuß kann beschließen, für einen bestimmten Verhandlungsgegenstand oder Teile desselben die Öffentlichkeit zuzulassen."*

Fraktionen gestellt[231]. Von hier wird nur veröffentlicht, was die Ausschüsse herausgeben (KISSLER 89, S.1000): es herrscht Zensur. Diese Geheimverhandlungen werden unter anderem damit begründet, daß, wenn diese entscheidenden Sitzungen nicht geheim sind, die Entscheidungen eben woanders (z.B. in Frühstückskartellen) getroffen werden, wo ein völliger Ausschluß der Öffentlichkeit stattfindet (RAUSCH, S.107). Außerdem sei eine völlige Abschottung der Ausschüsse nicht existent, da es immer wieder dazu komme, daß sich einzelne Ausschußmitglieder mit internen Informationen an die Presse wendeten (ZEH, S.931). Das erste Argument verstärkt eher die Bedenken gegen die Legitimation der Parlamentspraxis, das zweite weist auf eine Lücke im System, widerspricht aber nicht der Existenz des Systems und seiner inneren Logik.

Elementarer ist schon die eklatant zunehmende Zahl der öffentlichen Ausschußanhörungen (KISSLER 89, S.1005f.). Hier wird versucht - ob es sich dabei um ein geeignetes Mittel handelt, sei dahingestellt - die black box der Ausschüsse ein wenig zu lichten. Es bleibt aber dabei: die zentrale öffentliche Kontrolle findet nicht über Transparentmachung der Entscheidungen vor dem Wähler, sondern durch einen Einbezug der Opposition in die Entscheidungsfindung statt (KISSLER, S.1006f). Dadurch wird gewährleistet, daß die Wähler letztlich über jede Entscheidung kritisch informiert werden können. Die Öffentlichkeit wird so über die Opposition vermittelt. Eine letzte Frage muß allerdings noch gestellt werden dürfen: Was geschieht mit der Opposition im Ausschuß? Im Ausschuß wird überwiegend zusammengearbeitet. Natürlich gibt es parteiabhängige Unterschiede in der Beurteilung von Grundsatzfragen. Es wird aber immer wieder die Sacharbeit, d.h. das Miteinander, in den Vordergrund gestellt (KISSLER 89, S.1013 oder ausführlich KISSLER 76, S.374ff.). Wenn also ein Kompromiß gefunden wird, gibt es dann dazu kritische Stimmen im Sinne einer Opposition, die

---

[231] Zum Verfahren zur Besetzung der Ausschüsse siehe RAUSCH, S.99f.

außerhalb des Ausschusses gehört werden? Wohl kaum bis selten, wenn man sich vor Augen führt, daß ein Ausschußplatz von der Fraktion besetzt wird und so auch jederzeit umbesetzt werden kann[232]. Diesen Teil der Unabhängigkeit des Mandats scheint der Abgeordnete zugunsten eines Mitspracherechts in den entscheidungsrelevanten Gremien des Bundestages abgeben zu müssen. Die Oppositionsöffentlichkeit der Ausschüsse ist so an die Auffassung der Fraktionsmehrheit gebunden, was sich bei Kompromissen in der Verschleierung von Gegenargumenten äußern kann. - Dabei handelt es sich allerdings um eine Verschleierung, die immer noch durch *„Kamikazeabgeordnete"* durchbrochen werden kann. Es ist also diese Geheimnistuerei, die die Argumentation HOLLYs plausibel erscheinen läßt: geheime Absprache und zensierte Diskussion, die das Ergebnis lediglich rechtfertigt von seiten der Opposition und Regierung. Tatsächlich findet so eine Inszenierung vor dem Souverän statt. Diese Tatsache darf aber nicht überdecken, daß der Entscheidungsprozeß keinesfalls immer über gemeinsame Kompromisse geht, sondern daß die Regierung regiert und politischen Entscheidungen gegen die Ansichten der Opposition fällt. Es gehört gerade zur Profilierung von Parteien, konträre Standpunkte einzunehmen und zu begründen. Daher findet durchaus auch die Veröffentlichung konträrer Standpunkte, wie sie in den Ausschüssen vertreten werden, und damit Öffentlichkeit politischen Handelns im Sinne des Informationsgebots statt. - Allerdings geschieht dies nicht zwangsläufig zu jedem Thema!

Hergestellt wird die Öffentlichkeit neben Politikerauftritten in Talk- und Politshows in Rundfunk und Fernsehen und Werbeveranstaltungen im Wahlkreis in den dafür vorgesehenen Bundestagsdebatten. Sie gelten primär als dem Informationsgebot des Bundestages entsprechend.

---

[232]Dazu ARNDT, S.648f.

„Die demokratische Gesellschaft lebt und überlebt durch die politische Debatte. Die Parlamentsdebatte ist ein Teil von ihr, mehr noch: ihr Symbol und ihr Konzentrat." (ZEH 89, S.922)

1.1.2. Die Debatte

Die Debatte zeichnet sich vor allem dadurch aus, daß die Redner sich zwar formal adressieren, indem sie sich gegenseitig anreden, daß das eigentliche Ziel der Äusserung aber die nicht anwesenden Wähler sind. Entsprechend soll durch die Argumentationen kein politischer Gegner überzeugt werden[233], für die Sache des Redners zu stimmen, sondern die Wähler sollen davon überzeugt werden, daß sie richtig repräsentiert werden oder eben durch den Gegner nicht (ARNDT, S.647). Das heißt, es wird aufgeklärt und gleichzeitig geworben. Auf jeden Fall werden die Reden *„zum Fenster heraus gehalten"* (ARNDT, S.647). Dieses Faktum ist keineswegs neu - so stammt der Ausdruck bereits aus der Weimarer Zeit. Um so mehr erstaunt es, daß es immer wieder von Kritikern des Systems als Enthüllung angeführt werden kann[234]. Nicht zuletzt HOLLY/KÜHN/PÜSCHEL begründen ihre Inszenierungsthese mit diesem Umstand, kommen aber selbst zu der Erkenntnis, daß eigentlich jeder über diesen Betrug Bescheid weiß - wohl unter

---

[233] Ausgenommen sind vielleicht die seltenen Entscheidungen, bei denen die Abgeordneten vom Koalitionszwang befreit werden, z.B. die SPD-Abgeordneten bei der Abstimmung über die Grundgesetzänderung des Asylrechts. Vergleicht man jedoch die Zahlen der Probeabstimmung in der Fraktionssitzung der SPD mit denen der Plenarsitzung stellt man keine Abweichungen fest. Die Meinungsbildung erhält - zumindest in dieser Debatte - keine entscheidenden Impulse durch die Redebeiträge mehr.

[234] Weniger erstaunlich wird dieses jedoch, wenn man sich die permanente normative Hervorhebung der Debatte als eine Entscheidung hervorbringend vor Augen führt. Diese gründet, wie bereits erwähnt, in der Verfassung, und zwar in der Auslegung von Artikel 38. Das Bundesverfassungsgericht unterstützt diese Auslegung, so daß es durchaus zu praktischen Konsequenzen kommt. Beispiel: BVerGE 70, 324 (355), in der Entscheidung über die Besetzung des Bundestagsgremiums zur Kontrolle der Wirtschaftspläne der Nachrichtendienste (nach ZEH 89, S.923).

anderem, weil es sich um gar keinen Betrug handelt und er insofern auch von niemandem verdeckt wird. Zweck der Debatte ist also die Information der Öffentlichkeit über den Prozeß der politischen Willensbildung (KISSLER 89, S.993). Aus dem Dualismus Regierung und Opposition ergibt sich, daß Sprecher, die der Regierung angehören, überwiegend ihre getroffenen Entscheidungen rechtfertigen und die Opposition diese in Frage stellen. Diese Informationen stellen einen zentralen Punkt im Parlamentarismus dar: nur über die Information über politische Machtausübung kann diese als rational begründet für den Souverän gestaltet werden; nur so rechtfertigt sich die Repräsentation als demokratisch (KISSLER 76, S.306-312).

Allerdings sind auch hier wieder Einschränkungen zu berücksichtigen. Die Komplexität der meisten Sachverhalte kann kaum angemessen ausgebreitet werden. Berücksichtigt man, daß nicht einmal ein Abgeordneter - der ja immerhin professionell mit der Bearbeitung der Sachverhalte beschäftigt ist - aufgrund der Quantität der zu verabschiedenden Gesetze voll überblickt, warum und teilweise worüber er abstimmt, wird klar, daß die Öffentlichkeit ebenfalls nur fragmentarisch informiert werden kann (ZEH, S.932). Allerdings wird davon ausgegangen, daß die meisten Gesetze die Allgemeinheit sowieso nicht interessieren. Eine Öffentlichkeit von betroffenen Experten findet durch Anhörungen in den betreffenden Ausschüssen Gehör und kann auch Informationen sammeln (ZEH, S.931). Anders sieht es hingegen bei politischen Grundsatzentscheidungen aus, deren Debattierung auch entsprechend viel Zeit eingeräumt wird. Weiter findet eine - allerdings unzuverlässige, da den Gesetzen des Marktes und nicht politischer Relevanz gehorchende - Information durch die Presse auf unterschiedlichsten Niveaus statt (KISSLER 89, S.1004f.). Zu diesen Einschränkungen kommen noch weitere, die den Verlauf der Debatten bestimmen und die in der Geschäftsordnung des Deutschen Bundestages festgelegt sind, um ein problemloses öffentlichkeitsadressiertes Debattieren zu ermöglichen. So sind die Themen, Redezeiten und Redner festgelegt. Diese Festlegungen erfolgen durch die Fraktionen und den Ältestenrat, der von ihnen besetzt wird. Rein formal werden diese Festlegungen dann vom Vorsitzenden angeordnet (RAUSCH, S.79, S.115). Wieder wird deutlich, daß die Fraktionen einen zentralen Einfluß ausüben, indem sie die zu verhandelnden Themen bestimmen und noch dazu die agierenden Redner vorschlagen. Da das öffentliche Auftreten der Abgeordneten, gerade was die Übertragung der Rede im Fernsehen anbelangt, von enormer persönlicher Wahlwirksamkeit ist, ist es wichtig für ihn, seine Fraktion so zu vertreten, daß sie sich als gut vertreten ansieht. Das heißt im Klartext, daß ein von der Fraktion aufgestellter Redner die Fraktionsmeinung zu vertreten hat, wenn er nicht seinen letzten Beitrag abgeliefert haben will. So wird das Informationsgebot, dessen Subjekt der gewählte Abgeordnete ist, durch organisationspraktische Maßnahmen (der Fraktionsdisziplin) eingeschränkt, indem die Informationen quasi einer Zensur der Fraktion unterliegen. Trotzdem besteht immer noch das Spannungsfeld zwischen Regierung und Opposition, das normalerweise eine Abwägung von Pro und Kontra bei einer konkreten Entscheidung gewährleisten sollte. Damit scheint einer Erörterung von Argumenten und Gegenargumenten im Plenum nichts entgegenzustehen. Was am politischen Prozeß verdeckt bleibt, ist die eigentliche Motivation der Abgeordneten oder der Fraktion, sich für die Gründe, die sie vertreten einzusetzen. Eine Transparenz auf dieser Ebene wird nicht geleistet. Es bleibt aber die Frage, ob dieses überhaupt geleistet werden kann, da zwischen handfesten materiellen Interessensgegensätzen vermittelt werden muß, die eben nicht aufgelöst werden können, sondern die weiter bestehen bleiben. Es handelt sich dabei immer um vorläufige Lösungen im Sinne von BÜHL.

Die Debatte ist also zentral im Informationsprozeß, vor zu großen Erwartungen an ihren informativen Gehalt muß aber gewarnt werden. Die Widersprüche, die sich ergeben, kulminieren in der Person des Abgeordneten, die daher im nächsten Abschnitt einer genaueren Betrachtung unterzogen werden soll.

1.1.3. Zusammenfassung der Funktionen des Debattenbeitrags für die Sprecherseite

Als Zwecke des Musters Debattenbeitrag wurden Information, Legitimation und Werbung für Wähler, Parteivolk und Interessenverbände herausgestellt. Die letzten beiden Zwecke beziehen sich neben der Person des Abgeordneten ebenfalls auf seine Partei, als deren Vertreter er spricht. Der letzte Zweck betrifft die Realisierung der anderen Zwecke im Sinne der Fraktion. Die weiteren Zielsetzungen ergeben sich aus den anderen Rollen, die die Sprecher im parlamentarischen System einnehmen. Die Zwecke der persönlichen Werbung können der Imagearbeit und damit dem dramaturgischen Handeln zugeschrieben werden. Normatives (wertrationales) Handeln liegt in der Erfüllung der Rollennormen als Fraktionsmitglied vor. Als zweckrationales Handeln kann hingegen die Informationsfunktion betrachtet werden. Die Auswahl der Informationen zwischen den Maximen *„so informativ wie nötig"* und *„so einfach wie möglich"* unter der Perspektive der Selektion aufgrund der anderen Zwecke soll bei den Adressaten mentale Veränderungen bezüglich ihrer Einschätzung von politisch relevanten Sachverhalten bewirken.
Übernommen werden die Wählereinteilungen KLEINS in naive und weniger naive Parteigänger, Unentschlossene und Gegner *(siehe Schema 24 auf S.288)*.

1.2. Die Zwecke und ihre Erreichung in Handlungsmustern

Bevor die einzelnen Handlungsmuster näher beschrieben werden, soll die theoretische Voraussetzung der Handlungsmusterzuordnung kurz angesprochen werden. Die Handlungsmuster können nicht objektiv zugeordnet, sondern lediglich aufgrund von Plausibilitätsannahmen zugeschrieben werden. KÜHN 95 (S.67-70) reflektiert diese Entscheidung für ein Interpretationsmodell, den *„Beschreibungstheoretischen Ansatz"*. Er führt ihn auf LENK 78 zurück, der Handlungen als *„Interpretationskonstrukte"* auffaßt (LENK 78, S.323).

> *„Eine Äußerung als eine bestimmte Handlung zu verstehen, ist gleichbedeutend mit ihrer ko- und kontextuellen, situationellen und adressatenspezifischen Interpretation." (KÜHN 95, S.70)*

Der Vorwurf der willkürlichen Interpretation, den ein solches Verfahren hervorruft, kann nicht gänzlich ausgeräumt werden[235].

(Schema 24)

Ziele/Zwecke: **i. Informationslieferung an die Wähler**
- **a) Klärung des Sachverhalts**
- **b) Begründen der eigenen Standpunkte**
- **c) Kritik an der Gegenmeinung**

ii. Legitimation des politischen Handelns
- **a) Aufzeigen der Rationalität des Handelns**
- **b) Aufzeigen der Angemessenheit des Handelns**

iii. Werbung für die eigene Person
- **a) im Wahlkreis**
- **b) in der Fraktion**
- **c) im Plenum**
- **d) bei Interessensverbänden**
- **e) für die Presse**

iv. Werbung für die Partei im Sinne der Fraktion
- **a) bei Wählern**
  - **aa) Parteigenossen naiv**
  - **ab) Parteigenossen weniger naiv**
  - **ac) Unentschlossenen**
  - **ad) Gegnern**
- **b) bei Interessensverbänden**
- **c) für die Presse**

v. Interpretationshinweise für die Gerichte

---

[235] Eine heftige Diskussion über dieses Problem wurde durch den Aufsatz HOLLY/KÜHN/PÜSCHEL 84 in der ZGL ausgelöst, in dem sie ihre Handlungstheorie vorstellen. BURCKHARDT/HENNE 84, HARRAS 85, HOLLY/KÜHN/PÜSCHEL 85, OSSNER 85, ROLF 87 u. HOLLY/KÜHN/PÜSCHEL 87 diskutieren dabei auch kontrovers das Problem der Handlungszuordnung. Wichtige Hinweise zu diesem Thema finden sich auch in HERMANNS 87.

Allerdings kann ebensowenig auf die von KÜHN hervorgehobene *„Interpretation"* verzichtet werden. Es kann lediglich versucht werden, ein Regelwerk zu beschreiben, das es ermöglicht, unterschiedliche Deutungen an voraussehbaren Entscheidungsknoten zu erkennen und so die Interpretationen weitestgehend als solche zu reflektieren.

i. Informationslieferung an die Wähler

Darstellung eines Sachverhalts, der eine thematische Verbindung zum Debattenthema aufweist;

(Schema 25)

S	steht für	Sprecher
H	steht für	Hörer
t	steht für	Thema
p	steht für	Proposition

i. S äußert eine Kette von Akten zum Thema t: p;
ii. H ordnet p als Informationen über t ein, d.h. er spricht p Wahrheit oder Wahrhaftigkeit zu.

Schwierigkeiten entstehen dadurch, daß H sowohl naive wie auch weniger naive Wähler umfaßt. Unter diesen Gruppen bestehen große Wissensunterschiede, so kann es zu unterschiedlichen Beurteilungen über den Wahrheitsgehalt der Sachverhalte oder die Wahrhaftigkeit der Beurteilung der Sachverhalte kommen. Ebenso besteht die Schwierigkeit, nicht gegen die Relevanzmaximen zu verstossen, d.h. informierten Wählern nicht zu viel Grundlegendes zu erzählen, das sie schon wissen, und uninformierten Wählern gerade Grundlegendes zu vermitteln, damit sie erfahren, worum es überhaupt geht.

Da es sich bei der Vermittlung von Informationen an die Wähler um einen institutionellen Zweck handelt, sind die Wähler auch als participants zu betrachten, und zwar genauer als indirect targets. Da sie nicht anwesend sind, können sie

nicht direkt angesprochen und so auch nicht als interlocuter aufgefaßt werden.
Weil S in seiner Rolle als Abgeordneter und Interessensvertreter verschiedenster Art spricht, soll er in seiner Rolle als Vermittler von Information als author, spokesman oder relayer betrachtet werden[236]. Spricht er allerdings als spokesman oder relayer, sind neben den Wählern auch entsprechende sponsors oder devisers indirect targets, da über sie etwas ausgesagt wird und sie somit indirekt oder implizit adressiert werden. Durch eine Vertretung in ihrem Sinne kann bereits von einem Werbungsmuster, das S ihnen gegenüber realisiert, gesprochen werden, auch wenn diese Werbung nur durch positive Erfüllung der Rollennormen erfolgt, also eine Erwartungshaltung bestätigt. Berücksichtigt wird dabei, ob das Kriterium der Richtigkeit erfüllt ist.
Wird die Gegenmeinung kritisiert, sind die Gegner anwesende oder abwesende indirect targets. Durch ihre Erwähnung werden sie direkt (nur bei Anwesenden möglich) oder indirekt adressiert. Für eine Kritik muß ein Footing-Wechsel stattfinden. Der Sprecher gibt das, was er als den Inhalt des kritisierten Standpunktes anführen möchte, wieder, übernimmt also für einen Moment die Rolle des relayers oder spokesmans der Gegner. Das Wiedergegebene unterliegt dem Anspruch, wahr zu sein. Dann findet ein erneuter Footing-Wechsel statt, indem er wieder für sich oder seine Gruppe spricht und seine Einstellung kund tut. Dieses hat den Anspruch, wahrhaftig zu sein.
Der Anmaßung, die durch die Selbstzuschreibung als Vertreter der Gegenmeinung geschieht, wird dadurch begegnet, daß sich die anwesenden Abgeordneten um das Rederecht einer Zwischenfrage bewerben können. So können eventuelle Verfälschungen theoretisch geradegerückt werden. In der Praxis bedienen die Anwesenden sich aber der informellen Kommentierung durch Zwischenrufe und spöttisches Gelächter.

---

[236]Die Möglichkeit des 'ghostee' kann nicht ausgeschlossen, aber auch nicht belegt werden.

a) Klärung des Sachverhalts

Der Sachverhalt stellt eine überprüfbare Tatsachenbeschreibung dar.

(Schema 26)

i. S äußert eine Kette von Akten zum Thema t des Debattenbeitrags: p;
ii.' H hält p für wahr.
Bedingung: p ist wahr;

b) Begründen der eigenen Standpunkte

Der Sachverhalt stellt eine Position von S zum Thema t dar, die

nicht überprüfbar sein braucht.

(Schema 27)

i. S äußert eine Kette von Akten zum Thema t: p;
ii." H faßt p als Information über die politische Einstellung von S zu t auf. Dabei geht er von der Wahrhaftigkeit der Einstellung aus.
Bedingung: Die Kette entspricht der Einstellung von S zu t;

c) Kritik an der Gegenmeinung

Der Sachverhalt stellt eine Position von S zur Meinung von Gegnern von S zu t dar.

(Schema 28)

i. S äußert eine Kette von Akten zum Thema t: p;
ii. "'H faßt p als Information über die politische Einstellung von S zu einer politischen Ein stellung von Gegnern von S zu einem Teilthema von t auf. Dabei geht er von der Wahrhaftigkeit der Einstellung aus.
Bedingung: Die Kette entspricht der Einstellung von S zur Einstellung von seinem Gegner zu einem Teilthema von t;

ii. Legitimation des politischen Handelns

Darstellung eines Sachverhalts, durch den das politische Handeln des Sprechers S legitimiert wird.

(Schema 29)

i. S äußert eine Kette von Akten zum Thema t: p;
ii. H faßt p als Informationen zum Thema t auf, die wahr oder wahrhaftig geäußert werden;
iii. H kann den Informationen entnehmen, daß S entsprechend der an die Rolle eines Politikers gestellten Erwartungen handelt. Dabei geht er von der Wahrheit oder Richtigkeit der Äußerungen aus.

Das indirect target ist wieder der Wähler, vor dem die Legitimation des Handelns stattfindet. Er ist nicht zwangsläufig in der Äußerungssituation anwesend, sondern nur durch Medien erreichbar. Durch den institutionellen Zweck ist er zwangsläufig indirect target.
S versucht, als author, relayer oder spokesman sein politisches Handeln oder das seiner Gruppe als den Normen des politischen Handelns entsprechend darzustellen: als rational oder angemessen. Als rational unterliegt es dem Kriterium der Wahrheit, als angemessen dem der Richtigkeit in bezug auf politische Normensysteme.
Schwierig ist dabei wieder die Differenzierung in naivere und weniger naive Wähler. Unterschiedliches Wissen um Tatsachen kann wieder zu einer unterschiedlichen Einschätzung des Gesagten führen.
Spricht S als spokesman oder relayer, werden sponsor oder deviser zu indirect targets. Sie beurteilen, ob S sie angemessen vertritt. Im Zentrum ihrer Bewertung steht aber die Richtigkeit der Vertretung, d.h. die Erfüllung der Rollennorm des Stellvertreters durch S, und weniger die Wahrheit oder Richtigkeit seiner Behauptungen selbst, auch wenn sie ein Beurteilungskriterium für die Qualität der Vertretung abgeben könnten. Deshalb ist in diesem Fall von einem Werbungsmuster auszugehen, daß S gegenüber sponsor oder deviser durchführt.

a) Aufzeigen der Rationalität des Handelns

Darstellung eines Sachverhalts, der die Rationalität des Handelns von S belegen soll.

(Schema 30)

i. S äußert eine Kette von Akten zum Thema t: p;
ii. H faßt p als Informationen zum Thema t auf;
iii.' H kann den Informationen entnehmen, daß S Gründe für die Zweckmäßigkeit seines Handelns anführt. Dabei geht er von der Wahrheit der Information aus.

b) Aufzeigen der Angemessenheit des Handelns

(Schema 31)

i. S äußert eine Kette von Akten zum Thema t;
ii. H faßt p als Informationen zum Thema t auf;
iii." H kann den Informationen entnehmen, daß S Gründe für die Richtigkeit seines Handelns anführt.

iii. Werbung für die eigene Person

Der Sprecher beeinflußt durch sein Sprachhandeln den mentalen Bereich von H so, daß H S in seiner Eigenschaft als Repräsentant von H für positiv erachtet.

(Schema 32)

i. S äußert eine Kette von Akten: p;
ii H sieht seine Interessen durch die Äußerung von p vertreten. Dabei hält er p für wahr haftig geäußert;
iii. H deutet die Äußerung von S als gelungenes Stellvertreterhandeln ihm gegenüber. Dabei hält er sie für richtig;
iv. H hält S für einen guten Vertreter.

In Werbungsmustern taucht H als interlocuter (Plenum und Fraktion) und als indirect target (Wahlkreis und Interessensverbände, aber auch Plenum und Fraktion) auf.

S macht sich zum spokesman oder relayer seiner Wähler, seiner Fraktion, der Abgeordneten oder von Interessensverbänden. Diese sind dann entweder deviser oder sponsor. Die Äußerung von S wird dabei als wahrhaftig vorausgesetzt und für richtig im Sinne der Interessensvertretung befunden.

Das Interesse der Presse liegt in dem Marktwert der Äußerung, d.h. darin, wie interessant Leser oder Fernsehzuschauer die übermittelte Äußerung finden. Hohes Interesse korrespondiert mit hoher Auflage und erfüllt so die Erwartungen an den Redner. Bei der Presse wirkt S also dadurch, daß er öffentlichkeitswirksame Äusserungen realisiert wie Beschimpfungen der Gegners, pointierte Stellungnahmen etc.. Durch markante Stellungnahmen wirbt S also bei H (Journalist) für sich als berichtenswertes Ereignis. Da Politiker auf Popularität angewiesen sind, um sich legitimieren zu können und wiedergewählt zu werden, ist S von seiner Beliebtheit bei H abhängig. So wird die Presse zum sponsor, der allerdings sein Interesse nur auf FORM richtet und nicht auf MOTIVE von S. Solch ein partieller Einfluß kann nicht selbständig als alleiniger Zweck stehen, sondern muß an einen inhaltlichen Zweck und so an andere sponsors oder einen author gebunden werden. Das Werbungsmuster für die Presse muß so immer gleichzeitig mit einem anderen Muster realisiert werden. Das Kriterium der Richtigkeit der Interessensvertretung im Sinne vom Schaffen aufsehenerregender Nachrichten ist bei diesem Muster daher ausreichend.

a) im Wahlkreis

(Schema 33)

i. S äußert eine Kette von Akten: p;
ii. H (die Wähler aus dem Wahlkreis von S) sieht seine Interessen (Anführung regionaler Probleme, Äußerung eigener politischer Einstellungen) durch p vertreten. Dabei hält er p für wahrhaftig geäußert;
iii. H deutet die Äußerung von S als gelungenes Stellvertreterhandeln ihm gegenüber. Dabei hält er sie für richtig;
iv. H hält S für einen guten Abgeordneten.

b) in der Fraktion

(Schema 34)

i. S äußert eine Kette von Akten: p;
ii. H (die Fraktionsmitglieder) sieht seine Interessen (positive Darstellung der Fraktionsarbeit, Vertretung der Fraktionsmeinung) durch p vertreten;
iii. H deutet die Äußerung von S als gelungenes Stellvertreterhandeln ihm gegenüber;
iv. H hält S für einen guten Fraktionsvertreter.

c) im Plenum

(Schema 35)

i. S äußert eine Kette von Akten: p;
ii. H (die Abgeordneten) sieht seine Interessen (positive Darstellung der Parlamentsarbeit, interessante und ausgewogene Vermittlung) durch p vertreten;
iii. H deutet die Äußerung von S als gelungenes Stellvertreterhandeln ihm gegenüber;
iv. H hält S für einen guten Parlamentsvertreter.

d) bei Interessensverbänden

(Schema 36)

i. S äußert eine Kette von Akten: p;
ii. H (Interessensverbände) sieht seine Interessen (Darstellung der eigenen Probleme und Meinungen, positive Darstellung der Interessengruppe und Vertretung ihrer Standpunkte) durch p vertreten. Dabei geht er von der Wahrhaftigkeit der Äußerung aus;
iii. H deutet die Äußerung von S als gelungenes Stellvertreterhandeln ihm gegenüber. Dabei geht er von ihrer Richtigkeit aus;
iv. H hält S für einen guten Interessensvertreter.

e) für die Presse

(Schema 37)

i. S äußert eine Kette von Akten: p;
ii. H (Journalist) sieht seine Interessen (große Auflage bzw. Einschaltquoten) durch p (z.B. durch medienwirksame Schelte des Gegners) gewahrt;
iii. H deutet die Äußerung von S als nutzbringend für die eigenen Zwecke;
iv. H hält S für einen Politiker, über den berichtet werden sollte.

iv. Werbung für die Partei im Sinne der Fraktion

Darstellung des Handelns als den Anforderungen von H an die Partei von S entsprechend; allerdings aus der Position der Fraktionsmitglieder und nicht aus der von S. (Verbindung von zwei Werbungsmustern durch die Einführung eines Dritten: S wirbt für seine Partei bei H und dadurch für sich bei den Fraktionsmitgliedern.)

(Schema 38)

HF steht für Fraktionsmitglieder

i.	S äußert eine Kette von Akten: p;
ii.	H sieht seine Interessen durch p vertreten. Dabei geht er von ihrer Wahrheit aus;
iii.	H deutet die Äußerung von S als gelungenes Stellvertreterhandeln von S für seine Partei. Dabei geht er von ihrer Richtigkeit aus;
iv.	H hält sich von der Partei für gut repräsentiert;
v.	HF deutet p wie H;
vi.	HF hält i.-iv. für wünschenswert. Dabei geht er von der Richtigkeit vom Handeln von S aus;
vii.	HF hält die Werbung für gelungen;
viii.	HF hält S für einen guten Repräsentanten.

Hier wird ein doppeltes Muster realisiert. S wirbt bei H (Wähler: Parteigenossen naiv und weniger naiv, Unentschlossene und Gegner; Interessensverbände und Presse) und dadurch bei HF (der eigenen Fraktion). Man kann auch von einer Indem-Relation als Verbindung der beiden Muster sprechen. Dadurch entsteht allerdings eine Doppelrahmung: Für H ist S spokesman oder relayer, da er seine Interessen als deviser oder sponsor vertritt. Er beurteilt ihn nach der Richtigkeit in bezug auf die Erfüllung der Rollennormen des Stellvertreters und seiner Wahrhaftigkeit dabei. HF beurteilt S als seinen spokesman, als spokesman oder relayer für H. Also nach der Richtigkeit in bezug auf die Erfüllung der Rollennormen durch seinen Stellvertreter. Die Wahrhaftigkeit spielt keine Rolle, wohl aber die Einschätzung der Einschätzung von H über die Wahrhaftigkeit der Äußerung. HF

wie H halten S für ihren Stellvertreter, obwohl sich ihre Interessen nicht decken. Dabei unterschätzt H die Bedeutung von HF als spokesman von S, während es zu HFs Interesse gehört, daß H als deviser oder sponsor berücksichtigt wird.
Für die Presse gilt das Äußerungsdesign der Werbung für die eigene Person (iii.e)). Allerdings ist da noch HF, der die Richtigkeit der Äußerung von S im Sinne der Vertretung als spokesman prüft. Hier können Differenzen auftreten, wenn S seine Äußerung zwar publikumswirksam nach seinen Vorstellungen gestaltet, sie von H auch entsprechend weitergeleitet wird, aber HF der Meinung ist, daß die Gruppe HF durch diese Äußerung von S nicht richtig (d.h. in erster Linie erfolgreich gegenüber anderen Umworbenen) vertreten wird. H weiß ebenso wie HF von dieser Doppelrahmung und damit von der deviser- oder sponsor-Schaft von HF.

a) bei Wählern

(Schema 39)

i. S äußert eine Kette von Akten: p;
ii. H (Wähler) sieht seine Interessen (Anführung der eigenen Probleme, Äußerung der eigenen politischen Meinung) durch p vertreten. Dabei geht er von der Wahrheit von p aus;
iii. H deutet die Äußerung von S als gelungenes Stellvertreterhandeln von S für seine Partei. Dabei geht er von ihrer Richtigkeit aus;
iv. H hält sich von der Partei für gut repräsentiert;
v. HF deutet p wie H;
vi. HF hält i.-iv. für wünschenswert. Dabei geht er von der Richtigkeit vom Handeln von S;
vii. HF hält die Werbung für gelungen;
viii. HF hält S für einen guten Repräsentanten.

aa) Parteigenossen naiv

(Schema 40)

i. S äußert eine Kette von Akten: p;
ii. H (Parteigenosse naiv) sieht seine Interessen (Problemlösungen nach Parteigrundsätzen, Äußerung der eigenen politischen Meinung, Werbung für die Partei) durch p vertreten. Dabei geht er von der Wahrhaftigkeit der Äußerung aus;

iii. H deutet die Äußerung von S als gelungenes Stellvertreterhandeln von S für seine Partei. Dabei geht er von ihrer Richtigkeit aus;
iv. H hält sich von der Partei für gut repräsentiert;
v. HF deutet p wie H;
vi. HF hält i.-iv. für wünschenswert. Dabei geht er von der Richtigkeit vom Handeln von S aus;
vii. HF hält die Werbung für gelungen;
viii. HF hält S für einen guten Repräsentanten.

ab) Parteigenossen weniger naiv

(Schema 41)

i. S äußert eine Kette von Akten: p;
ii. H (Parteigenosse, weniger naiv) sieht seine Interessen (Problemlösungen nach Partei grundsätzen, Äußerung der eigenen politischen Meinung, Werbung für die Partei) durch p vertreten. Dabei geht er von der Wahrhaftigkeit der Äußerung aus;
iii. H deutet die Handlung von S als gelungenesStellvertreterhandeln von S für seine Partei. Dabei geht er von ihrer Richtigkeit aus;
iv. H hält sich von der Partei für gut repräsentiert;
v. HF deutet p wie H;
vi. HF hält i.-iv. für wünschenswert. Dabei geht er von der Richtigkeit vom Handeln von S aus;
vii. HF hält die Werbung für gelungen;
viii. HF hält S für einen guten Repräsentanten.

ac) Unentschlossene

(Schema 42)

i. S äußert eine Kette von Akten: p;
ii. H (Unentschlossener) sieht seine Interessen (Anführung persönlicher Probleme, Äußerung der eigenen politischen Meinung) durch p vertreten. Dabei geht er von der Wahrhaftigkeit der Äußerung aus;
iii. H deutet die Handlung von S als gelungenes Stellvertreterhandeln von S für seine Partei. Dabei geht er von ihrer Richtigkeit aus;
iv. H hält sich von der Partei für gut repräsentiert;
v. HF deutet p wie H;
vi. HF hält i.-iv. für wünschenswert. Dabei geht er von der Richtigkeit vom Handeln von S aus;
vii. HF hält die Werbung für gelungen;
viii. HF hält S für einen guten Repräsentanten.

ad) Gegner

(Schema 43)

i. S äußert eine Kette von Akten: p;
ii. H (Gegner) sieht seine Interessen (Anführung persönlicher Probleme, Äußerung der eigenen politischen Meinung) durch p vertreten. Dabei geht er von der Wahrhaftigkeit der Äußerung aus;
iii. H deutet die Handlung von S als gelungenes Stellvertreterhandeln von S für seine Partei. Dabei geht er von ihrer Richtigkeit aus;
iv. H hält sich von der Partei für gut repräsentiert;
v. HF deutet p wie H;
vi. HF hält i.-iv. für wünschenswert. Dabei geht er von der Richtigkeit vom Handeln von S aus;
vii. HF hält die Werbung für gelungen;
viii. HF hält S für einen guten Repräsentanten.

b) bei Interessensverbänden

(Schema 44)

i. S äußert eine Kette von Akten: p;
ii. H (Interessensverbände) sieht seine Interessen (Darstellung der eigenen Probleme und Meinungen, positive Darstellung der Interessengruppe und Vertretung ihrer Standpunk te) durch p vertreten. Dabei geht er von der Wahrhaftigkeit der Äußerung aus;
iii. H deutet die Handlung von S als gelungenes Stellvertreterhandeln von S für seine Partei. Dabei geht er von ihrer Richtigkeit aus;
iv. H hält sich von der Partei für gut repräsentiert;
v. HF deutet p wie H;
vi. HF hält i.-iv. für wünschenswert. Dabei geht er von der Richtigkeit vom Handeln von S aus;
vii. HF hält die Werbung für gelungen;
viii. HF hält S für einen guten Interessensvertreter.

c) für die Presse

(Schema 45)

i. S äußert eine Kette von Akten: p;
ii. H (Journalist) sieht seine Interessen (große Auflage bzw. Einschaltquoten) durch p (z.B. durch medienwirksame Schelte des Gegners) vertreten;
iii. H deutet die Handlung von S als gelungenes Stellvertreterhandeln von S für seine Partei;
iv. H deutet die Handlung von S als nutzbringend für die eigenen Zwecke;
v. H hält S und seine Partei für berichtenswert;
vi. HF deutet p wie H;

vii. HF hält i.-v. für wünschenswert. Dabei geht er von der Richtigkeit vom Handeln von S aus;
viii. HF hält die Werbung für gelungen;
ix. HF hält S für einen guten Repräsentanten.

v. Interpretationshinweise für die Gerichte im Sinne des Willens des Gesetzgebers

Darstellung des Willens des Gesetzgebers durch Interpretationen zum Textverständnis des verabschiedeten Gesetzes durch den Redner.

(Schema 46)

i. S äußert eine Kette von Akten: p;
ii. H (Juristen) deutet p als Meinung des Gesetzgebers zu Gesetzesinhalt. Dabei geht er von der Wahrhaftigkeit der Äußerung aus.

In diesem Fall tritt S als author oder spokesman oder relayer auf. H ist das indirect target der Äußerung, da er nicht anwesend ist. Der Kommunikationskanal ist das offizielle Plenarprotokoll, das von H institutionell festgelegt benutzt wird. Da es H darum geht, den Willen des Gesetzgebers ausfindig zu machen, müssen die Kriterien an die Äußerung von S Richtigkeit und Wahrhaftigkeit sein. Richtigkeit ist ein Kriterium, weil der Abgeordnete von H auf seine institutionelle Rollenfunktion als Gesetzgeber reduziert wird, der er unbedingt entsprechen muß. Wahrhaftigkeit stellt ein Kriterium dar, weil es um die Rekonstruktion des Willens von S geht, der nur durch aufrichtige Informationen über den für ihn privilegiert zugänglichen Bereich für H erschließbar ist.
Tritt S als spokesman oder relayer auf, sind deviser und sponsor ebenfalls indirect targets. Sie stellen den Anspruch der Richtigkeit an ihren Vertreter. Äußerungen als spokesman oder relayer, die unwidersprochen bleiben, müßten bei H ein grös-

seres Gewicht haben, wenn es sich bei deviser und sponsor um Abgeordnete handelt, da ja damit der Wille mehrerer kundgetan wird[237].

Eine Besonderheit ist, daß sich alle Abgeordneten des Bundestags die Rolle des Gesetzgebers teilen. Ein Abgeordneter, der sich zur Interpretation eines Gesetzestextes äußert, spricht folglich immer für die anderen mit, egal ob er das Gesetz ablehnt oder es befürwortet. Welche Bedeutung das für die Gesetzesauslegung hat, weiß ich nicht. Es steht aber zu vermuten, daß den Interpretationen der Befürworter gefolgt wird. Damit wäre dann die generelle Funktion von S im Fall der Gesetzesauslegung auf spokesman der Befürworter beschränkt, die als sponsor über die Richtigkeit seiner Äußerung wachen.

1.3. Die Rolle des Abgeordneten in production format und participation framework

Zur Bestimmung der möglichen, durch den Abgeordneten angesprochenen Adressaten sind die körperlich anwesenden Sitzungsteilnehmer zu unterscheiden. Es gibt die Abgeordneten, die Regierungsmitglieder, Mitglieder des Bundesrates, Vertreter der Regierungen der Bundesländer und Zuhörer auf der Zuschauertribüne. Diese können neben normalen Besuchern in Diplomaten, Vertreter des diplo-

---

[237]Zur Untermauerung dieser These möchte ich folgendes Beispiel anführen: Bundesinnenminister Seiters: *„Wir waren uns am 6. Dezember einig - übrigens auch im Januar (...), daß ein Ausschluß des vorläufigen Rechtsschutzes im Inland verfassungsrechtlich zulässig und gewollt ist (...)"*. Daraufhin meldet sich Jürgen Schmude (SPD) mit einer Zwischenfrage zu Wort: *„Herr Bundesminister Seiters, können Sie bestätigen, daß wir Sozialdemokraten von vornherein den Folgerungen widersprochen haben, die Sie im Asylverfahrensgesetz aus Art.16a Abs.2 Grundgesetz gezogen haben, d.h. daß das vornherein ein Streitpunkt war?"* (StBdBT 12, 26.Mai 1993, S.13521). Es geht an dieser Stelle um eine zentrale inhaltliche Differenz bei der Auslegung einer Formulierung des neuen Grundrechtes auf Asyl. Seiters versucht in seiner Rede zur Gesetzesverabschiedung die Lesart der CDU/CSU als alleingültige zu proklamieren. Hierin wird er von Schmude korrigiert, der herausstellt, daß der Gesetzgeber in diesem Punkt uneinig ist.

matischen Corps und Gäste aus dem Ausland, die auf der Diplomatentribüne Platz nehmen, und Journalisten (Presse, Funk und Fernsehen), die sich auf der Pressetribüne befinden, differenziert werden (ZEH, S.924f.). Als nicht anwesende indirekte oder implizite Adressaten sind Wähler, Parteimitglieder - insbesondere die aus dem eigenen Wahlkreis - und Interessensverbände zu nennen. Diese nicht Anwesenden werden über den Debatteninhalt durch die Journalisten informiert (ZEH, S.925f.). Dieses geschieht ausschnittsweise und wie bereits erwähnt wurde nach den Gesetzen des Marktes und nicht nach der politischen Relevanz (KISSLER 89, S.1003f.). Die Information über die politischen Entscheidungen - immerhin ein Grundpfeiler der demokratischen Legitimation unseres Staates - entwickelt sich innerhalb dieser Medien zur Ware[238]. Neben dieser grundsätzlichen, lückenhaften Information existiert die Möglichkeit der kompletten Information über den Debattenverlauf in den Mitschriften des Stenographischen Dienstes, die allerdings so wenig verbreitet sind, daß sie überwiegend als Quellenmaterial für Politiker, Parteien und Verbände dienen. Doch sind Bestrebungen zu erkennen, diese Berichte flächendeckend zugänglich zu machen, indem jedem Landkreis ein Exemplar zur bibliothekarischen Verwaltung zur Verfügung gestellt werden soll (KISSLER 89, S.1003). Generell kommt aber den Massenmedien die zentrale Bedeutung bei der Informationsübermittlung zu (KISSLER 89, S.1004).

Für das Kommunikationsmodell haben diese Einschränkungen Folgen:

1. Der Situationsbegriff muß zeitlich unterteilt werden, so daß er einmal die Äusserungssituation und einmal die durch Medien ermöglichte verzögerte Rezeptionssituation erfaßt.

---

[238]Diese Formulierung wird gewählt, obwohl die öffentlich-rechtlichen Sendeanstalten durch ihre Bindung an den Staat eine politische Aufgabe haben. Der Kampf um die Quote scheint hier einen unheilvollen Einfluß auszuüben.

2. Der veränderte Situationsbegriff wirkt sich auf das Basiskriterium partic und so auf das production format und die reception roles aus.
3. Der Einfluß der vermittelnden Medien muß im production format und den reception roles berücksichtigt werden.

zu 1:

In der Äußerungssituation im Plenum wird das Kriterium PARTIC (Teilnehmer)[239] institutionell eingeschränkt. Alle Anwesenden haben eine ratified role. Die Besucher sind auf das Zuhören beschränkt. Die Abgeordneten haben die Möglichkeit, einen institutionell definierten Gesprächsschritt zu übernehmen (die Zwischenfrage) oder sich durch institutionell nicht vorgesehene Zwischenrufe, Beifall oder Lachen in den Redebeitrag einzumischen. Der Vorsitzende hat die Möglichkeit, jederzeit einen Gesprächsschritt durchzuführen und den der anderen zu unterbrechen. Er übergibt das Rederecht nach institutionellen Vorgaben und überwacht die Einhaltung der mit dem Rederecht verbundenen Rechte (z.B. zu Gehör zu kommen) und Pflichten (z.B. Einhaltung der Redezeit, Auslassung von persönlichen Beleidigungen).

Durch Direktübertragungen von Rundfunk und Fernsehen kann es räumlich Abwesenden ermöglicht werden, zeitgleich am Ereignis teilzunehmen. Sie sind institutionell definiert PARTIC mit den gleichen Einschränkungen wie die Zuschauer. Allerdings muß für sie das Basiskriterium CHANNEL-LINKAGE (Verbindung der Kommunikationskanäle) eingeschränkt werden. Es ist medial beschränkt durch die Ausblendung visueller Informationen (Rundfunk) oder die Beschränkung visueller Informationen auf die Perspektive von gelieferten Bildausschnitten aus technischen oder unterhaltungsstrategischen Gesichtspunkten. Auditiv sind sowohl Fernseh- wie auch Rundfunkübertragung dadurch eingeschränkt, daß die

---

[239] Zu den Basiskategorien siehe S.108f..

Mikrophone auf die Übertragung des vom Redner oder eines Zwischenfragers Geäußerten ausgerichtet sind und die kommentierenden Bemerkungen der Abgeordneten schlecht eingefangen werden können. Beim Fernsehen kann dieser Informationsverlust durch die Bildführung auf z.B. die lachenden Abgeordneten teilweise ausgeglichen werden.

Durch die Speicherung der Äußerungssituation in den Medien Tonband, Film und Mitschrift (in der die Kommentierungen der zuhörenden Abgeordneten vermerkt werden) kann sie auch zeitlich versetzt betrachtet werden. Die Konsumenten dieser gespeicherten Informationen sind ebenfalls institutionell definiert PARTIC, obwohl sie keinerlei Möglichkeiten mehr haben, auf die Äußerungssituation einzuwirken (das haben streng genommen sowieso nur die Abgeordneten und der Vorsitzende - und das nur stark eingeschränkt).

Neben der Wiedergabe der kompletten Debatten wird hauptsächlich die Wiedergabe in kurzen Ausschnitten, Zitate in schriftlicher, auditiver und audio-visueller Form, geliefert. Diese Ausschnitte stellen bereits eine Einschränkung dar, die nicht mehr nur als Interpretation gelten kann. Durch sie werden die Teile der Rede ausgewählt, die der räumlich-zeitlich entfernte Zuschauer als ihre Repräsentation auffaßt. Wer diese Auswahl trifft, ist dem production format direkt zuzuordnen, und zwar als jemand, der FORM (Gestaltung) mitbestimmt. Er ist als PARTIC damit zwangsläufig co-'ghoster'(eine Art verdeckter Ghostwriter). Verbindet er mit seiner Tätigkeit bestimmte Intentionen, d.h. unterliegt seine Auswahltätigkeit Kriterien, die zur Erreichung eines anderen Zwecks als dem der technischen Übertragung dienen, wird er zum co-deviser (einer der den Beweggrund mitbestimmt). Er ist nur „co", weil er ja auf das Material des Redners angewiesen ist, dem eigenständig MOTIVE und FORM zuzuordnen sind. Der aber wird in gewisser Weise zu seinem spokesman.

Neben den Zitaten sind Kommentierungen der Zitate üblich, die sie erläutern. Hier wird der Übermittler offensichtlich zum spokesman des ursprünglichen

Redners, der nur noch als author seiner Zitate anwesend ist, also als deviser oder ultimate source. Hier findet eindeutig ein Footing-Wechsel statt, der eine neue Äußerungssituation schafft.
Gleiches gilt für die wohl häufigste Übertragungsart, die Wiedergabe des Äußerungsereignisses, die ohne Zitate auskommt. Der Vermittler ist jetzt author oder spokesman von Interessensverbänden (zu denen im Spezialfall auch der Redner oder seine Partei gehören können). Er gibt Informationen und Wertungen des Ereignisses weiter und ist für Wahrheit, Richtigkeit und Wahrhaftigkeit seiner Wiedergabe selbst verantwortlich - der Redner trägt keine Verantwortung mehr. Allerdings ist er indirekter Adressat des Berichts und hat als derjenige, der interpretiert wird, ein Recht darauf und vielleicht sogar die Pflicht, Fehldeutungen richtig zu stellen. Damit ist aber bereits das Phänomen erreicht, was KÜHN als *„Adressatenkarussel"*[240] beschreibt.

zu 2:

Durch die Erweiterung von PARTIC entfällt für die parlamentarische Debatte die Möglichkeit der non-participant reception roles. Institutionell beschränkt sind die Möglichkeiten von interlocuter und intermediary (durch die Beschränkung des Basiskriteriums ADDRESS (Adressat)) auf die Abgeordneten und den Präsidenten. Die Zuschauer können nicht angesprochen werden, da sie nicht reagieren dürfen[241]. Indirect target und audience können durch die Erweiterung von PARTIC in einem Bereich außerhalb des Plenarsaales und durch Konservierung durch Medien auch außerhalb der Äußerungszeit liegen. Diese zeitlich-räumliche

[240]KÜHN, Peter: Adressaten und Adressatenkarussell in der öffentlich politischen Auseinandersetzung, in: DYCK, Joachim/JENS, Walter/UEDING, Gert (Hrsg.): Rhetorik. Band 11 Rhetorik und Politik (Sonderdruck), Tübingen 1992, S.51-64.

[241]Anmerkung: Eine Ausnahme besteht, wenn der Präsidenten zur Aufrechterhaltung von Ruhe und Ordnung im Plenarsaal das Wort an die Zuschauer richtet.

Trennung von der Äußerung kann die indirect targets dazu veranlassen, sich nicht als solche zu sehen, d.h. ihren Einfluß auf die Ausgestaltung der Äußerung (Basiskriterium RECIPIENT (Empfängerschaft)) zu unterschätzen, da sie ja sowohl zeitlich als auch räumlich während der Äußerung nicht anwesend sind. Andererseits können auch die participant producer roles deviser, sponsor und ghoster zeitlich und räumlich außerhalb der Äußerung liegen, was für die non-participant producer roles (ultimate source, principal und formulator) ja bereits im alten Modell (ohne die Erweiterung des Kriteriums PARTIC) galt. In der Übertragung des Modells auf die Parlamentsdebatte gibt es die drei letztgenannten Rollen nur noch eingeschränkt. Das Problem liegt in ihrer Definition als NON-PARTIC. Durch die Speicherung der Äußerungssituation in den beschriebenen Medien und ihre prinzipielle Zugänglichkeit für alle (Öffentlichkeits-funktion des Bundestages) können ultimate source, principal und formulator - sofern es sich um menschliche Besetzungen handelt - erreicht werden. Sie werden so zu participant producer roles, d.h. zu deviser, sponsor und ghoster. Spätestens hier stellt sich die Frage, was von den Kategorien durch die Veränderung von PARTIC überhaupt noch übrig bleibt.

zu 3:

Durch den institutionellen Zweck (Öffentlichkeitsfunktion) und die Speicherung der Äußerungen in Medien entfallen sechs von zwanzig Gesprächsrollen. Die anderen vierzehn Gesprächsrollen sind ebenfalls betroffen, indem die Basiskriterien PARTIC (siehe dazu auch die Abhängigkeiten von TRANSMISSION (Übertragung) und CHANNEL-LINKAGE (Verbindung der Kommunikationskanäle) von PARTIC) und ADDRESS verändert bzw. institutionell eingeschränkt werden.

Es soll daran erinnert werden, daß PARTIC schon im LEVINSON-Modell durchaus uneinheitlich verwendet wurde. Einmal wurde die Anwesenheit (production

roles) und ein anderes Mal die Zugehörigkeit (reception roles) hervorgehoben. Dadurch, daß die Anwesenheit in der Übertragung des Modells für PARTIC keine Rolle mehr spielt, sind also hauptsächlich die production roles betroffen. Für die Anwendung der Kategorien scheint mir das vertretbar.
Kompliziert ist die Rolle der übermittelnden Presse. Sie ist indirect target und co-ghoster oder co-deviser, also sowohl in einer Hörer- als auch in einer Sprecherrolle in einer Äußerungssituation vertreten. Daß dieses durch die Art der Kategorienbildung möglich ist, wurde bereits in der Diskussion des LEVINSON-Modells herausgestellt, ohne daß konkrete Beispiele diskutiert worden wären. Im Zusammenhang mit der Rollenüberschneidung wurde dort auch die unterschiedliche Selbstzuschreibung der Rollen und die Veränderung der Rollenkonstellation besprochen. Diese Erscheinungen sind nur in den Griff zu bekommen, wenn man die Gesprächsrollen in ihrer Dynamik von Embeddings und Footing-Wechseln zu beschreiben versucht.

Zusammengefaßt ergibt sich die folgende Modifizierung der Gesprächsrollen:
Der author, der spokesman und der relayer müssen anwesende Abgeordnete sein und Rederecht haben.
Deviser, sponsor und ghoster können sein:
1. anwesende Abgeordnete (und Präsident), die Eingriffsmöglichkeiten haben;
2. anwesende Zuschauer, die einen vollen Überblick über die Äußerungssituation haben;
3. abwesende Zuschauer, deren Wahrnehmung der Äußerungssituation räumlich oder zeitlich versetzt und durch die Übertragungsmedien eingeschränkt ist;
4. abwesende Zuschauer, deren Wahrnehmung zusätzlich durch ausschnitthafte Wiedergabe von Redeteilen beeinflußt wird;
5. anwesende oder abwesende Zuschauer, die anderen abwesenden Zuschauern die ausschnitthafte Wiedergabe vermitteln.

Der interlocuter und der intermediary müssen unter den anwesenden Abgeordneten (einschließlich des amtierenden Präsidenten) sein.

Indirect target und audience müssen unterschieden werden in:

1. anwesende Abgeordnete (und Präsident), die Eingriffsmöglichkeiten haben;
2. anwesende Zuschauer, die einen vollen Überblick über die Äußerungssituation haben;
3. abwesende Zuschauer, deren Wahrnehmung der Äußerungssituation räumlich oder zeitlich versetzt und durch die Übertragungsmedien eingeschränkt ist;
4. abwesende Zuschauer, deren Wahrnehmung zusätzlich durch ausschnitthafte Wiedergabe von Redeteilen beeinflußt wird;
5. anwesende oder abwesende Zuschauer, die anderen abwesenden Zuschauern die ausschnitthafte Wiedergabe vermitteln.

1.3.1. Unterschiedliche Erwartungen von Fraktion, Partei, Wahlkreis, Öffentlichkeit und die eigene Kompetenz und das Gewissen

Ein Abgeordneter kann in den unterschiedlichsten Rollen im Parlament sprechen:

> *„als Mitglied der Regierung oder als Mitglied einer Regierungsfraktion, als Mitglied der Opposition, als Abgeordneter des Wahlkreises X, als Vorsitzender oder Berichterstatter des Y-Ausschusses, als Sprecher seiner Fraktion für Z-Politik, als Mitglied, Repräsentant oder Anhänger einer je unterschiedlichen Mischung von programmatischen Gruppierungen, Landesverbänden und Arbeitsgemeinschaften der Parteien, von Verbänden, Organisationen und Gliederungen sowie von darüber hinausreichenden Interessen- und Kompetenzschwerpunkten, die sich im Umriß seiner politischen Person gebildet haben." (ZEH 89, S.926)*

Da die meisten Abgeordneten, die das Wort ergreifen können, mehrere Rollen in ihrer Person verkörpern, ist es manchmal schwer festzustellen, für welche momentane Lösung im Rollenkonflikt sie sich entschieden haben. Es kommt zu Interferenzen bei der Zielsetzung des Redebeitrags, was ZEH treffend im Sinne des Interferenzkonzepts so ausdrückt:

> *„Entscheidend ist das Bewußtsein des parlamentarischen Debattenredners, daß er sich zugleich an unterschiedliche, ja gegensätzliche Adressaten zu richten hat und daß deren mögliche Reaktionen in Wechselbeziehungen stehen, einander verstärken oder aufheben, über viele Zwischenstationen ihm und seiner Sache nützen oder schaden können." (ZEH 89, S.927)*

Das interpretiere ich als Umschreibung eines Handlungsplanes für ein sprachliches Handlungsmuster, das mehrere Ziele parallel verfolgt und dessen Realisierung adressatenspezifische, sich ausschließen könnende perlokutäre Effekte erzeugt. Es läßt sich sogar die Existenz mehrerer musterkonstituierender Zwecke feststellen. Der Zweck der Information ist obligatorisch. Ebenso scheint die Werbung für die eigene Person obligatorisch für die Legitimation des einzelnen Abgeordneten zu sein, da sie die Repräsentationsfunktion betrifft. Weiter scheint für Redner der Regierungsparteien eine eher positiv kritische Darstellung der Regierungsvorhaben obligatorisch zu sein, während sich Oppositionspolitiker mit negativer Kritik zu befassen haben. Als letzter Zweck kann eventuell noch die fraktionsabhängige Werbung für die Partei gelten, die inhaltlich die Punkte der Politik bestimmt, welche negativ kritisiert oder positiv hervorgehoben werden sollen[242]. Diese vier Zwecke des Handlungsmusters werden durch die oben genannten verallgemeinerbaren Ziele ergänzt.
Hier findet auch die Arbeit von KLEIN Anschluß, der die verschiedenen Partnerhypothesen von Politikern herausgestellt hat. Er hat am Beispiel des Redebeitrags von Kohl in einer Diskussion um die Montanmitbestimmung dessen unterschiedliche Erwartungen an die Interpretation seines Beitrags von verschiedenen Adres-

[242]Zur Begründung siehe die Ausführungen zur Fraktion als zentrale Handlungseinheit, die über die Redemöglichkeiten der einzelnen Abgeordneten verfügt.

saten dargestellt. Aufgrund einer Schadens-Nutzens-Abwägung der Reaktionen der einzelnen Adressatengruppen erschloß sich dann der Sinn der Äußerungen Kohls. Diese Art der Redebeitragsgestaltung scheint prototypisch auch für die Parlamentsdebattenbeiträge zu sein.

1.2.2. Strukturelle Begrenzungen durch die Institution

In der Geschäftsordnung des Deutschen Bundestages ist festgelegt, wie lange ein Redner reden darf. Weiter wird von der Fraktion laut Geschäftsordnung bestimmt, welche Fraktionsmitglieder sich äußern dürfen. Die Themen werden vom Ältestenrat, dessen Zusammensetzung wieder von den Fraktionen abhängt, bestimmt. Zeitüberschreitungen können durch Entzug des Rederechts durch den Vorsitzenden geahndet werden. Manchmal wird die Redezeit noch durch parlamentarische Zwischenfragen verkürzt[243]. Ebenfalls werden Abweichungen vom Thema durch den Vorsitzenden geahndet. Da die Redemöglichkeit der einzelnen Abgeordneten von der Fraktion abhängt, kommt seiner Rolle als Sprecher der Fraktion eine zentrale Bedeutung zu. Zumindestens darf er nicht gegen die Interessen seiner Fraktion verstoßen, will er weiterhin als Redner in Erscheinung treten.

Durch die hauptsächliche Vermittlung der Beiträge durch die Massenmedien läßt sich ein Hang zur werbewirksamen Theatralik erklären, die sachlich unbegründet sein kann. Scharfe Angriffe, die ins Persönliche gehen, überspitzte Kritik, die eigentlich keiner in dem geäußerten Maße aufrecht zu erhalten gedenkt, das zur Schau stellen von Betroffenheit machen die Ware Information für die Medien

---

[243]Zur Funktion und der Praxis der parlamentarischen Zwischenfrage siehe KÜHN 95, wo eine Analyse dieser Textsorte vorgenommen wird.

attraktiv, sichern durch ihren Sensationscharakter Einschaltquoten. Es handelt sich um Sensationen, in deren Mittelpunkt Politiker stehen, die sich so werbewirksam verkaufen.

Im Gegensatz zu dieser Entwicklung steht die wachsende Zahl langatmiger, trotz des Verbots in der GOBT abgelesener Stellungnahmen als Debattenbeiträge. Diese Expertenbeiträge erklären sich aus dem Charakter des Arbeitsparlaments, wenn es wirklich um die Darlegung von entscheidungsrelevanten Zusammenhängen geht (ZEH, S.934, KISSLER 89, S.1012f.). Für die Massenmedien sind diese Beiträge uninteressant, da die Zuschauer nicht über die notwendige Geduld und Kenntnis verfügen, ihnen folgen zu können, und weil sie lediglich rhetorischen Minimalansprüchen genügen.

1.3.3. Folgen für das Analysemodell

Es dürfte klar geworden sein, daß die bisherigen Ausführungen über Handlungsmuster und production und reception format einer Erweiterung bedürfen.

1. Was passiert, wenn ein Redner unterschiedliche Handlungsmuster realisiert, sukzessiv oder simultan, wie es in der Praxis verlangt zu werden scheint?
2. Kommt es bei der vorliegenden Zweckheterogenität zur instrumentellen Musternutzung, d.h. zu Täuschungen von Beteiligten über den Bedeutungsgehalt der gemeinsam vollzogenen Handlung und wenn ja, wie geschieht das?
3. Welche Rolle spielen das production format participation framework bei der Bewältigung der verschiedenen bis heterogenen Handlungsanforderungen?
4. Wie finden Embeddings und Footing-Wechsel statt und wie steht es um ihre Transparenz und die der Gesprächsrollen bei den participants?

zu 1:

Wenn der Debattenbeitrag als Handlungsmuster aufgefaßt werden soll, handelt es sich um ein Muster, daß durch den Vollzug der beschriebenen anderen Muster vollzogen wird. Das bedeutet, daß die unterschiedlichen Muster aus ihrer Perspektive zwar nacheinander (sukzessiv), aus der Perspektive des Gesamtmusters allerdings simultan vollzogen werden. Gleiches gilt für die in den Mustern geleisteten Adressierungen. Das Muster ist also auf jeden Fall [illegible].

Allerdings kann der Fall auftreten, daß eine Äußerung sich als nach mehreren Handlungsmustern zugleich interpretieren läßt, daß also innerhalb der Handlungssegmente schon ein simultaner Vollzug vorliegt. Für diesen Fall müssen die Möglichkeiten der Beteiligung der verschiedenen Personen an der Handlung näher betrachtet werden: 1. Alle Beteiligten vollziehen bewußt dieselben Handlungen; 2. die Beteiligten vollziehen nur teilweise dieselben Handlungen: 2a. einigen fehlen Handlungsmuster, nach denen die anderen die Handlung zusätzlich interpretieren, oder 2b. die Handlungen werden nach unterschiedlichen Mustern interpretiert, obwohl alle über die gleichen Muster verfügen.

Durch die Berücksichtigung mehrerer Teilnehmer beim Vollzug eines Musters setzt die Interpretation des Musters die Kenntnis der Beteiligten Personen voraus. Und zwar kann erstens unterschieden werden, ob bekannt ist, daß mehrere Personen beteiligt sind, und zweitens, ob bekannt ist, um welche Personen es sich handelt. Drittens muß beachtet werden, wie, d.h. in welcher Funktion, sie beteiligt sind. Das gilt im kleinen (innerhalb der Segmente) wie im großen (innerhalb des Musters Debattenbeitrag).

Es gibt folglich Beteiligte, die alles überblicken, es kann aber auch Beteiligte geben, die nur Teile übersehen. Genau hier ist die Übergangsstelle zur Auflösung heterogener Handlungsanforderungen durch Täuschungen von Handlungspartnern.

Allerdings muß der simultane Vollzug unterschiedlicher Muster nicht zwangsläufig zur Täuschung führen. Sie können durch Indem-Relationen miteinander verbunden sein, sich also gegenseitig bedingen. Sie können auch allen Beteiligten bekannt und so kooperativ im Sinne eines gemeinsam beabsichtigten und vollzogenen Handlungsmusters sein.

zu 2:

Interessant wird die Zweckvielfalt, wenn gleichzeitig eine Zweckheterogenität vorliegt. Erst dann kommt es zu Interferenzerscheinungen bei den Mustern. Sie können folgendermaßen differenziert werden: innerhalb des Handlungsmusters Debattenbeitrag können simultan realisierte Zwecke einander widersprechen. Die einzelnen Segmente sind dann zwar klar zuordenbar, insgesamt ergibt sich aber ein widersprüchliches Bild. Durch diese sukzessive Form gewinnen rhetorische Fähigkeiten an Bedeutung, durch die Übergänge geschaffen werden können, die die Gegensätze verschleiern können, indem künstlich Brüche verbunden werden (siehe Kohärenzjoker o.ä.). Insgesamt können Widersprüche auf der Ebene der reinen Handlungszwecke und der Handlungszwecke, die durch unterschiedliche Handlungsbeteiligte und Handlungsbeteiligungen beeinflußt werden, betroffen sein. Es liegen also Brüche in der Textbedeutung unabhängig von einer Splittung der Beteiligten oder eben in Abhängigkeit davon vor, und zwar simultan oder sukzessiv. Bei sukzessiver Adressatenheterogenität können durch indirekte oder implizite Adressierungen Handlungsbeteiligte vor anderen Handlungsbeteiligten verborgen werden. Bei simultaner Heterogenität scheint die implizite Form - so problematisch sie als Kategorie auch ist - durch die Möglichkeit der Vagheit die einzige Chance der verdeckten Handlung zu liefern. Allerdings muß hierbei näher auf den Kenntnisstand der Beteiligten eingegangen werden, d.h. wer über welche Beteiligung Bescheid weiß. Dies kann in seiner Komplexität aber nur im production format und den reception roles diskutiert werden.

Bei simultaner Zweckheterogenität reiner Textbedeutung kann es zu Überlagerungen im Sinne des Interferenzkonzeptes kommen, d.h. zu wahrnehmbaren Brüchen innerhalb des Segments, weil einzelne Teile auf gegensätzliche Zwecke hindeuten.

Eine Kombination aus beidem, d.h. eine Verbindung einer mit heterogenen Zwecken verbundenen Textbedeutung mit in unterschiedlichen Gesprächsrollen beteiligten Handelnden, ist ebenfalls denkbar, und zwar simultan wie sukzessiv. Der Vorteil daran wäre, daß diese Muster relativ bruchlos wahrgenommen werden könnten, wenn nur die jeweiligen Handelnden ihren eigenen Bezug zur Äusserung herstellten. Die Interferenz läge in der Aktserie, die unterschiedlich adressiert ist und dadurch adressatenspezifisch verschiedene Muster durchführen läßt, die eigentlich heterogen sind. Die Produktion solcher Aktserien kann als eigenes Handlungsmuster aufgefaßt werden, wie es bereits in der Modellbildung geschehen ist[244].

zu 3.

Die Täuschungen über heterogene Handlungsziele oder Zwecke und die Beteiligung anderer Handelnder können nur über unterschiedliche Äußerungsdesigns erreicht werden, sollen sie verborgen bleiben. In erster Linie ist dabei wichtig, daß die getäuschten Handelnden einen anderen Eindruck vom Äußerungsdesign haben als andere getäuschte oder nicht getäuschte Handelnde. Das betrifft indirect targets, interlocuter, intermediary und audience sowie sponsor, author, ghoster, deviser, spokesman und relayer. Entweder wird man über den eigenen Einfluß insofern getäuscht, als man ihn unterschätzt, oder man überschätzt ihn, indem man sich selbst eine Rolle zuschreibt, die die anderen Handelnden sich selbst zuschreiben.

---

[244] Siehe diese Arbeit S.151ff..

zu 4:
Innerhalb einer Äußerungssituation können mehrere Äußerungsdesigns parallel existieren: einmal kann offen auf andere Designs Bezug genommen werden (z.B. durch kenntliche Zitate), zum anderen können aktantenabhängig unterschiedliche Designs existieren. Für eine absichtliche Täuschung ist es dabei von besonderer Wichtigkeit, daß die unterschiedlichen Designs auch aktantenspezifisch nahegelegt werden.

1.4. Die Rezeption des Beitrags in der Öffentlichkeit: Politiker, Experten, Presse, Parteimitglieder, Wähler

Einer Analyse mehrfachadressierter sprachlicher Handlungsmuster fehlt an dieser Stelle noch eine Untersuchung des participation framework. Die Adressaten wurden bereits zusammenhangslos genannt. Nun erfolgt eine systematischere Einordnung.
Zum einen sind als Adressaten diejenigen zu nennen, die direkt angesprochen werden können, auf deren Beiträge eingegangen werden kann und die durch Zwischenfragen direkt zum Beitrag Stellung nehmen dürfen (wenn der Redner es erlaubt). Das sind die anderen Abgeordneten in ihren unterschiedlichen Funktionen vom Regierungsmitglied bis zum Hinterbänkler der eigenen oder einer anderen Partei. Sie sind vom Gesprächsstrukturellen her gleichberechtigte Partner, da sie anwesend sind und prinzipiell antworten können. Weiter sind die schon erwähnten anwesenden Gäste zu erwähnen, die angesprochen werden können, ohne daß sie antworten könnten. Die anwesenden Journalisten können ebenfalls nicht antworten, werden aber auch nicht direkt angesprochen. Sie sind Filter des Mediums, das die Debatte an die Nichtanwesenden überträgt.

So kann eine erste naive Einteilung nach GOFFMAN vorgenommen werden: die Abgeordneten sind die participants, die Gäste die overhearer und die Nichtanwesenden die eavesdropper. Innerhalb der participants wechseln speaker und addressee. Die targets befinden sich innerhalb der Gesellschaft der Anwesenden, da ja nicht klar ist, wer außerhalb die Beiträge wahrnimmt. Diese Einteilung bezieht sich nur auf die äußeren Bedingungen und wird daher naiv genannt, obwohl sie bereits erhebliche Komplexität aufweist. Sie gewinnt an Relevanz, da ihr Vorhandensein den Nichtanwesenden durch die mediale Übertragung nahegelegt wird. Es handelt sich dabei wohl in erster Linie um ein psychologisches Problem der Wahrnehmung wider besseres Wissen (ARNDT, S.648). So ist unter dieser Perspektive die Kritik an leeren Plenarsälen und des aneinander Vorbeiredens der Politiker im Plenum zu verstehen. Anwesenheit und aufeinander eingehen, um sich gegenseitig überzeugen zu können, macht nur Sinn, wenn die Reden auch an die anwesenden Politiker gerichtet sind.

Eine zweite Einteilung versucht die abwesenden Adressaten einzubeziehen. Da gibt es nach KLEIN die eigenen Parteigänger, naiv und weniger naiv, die Gegner und die Unentschlossenen, die ebenfalls in naiv und weniger naiv differenziert werden. Weiter gibt es die Angehörigen des Wahlkreises und andere Interessensvertreter[245], die, naiv oder weniger naiv, darauf achten, ob ihre Interessen vom Redner in positiver oder negativer Weise berührt werden. Die Interessensvertretung richtet sich nicht nur an den einzelnen Abgeordneten, sondern auch an seine Rolle als Parteivertreter, die er, wie bereits des öfteren erwähnt, im Sinne der Fraktion zu erfüllen hat. Aus dieser Sichtweise heraus ergibt sich eine Verwandlung der overhearer und eavesdropper in indirect targets. Allerdings ist die Frage, ob nicht durch die systemimmanente Berücksichtigungspflicht des audience sogar

---

[245]Die Interessensvertretung geht über einfache Verbandszugehörigkeit bis zur Freistellung der Abgeordneten und Finanzierung der persönlichen Abgeordnetentätigkeit, was die Abhängigkeit des einzelnen Abgeordneten betrifft.

von participants gesprochen werden muß. Zentral ist wohl die Unterscheidung zwischen naiven und weniger naiven Adressaten. So ist bei weniger naiven Adressaten zu erwarten, daß sie eine Vorstellung über die Vielfalt der anderen Adressaten und den damit verbundenen Äußerungszielen ausbilden. Bei naiven Adressaten wird unterstellt, daß sie diese Komplexität nicht erkennen und die Äußerungen gemäß des naiven Designs interpretieren, sie eventuell noch auf sich und die eigenen Interessen beziehen und auch aus dieser Perspektive beurteilen.

Es kann also für das sprachliche Handlungsmuster des Debattenbeitrags wohl folgendes festgestellt werden:

Der Sprecher hat mehrere MOTIVEs und entsprechend mehrere targets seines Beitrags, die als unterschiedliche Zwecke und Zielsetzungen festgehalten wurden. Diese Zwecke und Ziele beziehen sich auf zum Teil unterschiedliche Adressaten - so z.B. der Zweck der fraktionsgenehmen Ausformung nur auf die Fraktionsmitglieder. Es scheint nicht der Fall zu sein, daß alle Adressaten über alle Adressaten Bescheid wissen, sonst könnten gegensätzliche Ziele nicht adressatenspezifisch verwirklicht werden. So bleibt auch die eigentliche Bedeutung eines Debattenbeitrags vielen Adressaten verheimlicht. Bei diesen Adressaten handelt es sich in erster Linie um die *„naiven"*, d.h. in erster Linie um das Publikum, den Wähler. Die weniger naiven zeichnen sich scheinbar durch einen professionellen Zugang zum politischen Geschehen aus. Auf jeden Fall fallen die Agenten der Institution, d.h. alle Abgeordneten, unter diese Kategorie, während die Klienten eher zu den naiven Adressaten gehören[246]. Exakter kann es wohl mit dem HABERMASschen Denkmodell ausgedrückt werden: Professionell mit Politik befaßte Personen verfügen neben einer alltagsweltlichen Sichtweise über systemtheoretisches Verständnis der Institution, während der Wähler auf sein Alltagsverständnis

---

[246]Diese Feststellung entspricht der Analyse mithilfe der Inszenierungsthese mit ihrer Trennung von inszenierenden Politikern und das Schauspiel nicht durchschauenden Wählern.

beschränkt bleibt. Das Alltagsverständnis umfaßt mindestens die Ansprüche, von den Gewählten repräsentiert und über die Repräsentation informiert zu werden. Die komplexe Vermitteltheit dieser Ansprüche, die durch die komplexe Gesellschaft erzeugt wird, bleibt in ihrer Logik undurchsichtig: so die Rolle der Fraktionen. Die scheinbare Transparenz, die durch die öffentlichen personengebundenen Beiträge erzeugt wird, wird unter Nutzung der Beschränkung des Alltagsverständnisses instrumentalisiert, um unter den Systemimperativen verdeckt handeln zu können. Das ganze ist als Konfliktlösung zwischen widerstreitenden Anforderungen an den Redebeitrag zu verstehen. Die Konflikte, die in der Gesellschaft existieren und die von den Konfliktparteien zur Lösung in ihrem Sinne an den Abgeordneten herangetragen werden, können von diesem nicht gelöst werden. So werden sprachliche Scheinlösungen funktional für die Handlungsfähigkeit des Politikers.

2. Analyse von Beiträgen zur Grundgesetzänderung des Asylrechts

In diesem Kapitel soll das Handlungsmuster Parlamentsdebattenbeitrag anhand von Beiträgen zur Grundgesetzänderung des Asylrechts vom 26. Mai 1993 illustriert und belegt werden. Die Debatte ist von besonderem Interesse, da sie sicherlich zu den parlamentarischen Höhepunkten des Jahres 1993 gezählt werden kann, was die Quantität der Debattenbeiträge und das Interesse der Öffentlichkeit angeht. So dauerte die Sitzung nicht nur länger als zehn Stunden[247], es gaben auch etliche Parlamentarier (80), die nicht zu Wort gekommen waren, schriftliche Beiträge zu Protokoll. Eine Übertragung in Funk (vollständig auf Mittelwelle NDR IV) und Fernsehen (teilweise III. Programme) fand ebenfalls statt. In den

[247]Stenographische Berichte, S.13503.

aktuellen Nachrichtensendungen wurde auf die Debatte Bezug genommen. Hinzu kam, daß demonstrierende Gegner der Grundgesetzänderung versuchten, die Abgeordneten vom Betreten des Bundestagsgebäudes abzuhalten. Dieses sensationelle Chaotentum - einige Abgeordnete erreichten die Debatte auf Schleichpfaden - machte die Sitzung schon deshalb zur „gutgehenden Ware" auf dem Nachrichtenmarkt. Das Interesse der Öffentlichkeit war demnach geweckt und die Entscheidung - die Grundgesetzänderung - von entsprechend politischer Wichtigkeit. Insgesamt waren ideale Bedingungen für den Debattenbeitrag gegeben.

2.1. Der Gesetzestext als Interferenzprodukt

Der Gegenstand, über den abgestimmt wurde, war die Änderung des Artikel 16 Absatz 2 Satz 2 Grundgesetz: *„Politisch Verfolgte genießen Asylrecht."* in Artikel 16a Grundgesetz:

> *„(1) Politisch Verfolgte genießen Asylrecht.*
> *(2) Auf Absatz 1 kann sich nicht berufen, wer aus einem Mitgliedstaat der Europäischen Gemeinschaften oder aus einem anderen Drittstaat einreist, in dem die Anwendung des Abkommens über die Rechtsstellung der Flüchtlinge und der Konvention zum Schutze der Menschenrechte und Grundfreiheiten sichergestellt ist. Die Staaten außerhalb der Europäischen Gemeinschaften, auf die die Voraussetzungen des Satzes 1 zutreffen, werden durch Gesetz, das der Zustimmung des Bundesrates bedarf, bestimmt. In den Fällen des Satzes 1 können aufenthaltsbeendende Maßnahmen unabhängig von einem hiergegen eingelegten Rechtsbehelf vollzogen werden.*
> *(3) Durch Gesetz, das der Zustimmung des Bundesrates bedarf, können Staaten bestimmt werden, bei denen auf Grund der Rechtslage, der Rechtsanwendung und der allgemeinen politischen Verhältnisse gewährleistet erscheint, daß dort weder politische Verfolgung noch unmenschliche oder erniedrigende Bestrafung oder Behandlung stattfindet. Es wird vermutet, daß ein Ausländer aus einem solchen Staat nicht verfolgt wird, solange er nicht Tatsachen vorträgt, die die Annahme begründen, daß er entgegen dieser Vermutung politisch verfolgt wird.*
> *(4) Die Vollziehung aufenthaltsbeendender Maßnahmen wird in den Fällen des Absatzes 3 und in anderen Fällen, die offensichtlich unbegründet sind oder als offensichtlich unbegründet gelten, durch das Gericht nur ausgesetzt, wenn ernstliche Zweifel an der Rechtmäßigkeit der Maßnahme bestehen; der Prüfungsumfang kann eingeschränkt*

werden und verspätetes Vorbringen unberücksichtigt bleiben. Das Nähere ist durch Gesetz zu bestimmen.
(5) Die Absätze 1 bis 4 stehen völkerrechtlichen Verträgen von Mitgliedstaaten der Europäischen Gemeinschaften untereinander und mit dritten Staaten nicht entgegen, die unter Beachtung der Verpflichtungen aus dem Abkommen über die Rechtsstellung der Flüchtlinge und der Konvention zum Schutze der Menschenrechte und Grundfreiheiten, deren Anwendung in den Vertragsstaaten sichergestellt sein muß, Zuständigkeitsregelungen für die Prüfung von Asylbegehren einschließlich der gegenseitigen Anerkennung von Asylentscheidungen treffen."

Da es sich um eine Grundgesetzänderung (2/3 Mehrheit voraussetzend) handelte, war unter den herrschenden Mehrheitsverhältnissen ein gemeinsames Abstimmen von Regierungs- und Oppositionspolitikern notwendig. In der Frage des Asylrechts existierten aber innerhalb der Parteien unterschiedliche Auffassungen über die Tragweite des alten als auch über die Tragweite eines zu gestaltenden neuen Asylgrundrechts (MÜNCH, S.142f.).
Dem juristisch Unbedarften erscheint der neue Text als Konkretisierung des alten Textes, da der alte Text im Wortlaut übernommen und an den Anfang gestellt wurde. Die restlichen neuen Textabschnitte schränken den alten Abschnitt ein und konkretisieren die Einschränkungen, ergänzen ihn also.
Unabhängig davon scheint klar zu sein, daß diejenigen, die über dieses Gesetz abgestimmt - ja es zum Teil entworfen - haben, als verfassungsändernde Gesetzgeber wissen müßten, was darin steht. Wüßten sie es nicht, dürften sie nicht abstimmen: sie hätten in ihrem Repräsentationsauftrag bei einer Änderung des Grundgesetzes versagt. Wenn sie aber wissen, was darin steht, ist es interessant, wie sie das an sie gerichtete Informationsgebot auslegen, wenn sie in ihren Debattenbeiträgen Öffentlichkeitsarbeit leisten. Wie erwähnt, wurden ja unterschiedliche Ansichten über das Asylrecht im Text gebändigt. Was steht also im Text?

2.1.1. Passagen, die für die Beibehaltung des Individualrechts sprechen

Der neue Text beginnt mit der alten Formulierung *„Politisch Verfolgte genießen Asylrecht."* Das hieß vor der Änderung, daß ein sogenanntes *„Individualrecht"*[248] auf Asylgewährung existierte (MAUNZ/DÜRIG, 16 Abs.II S.2, S.84f.). Der Begriff „politisch verfolgt" übernimmt die Definition aus der Genfer Flüchtlingskonvention[249]. Dadurch werden Flüchtlingskonvention und Grundgesetz zusammengebracht, was zu Interpretationsschwierigkeiten bei der Auslegung geführt hat (MÜNCH, S.15). Die Flüchtlingskonventionen kennen kein Individualrecht auf Asyl[250], gehen in anderen Bereichen aber über das deutsche Asylrecht hinaus. Politisch Verfolgte besaßen ein Recht gegenüber dem Staat, Asyl gewährt zu bekommen. Dieses Recht war vom Parlamentarischen Rat bewußt gesetzt worden (MAUNZ/DÜRIG, 16 Abs.II S.2, S.75). Daher war einhellige Meinung, daß jedem politisch Verfolgten potentiell die Möglichkeit gegeben werden müßte, in Deutschland Schutz vor Verfolgung zu finden. Mit diesem Grundrecht war der Auftrag verbunden, ein Verfahren zu gewährleisten, was den Fall einer Ableh-

---

[248]Der Begriff Individualrecht bezeichnet das subjektiv-öffentliche Recht, d.h. einen Anspruch (politisch Verfolgter) gegen die Bundesrepublik Deutschland auf Asylgewährung (MAUNZ/DÜRIG, 16 Abs.II S.2, S.84f.).

[249]*„Politisch Verfolgte" stellt in der Verfassung der Bundesrepublik einen unbestimmten Rechtsbegriff dar. Das Bundesverwaltungsgericht legt diesen Begriff in seiner Rechtssprechung in Anlehnung an Art. 1 A Nr.2 der Genfer Flüchtlingskonvention aus. „Asylrechtlichen Schutz genießt danach, wer wegen seiner Rasse, Religion, Nationalität, Zugehörigkeit zu einer sozialen Gruppe oder wegen seiner politischen Überzeugung Verfolgungsmaßnahmen mit Gefahr für Leib und Leben oder Beschränkungen seiner persönlichen Freiheit ausgesetzt ist oder solche Verfolgungsmaßnahmen begründet befürchtet."* (MAUNZ/DÜRIG, 16 Abs.II S.2, S.87)

[250]Der Art. 14 Ziffer 1 der Allgemeinen Erklärung der Menschenrechte vom 10.12.1948: *„Jeder Mensch hat das Recht, in anderen Ländern vor Verfolgungen Asyl zu suchen und zu genießen."* hat für die Unterzeichner lediglich empfehlenden Charakter und stellt kein bindendes Völkerrecht dar (MAUNZ/DÜRIG, 16 Abs.II S.2, S.82f.). In den Menschenrechtspakten der Vereinten Nationen vom 19.12.1966 sollte der Inhalt der Menschenrechtserklärung in bindendes Völkerrecht transponiert werden. Dort wird weder das Wort „Asyl" erwähnt, noch sonst eine Asylregelung vorgenommen (MAUNZ/DÜRIG, 16 Abs.II S.2, S.83).

nung eines berechtigten Asylantrags auszuschließen hatte. Die Prüfung hatte individuell auf den Fall bezogen stattzufinden. So wurde eine gerichtliche Prüfung des Antrags mit entsprechenden Revisionsmöglichkeiten eines rechtsstaatlichen Verfahrens notwendig. Für die Zeit des Verfahrens mußte eine vorläufige Aufnahme stattfinden, um den Bewerber vor eventueller - vor Verfahrensende nicht auszuschließender Verfolgung zu schützen (MÜNCH, S.38ff.). Gegen diesen weitgehenden Schutz, der im Grundgesetz eindeutig verankert lag und der als Grund für die derzeitigen Probleme bei der Asylpolitik interpretiert wurde, sollte eine Grundgesetzänderung Abhilfe schaffen.

Nun ist der Text im Wortlaut übernommen worden. Seine frühere Bedeutung ist eindeutig belegt. Durch dieses Zitat hat man juristisch gesehen auch die frühere Bedeutung in das Gesetz hineingelegt (HUBER, S.214). Das heißt aber: das Individualrecht auf Asyl ist erhalten geblieben. Da aber gerade die Schlüsse, die aus diesem Individualrecht gezogen worden waren, zur Forderung nach der Änderung des Grundgesetzes geführt haben, scheint keine Änderung stattgefunden zu haben. Aber es gibt ja noch eine ganze Menge andere Sätze im Gesetz, und zusammen machen sie den Gesetzestext aus.

2.1.2. Passagen, die eine Abschaffung des Individualrechts belegen

In Absatz 2 wird festgelegt, daß Absatz 1 nicht für „*Einreisende*" aus der Europäischen Gemeinschaft oder einem „*sicheren Drittstaat*" gilt. Betreffende Personen können „*unabhängig von einem hiergegen eingelegten Rechtsbehelf*" abgeschoben werden. Hier passieren also gleich drei auffallende Dinge:

1. Es kommt nicht mehr auf die Verfolgung, sondern auf den Reiseweg an (durch EG-Land oder Drittstaat).

2. Dadurch werden kollektive Abschiebegründe einer individuellen Fallüberprüfung vorangestellt.
3. Der Rechtsweg wird ausgeschlossen. Von einer individuellen Rechtsweggarantie als Auswuchs des Individualrechts wird explizit Abstand genommen.

In Absatz drei wird festgelegt, daß sichere Drittländer mit einfacher Mehrheit in Bundestag und Bundesrat festgelegt werden können. Es wird aber auch die Möglichkeit eingeräumt, daß der Bewerber durch seine Schilderungen begründet, daß er entgegen der Annahme verfolgt wird. Hier findet wieder eine individuelle Prüfung statt - allerdings unter der in Absatz 2 Satz 3 eingeführten Einschränkung, daß gegen die einmalige Prüfung kein Einwand möglich ist.

In Absatz 4 wird geregelt, daß die Abschiebung bei offensichtlich unbegründeten Anträgen nur ausgesetzt wird, wenn die Rechtmäßigkeit der Maßnahme ernstlich bezweifelt wird. Besonders interessant ist in diesem Absatz die Formulierung *„die offensichtlich unbegründet sind oder als offensichtlich unbegründet gelten"*. Denn die Offensichtlichkeit des Unbegründeten, die hier nicht näher definiert ist, wird wohl in den meisten Fällen - zum Beispiel, wenn ein Bewerber individuelle Verfolgungsgründe anführt, obwohl er aus einem sicheren Drittstaat kommt - nicht gegeben sein. Das folgt schon aus dem Zulassen der Möglichkeit in Absatz 3 Satz 2, daß in Drittstaaten vereinzelte Verfolgungen stattfinden, die die Zulassung des Asylbewerbers aus eben diesem Staat rechtfertigen können. Damit ist aber die Reichweite dieses Absatzes ziemlich eingeschränkt.

In Absatz 5 wird festgelegt, daß das Gesetz internationalen Verträgen zur Asylregelung, die nicht gegen die Genfer Flüchtlingskonvention verstoßen, nicht entgegensteht. Damit wird eine Auslegung des verabschiedeten Gesetzes vorgenommen, die eine gemeinsame Asylpolitik ermöglicht. Interessant ist dabei, daß durchaus Zweifelsfälle bestehen könnten - gerade, wenn man sich den Individualrechtscharakter ansieht - ob sich ein Vertrag, der der Flüchtlingskonvention entspricht, auch mit dem deutschen Asylrecht vereinbaren läßt. Diese Zweifelsfälle sollen hier nicht juristisch, sondern per Definition geregelt werden. Ob das so einfach möglich ist, wage ich nicht zu beurteilen! Besonders die anfangs genannten drei Punkte rechtfertigen die Annahme, daß Asylbewerber ihr Individualrecht gegenüber dem Staat verloren haben. Der Reiseweg ersetzt die Verfolgung und eine kollektive Erfassung (sicherer Drittstaat) steht vor dem Ausnahmefall individueller Verfolgung. Der Rechtsanspruch wird verstümmelt, indem keine Einspruchsmöglichkeit besteht. Die Festschreibung der Kompatibilität mit der europäischen Asylrechtsharmonisierung - kein anderer Staat kennt ein Individualrecht auf Asyl - spricht ebenfalls für eine Abschaffung des Individualrechts in diesen Passagen durch den Gesetzgeber.

Das Gesetz ist also widersprüchlich. MÜNCH spricht von einer Erhaltung des Individualrechts *„de jure"* und einer Abschaffung *„de facto"* (S.154). Andere Beobachter gehen davon aus, daß zwar das Individualrecht erhalten wurde, aber die möglichen Antragsteller abgeschafft wurden, indem niemand, der einen berechtigten Antrag stellen könnte mehr in die Bundesrepublik hineingelassen wird. Der Widerspruch ist offensichtlich, wie aber wird mit einem widersprüchlichen Grundrecht umgegangen: man wartet ab, wie das Bundesverfassungsgericht durch seine Spruchpraxis Ordnung in das Gesetz bringt[251]? Wo die Änderung doch endlich eine klare rechtliche Grundlage liefern sollte, auf der die Eindei-

[251]Die Klarheit wurde inzwischen durch das Bundesverfassungsgericht durch das Urteil vom 14.5.1996 hergestellt. Fünf Flüchtlinge aus Ghana, dem Irak, Iran und Togo hatten gegen die Verfassungsmäßigkeit dreier Gesetzesteile geklagt. Die Drittstaaten-Regelung (7:1 Stimmen), die Bestimmung sicherer Herkunftsstaaten (5:3 Stimmen) und die Flughafenregelung (5:3 Stimmen) wurden für verfassungsgemäß erklärt. Damit schlossen sich die Verfassungsrichter den Argumenten der Gesetzesbefürworter an. In zwei Sondervoten der in diesen Punkten überstimmten Verfassungsrichter Limbach, Böckenförde und Sommer wurden allerdings die Verfassungsmäßigkeiten der Regelung über sichere Herkunftsstaaten und der Drittstaaten-Regelung bestritten. Obwohl die Rechtslage mit dem Urteilsspruch vorläufig geklärt ist, scheint mir eine Änderung in der Rechtsauffassung deshalb nicht ausgeschlossen zu sein. Zu den Urteilen: SCHELTER, Kurt (Hrsg.): Asyl und Verfassung. Die Asylurteile des Bundesverfassungsgerichts vom 14. Mai 1996. Mit Gründen, Materialien und Erläuterungen, Starnberg 1996.

chung des Staatsgebietes zum Schutz gegen die Asylantenfluten geschehen sollte? Kaum zu glauben, aber ein typisches Interferenzprodukt der Marke Scheinkompromiß[252] scheint hier vorzuliegen. Um diesen Verdacht zu erhärten, soll kurz der dem Gesetz zugrundeliegende Konflikt innerhalb des verfassungsgebenden Gesetzgebers rekonstruiert werden.

2.2. Zur Geschichte des Konflikts[253]

2.2.1. Chronologie

Der Artikel 16 Absatz 2 Satz 2 wurde angesichts der Erfahrungen mit den Verfolgungen und dem Völkermord im „Dritten Reich" in die Verfassung aufgenommen. Darin liegt die Erklärung für die starke Stellung des Bewerbers gegenüber dem Staat - man hatte die Schicksale der zahlreichen abgewiesenen Flüchtlinge aus Deutschland vor Augen, die zu ihren Mördern zurückgeschickt wurden. Eine Wiederholung sollte verhindert werden (RENNER, Asylrecht, S.11).
In den siebziger Jahren kam es in der Bundesrepublik zu einem Anstieg der Asylbewerberzahlen, der zu ersten Diskussionen über ein „Asylproblem" führte. Es wurde damit begonnen, Asylgesetze zu verabschieden, die eine Beschleunigung der Asylverfahren erreichen sollten. Dem Vorgehen lag die Beobachtung zugrunde, daß nur ein sehr begrenzter Prozentsatz der Asylbewerber anerkannt wurde[254].

---

[252]Nach PRESCH 85b.

[253]Grundlage des Kapitels 2.2. ist die Arbeit von MÜNCH. Die komplexe Materie wird dort ausführlich und hervorragend dokumentiert aufgearbeitet. Ihre Verweise auf Drucksachen, stenographische Berichte, Parteiprogramme und Zeitungsartikel werden zum Teil - geprüft versteht sich - übernommen. Ebenso werden einige zentrale politische Interpretationen übernommen, die mir zutreffend erscheinen.

[254]Seit 1973 kam es durch den Anwerbestopp ausländischer Arbeitnehmer zu massiven Versu-

Die Anerkennungsverfahren erstreckten sich allerdings über Jahre hinweg, so daß die Asylbewerber faktisch mehrere Jahre in der Bundesrepublik lebten. Um die Belastungen, die für den Staat aus der Anwesenheit der später abgewiesenen Bewerber, entstanden, zu verringern, sollten sie schneller abgeschoben werden können[255]. In den achtziger Jahren kam es zu weiteren enormen Steigerungen in den Asylbewerberzahlen, die am Ende noch durch die Flüchtlingsbewegung aus Osteuropa weiter gesteigert wurden. Die Prozentzahl der Anerkennungen war immer noch gering, doch führte die faktische Überlastung der mit der Anerkennung betrauten Gerichtsbarkeit zu einem Bearbeitungsstau mit der Folge, daß die Bewerber für längere Zeiträume untergebracht und versorgt werden mußten. Obwohl weiterhin Beschleunigungsgesetze erlassen wurden, kippte die Diskussion um die Asylbewerber[256]: es kam der Gedanke auf, daß Deutschland nicht alle politisch Verfolgten aufnehmen könne. Es wurde nicht mehr nur diskutiert, wie die Verfolgten geschützt werden konnten, sondern wie man sich vor den Verfolgten schützen könne (S.107).

In diesem Zusammenhang wurde erstmalig eine Änderung des Grundrechts auf Asyl von konservativen Landespolitikern gefordert[257], für die es allerdings auf-

---

chen, diesen Stopp durch die Stellung eines Asylantrags zu umgehen (MÜNCH, S.63). Das führte von 1973 durchschnittlich 400 Neuanträgen pro Monat zu 700 Neuanträgen pro Monat 1975 (MÜNCH, S.68).

[255]MÜNCH, 2. Kapitel: Die Praxis der Asylgewährung bis Ende der siebziger Jahre, S.38-72.

[256]In den Jahren 1978-1992 kam es zur Verabschiedung von zwei Beschleunigungsgesetzen, 1978 und 1980, der Verabschiedung eines Asylverfahrensgesetzes, 1982, zwei Änderungen dieses Gesetzes, 1987 und 1988, einer Neufassung des Ausländergesetzes 1991 und schließlich zum Gesetz zur Neuregelung des Asylverfahrens 1992.
Ausgelöst wurde die Verabschiedung des ersten Beschleunigungsgesetzes durch den Anstieg der Asylbewerberzahlen von 16410 Personen 1977 auf 33136 1978. Von zwei Dritteln der Bewerber wurden 1977 die zur Verfügung stehenden Rechtsmittel voll ausgeschöpft, was zu einer durchschnittlichen Verfahrensdauer von ca. 6 Jahren bei den betreffenden Personen führte.
Zu den Zahlen siehe BT-Drs. 8/2946 vom 6.6.1979, S.1 nach MÜNCH, S.72.

[257]In der Debatte vom 18.3.1988 zur zweiten Änderung des Asylverfahrensgesetzes wurde von der Unionsfraktion bereits die Auffassung vertreten, man habe mit diesem Gesetz die Möglich-

grund der vehementen Ablehnung einer Änderung durch die SPD keine Chance gab. Auch innerhalb der CDU war die Änderung - zumindestens auf Bundesebene - umstritten. Von der F.D.P. wurde sie ebenfalls kategorisch abgelehnt[258]. Zu Beginn der neunziger Jahre erfuhr die Diskussion um das Asylgesetz ihren Höhepunkt. Eine weiter gestiegene Zahl von Asylbewerbern traf zusammen mit einer gesteigerten Zahl von Aussiedlern aus Osteuropa (die durch die Öffnung Osteuropas erstmalig die Möglichkeiten hatten, in größerer Zahl einzureisen) und von Bürgerkriegsflüchtlingen aus dem ehemaligen Jugoslawien. Die Zuwanderer trafen zeitlich auf eine durch die deutsche Wiedervereinigung verunsicherte Bevölkerung, die sich im Osten neben realer Existenzangst auch durch keinerlei nennenswerte Erfahrung[259] mit Ausländern auszeichnete. Auf diesem Nährboden[260] geschürte Ängste und Ausländerhaß entluden sich in Mordanschlägen gegen ausländische Mitbürger und Asylbewerber. Um die Situation zu entschärfen, wurde die Diskussion um die Asylgesetzgebung neu aufgelegt. Es begann mit einer Änderung des Ausländerrechts in asylrelevanten Fragen, die gegen die Stimmen der Opposition am 26.4.1990 beschlossen wurde und am 1.1.1991 in Kraft trat (S.113). Parallel lief eine Diskussion, in der weitere Verschärfungen des Asylrechts gefordert wurden. Der Kanzlerkandidat der SPD, Lafontaine, forderte beispielsweise im Wahlkampf den Ausschluß von bestimmten Herkunftsstaaten für die Asylgewährung (S.115). Die Unionsbundestagsfraktion brachte Entwürfe

---

keiten des Grundgesetzes ausgeschöpft (MÜNCH, S.109). Hier liegt der erste Ansatzpunkt zu einer Wende der Asylpolitik in Form der Abschaffung des Grundrechts in seiner bestehenden Form.

[258]MÜNCH: 3. Kapitel: Legislative und exekutive Maßnahmen als Reaktion auf die Wahrnehmung eines *„Mißbrauchs des Aslyrechts"*, S.72-110.

[259]Der Ausländeranteil der DDR betrug ca. 1,2% (MÜNCH, S.203).

[260]Durch die Entwicklung kam es zu einer verstärkten Belastung bezüglich der Unterbringungsmöglichkeiten, Sozialleistungen und der Toleranz der Wohnbevölkerung (MÜNCH, S.111).

zur Änderung des Grundgesetzes ein, die zwar zum Scheitern verurteilt[261] waren, die aber von ihren Politikern dazu benutzt wurden, der SPD Untätigkeit und Schuld an der Misere vorzuwerfen (S.116). Dadurch wurde die negative Stimmung im Land demagogisch[262] geschürt und die SPD unter Druck gesetzt. Auch die Übergriffe von Hoyerswerda (September 1991), Greifswald (November 1991) und Rostock-Lichtenhagen (August 1992) führten nicht zu einer Beschränkung auf rationale Argumentationen (S.117).

Allerdings fand am 10.10.1991 ein Parteiengespräch zwischen Union, SPD und F.D.P. statt, bei dem die Inhalte eines neuen Asylbeschleunigungsgesetzes herausgearbeitet wurden (S.117). Das am 26.6.1992 (S.124) verabschiedete Gesetz beinhaltete neben einer Abschiebung von Antragstellern mit *„offensichtlich unbegründeten"* Anträgen innerhalb von sechs Wochen eine Entlastung der Bundesländer durch die Konzentrierung von Kompetenzen beim Bundesamt. Allerdings mußten die im Gesetz vorausgesetzten Aufnahmeeinrichtungen in den Bundesländern erst noch geschaffen werden, was zu Übergangsregelungen führte, die erst am 31.3.1993 aufgehoben wurden (S.128). Zu keinem Erfolg bei der Umsetzung des Gesetzes kam es aber überwiegend dadurch, daß die 500 Entscheider für das Bundesamt, die vorgesehen waren, durch den Mangel an qualifiziertem Personal nicht bereitgestellt wurden und sich so unerledigte Anträge weiterhin stapelten (S.128). Weiter wurde es versäumt, eine Regelung für die Altfälle, die Ende 1991 160000 und September 1992 420000 unerledigte Verfahren umfaßten (S.130), sowie eine Regelung für Bürgerkriegsflüchtlinge, die verstärkt aus Jugoslawien flohen, zu erlassen (S.130). So kam es, daß diese *„letzte Ausschöpfung*

---

[261] Und zwar waren sie schon innerhalb der Regierungskoalition unrealisierbar, da die F.D.P. diese Vorschläge nicht unterstützte (MÜNCH, S.142).

[262] So sprach der damalige Generalsekretär der CDU, Volker Rühe, von *„SPD-Asylanten"* und der CSU-Generalsekretär Huber schlug vor, Asylbewerber aus unionsregierten Ländern in SPD-regierte Länder abzuschieben, sollte sich die SPD einer Grundgesetzänderung verschließen (MÜNCH, S.116).

der Möglichkeiten des alten Grundrechts" nicht zur Anwendung kam, da vorher das Grundgesetz geändert wurde. In diesem Zusammenhang ist der Wille der Unionsparteien bezweifelt worden, die Anwendung des Gesetzes zu ermöglichen. Sie äußerten sich nämlich schon vor dem Anlaufen des Beschleunigungsgesetzes entgegen der Absprachen wieder positiv zu einer Änderung des Grundgesetzes (S.129).

Die Regierungsparteien und die SPD-Opposition handelten daraufhin den *„Asylkompromiß"* aus, der die Grundlage für die Änderung des Grundgesetzes bildete. Mit der Änderung des Grundgesetzes wurde gleichzeitig eine Änderung des Asylverfahrensgesetzes auf der Grundlage des neuen Grundgesetzes verabschiedet, um die neuen Möglichkeiten, die durch das Gesetz geschaffen wurden, konkret umzusetzen. Diese Umsetzung fand wiederum ohne die Stimmen der SPD-Opposition statt[263].

2.2.2. Positionen zum Asylkompromiß

Die Befürworter einer Grundgesetzänderung gingen davon aus, daß der subjektive Rechtsanspruch auf Asyl zu einer Destabilisierung des Staatswesens[264] geführt habe[265] und die Grenze der Aufnahmefähigkeit der Bundesrepublik dadurch erreicht sei (S.132). Die Grundrechtsänderung wurde dabei mit der These gerecht-

---

[263]MÜNCH, 4. Kapitel: Asylgewährung und Asylgesetzgebung in den 90er Jahren, S.111-156.

[264]Siehe Helmut Kohls Äußerungen zum *„Staatsnotstand"* im Oktober 1992 (MÜNCH, S.131).

[265]Der Gedanke, daß bei einer Gefährdung des Staatswesens die grundrechtsimmanenten Schranken eine zeitweilige Aussetzung des Asylrechts ermöglicht hätten, wie es von Ranzelhofer in MAUNZ/DÜRIG dargelegt wird, scheint in der ganzen Diskussion nicht aufgekommen zu sein. Daher beurteile ich die Behauptung, es läge ein Notstand vor, eher skeptisch. Wäre er belegbar gewesen, hätte eine kompromißlose Asylpolitik verfolgt werden können.

fertigt, der Parlamentarische Rat habe die Attraktivität der heutigen Bundesrepublik für Ausländer nicht erahnen können[266]. Ein weiterer Gedanke war, daß sich die Bundesrepublik bei der Aufrechterhaltung des Individualrechts auf Asyl bei einer europäischen Vereinbarung zum Asylreserveland der EG entwickeln würde, in dem in anderen Ländern abgelehnte Asylbewerber einen weiteren Antrag stellen könnten (S.132). Der weitgehendste Vorschlag wurde von der bayrischen Regierung unterbreitet. Sie wollte durch die Formulierung *„Die Bundesrepublik Deutschland gewährt Asyl."* das Individualrecht durch eine Institutionalisierung ersetzen (S.133).

> *„Asylgewährung wäre nicht mehr die Erfüllung eines Rechtsanspruches, sondern eine von staatlichen Motiven gelenkte Schutzgewährung."(S.133)*

Durch weitere Spezifizierungen wurde klar, daß dadurch eine Ablehnung tatsächlich politisch Verfolgter als Asylbewerber ermöglicht werden sollte (S.133).

Parteipolitisch bot sich folgendes Bild: Innerhalb der Regierungskoalition wollte die F.D.P. das Grundrecht erhalten, während es die CSU am liebsten abgeschafft hätte. Für eine im Vergleich eher gemäßigte Veränderung stand die CDU, die sich aber durch den Druck aus Wahlkreisen und Kommunen weiter zu einer Abschaffung des Individualrechts hin[267] radikalisierte (S.142f.). Innerhalb der Koalition wurde auf die F.D.P. massiver Druck ausgeübt, dem sie nachgab, als sich die Möglichkeit eröffnete, eine Grundgesetzänderung als europäische Lösung des Problems zu interpretieren (S.142). Damit konnte die Aufgabe einer liberalen Grundhaltung als zugunsten einer anderen Grundhaltung und der mit ihr verbun-

---

[266]Eine These, die heftig angegriffen wurde, indem auf die Erfahrung des Parlamentarischen Rats mit den Flüchtlingsströmen des 2. Weltkriegs hingewiesen wurde (MÜNCH, S.132).

[267]Bis Ende August wurde eine Abschaffung noch abgelehnt (MÜNCH, S.146).

denen Sachzwänge dargestellt werden (S.143). Die F.D.P. bestand aber weiterhin auf der Beibehaltung des Individualrechts auf Asyl[268]. Damit traf sie sich mit der SPD (S.143), die sich ebenfalls unter Druck gesetzt fühlte, da die Regierungsparteien versuchten, die Fremdenfeindlichkeit und den wachsenden Rechtsradikalismus mit der Haltung der SPD zur Grundrechtsänderung in der Öffentlichkeit in Verbindung zu bringen (S.145). Die neue Linie der SPD unter Führung von dem Parteivorsitzenden Engholm und dem Fraktionsvorsitzenden Klose bestand aus einer Kombination aus einem Einwanderungsrecht mit dem Individualrecht auf Asyl, das Flüchtlingen aus Nichtverfolgerstaaten verwehrt werden sollte (S.145). Aus dieser Konstellation heraus trafen sich die Verhandlungsführer, die sich in der Nacht vom 6. auf den 7. Dezember auf den Asylkompromiß, der die Grundlage für die Gesetzesänderung lieferte, einigten (S.148).
Der Asylkompromiß beinhaltete folgende Regelungen:
Als Kernstück wurden Listen verfolgungssicherer Herkunfts- und Transitstaaten vereinbart, die durch Bundesrat und Bundestag festgelegt werden sollten (S.148). Weiter sollte ein besonderer Status für Kriegs- und Bürgerkriegsflüchtlinge erlassen werden, so daß sie nicht mehr das Asylverfahren durchlaufen mußten (S.149). Eine Regelung der Altfälle fand ebenso statt wie eine Begrenzung der Aufnahmezahlen von Aussiedlern auf 200000 pro Jahr (S.149). Die letzten drei Regelungen waren schon lange gefordert worden und zu ihnen hätte es keiner Grundgesetzänderung bedurft (S.149). Bei der Beurteilung des Kompromisses ist zu berücksichtigen, daß die CDU/CSU davon ausging, illegal eingereiste Asylbewerber auf der Grundlage des Gesetzes direkt ausweisen zu können, während die SPD davon ausging, in diesen Fällen den Einreiseweg zu prüfen und bei Unklarheiten für den

---

[268]Das Zuwiderlaufen dieser Prinzipien innerhalb von F.D.P. und CDU/CSU manifestierte sich in schwammigen Formulierungen, die Festlegung der Asylberechtigten betreffend. Einmal wurde die alte Formulierung gewählt und einmal ein Bezug zur Flüchtlingskonvention hergestellt, was eher auf eine Abschaffung hindeutet. Bereits an dieser Stelle existiert also ein Scheinkompromiß im Entschließungsantrag der Koalition (MÜNCH, S.147).

Asylbewerber entscheiden zu müssen (S.150). Da von einer hohen Zahl illegaler Einreisen ausgegangen wurde, macht dieser Interpretationsunterschied durchaus einen qualitativen Unterschied bei der Intention der Parteien bei der Zustimmung zum Gesetz deutlich: die SPD erwartete eine Abfederung der Zugangsbeschränkung, die die CDU/CSU zu verhindern gedachte (S.151).

2.3. Analyse einzelner Beiträge

2.3.1. Der Stenographische Bericht als Quelle

Als Quellen zur Analyse von Debattenbeiträgen wurden die Stenographischen Berichte gewählt, das Plenarprotokoll. Grundlage des Protokolls liefert Artikel 116, Abs. 1 der Geschäftsordnung des Deutschen Bundestages: *„Über jede Sitzung wird ein Stenographischer Bericht (Plenarprotokoll) angeführt."* Der hat seinen Ursprung wiederum im bereits zitierten Artikel 42 Absatz 1 Satz 1 Grundgesetz: *„Der Bundestag verhandelt öffentlich."*. Das Protokoll hat Quellencharakter für juristische und politische Auslegungen der Redebeiträge und kann von jedem käuflich erworben werden (S.233). Es handelt sich um *„einen auf der Grundlage stenographischer Niederschrift erstellten wörtlichen Bericht"*[269]. Neben den Reden, Erklärungen, Zwischen- und Zusatzfragen sowie den geschäftsleitenden und sonstigen Bemerkungen des amtierenden Präsidenten werden Beifall und Mißfallensbekundungen der Fraktionen oder - soweit feststellbar - ihrer Mitglieder aufgeführt. Gleiches gilt für Zwischenrufe (S.234).

---

[269]KLEIN, Friedrich-Ludwig: Das Plenarprotokoll, in: ROLL, Hans-Achim (Hrsg.): Plenarsitzungen des Deutschen Bundestages. Festgabe für Werner Blischke. Beiträge zum Parlamentsrecht Band 4, Berlin/W 1983, S.231-247, S.231.

„Zur Charakterisierung der Art und Stärke von Beifall, Heiterkeit usw. haben sich im Laufe der Jahrzehnte feste differenzierende Bezeichnungen herausgebildet. So wird ein Beifall z.B. entweder lediglich als „Beifall (bei der SPD)" oder aber als „lebhafter Beifall", „stürmischer Beifall", „demonstrativer Beifall" qualifiziert, und mitunter wird noch das Adjektiv „anhaltender" oder „langanhaltender" vorangesetzt. Applaudiert nur ein Teil einer Fraktion, so wird dies im Plenarprotokoll durch die Formel „Beifall bei Abgeordneten der CDU/CSU" gekennzeichnet. Klar unterschieden wird auch zwischen „Heiterkeit" und „Lachen": Während „Heiterkeit" die Reaktion auf eine gelungene humorvolle Äußerung des Redners ausdrückt, bezeichnet der Ausdruck „Lachen" eher ein - bisweilen höhnisches - Auslachen des politischen Gegners." (S.240)

Auch visuelle Angaben werden gemacht, wie das Verlassen des Sitzungssaales durch eine Fraktion, Wechsel des amtierenden Präsidenten, Erheben der Abgeordneten, Vorweisen eines Gegenstandes, auf den Bezug genommen wird (S.234).

Das stenographische Protokoll wird von ca. 20 Fachkräften (S.236) - Beamte des höheren Dienstes - erstellt, die neben einer besonderen stenographischen Ausbildung und Fremdsprachenkenntnissen ein Studium an der Bonner Universität absolviert haben müssen (S.241). Bei der Anfertigung des Protokolls lösen sich zwölf Stenographen, sogenannte Turnusstenographen, alle fünf Minuten ab. Nach den fünf Minuten werden die einzelnen Manuskripte einer Schreibkraft in die Schreibmaschine diktiert, wofür ca. 50 Minuten Zeit bleiben, bis der nächste Turnus beginnt (S.238f.). Parallel fertigen sechs Revisoren ein Sitzungsprotokoll an, bei dem sie sich halbstündig ablösen. Sie vergleichen ihre Berichte mit denen der Turnusstenographen und ergänzen diese eventuell. Dabei stehen ihnen Tonbandaufnahmen zur Verfügung (S.243f). Dieses Verfahren ermöglicht es, daß spätestens eine Stunde nach einer Rede eine maschinenschriftliche Form derselben vorliegt (was dadurch auch für die Sitzung als Ganzes gilt) (S.239). Die Redner haben das Recht, das stenographische Manuskript ihrer Rede innerhalb von zwei Stunden einzusehen und Korrekturen zu verlangen[270], die allerdings nicht sinn-

[270]Festgeschrieben in Artikel 117 Satz 2 GOBT.

verändernd sein dürfen. Können sich Redner und Stenographen nicht auf den Änderungswunsch einigen, entscheidet der amtierende Präsident über die Streitfrage (S.244). Nach der Durchsicht durch die Redner, die diese nicht durchführen müssen, sehen die Revisoren die Niederschriften ein zweites Mal auf eventuell entstandene Fehler durch. Eine letzte Durchsicht erfolgt dann durch den Leiter des Stenographischen Dienstes, bevor das Manuskript als Druckvorlage an die Bonner Universitätsdruckerei geht, wo der Bericht bis zum nächsten Mittag in gebundener Form fertiggestellt wird (S.246)[271].

Der so entstehende *„fünffache Filter"* (S.246) durch die an der Niederschrift des Gesagten beteiligten Personen rechtfertigt sich einmal durch Verständnisprobleme wie akkustische Störungen, dialektale Einfärbungen und Fachtermini, Fremdwörter oder gar Wortneuschöpfungen durch die Redner (S.241). Andererseits liegen auch schriftsprachlich unvollständige oder unlogische Satzkonstruktionen und Versprecher vor, gerade, wenn die Reden frei gehalten werden[272]. Der Stenographische Dienst macht es sich nun zur Aufgabe, auch diese Fehler in der Niederschrift zu beseitigen, sofern sie nicht innerhalb der Debatte von anderen Rednern thematisiert werden oder den Sinn einer Aussage betreffen. Das geht bis zu einer Korrektur der Richtigkeit von Namen und Zahlen (S.242). Weiter finden die Bewertungen der Stenographen Eingang in die Aufnahme der Zwischenrufe, die Kategorisierung des *„Gelächters"* sowie in die formale Aufbereitung des Protokolls:

> *„Die einzelnen Tagesordnungspunkte werden durch Einrücken hervorgehoben, und ihr sachlicher Gehalt wird durch Fettdruck besonders kenntlich gemacht; die Namen der Redner erscheinen in Fettdruck; um dem Benutzer des Protokolls die Orientierung zu erleichtern und insbesondere das rasche Auffinden bestimmter Stellen in längeren Reden möglich zu machen, werden Stichworte oder Stichwortgruppen durch Fettdruck*

---

[271] Erste Berichte für besonders dringende Fälle liegen bereits ab 8.30 Uhr vor (S.247).

[272] Wie es die Geschäftsordnung verlangt, es in der Regel aber kaum geschieht.

augenfällig gemacht; Zwischenrufe und „Regiebemerkungen" erscheinen grundsätzlich in einer besonderen, vom übrigen Text abgehobenen Zeile, lockern so das andernfalls eintönige Satzbild auf und regen, wie man bisweilen hört, manchen Benutzer zum genaueren Lesen an."(S.234)

Man sieht, daß die Protokolle so an Authentizität für das Parlamentsereignis - gerade aus sprachwissenschaftlicher Sicht - verlieren. Aber es darf nicht vergessen werden, daß die Protokolle nach dem Ereignis das Ereignis ausschließlich repräsentieren. Die Information über das Ereignis bekommt so den Stellenwert des Ereignisses selbst. Ob dies zu recht geschieht, müßte in einer eigenen Arbeit untersucht werden, die Fernsehaufnahmen von Plenarsitzungen mit der Niederschrift des Stenographischen Dienstes selbst vergleichen müßte. Festzuhalten bleibt, daß das Protokoll durch seinen festgeschriebenen Quellencharakter im Rahmen der Informationsfunktion des Bundestages Authentizität besitzt.

2.3.2. Bezug der analysierten Beiträge zu den anderen Beiträgen der Debatte

Der Debatte ging bereits eine erste öffentliche Verhandlung des Bundestages, die erste Lesung am Donnerstag, den 21. Januar 1993, voraus (Sten.Ber.12/11595-11628), die zwei Stunden dauerte. Die meisten der dort zu Wort gekommenen Debattenredner kommen auch in der zweiten Debatte wieder zu Wort. Ausgenommen sind die Vertreter des Bundesrates Dr. Eduard Stoiber, als Staatsminister des Freistaats Bayern, und Dr. Herbert Schnoor, als Innenminister von Nordrhein-Westfalen, die in der 2./3. Lesung nicht beteiligt sind. Allgemein läßt sich feststellen, daß in dieser Debatte die unterschiedlichen Interessengruppen zu Wort kommen. Es werden neben Bundesratsvertretern von SPD und CDU/CSU Befürworter und Gegner der Gesetzesvorlage innerhalb der Bundestagsfraktionen der F.D.P. und SPD gehört, wobei die Befürworter zahlenmäßig überwiegen. Ebenfalls kommt die Opposition der PDS/Linke Liste und Bündnis 90/Die Grünen zu Wort. Gleiches gilt für die Bundesminister der Justiz und des Inneren sowie Mitglieder der CDU/CSU-Bundestagsfraktion. Es ergibt sich so bereits ein erstes abgerundetes Bild, welches die spätere große Debatte in seinen Grundzügen vorwegnimmt.

Die Debatte zur 2./3. Lesung umfaßt, wie bereits erwähnt, zehn Stunden. Im Vorfeld kam es zu Unruhen durch Demonstranten, die gegen die Änderung des Grundrechts demonstrierten und die Abgeordneten von der Abstimmung fernhalten wollten. Eine Stellungnahme in Form von Diskussionsbeiträgen zu diesen Ereignissen wurde der Debatte vorangestellt. Ansonsten gilt, was für jede Debatte gilt: die Redezeiten sind auf 10 Minuten beschränkt - ausgenommen Mitglieder der Bundesregierung (und in diesem Fall die Fraktionsvorsitzenden) - und die Rednerliste ist von den Fraktionen ausgehandelt worden. Es wurden insgesamt 76 Reden gehalten. Weitere 36 Reden, die aufgrund der Zeitbegrenzung nicht mehr gehalten werden konnten, wurden schriftlich zu Protokoll gegeben. 44 Personen oder Personengruppen (im Extremfall einer SPD-Gruppe 88 Personen umfassend) machten von einer Erklärung nach Paragraph 31 Absatz 1 der Geschäftsordnung des Deutschen Bundestags in schriftlicher Form Gebrauch[273].

Für die Analyse der Debattenbeiträge bedeutet das, daß in sie Mutmaßungen über die Mündlich- oder Schriftlichkeit derselben einzugehen haben. Wer darf reden und wer nicht? Dazu sollen kurze Anmerkungen bezüglich des Abstimmungsverhaltens (das ja bereits vorher bekannt war, siehe die Fraktionsordnungen der einzelnen Bundestagsparteien) und der Funktionen der Personen innerhalb von

---

[273]Paragraph 31 Absatz 1 GOBT: *„Nach Schluß der Aussprache kann jedes Mitglied des Bundestags zur abschließenden Abstimmung eine mündliche Erklärung, die nicht länger als fünf Minuten dauern darf, oder eine kurze schriftliche Erklärung abgeben, die in das Plenarprotokoll aufzunehmen ist."* Kurze schriftliche Erklärung heißt in diesem Fall, daß sie vorgelesen fünf Minuten nicht überschreiten darf.

Fraktion und Bundestagsarbeit gemacht werden. Ebenso soll die zeitliche Stellung der mündlichen Rede in der Debatte problematisiert werden.
Die CDU/CSU-Fraktion (eingerechnet ihres Bundesinnenministers) hat 37 Beiträge gegenüber 78 Beiträgen (dazu 101 zusätzliche Mitunterzeichner von Gruppenbeiträgen) der SPD, 19 Beiträgen der F.D.P. (darunter die Bundesjustizministerin), 11 Beiträgen der PDS/Linke Liste, 8 Beiträgen Bündnis 90/Die Grünen und 3 Beiträgen Fraktionsloser zu verzeichnen.
Zu einem besseren Überblick benötigt man allerdings weitere statistische Hinweise: zum Beispiel stehen bei den mündlichen Beiträgen 20 der CDU/CSU 24 von SPD, 12 von F.D.P., 9 von PDS/Linke Liste und 8 von Bündnis 90/Die Grünen gegenüber. Begutachtet man die Redner danach, wie sie abgestimmt haben, ist das Verhältnis der Beiträge 83 zu 70 (ca.1,2:1), der mündlichen Beiträge hingegen 47 zu 28 (ca.1,7:1), während das Abstimmungsergebnis 521 zu 132 (ca.4:1) beträgt. Obwohl die Gegner der Gesetzesänderung also nur ca. 1/5 der MdB ausgemacht haben, liefern sie fast 50% der Gesamtbeiträge und ca. 1/3 der mündlichen Reden. Erstaunlich ist auch, daß die Gruppen PDS/Linke Liste mit 9 Redebeiträgen bei einer Gruppengröße von 15 Mitgliedern und Bündnis 90/Die Grünen sogar mit 8 bei 8 Gruppenangehörigen, d.h. vollständig[274], vertreten sind.
Bei der SPD bietet sich das Bild, daß zwar eine Mehrheit für die Gesetzesänderung (132 zu 101) gestimmt hat, die Mehrzahl der Beiträge aber gegen eine Änderung Stellung bezieht, nämlich im Verhältnis 33 zu 45. Die mündlichen Beiträge spiegeln mit einem Verhältnis von 15 zu 9 dieses Verhältnis sehr verzerrt wider. Diese Verzerrung verstärkt sich, wenn man die chronologische Stellung der Beiträge in einer SPD-internen Rangfolge betrachtet: erst kommen drei Reden von Befürwortern, dann die eines Gegners, dann die von vier weiteren Befürwortern,

[274]Die vollständige Vertretung ist nur rechnerisch gegeben, da ein Abgeordneter nicht redete und ein anderer dafür zweimal.

dann eine Mischung im Verhältnis von 2 Befürwortern gegenüber einem Gegner, und die letzten drei Reden sind Gegnern vorbehalten. Die innerfraktionelle Opposition ist also innerhalb der SPD bei den mündlichen Beiträgen deutlich unter- und bei den schriftlichen Beiträgen deutlich überrepräsentiert.

Ein weiteres Charakteristikum für die mündlichen Beiträge ist die bereits oft festgestellte Dominanz von Experten und Funktionsträgern innerhalb der Fraktion. So sind von den 76 Beiträgen 25 von Fraktionsvorstandsmitgliedern (bei PDS/Linke Liste und Bündnis 90/Die Grünen Gruppenvorstandsmitglieder) und 22 von Mitgliedern der Innen- (11) und Rechtsausschüsse (11). Verstärkt wird diese Tendenz bei den Fraktionen dadurch, daß die Gruppen bei den Reden stark überrepräsentiert sind, in den Ausschüssen aber kaum vertreten sind. Weiter kommen die drei Bundesminister für Inneres, Justiz und Familie hinzu.

Die Struktur der Debatte sieht folgendermaßen aus:

Es beginnen die Fraktions- bzw. Gruppenvorsitzenden der Parteien (mit Ausnahme der Grünen, die einen anderen Redner stellen) nach dem Proporz geordnet. Dann kommt der Bundesinnenminister, dem sich ein Beitrag eines SPD-Mitglieds (Rechtsausschuß) (wohl als klassische Opposition) anschließt, worauf ein stellvertretender Fraktionsvorsitzender der CDU/CSU reden darf, was sich wahrscheinlich dadurch rechtfertigt, daß es ein CSU-Abgeordneter ist. Ihm folgt die dritte Fraktion, ein F.D.P.-Redner (Rechtsausschuß).

Es folgen drei weitere Proporzdurchläufe. Der erste betrifft lauter Mitglieder des Innenausschusses. Es sprechen bei den Fraktionen die Vorsitzenden oder Sprecher der fraktionellen Arbeitsgemeinschaften oder Arbeitskreise für Inneres. Die Gruppen haben solche Positionen nicht. Der zweite wird vom Generalsekretär der CDU eingeleitet und weist nur bei der F.D.P. ein Innenausschußmitglied auf. Der dritte gibt drei Ausschußmitgliedern (1 x Innen; 2 x Recht) und zwei Fraktions-/Gruppenvorstandsmitgliedern die Gelegenheit zur Rede.

Darauf folgt ein Proporzdurchlauf, der Bündnis 90/Die Grünen ausläßt. Danach läßt sich kein stringenter Strukturfaden mehr erkennen. Es wird versucht, die Beiträge nach Parteizugehörigkeit zu mischen, aber aufgrund der unterschiedlichen Redebeitragszahlen allein kann schon keine Zuteilung aufgrund des Proporzprinzips erfolgen, wenn nicht am Schluß der Debatte alle Beiträge einer Partei zusammenfallen sollen. Auffällig sind vielleicht noch zwei Prominentenhäufungen in der Mitte (Dregger Nr.29, Schmidt Nr.31, Leutheusser-Schnarrenberger Nr.37) und am Schluß der Debatte (Schily Nr.64, Süßmuth Nr.71, Geißler Nr.72). Dabei kann es sich aber auch um Zufälle handeln. Beabsichtigt ist hingegen wohl, daß in den letzten sechs Beiträgen wieder 4 Fraktions-/Gruppenvorstandsmitglieder und ein Ausschußmitglied zu Wort kommen, d.h. im Gegensatz zum Mittelteil der Schluß wieder hochkarätig besetzt zu sein scheint. Eine ähnliche Ballung scheint mit auch um den Beitrag von Leutheusser-Schnarrenberger vorzuliegen: 35. CDU/CSU Rechtsausschuß, 36. SPD Rechtsausschuß und Fraktionsvorstand, 37. F.D.P. BJM, 38. SPD Fraktionsvorstand, 39. CDU/CSU Innenausschuß, 40. PDS/Linke Liste Rechtsausschuß, 41. CDU/CSU Innenausschuß. Das Konzept für die Debatte scheint zu sein: ein starker Anfang, der sich auch durch die Proporzeinhaltung widerspiegelt, ein Highlight in der Mitte, das durch sachkundige Beiträge umrahmt wird, und ein weiterer Höhepunkt am Schluß.

Aus dieser Betrachtung ergibt sich, daß eigentlich die Debatte als Ganzes einer ausführlichen Analyse bedarf. Sie ist als ein Textexemplar der Textsorte Bundestagsdebatte aufzufassen. Das ist im Rahmen dieser Arbeit aber zeitlich nicht zu leisten, da nur das entwickelte Modell exemplarisch zur Analyse angewendet werden soll und die empirische Arbeit damit nicht im Zentrum der Arbeit steht. Trotzdem soll versucht werden, durch die Auswahl der zu analysierenden Beiträge einen Teil der Vielschichtigkeit der Textsorte einzufangen. Es sollen die Beiträge der Fraktionsvorsitzenden Schäuble und Klose analysiert werden, da sie am

Anfang der Debatte stehen und durch ihre Positionsrollen ein breites Spektrum an Interessensvertretung innerhalb zweier verschiedener Parteien an sie gestellt werden.

Der eigentliche Reiz scheint mir in der Rede der zerstrittensten Fraktion, der SPD, zu liegen. Ebenfalls in einer interessanten Situation befindet sich der F.D.P. Abgeordnete, Mitglied im Innenausschuß, Burkhard Hirsch, der sich neben der innerparteilichen Opposition auch noch in Opposition zum Regierungspartner befindet.

2.3.3. Die Beiträge der Abgeordneten Schäuble, Klose und Hirsch[275]

Dr. Wolfgang Schäuble hat als Fraktionsvorsitzender eine politische Schlüsselfunktion in der CDU/CSU inne. Er ist von Beruf Jurist und seit 1972 Mitglied des Bundestages. Von 1975 bis 1984 war er Mitglied der Parlamentarischen Versammlung des Europarats und der Westeuropäischen Union. 1981-1984 war er parlamentarischer Geschäftsführer der CDU/CSU-Fraktion, 1984-1989 Bundesminister für besondere Aufgaben und Chef des Kanzleramtes, 1989-1991 Bundesinnenminister und seit November 1991 Vorsitzender der CDU/CSU-Fraktion. Neben seiner parteipolitischen Funktion ist er somit als Fachmann für Innen-, Rechts- und Europapolitik anzusehen. Außerdem ist er durch seine lange Bundestagszugehörigkeit ein erfahrener Berufspolitiker, der im Laufe seiner Karriere erfolgreich Schlüsselpositionen in Partei und Regierung besetzt hat.

---

[275]In den folgenden Analyseteilen werden die Fachtermini, die den Konzepten GOFFMANs und LEVINSONs entlehnt wurden, aus Übersichtlichkeitsgründen in Großbuchstaben gedruckt (Sprecher- und Hörerrollen: INTERLOCUTER, SPOKESMAN etc., PARTICIPATION FRAMEWORK, PRODUCTION FORMAT, EMBBEDDING usw.).

Dr. Hans-Ulrich Klose ist ebenfalls Fraktionsvorsitzender und weist parallel eine Qualifikation als Jurist auf (ehemaliger Staatsanwalt und Regierungsdirektor). Er ist Mitglied der Gewerkschaft ÖTV und besetzt einen Aufsichtsratssitz (der Arbeitnehmervertreter) bei der Thyssen Edelstahlwerke AG seit 1988. Politisch steht er seit 1972 in der Führungsrige der SPD. Seit 1970 Mitglied der Hamburger Bürgerschaft wurde er 1972 Vorsitzender der Bürgerschaftsfraktion, 1973 Innensenator und von 1974-1981 1. Bürgermeister. 1987-1991 war er Schatzmeister der SPD. Bundestagsmitglied ist er seit 1983 und seit November 1991 Fraktionsvorsitzender der SPD.

Neben seiner Funktion als Fraktionsvorsitzender zeichnet ihn ebenfalls ein erfolgreicher Durchlauf durch Regierungsämter (auf Landesebene) und Sachkompetenz in Rechts- und Innenpolitik sowie eine feste Verankerung in seiner Partei aus.

Dr. Burkhard Hirsch ist Rechtsanwalt. Er ist Mitglied des Aufsichtsrates der ARAG Lebensversicherungs-AG und der ARAG Nederland Algemene Rechtsbijstand sowie Mitglied des Beirates der Barmenia Versicherungen und der FIDA Gesellschaft für Vermögensverwaltung. Er war von 1975 bis 1980 Innenminister von Nordrhein-Westfalen und von 1979-80 stellvertretender Ministerpräsident. Seit 1973 ist er Mitglied des Bundesvorstandes der F.D.P., 1979-1983 war er Vorsitzender des Landesverbandes Nordrhein-Westfalen. Mitglied des Bundestages war er von 1972-1975 und ist es wieder seit 1980. Er ist Mitglied des Innenausschusses. Hirsch kann so ebenfalls als juristisch und innenpolitisch extrem kompetent bezeichnet werden. Sein Einfluß innerhalb seiner Partei muß in Anbetracht seiner Erfahrungen und seiner langjährigen Tätigkeit in wichtigen Positionen als sehr hoch angesehen werden.

Bei der Analyse des production format findet ein systematischer Fehler statt: es wird nicht auf die Rolle der ghostwriter der Politiker eingegangen. Es wird so getan, als hätten sie ihre Reden selbst geschrieben. Im Prinzip ist dieses eher unwahrscheinlich, wenn man sich den Arbeitsaufwand vergegenwärtigt. Da es sich aber um eine große Debatte handelt, kann es schon sein, daß gerade die einleitenden Reden, die besonders große Beachtung finden, selbst formuliert sind. Das schließt aber wiederum nicht aus, daß ausgefertigte Vorschläge lediglich modifiziert worden sind. Um dieses Manko zu überwinden, müßte man sich schon direkt an die betreffenden Politiker wenden und um Einsicht in ihre Unterlagen bitten. Die Wahrscheinlichkeit, auf diese Weise etwas zu erreichen, ist jedoch ziemlich gering, wie schon KLEIN feststellt.

Die Beiträge werden folgendermaßen bearbeitet:

1. Segmentierung: Als Segmente werden die einzelnen Sätze aufgefaßt, wie sie von den Stenographen als solche durch Satzzeichen gekennzeichnet wurden. Sie werden nummeriert und einzeln analysiert. Dabei taucht die Schwierigkeit auf, ob Doppelpunkte zwangsweise Segmente bilden. Hier wird von Fall zu Fall entschieden.

Die Reaktionen der Zuhörer auf die Sätze werden als zum Segment gehörend aufgefaßt. Abgesehen von den Schwierigkeiten festzustellen, was ein Satz ist, d.h. wo er endet, tut sich die drängendere Frage auf, ob ein Satz ein sinnvolles Segment ausmacht. Ein Satz ist weder die Einheit, in der die herausgestellten Handlungsmuster realisiert werden, noch die Einheit, die einzelne Propositionen liefert. Da aber eine Analyse nach unterschiedlichen Handlungsmustern und nach Argumenten vorgenommen werden soll, erleichtert die sowieso vorgegebene Satzstruktur einen Bezug von Argumenten und Handlungsmustern aufeinander, auch wenn die Satzgrenzen in vielen Fällen über- und unterschritten werden müssen.

Das Segment wird mit der Angabe der Seitenzahl und der Zeilenzahl seines Auftretens im Stenographischen Bericht versehen.

Als Beispiel mag hier das zweite Segment aus dem Beitrag Kloses dienen:

Das Thema wird uns auch in den kommenden Jahren beschäftigen, denn die Ursachen für die anhaltende Fluchtbewegung von Ost nach West und von Süd nach Nord verschwinden nicht von heute auf morgen.

2. S.13507, Spalte 1, Zeile 59 - S.13507, Spalte 2, Zeile 4:

2. Argumentationsanalyse: Es wird eine Argumentationsanalyse nach KOPPERSCHMIDT 89 durchgeführt. Argumentation wird als unselbständige Struktur, d.h. weder als Textsorte noch als Handlungsmuster, aufgefaßt. Dennoch spielen Argumente eine wesentliche Rolle bei der Legitimierung und Rationalisierung von Handlungen in entsprechenden Handlungsmustern. Ebenso sind Darstellungen der eigenen Position und Kritik am Gegner häufig argumentativ strukturiert. Im großen und ganzen kann wohl davon ausgegangen werden, daß es konsensfähig ist - zumindestens, was das Alltagsverständnis angeht - Debattenbeiträge als argumentative Texte einzustufen.

Im ersten Schritt findet eine Argumentationssegmentierung innerhalb der Analysesegmente statt. Dabei werden die argumentativen Äußerungen reformuliert und nummeriert (KOPPERSCHMIDT 89, S.221). Im zweiten Schritt werden die Stützungsbeziehungen (funktional, material und formal) der Argumente dargestellt (KOPPERSCHMIDT 89, S.122 205). Es wird herausgearbeitet, welche Argumente Geltungsansprüche (GA) von anderen Argumenten einlösen. Die Einlösung wird als Stützung bezeichnet. Stützungen haben minimal die Struktur von p weil q. Funktionale Stützungen haben die Struktur von p weil q aufgrund von R, wobei R für eine Stützungsregel steht. Materiale Stützungen haben die Struktur von p weil q aufgrund von R in SY, wobei SY für System steht, innerhalb dessen die Regel gilt. Formale Stützungen haben die Struktur von wenn p dann erst recht q.

Die nummerierten Argumente werden in Kurzform in die Segmentangabe eingebracht (A1 usw.).

Als Beispiel dient wieder das zweite Segment der Rede Kloses:

Das Thema wird uns auch in den kommenden Jahren beschäftigen, denn die Ursachen für die anhaltende Fluchtbewegung von Ost nach West und von Süd nach Nord verschwinden nicht von heute auf morgen.

2. S.13507, Spalte 1, Zeile 59 - S.13507, Spalte 2, Zeile 4: A1., A2.

Argument 1. Das Thema wird uns in den kommenden Jahren beschäftigen.

Argument 2. Die Wanderungsbewegung wird anhalten. A2 löst einen GA von A1 in der Struktur von p weil q aufgrund von R ein. Das Thema wird uns noch weiter beschäftigen (p), weil die Wanderungsbewegung anhalten wird (q), aufgrund der Regel, daß solange es Wanderungsbewegungen gibt, Asylbewerber nach Deutschland kommen werden (R).

3. Handlungsmusteranalyse: Den Segmenten werden die in ihnen realisierten Handlungsmuster, die für die Parlamentsdebatte herausgearbeitet wurden, zugeschrieben. Das geschieht auf der Ebene der Plausibilität der Zuordnung. Dabei finden die unterschiedlichen Adressierungen Berücksichtigung, die teilweise zu unterschiedlichen Musterzuschreibungen führen. Die Muster werden als Kürzel in die Segmentangabe eingebracht (z.B „i.a)" für Informationslieferung über einen Sachverhalt). Für das Beispiel des zweiten Segments der Klose Rede ergibt sich folgende Beschreibung:

Das Thema wird uns auch in den kommenden Jahren beschäftigen, denn die Ursachen für die anhaltende Fluchtbewegung von Ost nach West und von Süd nach Nord verschwinden nicht von heute auf morgen.

2. S.13507, Spalte 1, Zeile 59 - S.13507, Spalte 2, Zeile 4: A1., A2., i.a), i.b)

Argument 1. Das Thema wird uns in den kommenden Jahren beschäftigen.

Argument 2. Die Wanderungsbewegung wird anhalten. A2 löst einen GA von A1 in der Struktur von p weil q aufgrund von R ein. Das Thema wird uns noch weiter beschäftigen (p), weil die Wanderungsbewegung anhalten wird (q), aufgrund der Regel, daß solange es Wanderungsbewegungen gibt, Asylbewerber nach Deutschland kommen werden (R).

Es findet die Klärung eines Sachverhalts statt, der den Abgeordneten bekannt ist, für naivere Wähler aber neu sein könnte. Es wird zwar eine Prognose gestellt (i.b)), diese ist jedoch konsensfähig (i.a)). Die Sachverhalte, die zur Stützung der Prognose herangezogen werden sind ebenfalls konsensfähig. Es ist also auch von einem Muster der Darstellung des eigenen Standpunktes von Klose auszugehen. Dadurch wird der Stellenwert, den Klose der Debatte beimißt, festgelegt. Die Abgeordneten werden indirekt durch „uns" adressiert.

Die Mikroanalyse der einzelnen Segmente findet sich im Anhang. Stattdessen soll hier eine Analyse der Beiträge als Ganzes erfolgen. Diese Makroanalyse stützt sich natürlich auf die Mikroanalyse, auf die zum Teil auch explizit zurückgegriffen wird.

2.3.3.1. Argumentationsanalyse

Die Argumentationsanalyse nach KOPPERSCHMIDT ergibt folgenden argumentativen Aufbau der drei Reden *(siehe Schema 47 auf Seite 340/341):*

Schaut man sich die Stützungsstrukturen der Argumente an, läßt sich die Rede von Hirsch von den Reden von Schäuble und Klose unterscheiden. Während bei Hirsch die direkte Stützung von einzelnen Argumenten durch viele andere Argumente dominiert, läßt sich eine solche Dominanz bei den anderen beiden Rednern nicht erkennen, obwohl beide Reden solche Stützungsstrukturen aufweisen. Der Unterschied kann durch die verschiedenen Längen der Reden bedingt sein. Ein weiterer Aspekt ist die Zahl der Stützungen von Argumenten durch andere. Während bei Schäuble 29 von 115 (ca.25%) Argumenten nicht in Stützungsbeziehungen involviert sind, sind es bei Klose 29 von 154 (ca.19%) und bei Hirsch 10 von 41 (ca.24%). Auch hier ist also kein gravierender Unterschied festzustellen. Indirekte Stützungen liegen bei Schäuble bei 30 von 86 (ca.35%), bei Klose bei 39 von 125 (ca.31%) und bei Hirsch bei 12 von 31 (ca.39%) vor. In

(Schema 47)

„A“ steht für Argument. Die Pfeile bedeuten: wird gestützt durch. Die einzelnen Argumente werden in der Analyse im Anhang aufgeführt und die Strukturbeziehungen werden dort begründet.

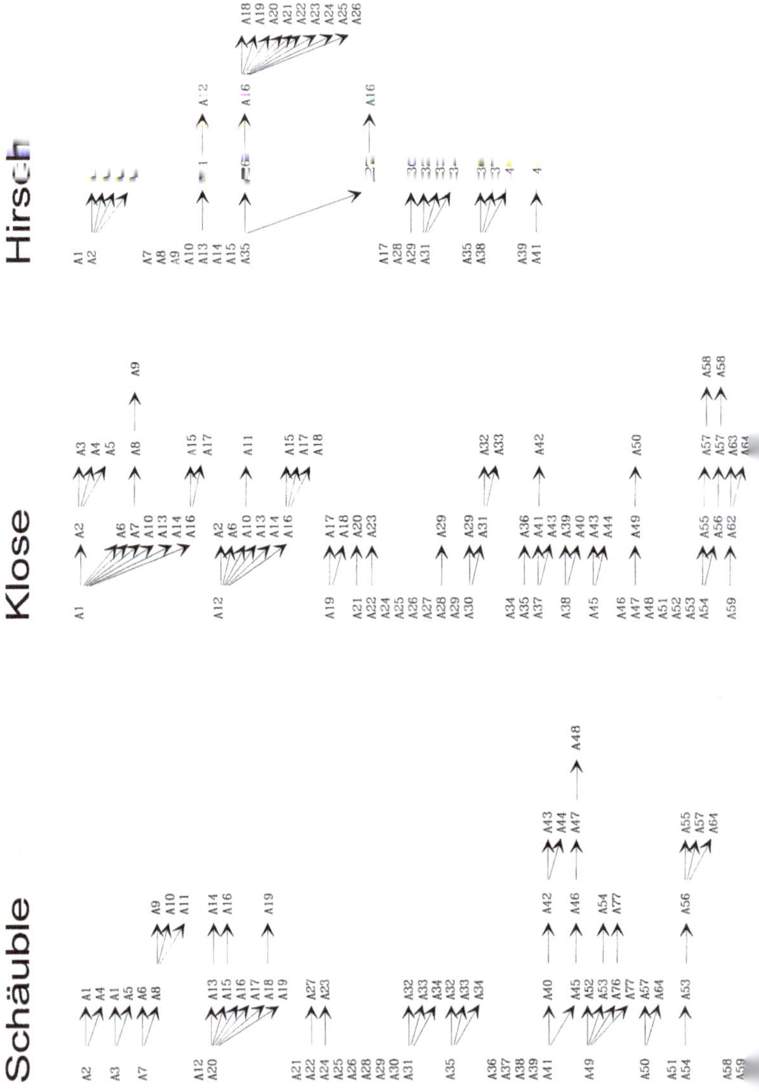

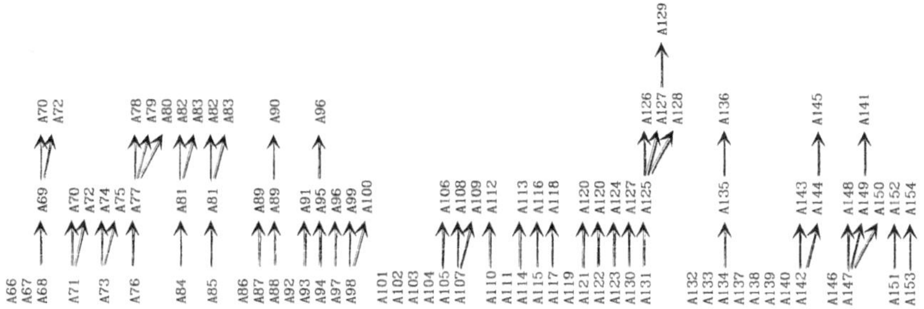

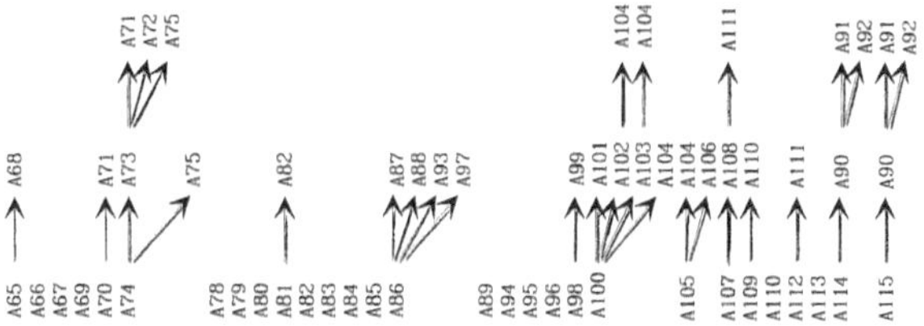

der Rede von Hirsch bestehen so die meisten indirekten Stützungen, während bei Klose am wenigsten stattfinden. Die Unterschiede sind zwar deutlich, aber nicht dramatisch.

Es kann also festgestellt werden, daß die argumentativen Makrostrukturen sich nicht wesentlich unterscheiden.

Ein anderes Bild liefert ein Blick auf die mikrostrukturellen Argumentationsstrukturen. Bei Schäuble sind von den 86 Stützungen 11 (ca.13%) funktional, 12 (ca.14%) material und 3 (ca.4%) formal. Das heißt, daß insgesamt mehr als 2/3 der Argumente nur einfach gestützt werden. Die differenzierteren Stützungen finden statt:

funktionale Stützungen A9, A15, A23, A27, A42, A45, A46, A77, A82, A101, A108

materiale Stützungen A4, A5, A10, A14, A16, A43, A44, A52, A71, A72, A73, A75

formale Stützungen A32, A33, A34

Bei Klose sind von den 125 Stützungen 13 (ca.10%) funktional und 6 (ca.5%) material. Mehr als 5/6 der Stützungen bleiben einfach. Die differenzierteren Stützungen finden statt:

funktionale Stützungen A2, A3, A4, A5, A6, A10, A13, A14, A20, A63, A64, A144, A148

materiale Stützungen A29, A39, A40, A41, A116, A118

Bei Hirsch sind von den 31 Stützungen 1 (ca.2%) funktional und 15 (ca.37%) material. Bei Hirsch werden damit deutlich weniger als 2/3 seiner Stützungen nur einfach durchgeführt. Weiter ist auffällig, daß bei Hirsch fast nur materiale Stützungen, d.h. argumentativ sehr hochwertige Stützungen vorkommen.

Die differenzierteren Stützungen finden statt:

funktionale Stützung A12

materiale Stützungen A4, A6, A18, A19, A20, A21, A22, A23, A24, A25, A26, A32, A36, A37, A40

Eine Betrachtung der Argumentationsstruktur führt demnach zu einer parallelen Beurteilung, was die argumentative Qualität der Reden Kloses und Schäubles angeht. Hirschs Rede ist demgegenüber als höherwertig einzustufen. Diese Höherwertigkeit stellt sich jedoch erst deutlich bei der Berücksichtigung der mikrostrukturellen Ebene heraus.

2.3.3.2. Handlungsmusteranalyse

Eine Betrachtung der Handlungsmuster zeigt, daß es in den einzelnen Segmenten zu unterschiedlichen Überlagerungen von Handlungsmustern kommt. Es dominieren die Muster der Information über die eigene Position (i.b)). Am zweithäufigsten kommen die Muster der Information über Sachverhalte (i.a)) vor. Es folgen Werbungsmuster im Wahlkreis (iii.a)) und für die Partei bei den Wählern (iv.aa), iv.ab). Relativ selten sind explizite Legitimierungsmuster, sieht man vom Beitrag Hirschs ab.

In der folgenden Grafik werden die einzelnen Segmente der Reden (senkrecht) zu den herausgearbeiteten Handlungsmustern (waagerecht) in Bezug gesetzt. Es ergibt sich so ein Bild der Handlungsmusterverteilung auf die Reden mit ihren Überschneidungen. Näher erläutert werden die Handlungsmusterzuschreibungen in der Analyse im Anhang.

Interessant im Sinne des Modells sind Segmente, in denen ein simultaner Vollzug unterschiedlicher Handlungsmuster vorliegt. Das betrifft vor allem Muster, die nicht durch Indem-Relationen verbunden sind.

(Schema 48)

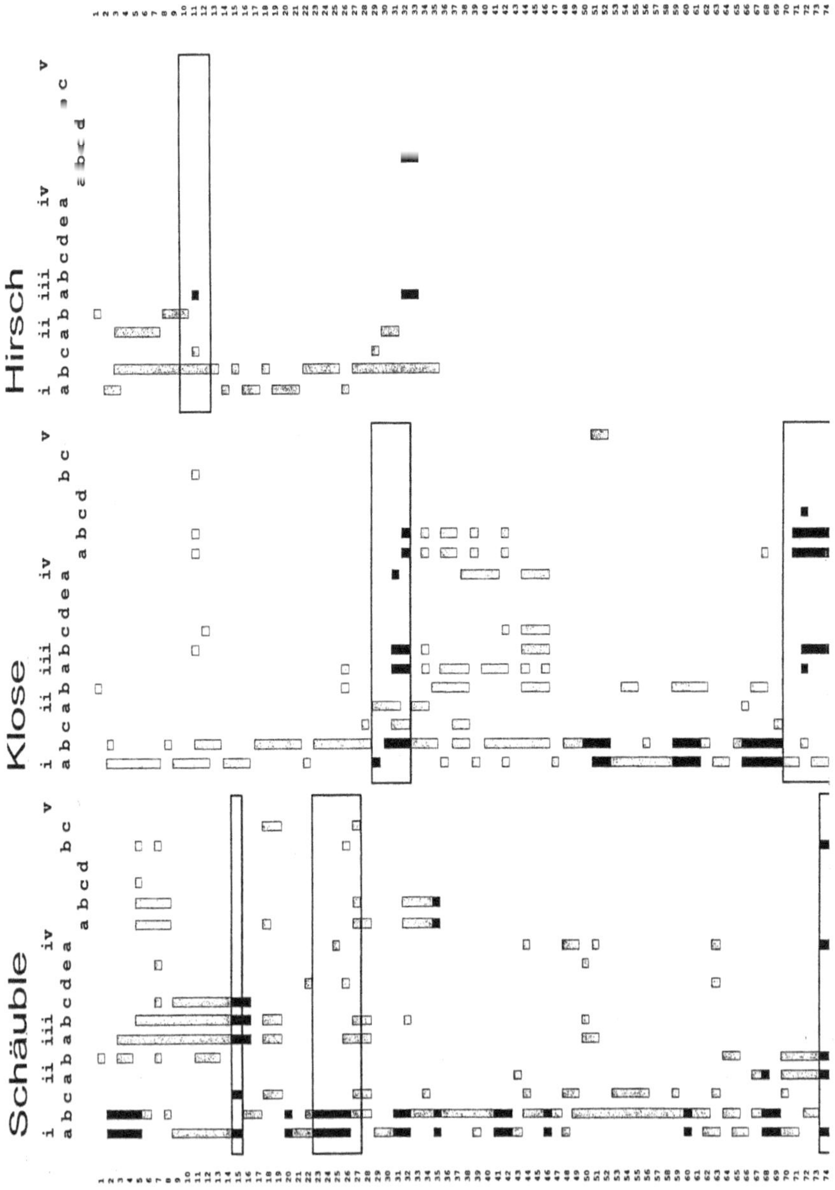

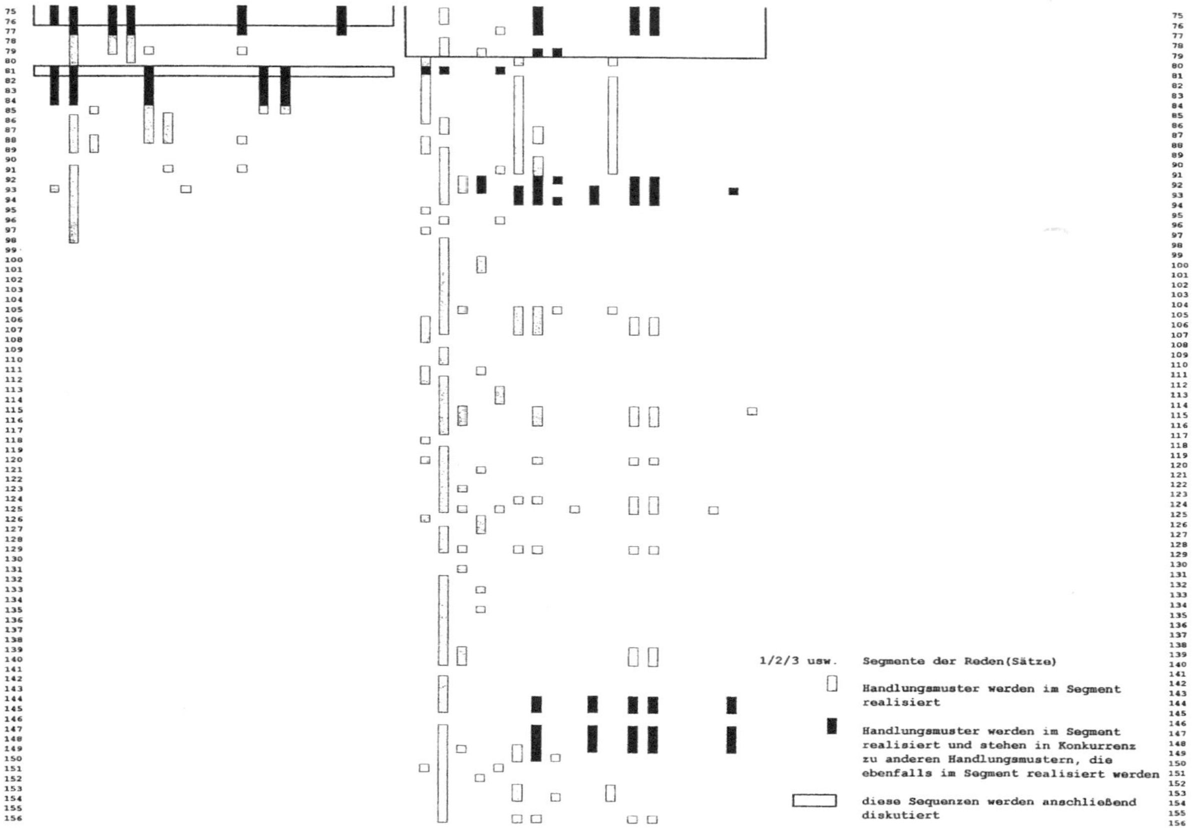
1/2/3 usw. Segmente der Reden(Sätze)
Handlungsmuster werden im Segment realisiert
Handlungsmuster werden im Segment realisiert und stehen in Konkurrenz zu anderen Handlungsmustern, die ebenfalls im Segment realisiert werden
diese Sequenzen werden anschließend diskutiert

2.3.3.2.1. Redner 1: Schäuble

Die Rede entspricht dem Muster eines argumentativen Debattenbeitrags. Es werden Sachverhalte eingebracht, politische Standpunkte genannt und erläutert, gestützt und begründet. Weiter werden Folgerungen aus dem so Dargestellten gezogen. Damit handelt es sich um eine Umsetzung der Zwecke der Information und der Legitimation vor den Wählern. Die direkte Anrede von Abgeordneten und Gegnern kann nicht darüber hinwegtäuschen, daß auch die Zuschauer gemeint sind, die ja zusehen dürfen und sollen. Der Werbeaspekt dieses Musters liegt in der persönlichen Ausgestaltung der Information und Legitimation. Angesprochen sind aber auch die Abgeordneten, die darüber wachen, daß keine groben Unwahrheiten verkündet werden. Diese kommentieren sie durch Widerspruch und Unruhe. Sie werden so nicht über die Inhalte - die kennen sie schon -, aber über die Darstellung der Inhalte informiert. Dieser Aspekt kann, wie HOLLY/KÜHN/PÜSCHEL betonen, als Inszenierung aufgefaßt werden, da Redner und Abgeordnete über ein gemeinsames Wissen verfügen, das die Zuschauer nicht haben (nicht vollständig, muß man allerdings sagen, da nach KLEIN[275] in naive und weniger naive Zuschauer differenziert werden muß).
Interessanter ist, daß Redner 1 in seiner Rede tatsächlich nur wenig Information und Legitimation liefert, wenn man die Inhalte seines formalen Aufbaus einbezieht. Zum eigentlichen Inhalt des Gesetzes äußert er sich nur einmal sehr kurz, zur Interpretation des Gesetzes überhaupt nicht. Er beschränkt sich auf die Bedingungen, die nach seiner Position für eine Gesetzesänderung sprechen. Damit stellt er lediglich seine Position zur Gesetzesänderung generell heraus und kriti-

---

275 „*Im folgenden werde ich Interaktanten, denen unterstellt wird, daß sie unreflektiert davon ausgehen, daß ihre eigene Deutung von $Ä_K$ von allen anderen Interaktionsteilnehmern geteilt wird, die also keine bedeutungsdifferenzierenden Partnerhypothesen ausbilden, 'naiv' (n) nennen.*" KLEIN 81, S.18.

siert seine Gegner nur auf diesem Niveau. Eine inhaltliche Auseinandersetzung wird vermieden, indem nur eine allgemeine Situationsbeschreibung erfolgt. Und selbst hierbei stützt er seine Positionen überwiegend durch Behauptungen, die innerhalb der Abgeordnetenschaft umstritten sind. Seine Feststellungen und Fakten stehen häufig nur im indirekten Zusammenhang mit seinen daraus gezogenen Schlüssen. Diesen Überblick hat man aber nur, wenn man mit der verhandelten Problematik einigermaßen vertraut ist. Uninformierte Zuhörer gehen, durch die Argumentationsstruktur verleitet, von einer anderen Beurteilung der Behauptungen aus. Sie müssen sie als Feststellungen interpretieren. Zusammenhangslose Fakten, die formal zur Begründung herangeführt werden, können von ihnen nicht als solche erkannt werden. Sie werden als zum Thema gehörig interpretiert.

2.3.3.2.1.1. Sachverhaltsmuster gegen Positionsmuster

Bei Redner 1 betrifft der simultane Vollzug unterschiedlicher Handlungsmuster Segmente, denen der Vollzug von „i.a)" (Informationsmuster über einen Sachverhalt) und „i.b)" (Informationsmuster über die Position) zuzuordnen sind. Der simultane Vollzug erklärt sich durch die adressatenspezifische Handlungsmusterzuschreibung. Diese wiederum ist bedingt durch die unterschiedlichen Wissensbestände von „informierten" und „uninformierten Wählern". Verdeutlicht werden kann solch eine Struktur interferierender Handlungsmuster an den Segmenten 23-27.

In diesem Abschnitt versucht Redner 1, einen Widerspruch zu lösen. Er versucht zu belegen, daß das neue Asylgesetz nicht als eine Abschottung vor Asylbewerbern gedacht ist, wie es die Gesetzesgegner kritisieren. Das Problem dabei ist: die Begrenzung von Asylbewerberzahlen - weniger freundlich „Abschottung" genannt - ist der eigentliche Sinn der Gesetzesänderung. Der Versuch, das zu leugnen, läßt sich nur insofern verstehen, als daß Redner 1 befürchtet, als ausländerfeindlich angesehen zu werden, und er Gegenmaßnahmen ergreift. Der Konflikt, in dem er steckt, ist der, daß er, wenn er über das neue Gesetz informiert, zugeben muß, daß es der Abschottung von Asylbewerbern dient, und er sich damit unbeliebt macht. Will er aber belegen, daß Asylbewerber nicht abgeschottet werden (und dementsprechende Werbungsmuster durchführen), eignet sich die Gesetzesänderung nicht unbedingt als Thema seiner Rede. Sie ist aber das Thema der Debatte.

Er löst das Problem durch den Vollzug verschiedener Handlungsmuster mit der Berücksichtigung komplexer RECEPTION ROLES. Dazu ein Auszug aus der Analyse:

Es wird auch nach der Entscheidung des heutigen Tages keine Abschottung der Bundesrepublik Deutschland gegenüber ausländischen Mitbürgern, solchen, die zu uns kommen wollen und zu uns kommen werden, geben.

23. S.13504, Spalte 2, Zeile 23-27: A31., i.a), i.b)

Argument 31. Es wird nach der Gesetzesänderung keine Abschottung geben.

Redner 1 führt wieder das Muster der Darstellung seiner eigenen Position durch (i.b)), da er eine Prognose über die Auswirkung des Gesetzes aufstellt, die von Gesetzesgegnern nicht geteilt wird: es werde nicht abgeschottet. Da es sich aber um ein zukünftiges Ereignis handelt, über das im Indikativ gesprochen wird, kann es aber auch als Informationshandlung über die Auslegung des Gesetzes in der Zukunft, an der Redner 1 maßgeblichen Einfluß haben wird, gedeutet werden (i.a)). Insofern wäre es als eine Art Versprechen aufzufassen. Näheren Aufschluß gibt die Formulierung „solchen, die zu uns kommen wollen und zu uns kommen werden". Je nachdem, wie das „und" verstanden wird, kommen die, die wollen, ohne daß eine Abschottung stattfände - das ist aber selbst nach der alten Rechtssprechung nicht der Fall gewesen, da dieses als ungehinderte Zuwanderung aufzufassen wäre. Oder es wird sich nicht gegen die abgeschottet, die kommen wollen und kommen werden.

Wer aber kommt, wird durch das Gesetz festgelegt, und das wird als Abschottung aufgefaßt und nicht das Verhalten gegenüber den durch das Gesetz Zugelassenen. Die Kritik des Abschottens wird durch Redner 1 in diesem Fall dann so modifiziert, das sie angreifbar ist. Diese Doppeldeutigkeit der Formulierung spricht dafür, das Muster adressatenspezifisch als Informationsmuster, d.h. die Inhalte als verbindlich, aufzufassen. Natürlich gilt das nur für Zuschauer, die nicht über die Abschottungsproblematik informiert sind oder sie aus Gesinnungsgründen nicht wahrhaben wollen. Andere, z.B. die Abgeordneten, deuten das Muster als Standpunktbestimmung. Als indirekte Adressaten finden sich alle Bundesbürger durch ein doppeltes „uns" in Verbindung mit „Bundesrepublik Deutschland" wieder. Ein Bezug der Äußerung auf sich wird ihnen damit nahegelegt.

Es werden in den nächsten Jahren - völlig unabhängig von dem, was wir entscheiden - 200000 bis 250000 zusätzliche ausländische Mitbürger jedes Jahr allein im Wege des Familiennachzugs auf Grund bestehender Regelungen unseres Ausländergesetzes zu uns kommen.

24. S.13504, Spalte 2, Zeile 28-33: A32., i.a), i.b)

Argument 32. Der Familiennachzug bringt Ausländer nach Deutschland. A32 löst einen GA von A31 nach der Struktur von wenn p dann erst recht q. Solange man sich nicht gegen Ausländer abschottet (p), schottet man sich nicht gegen Asylbewerber ab (q). Das entspräche der formalen Stützung. Besondere Überzeugungskraft kann aber nicht zugeschrieben werden, da kein argumentativer Zusammenhang zwischen Asylrecht und Familiennachzug in einem rational aufgebauten System besteht. Um den Zusammenhang herstellen zu können, müßten Ausländer und Asylbewerber gleichgesetzt werden, was Redner 1 hier zu tun scheint. Durch diesen (bewußten) Fehler verläßt Redner 1 aber das argumentative Muster.

Redner 1 liefert eine Informationshandlung über den Familiennachzug (i.a)). An dieser Argumentationsstelle werden sie als Ausländer aufgefaßt, die nicht abgeschottet werden, um die Nichtabschottung durch das Gesetz zu belegen. Informierte Zuschauer wissen, daß der Familiennachzug zwar im Ausländergesetz geregelt ist, in dem durch das zu verabschiedende Gesetzespaket auch eine asylrechtsrelevante Än-

derung (die Versorgungsansprüche betreffend) stattfindet, daß aber nur diese vage Verbindung zwischen der Grundrechtsänderung und den geschilderten Tatsachen besteht (i.b)). Asylrechtsproblematik und Zuwanderungspolitik werden an dieser Stelle vermischt und lassen sich von uninformierten Zuhörern auch nicht entwirren. Ihnen wird die Scheinhaftigkeit des Belegs nicht deutlich, und sie nehmen es als Informationsmuster im richtigen Kontext wahr. Daß sie und nicht nur die Abgeordneten indirekt adressiert sind, wird durch „unseres" und „zu uns kommen" nahegelegt. Die Abgeordneten werden allerdings durch „wir" (Entscheidungsträger) indirekt adressiert.
Hier wird ein Informationsmuster adressatenspezifisch entweder richtig (für weniger gut Informierte) oder nur zum Schein (Informierte erkennen, daß kein Zusammenhang zum Thema besteht) durchgeführt.

Wir haben in den letzten Jahren über 300000 Flüchtlinge aus dem Bürgerkriegsgebiet im ehemaligen Jugoslawien in Deutschland aufgenommen, mehr als jedes andere europäische Land.
25. S.13504, Spalte 2, Zeile 33-36: A33., i.a), i.b), iv.a) Argument 33. Es wurden bereits viele Bürgerkriegsflüchtlinge aufgenommen. A33 löst ebenfalls einen GA von A31 nach der Struktur von wenn p dann erst recht q ein. Wenn in den letzten Jahren Bürgerkriegsflüchtlinge aufgenommen wurden (p), werden in den nächsten Jahren erst recht Asylbewerber aufgenommen (q). Die formale Stützung wäre hier noch abstruser, da kein Zusammenhang zwischen Bürgerkriegsflüchtlingen in den letzten Jahren und den Asylbewerbern in den kommenden Jahren besteht.

Erneut findet eine Informationshandlung statt (i.a)), die inhaltlich wieder nicht im Zusammenhang mit dem zu verabschiedenden Gesetz steht (i.b)). Sie ist auf die Vergangenheit bezogen und hat nur insofern Bedeutung für die Zukunft, als daraus Schlüsse auf eine Grundhaltung gezogen werden könnten, was Redner 1 an dieser Stelle allerdings noch nicht explizit durchführt. Für die Behauptung, daß eine Abschottung nach dem Gesetz nicht stattfinde, bleibt dieser Hinweis ohne Bedeutung - zumal, wie informierte Zuschauer wissen, die Bürgerkriegsflüchtlinge nicht als

Asylbewerber aufgenommen wurden, da sie keine Flüchtlinge im Sinne der Genfer Flüchtlingskonvention waren.
Die indirekte Adressierung „wir", die sich an die Bundesbürger richtet, in Verbindung mit „mehr als jedes andere europäische Land" hebt einen anderen Aspekt hervor: den Stolz über die Leistung, der gerechtfertigt zu sein scheint, da die anderen ja weniger geleistet haben. Da es um die Leistung von „wir" geht, die Redner 1 zur Sprache bringt, führt er ein Werbungsmuster bei den Wählern (iv.a)) durch, indem er im Interesse von „wir" auf „wir"s Taten hinweist.

Wir haben uns im Bewußtsein unserer Verpflichtung gegenüber denjenigen unserer Landsleute, die durch Diktatur und Krieg in diesem Jahrhundert mehr zu leiden hatten als die meisten von uns, verabredet, daß wir auch in Zukunft Aussiedler, die zu uns kommen wollen, in einer Größenordnung wie in den letzten Jahren, zwischen 200000 und 230000 Jahr für Jahr, aufnehmen werden.

(Beifall bei der CDU/CSU und der F.D.P. sowie der Abg. Gerlinde Hämmerle (SPD))

26. S.13504, Spalte 2, Zeile 36-46: A34., i.a), i.b), iii.a), iii.d), iv.b)
Argument 34. Es werden Aussiedler aufgenommen. A34 löst einen GA von A31 nach der Struktur von wenn p dann erst recht q ein. Wenn Aussiedler aufgenommen werden (p), wird sich erst recht nicht gegen Asylbewerber abgeschottet (q). Die formale Stützung wird wieder unsinnig, weil zwischen Asylbewerbern und Aussiedlern kein Zusammenhang besteht.

Die dritte Informationshandlung (i.a)) bezieht sich auf die Zukunft. Es fehlt aber der Zusammenhang zwischen der Regelung der Zuwanderung der „volksdeutschen" Aussiedler und dem Asylgesetz (i.b)). Informierte Beobachter (Abgeordnete und Interessenverbände) wissen, daß beide Probleme zusammen unter dem Aspekt der Zuwanderung diskutiert wurden und es der CDU/CSU zu verdanken ist, daß die Zuwanderungszahlen nicht kleiner ausgefallen sind. Die Erinnerung daran kann durchaus werbend auf Parteimitglieder (iii.a), iii.b)) und die Betroffenen, d.h. auf deren Verbände (iv.d)), die als informiert gelten können, angesehen werden.

Gerichtet ist die indirekte Adressierung aber an „wir"/„uns"/„unserer" (die den Asylkompromiß ausgehandelt haben) und „unsere"/„uns"/„uns" (Bundesbürger). Uninformierten Zuschauern werden diese Aussiedler so als ausländische Mitbürger angepriesen (die sie nach CDU/CSU-Ansicht eben nicht sind, was ihren Ausnahmestatus rechtfertigt). Nur so kann ein Zusammenhang zur Redner 1-Argumentation hergestellt werden.

Hier passen also Informations- und Werbungsmuster überhaupt nicht zusammen. Der Beifall scheint dem Werbungsmuster zu gelten, das ja unzweifelhaft durchgeführt wird, während beim Informationsmuster der Zusammenhang fehlt. Unterstützt wird die Äußerung durch die CDU/CSU und die F.D.P., also der Regierungskoalition und der SPD-Abgeordneten Gerlinde Hämmerle, deren Beifall sich durch ihre Position als Ausschußvorsitzende des Ausschusses für Aussiedlerfragen rechtfertigt.

Wer vor diesem Hintergrund davon redet, die Bundesrepublik Deutschland solle abgeschottet werden, redet gegen besseres Wissen.

27. S.13504, Spalte 2, Zeile 47-49: A35., i.b), i.c), iii.a), iii.b), iv.aa), iv.ab), iv.c)

Argument 35. Die Gesetzesgegner lügen, wenn sie behaupten, die Bundesrepublik werde abgeschottet. A35 wiederholt A22, A23, A24 und A31. Dadurch wird A35 auch durch A32-A34, wie für A31 beschrieben, gestützt.

Hier liegen eine Darstellung des eigenen Standpunktes (i.b)) und gleichzeitig eine Kritik des gegnerischen Standpunktes (i.c)) vor. Die Erläuterungen zu 23. sollen wohl der Hintergrund sein, vor dem die Beurteilung stattfindet. So wird der Zusammenhang von 23. bis zu 27. behauptet. Das Problem liegt nur wieder darin, daß der Vorwurf der Abschottung durch die Grundrechtsänderung nie auf die beschriebenen Personengruppen bezogen wurde, außer durch Redner 1 selbst. Er macht sich wieder zum co-author der Gegner und fügt eine neue Bedeutung ein, tritt als ihr relayer auf (man beachte den erstmals zur Wiedergabe indirekter Rede richtig benutzten Konjunktiv) und kritisiert die neue Bedeutung plausibel. Uninformierte Zuschauer werden so in die Irre geführt.

Er benutzt die modifizierte Abschottungskritik sogar, um den Gegnern zu unterstellen, sie würden lügen. Dieser Vorwurf, der ja durch „vor diesem Hintergrund" für uninformierte Zuschauer begründet ist, stellt die Legitimität des gegnerischen Handelns glaubhaft in Frage. Der Gegner wird als nicht ebenbürtig dargestellt, ein heftiger Angriff, der Neugier weckt und so werbewirksam auf die Presseberichterstattung wirkt (iv.c)). Im Sinne seiner Fraktion (iii.b), Parteigenossen (iv.aa), iv.ab)) und Wählerschaft (iii.a)) hat Redner 1 einen gelungenen Angriff auf den Gegner durchgeführt und so deren Interessen vertreten.

Für eine Betrachtung der Handlungsmuster ist es sinnvoll, über die Segmentgrenze hinauszugehen, wie es mit diesem Ausschnitt getan wurde. Die verschiedenen Deutungsmöglichkeiten verlaufen an der Grenze informiert/uninformiert.

In (24) müssen die uninformierten Teilnehmer davon ausgehen, daß Redner 1 mit ihnen ein Informationsmuster über Sachverhalte (zum Thema der Debatte) durchführt, während die anderen wissen, daß Redner 1 ein Muster über seine Einschätzung (eigenwillige Expansion des Themas) mit ihnen vollzieht. Ein Ungleichgewicht herrscht zwischen den beiden Gruppen dahingehend, daß die informierteren Zuhörer wissen, daß Redner 1 bei den weniger gut informierten Zuhörern ein anderes Muster durchführt, während umgekehrt dieses Wissen nicht existiert. Es ist damit adressatenspezifisch transparent.

Unabhängig davon, um welche Art von Informationsmuster es sich handelt, werden durch den jeweiligen Mustervollzug Werbungsmuster vollzogen. Jedoch gestaltet sich die Art der Werbung unterschiedlich. Während die uninformierten Zuhörer auf einer rationalen Ebene argumentativ geworben werden (sie gehen davon aus, daß p wahr, d.h. eine zutreffende Sachverhaltsinformation zum Thema ist), werden die informierten Zuhörer durch die raffinierte Täuschung der anderen Teilnehmer selbst geworben (sie wissen, daß p nicht zum Thema der Debatte gehört). Diese Werbung betrifft allerdings nur Personen, deren Ziele mit denen von Redner 1 übereinstimmen und die die Art seiner Zielerreichung als richtig ansehen. Gegner von Redner 1 werden durch ihr Durchschauen der Irreführung in ihrer Ablehnung von Redner 1 bestärkt, da sie die Einschätzung der Richtigkeit nicht teilen.

Es werden so auf der Werbungsebene alle uninformierten Zuhörer geworben, während bei den informierten Zuhörern die Werbung nur für parteiische Zuhörer zutrifft. Die Transparenz des Werbungsmusters für die uninformierten Zuhörer ist für alle Beteiligten gegeben, während das zweite Werbungsmuster vor den uninformierten Zuhörern verdeckt durchgeführt wird.

Um eine ähnlich komplizierte Musterverbindung geht es in (25.). Es wird ein Informationsmuster über Sachverhalte, nämlich die Aufnahme der Bürgerkriegsflüchtlinge Jugoslaviens in Deutschland, durchgeführt. Es stellt gleichzeitig ein Werbungsmuster dar, das sich an alle Wähler richtet, indem es eine außergewöhnliche Leistung der Deutschen betont. Informierteren Zuhörern ist allerdings auch hier wieder klar, daß das Informationsmuster nicht richtig in den thematischen Kontext paßt, da es sich bei den Bürgerkriegsflüchtlingen nicht um Asylbewerber (schon gar nicht um anerkannte) handelt. Sie erkennen die Scheinhaftigkeit der Argumentation und führen das Muster als Informationsmuster über die Einstellung von Redner 1 durch. Wieder bilden sie das Ensemble mit dem Redner, das für die uninformierten Zuhörer ein Sachverhaltsmuster inszeniert.

Ähnliches gilt für das Muster, das sich direkt auf eine Interessengruppe und einen Verband bezieht (26.). Die Erinnerung daran, daß die CDU sich für die Aussiedler eingesetzt hat und weiter einsetzen wird, stellt ein Werbungsmuster, das in dieser Eigenschaft nur von Eingeweihten oder Mitgliedern dieser Gruppe durchschaut werden kann, dar. Uninformierte Zuschauer müssen davon ausgehen, lediglich an der Durchführung eines Informationsmusters beteiligt zu sein. Informiertere Zuhörer erkennen wieder den fehlenden Zusammenhang zwischen Aus-

siedlerfrage und Asylgewährung und können so die Verbindung der beiden Punkte als Meinungsäußerung von Redner 1 verstehen.
Interessant ist, daß (25.) und (26.) unabhängig vom Wissen der Beteiligten gleichzeitig Werbungsmuster durchgeführt werden. Redner 1 zeigt sich den informierteren Teilnehmern ebenfalls als Interessenvertreter, zwar nicht bezüglich des Themas, zu dem er spricht, aber doch in anderen Bereichen. Die Interessenvertretung besteht nicht wie in (24.) in der Werbung der uninformierten Teilnehmer, sondern im Aufzeigen einer sachgebundenen Interessenvertretung.

In (27.) führt die Sequenz zu einem Informationsmuster über die Kritik am Gegner, die aus den vorangegangenen Informationsmustern erwächst. Wichtig ist, daß sich die Kritik rational nur rechtfertigen läßt, wenn die Informationsmuster von Redner 1 als Sachverhaltsdarstellungen durchgeführt werden. Das trifft aber nur für die uninformierten Zuschauer zu. Die informierten Zuschauer wissen, daß dieses Muster nur inszeniert, d.h. embedded ist, damit ein Werbungsmuster durchgeführt werden kann. Sie wissen, daß die Kritik am Gegner an dieser Stelle unbegründet ist.
Geworben wird aber in beiden Gruppen: Es wird mit uninformierteren und informierteren Teilnehmern ein Werbungsmuster vollzogen. Eigentlich sind es aber zwei Muster, weil die Werbung der informierteren in der Werbung der uninformierten besteht. Die beiden Muster sind durch eine Indem-Relation verbunden. Der Vollzug des Ausgangsmusters basiert aber seinerseits auf einer Indem-Relation: indem von einem Sachverhaltsmuster ausgegangen wird, wird eine Werbung vollzogen. Nun wissen die Beteiligten an der zweiten Indem-Relation, daß die erste Indem-Relation unzutreffend ist (weil es sich um keine Sachverhaltsinformation gehandelt hat). Trotzdem werden sie geworben. Sie nehmen damit an der Täuschung der uninformierten Zuschauer teil.

Die informierten Teilnehmer stellen mit Redner 1 das Ensemble, das einen argumentativ begründeten Debattenbeitrag inszeniert. Das ganze geschieht in der Form eines verdeckten BYPLAYs, bei dem die nicht am BYPLAY Beteiligten der Hauptkommunikation, die uninformierten Teilnehmer, von den anderen getäuscht werden: sie sind einerseits die vollwertigen INTERLOCUTER des EMBEDDINGs, die ernsthaft informiert und geworben werden, aber andererseits die unwissenden INTERMEDIARIES des BYPLAYs, die nicht wissen, daß man ihnen einen Teil der Wahrheit bewußt vorenthält und daß sich dieses auch noch werbend auf andere Teilnehmer auswirkt.
Die Funktion des BYPLAYs wird so geändert, da es den übergreifenden Rahmen für die Hauptkommunikation darstellt, statt umgekehrt in sie eingebettet zu sein. Aber tatsächlich wird die Handlung des argumentativen Debattenbeitrags benutzt, um innerhalb dieser Handlung eine Täuschungshandlung (Werbung aufgrund falscher Tatsachen) zu vollziehen.
Die adressatenspezifische Beteiligung am Äußerungsdesign der Handlung ermöglicht den simultanen Vollzug der sich ausschließenden Muster. Während der eine Teil der Handelnden lediglich den für ihn zugedachten in sich schlüssigen Teil der Muster erkennt, deutet der andere Teil den Widerspruch als funktional produktiv und toleriert ihn. So werden die Überlagerungen in der Zielsetzung und deren Inkonsistenzen als funktionale Problemlösung widersprüchlicher Handlungsanforderungen akzeptiert.

Eine Zuordnung der Handlungen zu Kooperationstypen führt zu dem Ergebnis, daß nach Kooperationstyp 7 gehandelt wird. Die uninformierten Zuhörer wissen nicht, daß informierte Zuhörer existieren, die den Äußerungen von Redner 1 eine andere Bedeutung zumessen: aus Sachverhaltsinformationen werden Meinungsäußerungen, aus Werbungsmustern durch Inhalte verursacht werden Werbungsmuster, verursacht durch erfolgreiche Werbungsmuster. Es fehlen dem Teil der uninformierten Zuhörer Kenntnisse über mögliche weitere Handlungsbeteiligte und über weitere mögliche Bedeutungen der Handlungen. Dadurch wird ihre Arglosigkeit gestärkt. Es muß allerdings eingeschränkt werden, daß diese Arglosigkeit bezüglich des Vertrauens in die Aufrichtigkeit der Politikerreden wahrscheinlich nicht voll gegeben ist. Dennoch fehlt den uninformierten Zuhörern ein systematischer Zugang, ihren Argwohn in kritisches Zuhören umzusetzen. Es kann von einer unkooperativen Handlungsdurchführung gesprochen werden.

2.3.3.2.1.2. Werbungsmuster durch EMBEDDING

Die Konfliktsituation der folgenden Äußerungen läßt sich so charakterisieren: Redner 1 möchte bestimmte Positionen vertreten, die bei einigen Zuhörern sehr werbend und legitimierend für ihn wirken. Gleichzeitig können sie als zu extrem (Demonstranten als grundgesetzfeindliches Hindernis einer asylbewerberfreundlichen Lösung), zu unmenschlich (Asylbewerber sind Ursache für Ausländerfeindlichkeit) oder zu einseitig (Aufnahmefähigkeit der Gesellschaft ist erschöpft) ausgelegt werden, so daß sie besser nicht ausgesprochen würden.
Als Lösung des Konflikts bietet sich das Zitieren von Autoritäten an; der Redner vertritt nicht die eigene, sondern die Position einer Autorität. Auf der anderen Seite scheint es niemanden zu geben, der zitierwürdig ähnliche Positionen vertreten hätte. Der Redner löst dieses doppelte Problem folgendermaßen:
Als vorgeblicher „RELAYER" des Bundespräsidenten nutzt er seine Chance, die Textbedeutung des Ursprungstextes zu verändern, ohne daß dieses kenntlich gemacht würde:

Jeder Versuch, Bundestag oder Bundesrat von außen mit rechtswidrigen Mitteln unter Druck zu setzen oder gar Gewalt auszuüben, wäre nur ein Anschlag auf unse-

re Verfassung, er würde keinem Asylbewerber nützen und am Ende vor allem den Ausländern und denen schaden, die auf Achtung und Schutz ihrer Menschenwürde unter uns angewiesen sind."

15. S.13504, Spalte 1, Zeile 50-58: A18., A19., i.a), i.c), iii.a), iii.b), iii.c)

Argument 18. Der Bundespräsident sagt, daß Versuche, den Bundestag rechtswidrig unter Druck zu setzen, ein Anschlag auf die Verfassung wären, der den Ausländern schaden würde.

Argument 19. Der Bundespräsident sagt, daß die Ausländer auf die Achtung und den Schutz ihrer Menschenwürde angewiesen sind. A19 löst einen GA von A18 ein. Allerdings wird nur die Struktur p weil q aufgrund von R realisiert, wobei R implizit bleibt. Ein Anschlag auf die Verfassung schadet den Ausländern (p), weil sie auf den Schutz ihrer Menschenwürde angewiesen sind (q), aufgrund der Regel, daß Angriffe auf die Verfassung diese als Ganze schwächen (R) und der Schutz der Menschenwürde aufgrund der Verfassung gewährt wird. Würde man noch SY als Bundesrepublik Deutschland hinzunehmen, wäre die Argumentation hinfällig, da ja neben dem Grundgesetz auch völkerrechtliche Verträge existieren, die den Schutz der Menschenwürde bindend vorschreiben, egal, was im Grundgesetz steht. Die Stützung ist also ein wenig wacklig.

Der Bundespräsident liefert eine Information über einen Sachverhalt (i.a)) und eine Einschätzung der Folgen aus seiner politischen Position heraus (i.c)). Raffiniert dabei ist, daß er eventuellen Gegnern schon ausmalt, daß sie das Gegenteil des von ihnen Erstrebten erreichen würden. Während die Äußerung des Präsidenten vor dem Debattentag wohl noch als ziemlich konsensfähig gelten durfte, geschieht eine Veränderung dadurch, daß Redner 1 sie zeitlich versetzt anbringt. Der „Versuch, Bundestag oder Bundesrat von außen mit rechtswidrigen Mitteln unter Druck zu setzen" hat durch die Demonstrationen im Vorwege der Debatte konkrete Züge angenommen. Jeder participant (vielleicht bis auf den Bundespräsidenten) weiß, daß die Demonstrationen damit gemeint sind und daß das Zitat die Demonstranten kritisieren soll und es in dieser Kontextualisierung wohl auch tut. Die Frage ist nur, ob der Bundespräsident die Wahrnehmung des Demonstrationsrechts bereits als Anschlag auf die Verfassung gewertet hätte. Redner 1 macht sich durch den Zeitpunkt der

Kontextualisierung zum co-author, obwohl er in der Rolle des relayer bleibt, wodurch er die Werbungsmuster (iii.a), iii.b) und iii.c)) weiterführt. Inwieweit seine Mitautorenschaft von den anderen Interaktanten wahrgenommen wird, ist allerdings zweifelhaft.

Als Mitautor bei Zitaten tritt Redner 1 auf, wenn er die Zitate aus dem Zusammenhang reißt und ihnen durch eine neue Kontextualisierung seinen (verdeckten) Stempel aufdrückt. Beispielhaft sind das Zitat aus einer Brandt-Rede (siehe Anhang 5, S.565) und das Zitat aus der Erklärung der Deutschen Bischofskonferenz und des Rats der Evangelischen Kirche in Deutschland (siehe Anhang 4, S.564) zu nennen:

In der gemeinsamen Erklärung der Deutschen Bischofskonferenz und des Rats der Evangelischen Kirche in Deutschland zur Aufnahme von Flüchtlingen und zum Asylrecht vom 26. November vergangenen Jahres heißt es:

74. S.13506, Spalte 1, Zeile 60 - S.13506, Spalte 2, Zeile 2: i.a), (ii.a)), (ii.b)), iv.a), iv.b)

Zur Stützung des Musters und der darin geäußerten Einstellung zitiert Redner 1 aus einer Erklärung der „Deutschen Bischofskonferenz" und des „Rats der Evangelischen Kirche in Deutschland", die er damit indirekt adressiert. Das ist als Informationsmuster über einen Sachverhalt einzuschätzen (i.a)). Dadurch, daß er sich zum „relayer" macht, stützt er nicht nur seine Argumentation durch eine autorisierte Institution, die unparteilich für Menschenrechte eintritt, er stärkt auch sein Image als christlicher Politiker, der Forderungen der Kirche in sein politisches Handeln einbringt. So führt er ein Werbungsmuster mit seiner Wählerschaft (iv.a)) und den kirchlichen Organisationen durch (iv.b)), indem er der „christlichen Gesinnung" Gehör verschafft. Der Zusammenhang zum Asylrecht wird lediglich von Redner 1 als Einleitung des Zitats hergestellt.

„Die Unsicherheit nimmt zu.

75. S.13506, Spalte 2, Zeile 2: A87., i.a), i.b), (ii.a)), (ii.b)), iv.a), iv.b)

Argument 87. Die Kirche sagt: Die Unsicherheit nimmt zu. A87 löst einen GA von A86 nach der Struktur p weil q ein. Es wurde eventuell nicht rechtzeitig gehandelt (p), weil die Kirche festgestellt hat, daß die Unsicherheit zunimmt.

Hierbei handelt es sich um ein Informationsmuster über einen Sachverhalt (i.a)). Durch die Einnahme der Rolle des relayers findet ein Footing-Wechsel statt, durch den im Gesamtmuster die Einstellung von Regel 1 vertreten wird (i.b)). Da er weiterhin die kirchlichen Äußerungen publik macht, führt er die Werbungsmuster (iv.a)) und (iv.b)) fort.

Dies ist der Nährboden, auf dem Aggression und Protest wachsen und Fremde oft zum Sündenbock gemacht werden."

76. S.13506, Spalte 2, Zeile 2-5: A88., i.a), i.b), (ii.a)), (ii.b)), iv.a), iv.b)

Argument 88. Die Kirche sagt: Das führt zu Fremdenfeindlichkeit. A88 löst einen GA von A86 nach der Struktur p weil q ein. Es wurde eventuell nicht rechtzeitig gehandelt (p), weil die Kirche festgestellt hat, daß die zunehmende Unsicherheit zu Fremdenfeindlichkeit führt. A88 löst einen GA von A89 in der Struktur von p weil q ein. Die Unsicherheit muß bekämpft werden (p), wenn sie zu Fremdenfeindlichkeit führt.

Hier werden die Muster von 75. fortgesetzt. Der Zusammenhang in der Erklärung selbst wirft doch ein etwas anderes Licht auf die Interpretation des Zitats: „*Die gesellschaftlichen und wirtschaftlichen Probleme der deutschen Vereinigung stellen die Menschen im Osten Deutschlands vor besonders große Schwierigkeiten. Die Unsicherheit nimmt zu. Dies ist der Nährboden, auf dem Aggression und Protest wachsen und Fremde oft zum Sündenbock gemacht werden. Damit kann dann auch eine stillschweigende Sympathie mit Gewalttätern einhergehen. Gewaltakte gegen Ausländer sind ebenso wie Anschläge auf jüdische Gedenkstätten eine Schande für unser Land. Der Staat muß mit allen ihm zu Gebote stehenden rechtsstaatlichen Mitteln der Gewalt entgegentreten."*

Ebenfalls in der Erklärung steht: „*Die Aufnahme von Flüchtlingen ist zugleich eine moralisch verpflichtende Aufgabe, ohne deren Übernahme ein Gemeinwesen die*

Grundlagen eines humanen Zusammenlebens verliert." Es liegt so auf der Hand, daß Redner 1 als relayer durch die Auswahl und die neue Kontextualisierung des Textabschnittes diesen in seiner Bedeutung verändert, ohne dieses kenntlich zu machen.

Die Analyse des Segments, das sich auf das Brandt-Zitat bezieht lautet:

Der frühere Bundeskanzler Willy Brandt hat in seiner Regierungserklärung vom 18.Januar 1973 - so lange ist das her: mehr als 20 Jahre - davon gesprochen, daß es notwendig geworden ist, daß wir sehr sorgsam überlegen, wo die Aufnahmefähigkeit unserer Gesellschaft erschöpft ist und wo soziale Vernunft und Verantwortung Halt gebieten.

81. S.13506, Spalte 2, Zeile 23-29: A93., i.a), i.b), (iii.a)), (iv.aa)), (iv.ab))

Argument 93. Bundeskanzler Willy Brandt sagte 1973, daß über die Erschöpfung der Aufnahmefähigkeit nachgedacht werden sollte. A93 löst einen GA von A86 in der Struktur von wenn p dann q ein. Es ist wahrscheinlich schon zu spät (p), weil Brandt bereits 1973 davor gewarnt hatte (q).

Redner 1 liefert eine Informationshandlung über eine Sachverhaltsdarstellung, nämlich einen Auszug aus der Regierungserklärung (i.a)). Er gibt eine Inhaltswiedergabe und muß daher als spokesman des damaligen Bundeskanzlers Willy Brandt und nicht als sein relayer interpretiert werden. Allerdings wird er zum co-author durch seine Kontextualisierung der Brandt-Äußerungen (i.b)). Das zeigt ein Blick in die besagte Regierungserklärung: *„Nun zu einem anderen, aus unserer Sicht wichtigen Gegenstand: In unserer Mitte arbeiten fast zweieinhalb Millionen Menschen aus anderen Nationen; mit ihren Angehörigen bilden sie eine starke Minderheit in unserem Land. Wir wissen, daß es allzuoft die Not ist, die sie zu uns führt. Wir wissen aber auch, wie sehr sie mit ihrem Fleiß zu unser aller Wohlstand beitragen, und das sollten wir anerkennen. (Beifall bei den Regierungsparteien und bei Abgeordneten der CDU/CSU) Es ist aber, meine Damen und Herren, notwendig geworden, daß wir sehr sorgsam überlegen, wo die Aufnahmefähigkeit unserer Gesellschaft erschöpft ist und wo soziale Vernunft und Verantwortung Halt gebieten. Wir dürfen*

das Problem nicht dem Gesetz des augenblicklichen Vorteils allein überlassen."
Hier wird nicht nur die Aussage relativiert, es handelt sich auch um das Gastarbeiterproblem. Asylbewerber werden mit keiner Silbe erwähnt. Diese Verfälschung ist schon als dreist zu bezeichnen.

Durch den vorgegebenen Inhalt wird aber seine Argumentation des Legitimationsmusters gestützt.

Durch „so lange ist das her: mehr als 20 Jahre" wird nicht nur eine Information geliefert. Im Zusammenhang mit dem von Duve an Redner 1 gerichteten Zwischenruf hatte Redner 1 versucht, die Kritik auf die zeitliche Entfernung zu reduzieren, um dann zu belegen, daß er seit langem seine Forderungen vertrete und die Kritik Duves dadurch irrelevant sei. Hier reibt er ihm - sozusagen als Retourkutsche - die lang zurückliegende Regierungserklärung unter die Nase. Sie soll belegen, daß in Duves eigener Partei die Diskussion schon lange geführt worden sei, was den Einwand noch irrelevanter macht. Allerdings wird er durch diese Verkürzung der Kritik dem Einwand immer noch nicht gerecht.

Implizit liegt eine Adressierung der SPD-Abgeordneten vor, indem ihr ehemaliger Bundeskanzler herangezogen wird.

Diese Musterdurchführungen weisen ein Äußerungsdesign mit der folgenden Struktur auf: Redner 1 tritt als AUTHOR und SPOKESMAN seiner Partei zurück und übernimmt die Rolle des RELAYERs (bzw. SPOKESMAN im letzten Fall), indem er andere zitiert und explizit auf den Zitatcharakter seiner Äußerungen hinweist. Er nimmt Äußerungen aus ihrer Äußerungssituation heraus und stellt sie in den Rahmen seiner Äußerungssituation. Sein uninformiertes Publikum kennt nur die aktuelle Äußerungssituation, kann folglich die Angemessenheit der Übertragung nicht überprüfen. Im Rahmen der Informationsfunktion des Bundestages wird nahegelegt, daß die Übertragung tatsächlich angemessen ist, weil sie sonst irrelevant wäre.

Durch das EMBEDDING des Zitats ändert sich das MOTIVE der Hauptkommunikation, da Redner 1 vom AUTHOR und SPOKESMAN seiner Partei zum

RELAYER des Bundespräsidenten, der Bischofskonferenz und des Rats der Evangelischen Kirche und Willy Brandts wird. Das Publikum hält die mit Redner 1 vollzogene Handlung für eine Handlung, die gleichzeitig mit Bundespräsident, Kirchen und Brandt vollzogen wird.
Gerade diese Gemeinsamkeit existiert aber nicht, wie die Betrachtung der Äußerungssituationen ergeben hat. Die uninformierten Teilnehmer vollziehen eine Handlung, bei der sie nicht wissen, daß ein 'GHOSTEE' statt eines RELAYERs spricht. Ihnen sind zwar mehrere Kommunikationsrollen bekannt, aber nicht die richtigen und ihre konkrete Besetzung. Sie selbst meinen, über die komplette Kenntnis des Äußerungsdesigns zu verfügen. Da sie keinerlei Hinweise bekommen, daß Lücken in ihrer Wahrnehmung existieren, kann vom unkooperativen Mehrfachadressierungstyp 7 gesprochen werden.

Für uninformierte Teilnehmer findet in (15.) eine Kritik der Gesetzesgegner durch den Bundespräsidenten statt, indem sie den Wortlaut seiner Rede durch Redner 1 im aktuellen Kontext erfahren, d.h. ein Informationsmuster über einen Sachverhalt, eben die Rede von Redner 1, vollziehen. Die Kritik am Gegner von Redner 1 wird nur vollzogen, weil von der Angemessenheit des Zitats ausgegangen wird. Ebenso werden die Werbungsmuster im Plenum aufgrund der Einschätzung vollzogen, daß das Zitat in den richtigen Kontext paßt.

In (74.-76.) wird der Nachweis von Rationalität und Legitimität vom Handeln von Redner 1 über das Zutreffen des Zitats geführt. Da die Kirchen als SPONSOR angeführt werden, scheinen die Geltungsansprüche für Wahrheit und Richtigkeit der Sachverhaltsdarstellungen eingelöst zu sein. Auch die Werbungsmuster werden aufgrund der Annahme durchgeführt, daß Redner 1 lediglich der RELAYER der Kirchen ist. Da sich die Kirchen aber in ihrer Erklärung auf ein ganz anderes Problem beziehen, bleibt die Äußerung für informiertes Publi-

kum eine Meinungsäußerung von Redner 1 (nämlich, daß sich das Zitat auch auf andere Zusammenhänge beziehen läßt). Das Publikum, das die Erklärung nicht kennt, vollzieht so ein Informationsmuster über Sachverhalte.
Die Widersprüche, die Redner 1 durch die Art des Zitierens in seine Äußerung einbaut, werden nicht offenbar, weil die Zuhörer das EMBEDDING nicht problematisieren können. Allerdings werden sich diejenigen, die die Erklärung kennen, und die, die die [illegible] haben, bewußt sein, daß die Kirchen keineswegs SPONSORs von Redner 1 sind, sondern nur als solche ausgegeben werden. Bei der Betrachtung der Rezeptionsgeschichte kann jedoch keinerlei Distanzierung der Kirchen oder des Bundespräsidenten gegen die Vereinnahmung durch Redner 1 entdeckt werden. Damit kann davon gesprochen werden, daß sie mit Redner 1 zusammen das Täuschungsmuster vollziehen, in das Informations-, Legitimations- und Werbungsmuster eingebaut sind - sofern sie die Rede von Redner 1 verfolgt haben.

Noch deutlicher wird die Unkooperativität beim letzten Beispiel. Hier leitet Redner 1 ein EMBEDDING einer Regierungserklärung von Brandt ein. Obwohl die meisten SPD-Abgeordneten wohl der Ansicht sind, daß es bei diesem Zitat nicht mit rechten Dingen zugeht, kann keiner sich dem Vollzug der Handlung entziehen, da der Nachweis, daß Redner 1 falsch zitiert, nur über ein Studium der Stenographischen Berichte möglich ist, was niemandem zur Zeit des Zuhörens möglich ist. So wird der Zusammenhang der Informationen zum Thema nicht in Frage gestellt und die weiteren Muster der Kritik und der Werbung, die mit diesem Muster durch Indem-Relationen verknüpft sind, werden ebenfalls durchgeführt. Die SPD-Abgeordneten werden so an Handlungsmustern beteiligt, die ihnen schaden und die auf einer falschen Voraussetzung beruhen, ohne daß sie sich wehren können.

Diese drei Beispiele mögen ausreichen, um zu belegen, daß die Umdeutung von Zitaten durch neue Kontextualisierung und Auswahl bestimmter Segmente ein gängiges Verfahren bei Redner 1 darstellen. Redner 1 inszeniert seine Gesprächsrolle als RELAYER von Autoritäten, was er auch durch FOOTING-Wechsel kenntlich macht. In Wirklichkeit tritt er jedoch als co-AUTHOR auf, indem er die Bedeutung der Äußerungen mitbestimmt und sogar maßgeblich verändert. Die Rolle des co-AUTHORs wird von ihm explizit verdeckt, indem er sich als RELAYER ausgibt. Die Zitate von Autoritäten sollen jedesmal die Argumentation von Redner 1 stützen. Im Gegensatz zum ersten Beispiel existiert hier kein anwesendes inszenierendes Ensemble. Wer von den anwesenden Abgeordneten kann schon direkt die Zitate auf Richtigkeit überprüfen. Allerdings sind die zitierten Politiker und Organisationen indirekte Adressaten. Sie wären in der Pflicht, die falschen Zitate richtigzustellen. Der Verzicht auf Richtigstellung (in der späteren Rezeptionsgeschichte) bedeutet gleichzeitig einen Verzicht auf den Anspruch der rationalen Auseinandersetzung innerhalb des Parlaments. Das ist auch insofern bedenklich, da es sich um hohe parlamentarische Positionsrollenträger handelt, einmal um den derzeitigen Bundespräsidenten und zum anderen um einen (verstorbenen) Bundeskanzler.

Im Rahmen der gesellschaftlichen Kooperation wird ein gemeinsames Handlungsmuster vollzogen - der Debattenbeitrag. Das Muster hat die beschriebene Ziel- und Zweckheterogenität. Es existieren über das Muster, aber auch über seine situationsbedingten Durchführungsmöglichkeiten unterschiedliche Wissensbestände bei den Abgeordneten und den Wählern. Redner 1 realisiert dieses Muster überwiegend als Imageträger für sich und seine Partei. Durch die argumentative Struktur versucht er, dieses den uninformierten Wählern zu verheimlichen. Durch diese Art der Instrumentalisierung entzieht sich Redner 1 in diesen Segmenten der rationalen Auseinandersetzung mit dem Thema Grundgesetzänderung. Er wendet den Typ 7 des kooperativen Handelns an, die unkooperativste Ausführung, da keinerlei Ansatzpunkte gegeben sind, die Gesprächsrollen oder vorgegebenen Textbedeutungen zu hinterfragen. Dadurch bleiben wesentliche Aspekte des Äußerungsdesigns und damit auch Handlungsbedeutungen vor den Teilnehmern verborgen.

Aufgrund dieser Analyse ließe sich eine Kritik am Redner begründen, die ungefähr folgendermaßen aussehen könnte:
Redner 1 liefert eine Kritik der Gegner, die er von langer Hand vorbereitet. Er beruft sich auf Fakten, die durchaus als solche anerkannt werden können. Diese Fakten haben auch einen gewissen Zusammenhang zur Asyldebatte, allerdings nur sehr vermittelt, und schon gar nicht in dem Begründungzusammenhang, in den Redner 1 sie stellt. Die Vorbereitung der Kritik am Gegner ist ihm nicht zu verübeln, sie stellt ja ein eigenes institutionell abgesichertes Handlungsmuster dar. Das Verdrehen von Fakten und das Durcheinanderwürfeln von Bürgerkriegsflüchtlingen, Asylbewerbern und Ausländern in der Schlußdebatte zur Änderung des Asylrechts ist aber anzuprangern. Er erzielt seine Werbungsmuster aufgrund gezielter Desinformation des Souveräns nach dem Kooperationstyp 7. Durch die Vermischung der einzelnen Personengruppen öffnet er einer Verallgemeinerung Tür und Tor, die gerade in der Asyldebatte nicht angebracht zu sein scheint. Schlimm daran ist, daß es nicht Unvermögen oder Uninformiertheit des Redners sind, die ihn so argumentieren lassen. Es handelt sich auch nicht darum, daß es Redner 1 prinzipiell an Argumenten zur Kritik der Gegner fehlen würde. Er weist an anderer Stelle (allerdings auf problematische Weise) auf die Probleme der Asylgewährung in der Bundesrepublik hin. Redner 1 vertritt hier nicht nur seine Politik, sondern verkauft gleichzeitig seine Wähler für dumm. Das ganze passiert nach den ausländerfeindlichen Ausschreitungen und der Hetzpropaganda in diversen Boulevardblättern. Anstatt Aufklärung zu betreiben, trägt er so zur

Verschleierung des Problems bei. Damit ist er im demokratischen Sinne als Fraktionsvorsitzender angreifbar, wenn von einem Informationsgebot des Bundestages ausgegangen wird.
Ein Problem beim Vollzug des unkooperativen Handlungstyps ist, daß die anwesenden Abgeordneten als Ensemble aufzufassen sind, da sie über die Informationen verfügen, die die Äußerungen von Redner 1 irrelevant werden lassen. Da es bei ihnen keinen Einspruch in Form von Zwischenfragen oder Zwischenrufen gibt, die die Äußerungen problematisieren könnten, nehmen sie an der Täuschung von Redner 1 auch direkt teil.

2.3.3.2.2. Redner 2: Klose

Redner 2 setzt in seiner Rede informative Schwerpunkte bei der Erklärung des neuen Asylgesetzes, beim Asylmißbrauch in der BRD, bei der Kritik der SPD an der Abschaffung der Rechtswegegarantie und der fehlenden Regelung für Bürgerkriegsflüchtlinge.
Die werbenden Abschnitte kommen zustande, indem Redner 2 Bescheidenheit darstellt: er gibt zu, nicht über Patentrezepte zu verfügen, seine eigene Meinung geändert zu haben und durch sein Handeln unangenehme Folgen erzeugt zu haben.
Parallel dazu wirbt er allerdings sehr massiv - wenn auch dadurch kaschiert, daß die Werbung scheinbar nicht im Zentrum steht - für sich als Außenpolitiker. Die Information, daß er persönlich in Prag und Bratislava war, fließt scheinbar beiläufig in die Beurteilung einer europäischen Lösung ein.
Durch diese subtileren Formen der Werbung und der vorsichtigeren Kritik erreicht Redner 2 ein breites Spektrum an Zweckerreichung in den meisten Abschnitten seiner Rede.

Bei einer zusammenfassenden Betrachtung fällt auf, daß Redner 2 - ebenso wie Redner 1 - häufig „wir" mit unterschiedlichen Bezügen verwendet und so die indirekten Adressaten mischt. Die dadurch entstehenden „FOOTING-Wechsel" werden nicht explizit gemacht. Redner 2 spricht entsprechend seiner Positionsrollen als Fraktionsvorsitzender, als SPD-Mitglied, als einer der maßgeblich am Asylkompromiß Beteiligten und als Abgeordneter (in der Situationsrolle des Redners). Da er als SPOKESMAN der jeweiligen Gruppen keine innerhalb dieser Gruppen stark umstrittenen Äußerungen tätigt, werden seine eingenommenen Rollen als SPOKESMAN nicht in Frage gestellt. Er beansprucht sie also zu recht. Weiter spricht Redner 2 auch aus seiner Statusrolle als Deutscher heraus, die ihm ebenfalls zusteht. Im Gegensatz zu Redner 1 bringt Redner 2 sich oft durch „ich" als AUTHOR ins Spiel. Er tritt als Individuum auf, was eigene Meinungen und Absichten vertritt. Diese Rolle steht ihm als Redner zu. Allerdings erschwert die Einnahme dieser Rolle die Einordnung der betreffenden Äußerungen als Behauptungen oder Feststellungen. Wer könnte schon definitiv entscheiden, ob es den Tatsachen entspricht, wenn Redner 2 behauptet, er habe sich die Entscheidung nicht leicht gemacht. Er besitzt den privilegierten Zugang zu dieser Welt der Tatsachen. Somit scheint diese Aussage der Rationalität des dramaturgischen Handelns zu entsprechen. Seine Äußerungen werden so auch überwiegend den werbenden Zwecken zugeordnet[276]. Das Bewegen auf dieser Ebene ermöglicht es ihm aber, objektiver zu erscheinen, gerade weil man ihm nicht nachweisen kann, daß er nicht die Wahrheit sagt.

Auffällig ist, daß Redner 2 mit weit mehr konsensfähigen Argumenten arbeitet als Redner 1. So wirkt seine Rede wesentlich sachlicher. Die Folgerungen sind zum Teil sehr komplex angelegt, d.h. Redner 2 zieht seine Schlüsse aus Textabschnit-

---

[276]Für die Richtigkeit dieser Einschätzung spricht das positive Presseecho auf eben diese Passagen in der Rede Kloses.

ten, die zum Teil über zehn Segmente umfassen. Das vermittelt den Eindruck einer wohlüberlegten Argumentation, ist aber lange nicht so kurzweilig wie die schnellen Schlüsse, die Redner 1 zieht. Auffallend ist auch, daß sich Redner 2 mit der Kritik an der Gegenmeinung zurückhält. Verwunderlich ist das allerdings nicht, wenn man bedenkt, daß er ja eine zerstrittene Fraktion vertritt, bei der ein Drittel gegen die Gesetzesänderung stimmte.

2.3.3.2.2.1. Informationsmuster gegen Werbungsmuster

Redner 2 steckt in der Konfliktsituation, der SPOKESMAN einer zerstrittenen Fraktion zu sein. Er war zwar maßgeblich an der Aushandlung der Gesetzesänderung beteiligt, er muß aber auch auf die Gegner der Änderung in der eigenen Partei und Fraktion Rücksicht nehmen. Das bedeutet für ihn, daß er auf der einen Seite die Gesetzesänderung verteidigen muß, indem er ihren Sinn so klar deutlich macht, daß sich die Notwendigkeit einer Grundgesetzänderung dabei ergibt. Auf der anderen Seite darf er ja nicht die ca. 100 Fraktionskollegen und anderen Parteimitglieder, die gegen die Änderung sind, brüskieren, indem er ihr Verhalten als offensichtlich unbegründet darstellt, da er auch ihr Vertreter ist. Redner 2 muß also belegen, daß er im Recht ist, die, die das Gegenteil behaupten, aber auch.

Nicht wenige Sozialdemokratinnen und Sozialdemokraten hatten schon mit diesem Bonner Parteitagsbeschluß ihre Schwierigkeiten.

(Hans-Joachim Fuchtel (CDU/CSU): Selber schuld!)

70. S.13508, Spalte 2, Zeile 51-56: A66., i.a)

Argument 66. Viele SPD-Mitglieder waren gegen den Parteitagsbeschluß.

Redner 2 liefert eine Informationshandlung über einen Sachverhalt ab (i.a)).

Manch einer hat deswegen die Partei verlassen, manch einer nach vielen Jahren der Mitgliedschaft.

71. S.13508, Spalte 2, Zeile 57-58: A67., i.a), iv.aa), iv.ab)

Argument 67. Viele Mitglieder haben aufgrund des Beschlusses die Partei verlassen.

Redner 2 führt ein weiteres Informationsmuster über einen Sachverhalt durch (i.a)). Dabei geht er nicht auf den Zwischenruf ein, sondern adressiert indirekt die Kollegen, die wegen des Beschlusses die Partei verlassen haben. Als Imagepflege dieser Personen ist wohl die Erwähnung zu verstehen, daß manche langjährige Parteimitglieder waren. Bei diesen Personen führt er so ein Werbungsmuster durch (iv.aa), iv.ab)).

Darüber mit einem Achselzucken zur Tagesordnung überzugehen ist meine Sache nicht,

(Beifall bei der SPD)

zumal ich für die Motive derer, die für die Beibehaltung der gegenwärtigen Regelung plädieren, sehr wohl Verständnis habe.

72. S.13508, Spalte 2, Zeile 58 - S.13509, Spalte 1, Zeile 3: A68., A69., i.b), iii.a), iii.b), iv.aa), iv.ab), iv.ac)

Argument 68. Das nimmt Redner 2 nicht leicht.

Argument 69. Redner 2 hat Verständnis für die Motive der Ausgetretenen. A69 löst einen GA von A68 in der Struktur von p weil q ein. Redner 2 nimmt das nicht leicht (p), weil er Verständnis für die Motive der Ausgetretenen hat (q).

Hier führt er ein Informationsmuster über seine Einstellung durch (i.b)). Er betont, daß er diese Geschehnisse ernst nimmt, was eine weitere Imagepflege für die Betreffenden als ernstzunehmende innerparteiliche Opposition darstellt (iv.aa), iv.ab)). Indem er ihnen das zugesteht, stellt Redner 2 sich selbst auch als zwischen den Positionen vermittlungsfähig, d.h. als guter Parteiführungspolitiker für seine Parteigenossen, dar, der auch die andere Meinung respektieren kann (iii.b)). Für die Partei wird

in der Öffentlichkeit Werbung im Sinne von offener Diskussionskultur betrieben (iii.a), iv.ac)). Die eigene Imagepflege wird noch durch die altertümelnde Wendung in Versform „ist meine Sache nicht"[277] dramaturgisch gesteigert. Redner 2 stilisiert sich in Ansätzen fast zu einer tragischen Figur hoch.
Diese Aktionen werden mit Beifall von der SPD gestützt.

Der alte Art.16 ist doch nicht zufällig in unser Grundgesetz geraten.
73. S.13509, Spalte 1, Zeile 4-5: A70., i.a), iii.b), iv.aa), iv.ab)
Argument 70. Der alte Art.16 ist aus guten Gründen ins Grundgesetz aufgenommen worden. A70 löst einen GA von A69 in der Struktur von p weil q ein. Redner 2 hat Verständnis für die Motive der Ausgetretenen (p), weil der alte Art.16 aus guten Gründen ins Grundgesetz aufgenommen wurde (q).
A70 löst einen GA von A71 in der Struktur von p weil q ein.
Redner 2 nimmt die Gründe ernst, weil der alte Art.16 aus guten Gründen ins Grundgesetz aufgenommen wurde (q).

Wieder wird ein Informationsmuster über einen Sachverhalt durchgeführt (i.a)). Durch den Sachverhalt wird der Standpunkt der Gegner der Gesetzesänderung gestützt. Dadurch wirbt Redner 2 für sich innerhalb der SPD-Fraktion (iii.b)) und der SPD-Angehörigen, die gegen die Gesetzesänderung sind (iv.aa), iv.ab)). Er präsentiert sich wieder als integrativer Fraktionsvorsitzender.

Dafür gab und gibt es gute historisch und politisch-moralische Gründe.
74. S.13509, Spalte 1, Zeile 5-6: A70., i.a), iii.b), iv.aa), iv.ab)

---

[277]Redner 2 lehnt sich wahrscheinlich an Goethes „Götz von Berlichingen", 1. Akt, Herberge im Wald, an:
„*MARTIN: In Gottes Namen! (Sie stoßen an) Ich kann die müßigen Leute nicht ausstehen; und doch kann ich nicht sagen, daß alle Mönche müßig sind; sie tun, was sie können. Da komm ich von St. Veit, wo ich die letzte Nacht schlief. Der Prior führte mich in den Gar ten; das ist nun ihr Bienenkorb. Vortrefflicher Salat! Kohl nach Herzens Lust! Und besonders Blumenkohl und Artischoken, wie keine in Europa!*
GÖTZ: ***Das ist also Eure Sache nicht.*** "
(aus: Johann Wolfgang von GOETHE, Werke in vier Bänden, Band IV, herausgegeben und eingeleitet von Gerhard Stenzel, Salzburg 1983, S.21.)

Argument 70. Der alte Art.16 ist aus guten Gründen ins Grundgesetz aufgenommen worden. A70 löst einen GA von A69 in der Struktur von p weil q ein. Redner 2 hat Verständnis für die Motive der Ausgetretenen (p), weil der alte Art.16 aus guten Gründen ins Grundgesetz aufgenommen wurde (q).
A70 löst einen GA von A71 in der Struktur von p weil q ein.

Redner 2 nimmt die Gründe ernst, weil der alte Art.16 aus guten Gründen ins Grundgesetz aufgenommen wurde (q).

Wieder wird ein Informationsmuster über einen Sachverhalt durchgeführt (i.a)). Durch den Sachverhalt wird der Standpunkt der Gegner der Gesetzesänderung gestützt. Dadurch wirbt Redner 2 für sich innerhalb der SPD-Fraktion (iii.b)) und der SPD-Angehörigen, die gegen die Gesetzesänderung sind (iv.aa), iv.ab)). Er präsentiert sich wieder als integrativer Fraktionsvorsitzender.

Ich nehme diese Gründe ernst, ich verstehe sie und respektiere sie.
75. S.13509, Spalte 1, Zeile 6-8: A71., i.b), iii.b), iv.aa), iv.ab)
Argument 71. Redner 2 nimmt die Gründe ernst.

Hier führt er ein Informationsmuster zu seiner Einstellung durch. Dadurch werden die Werbungsmuster von 74. und 75. gestützt.

Noch vor zwei Jahren habe ich ähnlich argumentiert wie jene knapp hundert Kolleginnen und Kollegen der SPD-Fraktion, die dem Asylkompromiß nicht zustimmen werden.
76. S.13509, Spalte 1, Zeile 8-11: A72., i.b), iii.b), iv.aa), iv.ab)
Argument 72. Redner 2 hat früher ähnlich argumentiert. A72 löst GAs von A69 und A71 in der Struktur von p weil q ein. Redner 2 hat Verständnis für die Motive der Ausgetretenen (p), und Redner 2 nimmt die Gründe ernst (p), weil Redner 2 früher ähnlich argumentiert hat (q).

Redner 2 führt ein Informationsmuster über seine Position durch (i.b)). Inhaltlich drückt er Nähe zur Auffassung seiner Gegner aus und führt so die Werbungsmuster weiter (iii.b), iv.aa), iv.ab)). Die Bezeichnung „Kolleginnen und Kollegen" hebt zusätzlich die Gemeinsamkeit der Gegner hervor.

Ich bitte aber auch um Respekt für die anderen, für die Mehrheit der Fraktion, die wie ich angesichts der tatsächlichen Entwicklung ihre Position geändert haben und heute für eine Änderung des Grundgesetzes stimmen werden.

77. S.13509, Spalte 1, Zeile 12-16: A73., A74., ii.b), iii.b), iv.aa), iv.ab)

Argument 73. Bitte um Respekt für Gesetzesbefürworter.

Argument 74. Die Mehrheit der Fraktion hat aufgrund der Tatsachen ihre Position geändert und stimmt für die Gesetzesänderung. A74 löst einen GA von A73 in der Struktur von p weil q ein. Der Respekt für Gesetzesbefürworter ist gerechtfertigt (p), weil sie ihre Position aufgrund der Fakten geändert haben (q).

Durch die Bitte um Verständnis für die Mehrheit wirbt Redner 2 weiter bei Parteigenossen (iv.aa), iv.ab)) und Fraktion (iii.b)) für sich. Er hebt dadurch das Rationale der Auseinandersetzung in einer Demokratie hervor, was das parlamentarische Handeln in der SPD allgemein legitimiert (ii.b)).

Auch wir wollen das Asylrecht für politisch Verfolgte erhalten.

(Beifall des Abg. Dieter Wiefelspütz (SPD))

78. S.13509, Spalte 1, Zeile 16-18: A75., i.b)

Argument 75. Auch die Gesetzesbefürworter wollen das Asylrecht erhalten. A75 löst einen GA von A73 in der Struktur von p weil q ein. Der Respekt für die Gesetzesbefürworter ist gerechtfertigt (p), weil sie auch das Asylrecht erhalten wollen (q).

Redner 2 führt ein Informationsmuster über eine Einstellung durch (i.b)). Dabei spricht er als spokesman der Befürworter einer Gesetzesänderung („wir"), der er auch ist (iii.a), iii.b)). Seine Aussage wird durch Beifall von Wiefelspütz unterstützt.

Wir fürchten aber, daß es am Ende in der Massenhaftigkeit der Zuwanderung verlorengeht, weil es wegen Überlastung und Überforderung weder rechtlich noch tatsächlich gewährleistet werden kann.

(Beifall bei der SPD sowie bei Abgeordneten der CDU/CSU und der F.D.P.)

79. S.13309, Spalte I, Zeile 19-21: A76, A77 [illegible])

Argument 76. Die Befürworter befürchten, daß das Asylrecht ohne Änderung verloren geht.

Argument 77. Wegen der Überlastung kommt es dazu, daß es nicht mehr gewährleistet werden kann. A77 löst einen GA von A76 in der Struktur von p weil q ein. Die Befürworter befürchten, daß das Asylrecht verloren geht (p), weil es durch Überlastung dazu kommt, daß es nicht mehr gewährleistet werden kann (q).

Es wird ein weiteres Informationsmuster über die Einstellung von Redner 2, indem er als spokesman der Befürworter spricht, durchgeführt (i.b)). Gleichzeitig führt er ein Legitimationsmuster durch, indem er eine rationale Begründung anführt (ii.a)). Diese Muster werden durch Beifall des sponsors (SPD, Abgeordnete der CDU/CSU und F.D.P.) bestätigt (iii.b), iii.c)).

Die inhaltliche Argumentation ist außerordentlich reizvoll: Die Gesetzesgegner werden verstanden, sie haben gute Gründe, Redner 2 dachte früher auch so, Redner 2 nimmt ihre Ablehnung nicht auf die leichte Schulter. Redner 2 bittet um Verständnis für die Befürworter, die sich aufgrund der *„Tatsachen"* anders entschieden haben, weil die *„Tatsachen"* nur eine Entscheidung zulassen. Er schafft es, mit diesen Argumentationsschritten auszudrücken, daß sowohl die Gesetzesgegner als auch die -befürworter in der Partei recht haben, nur daß die Befürworter etwas mehr im Recht sind als die Gegner. Adressiert sind hier die Opposition in der Partei und auch alle anderen Parteimitglieder.

Redner 2 führt ein Informationsmuster über die Entstehungsgeschichte der Entscheidung über die Gesetzesänderung in der SPD durch. Dabei informiert er über die Umstrittenheit der Entscheidung innerhalb der Partei, die negativen Folgen der Entscheidung für das Gesetz für die Partei (Kündigung von Mitgliedschaften) und seine eigene Position zu den Folgen („ehrliches Bedauern").
Diese Informationsmuster sind bei den Beteiligten in der SPD gleichzeitig Werbungsmuster für Redner 2 und die Partei, da sie zeigen, daß Minderheiten in der Partei ernst genommen werden.
Redner 2 macht sich durch die Herausstellung der Problematik zum SPOKESMAN der Gesetzesgegner. Diese Rolle behält er bei, so daß es zur paradoxen Situation kommt, daß er in dieser Rolle gegen sich selbst als SPOKESMAN der Befürworter argumentiert (73.-74.). Er löst diese Widersprüche in (76.) dadurch auf, daß er die eine Rolle (Gegner) als eine Rolle deutet, die er früher innehatte, während er die andere Rolle als seine momentane darstellt. Hier kann von einem BYPLAY innerhalb der Hauptkommunikation gesprochen werden. Mit den Parteimitgliedern innerhalb des Publikums werden zusätzlich Werbungsmuster vollzogen, während gemeinsam Informationsmuster durchgeführt werden.
Redner 2 liefert mit (77.) und (79.) Informationsmuster, die den Wechsel seiner Position, d.h. seiner SPOKESMAN-Rolle, begründen. Dabei stellt er das gemeinsame Ziel von Befürwortern und Gegnern der Gesetzesänderung heraus, bevor er eine Begründung der Änderung des Gesetzes gibt. Er vollzieht so ein Informationsmuster über die Ziele der Parteimitglieder unabhängig von ihrer Stellung zur Gesetzesänderung. Als Fraktionsvorsitzender ist er ihr rechtmäßiger SPOKESMAN. Durch die Hervorhebung der gemeinsamen Zielrichtung wird der umstrittene Weg bagatellisiert, weil er nach seiner Aussage zum gleichen Ziel führt, das auch die Gegner anstreben. So werden die überstimmten Fraktions- und Parteimitglieder trotz ihrer ablehnenden Haltung in die Handlung integriert (was

den Imageverlust durch die Abstimmungsniederlage abfedert) und die Befürworter in ihrer Handlung doppelt bestärkt: erstens, weil sie sachlich recht haben, und zweitens, weil die innerparteilichen Gegner das gleiche Ziel verfolgen.
Bei den innerparteilichen Gegnern löst Redner 2 den Konflikt, sie zu überstimmen und sich trotzdem solidarisch zu zeigen, damit, ihnen im gleichen Muster auf der Sachebene zu widersprechen, während er sie auf der Beziehungsebene (frühere eigene Position, Verständnis, Akzeptanz) bestärkt. Gelöst wird der Widerspruch dadurch nicht, aber aus der aktuellen Situation in die Latenz gedrückt. Der Konflikt wird *„ausgesessen"*.

Auch hier ist wieder von einer Trennung zwischen informierten und uninformierten Teilnehmern auszugehen. Informierten Teilnehmern wird es schwer fallen, Redner 2 das gemeinsame Ziel mit der innerparteilichen Opposition zu glauben. Denn gerade dieses Ziel wird von den Gesetzesgegnern immer wieder als fehlend angemahnt. Redner 2s SPOKESMAN-Rolle für die Gegner trifft also nicht zu. Die Gegner widersprechen ihm aber nicht und erhalten so den Schein des Äußerungsdesigns aufrecht, d.h. wirken an der Inszenierung der Sprecherrolle mit. (Das mag daran liegen, daß dadurch der Eindruck der Geschlossenheit der Partei bei der gemeinsamen Zielsetzung in der Öffentlichkeit vermittelt wird, was von allen Abgeordneten als positiv im Sinne von Machterhaltung eingeschätzt werden kann.) Es wird wieder der Kooperationstyp 7 gegenüber der Öffentlichkeit benutzt, der eventuelle Fragen gar nicht erst aufkommen läßt und unkooperativ ist.

2.3.3.2.2.2. Legitimationsmuster gegen Werbungsmuster

Die Zusammenarbeit von Redner 2 als Oppositionsführer mit der Regierung gegen Teile seiner eigenen Fraktion wirft für ihn noch eine weitere Schwierigkeit auf: sein Profil. Stellt die SPD überhaupt eine Alternative zur Regierung dar, wenn sie dieselben Ziele vertritt? Sicher nicht! Daher darf Redner 2 bei allem Konsens den Gedanken der völligen Übereinstimmung mit der Regierung gar nicht erst aufkommen lassen. Allerdings steht er vor der Schwierigkeit, über ein Thema zu reden, das nur durch diese Gemeinsamkeit zum Thema geworden ist.

So löst er diesen Widerspruch durch einen Exkurs in ein Nachbarthema, die Aussenpolitik.
Hierbei läßt sich eine weitere Form der komplexen Handlungsmusterverbindung bei Redner 2 (29.-32.) finden. Er verbindet den Zweck der Kritik an der Regierungspolitik mit dem Zweck, seine Politik zu legitimieren, die der Regierungspolitik entspricht. Er löst den Widerspruch dadurch auf, daß er sich in seiner Kritik nicht gegen das gemeinsam getragene Gesetz, sondern gegen die es bedingende Außenpolitik richtet. Das Thema seines Beitrags wechselt plötzlich zu den außenpolitischen Prioritäten des Außenministers und der Stellung der SPD dazu. Diese Muster werden als offene Kritik- und Werbungsmuster durchgeführt. So schafft er es, sich trotz der gemeinsamen Zielsetzung zwischen Opposition und Regierung doch als eine andere Politik verkörpernd darzustellen. Diese Darstellung gelingt allerdings nur auf Kosten des Gesamtzusammenhangs der Rede.
Die Analyse der Segmente lautet:

Ich will hinzufügen, daß das Thema „Flucht und Fluchtursachen" natürlich auch eine militärische Seite hat.
29. S.13508, Spalte 1, Zeile 6-8: A28., i.a), ii.a)
Argument 28. Die Fluchtursachen haben einen militärischen Aspekt.

Redner 2 führt ein Informationsmuster über einen Sachverhalt hinzu, der unbestritten sein dürfte (i.a)) und leitet so ein Legitimationsmuster durch Nachweis der Rationalität seines Handelns ein (ii.a)). Für die Wähler kann der Zusammenhang neu sein, da nicht ohne weiteres erkannt werden kann, was der Sachverhalt mit dem Asylrecht zu hat.

Die hohe Zahl von Kriegs- und Bürgerkriegsflüchtlingen beweist es.

30. S.13508, Spalte 1, Zeile 8-9: A29., i.b), ii.a)

Argument 29. Die hohe Zahl von Krieg- und Bürgerkriegsflüchtlingen beweist es. A29 löst einen GA von A28 in der Struktur von p weil q aufgrund von R in SY ein. Die Fluchtursachen haben einen militärischen Aspekt (p), weil es eine hohe Zahl von Kriegs- und Bürgerkriegsflüchtlingen gibt (q). Das gilt aufgrund der Regel, daß Kriegs- und Bürgerkriegsflüchtlinge vor den Folgen militärischer Auseinandersetzungen fliehen (R). Sie werden erst als solche benannt, wenn sie vor militärischen Aktionen fliehen (SY).

A29 löst auch einen GA von A30 in der Struktur von p weil q aufgrund von R in SY ein. Es wäre sinnvoll, über den militärischen Aspekt zu reden (p), weil es eine hohe Zahl von Kriegs- und Bürgerkriegsflüchtlingen gibt (q), aufgrund der Regel, daß es Sinn macht, über wichtige Aspekte zu reden (R), wenn man auf parlamentarischem Wege ein Problem lösen will (SY).

Redner 2 führt ein Informationsmuster zu seinem Standpunkt durch (i.b)), durch das die Existenz des Sachverhalts von 29. belegen soll. Das Legitimationsmuster (ii.a)) aus 29. wird weitergeführt. Damit spricht Redner 2 einen wunden Punkt der eigenen Partei an. Die Vereinbarung einer Regelung für Bürgerkriegsflüchtlinge war Bestandteil des Parteitagsbeschlusses und des Asylkompromisses vom Dezember 1992, konnte jedoch in den Verhandlungen mit der CDU/CSU und der F.D.P. noch nicht umgesetzt werden. Hier wird das brisante Thema angerissen. Redner 2 ist in der Klemme. Den Regierungsparteien gegenüber muß er das Fehlen kritisieren, den Kritikern in der eigenen Partei muß er das Fehlen plausibel machen. Er wird dieses Thema später wieder aufnehmen, um eine ausführliche Kritik an der Regierungspolitik durchzuführen.

Darüber zu reden, würde Sinn machen, denn dann ginge es um Hilfe und nicht um die den Außenminister so sehr bedrückende Frage des außenpolitischen Gewichts der Bundesrepublik Deutschland, um das Mitreden und das Dabei-sein-Dürfen.

(Beifall bei der SPD)

31. S.13508, Spalte 1, Zeile 9-15: A30., A31., A32., i.b), i.c), ii.a), iii.a), iii.b), iv.a)
Argument 30. Es wäre sinnvoll, über den militärischen Aspekt zu reden.
Argument 31. Dann ginge es um Hilfe für Menschen. A31 löst einen GA von A30 in der Struktur von p weil q ein. Es wäre sinnvoll, über den militärischen Aspekt zu reden (p), weil es dann um Hilfe für Menschen ginge (q). Die Regel wird in A33 nachgeliefert.
Argument 32. Dem Außenminister geht es um das Mitreden. A32 löst einen GA von A31 in der Struktur von p weil q ein. Es geht jetzt nicht um Hilfe für Menschen (p), weil es dem Außenminister um das Mitreden geht (q). Die GA von A32 sind wohl sehr strittig und werden selbst nicht gestützt, so daß die Stützung von A31 mangelhaft bleibt.

Redner 2 führt ein Informationsmuster über seinen Standpunkt durch, indem er eine Behauptung aufstellt, die er durch weitere Behauptungen unterstützt (i.b)). Durch den darauf folgenden Konjunktiv Irrealis behauptet er indirekt, daß der Außenminister, den er indirekt adressiert, sich um diesen Aspekt nicht kümmere, und das, obwohl es geboten sei. Das begonnene Legitimationsmuster (ii.a)) wird durch die Schlußfolgerung „würde Sinn machen" weitergeführt, wird aber gleichzeitig abgebrochen, indem herausgestellt wird, daß gerade das „sinnvolle" Handeln in der Realität nicht umgesetzt wird. Er setzt dieses nicht vollzogene „sinnvolle" Handeln dem Engagement des Außenministers um das außenpolitische Gewicht im Sinne eines „Dabei-sein-Dürfens" entgegen, das er schon durch die Formulierung ins Lächerliche zieht (i.c)). Durch den Konjunktiv in Verbindung mit „Sinn-machen" wird mittels der Konstruktion stark nahegelegt, daß Redner 2 dieses Handeln des Aussenministers als sinnlos ansieht. Dieser Angriff ist für Wähler (iii.a)), uninformierte Zuschauer und Parteigenossen inszeniert (iv.a)). Redner 2 ist ebenso wie den anderen Abgeordneten klar, daß die Politik des Außenministers sinnvoll ist und daß es seine Aufgabe ist, das internationale Gewicht der Bundesrepublik im Ausland zu stärken. Im Prinzip hat auch Redner 2 gar nichts dagegen[278], er nutzt aber die Gelegenheit zur verkürzten Darstellung der Politik, weil er innerhalb seiner Partei und der Öffentlichkeit erwarten kann, daß sie seine Kritik mit dem von ihnen[279] auf breiter Front abgelehnten internationalen Einsatz von Bundeswehrsoldaten verbinden und auf diesen Aspekt verkürzen. So macht er sich zum Sprachrohr der öffentlichen Kritik an der Außenpolitik und bietet gleich eine scheinbar konstruktive Alternative an. Hier wird, wie es schon bei Redner 1 der Fall war, mit Verkürzung der Politik des Gegners gearbeitet, um seine Argumente daraufhin ins Lächerliche ziehen zu können. Weiter führt er eine Kritik am politischen Standpunkt des Gegners durch, indem er den Außenminister angreift und ihm illegitime Motive für seine Politik unterstellt.

Diese Kritik an der Regierung an einem Punkt, wo Redner 2 unter Rechtfertigungsdruck gegenüber der eigenen Partei steht, scheint darin seine funktionale Begründung zu haben. So hat er zwar den kritischen Punkt erwähnt, lenkt aber von ihm ab, indem er harsche Kritik am politischen Gegner übt, die im Prinzip irrelevant im Hinblick auf das Asylrecht ist. So betreibt er Werbung vor uninformierten Parteimitgliedern und Wählern im Wahlkreis.

Dieser Angriff wird auch durch die SPD-Abgeordneten unterstützt, die applaudieren.

Über Hilfe für Menschen wäre mit Sozialdemokraten allemal zu reden; Prestigeprobleme - auch außenpolitische - interessieren uns weniger.

(Beifall der SPD)

32. S.13508, Spalte 1, Zeile 16-19: A33., A34., i.b), i.c), iii.a), iii.b), iv.aa), iv.ab)

Argument 33. Hilfe für Menschen interessiert die SPDler. A33 löst einen GA von A31 in der Struktur von p weil q ein. Über Hilfe für Menschen zu reden wäre sinnvoll (p), weil Hilfe für Menschen die SPD interessiert (q).

---

[278]Man beachte Kloses damalige Position in der Diskussion um den Einsatz der deutschen Luftwaffe in Kampfeinsätzen zur Unterstützung von UNO-Einsätzen außerhalb Deutschlands.

[279]Beim Argument der gesellschaftlichen Ablehnung der Kampfeinsätze von deutschen Tornados muß man sich die Situation zum Zeitpunkt der Debatte vergegenwärtigen. Heute scheint sich die Akzeptanz allgemein durchgesetzt zu haben.

Argument 34. Prestigeprobleme interessieren SPDler nicht.

Es folgt eine Informationslieferung über eine politische Überzeugung von Redner (i.a)). Es wird ein Selbstverständnis der SPD offengelegt, zu deren spokesman er sich - gerechtfertigterweise - erklärt (iii.b)). Dieses positiv besetzte Parteiimage, das der Politik des Außenministers entgegengesetzt wird, wirbt bei Parteigenossen (iv.aa) und iv.ab)) und Wählern (iii.a)). Gleichzeitig wird der Gegner kritisiert, der dieses Selbstverständnis nicht zu besitzen scheint (i.c)). Indirekt werden alle Parteimitglieder durch „Sozialdemokraten" und „uns" adressiert.

Die Kritik am Außenminister kann als EMBEDDING eines Äußerungsrahmens in die Rede aufgefaßt werden. Redner 2 redet in der Hauptkommunikation als SPOKESMAN seiner Partei und als SPOKESMAN der Verhandlungsparteien SPD und CDU/CSU. Er liefert Informationen über Sachverhalte und über seine Einstellung. Indem er diese Handlungen vollzieht, führt er gleichzeitig ein Legitimationsmuster durch, das die Handlungsweise der Gesetzesbefürworter zu rechtfertigen scheint (29.-30.). In 31. wird das Muster weitergeführt, wandelt sich aber in einen Angriff gegen die Regierungspolitik. Es findet eine Änderung des PRODUCTION FORMATs statt. Redner 2 wechselt seine SPOKESMAN-Rolle, aus dem SPOKESMAN der Gesetzesbefürworter wird mitten im Satz der SPOKESMAN der SPD-Opposition. So bettet er einen Auftritt als Kritiker der Regierungspolitik in seine Rede ein (31.-32.). Dieser Rahmen wird durch ein zusätzliches Thema geliefert: die politischen Prioritäten des Außenministers im Gegensatz zu den Prioritäten der Sozialdemokraten. Das Thema hat nur am Rande etwas mit der konkreten Gesetzesänderung zu tun. Das ist wichtig, weil das vorangegangene Legitimationsmuster der gemeinsamen Politik so nicht angetastet wird.

Innerhalb des BYPLAYs dieses neuen thematischen Rahmens übernimmt Redner 2 die Rolle des SPOKESMAN der Opposition, die er mit dem Verlassen des

Rahmens gleichzeitig wieder aufgibt. Innerhalb des Rahmens führt er Werbungsmuster in seiner Anhängerschaft in Partei und Fraktion durch, die auf Kosten von Teilen der SPONSOR-Gruppe der Hauptkommunikation durchgeführt werden. Das EMBEDDING ermöglicht ihm an dieser Stelle den Widerspruch der Handlungsanforderungen seiner SPOKESMAN-Rollen durch getrennte Durchführung in Haupt- und Nebenkommunikation scheinbar zu lösen.

Wenn auch kritisch vermerkt werden muß, daß Redner 2 nicht in erster Linie zum Thema spricht, so kann nicht behauptet werden, daß er seine Werbungsmuster verdeckt durchführt oder verdrehten Tatsachen verdankt. Es handelt sich bei seiner Rede eher um eine kooperative Ausführung des Handlungsmusters Debattenbeitrag mit seinen immanenten Zwecken: Alle Beteiligten wissen, daß Redner 2 eine Kritik durchführt, die nicht zum Thema gehört. Alle wissen auch, daß er nur kritisiert, um Werbungsmuster für sich und seine Partei vollziehen zu können.

2.3.3.2.3. Redner 3: Hirsch (Werbungsmuster gegen Werbungsmuster)

Die Rede von Redner 3 hebt sich nicht nur durch ihre Kürze von denen Kloses und Schäubles ab. Sie ist wesentlich klarer strukturiert und die Werbezwecke werden nicht expliziert, d.h. sie existieren nur implizit im Rahmen der Werbung eines Beitrags an sich. Es werden die Zwecke der Informationslieferung und Legitimierung realisiert. Die Rede beginnt mit einer kurzen einleitenden Kritik, die in den nächsten zwei Punkten ausgeführt wird. Es werden sowohl gegnerische Standpunkte gewürdigt, als auch dezidierte Kritik geübt. Interessant ist, daß er nicht häufiger Feststellungen trifft als beispielsweise Klose. Auch verzichtet er auf Objektivierungen wie *„ich meine"* und formuliert stattdessen allgemeingültig. Trotzdem bleibt man nie im Zweifel darüber, daß es sich bei seinen Argumenten um Positionen handelt.

Für die Klarheit seiner Argumentation ist neben der strikten Gliederung auch die geringe Verstrickung der Argumente verantwortlich. Weiter trägt zur Klarheit bei, daß die Quintessenz seiner Rede bereits am Anfang genannt wird. Die Ausrichtung seiner Argumentation ist damit für alle ersichtlich.

Der Beitrag von Redner 3 kann als argumentativ dominiert aufgefaßt werden. Er ist streng am Thema Asylrecht orientiert und bietet inhaltliche Informationen zu seiner Interpretation der Gesetzesvorlage. Die Rede entspricht einem idealen Debattenbeitrag, was das Informationsgebot und die Legitimierung politischen Handelns anbelangt.

Heraus fällt seine Kritik am Koalitionspartner. Sie ist allerdings auf einen Satz beschränkt. Der Analyse dieser Segmente soll deshalb besondere Aufmerksamkeit geschenkt werden. Der Konflikt, der hier zu dieser Musterüberschneidung führt, sieht ungefähr folgendermaßen aus: Redner 3 hat in seiner Rede ein ähnliches Problem wie Klose zu lösen. Seine Partei ist zerstritten. Weiter ist seine Partei an der Regierung beteiligt, und er stellt sich gegen den Regierungsbeschluß. Dadurch schadet er seiner Partei. Auf der anderen Seite sieht er sich als Vertreter einer liberalen Richtung seiner Partei, um derentwillen sie von vielen Bürgern gewählt wird. Diese Richtung hat in dem Regierungsbeschluß keine Beachtung gefunden. Daher nützt es der Partei, dieser Meinung Gehör zu verschaffen. Diese Meinung steht aber wieder gegen die überwiegende Einschätzung der Partei von Redner 3, die so kritisiert wird. Die Lösung findet er, indem er sich eine Forderung der F.D.P. herausgreift, die bei den Verhandlungen mit der CDU/CSU nicht durchgesetzt werden konnte, über deren Angemessenheit im F.D.P.-Lager also Konsens besteht. Er stimmt einer Folge von gegnerischen Argumenten zu, bevor er als fehlende Grundbedingung für eine Grundgesetzänderung auf eben diesen umstrittenen Punkt hinweist. Obwohl er gegen die Parteimitglieder, die eine Änderung unterstützen, argumentiert, greift er sie nicht an. Die Kritik wird an einem Streitpunkt innerhalb der Koalition festgemacht und entläd sich so lediglich auf den Koalitionspartner. Durch das geschickte Herausgreifen eines Punktes, an dem zwischen den Koalitionspartnern getrennt werden kann, hält sich der Schaden in Grenzen. Der Nachteil, der dadurch entsteht, daß die Koalition als zerstritten auftritt und die F.D.P. als Verliererin in einem Aushandlungsprozeß dasteht, wird dadurch wettgemacht, daß durch Redner 3 die Bedeutung der F.D.P. als eigenständige Kraft in der Koalition hervorgehoben wird.

Es ist auch richtig, daß der Zustrom von Flüchtlingen insbesondere aus Osteuropa zu gemeinsamen europäischen Lösungen zwingt, die unsere westlichen Nachbarn bisher verweigern.

10. S.13545, Spalte 2, Zeile 29-33: A9., A10., i.b), ii.b)

Argument 9. Der Zustrom von Flüchtlingen zwingt zu einer europäischen Lösung.

Argument 10. Die gemeinsame Lösung wurde bislang von den Nachbarn verweigert.

Das Informationsmuster zur Einstellung (i.b)) bestätigt wieder einen zentralen Punkt der gegnerischen Argumentation und führt so die initiierten Muster fort (ii.b)).

Aber was reden wir eigentlich von gemeinsamen europäischen Lösungen, wenn unser Koalitionspartner noch nicht einmal bereit ist, den Flüchtlingsbegriff der Genfer Konvention in unser Asylgesetz aufzunehmen!

11. S.13545, Spalte 2, Zeile 33-37: A11., A12., i.b), i.c), iii.a)

Argument 11. Es handelt sich bei den Gesetzen nicht um eine europäische Lösung, obwohl von ihr geredet wird.

A11 löst auch einen GA von A13 in der Struktur von p weil q ein. Das Reden von einer europäischen Lösung ist unangemessen (p), weil es sich bei den Gesetzen nicht um eine europäische Lösung handelt (q).

Argument 12. Die CDU/CSU ist nicht bereit, den Flüchtlingsbegriff der Genfer Konvention aufzunehmen. A12 löst einen GA von A11 in der Struktur von p weil q aufgrund von R ein. Es handelt sich bei den Gesetzen nicht um eine europäische Lösung (p), weil die CDU/CSU nicht bereit ist, den Flüchtlingsbegriff der Genfer Konvention aufzunehmen (q). Das geschieht aufgrund der Regel, daß eine Lösung nur europäisch sein kann, wenn sie ihre Grundbegriffe der Genfer Konvention entnimmt (R).

Ein Informationsmuster zur Einstellung (i.b)) greift 10. auf, um durch eine nähere Erläuterung eine Kritik am gegnerischen Standpunkt anzubringen (i.c)). Der Angriff geht gezielt gegen den Koalitionspartner CDU/CSU. Dadurch macht sich Redner 3 in der Fraktion vielleicht nicht beliebt, innerhalb der Wählerschaft kann dies aber als Profilierung angesehen und als Werbungsmuster durchgeführt werden (iii.a)). Das „wir" wird durch die folgende Proposition erstmalig auf alle Abgeordneten, vielleicht auch auf alle an der Diskussion beteiligten, erweitert. Es kann dadurch analog zum „unsere" verwendet zu werden. Gleichzeitig wird die Allgemeingültigkeit der Kritik impliziert, da sie nicht mehr als reine Stellungnahme von Redner 3 und Baum gekennzeichnet ist.

Das geht nicht.

(Beifall bei Abgeordneten der F.D.P. und der SPD sowie beim Bündnis 90/Die Grünen)

12. S.13545, Spalte 2, Zeile 37-40: A13., i.b)
Argument 13. Das geht nicht.

Ein Informationsmuster zur Einstellung greift 11. (i.b)) auf, um eine explizite Bewertung des Gegners vorzunehmen (i.c)). Der Angriff geht gezielt gegen den Koalitionspartner CDU/CSU. Es werden die Muster aus 11. weitergeführt (iii.a)).
Die Kritik wird von den Änderungsgegnern in F.D.P., SPD und Bündnis 90/Die Grünen mit Beifall unterstützt.

Interessant an dieser Konfliktlösung ist, daß die Handlungsmuster offen vollzogen werden. Alle Handlungsteilnehmer sind beim Vollzug der Muster über ihre volle Bedeutung informiert. Die Auflösung widerstreitender Handlungsanforderungen in Parlamentsreden ist damit nicht prinzipiell an eine verdeckte, d.h. unkooperative Durchführung, gebunden.

2.4. Schlußbemerkung

Die Beschreibung der Ausschnitte der Debattenbeiträge unter Anwendung des Mehrfachadressierungsmodells hat gezeigt, daß Äußerungen, die argumentationstheoretisch schwer nachvollziehbar sind, einen handlungstheoretisch beschreibbaren Sinn haben können, der ihren Aufbau als funktional erklärt. Der Sinn ergibt sich aus dem parallelen Handlungsmustervollzug in einem komplexen Äußerungsdesign, der Lösungen in eigentlich nicht zu lösenden Konflikten ermöglicht. So schafft es Redner 1 zu belegen, daß das neue Asylgesetz nicht einer Abschottung von Asylbewerbern dient, indem er Sachverhalts- und Positionsmuster mischt. Er begründet seine These einfach mit Argumenten, die aus anderen Sachzusammenhängen stammen, was uninformierte Zuhörer jedoch nicht erkennen können. Ein anderer Weg führt über EMBEDDINGs durch Redner 1, bei denen er als RELAYER oder SPOKESMAN auftritt. Er beansprucht dadurch die Autorität des DEVISERs und stärkt so die Glaubwürdigkeit der eigenen Argumentation, ohne sich bei den Zitaten an ihrem ursprünglichen Sinnzusammenhang zu orientieren. So schafft er es, die Demonstranten vor dem Bundestag als der Sache der Asylbewerber schadend, die Asylbewerber als an ihrer Behandlung in Deutschland ursächlich beteiligt und die SPD als von Willy Brandt im Sinne Schäubles gewarnt darzustellen.

Dem Redner 2 gelingt es, durch eine Mischung von Informations- und Werbungsmustern Gesetzesbefürworter und Gesetzesgegner in der eigenen Partei zu bestärken. Befürworter und Gegner haben *„gute Gründe"*, nur die Gründe der Befürworter sind an *„den Tatsachen"* orientiert. Aber Klose hat selbst früher wie die Gegner gedacht und argumentiert. Durch diese Behauptung führt er ein imagebestärkendes Muster bei den Gegnern durch, die so aufgewertet werden, obwohl sie sich nicht *„an den Tatsachen"* orientieren. Weiter schafft er es, ein Legitimationsmuster (Nachweis der Rationalität des Entscheidung für die Gesetzesänderung) mit einem konträr laufenden Werbungsmuster (Darstellung der Politik der Regierung als schlecht) zu verbinden, indem er auf ein Thema ausweicht, was nur indirekt etwas mit dem Asylrecht zu tun hat: die Prioritäten des Außenministers. Durch das neue Thema findet ein EMBEDDING eines BYPLAYs in die Hauptkommunikation statt. Innerhalb des BYPLAYs nutzt er das neue PRODUCTION FORMAT, um eine Kritik an der Regierung zu äußern, die im PRODUCTION FORMAT der Hauptkommunikation nicht möglich gewesen wäre. Ein ähnliches Verfahren wendet auch Redner 3 an, wenn er zwei Werbungsmuster parallel durchführt, die sich widersprechen: Kritik am Gesetz bei gleichzeitigem Schutz der F.D.P.-Befürworter des Gesetzes. Er greift sich bei seiner Kritik einen Gesichtspunkt heraus, an dem er deutlich machen kann, daß sich die F.D.P. gegen die CDU/CSU nicht durchsetzen konnte, weshalb die Kritik am Gesetz in erster Linie auf die CDU/CSU zutrifft.

Diese Zusammenfassung zeigt, daß eine Analyse der Argumentationsstruktur nur in Verbindung mit einer Handlungsmusteranalyse aussagekräftig ist. Die Handlungsmusteranalyse selbst ist adressatenspezifisch, d.h. unter der Berücksichtigung eines Mehrfachadressierungskonzeptes, durchzuführen. Nur so kommen die komplizierten Verhältnisse von unterschiedlicher Handlungsmusterdurchführung bei informierten und weniger informierten Zuhörern zum Vorschein. Durch eine Erfassung der Erscheinung des EMBEDDINGs wird es möglich zu erkennen, wie durch den Wechsel des Äußerungsdesigns ein paralleles Erreichen widersprechender Zwecke in unterschiedlichen Handlungsmustern erreicht werden kann.

Das entworfene Mehrfachadressierungsmodell erklärt die adressatenspezifische Sinngebung beim Handlungsvollzug durch das Inventar der Sprecher- und Hörerrollen im Zusammenhang mit Möglichkeiten des EMBEDDINGs und der Bedeutungsverdeckung. So wird aufgedeckt, wie im konkreten Fall der Prozeß der Durchführung der widersprüchlichen Handlungen abläuft.

Die Anbindung des Konfliktmodells an die Theorie des kommunikativen Handelns erlaubt es, mehrfachadressiert durchgeführte Handlungen nach ihrem Kooperationsgrad einzuteilen. So wird es möglich, bei den Debattenbeiträgen Urteile über die Kooperativität der Redebeiträge abzugeben, obwohl eine gründliche linguistische Analyse der Textexemplare ausbleibt.

Aber auch mit der Beschränkung auf Argumentationsanalyse und Handlungsmusterzuschreibung kann eindeutig festgestellt werden: es handelt sich bei Debattenbeiträgen um mehrfachadressierte Texte. Wer verstehen will, wie im Bundestag sprachlich gehandelt wird, kann auf ein Mehrfachadressierungskonzept mit integrierter Konflikttheorie, das die Komplexität der Textsorte (Stellung von Debatte und Beiträgen gegenüber Öffentlichkeit, Politikern, Fraktionen, Interessensvertretungen) einfängt, nicht verzichten.

Insofern hat sich das Modell bei der Anwendung im konkreten Fall der Analyse von Debattenbeiträgen im großen und ganzen bewährt. Damit ist seine Existenzberechtigung nachgewiesen worden, wenn auch einschränkend ergänzt werden muß, daß nur ein Ausschnitt des Gesamtmodells zur Anwendung gekommen ist, der sich noch dazu im eingeschränkten Feld einer Institution befindet. Es handelt sich also um einen exemplarischen Nachweis der Tauglichkeit.

V. Zusammenfassung und Ausblick

Der Schwerpunkt der Arbeit lag auf der Erstellung eines handlungstheoretischen Mehrfachadressierungsmodells, das es ermöglichen sollte, gezielt mehrdeutig gestaltete und an unterschiedliche Adressaten gerichtete Texte besser als bisher möglich zu analysieren. Die in gängigen Analyseansätzen (z.B. BRINKER 85, HEINEMANN/VIEHWEGER 91, HOLLY/KÜHN/PÜSCHEL 84, REHBEIN 77, WUNDERLICH 76 u.a.) üblichen Voraussetzungen der Sprecher-Hörer Dyade und der homogenen Zielrichtung (d.h. der Zielhierarchisierung in Texten) führten zu Erklärungsdefiziten bei Textsorten, bei denen diese Voraussetzungen nicht gegeben sind: Arbeitszeugnisse, Beipackzettel von Medikamenten, Politikersprache und allgemein Sprache in Konfliktsituationen. Es mußte daher ein Modell entwickelt werden, das neben der Sprecher-Hörer Dyade und der Zielhomogenität auch Möglichkeiten einer komplexen Äußerungsproduktion und -rezeption sowie einer heterogenen Zielverfolgung in differenzierten Handlungszusammenhängen erfassen konnte.

Um dies zu erreichen mußte ein systematischer Bezug zwischen komplexen Konstellationen in Äußerungssituationen zur Handlungstheorie geschaffen werden. Hierfür wurde das Handlungsmodell REHBEINs so modifiziert, daß es mit den soziologischen Handlungstheorien, die in HABERMAS' „kommunikativem Handeln" vorausgesetzt werden, kompatibel ist. Ansatzpunkt war der Zweckbegriff REHBEINs, der um normenorientiertes und dramaturgisches Handeln erweitert wurde. So konnten soziologische (GERHARDT, GOFFMAN, KRAPPMANN) und sprachliche Handlungstheorie (REHBEIN) verbunden und ein systematischer Zugriff auf gesellschaftliche und persönliche Situationsfaktoren zur Verfügung gestellt werden. Dieser Verbindungsschritt barg einige theoretische Schwierigkeiten (Frage nach zweckfreiem Handeln, handlungstheoretischem Eklektizismus, Abstraktheitsgrad, Ausklammerung der Universalpragmatik, HABERMAS Interpretation der Handlungstheorien, der Kritik an der Theorie des kommunikativen Handelns und der Kritik an der Rollentheorie), die bereits am Schluß der Modellbildung kurz skizziert wurden (II. Das Modell, 4. Kritik am Modell, S.169-S.190).

Durch die Verbindung von soziologischer und linguistischer Handlungstheorie wurde es möglich, auch soziologische konflikttheoretische Überlegungen (BÜHL, PRESCH) systematisch in die Handlungstheorie einzubauen, so daß eine Verbindung zwischen Konfliktformen und -lösungen und sprachlichen Erscheinungsformen hergestellt werden konnte. Dadurch konnten gesellschaftliche Konflikte in handlungstheoretischen Begriffen erfaßt werden (II. Das Modell, 3. Handlungstheoretische Beschreibung von mehrfachadressierten Konfliktlösungen). Von zentraler Bedeutung war hierbei das Auftreten der Mehrfachadressierung (nach GOFFMAN und LEVINSON), das sich auf diese Weise als sprachliche Manifestation sozialer Konflikte erklären ließ. Durch die Mehrfachadressierung konnten Widersprüche aufgelöst und Konfliktsituationen gemeistert werden, wie sich theoretisch mit dem Modell zeigen ließ (hauptsächlich: II. Das Modell, 2.2.3. Verbindung des Schemas der Gesprächsrollen zum Embedding-Konzept GOFFMANs und 2.3. Mehrfachadressierung und Konfliktlösungen). Diese elementare theoretische Möglichkeit wurde in der Praxis durch die Analyse der Debattenbeiträge weiter ausgebaut (IV. Anwendung des Modells auf die Analyse von Debattenbeiträgen im Bundestag, 1.3. Die Rolle des Abgeordneten in PRODUCTION FORMAT und PARTICIPATION FRAMEWORK und 1.4. Die Rezeption des Beitrags in der Öffentlichkeit: Politiker, Experten, Presse, Parteimitglieder, Wähler) und an Beispielen bestätigt (2.3.3.2. Handlungsmusteranalyse). Damit wurde ein Modell zur „Deutung der Probleme der Mehrfachadressierung und Ambiguität von Texten als Ausdruck komplexer gesellschaftlicher und individueller Handlungsbedingungen" entworfen und getestet.

Der Versuch, Debattenbeiträge mit dem Modell zu untersuchen, zeigte, daß es durchaus möglich war, PARTICIPATION FRAMEWORK und PRODUCTION FORMAT im konkreten Fall sinnvoll zu beschreiben. Einige Gesprächsrollen (OVERHEARER, TARGETTED OVERHEARER, ULTIMATE DESTINATION) mußten entfallen, andere - insbesondere aufgrund der problematischen Kategorie PARTIC - konnten spezifiziert werden (AUTHOR, AUDIENCE u.a.). Dieses Ergebnis war wichtig, weil es zeigt, daß das Konzept, das für situationelle Face-to-Face Kommunikation entwickelt wurde, sich auf andere Gesprächssituationen übertragen läßt. Als weiteres wichtiges Ergebnis läßt sich die Erklärungskraft des EMBEDDING-Konzeptes festhalten. Bei der Einbettung von neuen Äußerungsrahmen, sei es thematisch oder im PRODUCTION FORMAT, hat sich gezeigt, daß das EMBEDDING vielfache Möglichkeiten bereitstellt, heterogene Zwecke in verschiedenen Handlungsmustern parallel zu realisieren. Damit ist eine zentrale Möglichkeit, unterschiedlichen Handlungsanforderungen simultan gerecht zu werden, erkannt worden.

Die Möglichkeit, verschiedene Handlungen durchzuführen, indem beim PARTICIPATION FRAMEWORK verschiedene Kenntnisse der Teilnehmer von seiten des PRODUCTION FORMATs berücksichtigt werden (Trennung der Zuhörer in informiert und weniger informiert), ist an sich keine Neuentdeckung. Schon PRESCH, HOFFMANN und KÜHN weisen explizit auf diese Möglichkeit hin. Neu ist aber die Berücksichtigung des Ensembles bei der Bedeutungsverdekkung, das durch das Durchschauen der Vielschichtigkeit der Äußerungen an der Täuschung der schlechter informierten Teilnehmer beteiligt ist.

Schließlich bietet die Möglichkeit, Handlungen nach Handlungsmustern zu beschreiben, denen eine Zweckheterogenität zugrunde liegt, eine theoretische Erklärung für die von LAUERBACH herausgearbeiteten Schemata (*„Disarm-Schema"*, *„Double-Bind-Schema"*). Auch die von BAVELAS beobachteten Reaktionen (*„disqualifications"*) in *„avoidance-avoidance"*-Konflikten stehen so nicht mehr isoliert dar, sondern können auf Muster mit Zweckheterogenität zurückgeführt werden.

Die Vorteile dieser Arbeit gegenüber den Ansätzen von HOLLY/KÜHN/PÜSCHEL und KÜHN liegen in der dynamischeren Handlungstheorie mit der Möglichkeit, Entwicklungen von Handlungsmustern zu erfassen und zwischen Zwecken einer- und Zielen andererseits zu unterscheiden. Außerdem führt das komplexere Mehrfachadressierungskonzept dazu, die These vom reinen Inszenierungscharakter politischen Sprachhandelns aufzugeben.

Im Gegensatz zu REHBEIN selbst wird die von ihm getroffene Unterscheidung zwischen Zwecken und Zielen genutzt, um die genetische Komponente der Handlungstheorie hervorzuheben. Dadurch kann die Entstehung von Mustern, die Zweckevielfalt oder Heterogenität aufweisen, beleuchtet werden. Durch die Erweiterung des Zweckbegriffs selbst wurde es erst möglich, Handlungsmuster als auf mehrere Zwecke hin ausgerichtet zu beschreiben. Das ist aber die Voraussetzung dafür, Handlungen als funktional widersprüchlich und mehrfachadressiert auffassen zu können. Die Erweiterung des Zweckbegriffs um normatives und dramaturgisches Handeln führte den REHBEIN-Ansatz auch theoretisch zu einer Loslösung von der Beschränkung auf den zweckrationalen Handlungsbegriff, wie überhaupt die These vertreten wurde, daß in den empirischen Arbeiten REHBEINs der Stand seiner Theoriebildung bereits im Sinne meiner eigenen Arbeit eingeholt wurde und lediglich einer theoretischen Untermauerung bedurfte. Als Nachteil der Erweiterung stellte sich heraus, daß sich mehrfachadressierte Handlungen nicht mehr in Sequenzplänen darstellen lassen. Dadurch verliert die Theorie an Plastizität und Plausibilität bei der Beschreibung von Handlungsmustern. Es stellt sich die Frage nach neuen Darstellungsformen, die in der Lage sind, die gesteigerte Komplexität, die durch die Erweiterung der Sprecher-Hörer-Dyade entstanden ist, einzufangen und abzubilden.

Der Ausgangspunkt der Arbeit, die Indienstnahme der Theorie REHBEINs durch PRESCH 91 zur handlungstheoretischen Absicherung des dort entwickelten Interferenzkonzeptes näher zu beleuchten und abzusichern, führte zu einer Bestätigung der PRESCHschen Überlegungen im konflikttheoretischen Bereich und zu einer Erweiterung seiner Überlegungen zur Mehrfachadressierung. Insgesamt wurde so noch einmal der Blick auf die mögliche Funktionalität widersprüchlich aufgebauter Texte gelenkt. Damit soll die Annahme von generell vorhandener, funktionaler Homogenität bei der Textanalyse erschüttert werden.

Nicht geleistet wurde in der Arbeit die Weiterentwicklung eines Begriffsapparates, der die sprachliche Realisierung von Mehrfachadressierungen über die genannten Ansätze von PRESCH, KÜHN, HOFFMANN und CLARK/CARLSON hinaus systematisiert und verbessert. Diese Erweiterung wäre notwendig, kann aber meines Erachtens sinnvollerweise erst in Angriff genommen werden, wenn die Funktionen der Mehrfachadressierung grob geklärt und in einem System geordnet sind. Eine solche Ordnung liegt erst jetzt mit dem hier vorgestellten Modell vor. Mit der Problematik des Begriffsapparates hängt eng der Zuschreibungscharakter der Mehrfachadressierungen zusammen. Das Spekulative an den Handlungszuschreibungen läßt sich aber meiner Meinung nach auch durch zahlreiche Verbesserungen lediglich weiter einschränken und nicht gänzlich vermeiden. Eine Einschätzung der Situationsgebundenheit der Texte aus dem Kontext heraus ist für ihr Verstehen unentbehrlich. Daß das Problem der Zuschreibung prinzipiell nicht gelöst werden kann, heißt aber nicht, daß keine Verbesserungen vorgenommen werden könnten. Besonders im letzten Teil der Arbeit fällt auf, daß die Analyse von Handlungsmustern mit dem Modell zwar stattfinden kann, eine grammatische Fundierung der Analyse aber wünschenswert wäre. Eine stärkere Verbindung von sprachlicher Form und pragmatischer Analyse kann durchaus durchgeführt werden, wie die Arbeiten zur *„funktionalen Pragmatik"* zeigen.

Hier wäre bei einer Weiterentwicklung des Modells anzusetzen. Damit würden auch die Grundlagen für eine bessere Erfassung von Interferenzerscheinungen in den Texten geschaffen, die jetzt nur auf einem recht abstrakten Niveau stattfinden kann.

Weiter verspreche ich mir von solch einem Ansatz eine bessere Transparenz bei der Rekonstruktion des Handlungsplanes, wie sie in meinem Analyseteil nur sehr fragmentarisch Berücksichtigung findet.

Nicht zuletzt verdient die Textsorte der Debattenbeiträge als eigenständiger Untersuchungsgegenstand weitergehende Beachtung. Wie aus dem Analyseteil hervorgeht, müssen die Beiträge innerhalb des parlamentarischen Diskurses von Lesungen und Anhörungen sowie unter Berücksichtigung der komplexen Rednerstruktur innerhalb der Debatte und des Einflusses der medialen Vermittlung analysiert werden. Hier liegen die Wurzeln zu den Kernfragen kommunikativ legitimierter Herrschaftsausübung in einem demokratischen System, das auf mediale Vermittlung angewiesen ist. Die Linguistik hat meiner Meinung nach die Aufgabe, die Möglichkeiten und Grenzen sprachlichen Handelns innerhalb dieses Systems aufzuzeigen und die neueren Entwicklungen im politischen Sprachhandeln kritisch zu begleiten. Die Arbeit leistet einen Beitrag zu dieser sprach- und politikkritischen Forschungsrichtung, wobei ihre Ergebnisse zum Überprüfen, weiteren Nachfragen und genaueren Hinsehen anregen sollen.

VI. Literaturverzeichnis

ADAMZIK, Kirsten: Sprachliches Handeln und sozialer Kontakt. Zur Integration der Kategorie „Beziehungsaspekt" in einer sprechakttheoretischen Beschreibung des Deutschen, Tübingen 1984.

ADAMZIK, Kirsten: Zum Begriff der Mustermischung, in: HALWACHS, Dieter W./STÜTZ, Irmgard (Hrsg.): Sprache - Sprechen - Handeln. Akten des 28. Linguistischen Kolloquiums Bd.2, Graz 1993, S.3-8.

AFHELDT, Horst: Sozialstaat und Zuwanderung, in: Aus Politik und Zeitgeschichte, Beilage zur Wochenzeitschrift Das Parlament Nr.7, 1993, S.42-52.

ARBEITSGRUPPE BIELEFELDER SOZIOLOGEN (Hrsg.): Alltagswissen, Interaktion und gesellschaftliche Wirklichkeit, 2 Bde, Reinbek 1973.

ARNDT, Claus: Fraktion und Abgeordneter, in: SCHNEIDER, Hans-Peter/ZEH, Wolfgang (Hrsg.): Parlamentsrecht und Parlamentspraxis in der Bundesrepublik Deutschland, Berlin/New York 1989, S.643-672.

AUSTIN, J.L.: Zur Theorie der Sprechakte, 2.Auflage Stuttgart 1979 (1962).

AUSTIN, J.L.: Philosophical Papers, Oxford 3.Aufl. 1979.

BAR-HILLEL, Yehoshua: Indexical expressions, in: Mind 63, 1954, S.359-379

BARTSCH, Renate: Normkonflikte in Kommunikationssituationen, in: KRENN, Herwig/NIEMEYER, Jürgen/EBERHARDT, Ulrich (Hrsg.): Sprache und Gesellschaft, Tübingen 1984, S.1-13.

BARWIG, Klaus/BRINKMANN, Gisbert/HUBER, Bertold/LÖRCHER, Klaus/SCHUHMACHER, Christoph (Hrsg.): Asyl nach der Änderung des Grundgesetzes. Entwicklungen in Deutschland und Europa. Hohenheimer Tage zum Ausländerrecht, Baden-Baden 1994.

BAVELAS, Janet Beavin: Situations that lead to disqualifications, in: Human Communication Research 9, 1983, S.130-145.

BAVELAS, Janet Beavin: Some Problems With Linking Goals to Discourse, in: TRACY, Karen (Hrsg.): Understanding Face-to-Face interaction. Issues linking goals and discourse, Hillsdale 1990, S.119-130.

BAVELAS, J.B./SMITH, B.J.: A method for scaling verbal disqualification, in: Human Communication Research 8, 1982, S.214-227.

BAYER, Klaus: Sprechen und Situation, 2. erw. Aufl. Tübingen 1984 (1977).

BECKER, Joachim: Die Städte sind überfordert. Kommunale Erfahrungen mit Asylbewerbern, in: Aus Politik und Zeitgeschichte, Beilage zur Wochenzeitschrift Das Parlament Nr.7, 1993, S.53-59.

BERGMANN, Jörg: Goffmans Soziologie des Gesprächs und seine ambivalente Beziehung zur Konversationsanalyse, in: HETTLAGE, Robert/LENZ, Karl (Hrsg.): Erving Goffman - ein soziologischer Klassiker der zweiten Generation, Bern/Stuttgart 1991, S.301-327.

BERGSDORF, Wolfgang: Über die Schwierigkeiten des politischen Sprechens in der Demokratie. In: WIMMER, Rainer (Hrsg.): Sprachkultur. Jahrbuch 1984 des Instituts für deutsche Sprache, Düsseldorf 1985, S.184-195.

BEUTIN, Wolfgang u.a. (Hrsg.): Deutsche Literaturgeschichte. Von den Anfängen bis zur Gegenwart, 3.Aufl. Stuttgart 1989.

BIEDER, Karin: Individuelles Konfliktverhalten, Magisterarbeit Hamburg 1982.

BÖTTCHER, Ingo: Zum theoretischen Projekt von Stephen C. Levinsons „Putting Linguistics on a Proper Footing " Einwände gegen einige [illegible] gen den Autors [illegible] für die Linguistik und die [illegible], Seminarhausarbeit Hamburg 1993.

BREDEHÖFT, Sonja/JANUSCHEK, Franz: Doppelzüngler. Die Sprache der Republikaner, Duisburg 1994.

BRINKER, Klaus: Linguistische Textanalyse. Eine Einführung in die Grundbegriffe und Methoden, Berlin 1985.

BRINKER, Klaus: Bedingungen der Textualität. Zu Ergebnissen textlinguistischer Forschung und ihren Konsequenzen für die Textproduktion, in: Der Deutschunterricht 40, 1988, S.6-18. BRINKER, Klaus/SAGER, Sven F.: Linguistische Gesprächsanalyse, Berlin 1989.

BROWN, P./LEVINSON, S.: Universals in language usage. Politeness phenomena. In: GOODY, E. (Hrsg.): Questions and politeness, Cambridge 1987, S.256-311.

BRÜNNER, Gisela/GRAEFEN, Gabriele (Hrsg.): Texte und Diskurse. Methoden und Forschungsergebnisse der funktionalen Pragmatik, Opladen 1994.

BRÜNNER, Gisela/GRAEFEN, Gabriele: Einleitung: Zur Konzeption der funktionalen Pragmatik, in: BRÜNNER, Gisela/GRAEFEN, Gabriele (Hrsg.): Texte und Diskurse. Methoden und Forschungsergebnisse der funktionalen Pragmatik, Opladen 1994, S.7-21.

BUBA, Hans Peter: Situation. Konzepte und Typologien zur sozialen Situation und ihre Interpretation in den Bezugsrahmen von Rolle und Person, 1980.

BÜHL, Walter L. (Hrsg.): Konflikt und Konfliktstrategie. Ansätze zu einer soziologischen Konflikttheorie, München 1972.

BÜHL, Walter L.: Theorien sozialer Konflikte, Darmstadt 1976.

BÜHLER, Karl: Sprachtheorie, Stuttgart/New York 1982 (1934). BUNDESGESETZESBLÄTTER (BGBl).

BURI, Heinz: Argument und Parlament. Versuch der Entwicklung einer Methodologie zur Analyse dialogischer Sequenzen am Beispiel der „Nachrüstungsdebatte", München 1992.

CLARK, Herbert H./CARLSON, Thomas B.: Hearers and speech acts, in: Language 58, 1982, S. 332-373.

CICOUREL, A.V.: Basisregeln und normative Regeln im Prozeß des Aushandelns von Status und Rolle, in: Arbeitsgruppe Bielefelder Soziologen (Hrsg.): Alltagswissen, Interaktion und gesellschaftliche Wirklichkeit, 2 Bde, Reinbek 1973, Band 1, S.147-188.
CICOUREL, A.V.: Sprache in der sozialen Interaktion, München 1975.
CRAIG, Robert T.: Multiple goals in discourse: an epilog. In: Journal of language and social Psychology 9 1990, S.163-170.
DÄUBLER-GMELIN, Herta: Der Kampf um das Asylrecht. Stationen der Auseinandersetzung um die Erhaltung eines Grundrechts nach der deutschen Einigung, in: BARWIG, Klaus/BRINKMANN, Gisbert/HUBER, Bertold/LÖRCHER, Klaus/SCHUHMACHER, Christoph (Hrsg.): Asyl nach der Änderung des Grundgesetzes. Entwicklungen in Deutschland und Europa. Hohenheimer Tage zum Ausländerrecht, Baden-Baden 1994, S.163-173.
DEGENKOLBE, Gert von: Über logische Struktur und gesellschaftliche Funktion von Leerformeln, in: Kölner Zeitschrift für Soziologie und Sozialpsychologie 17, 1965, S.327-338.
DEXHEIMER, Wolfgang: Die Mitwirkung der Bundestagsfraktionen bei der Besetzung der Ausschüsse, in: ROLL, Hans-Achim (Hrsg.): Plenarsitzungen des Deutschen Bundestages. Festgabe für Werner Blischke. Beiträge zum Parlamentsrecht Band 4, Berlin/W 1983, S.259-278.
DIECKMANN, Walther: Sprache und Politik. Einführung in die Pragmatik und Semantik der politischen Sprache, Heidelberg 1969.
DIECKMANN, Walther: Politische Sprache. Politische Kommunikation. Vorträge. Aufsätze. Entwürfe. Heidelberg 1981.
DIECKMANN, Walther: „Inszenierte Kommunikation". Zur symbolischen Funktion kommunikativer Verfahren in (politisch-) institutionellen Prozessen, in: DIECKMANN, Walther: Politische Sprache. Politische Kommunikation. Vorträge. Aufsätze. Entwürfe. Heidelberg 1981, S.255-279.
DIECKMANN, Walther: Probleme der linguistischen Analyse institutioneller Kommunikation, in: DIECKMANN, Walther: Politische Sprache. Politische Kommunikation. Vorträge. Aufsätze. Entwürfe. Heidelberg 1981, S.208-245.
DIECKMANN, Walther: Wie redet man „zum Fenster hinaus"? Zur Realisierung des Adressatenbezuges in öffentlich-dialogischer Kommunikation am Beispiel eines Redebeitrags Brandts, in: SUCHAROWSKI, Wolfgang (Hrsg.): Gesprächsforschung im Vergleich. Analysen zur Bonner Runde nach der Hessenwahl 1982, Tübingen 1985, S.54-76.
van DIJK, Teun A.: Textwissenschaft. Eine interdisziplinäre Einführung, München 1980.
DIMTER, Matthias: Textklassenkonzepte heutiger Alltagssprache. Kommunikationssituation, Textfunktion und Textinhalt als Kategorien alltagssprachlicher Textklassifikation, Tübingen 1981.

DRESSLER, W.: Einführung in die Textlinguistik, 2. Auflage Tübingen 1973.

EBERLE, Thomas S.: Rahmenanalyse und Lebensweltanalyse, in: HETTLAGE, Robert/LENZ, Karl (Hrsg.): Erving Goffman - ein soziologischer Klassiker der zweiten Generation, Bern/Stuttgart 1991, S.157-211.

EGGS, Eckehard: Täuschen. Eine semantisch-pragmatische Analyse, in: Linguistik und Didaktik 7, 1976, S.315-328.

EHLICH, Konrad (Hrsg.): Erzählen in der Schule, Tübingen 1984.

EHLICH, Konrad: Handlungsstruktur und Erzählstruktur zu einigen Kennzeichen des Weitererzählens von Erzählanfängen, in: EHLICH, Konrad (Hrsg.): Erzählen in der Schule, Tübingen 1984, S.126-175.

EHLICH, Konrad: Kooperation und sprachliches Handeln, in: LIEDTKE, Frank/KELLER, Rudi (Hrsg.): Kommunikation und Kooperation, Tübingen 1987, S.17-32.

EHLICH, Konrad: Funktional-pragmatische Kommunikationsanalyse - Ziele und Verfahren, in: FLADER, Dieter (Hrsg.): Verbale Interaktion. Studien zur Empirie und Methodologie der Pragmatik, Stuttgart 1991, S.127-143.

EHLICH, Konrad: Prozedur, in: GLÜCK, Helmut (Hrsg.): Metzler Lexikon Sprache, Stuttgart/Weimar 1993, S.491.

EHLICH, Konrad: Funktionale Etymologie, in: BRÜNNER,Gisela/GRAEFEN, Gabriele (Hrsg.): Texte und Diskurse. Methoden und Forschungsergebnisse der funktionalen Pragmatik, Opladen 1994, S.68-82.

EHLICH, Konrad/REHBEIN, Jochen: Einige Interrelationen von Modalverben, in: WUNDERLICH, Dieter (Hrsg.): Linguistische Pragmatik, Frankfurt/M 1972, S.318-340.

EHLICH, Konrad/REHBEIN, Jochen: Zur Konstitution pragmatischer Einheiten in einer Institution: Das Speiserestaurant, in: WUNDERLICH, Dieter (Hrsg.): Linguistische Pragmatik, Frankfurt 1972, S.209-254.

EHLICH, Konrad/REHBEIN, Jochen: Sprache im Unterricht - Linguistische Verfahren und schulische Wirklichkeit, in: Studium Linguistik 1, 1976, S.47-69.

EHLICH, Konrad/REHBEIN, Jochen: Halbinterpretative Arbeitstranskriptionen (HIAT), in: Linguistische Berichte 46, 1976, S.21-41.

EHLICH, Konrad/REHBEIN, Jochen: Halbinterpretative Arbeitstranskriptionen (HIAT), in: Linguistische Berichte 45, 1977, S.21-41.

EHLICH, Konrad/REHBEIN, Jochen: Schulbezogene Kommunikationsanalyse - reflektierte und geheime Wissenschaftspraxis, in: Unterrichtswissenschaft 4, 1977, S.346-360.

EHLICH, Konrad/REHBEIN, Jochen: Wissen, kommunikatives Handeln und die Schule, in: H.C. GOEPPERT (Hrsg.): Sprachverhalten im Unterricht, München 1977, S.36-114.

EHLICH, Konrad/REHBEIN, Jochen: Batterien sprachlicher Handlungen, in: Journal of Pragmatics 1, 1977, S.393-406.

EHLICH, Konrad/REHBEIN, Jochen: Erweiterte halbinterpretative Arbeitstranskriptionen (HIAT 2): Intonation, in: Linguistische Berichte 55, 1979, S.51-75.

EHLICH, Konrad/REHBEIN, Jochen: Sprachliche Handlungsmuster, in: SOEFFNER, Hans Georg (Hrsg.): Interpretative Verfahren in den Sozial- und Textwissenschaften, Stuttgart 1979, S.243-274.

EHLICH, Konrad/REHBEIN, Jochen: Sprache in Institutionen, in: ALTHAUS, Paul/HENNE, Helmut/WIEGAND, Herbert Ernst (Hrsg.): Lexikon der Germanistischen Linguistik. Artikel 30, Tübingen 1980, S.338-345.

EHLICH, Konrad/REHBEIN, Jochen: Muster und Institution - Untersuchungen zur schulischen Kommunikation, Tübingen 1986.

EHLICH, Konrad/REHBEIN, Jochen: Institutionsanalyse. Prolegomena zur Untersuchung von Kommunikation in Institutionen, in: BRÜNNER, Gisela/GRAEFEN, Gabriele (Hrsg.): Texte und Diskurse. Methoden und Forschungsergebnisse der funktionalen Pragmatik, Opladen 1994, S.287-327.

FALKENBERG, Gabriel: Lügen. Grundzüge einer Theorie sprachlicher Täuschung, Tübingen 1982.

FREUD, Sigmund: Zur Psychopathologie des Alltagslebens, Frankfurt/M 1954 (1904).

FREUD, Sigmund: Die Traumdeutung, Frankfurt/M 1982 (1900).

FRITZ, Gerd: Kohärenz. Grundfragen der linguistischen Kommunikationsanalyse, Tübingen 1982

FUNKE-KAISER, Michael: Verfassungsrechtliche Überlegungen zu Art. 16 a GG, in: BARWIG, Klaus/BRINKMANN, Gisbert/HUBER, Bertold/LÖRCHER, Klaus/SCHUHMACHER, Christoph (Hrsg.): Asyl nach der Änderung des Grundgesetzes. Entwicklungen in Deutschland und Europa. Hohenheimer Tage zum Ausländerrecht, Baden-Baden 1994, S.234-255.

GALTUNG: Johan: Institutionalized Conflict Resolution: A Theoretical Paradigm, in: Journal of Peace Research 2, 1965, S.348-383.

GARFINKEL, Harold: Das Alltagswissen über soziale und innerhalb sozialer Strukturen, in: ARBEITSGRUPPE BIELEFELDER SOZIOLOGEN (Hrsg.): Alltagswissen, Interaktion und gesellschaftliche Wirklichkeit, 2 Bde, Reinbek 1973, S.189-262.

GEHLEN, Arnold: Probleme einer soziologischen Handlungslehre, in: BRINKMANN (Hrsg.): Soziologie und Leben, Wunderlich (Tübingen) 1952, S.28-62.

GERHARDT, Ute: Rollenanalyse als kritische Soziologie, Berlin 1971.

GIESE, Bettina: Untersuchungen zur sprachlichen Täuschung, Tübingen 1992.

GIESE, Friedrich/SCHMUCK, Egon/WINKLER, Kurt (Hrsg.): Verfassungsrechtsprechung in der Bundesrepublik. Entscheidungssammlung, Frankfurt/M Band 20, GG Art.16 Abs.1 S.2 bis Art.19 Abs.4 Nr.249.

GIESLER, Volkmar/WASSER, Detlef: Das neue Asylrecht. Die neuen Gesetzestexte und internationalen Abkommen mit Erläuterungen. Bundesanzeiger, Köln 1993.

GLOY, Klaus: Deutungsschemata des Sozialamt - Zur linguistischen Analyse von Institutionen als Konfliktherden, in: KLEIN, Josef/PRESCH, Gunter (Hrsg.): Institutionen - Konflikte - Sprache, Tübingen 1981, S.87-125.

GLOY, Klaus/PRESCH, Gunter: Exklusive Kommunikation: Verschlüsselte Formulierungen in Arbeitszeugnissen, in: dies.: [illegible] II, [illegible] [illegible]

GOETHE, Johann Wolfgang von: Werke in vier Bänden, Band IV, herausgegeben und eingeleitet von Gerhard STENZEL, Salzburg 1983.

GOFFMAN. Erving: Stigma. Über Techniken der Bewältigung beschädigter Identität, Frankfurt/M 1967 (1963).

GOFFMAN, Erving: Wir spielen alle Theater. Die Selbstdarstellung im Alltag, München 1968 (1959).

GOFFMAN, Erving: Interaktionsrituale, Frankfurt/M 1971 (1967).

GOFFMAN, Erving: Das Individuum im öffentlichen Austausch, Frankfurt/M 1974 (1971).

GOFFMAN, Erving: Rahmenanalyse, Frankfurt/M 1977.

GOFFMAN, Erving: Footing, in: Semiotica 25, 1979, S.1-29.

GOFFMAN, Erving: Radio Talk, in: GOFFMAN, Erving: Forms of Talk, Oxford 1981, S.197-327.

GOFFMAN, Erving: Strategische Interaktion, München, Wien 1981 (1969).

GRATHOFF, Richard: Ansätze zu einer Theorie sozialen Handelns bei Alfred Schütz, in: LENK, Hans (Hrsg.): Handlungstheorien interdisziplinär IV. München 1978, S.59-78.

GRICE, H. P.: Intendieren, Meinen, Bedeuten, in: MEGGLE, G.(Hrsg.): Handlung, Kommunikation, Bedeutung, Frankfurt/M 1979, (1957) S.2-15.

GRICE, H. P.: Sprecher-Bedeutung und Intentionen, in: MEGGLE, G.(Hrsg.): Handlung, Kommunikation, Bedeutung, Frankfurt/M 1979, (1969) S.16-51.

GRICE, H. P.: Logik und Konversation, in: MEGGLE, G.(Hrsg.): Handlung, Kommunikation, Bedeutung, Frankfurt/M 1979, (1975) S.243-265.

GRINSHAW, Allan D. (Hrsg.): Conflict Talk, Cambridge 1992.

GROSSE, E.U.: Text und Kommunikation. Eine linguistische Einführung in die Funktionen der Texte, Stuttgart 1976.

GRUBER, Helmut: „Wie san Skinheads, wir kennen keine Vereinbarungen". Subkulturelle Normenunterschiede und Konfliktaustragungsstrategien, in: Linguistische Berichte 146, August 1993, S.283-311.

GÜHLICH, E./RAIBLE, W.: Linguistische Textmodelle, München 1977.

HABERMAS, Jürgen: Was heißt Universalpragmatik? in: APEL, K.O. (Hrsg): Sprachpragmatik und Philosophie, Frankfurt/M 1976, S.174-272.

HABERMAS, Jürgen: Theorie des kommunikativen Handelns Bd.I/II, Frankfurt/M 1981.
HABERMAS, Jürgen: Vorstudien und Ergänzungen zur Theorie des kommunikativen Handelns, Frankfurt/M 1983.
HÄFELE, Josef: Der Aufbau der Sprachkompetenz, Tübingen 1979.
HAHN, Alois: Verständigung als Strategie, in: HALLER, Max/HOFFMANN-NOWOTNY, Hans-Joachim/ZAPF, Wolfgang (Hrsg.): Kultur und Gesellschaft. Verhandlungen des 24. Deutschen Soziologentags, des 11. Österreichischen Soziologentags und des 8. Kongresses der Schweizerischen Gesellschaft für Soziologie in Zürich 1988, Frankfurt/M./New York 1989, S.346-359.
HAMM-BRÜCHER, Hildegard: Abgeordneter und Fraktion, in: SCHNEIDER, Hans-Peter/ZEH, Wolfgang (Hrsg.): Parlamentsrecht und Parlamentspraxis in der Bundesrepublik Deutschland, Berlin/New York 1989, S.673-700.
HARRAS, Gisela: Wieder in der Diskussion: Intentionalität kommunikativen Handelns, in: ZGL 10, 1982, S.317-334.
HARRAS, Gisela: Handlungssprache und Sprechhandlung. Eine Einführung in die handlungstheoretischen Grundlagen, Berlin/New York 1983.
HARRAS, Gisela: Von den Tücken des Umgangs mit (Sprach-) Handlungen, in: ZGL 13, 1985, S.65-73.
HAUG, Frigga: Kritik der Rollentheorie, Frankfurt/M 1972.
HEINEMANN, Wolfgang/VIEHWEGER, Dieter: Textlinguistik, Tübingen 1991.
HENNE, Helmut/REHBOCK, Helmut: Einführung in die Gesprächsanalyse, 2. erw. Aufl. Berlin/New York 1982.
HERINGER, Hans Jürgen: Praktische Semantik, Stuttgart 1974.
HERINGER, Hans Jürgen: Eine Regel beschreiben, in: HERINGER, Hans Jürgen (Hrsg.): Der Regelbegriff in der praktischen Semantik, Frankfurt 1974, S.48-87.
HERINGER, Hans Jürgen (Hrsg.): Der Regelbegriff in der praktischen Semantik, Frankfurt 1974.
HERMANNS, Fritz: Handeln ohne Zweck - Zur Definition linguistischer Handlungsbegriffe, in: LIEDTKE, Frank/KELLER, Rudi (Hrsg.): Kommunikation und Kooperation, Tübingen 1987, S.71-106.
HETTLAGE, Robert/LENZ, Karl (Hrsg.): Erving Goffman - ein soziologischer Klassiker der zweiten Generation, Bern/Stuttgart 1991.
HETTLAGE, Robert: Rahmenanalyse - oder die innere Organisation unseres Wissens um die Ordnung der Wirklichkeit, in: HETTLAGE, Robert/LENZ, Karl (Hrsg.): Erving Goffman - ein soziologischer Klassiker der zweiten Generation, Bern/Stuttgart 1991, S.95-156.
HOFFMANN, Ludger: Zur Pragmatik von Erzählformen vor Gericht, in: EHLICH, Konrad (Hrsg.): Erzählen im Alltag, Frankfurt 1980, S.28-62.

HOFFMANN, Ludger: Arzneimittel-Gebrauchsinformationen: Struktur, kommunikative Funktion und Verständlichkeit, in: Deutsche Sprache 11, 1983, S.138-159.

HOFFMANN, Ludger: Kommunikation vor Gericht, Tübingen 1983.

HOFFMANN, Ludger: Kommunikation vor Gericht: Zum Forschungsstand, in: OBST 23, 1983, S.7-28.

HOFFMANN, Ludger: Mehrfachadressierung und Verständlichkeit, in: LiLi 55, 1984, S.71-86.

HOFFMANN, Ludger: Die Bonner Runde – Ansätze zur Analyse einer Kommunikationsform, in: SUCHAROWSKI, Wolfgang (Hrsg.): Gesprächsforschung im Vergleich. Analysen zur Bonner Runde nach der Hessenwahl 1982, Tübingen 1985, S.107-145.

HOFFMANN, Ludger (Hrsg.): Rechtsdiskurse, Tübingen 1989.

HOFFMANN, Ludger: Verstehensprobleme in der Strafverhandlung, in: HOFFMANN, Ludger (Hrsg.): Rechtsdiskurse, Tübingen 1989, S.165-196.

HONNETH, Axel/JOAS, Hans (Hrsg.): Kommunikatives Handeln. Beiträge zu Jürgen Habermas' „Theorie des kommunikativen Handelns", Frankfurt/M 1985.

HOLLY, Werner: Imagearbeit in Gesprächen, Tübingen 1979.

HOLLY, Werner: Zum Begriff der Perlokution, in: Deutsche Sprache 7, 1979, S.1-27.

HOLLY, Werner: Der doppelte Boden in Verhören. Sprachliche Strategien von Verhörenden, in: FRIER, Wolfgang (Hrsg.): Pragmatik. Theorie und Praxis, Amsterdam 1982, S.275-320.

HOLLY, Werner: Zur Geschichte des parlamentarischen Sprachhandelns in Deutschland, in: LiLi 47, 1982, S.10-48.

HOLLY, Werner: Sprachhandeln ohne Kooperation. Über den kooperativen Balanceakt beim Manipulieren, in: LIEDTKE, Frank/KELLER, Rudi (Hrsg.): Kommunikation und Kooperation, Tübingen 1987, S.139-157.

HOLLY, Werner: Medien und politische Sprachkultur, in: Sprachreport 1, 1989, S.9-13.

HOLLY, Werner: Sprache als Kompromiß. Zur Vermittlungssprache von Politikern, in: MITTELSTRASS, Jürgen (Hrsg.): Wohin geht die Sprache? Wirklichkeit - Kommunikation - Kompetenz, Essen 1989, S.245-249.

HOLLY, Werner: Politikersprache. Inszenierungen und Rollenkonflikte in informellen Sprachhandlungen eines Bundestagsabgeordneten, Berlin/New York 1990.

HOLLY, Werner/KÜHN, Peter/PÜSCHEL, Ulrich: Für einen sinnvollen Handlungsbegriff in der linguistischen Pragmatik, in: Zeitschrift für germanistische Linguistik 12, 1984, S.275-312.

HOLLY, Werner/KÜHN, Peter/PÜSCHEL, Ulrich: Blitzstrahl im Handlungschaos, in: ZGL 13, 1985, S.74-83.

HOLLY, Werner/KÜHN, Peter/PÜSCHEL, Ulrich: Politische Fernsehdiskussionen. Zur medienspezifischen Inszenierung von Propaganda als Diskussion, Tübingen 1986.

HOLLY, Werner/KÜHN, Peter/PÜSCHEL, Ulrich: Verständigungen über Handlungen. Zu Eckard Rolfs Diskussionsbeitrag, in: Zeitschrift für germanistische Linguistik (ZGL) 15.1, 1987, S.93f.

HOLLY, Werner/KÜHN, Peter/PÜSCHEL, Ulrich (Hrsg.): Redeshows. Fernsehdiskussionen in der Diskussion, Tübingen 1989.

HOLZKAMP, Klaus: Sinnliche Erkenntnis. Historischer Ursprung und gesellschaftliche Funktion der Wahrnehmung, Frankfurt/M 1973.

HOPFER, Reinhardt: Der Kompromiß. Strukturelle und funktionale Merkmale eines kommunikativen Handlungsmusters in der Politik, in: REIHER, Ruth (Hrsg.): Sprache im Konflikt. Zur Rolle von Sprache in sozialen, politischen und militärischen Auseinandersetzungen, Berlin/New York 1995, S.113-139.

HOPPENKAMPS, Hermann: Information oder Manipulation? Untersuchungen zur Zeitungsberichterstattung über eine Debatte des Deutschen Bundestages. Tübingen 1977.

HUBER, Bertold: Das Asylrecht nach der Grundgesetzänderung, in: BARWIG, Klaus/BRINKMANN, Gisbert/HUBER, Bertold/LÖRCHER, Klaus/SCHUHMACHER, Christoph (Hrsg.): Asyl nach der Änderung des Grundgesetzes. Entwicklungen in Deutschland und Europa. Hohenheimer Tage zum Ausländerrecht, Baden-Baden 1994, S.213-233.

HYMES, Dell H.: Foundations in sociolinguistics, Philadelphia 1974.

ISMAYR, Wolfgang: Der Deutsche Bundestag. Funktionen, Willensbildung, Reformansätze, Opladen 1992.

JÄGER, Siegfried (Hrsg.): Alltäglicher Rassismus. 22 Interviews mit Bürgerinnen und Bürgern aus Deutschland - Materialband zum Buch Brandsätze, DISS-Skripte 3, 1991.

JÄGER, Siegfried: Brandsätze. Rassismus im Alltag, DISS-Studien 1992, Duisburg 1992.

JÄGER, Siegfried/LINK, Jürgen (Hrsg.): Die vierte Gewalt - Rassismus und die Medien, Duisburg 1993.

JANUSCHEK, Franz: Arbeit an sprachlichen Mustern, in: OBST 16, 1980, S.163-193.

JANUSCHEK, Franz (Hrsg.): Politische Sprachwissenschaft, Opladen 1985.

JANUSCHEK, Franz: Arbeit an Sprache, Opladen 1986, S.132-162.

JANUSCHEK, Franz/SVENSSON, A.: Thesen zum Zusammenhang von Sprache und Erfahrung als Grundlage für die Analyse sprachpolitischer Prozesse, in: OBST 12, 1979, S.19-31.

JOAS, Hans: Die gegenwärtige Lage der Rollentheorie, Frankfurt/M 1973.

JOAS, Hans: Die unglückliche Ehe von Hermeneutik und Funktionalismus, in: HONNETH, Axel/JOAS, Hans (Hrsg.): Kommunikatives Handeln. Beiträge zu Jürgen Habermas'„Theorie des kommunikativen Handelns", Frankfurt/M 1985, S.144-176.

KALLMEYER, W./SCHÜTZE, F.: Konversationsanalyse, in: Studium Linguistik 1, 1976, S.1-28.

O'KEEFE, Barbara J.: Message Design Logic and the Management of Multiple Goals, in: TRACY, Karen (Hrsg.): Understanding Face-to-Face Interaction. Issues linking goals and discourse, Hillsdale 1990, S.131-150.

O'KEEFE, Barbara J./SHEPHERD, Gregory J.: The communication of identity during face-to-face persuasive interactions. In: Communication Research 16 1989, S.375-404.

KELLER, Rudi: Handlungen verstehen, in: ZGL 4, 1976, S.1-16.

KELLER, Rudi: Zum Begriff der Regel, in: HERINGER, Hans Jürgen (Hrsg.): Der Regelbegriff in der praktischen Semantik, Frankfurt 1974, S.10-23.

KELLER, Rudi: Verstehen wir, was ein Sprecher meint, oder was ein Ausdruck bedeutet? Zu einer Hermeneutik des Handelns, in: BAUMGÄRTNER, Klaus (Hrsg.): Sprachliches Handeln, Heidelberg 1977, S.1-27.

KELLER, Rudi: Zur Theorie sprachlichen Wandels, in: ZGL 10, 1982, S.1-27.

KELLER, Rudi/LIEDTKE, Frank (Hrsg.): Kommunikation und Kooperation, Tübingen 1987.

KISSLER, Leo: Die Öffentlichkeitsfunktion des Deutschen Bundestages. Theorie-Empirie-Reform. Beiträge zur Politischen Wissenschaft Band 25, Berlin/W 1976.

KISSLER, Leo: Parlamentsöffentlichkeit: Transparenz und Artikulation, in: SCHNEIDER, Hans-Peter/ZEH, Wolfgang (Hrsg.): Parlamentsrecht und Parlamentspraxis in der Bundesrepublik Deutschland, Berlin/New York 1989, S.993-1020.

KLEIN, Friedrich-Ludwig: Das Plenarkrotokoll, in: ROLL, Hans-Achim (Hrsg.): Plenarsitzungen des Deutschen Bundestages. Festgabe für Werner Blischke. Beiträge zum Parlamentsrecht Band 4, Berlin/W 1983, S.231-247.

KLEIN, Josef: Wie sag ich's meinem Volke <nicht>. In: Sprachreport 1 1989, S.14-21.

KLEIN, Josef: Sprachstrategien zur innerparteilichen Konfliktvermeidung oder Wie ist Rekonstruktion innerparteilicher Bedeutung möglich? in: KLEIN, Josef/PRESCH, Gunter (Hrsg.): Institutionen - Konflikte - Sprache, Tübingen 1981, S.1-34.

KLEIN, Josef: Gesprächsregeln in fernsehtypischen Formen politischer Selbstdarstellung, in: HOLLY, Werner/KÜHN, Peter/PÜSCHEL, Ulrich (Hrsg.): Redeshows. Fernsehdiskussionen in der Diskussion, Tübingen 1989.

KLEIN, Josef (Hrsg.): Politische Semantik. Bedeutungsanalytische und sprachkritische Beiträge zur politischen Sprachverwendung, Opladen 1989.

KLEIN, Josef: Elefantenrunden „Drei Tage vor der Wahl", Baden-Baden 1990.

KLEIN, Josef: Ein 3-Ebenen-Modell zur vergleichenden Analyse argumentativer Texte, dargestellt im Netz-Diagramm und exemplifiziert an Zeitungskommentaren, in: SANDIG, Barbara/PÜSCHEL, Ulrich (Hrsg.): Stilistik, Band III, Argumentationsstile, Hildesheim/New York 1993, S.77-112.

KLEIN, Josef: Asyl-Diskurs. Konflikte und Blockaden in Politik, Medien und Alltagswelt, in: REIHER, Ruth (Hrsg.): Sprache im Konflikt, Berlin/New York 1995, S.15-71.

KOCH, Martina: Kritische Auseinandersetzung mit J. Rehbeins Buch „Komplexes Handeln"..., in: Obst 15, S.182-194, 1980.

KÖNIG, Peter-Paul: Handlungsmuster - Textmuster - Dialogmuster. Überlegungen zum Status kommunikativer Muster, in: HALWACHS, Dieter W./STÜTZ, Irmgard (Hrsg.): Sprache - Sprechen - Handeln. Akten des 28. Linguistischen Kolloquiums Bd.2, Graz 1993, S.109-116.

KOERFER, Armin: Institutionelle Kommunikation. Zur Methodologie und Empirie der Handlungsanalyse, Opladen 1994.

KOPPERSCHMIDT, Josef: Allgemeine Rhetorik. Einführung in die Theorie der Persuasiven Kommunikation, Stuttgart 1973.

KOPPERSCHMIDT, Josef: Argumentation. Ein Vorschlag zur Methode ihrer Analyse. In: Wirkendes Wort 33, 1983, S.384-398.

KOPPERSCHMIDT, Josef: Methodik der Argumentationsanalyse, Stuttgart-Bad Cannstadt 1989.

KOPPERSCHMIDT, Josef: Argumentation als Sprachspiel der Vernunft, in: SANDIG, Barbara/PÜSCHEL, Ulrich (Hrsg.): Stilistik, Band III, Argumentationsstile, Hildesheim/New York 1993, S.13-43.

KRAPPMANN, Lothar: Soziologische Dimensionen der Identität, Stuttgart 1971.

KÜCHLE, E./HESSEL, P.: Zeugnismuster für die betriebliche Praxis, Stuttgart 4. Auflage 1976.

KÜHN, Peter: Mehrfachadressierung. Untersuchungen zur adressatenspezifischen Polyvalenz sprachlichen Handelns, Tübingen 1995.

KÜHN, Peter: Adressaten und Adressatenkarussell in der öffentlich politischen Auseinandersetzung, in: DYCK, Joachim/JENS, Walter/UEDING, Gert (Hrsg.): Rhetorik. Band 11 Rhetorik und Politik (Sonderdruck), Tübingen 1992, S.51-64.

LAUERBACH, Gerda L.: 'We don't want war, but...' Speech Act Schemata and Inter-Schema-Inference Transfer, in: Journal of Pragmatics 13, 1989, S.25-51.

LAUERBACH, Gerda L.: Interaction and cognition. Speech act schemata with but and their interrelation with discourse type. In: GEIGER, R.A./RUDZKA-OSTYN, B. (Hrsg.): Conceptualization and mental processing in Language, New York 1993, S.679-708.

LENK, Hans (Hrsg.): Handlungstheorien interdisziplinär I-IV. München 1978.

LENK, Hans: Handlung als Interpretationskonstrukt. Entwurf einer konstituenten- und beschreibungstheoretischen Handlungsphilosophie, in: LENK, Hans (Hrsg.): Handlungstheorien interdisziplinär II. Erster Halbband, München 1978, S.279-350.

LENZ, Karl: Erving Goffman - Werk und Rezeption, in: HETTLAGE, Robert/LENZ, Karl (Hrsg.): Erving Goffman - ein soziologischer Klassiker der zweiten Generation, Bern/Stuttgart 1991, S.25-94.

LEONTJEW, H.N.: Probleme der Entwicklung des Psychischen, Kronberg 3. Aufl. 1977, S.[illegible] ff..

LEONTJEW, H.N.: Tätigkeit, Bewußtsein, Persönlichkeit, Berlin 1979, S.148ff..

LEVINSON, Stephan C.: Pragmatics, Cambridge 1983.

LEVINSON, Stephan C.: Putting Linguistics on a Proper Footing: Explorations in Goffman's Concepts of Participation, in: DREW, P/WOTTON, A. (Hrsg.): Exploring the Interaction Order, Cambridge 1988, S.161-227.

LYONS, John: Semantik Bd.1 u.2, München 1980 u. 1983 (1977).

MAAS, Utz/WUNDERLICH, Dieter: Pragmatik und sprachliches Handeln, Frankfurt/M 1972.

MARX, Karl: Grundrisse der Kritik der Politischen Ökonomie, Berlin 1953.

MATTHES, Joachim/SCHÜTZE, Fritz: Zur Einführung: Alltagswissen, Interaktion und gesellschaftliche Wirklichkeit, in: ARBEITSGRUPPE BIELEFELDER SOZIOLOGEN 1973, S.11-53.

MAUNZ, Theodor/DÜRIG, Günter/HERZOG, Roman/SCHOLZ, Rupert (Hrsg.): Grundgesetz. Kommentar. München 1993.

McCHARTHY, Thomas: Kritik der Verständigungsverhältnisse. Zur Theorie von Jürgen Habermas, Frankfurt/M 1981.

McCHARTHY, Thomas: Die Idee der Universalpragmatik, in: HONNETH, Axel/JOAS, Hans (Hrsg.): Kommunikatives Handeln. Beiträge zu Jürgen Habermas',,Theorie des kommunikativen Handelns", Frankfurt/M 1985, S.309-329.

MEAD, George Herbert: Identität und Gesellschaft, Frankfurt/M 1969 (1934).

MEGGLE, Georg: Grundbegriffe der Kommunikation, Berlin/New York 1981.

MENG, Katharina: Rezension: Rehbeins „Komplexes Handeln), in ZfPSK 33 1980, S.615-617.

MÖLLER, Peter Alexander: Bedeutungen von Einstufungen in qualifizierten Arbeitszeugnissen, Frankfurt/M, Bern, New York, Paris 1990.

MOTSCH, Wolfgang (Hrsg.): Satz, Text, sprachliche Handlung, Berlin (Ost) 1987.

MOTSCH, Wolfgang: Anforderungen an eine modulare Textanalyse, in: Rosengren, Inger (Hrsg.): Sprache und Pragmatik 24, Lund 1991, S.47-62.

MÜLLER, Klaus: Rahmenanalyse des Dialogs, Tübingen 1984.

MÜHLUM, Albert: Armutswanderung, Asyl und Abwehrverhalten. Globale und nationale Dilemmata, in: Aus Politik und Zeitgeschichte, Beilage zur Wochenzeitschrift Das Parlament Nr.7, 1993, S.3-15.

MÜNCH, Ursula: Asylpolitik in der Bundesrepublik Deutschland. Entwicklung und Alternaiven. 2. aktualisierte Auflage, Opladen 1993.

NOTHDURFT, Werner: Interaktive Paradoxa konsensueller Konfliktlösung. Der Fall des „Schiedsmanns", in: HOFFMANN, Ludger (Hrsg.): Rechtsdiskurse, Tübingen 1989, S.197-216.

PAETZOLD, Ulrich: Nachrichten - von wem für wen? Beispiel ARD - Tagesschau, in: Akademie für politische Bildung (Hrsg.): Politische Medienkunde Bd.2, Politische Orientierung durch Fernsehnachrichten, 2.Auflage 1974 (1973), S.212-236.

PAPENHEIM: Die Illusion der Harmonie, in: BUSSE, J. (Hrsg.), Diachrone Semantik, Tübingen 1991, S.217-234.

PARSONS, Talcott: Sociological Theory and Modern Society, New York 1953.

PETÖFI, J.S.: Transformationsgrammatiken und eine ko-textuelle Texttheorie, Frankfurt/M 1971.

PETTER-ZIMMER, Yvonne: Politische Fernsehdiskussionen und ihre Adressaten, Tübingen 1990.

PRANTL, Heribert: Asyl: Debatte und Finale, in: BARWIG, Klaus/BRINKMANN, Gisbert/HUBER, Bertold/LÖRCHER, Klaus/SCHUHMACHER, Christoph (Hrsg.): Asyl nach der Änderung des Grundgesetzes. Entwicklungen in Deutschland und Europa. Hohenheimer Tage zum Ausländerrecht, Baden-Baden 1994, S.135-162.

PRESCH, Gunter: Exklusive Kommunikation: Verschlüsselte Formulierungen in Arbeitszeugnissen, in: PRESCH, Gunter/GLOY, Klaus: Sprachnormen II, Stuttgart 1976, S.168-181.

PRESCH, Gunter: Über Schwierigkeiten zu bestimmen, was als Fehler gelten soll, in: CHERUBIM, Dieter: Fehlerlinguistik, 1980a, S. 224-252.

PRESCH, Gunter: Arbeitszeugnisse: Entstehung, Wandel und Funktion von verschlüsselten Formulierungen, in: Zeitschrift für Semiotik 2, 1980b, S.233-251.

PRESCH, Gunter: Zur Begründung einer historischen Pragmalinguistik, in: KLEIN, Josef/PRESCH, Gunter (Hrsg.): Institutionen - Konflikte - Sprache, Tübingen 1981, S. 206-238.

PRESCH, Gunter: Im Wunderland der Linguistik, in: Obst 21, 1982, S. 145-149.

PRESCH, Gunter: Verschlüsselte Formulierungen in Arbeitszeugnissen: Beschreibung und Erklärung von verdeckten Urteilen, in: KRENN, Herwig/NIEMEYER, Jürgen/EBERHARDT, Ulbrich (Hrsg.): Sprache und Gesellschaft. Akten des 18. Linguistischen Kolloquiums, Bd.2, 1984, S. 176-189.

PRESCH, Gunter: Verdeckte Beurteilungen in qualifizierten Arbeitszeugnissen: Beschreibung, Erklärung, Änderungsvorschläge, in: JANUSCHEK, Franz (Hrsg): Politische Sprachwissenschaft. Zur Analyse von Sprache als kultureller Praxis. Opladen 1985a, S. 307-364.

PRESCH, Gunter: Ein Vorschlag zur Erklärung von Problemen bei der Interpretation und Produktion mehrfach interpretierbarer Texte: Widerstreitende Textfunktionen, Mehrfachadressiertheit und die Verschiedenartigkeit von Wissensbeständen, in: KOKEMOHR, Rainer/MAROTZKI, Winfried (Hrsg.). Interaktionsanalysen in pädagogischer Absicht, Frankfurt/M 1985b, S. 71-112

PRESCH, Gunter: Widersprüche zwischen Textfunktionen als ein Ausgangspunkt sozialgeschichtlicher Pragmalinguistik, in: BUSSE, Dietrich: Diachrone Semantik, Tübingen 1991, S.83-100.

PRESCH, Gunter/GLOY, Klaus: Sprachnormen I+II, Stuttgart 1976.

PRESCH, Gunter/ELLERBROOK, Jürgen: Arbeitszeugnisse als Teil alltäglicher Sprachpraxis, in: KREUZER, Helmut/BONFIG, Karl Walter (Hrsg.): Entwicklungen der siebziger Jahre 1978, S. 264-286.

QUASTHOFF, Uta: Handlungsmuster - Plan - Diskurs, in: OBST 13, 1979, S.152-166.

RAUCH, Elisabeth: Sprachrituale in institutionellen und institutionalisierten Text- und Gesprächssorten, Frankfurt/M, New York, Bern, Paris 1992.

RAUSCH, Heinz: Bundestag und Bundesregierung. Eine Institutionenkunde, München 1976.

REDDER, Angelika: „Bergungsunternehmen" - Prozeduren des Malfeldes beim Erzählen, in: BRÜNNER, Gisela/GRAEFEN, Gabriele (Hrsg.): Texte und Diskurse. Methoden und Forschungsergebnisse der funktionalen Pragmatik, Opladen 1994, S.238-264.

REHBEIN, Jochen: Entschuldigen und Rechtfertigungen, in: WUNDERLICH, Dieter (Hrsg.): Linguistische Pragmatik, Frankfurt/M 1972, S.288-317.

REHBEIN, Jochen: Komplexes Handeln. Elemente zur Handlungstheorie der Sprache, Stuttgart 1977.

REHBEIN, Jochen: Handlungstheorien, in: Studium Linguistik 7, 1979, S.1-25.

REHBEIN, Jochen: Sprechhandlungsaugmente. Zur Organisation der Hörersteuerung, in: WEYDT, H. (Hrsg.): Partikeln der deutschen Sprache, Berlin 1979, S.58-74.

REHBEIN, Jochen: Aspects of Style, in: DECHERT, H./RAUPACH, M. (Hrsg.): Speech Production, Hillsdale 1980.

REHBEIN, Jochen: Sequentielles Erzählen - Erzählstruktur von Immigranten bei Sozialberatungen in England, in: EHLICH, Konrad (Hrsg.): Erzählen im Alltag, Frankfurt 1980, S.64-108.

REHBEIN, Jochen: Announcing - On formulating plans, in: COULMAS, F. (Hrsg.): Conversational Routine, Den Haag 1981, S.215-258.

REHBEIN, Jochen: Biographisches Erzählen, in: LÄMMERT, Eberhard (Hrsg.): Erzählforschung, Stuttgart 1982, S.51-73.

REHBEIN, Jochen: Zur pragmatischen Rolle des „Stils", in: SANDIG, Barbara (Hrsg.): Stilistik. Band 1: Probleme der Stilistik, Hildesheim 1983, S.21-48.

REHBEIN, Jochen: Remarks on the empirical analysis of action and speech. The case of question sequences in classroom discourse, in: Journal of Pragmatics 8, 1984, S.49-64.

REHBEIN, Jochen: Reparative Handlungsmuster und ihre Vermittlung im Fremdsprachenunterricht, Roskilde 1984 (Universitätscenter Roskilde - ROLIG papir 30).

REHBEIN, Jochen: Beschreiben, Berichten, Erzählen, in: EHLICH, Konrad (Hrsg.): Erzählen in der Schule, Tübingen 1984, S.67-124.

REHBEIN, Jochen: Institutionelle Veränderungen. Fokustätigkeit, Fragen und sprachliche Muster am Beispiel einer Geschichts- und Biologiestunde, in: KOKEMOHR, Rainer/MAROTZKI, Winfried (Hrsg.): Interaktionsanalysen in pädagogischer Absicht, Frankfurt/M 1985, S.11-45.

REHBEIN, Jochen: Medizinische Beratung türkischer Eltern, in: REHBEIN, Jochen (Hrsg.): Interkulturelle Kommunikation, Tübingen 1985, S.349-419.

REHBEIN, Jochen: Einführung in die interkulturelle Kommunikation, in: REHBEIN, Jochen (Hrsg.): Interkulturelle Kommunikation, Tübingen 1985, S.7-39.

REHBEIN, Jochen: Ein ungleiches Paar - Verfahren des Sprachmittelns in der medizinischen Beratung, in: REHBEIN, Jochen (Hrsg.): Interkulturelle Kommunikation, Tübingen 1985, S.420-448.

REHBEIN, Jochen: Institutioneller Ablauf und interkulturelle Mißverständnisse in der Allgemeinpraxis. Diskursanalytische Aspekte der Arzt-Patient-Kommunikation, in: Curare 9, 1986, S.297-328.

REHBEIN, Jochen: Sprachnoterzählungen, in: HESS-LÜTTICH, E.W.B. (Hrsg.): Integration und Identität, Zübingen 1986, S.63-86.

REHBEIN, Jochen: Ausgewählte Aspekte der Pragmatik, in: AMMON, Ulrich/DITTMAR, Norbert/MATTHEIER, Klaus, J.: Sociolinguistics / Soziolinguistik, An international handbook of the science of language and society / ein internationales Handbuch zur Wissenschaft von Sprache und Gesellschaft, 2. Halbband, Berlin/New York 1988, S.1181-1195.

REHBEIN, Jochen: Biographiefragmente. Nicht-erzählende rekonstruktive Diskursformen in der Hochschulkommunikation, in: KOKEMOHR, Rainer/MAROTZKI, Winfried (Hrsg.): Biographien in komplexen Institutionen. Studentenbiographien I, Frankfurt/M/New York/Paris 1989, S.163-254.

REHBEIN, Jochen: Mündliche Schriftlichkeit. Version einer Körperverletzung in einer Berufungsverhandlung, in: HOFFMANN, Ludger (Hrsg.): Rechtsdiskurse, Tübingen 1989, S.251-326.

REHBEIN, Jochen: Zur Wortstellung im komplexen deutschen Satz, in: HOFFMANN, Ludger (Hrsg.): Deutsche Syntax. Ansichten und Aussichten, Berlin/New York 1992, S:523-574.

REHBEIN, Jochen: Ärztliches Fragen, in: LÖNING, Petra/REHBEIN, Jochen (Hrsg.): Arzt-Patienten-Kommunikation. Analysen zu interdisziplinären Problemen des medizinischen Diskurses, Berlin 1993, S.311-364.

REHBEIN, Jochen: Zum Klassifizieren ärztlichen Fragens, in: REDDER, Angelika/WIESE, Ingrid (Hrsg.): Medizinische Kommunikation, S.147-170

REHBEIN, Jochen: Rejective Proposals. Semi-professional speech and clients' varieties in intercultural doctor-patient-communication, in: Multilingua 1994, S.

REHBEIN, Jochen: Mündliche Schriftlichkeit. Versionen einer Körperverletzung in einer Berufungsverhandlung, in: S.251-326.

REHBEIN, Jochen: Widerstreit. Semiprofessionelle Rede in der interkulturellen Arzt-Patienten-Kommunikation, in: Zeitschrift für Literaturwissenschaft und Linguistik 1994, Heft 93, S.123-151.

REHBEIN, Jochen: Theorien, sprachwissenschaftlich betrachtet, in: BRÜNNER, G./GRAEFEN, G. (Hrsg.): Texte und Diskurse, Opladen 1994, S.25-67.

REHBEIN, Jochen/MAZELAND Harrie: Kodierentscheidungen. Zur Kontrolle interpretativer Prozesse bei der Kommunikationsanalyse, in: FLADER, Dieter (Hrsg.): Verbale Interaktion. Studien zur Empirie und Methodologie der Pragmatik, Stuttgart 1991, S.166-221.

REIHER, Ruth (Hrsg.): Sprache im Konflikt. Zur Rolle von Sprache in sozialen, politischen und militärischen Auseinandersetzungen, Berlin/New York 1995.

RENNER, Günter: Asylrecht - Verheißung ohne Wert? Zur Einleitung, in: BARWIG, Klaus/BRINKMANN, Gisbert/HUBER, Bertold/LÖRCHER, Klaus/SCHUHMACHER, Christoph (Hrsg.): Asyl nach der Änderung des Grundgesetzes. Entwicklungen in Deutschland und Europa. Hohenheimer Tage zum Ausländerrecht, Baden-Baden 1994, S.11-25.

RENNER, Günter: Asylrechtsreform 1993, in: BARWIG, Klaus/BRINKMANN, Gisbert/HUBER, Bertold/LÖRCHER, Klaus/SCHUHMACHER, Christoph (Hrsg.): Asyl nach der Änderung des Grundgesetzes. Entwicklungen in Deutschland und Europa. Hohenheimer Tage zum Ausländerrecht, Baden-Baden 1994, S.205-212.

ROLF, Eckard: Verballhornungen der Handlungsanalyse, in: ZGL 15.1, 1987, S.83-92.

ROLF, Eckard. Die Funktionen der Gebrauchstextsorten, Berlin 1993.

RUTH, Ina/JÄGER, Siegfried/van DIJK, Teun: Die Morde von Solingen. Zeitungsberichterstattung vor und nach Solingen, Dusiburg/Amsterdam 1993.

SANDIG, Barbara: Stilistische Mustermischungen in der Gebrauchssprache, in: Zeitschrift für Germanistik 2 (10), 1989, S.133-150.

SANDIG, Barbara/PÜSCHEL, Ulrich (Hrsg.): Stilistik, Band III, Argumentationsstile, Hildesheim/New York 1993.

SARTORIUS I Verfassungs- und Verwaltungsgesetze der Bundesrepublik.

de SAUSSURE, Ferdinand: Grundfragen der allgemeinen Sprachwissenschaft, 2. Aufl. Berlin 1967 (1916).

SCHARF, W: Objektivität oder Parteilichkeit, Göttingen 1980.

SCHATZ, H.: Tagesschau und Heute - Politisierung des Unpolitischen, in: ZOLL, R. (Hrsg.): Manipulation der Meinungsbildung, Opladen 1971, S.109-123.

SCHELENZ, Bernhard: Der politische Sprachgebrauch der Republikaner, Frankfurt/M 1992 (MA).

SCHLIEBEN-LANGE, B.: Linguistische Pragmatik, Stuttgart 1975.

SCHMIDT, S.J.: Texttheorie. Probleme einer Linguistik der sprachlichen Kommunikation, München 1973.

SCHNEIDER, Hans-Peter/ZEH, Wolfgang (Hrsg.): Parlamentsrecht und Parlamentspraxis in der Bundesrepublik Deutschland, Berlin/New York 1989.

SCHÖBERLE, Wolfgang: Argumentieren - Bewerten - Manipulieren. Eine Untersuchung in linguistischer Kommunikationstheorie am Beispiel von Texten und von Text-Bild-Zusammenhängen aus der britischen Fernsehwerbung. Heidelberg 1984.

SCHÜTTE, Hans Gerd: Handlungen, Rollen und Systeme: Überlegungen zur Soziologie M. Webers und T. Parsons, in: LENK, Hans (Hrsg.): Handlungstheorien interdisziplinär IV. München 1978, S.17-58.

SCHÜTZ, Alfred: Der sinnhafte Aufbau der sozialen Welt, Frankfurt/M 1974 (1932).

SCHÜTZE, F.: Sprache soziologisch gesehen, Bd. I u. II, München 1975.

SCHULZE-ECKEL, Mariethres: Haben Streitgespräche einen „Zweck"? Überlegungen zum Begriff des Streitens in der Dialoganalyse, in: HALWACHS, Dieter W./STÜTZ, Irmgard (Hrsg.): Sprache - Sprechen - Handeln. Akten des 28. Linguistischen Kolloquiums Bd.2, Graz 1993, S.151-158.

SEARLE, J.R.: Sprechakte, Frankfurt/M 1971 (1969).

SEARLE, J.R.: Äußerung und Bedeutung, Frankfurt/M 1982 (1980).

SIMMEL, Georg: Soziologie. Untersuchungen über die Formen der Vergesellschaftung, Berlin 1958.

SIMMLER, Franz: Die politische Rede im Deutschen Bundestag. Bestimmung ihrer Textsorten und Redesorten, Göppingen 1978.

SOEFFNER, Hans Georg (Hrsg.): Interpretative Verfahren in den Sozial- und Textwissenschaften, Stuttgart 1979.

SOEFFNER, Hans Georg: Handlung - Szene - Inszenierung. Zur Problematik des Rahmen-Konzeptes bei der Analyse von Interaktionsprozessen, in: W. KALLMEYER (Hrsg.): Kommunikationstypologie, Düsseldorf 1986, S.73-91.

SPEIER, Hans: The Communikation of Hidden Meaning, in: LASSWELL, Harold D./LERNER, Daniel/SPEIER, Hans (Hrsg.): Propaganda and Communication in World History, Volume II, Emergence of Public Opinion in the West, Honolulu 1980, S.261-300.

STEFFANI, Winfried: Parlamentarische und präsidenielle Demokratie, Opladen 1979.

STEFFANI, Winfried: Pluralistische Demokratie. Studien zur Theorie und Praxis, Opladen 1980.

STEFFANI, Winfried: Formen, Verfahren und Wirkungen der parlamentarischen Kontrolle, in: SCHNEIDER, Hans-Peter/ZEH, Wolfgang (Hrsg.): Parlamentsrecht und Parlamentspraxis in der Bundesrepublik Deutschland, Berlin/New York 1989, S.1325-1367.

STEINERT, Heinz: Das Handlungsmodell des Symbolischen Interaktionismus, in: LENK, Hans (Hrsg.): Handlungstheorien interdisziplinär IV. München 1978, S.79-100.

STRASSNER, Erich: Fernsehnachrichten, Tübingen 1982.

SUCHAROWSKI, Wolfgang: Konkurrierende Kommunikationsschemata, in: KRENN, Herwig/NIEMEYER, Jürger/EBERHARDT, Ulrich (Hrsg.): Sprache und Gesellschaft, Tübingen 1984, S.91-104.

SVENSSON, A.: Anspielung, Stereotyp und Konversationsimplikation, in: Papiere zur Linguistik 1977, Heft 15, S.40-49.

SVENSSON, A.: Zum Sprachgebrauch der SPD im wirtschaftspolitischen Bereich nach 1945, Diss. Hamburg 1978.

SVENSSON, A.: Anspielung und Stereotyp, Opladen 1984.

TILLMANN, Alexander: Ausgewählte Textsorten politischer Sprache. Eine linguistische Analyse parteilichen Sprechens, Göppingen 1989.

TRACY, Karen (Hrsg.): Understanding Face-to-Face interaction. Issues linking goals and discourse, Hillsdale 1990.

TRACY, Karen/COUPLAND, Nikolas: Multiple goals in discourse: an overview of issues. In: Journal of language and social Psychology 9 1990, S.1-13.

TROSSMANN, Hans: Parlamentsrecht des Deutschen Bundestages. Kommentar zur Geschäftsordnung des Deutschen Bundestages und der Berücksichtigung des Verfassungsrechts, München 1977.

TROSSMANN, Hans/ROLL, Hans-Achim: Parlamentsrecht des Deutschen Bundestages, Ergänzungsband, München 1981.

TYRELL, Hartmann: Konflikt als Interaktion, in: Kölner Zeitschrift für Soziologie und Sozialpsychologie 28, 1976, S.255-271.

WATZLAWICK, Paul/BEAVIN, Janet H./JACKSON, Don D.: Menschliche Kommunikation. Formen, Störungen, Paradoxien, Bern/Stuttgart 1969.

WEBER, Max: Gesammelte Aufsätze zur Wissenschaftslehre, 6.Auflage Tübingen 1985.

WEBER, Max: Wirtschaft und Gesellschaft, (Tübingen 1922).

WENZEL, Angelika: Verstehen und Verständigung in Gesprächen am Sozialamt. Eine empirische Untersuchung, Tübingen 1984.

WILHELM, Theodor: Traktat über den Kompromiß. Zur Weiterbildung des politischen Bewußtseins, Stuttgart 1973.

WILSON, S.R./PUTNAM, L.L.: Interaction goals in negotiation, in: ANDERSON, J. (Hrsg.): Communication yearbook 13, Newbury Park 1990, S.374-406.

von WRIGHT, G. H.: Erklären und Verstehen, Frankfurt 1974 (1971).

WUNDERLICH, Dieter (Hrsg.): Linguistische Pragmatik, Frankfurt/M 1972.

WUNDERLICH, Dieter: Studien zur Sprechakttheorie, Frankfurt/M 1976.

WUNDERLICH, Dieter: Zur Konventionalität von Sprechhandlungen, in: WUNDERLICH, Dieter (Hrsg.): Linguistische Pragmatik, Frankfurt/M 1972, S.11-58.

ZEH, Wolfgang: Theorie und Praxis der Parlamentsdebatte, in: SCHNEIDER, Hans-Peter/ZEH, Wolfgang (Hrsg.): Parlamentsrecht und Parlamentspraxis in der Bundesrepublik Deutschland, Berlin/New York 1989, S.917-937.

ZIMMERMANN, Thomas: Vom Satz zum Text als sprachliche Handlung - Möglichkeiten sprechakttheoretischer Texttheorie und Textanalyse, Examensarbeit Hamburg 1992, (unveröffentlicht).

Zeitungsartikel zur Asylrechtsdebatte

Frankfurter Allgemeine Zeitung vom 27.05.1993, S.1, 3 und 4.

Frankfurter Rundschau vom 27.05.1993, S.1 und S.3-4.

Hamburger Abendblatt vom 27.05.1993, S.1 und 3.

Das Parlament Nr.22-23, S.1 und Nr. 24, S.2-12, 1993.

Der Spiegel Nr.22, 1993, S.25-30.

Süddeutsche Zeitung vom 27.05.1993, S.1 und S.3-4.

Tageszeitung (TAZ) (kein Artikel)

Die Welt vom 27.05.1993, S.1.

Die Zeit (kein Artikel)

VII. Anhang

1. Auszug aus dem Stenographischen Bericht

(A)

b) Bericht des Haushaltsausschusses (8. Ausschuß) gemäß § 96 der Geschäftsordnung

— Drucksache 12/4995 —

Berichterstattung:
Abgeordnete Rudolf Purps
Karl Deres
Ina Albowitz

2. Zweite und dritte Beratung des von den Fraktionen der CDU/CSU, SPD und F.D.P. eingebrachten Entwurfs eines Gesetzes **zur Änderung asylverfahrens-, ausländer- und staatsangehörigkeitsrechtlicher Vorschriften**

— Drucksache 12/4450 —

(Erste Beratung 143. Sitzung)

a) Beschlußempfehlung und Bericht des Innenausschusses (4. Ausschuß)

— Drucksache 12/4984 —

Berichterstattung:
Abgeordnete Wolfgang Zeitlmann
Erwin Marschewski
Gerd Wartenberg (Berlin)
Hans-Joachim Otto (Frankfurt)

b) Bericht des Haushaltsausschusses (8. Ausschuß) gemäß § 96 der Geschäftsordnung

— Drucksache 12/4996 —

Berichterstattung:
Abgeordnete Karl Deres
Ina Albowitz
Rudolf Purps

3. — Zweite und dritte Beratung des von den Fraktionen der CDU/CSU, und F.D.P. eingebrachten Entwurfs eines Gesetzes **zur Neuregelung der Leistungen an Asylbewerber**

(B)

— Drucksache 12/4451 —

(Erste Beratung 143. Sitzung)

— Zweite und dritte Beratung des von den Fraktionen der CDU/CSU und F.D.P. eingebrachten Entwurfs eines **Gesetzes über Leistungen der Sozialhilfe an Ausländer**

— Drucksache 12/3686 (neu) —

(Erste Beratung 121. Sitzung)

a) Beschlußempfehlung und Bericht des Ausschusses für Familie und Senioren (13. Ausschuß)

— Drucksache 12/5008 —

Berichterstattung:
Abgeordnete Norbert Eimer (Fürth)
Brigitte Lange
Ursula Männle

b) Berichte des Haushaltausschusses (8. Ausschuß) gemäß § 96 der Geschäftsordnung

— Drucksachen 12/5009, 12/5010 —

Berichterstattung:
Abgeordnete Dr. Konstanze Wegner
Irmgard Karwatzki
Dr. Wolfgang Weng (Gerlingen)

4. a) — Zweite und dritte Beratung des von den Abgeordneten Konrad Weiß (Berlin) und der Gruppe BÜNDNIS 90/DIE GRÜNEN eingebrachten Entwurfs eines **Gesetzes zur Regelung der Rechte von Niederlassungsberechtigten, Einwanderinnen und Einwanderern** (C)

— Drucksache 12/1714 (neu) —

(Erste Beratung 79. Sitzung)

— Zweite und dritte Beratung des von der Gruppe BÜNDNIS 90/DIE GRÜNEN eingebrachten Entwurfs eines Gesetzes **über die Rechtsstellung von Flüchtlingen (Flüchtlingsgesetz)**

— Drucksache 12/2089 —

(Erste Beratung 79. Sitzung)

Beschlußempfehlung und Bericht des Innenausschusses (4. Ausschuß)

— Drucksache 12/4984 —

Berichterstattung:
Abgeordnete Wolfgang Zeitlmann
Erwin Marschewski
Gerd Wartenberg (Berlin)
Hans-Joachim Otto (Frankfurt)

b) Beratung der Beschlußempfehlung und des Berichts des Innenausschusses (4. Ausschuß)

zu dem Antrag des Abgeordneten Konrad Weiß (Berlin) und der Gruppe BÜNDNIS 90/DIE GRÜNEN

Das Asylrecht ist unverzichtbar

zu dem Antrag der Gruppe BÜNDNIS 90/DIE GRÜNEN

Unantastbares Grundrecht auf Asyl und die jüngsten ausländerfeindlichen Ausschreitungen (D)

— Drucksachen 12/3235, 12/1216, 12/4984 —

Berichterstattung:
Abgeordnete Wolfgang Zeitlmann
Erwin Marschewski
Gerd Wartenberg (Berlin)
Hans-Joachim Otto (Frankfurt)

Bevor ich die Aussprache eröffne, bitte ich um Ihre Aufmerksamkeit für einige Hinweise zum **Ablauf der Beratungen.**

Interfraktionell sind für die gemeinsame Aussprache zehn Stunden vereinbart. Danach folgen die Abstimmungen. Ich weise darauf hin, daß vier Abstimmungen namentlich durchgeführt werden.

Vereinbart ist weiterhin, daß Redebeiträge auch zu Protokoll gegeben werden können. Das Wort zur Abgabe von Erklärungen zur Abstimmung nach § 31 unserer Geschäftsordnung soll erst nach Durchführung aller Abstimmungen erteilt werden. Auch Erklärungen zur Abstimmung können selbstverständlich schriftlich abgegeben werden.

Sind Sie mit diesem Verfahren einverstanden? — Das ist der Fall.

Dann eröffne ich die Aussprache. Als erster beginnt Herr Dr. Schäuble.

Dr. Wolfgang Schäuble (CDU/CSU): Frau Präsidentin! Meine sehr geehrten Damen und Herren! Der kurze Vorlauf vor dieser Beratung hat schon gezeigt, daß die Debatte, die wir heute zu führen, und die

(A) Entscheidung, die wir heute zu treffen haben, zum einen von einer ganz ungewöhnlichen Vorgeschichte, zum anderen von Umständen begleitet sind, die ebenso ungewöhnlich wie hoffentlich einmalig bleiben.

Wir, die Verantwortlichen in Bund und Ländern, haben seit mehr als anderthalb Jahrzehnten um eine verantwortbare **Steuerung für Zuwanderung** gerungen. Nach langen, qualvollen Beratungen, Diskussionen, Auseinandersetzungen, Versuchen, gemeinsame Wege zu finden, sind wir heute an dem Punkt angelangt, abschließend beraten und entscheiden zu können.

Zugleich muß ein großes **Polizeiaufgebot** — ich hoffe, daß es wirklich einmalig ist, daß wir ein solch großes Polizeiaufgebot brauchen — die Integrität unserer parlamentarischen Beratungen und Entscheidungen sicherstellen. Wen könnte das nicht bedrükken?

Deswegen ist mein erstes Wort an dieser Stelle ein Dank an die Polizeibeamten und die Sicherheitskräfte,

(Beifall bei der CDU/CSU und der F.D.P. sowie bei Abgeordneten der SPD)

die heute einen schweren Dienst tun müssen, die provoziert werden und sich nicht provozieren lassen dürfen und die nicht nur uns, sondern auch den freiheitlichen Rechtsstaat schützen.

Mein zweites Wort ist eine Mahnung zur Besonnenheit und zur Verantwortung, eine Mahnung an alle: innerhalb dieses Saales und außerhalb unseres Parlaments.

(B) Ich möchte am Beginn dieser Debatte gerne die **Erklärung** unseres **Bundespräsidenten** zitieren, der Anfang dieser Woche erklärt hat:

> Im Laufe der Woche berät der Deutsche Bundestag über das Asylrecht. Wir dürfen alle davon ausgehen, daß dies in tiefem Bewußtsein der leidvollen Erfahrungen geschieht, die uns unsere eigene Geschichte über die elementare Bedeutung des Rechtes auf Asyl lehrt. Ein Zeichen dafür sind die ernsten Auseinandersetzungen der vergangenen Monate zu diesem Thema. Jetzt stehen die Entscheidungen dort an, wo sie nach unserer Verfassung hingehören: im Bundestag und im Bundesrat. Eindringlich

— so der Bundespräsident —

> bitte ich alle Bürgerinnen und Bürger, die Beratungen und Beschlüsse dieser Verfassungsorgane mit Aufmerksamkeit zu verfolgen und mit Besonnenheit zu begleiten. Jeder Versuch, Bundestag oder Bundesrat von außen mit rechtswidrigen Mitteln unter Druck zu setzen oder gar Gewalt auszuüben, wäre nur ein Anschlag auf unsere Verfassung, er würde keinem Asylbewerber nützen und am Ende vor allem den Ausländern und denen schaden, die auf Achtung und Schutz ihrer Menschenwürde unter uns angewiesen sind.

Ich denke, wir alle sollten uns diese Ermahnung unseres Staatsoberhauptes zu eigen machen.

(Beifall bei der CDU/CSU und der F.D.P. sowie bei Abgeordneten der SPD)

Zu der Besonnenheit, zu der wir verpflichtet sind, (C) gehört, meine verehrten Kolleginnen und Kollegen, auch ein verantwortlicher **Umgang mit der Wahrheit**, gerade in dieser Debatte und heute. Wer hier in diesem Saal oder außerhalb sagt, Gegenstand der Debatte sei die Abschaffung des Asylrechts in der Bundesrepublik Deutschland, der sagt nicht die Wahrheit.

(Beifall bei der CDU/CSU und der F.D.P. sowie bei Abgeordneten der SPD)

Nachdem die Diskussionen so lange geführt worden sind, muß man vermuten, daß jemand dann gegen besseres Wissen nicht die Wahrheit sagt.

Die Entscheidung, die wir zu treffen haben, ist wichtig für den **inneren Frieden** in unserem Land, für das friedliche, gute Miteinander von deutschen und ausländischen Mitbürgern und für unsere Fähigkeit, auch in Zukunft Verfolgten Schutz, Zuflucht, Aufnahme zu bieten. Es leben in der Bundesrepublik Deutschland 6,5 Millionen Ausländer. Sie leben ganz überwiegend — das muß auch so bleiben oder höchstens noch besser werden — friedlich und freundlich mitten unter uns. Es wird auch nach der Entscheidung des heutigen Tages keine Abschottung der Bundesrepublik Deutschland gegenüber ausländischen Mitbürgern, solchen, die zu uns kommen wollen und zu uns kommen werden, geben.

Es werden in den nächsten Jahren — völlig unabhängig von dem, was wir entscheiden — 200 000 bis 250 000 zusätzliche ausländische Mitbürger jedes Jahr allein im Wege des **Familiennachzugs** auf Grund bestehender Regelungen unseres Ausländerrechtes zu uns kommen. Wir haben in den letzten Jahren über (D) 300 000 **Flüchtlinge** aus dem Bürgerkriegsgebiet im ehemaligen Jugoslawien in Deutschland aufgenommen, mehr als jedes andere europäische Land. Wir haben uns im Bewußtsein unserer Verpflichtung gegenüber denjenigen unserer Landsleute, die durch Diktatur und Krieg in diesem Jahrhundert mehr zu leiden hatten als die meisten von uns, verabredet, daß wir auch in Zukunft **Aussiedler**, die zu uns kommen wollen, in einer Größenordnung wie in den letzten Jahren, zwischen 200 000 und 230 000 Jahr für Jahr, aufnehmen werden.

(Beifall bei der CDU/CSU und der F.D.P. sowie der Abg. Gerlinde Hämmerle [SPD])

Wer vor diesem Hintergrund davon redet, die Bundesrepublik Deutschland solle abgeschottet werden, redet gegen besseres Wissen. Er sagt nicht die Wahrheit; er redet falsch Zeugnis.

(Beifall bei der CDU/CSU und der F.D.P.)

Vor diesem Hintergrund können wir der Tatsache nicht ausweichen, daß im vergangenen Jahr zusätzlich 440 000 Menschen unter Berufung auf das **Recht auf Asyl** zu uns nach Deutschland gekommen sind, von denen die allermeisten nicht tatsächlich politisch verfolgt sind. Vor dem Hintergrund dieser Zahlen müssen wir der Tatsache ins Auge sehen, daß Monat für Monat in diesem Jahr 1993 50 000 unter Berufung auf das Recht auf Asyl, obwohl sie ganz überwiegend nicht politisch verfolgt sind, Aufnahme in der Bundesrepublik Deutschland suchen und für einen zu langen Zeitraum finden.

Dr. Wolfgang Schäuble

(A) Wir wissen aus den anderthalb Jahrzehnten, in denen wir um dieses Problem und mit diesem Problem ringen, daß es ohne eine Ergänzung unseres Grundgesetzes eine zureichende Steuerungsmöglichkeit nicht gibt. Wir, die Verantwortlichen von Bund und Ländern, haben in diesen anderthalb Jahrzehnten alles versucht, was ohne **Änderung des Grundgesetzes** möglich war.

(Beifall bei der CDU/CSU und der F.D.P. — Widerspruch bei der SPD)

Liebe Kolleginnen und Kollegen von der sozialdemokratischen Bundestagsfraktion, unglücklicherweise tragen Ihre Parteifreunde in einem Großteil der Bundesländer derzeit Verantwortung. Reden Sie einmal mit denen! Wir haben die Asylgesetze, die Asylverfahrensgesetze, ein dutzendmal geändert, Verfahren beschleunigt, Arbeitsverbote eingeführt und wieder abgeschafft — es hat am Ende alles nicht genützt, und es reicht schon gar nicht, liebe Kolleginnen und Kollegen, ohne eine Änderung des Grundgesetzes, seit der **Eiserne Vorhang** weggefallen ist und Europa und Deutschland nicht mehr teilt.

(Freimut Duve [SPD]: Das ist aber nicht seit eineinhalb Jahrzehnten! — Weitere Zurufe von der SPD)

— Nein, aber in anderthalb Jahrzehnten — — Ich könnte Ihnen, Herr Duve, Erklärungen der früheren Bundesregierung, Beschlußfassungen der Regierung Schmidt hier vorlesen. Auch Sie kennen sie. Es lohnt sich doch nicht!

Wir, die CDU/CSU und die F.D.P., die Koalition, (B) haben immer gesagt — und zwar schon vor dem Wegfall des Eisernen Vorhangs, als wir noch gar nicht zu hoffen gewagt haben, daß 1989 so Glückliches in Deutschland und Europa stattfinden werde —, daß mit der Abschaffung der Binnengrenzen in Europa eine **Harmonisierung des Asylrechts in Europa** zwingend notwendig werden wird, die ebenfalls nicht ohne eine Grundgesetzänderung möglich ist. Auch dieses haben wir schon Mitte der 80er Jahre gewußt und gesagt. Offene Grenzen in Europa ohne Kontrollen erzwingen eine gemeinsame Asyl- und Zuwanderungspolitik in der Europäischen Gemeinschaft.

(Beifall bei der CDU/CSU sowie bei Abgeordneten der F.D.P.)

Anders ist auch an dem Tatbestand nichts zu ändern, daß bis zum heutigen Tag zwei Drittel aller Asylbewerber, die nach Europa kommen, in die Bundesrepublik Deutschland kommen.

(Beifall bei der CDU/CSU)

Der Grund dafür, rechtlich jedenfalls, liegt ganz einfach darin — damit sind wir beim Kern unserer Beratung und Entscheidung —, daß unser Grundgesetz in Art. 16 seiner noch geltenden Fassung einen weiterreichenden Schutz für politisch Verfolgte bietet als die **Genfer Flüchtlingskonvention**, deren Mitglied wir wie alle anderen zivilisierten Staaten dieser Erde sind.

Wenn nur ein einziges Land, die Bundesrepublik Deutschland, in seiner verfassungsrechtlichen Schutzgewähr über die Schutzgewähr der Genfer Konvention hinausgeht — es gibt keine zweite Verfassung auf dieser Erde, die dies tut —, dann braucht (C) man sich hinterher nicht zu wundern, wenn **zwei Drittel aller Asylbewerber in Europa nach Deutschland** kommen. Das ist der Grund, warum ohne eine Grundgesetzänderung dieses nicht zu erreichen ist. Wer die Singularisierung der Bundesrepublik Deutschland beseitigen will, der muß unseren grundrechtlichen Schutz für politisch Verfolgte an das Niveau der Schutzgewähr der internationalen Staatengemeinschaft, wie es in der Genfer Konvention seinen Ausdruck findet, anpassen. [illegible] der Gegenstand der heutigen Beratung und Entscheidung.

(Beifall bei der CDU/CSU und der F.D.P.)

Wer dies als Abschaffung des Schutzes für Verfolgte bezeichnet, der behauptet, daß der Rest der zivilisierten Staaten dieser Erde politisch Verfolgte nicht schützt. Dazu haben wir Deutsche am Ende dieses Jahrhunderts nun wirklich keinen Grund. Ich denke, daß auch in der Asylpolitik am deutschen Wesen die Welt nicht genesen sollte; vielmehr sollten wir uns vielleicht etwas mehr vergewissern, was andere im Schutz für Verfolgte weltweit für richtig, notwendig, angemessen und vertretbar halten.

(Beifall bei der CDU/CSU und der F.D.P.)

Nur so können wir Mißbrauch bekämpfen, den es in einem zu großen Umfang gibt. Nur so, verehrte Kolleginnen und Kollegen, können wir im übrigen den kriminellen Organisationen, die **Schlepperbanden** heißen und die Menschenhandel betreiben, die Geschäftsgrundlage entziehen, indem wir die besondere verfassungsrechtliche Situation in Deutschland (D) an den europäischen und weltweiten Standard anpassen.

(Beifall bei der CDU/CSU und der F.D.P. sowie Beifall der Abg. Gerlinde Hämmerle [SPD])

Ich habe schon gesagt, und ich wiederhole es: Dies alles bedeutet nicht, daß wir die Bundesrepublik Deutschland gegenüber irgendjemandem abschotten. Auch das sich einigende Europa schottet sich nicht ab. Wir verlagern mit der Entscheidung, die wir heute zu treffen haben, unsere Probleme auch nicht auf unsere Nachbarn in Europa. Auch dies ist nicht wahr. Es werden auch in Zukunft, nach der Änderung oder Ergänzung des Art. 16 unseres Grundgesetzes, noch genügend Verfolgte und Nichtverfolgte in die Bundesrepublik Deutschland kommen.

(Zurufe von der SPD)

Wir wollen mit unserer Regelung, mit der wir uns anpassen an das Niveau der Schutzgewähr aller anderen zivilisierten Staaten, insbesondere der europäischen Staaten, ja nichts anderes als eine **faire Lastenverteilung in Europa** erreichen, die wir aber erst erreichen können, wenn wir eben nicht mehr Schutz gewähren als alle anderen.

Wenn es noch eines Beweises bedurft hätte, dann wäre das zwischen der Bundesregierung und der Regierung der Republik **Polen** geschlossene **Abkommen** der letzte Beweis, daß wir unsere Nachbarn, die weiter östlich gelegen sind, gerade nicht mit den Problemen alleine lassen wollen.

Dr. Wolfgang Schäuble

(A) In diesem Abkommen sichern wir unseren polnischen Nachbarn nicht nur Hilfe bei der Bewältigung der Probleme zu, sondern wir sichern auch ausdrücklich zu, daß, wenn Polen morgen — so wie heute Deutschland — mit zu vielen Asylbewerbern überfordert sein sollte, wir einen Teil dieser Flüchtlinge oder Asylbewerber aus Polen in Deutschland weiterhin aufnehmen wollen, weil wir auch Polen mit den Problemen nicht alleine lassen wollen. Nur, auch wir Deutschen dürfen uns mit den Problemen mitten in Europa nicht alleine lassen.

(Beifall bei der CDU/CSU und der F.D.P.)

Eine faire Lastenverteilung im europäischen Zusammenhang ist eine notwendige Voraussetzung dafür, daß wir auch eine europäische Gemeinsamkeit und Zusammenarbeit in der Ursachenbekämpfung dieser Flucht- und Wanderungsbewegungen erreichen.

Sie haben es mir lange nicht geglaubt, aber wenn Sie sich heute in der südlichen Oberrheinebene mit Ausländer- oder Polizeibehörden unterhalten, dann wissen Sie, daß diese ganz überwiegend damit beschäftigt sind, daß Hunderte von sogenannten Asylbewerbern aus **Algerien** Woche für Woche über die französisch-deutsche Grenze nach Deutschland kommen und nicht zurückgeschoben werden können — obwohl Frankreich sie selbstverständlich zurücknehmen könnte —, weil unser Grundgesetz uns daran hindert. Das ist doch ein Mißbrauch in der europäischen Situation, den wir ändern müssen.

(Beifall bei der CDU/CSU und der F.D.P.)

(B) Wenn wir Ursachen besser bekämpfen wollen, können wir das nur in europäischer Gemeinsamkeit tun. Niemand macht sich eine Illusion darüber, daß bei den dramatischen Ungleichgewichten zwischen Ost und West in Europa und Süd und Nord auf dieser einen Erde die globalen Verteilungskämpfe dramatischer werden und daß in diesen **Wanderungsbewegungen** ein Risiko innen- wie außenpolitisch für die Stabilität der freiheitlichen Demokratien Europas liegt. Wir sollten mehr als bisher unsere Anstrengungen darauf konzentrieren.

Nur, um in anderen Ländern Not und Elend besser zu bekämpfen, brauchen wir neben europäischer Zusammenarbeit auch die Erhaltung der Voraussetzungen für die Handlungsfähigkeit unserer Bundesrepublik Deutschland. Das heißt, wir müssen die **innere Stabilität** unseres freiheitlichen Rechtsstaats bewahren.

Unsere Verantwortung gebietet eben, nicht nur nach vielleicht edlen Motiven und hehren Zielen zu fragen, sondern auch die Folgen unseres Tuns und unseres Unterlassens zu bedenken. So müssen wir vorausschauend handeln und erkennbaren Gefährdungen rechtzeitig begegnen. Verehrte Kolleginnen und Kollegen, ob wir heute noch rechtzeitig sind, ist die Frage. Es ist eher zu spät als zu früh.

(Beifall bei der CDU/CSU sowie bei Abgeordneten der F.D.P.)

In der gemeinsamen Erklärung der **Deutschen Bischofskonferenz** und des **Rats der Evangelischen Kirche in Deutschland** zur Aufnahme von Flüchtlingen und zum Asylrecht vom 26. November vergangenen Jahres heißt es: „Die Unsicherheit nimmt zu. Dies ist der Nährboden, auf dem Aggression und Protest wachsen und Fremde oft zum Sündenbock gemacht werden." Wenn dies so ist, dann müssen wir diesen Nährboden bekämpfen, indem wir dieser Verunsicherung entgegenwirken. (C)

Wir schulden unseren Bürgern, wenn wir die Freiheit stabil halten wollen, eine Ordnung, die das friedliche Zusammenleben der Menschen sicherstellt. Nur wenn wir unseren Bürgern das Gefühl geben und bewahren, daß dieser freiheitliche Rechtsstaat in der Lage ist, eine solche Ordnung des Zusammenlebens zu garantieren, schaffen wir die notwendigen und unverzichtbaren Grundlagen für Toleranz und für entspanntes **Miteinander von Deutschen und Ausländern** in diesem Land. Nur wenn wir die Zuwanderung nach Deutschland besser steuern und begrenzen können, als es bisher möglich ist, sichern wir auch für die Zukunft ein friedliches und freundliches Miteinander von deutschen und ausländischen Mitbürgern.

Der frühere Bundeskanzler **Willy Brandt** hat in seiner Regierungserklärung vom 18. Januar 1973 — so lange ist das her: mehr als 20 Jahre — davon gesprochen, daß es notwendig geworden ist, daß wir sehr sorgsam überlegen, wo die Aufnahmefähigkeit unserer Gesellschaft erschöpft ist und wo soziale Vernunft und Verantwortung Halt gebieten.

Ihr früherer Fraktionsvorsitzender **Herbert Wehner** hat am 15. Februar 1982 in einer Sitzung des SPD-Parteivorstands gesagt:

(D)

> Wenn wir uns weiterhin einer Steuerung des Asylproblems versagen, dann werden wir eines Tages von den Wählern, auch unseren eigenen, weggefegt, dann werden wir zu Prügelknaben gemacht werden. Ich sage euch: Wir sind am Ende mit schuldig, wenn faschistische Organisationen aktiv werden. Es ist nicht genug, vor Ausländerfeindlichkeit zu warnen; wir müssen die Ursachen angehen, weil uns sonst die Bevölkerung die Absicht, den Willen und die Kraft abspricht, das Problem in den Griff zu bekommen.

Sie hätten vielleicht früher auf Ihre früheren Vorsitzenden von Partei und Fraktion hören sollen.

(Beifall bei der CDU/CSU sowie bei Abgeordneten der F.D.P.)

Aber, verehrte Kolleginnen und Kollegen, ich finde, es ist heute nicht der Tag zum Nachkarten.

(Lachen bei der SPD und dem BÜNDNIS 90/DIE GRÜNEN)

— Wenn Sie sich in einer so schwierigen Debatte, in der Sie sich auch miteinander und untereinander schwertun, an Worte Ihrer früheren Partei- und Fraktionsvorsitzenden erinnern lassen, so hoffe ich, daß dies auch für Ihre eigene Entscheidungsfindung ein hilfreicher Beitrag ist.

(Beifall bei der CDU/CSU)

Wenn Sie in der Lage wären, in der die Mitglieder der CDU/CSU-Bundestagsfraktion — mich selbst ein-

Dr. Wolfgang Schäuble

(A) geschlossen — sind, also über mehr als eineinhalb Jahrzehnte gewarnt, gebeten, gemahnt, gedrängt, gerungen hätten und bis zum heutigen Tag immer wieder an Ihrem Widerstand gescheitert wären, dann könnten Sie verstehen, welches Maß an Selbstdisziplin und Zurückhaltung für uns heute erforderlich ist.

(Beifall bei der CDU/CSU)

Wenn Sie das Entsetzliche, was sich außerhalb dieses Hauses zur Stunde vollzieht,

([illegible])

und das [illegible] das friedliche Zusammenleben von deutschen und ausländischen Mitbürgern in den letzten Jahren eingetreten ist, weil man unseren Mahnungen und Warnungen und Forderungen lange nicht gefolgt ist, bedenken, sollten wir uns schnell darauf konzentrieren.

(Regina Schmidt-Zadel [SPD]: Wollen Sie uns zur Ablehnung zwingen?)

— Nein, ich möchte Sie einladen, die Debatte und die Entscheidung mit dem notwendigen Ernst und mit der notwendigen Verantwortung zu führen.

(Beifall von der CDU/CSU)

Ich möchte insbesondere diejenigen, die das, was heute zur Entscheidung ansteht, ablehnen wollen, bitten, so viel Respekt vor der Meinung der Andersdenkenden auch in der Debatte aufzubringen, wie wir sie vor Ihrer anderen Meinung immer aufgebracht haben und auch in dieser heutigen Debatte aufbringen werden.

(Lachen bei der SPD)

(B) Wir haben intensive Gespräche zwischen den Verantwortlichen der Fraktionen geführt, und vor allem die Kolleginnen und Kollegen im Innenausschuß dieses Hauses haben in den zurückliegenden Wochen und Monaten intensive Beratungen geführt, für die ich mich bei allen Kolleginnen und Kollegen aller Fraktionen bedanken möchte.

(Beifall bei der CDU/CSU sowie bei Abgeordneten der F.D.P. und der SPD)

Ich sage noch einmal: Wir sollten diese Debatte in Respekt auch vor den Argumenten des jeweils Andersdenkenden führen. Aber das gilt auch für diejenigen, die seit langem überzeugt sind, daß ohne eine Änderung des Grundgesetzes der innere Frieden in diesem Lande nicht zu bewahren ist. Wenn wir im gegenseitigen Respekt und im Bewußtsein um unsere Verantwortung diese Debatte heute führen und entscheiden, dann dienen wir dem inneren Frieden, dann dienen wir dem friedlichen Zusammenleben von deutschen und ausländischen Mitbürgern, dann dienen wir unserem freiheitlichen Rechtsstaat. Darum möchte ich Sie bitten. Tun wir unsere Pflicht!

(Anhaltender Beifall bei der CDU/CSU und der F.D.P.)

Präsidentin Dr. Rita Süssmuth: Als nächster spricht der Abgeordnete Hans-Ulrich Klose.

Hans-Ulrich Klose (SPD): Frau Präsidentin! Meine sehr geehrten Damen und Herren! Das Thema wird uns auch in den kommenden Jahren beschäftigen, (C) denn die Ursachen für die anhaltende Fluchtbewegung von Ost nach West und von Süd nach Nord verschwinden nicht von heute auf morgen. Es wird lange dauern, bis sich in den Nachfolgestaaten der ehemaligen Sowjetunion stabile rechtsstaatliche und demokratische Strukturen bilden. Das enorme Wohlstandsgefälle wird sich gewiß nicht in wenigen Jahren einebnen lassen. Die Welt ist geteilt in arm und reich. Europa bleibt geteilt durch eine Wohlstandsgrenze. Sie verläuft [illegible] Deutschland

Wir eignen uns schlecht als Grenzland in einem faktisch weiterhin geteilten Europa, denn wir, die Deutschen, im Zentrum Europas lebend, durchlaufen zur Zeit selber eine Phase der Instabilität. Wir sind wieder ein Land, ein Volk. Aber dieses Volk lebt in unterschiedlichen Wirklichkeiten. Heute wissen wir: Es wird länger dauern, bis zusammengewachsen ist, was zusammengehört, eine Generation mindestens; und das trotz des massiven Finanztransfers von West nach Ost in Höhe von 150 Milliarden Mark pro Jahr und mehr.

Wenn es aber schon in Deutschland so lange dauern wird, bis die innerdeutsche Wohlstandsgrenze verschwindet, um wieviel länger wird es in Europa dauern, da doch die Hilfe von Westeuropa und Osteuropa und, um auch dies zu sagen, die des reichen Nordens für den armen Süden bei weitem geringer ist als die Hilfe von Deutschland (West) allein für Deutschland (Ost).

Wir alle wissen es und müssen es gerade heute aussprechen: Das Problem der **Zuwanderung** wird uns (D) weiter beschäftigen, und zwar massiv. Nach einer Umfrage der Europäischen Gemeinschaft wollen in den nächsten Jahren rund 20 Millionen Osteuropäer sicherlich oder wahrscheinlich nach Westeuropa auswandern. Wie viele im Süden auf gepackten Koffern sitzen, wissen wir nicht.

Wenn es so ist und wenn es so bliebe, daß rund 70 % aller Zuwanderer aus Osteuropa in die Bundesrepublik Deutschland kommen, dann gewinnt man ein Gefühl für die wirkliche Dimension des Problems. Es ist nicht lösbar, es ist nur steuerbar. Aber wie? Die Wanderung einfach geschehen lassen, das geht nicht. Die Mauer und die mit Stacheldraht und Minen gesicherten Grenzen will niemand wiederaufrichten. Was wir tun müssen, ist klar: Wir müssen unseren Nachbarn im Osten Europas beim Aufbau demokratischer und marktwirtschaftlicher Strukturen helfen; mit „wir" meine ich die Deutschen, die Westeuropäer, die Amerikaner, die Japaner. Weit über 50 % aller Hilfe für Ost- und Südosteuropa ist bisher aus Deutschland gekommen. Ich beklage das nicht, sage aber: Die anderen müssen mehr tun.

(Beifall bei der SPD, der CDU/CSU und der F.D.P.)

Wir alle müssen mehr tun, um dem Süden zu helfen, damit er Anschluß gewinnt an die Entwicklung in der sogenannten Ersten Welt. **Fluchtursachen bekämpfen!** Das ist das Thema.

(Beifall bei der SPD sowie bei Abgeordneten der CDU/CSU und der F.D.P.)

(A) Gefragt sind nicht Bekenntnisse, sondern Handlungen. Darüber, was im einzelnen zu tun ist, haben uns die Entwicklungspolitiker wiederholt informiert. Wir sollten auf sie hören.

(Beifall bei der SPD)

Ich will hinzufügen, daß das Thema „Flucht und Fluchtursachen" natürlich auch eine militärische Seite hat. Die hohe Zahl von Kriegs- und Bürgerkriegsflüchtlingen beweist es. Darüber zu reden, würde Sinn machen, denn dann ginge es um Hilfe und nicht um die den Außenminister so sehr bedrückende Frage des außenpolitischen Gewichts der Bundesrepublik Deutschland, um das Mitreden und das Dabeisein-Dürfen.

(Beifall bei der SPD)

Über **Hilfe für Menschen** wäre mit Sozialdemokraten allemal zu reden; Prestigeprobleme — auch außenpolitische — interessieren uns weniger.

(Beifall bei der SPD)

„Hilfe für Menschen" kann nicht bedeuten, daß wir alle, die in Not sind, bei uns aufnehmen. Das schaffen wir nicht; das überfordert uns tatsächlich und emotional.

Dabei lege ich übrigens auf folgende Feststellung Wert: Etwa 70 % der Bevölkerung — eher mehr — wollen, daß wir unser Asylrecht ändern. Diese 70 % als zumindest tendenziell ausländerfeindlich einzustufen halte ich für absolut falsch. Ich bestreite den Wahrheitsgehalt solcher Behauptungen.

(B) (Beifall bei der SPD, der CDU/CSU und der F.D.P.)

Wir Deutschen leben schon seit vielen Jahren mit vielen Menschen aus anderen Ländern und Kontinenten zusammen — zumeist friedlich und freundlich. Wir sprechen von **ausländischen Mitbürgerinnen und Mitbürgern.** Und das ist keine Redewendung; wir meinen es so.

Dennoch gibt es bei vielen Menschen eine zunehmende Angst vor Überforderung und Wohlstandsverlusten durch die massenhafte **mißbräuchliche Inanspruchnahme des Asylrechts.** Und wer wollte bestreiten, daß es die gibt?

(Zuruf von der F.D.P.: Sehr richtig!)

Die Menschen hier wollen, daß wir dies und die ungebremste Zuwanderung stoppen. Sie wollen ganz überwiegend aber auch, daß wir das Asylrecht für wirklich politisch Verfolgte sichern.

(Beifall bei der SPD sowie bei Abgeordneten der CDU/CSU und der F.D.P.)

Der **Asylkompromiß,** auf den wir uns im Dezember vergangenen Jahres geeinigt haben und den wir heute gesetzgeberisch in zweiter und dritter Lesung umsetzen, versucht, das zu leisten.

Drei Teile sind zu unterscheiden: der geänderte Art. 16, jetzt 16a des Grundgesetzes, die verfahrensrechtlichen Begleitgesetze und das Asylbewerberleistungsgesetz.

(C) Meinerseits einige Anmerkungen zu dem **neuen Art. 16a** der unter verfassungsästhetischen Gesichtspunkten nicht eben ein Meisterwerk geworden ist.

(Dr. Wolfgang Schäuble [CDU/CSU]: Das ist wahr!)

Aber das war für uns auch nicht entscheidend. Entscheidend ist, daß der Abs. 1 noch immer lautet:

Politisch Verfolgte genießen Asylrecht.

(Beifall bei der SPD sowie bei Abgeordneten der CDU/CSU und der F.D.P.)

Damit ist das Asylrecht als **Individualrecht** erhalten, was niemand in seiner Bedeutung unterschätzen sollte. Daraus folgt nämlich, daß wir politisch Verfolgten das individuelle Asylrecht sichern müssen, entweder bei uns oder bei anderen, mit denen wir in Asylfragen zusammenarbeiten.

Sichere Herkunftsländer und **sichere Drittstaaten** können nicht beliebig benannt werden. Es müssen bestimmte Kriterien erfüllt sein. Das Verfassungsgericht kann nachprüfen, ob diese Kriterien erfüllt sind.

Die Staaten der Europäischen Gemeinschaft gehören dazu. Dort werden die Genfer Flüchtlingskonvention und die Europäische Menschenrechtskonvention akzeptiert und angewendet. Gleiches gilt jedenfalls für Polen, die Tschechische Republik, Österreich, die Schweiz und die skandinavischen Länder. Alle diese Staaten sind heute nach übereinstimmender Beurteilung sichere Drittstaaten. In allen wird das Asylrecht für politisch Verfolgte gewährleistet. Es gibt geordnete Verfahren und vergleichbare Standards. (D)

Es ist deshalb angemessen, wenn im Verhältnis zu diesen Staaten nach dem Stellvertreterprinzip verfahren wird. Geprüft, bejaht oder abgelehnt wird das Asylrecht in dem Schengen- oder Drittstaat, den der Asylbewerber zuerst erreicht. Ein Asylrecht und, vorgeschaltet, ein Recht auf ein Verfahren in einem Land ihrer Wahl gibt es aber für Asylbewerber nicht. Das ist die entscheidende Einschränkung gegenüber der bisherigen Regelung. Diese Einschränkung muß sein, weil sich sonst nichts ändert, da andernfalls weiterhin bei allen, die in die Bundesrepublik Deutschland kommen, hier geprüft und hier entschieden werden muß. Das widerspräche der Systematik von Schengen und Dublin. Dies widerspräche, um dies ebenfalls zu sagen, auch der Beschlußlage meiner Partei, die die Drittstaatenregelung durch Beschluß des Bonner Parteitags im November 1992 ausdrücklich akzeptiert hat.

Sie wissen, meine Damen und Herren, und haben es mit Sorge und mit Häme begleitet: Nicht wenige Sozialdemokratinnen und Sozialdemokraten hatten schon mit diesem Bonner Parteitagsbeschluß ihre Schwierigkeiten.

(Hans-Joachim Fuchtel [CDU/CSU]: Selber schuld!)

Manch einer hat deswegen die Partei verlassen, manch einer nach vielen Jahren der Mitgliedschaft. Darüber mit einem Achselzucken zur Tagesordnung überzugehen ist meine Sache nicht,

(Beifall bei der SPD)

Hans-Ulrich Klose

(A) zumal da ich für die Motive derer, die für die Beibehaltung der gegenwärtigen Regelung plädieren, sehr wohl Verständnis habe.

Der alte Art. 16 ist doch nicht zufällig in unser Grundgesetz geraten. Dafür gab und gibt es gute historische und politisch-moralische Gründe. Ich nehme diese Gründe ernst, ich verstehe sie und respektiere sie. Noch vor zwei Jahren habe ich ähnlich argumentiert wie jene knapp hundert Kolleginnen und Kollegen der SPD-Fraktion, die dem Asylkompromiß heute nicht [illegible].

Ich bitte [illegible] um Respekt für die [illegible] die Mehrheit der Fraktion, die wie ich angesichts der tatsächlichen Entwicklung ihre Position geändert haben und heute für eine Änderung des Grundgesetzes stimmen werden. Auch wir wollen das Asylrecht für politisch Verfolgte erhalten.

(Beifall des Abg. Dieter Wiefelspütz [SPD])

Wir fürchten aber, daß es am Ende in der Massenhaftigkeit der Zuwanderung verlorengeht, weil es wegen Überlastung und Überforderung weder rechtlich noch tatsächlich gewährleistet werden kann.

(Beifall bei der SPD sowie bei Abgeordneten der CDU/CSU und der F.D.P.)

438 191 Asylbewerber waren es im vergangenen Jahr, allein in Hamburg 20 460. Das sind etwa so viele, wie im vergangenen Jahr in Großbritannien Aufnahme gefunden haben — woraufhin dort das Asylrecht verschärft wurde. 161 324 kamen in den ersten vier Monaten dieses Jahres, davon 7 861 nach Hamburg, das ich nur beispielhaft für andere Kommunen
(B) nenne. Wir alle wissen, daß die **Kommunen** es nicht mehr schaffen. Es gibt keine Wohnungen mehr, keine leerstehenden Häuser, keine Hotel- oder Heimplätze. Auf Schiffen wohnen die Menschen auf engstem Raum und in Containerdörfern, für die es inzwischen kaum noch geeignete und erschlossene Flächen gibt.

Von den finanziellen Belastungen, die mit diesem Zustrom verbunden sind, will ich nicht reden. Von den **Folgen** aber muß geredet werden, die das alles **für die eigene Bevölkerung** hat. Wer z. B. in Hamburg in einem Stadtteil mit hohem Asylbewerberanteil lebt, der spürt die Auswirkung sehr direkt und sehr konkret. Die Menschen dort sind nicht etwa ausländerfeindlich, aber ihre Lebensverhältnisse verschlechtern sich oft in bedrückender Weise; sie fühlen sich bedroht, persönlich und sozial.

(Beifall bei der SPD sowie bei Abgeordneten der CDU/CSU und der F.D.P.)

Es wäre nicht richtig, das alles zu leugnen. Es ist gefährlich, einfach untätig zuzusehen, wie sich die Verhältnisse entwickeln. Es gefährdet am Ende — das ist meine sehr konkrete Angst — die Stabilität unserer Demokratie,

(Beifall bei der SPD und der CDU/CSU sowie bei Abgeordneten der F.D.P.)

zumal da die Versuchung, mit diesen Problemen und den damit verbundenen Ängsten und Sorgen politisch Schindluder zu treiben, groß ist. Den demokratischen Parteien — das wissen wir inzwischen, wie ich hoffe — (C) nützt das nicht, nur den Rattenfängern von rechts. Deren Geschäft sollten wir aber wahrlich nicht betreiben.

(Beifall bei der SPD sowie bei Abgeordneten der CDU/CSU und der F.D.P.)

Dem Entwurf eines Gesetzes zur Änderung des Grundgesetzes werden wir mehrheitlich zustimmen. Die Zustimmung ist uns durch die zur Umsetzung der [illegible] notwendige Vereinbarung mit Polen möglich gemacht [illegible]. Wir haben das Zustandekommen einer solchen Vereinbarung nicht zum Junktim erklärt, aber doch von Anfang an deutlich gemacht, daß ohne eine solche Vereinbarung mit unserer mehrheitlichen Zustimmung nicht zu rechnen sei. Die Bundesregierung hat das ernst genommen und die Verhandlungen mit Polen unverzüglich begonnen und zu einem auch aus unserer Sicht guten Ergebnis geführt. Das ist ein großer und wichtiger Schritt; denn erstens wollten wir nicht den Eindruck entstehen lassen, wir, die Deutschen, würden unsere Probleme zu Lasten unseres östlichen Nachbarn lösen. Zweitens wollten wir mit einer Vereinbarung mit Polen einen Einstieg schaffen in das von uns angestrebte **europäische Verteilungs- und Lastenverteilungsverfahren.**

Wir brauchen eine solche europäische Lösung. Wir wußten und wissen aber, daß wir sie ohne Änderung unserer Rechtslage nicht bekommen. Die Vereinbarung mit Polen hat, wenn Sie so wollen, Pilotfunktion. Weitere Vereinbarungen, bilateral und multilateral, müssen folgen, vor allem mit der Tschechischen (D) Republik, mit der Slowakischen Republik und mit Ungarn.

Ich möchte übrigens die Gelegenheit nutzen, nicht nur der Bundesregierung zu bestätigen, daß sie im Falle Polen fair verhandelt hat, sondern auch ganz ausdrücklich der polnischen Regierung für ihr außerordentliches Verständnis für unsere deutschen Probleme zu danken und für die Bereitschaft, mit uns bei der Lösung dieser Probleme zusammenzuarbeiten.

(Beifall bei der SPD, der CDU/CSU und der F.D.P.)

Ich bin übrigens nach einem Besuch in **Prag** und **Bratislava** sicher, daß wir auch mit den dortigen Regierungen zu Vereinbarungen gelangen können, wenngleich sich dort wegen der erst kürzlich erfolgten Teilung des Landes zusätzliche Schwierigkeiten ergeben. Immerhin, die Bereitschaft, mit uns bei der Lösung des Zuwanderungsproblems zusammenzuarbeiten, ist auch dort vorhanden. Das Verhandlungsangebot gegenüber der Tschechischen Republik liegt vor. Es erscheint uns fair.

Meine Damen und Herren, es gibt, wie Sie wissen, einen Punkt, der uns die Zustimmung zu den asylrechtlichen Begleitgesetzen sehr schwer macht. Ich rede von dem vielzitierten § 34a Abs. 2, der es den Verwaltungsgerichten verbietet, Asylbewerbern, die in einen sicheren Drittstaat abgeschoben werden sollen, **vorläufigen Rechtsschutz** zu gewähren. Wir haben darüber lange geredet und verhandelt, leider ohne Ergebnis. Dabei sehe ich sehr wohl, daß die

Hans-Ulrich Klose

(A) Gewährung vorläufigen Rechtsschutzes die Wirksamkeit der gesamten **Drittstaatenregelung** in Frage stellen könnte. Sie muß beschränkt sein — ist es auch nach unseren Vorstellungen — auf ganz besondere Ausnahmefälle.

Die Möglichkeit gänzlich auszuschließen und die Betroffenen allein auf das **Bundesverfassungsgericht** als erste und einzige Instanz zu verweisen ist verfassungsrechtlich höchst problematisch, um es milde zu formulieren.

(Beifall bei der SPD)

Sie, meine Damen und Herren von der Koalition, sollten das noch einmal bedenken; denn das Risiko, vom Verfassungsgericht alsbald korrigiert zu werden, erscheint mir beträchtlich.

Auf ein ungelöstes Problem möchte ich Sie aufmerksam machen. Wir haben uns in dem Asylkompromiß vom Dezember vergangenen Jahres darauf geeinigt, einen besonderen Status für Bürgerkriegsflüchtlinge zu schaffen. **Kriegs- und Bürgerkriegsflüchtlinge** sind keine Asylbewerber. Sie werden aber immer noch künstlich in das Asylverfahren hineingedrückt, weil sonst die finanziellen Lasten allein bei den Kommunen hängenbleiben.

(Beifall bei der SPD)

Das genau wollten wir ändern. Wir schaffen es aber nicht, solange die Frage der Finanzierung nicht gelöst ist.

Ich sehe bisher leider weder beim Bund noch bei den Ländern die Bereitschaft, sich über diese Frage zu (B) verständigen. Bei den Solidarpaktverhandlungen hat man das Problem — wie soll ich sagen? — vergessen, und jetzt fühlt sich keiner angesprochen. Das ist nicht in Ordnung; denn ganz abgesehen davon, daß wir die Kommunen nicht einfach hängenlassen können, auf diese Art und Weise wird ein Teil des Asylkompromisses unterlaufen.

(Beifall bei der SPD)

Die Asylbewerberzahlen werden künstlich aufgebläht; es entstehen zusätzliche Verfahren, die die Durchführung der notwendigen Verfahren für wirkliche Asylbewerber verzögern. Der Beschleunigungseffekt verpufft.

Der Bund ist angesprochen, und die Länder sind angesprochen. Wir, die SPD-Bundestagsfraktion, werden auf das Thema beharrlich und immer wieder zurückkommen.

(Beifall bei der SPD)

Meine Damen und Herren, zwei Anmerkungen zum Schluß. Die erste: Es wird immer wieder bezweifelt, ob die Neuregelung des Asylrechts wirklich etwas bringt. Meine Antwort: Ja, sie bringt etwas. Ich könnte aber keine Zahlen nennen, hielte es auch für unverantwortlich, dies zu tun, zumal die eigentliche **Wirkung der Neuregelung** nicht in den neuen gesetzlichen Möglichkeiten liegt, die freilich nicht geringzuschätzen sind, sondern in dem dadurch angestoßenen Prozeß einer **Europäisierung des Problems.** Die unmittelbare, sofort wirksame Entlastung wird eher gering sein. Mittel- und längerfristig wird die Entlastung aber spürbar eintreten.

Eines muß aber klar sein: Eine Lösung des Asylproblems in dem Sinne, daß künftig keine Menschen mehr kommen, gibt es nicht. (C)

(Zustimmung bei der SPD)

Das haben wir immer gesagt, hier im Plenum und auf der Straße. Wir wiederholen es heute. Wir können das Problem nicht lösen, wir können es nur begrenzen und damit beherrschbar machen.

Nun die zweite und letzte Anmerkung: Ich bin gestern nach den Beratungen und nach der Abstimmung in der eigenen Fraktion gefragt worden, ob ich froh und zufrieden mit dem Ergebnis sei. Ich habe diese Frage nicht beantworten können, kann es auch heute nicht. Wie könnte ich froh sein über eine Entscheidung, bei der mein inneres **Abstimmungsverhältnis** ähnlich gespalten ist wie das der **Fraktion?** Vielleicht sind die inneren Mehrheitsverhältnisse etwas günstiger.

Aber das will ich sagen: Froh und ungeteilt glücklich ist bei uns niemand mit der zu treffenden Entscheidung. Bei uns allen bleiben Zweifel, mehr oder weniger stark, aber doch unüberhörbar. Darauf wollte ich im bewußten Gegensatz zu jenen hinweisen, die hier und draußen auf der Straße, immer ganz genau und sicher wissen, was richtig und moralisch ist.

(Lebhafter Beifall bei der SPD — Beifall bei der F.D.P.)

Zufrieden? Na schön, unzufrieden bin ich nicht.

(Zustimmung bei der CDU/CSU)

Es war ein langer Weg seit jener Debatte vom April 1992, als wir schon einmal nahe beieinander schienen, bis heute. Heute schaffen wir es, hoffe ich, ein Stück (D) notwendiger Veränderung oder Anpassung an veränderte Wirklichkeiten. Daß dies möglich ist, sollte beachtet werden.

Denen, die die schwierige Arbeit in Verhandlungsrunden, Arbeitsgruppen und Ausschüssen geleistet haben, gilt jedenfalls Dank und Anerkennung. Ich nenne als ein Beispiel aus meiner Fraktion den Kollegen Gerd Wartenberg. Was er in den letzten Monaten geleistet hat, werden wir nicht vergessen.

(Lebhafter Beifall bei der SPD)

Präsidentin Dr. Rita Süssmuth: Es spricht jetzt der Abgeordnete Dr. Hermann Solms.

Dr. Hermann Otto Solms (F.D.P.): Frau Präsidentin! Meine sehr verehrten Damen und Herren! Wir befinden uns in einer Situation außergewöhnlicher politischer Herausforderungen. Damit meine ich nicht in erster Linie die ungewöhnlichen Rahmenbedingungen, unter denen die Debatte heute stattfinden muß. Aber zum friedlichen Charakter der Demonstranten, die diese Rahmenbedingungen schaffen, will ich doch etwas sagen.

Ich habe gerade eine Mitteilung aus dem Auswärtigen Amt bekommen, daß dort zwei Außenminister uns befreundeter Staaten am Zugang in das Gebäude gehindert worden sind, daß der Staatssekretär Kastrup tätlich angegriffen worden ist, sein Fahrzeug beschädigt ist und daß die **Demonstranten** auf Befragung nach dem **friedlichen Charakter** gesagt haben:

Eckart Kuhlwein

(A) Viele, die hier sitzen, sehen deshalb das Rechtsgut des sozialen Friedens und des demokratischen Konsenses in Gefahr. Sie erhoffen sich von einer Asylrechtsänderung den Abbau gesellschaftlicher Spannungen und Konflikte. Denen, die so argumentieren, kann ich meinen Respekt nicht versagen. Aber ich bitte sie, noch einmal darüber nachzudenken, ob die Änderung des Grundgesetzes wirklich jenes Maß an verbesserter Steuerung der Zuwanderung bringt, der sie anstreben und das diesen Einschnitt in die Verfassung vielleicht rechtfertigen könnte.

Nach den [illegible] gibt es gegenwärtig mehr als 15 Millionen **Flüchtlinge**, die internationale Grenzen überschritten haben, die meisten davon in Ländern der Dritten Welt. Mit dem Zusammenbruch des Ostblocks ist auch Westeuropa unter Wanderungsdruck gekommen. Wenn wir keine geregelten Verfahren für die Aufnahme, z. B. auch über ein Zuwanderungsgesetz, finden, werden Hunderttausende zu uns kommen. Die Möglichkeit, die **Festung Europa** mit Mauer und Stacheldraht zu umgeben, scheidet nach unseren eigenen geschichtlichen Erfahrungen wohl aus. Ich unterstelle niemandem, daß er das will. Aber ich verlange eine ehrliche Analyse gerade von denjenigen, die genau wissen, daß die Exportnation Deutschland auf offene Grenzen angewiesen ist, und von denjenigen, die ständig den freien Verkehr von Kapital, Gütern und Dienstleistungen predigen und die sich deshalb nicht wundern sollen, wenn in den anderen Teilen der Welt auch der freie Verkehr von Menschen Richtung Industrieländer ausprobiert wird.

(B) Flucht hat viele Ursachen. Längst nicht alle sind vom Asylversprechen des Grundgesetzes abgedeckt. Auch wir wollen das Ayslrecht den politisch Verfolgten vorbehalten. Aber wenn es uns nicht wenigstens mittelfristig gelingt, Fluchtursachen in Osteuropa und in der Dritten Welt wirksamer als bisher zu bekämpfen, werden wir uns einer Völkerwanderung aus Not und Elend gegenübersehen, wie sie die Geschichte noch nicht erlebt hat.

(Beifall bei der SPD sowie bei Abgeordneten der CDU/CSU und der F.D.P.)

Diese **Armutswanderung** hat bereits begonnen. Deutschland wird einen Teil davon aufnehmen müssen. Der Club of Rome hat 1991 empfohlen, „die Bevölkerung der reichen Länder darauf vorzubereiten, diese Tatsache zu akzeptieren". Ich weiß, daß das sehr viel schwerer ist als der Streit um Grundgesetzartikel und Verfahrensparagraphen; aber wir sollten den Mut haben, damit anzufangen.

Ich komme zum letzten Satz. Die Frage, ob wir mit der Neufassung des Asylrechts das Risiko eingehen, politisch Verfolgte ihren Verfolgern auszuliefern, ist für viele Abgeordnete eine **Gewissensfrage**. Die Kolleginnen und Kollegen der SPD-Fraktion, für die ich hier spreche, wollen von der Freiheit ihres Gewissens Gebrauch machen, die ihnen im Grundgesetz verbürgt ist.

(Jochen Feilcke [CDU/CSU]: Das tun die anderen auch!)

(C) Wir stimmen mit Nein.

(Anhaltender Beifall bei der SPD, der PDS/Linke Liste und dem BÜNDNIS 90/DIE GRÜNEN)

Vizepräsident Helmuth Becker: Ich erteile jetzt das Wort unserem Kollegen Dr. Burkhard Hirsch.

Dr. Burkhard Hirsch (F.D.P.): Herr Präsident! Meine Damen und Herren! Ich spreche gleichzeitig für meinen Kollegen Gerhart Baum.

Wir haben bei der Einbringung der Gesetzentwürfe erklärt, daß wir ihnen trotz der Fortschritte für Bürgerkriegsflüchtlinge und beim Erwerb der deutschen Staatsangehörigkeit nicht zustimmen können. Entgegen unserer Hoffnung haben weder die Beratungen noch die eindringlichen Ratschläge vieler Sachverständiger in der Anhörung wesentliche Verbesserungen erbracht.

Die Entwürfe widersprechen humanitären Grundsätzen. Sie sind mit unseren völkerrechtlichen Verpflichtungen aus der Genfer Konvention nicht vereinbar.

(Beifall bei Abgeordneten der F.D.P. und der SPD sowie beim BÜNDNIS 90/DIE GRÜNEN)

Sie verstoßen gegen bisher tragende Grundsätze unserer Verfassung.

(D) Wir erkennen die große Not unserer Gemeinden. Wir verstehen auch, daß die Aufnahmebereitschaft unserer Bevölkerung begrenzt ist. Es ist auch richtig, daß der Zustrom von Flüchtlingen insbesondere aus Osteuropa zu gemeinsamen europäischen Lösungen zwingt, die unsere westlichen Nachbarn bisher verweigern. Aber was reden wir eigentlich von gemeinsamen europäischen Lösungen, wenn unser Koalitionspartner noch nicht einmal bereit ist, den **Flüchtlingsbegriff der Genfer Konvention** in unser Asylgesetz aufzunehmen! Das geht nicht.

(Beifall bei Abgeordneten der F.D.P. und der SPD sowie beim BÜNDNIS 90/DIE GRÜNEN)

Ich danke dem Flüchtlingskommissar Koisser für seine Arbeit.

Der erhabene Satz „Politisch Verfolgte genießen Asylrecht" gehört zum **Kernbestand** unserer **Verfassung.** Er bleibt formal erhalten; in Wirklichkeit wird er fast völlig beseitigt.

(Beifall bei Abgeordneten der F.D.P. und der SPD sowie beim BÜNDNIS 90/DIE GRÜNEN)

Wenn man wissen will, ob ein Gesetz hinnehmbar ist, dann darf man sich nicht an den **Umgehungsmöglichkeiten**, den möglichen Schlupflöchern orientieren, man muß vielmehr prüfen, wie der Gesetzgeber ein Problem tatsächlich regeln möchte. Durch die vorgesehene gesetzliche Regelung werden die Grenzen der Bundesrepublik für diejenigen fast vollständig geschlossen, die sich auf das Asylrecht berufen. Wer mit dem Flugzeug kommt, wird im Flughafen in einem wirklich nachlesenswerten Verfahren abgefertigt.

(A) Jeder Flüchtling, der über irgendein **Nachbarland** einreisen will oder aus irgendeinem Nachbarland heimlich unsere Grenze überquert hat, kann in Zukunft ohne jede Anhörung aus der Bundesrepublik dorthin zurückgeschickt werden. Es ist egal, ob er in seiner Heimat politisch verfolgt wird oder nicht;

(Anke Fuchs [Köln] [SPD]: Stimmt doch nicht!)

es ist egal, ob ihm in seiner Heimat eine unmenschliche Behandlung oder die Todesstrafe droht; es ist egal, ob das Transitland, dem wir den Flüchtling zuschieben, die Genfer Konvention nach denselben Grundsätzen auslegt und handhabt wir wir; es ist egal, ob das Transitland nach seiner Asylpraxis den Flüchtling seinerseits weiterschieben wird oder nicht. Vor der Abschiebung aus der Bundesrepublik wird dem Flüchtling jeder noch so minimale **Rechtsschutz** verweigert. Er hat nur dann eine minimale Chance, wenn er seine Reisepapiere vernichtet oder wenn er rechtliche Besonderheiten unseres Nachbarn Österreich ausnutzt oder, noch besser, wenn er sich vor der deutschen Küste mit einem Boot aussetzen läßt. Und genau das wird geschehen.

Wir haben nach der **Genfer Flüchtlingskonvention** die eigene Verpflichtung, einem Flüchtling in der Bundesrepublik rechtliches Gehör und Rechtsschutz zu gewähren. Wir verletzen unsere völkerrechtlichen Verpflichtungen, wenn wir diese versprochene eigene Leistung einfach durch ein innerstaatliches Gesetz unseren Nachbarn zuschieben, ihnen sozusagen die Flüchtlingslast zumuten, die wir selbst nicht
(B) mehr tragen wollen.

Wir verändern damit auch die Rechtslage des Flüchtlings, solange es keine inhaltliche Harmonisierung des Asylrechtes mit unseren Nachbarn gibt.

(Beifall bei Abgeordneten der SPD)

Ein Flüchtling, der sich bei uns meldet, vertraut sich uns und unserer Rechtsordnung an und nicht irgendeinem anderen Staat. Wir haben uns verpflichtet, ihm zu helfen, und nicht, darauf zu vertrauen, daß unser Nachbar ihm helfen wird.

Es kann auf Dauer nicht verborgen bleiben, daß diese Gesetze das verfassungsrechtliche Asylrecht nur um den Preis seiner praktischen Bedeutungslosigkeit erhalten. Sie führen politisch nicht zu einer **Lastenteilung,** sondern dazu, daß unsere Nachbarn ihrerseits ihre **Grenzen** ebenfalls gegen Flüchtlinge **abschotten.** Ob wir wollen oder nicht, wir bekämpfen auf diese Weise nicht die Fluchtursachen, sondern wir wehren Flüchtlinge ab. Wir verändern damit im Bewußtsein vieler Mitbürger die freiheitliche Substanz unseres Staates, deretwegen sie sich ihm in besonderer Weise verbunden fühlen.

Handlungsfähigkeit beweisen heißt für diese Bürger eben nicht, Flüchtlinge einfach abzuwehren, sondern heißt, eine gemeinsame europäische Flüchtlingspolitik zu erreichen, die zu einer wirklichen Bekämpfung der Fluchtursachen und zu einer wirklichen Lastenverteilung führt. Dafür ist hier nichts — nicht einmal etwas in Ansätzen — zu erkennen.

Darum lehnen wir sowohl die vorgeschlagene Verfassungsänderung wie auch das darauf aufbauende Gesetz ab. (C)

(Beifall bei Abgeordneten der F.D.P. und der SPD sowie bei der PDS/Linke Liste und dem BÜNDNIS 90/DIE GRÜNEN)

Vizepräsident Helmuth Becker: Frau Ingeborg Philipp, Sie haben jetzt das Wort. Bitte sehr.

Ingeborg Philipp (PDS/Linke Liste): Herr Präsident! Meine Damen und Herren! „Unsere Sünden bestehen nicht so sehr in dem, was wir getan haben, sondern was wir unterlassen haben zu tun." Diese Worte schrieb der langjährige Vorsitzende des Forschungsrats der DDR, Max Steenbeck auf, als er über sein Leben nachdachte. Er wußte, daß Erinnern und Vorausdenken ein Leben erst substantiell wertvoll machen.

Er beschrieb zwei wichtige Situationen, die ich heute mitteilen möchte. Die erste war folgende: Sie waren als junges Ehepaar nach Berlin gefahren, um eine Stehlampe einzukaufen, an einem Tag, der als „Kristallnacht" eine ganz schlimme Berühmtheit erlangte. Sie erfuhren durch Freunde, was geschehen war, sind noch einmal in die Stadt gefahren und haben das Bild der Verwüstung mit Schrecken und Angst erblickt.

Sie haben am nächsten Tag die Überraschung erlebt, daß trotz der Zerstörung der jüdische Ladenbesitzer kam und die Lampe auslieferte. Sie haben angsterfüllte Augen gesehen, die sie zeitlebens in (D) ihrer Erinnerung bewahrt haben.

Die zweite Episode ist einige Jahre später gewesen. Steenbeck war Kriegsgefangener geworden und befand sich in einem sowjetischen Kriegsgefangenenlager. Da er von der Wehrpflicht zurückgestellt war, schrieb er die Formeln weiter, die er bei Siemens entwickelt hatte. Das ist sowjetischen Soldaten aufgefallen, und sie haben das weitergemeldet. Er ist deshalb nach Moskau gekommen und hat dort an der Entwicklung der Atombombe erfolgreich mitgearbeitet.

Was ist erreicht worden? Es ist ein **Gleichgewicht des Schreckens** erreicht worden, das aber die Menschheit überhaupt nicht weitergebracht hat, das nur Entsetzen ausgelöst hat. Erinnern und Vorausdenken heißt leben.

„Unsere Sünden bestehen nicht so sehr in dem, was wir getan haben, sondern was wir unterlassen haben zu tun." Das klingt ganz ähnlich wie in der Bibel: „Was ihr nicht getan habt den Ärmsten unter diesen meinen Brüdern, das habt ihr mir nicht getan." Daran müssen wir heute denken. Es ist nämlich ein schwerwiegender Schritt, der heute gegangen wird.

Dieses 20. Jahrhundert wird in der Geschichtsschreibung der Menschheit mit vielschichtigen Angstträumen beschrieben werden müssen. Wir haben keine **Kultur des christlichen Abendlandes** entwickelt.

(Jochen Feilcke [CDU/CSU]: Ihr nicht, nein!)

2. Analyse der Debattenbeiträge

2.1. Redner 1: Schäuble

Dr. Wolfgang Schäuble (CDU/CSU): Frau Präsidentin! Meine sehr geehrten Damen und Herren!
1. Begrüßung: S.13503, Spalte 2, Zeile 59-60: ii.b)
Es werden die Präsidentin, als Vorsitzende, und die anwesenden Abgeordneten direkt verbal als Zuhörer adressiert.
Impliziter Adressat ist die „Öffentlichkeit". Zwischen den Adressaten entstehen höchstens die wissensabhängigen Fehlinterpretationen: weniger naive Zuschauer und Beteiligte wissen, daß ein komplexes Muster mit zwei Äußerungsdesigns durchgeführt wird, bei dem die direkt verbal Adressierten als interlocuter BEGRÜSST werden, sie gleichzeitig aber intermediaries sind und für die Zuschauer als indirect targets diese Begrüßung als Ausdruck der rituellen Höflichkeit nach dem Muster „PARLAMENTARISCHER UMGANG" inszeniert wird. Die Einhaltung dieses Ritus kann als Zweck der Legitimation des Handelns (ii.b)) gedeutet werden, da der Redner so zu erkennen gibt, daß er die an ihn als Parlamentsredner gestellten Normen zu erfüllen gedenkt: die Rechtmäßigkeit seiner Handlung wird dadurch betont. Naivere Zuschauer halten sich als audience nicht für berücksichtig, bleiben also im unklaren darüber, daß sie selbst „indirect targets" und die Parlamentarier auch intermediaries sind und daß neben ihnen noch weitere „indirect targets" außerhalb des Parlaments existieren. Hier liegt nur insofern ein Spannungsverhältnis vor, als daß eine Illusion nicht durch die Adressierung aller Zuhörer zerstört wird. Der Erhalt dieser Illusion ist textsortenspezifisch und ist bereits in den Begriff der „Inszenierung politischen Handelns" eingeflossen.
Redner 1 hat durch den Erhalt des Rederechts die Situationsrolle des Redners bekommen, der gemäß er sich verhält.

Der kurze Vorlauf vor dieser Beratung hat schon gezeigt, daß die Debatte, die wir heute zu führen, und die Entscheidung, die wir heute zu treffen haben, zum einen von einer ganz ungewöhnlichen Vorgeschichte, zum anderen von Umständen begleitet sind, die ebenso ungewöhnlich wie hoffentlich einmalig bleiben.
2. S.13503, Spalte 2, Zeile 60 - S.13504, Spalte 1, Zeile 4: A1., A2., A3., i.a), i.b)
Argument 1. Das zeigt der Vorlauf vor der Debatte. A1 löst einen GA von A2 und A3 ein, indem an das gemeinsame Vorwissen appelliert wird. Die Stützung hat lediglich die Struktur p weil q, da weder eine funktionale Stützung (Nachweis der Eignung von q aufgrund einer Regel R), noch eine materiale Stützung

(Nachweis der Relevanz einer angewandten Regel in einem Beurteilungssystem SY) vorgenommen wird. Es hat eine ungewöhnliche Vorgeschichte gegeben (p), und die Debatte ist von ungewöhnlichen Umständen begleitet (p), weil es der Vorlauf gezeigt hat (q).
Argument 2. Es hat eine ungewöhnliche Vorgeschichte der Grundgesetzänderung gegeben.
Argument 3. Die Debatte ist von ungewöhnlichen Umständen begleitet.

Hier wird auf die Beratung über die Blockade des Bundestags Bezug genommen und so formal eine Überleitung von der vorigen Debatte hergestellt. Die Sachverhaltsdarstellung, der Vorlauf habe die ungewöhnliche Vorgeschichte und die „hoffentlich ebenso ungewöhnlichen wie einmaligen Umstände" gezeigt, wird nicht allein als Informationshandlung im Sinne von Sachverhaltsvermittlung (i.a)) angesehen. Einmal wird durch „hoffentlich" eine persönliche Einstellung Redner 1s zum Ausdruck gebracht, die zwar nicht falsifizierbar ist, die aber doch als nicht konsensfähig beschrieben werden kann. Sie richtet sich allein gegen die Demonstranten, wie durch seine späteren Erläuterungen deutlich wird (i.b)). Bei der Einschätzung der Demonstration liegen aber Differenzen innerhalb der Abgeordnetenschaft vor. So herrscht vielleicht Einigkeit über den Wunsch nach Einmaligkeit der Ereignisse vor, allerdings aus verschiedenen Gründen: während die einen meinen, man hätte solche Ausschreitungen nicht durch falsche Politik provozieren sollen, meinen Redner 1 und Gleichgesinnte eine rigidere Beschneidung des Demonstrationsrechts. Ähnliches gilt für die „ungewöhnliche Vorgeschichte".
Das Muster der Darstellung der eigenen Meinung muß auch deshalb zugesprochen werden, weil mit den zwei „wir"s jeweils die Abgeordneten indirekt adressiert werden. Die Frage ist, wie das geschieht: sicherlich werden die Abgeordneten indirekt angesprochen, indem von ihnen etwas berichtet wird. Die Zuordnung zum „wir" können sie aber nur durch implizite Annahmen leisten: sie wissen, daß sie „heute" die Entscheidung treffen. Es liegt also eine gemischte Adressierung vor. Redner 1 macht sich so zum spokesman der Abgeordneten, eine Rolle, die er aufgrund seiner Positionsrolle als Abgeordneter durchaus einnehmen kann. Nur ist das, was er als spokesman dieser Gruppe sagt, eben innerhalb dieser Gruppe durchaus umstritten, wie oben bereits ausgeführt wurde. Deshalb ist an dieser Stelle von einer Darstellung des eigenen Standpunktes anstatt von einer Informationshandlung als Sachverhaltsfeststellung auszugehen. Entsprechend ist die Äusserung auch als Darbietung der eigenen Position zu werten und dient so der Informationslieferung an den Wähler.

Wir, die Verantwortlichen in Bund und Ländern, haben seit mehr als anderthalb Jahrzehnten um eine verantwortbare Steuerung für Zuwanderung gerungen.

3. S.13504, Spalte 1, Zeile 5-8: A4., i.a), i.b), ii.b), iii.a)
Argument 4. Es wurde seit mehr als anderthalb Jahrzehnten um die Steuerung der Zuwanderung gerungen. A4 löst einen GA von A2 ein. Die Stützung basiert auf der Struktur p weil q aufgrund von R in SY und ist so funktional und material gesichert. Allerdings werden R und SY nicht explizit genannt. Sie können aber beide als allgemeingültig vorausgesetzt werden. Die Stützung kann so formuliert werden: Es hat eine ungewöhnliche Vorgeschichte gegeben (p), weil seit mehr als anderthalb Jahrzehnten um die Steuerung der Zuwanderung gerungen wurde (q), aufgrund der Regel, daß ein Ringen über zwei Jahrzehnte ungewöhnlich ist (R), wenn es sich um das Ringen um eine Gesetzgebung handelt (SY).

Der Satz ist nicht nur als Informationshandlung aufzufassen, obwohl er durchaus Informationen über die Dauer der Tätigkeit der „Verantwortlichen in Bund und Ländern" bezüglich des Asylproblems enthält (i.a)). Es ist nicht davon auszugehen, daß Konsens darüber besteht, daß es bei der Asylgesetzgebung um eine Steuerung der Zuwanderung geht, auch wenn Redner 1 es so sehen mag. Seine Adressierung „wir, die Verantwortlichen in Bund und Ländern" bezieht sich auf jeden Fall auch auf seine Kollegen in den anderen Parteien. Durch die indirekte Adressierung hebt sich Redner 1 hier wieder als spokesman einer Gruppe hervor, der er zwar angehört, innerhalb derer aber unterschiedliche Auffassungen zu den geäußerten Sachverhalten bestehen. Bei den indirekten Adressaten ist allerdings nicht klar, um wen es sich genau handelt: um die Land- und Bundestagsabgeordneten, entsprechende Abgeordnete in Ausschüssen und Arbeitsgruppen, um Minister oder auch um Verwaltungsangestellte. Die anwesenden Abgeordneten können jedoch zu dieser Selbstzuschreibung im Rahmen ihrer Möglichkeiten (Zwischenfrage mit Erlaubnis des Redners, unerlaubter Zwischenruf, Lachen oder Beifall) reagieren. Durch den Einsatz des Ausdrucks „gerungen" schafft Redner 1 wieder eine Kommentierung der geleisteten Arbeit, die seine Einsatzfreude und emotionale Beteiligung am Erfolg der gemeinsamen Arbeit andeutet. Diese Ebene des dramaturgischen Handelns war bereits durch „hoffentlich" im vorangegangenen Abschnitt beschritten worden. Dadurch gibt er nicht nur seinen politischen Standpunkt preis (i.b), er wirbt auch für seine Person als engagierter Politiker (iii.a)). Die impliziten Adressaten sind die abwesenden Zuschauer oder Zuhörer, sie sind zum Teil die indirect targets der Äußerung.
Als Informationslieferung an die Wähler wird die lange Einigungsgeschichte über das Problem hervorgehoben, was als Muster eine Klärung eines Sachverhalts darstellt. Gleichzeitig wird durch das Hervorheben der langen Beratungszeit die Angemessenheit des Handelns vor den Wählern betont. Das zeigt, daß eine lange, gründliche Beratung der Gesetzesänderung vorausging. Dieses ist als Legitimationsmuster des politischen Handelns aufzufassen (ii.b)).
Eine leicht werbende Funktion vor naiveren Parteigenossen und Wählern ist durch die Selbstzuschreibung als spokesman der Verantwortlichen in Bund und

Ländern zu verzeichnen. Er stellt sich nicht nur als zu dieser elitären Gruppe zugehörig dar, sondern auch als deren Sprecher. Innerhalb der Abgeordnetenschaft bleibt dies unwidersprochen.
Es stellt sich die Frage nach der Überschaubarkeit der Musterdurchführungen bei den Abwesenden: nehmen sie sich als Handlungsbeteiligte (mögliche indirect targets) wahr oder sehen sie sich ausschließlich als audience und die Abgeordneten als interlocuter oder indirect targets, aber nicht als intermediaries für sich selbst?

Nach langen, qualvollen Beratungen, Diskussionen, Auseinandersetzungen, Versuchen, gemeinsame Wege zu finden, sind wir heute an dem Punkt angelangt, abschließend beraten und entscheiden zu können.
4. S.13504, Spalte 1, Zeile 8-12: A4., i.a), i.b), ii.b), iii.a)
Argument 4. Es wurde seit mehr als anderthalb Jahrzehnten um die Steuerung der Zuwanderung gerungen. A4 löst einen GA von A2 ein. Die Stützung basiert auf der Struktur p weil q aufgrund von R in SY und ist so funktional und material gesichert. Allerdings werden R und SY nicht explizit genannt. Sie können aber beide als allgemeingültig vorausgesetzt werden. Die Stützung kann so formuliert werden: Es hat eine ungewöhnliche Vorgeschichte gegeben (p), weil seit mehr als anderthalb Jahrzehnten um die Steuerung der Zuwanderung gerungen wurde (q), aufgrund der Regel, daß ein Ringen über zwei Jahrzehnte ungewöhnlich ist (R), wenn es sich um das Ringen um eine Gesetzgebung handelt (SY).

Angeknüpft wird hier an das doppelte Muster Sachverhaltslieferung (lange Beratungen) (i.a)) und Legitimation (Lösungsfindung als harte Arbeit) (ii.b)) durch Angemessenheitsdarstellung. Die indirekte Adressierung „wir" bezieht sich auf die Abgeordneten, was implizit klar wird, da sie die „heutige" Entscheidung fällen. Völlig korrekt wird das Muster allerdings nicht durchgeführt, da innerhalb von „wir" umstritten ist, ob wirklich abschließend beraten und entschieden wird. Im Sinne einer Gesetzesberatung sicherlich, im Sinne einer Problemlösung sicher nicht, wie auch Klose in seiner Rede hervorhebt. Daß letzteres auch gemeint ist, scheint die Formulierung „nach langen ... heute an dem Punkt angelangt" nahezulegen, was eine Beendigung der qualvollen Auseinandersetzungen suggeriert. Die indirekt adressierten Abgeordneten verfügen so über ein anderes Wissen über den Wahrheitsgehalt der Äußerung als uninformierte Zuschauer. Aus der Sicht der Abgeordneten wäre die Äußerung sicherlich als Darstellung des politischen Standpunktes Redner 1s besser zu beschreiben (i.b)). Aktantenabhängig wird hier das Muster unterschiedlich interpretiert. Allerdings muß berücksichtigt werden, daß die Abgeordneten wissen, daß uninformierte Zuschauer nicht über ihr Wissen verfügen und die Äußerung daher nach dem Muster der Informationslieferung durch Sachverhaltsdarstellung deuten. Der eigene Standpunkt wird auch durch das „qualvollen" hervorgehoben. Diese eindeutige Wertung ist wieder als Andeutung einer politischen Standortbestimmung zu sehen, die den werbenden Aspekt der Selbstdarstellung des engagierten Politikers in sich trägt.

Zugleich muß ein großes Polizeiaufgebot - ich hoffe, daß es wirklich einmalig ist, daß wir ein solch großes Polizeiaufgebot brauchen - die Integrität unserer parlamentarischen Beratungen und Entscheidungen sicherstellen

5. S.13504, Spalte 1, Zeile 17-17: A5., i.a), i.b), iii.a), iii.b), iv.aa), iv.ab), iv.ac), iv.b)

Argument 5. Ein großes Polizeiaufgebot muß die parlamentarische Arbeit schützen. A5 löst einen GA von A3 nach der Struktur p weil q aufgrund von R in SY, d.h. funktional und material, ein. Die Debatte ist von ungewöhnlichen Umständen begleitet (p), weil ein großes Polizeiaufgebot die parlamentarische Arbeit schützen muß (q), aufgrund der Regel, daß der Schutz der parlamentarischen Arbeit durch ein großes Polizeiaufgebot ungewöhnlich ist (R), wenn es sich um eine Demokratie handelt (implizites SY).

Die Sicherung des Bundestags durch die Polizei ist eine zutreffende Sachverhaltsdarstellung und daher als Informationshandlung zu deuten, die an die Abgeordneten als intermediary gerichtet ist und auf die abwesenden Zuhörer als indirect targets zielt (i.a)). Die Anwesenden sind nämlich über das Polizeiaufgebot durchaus informiert. Eingebettet ist eine Hoffnung Redner 1s, über deren Zutreffen er nur allein eine Entscheidung fällen kann (i.b)). Er besitzt den privilegierten Zugang, es handelt sich um dramaturgisches Handeln, wenn man die Rationalisierungsmöglichkeit berücksichtigt. Daher kann nichts über den Wahrheitsgehalt ausgesagt werden. Mit „wir" adressiert er indirekt die Abgeordneten, allerdings ohne sich in diesem Fall direkt zu ihrem spokesman zu machen.

Es findet eine Informationslieferung an die Wähler statt, indem ein Sachverhalt geklärt wird. Gleichzeitig wirbt Redner 1 aber auch durch den dramaturgischen Teil für seine Person im Wahlkreis (iii.a)) und im Plenum (iii.b)) sowie bei Wählern, von naiven (iv.aa)) und weniger naiven Parteigenossen (iv.ab)) bis hin zu Unentschlossenen (iv.ac)) und Interessenverbänden (iv.b)). Er teilt mit, daß er die Demonstrationen verurteilt und als Angriff gegen die Integrität des Parlaments auffaßt. Damit stellt er seine bekannte Position zum Rechtsstaat heraus, die von Teilen der Bevölkerung geteilt wird. Für sie wirkt die Äußerung werbend.

Wen könnte das nicht bedrücken?

6. S.13504, Spalte 1, Zeile 17-18: A6., i.b), iii.a), iii.b), iv.aa), iv.ab)

Argument 6. Das bedrückt alle. A6 löst einen GA für A7 ein, was durch „deswegen" markiert wird. Die Struktur wäre p weil q: Redner 1 bedankt sich bei der Polizei (p), weil alle bedrückt sind (q). Für solch eine Regel die etwa lauten müßte: wenn die Polizei eingesetzt werden muß, bedankt man sich bei ihr, läßt sich kein System finden, in dem dieses Gültigkeit hätte. Da es zur Aufgabe der Polizei gehört, daß sie zur Sicherung der Demokratie eingesetzt wird, bedankt man sich für eine Selbstverständlichkeit, also etwas, das im Sinne der Sprechaktregeln für „Danken" nicht relevant ist. Die Stützung ist also nicht fundiert.

Teile der Abgeordneten bedrückt es mit Sicherheit nicht, da sie bereits bei 3. anderer Auffassung waren. Obwohl sie durch die Allgemeingültigkeit der rhetorischen Frage mit adressiert sind, wehren sie sich aber nicht. Vielleicht, weil das „bedrücken" einen individuellen psychischen Zustand beschreibt, der für die Beurteilung einer politischen Lage kaum angemessen ist[1]. Die künstliche Überhöhung kann so eindeutig als dramaturgische Selbstdarstellung Redner 1s erkannt werden, der diese Ereignisse eben für sich als so entscheidend darstellt, daß Bedrückung angemessen ist (i.b)). Diese emotionale Hingebung an den Rechtsstaat ist in ihrer Verallgemeinerung nicht nur eine Behauptung, die den eigenen Standpunkt wiedergibt, sondern sie wirbt für Redner 1 bei seinen Wählern (iii.a)), seiner Fraktion (iii.b)) und naiveren Parteigenossen (iv.aa)), indem sie sein Image als kompromißloser Hüter des Rechtsstaates stärken. Darin sehen sich seine Wähler als durch ihn vertreten.

Deswegen ist mein erstes Wort an dieser Stelle ein Dank an die Polizeibeamten und die Sicherheitskräfte,

> *(Beifall bei der CDU/CSU und der F.D.P. sowie bei Abgeordneten der SPD), Zeile 22-23*

die heute einen schweren Dienst tun müssen, die provoziert werden und sich nicht provozieren lassen dürfen und die nicht nur uns, sondern auch den freiheitlichen Rechtsstaat schützen.

7. S.13504, Spalte 1, Zeile 19-27: A7., A8., A9., A10., A11., ii.b), iii.a), iii.b), iii.c), iii.e), iv.aa), iv.ab), iv.b)

Argument 7. Dank an die Polizei.

Argument 8. Die Polizei hat einen schweren Dienst. A8 löst einen GA von A7 und indirekt auch von A6 ein. Die Struktur ist: p weil q aufgrund von R in SY. Die Formulierung würde lauten: Der Dank wird ausgesprochen (p), weil die Polizei einen schweren Dienst hat (q). Bei besonderen Leistungen zur Erhaltung der Demokratie gebührt den Polizisten Dank (R) innerhalb der Demokratie (SY).

---

[1] Es geht hier ja nicht um die Bedrohung von Leib und Leben, sondern um die Behinderung der Abgeordneten aus politischer Opposition heraus.

Argument 9. Die Polizei wird provoziert. A9 stützt einen GA von 8 nach der Struktur p weil q aufgrund von R in SY. Die Polizei hat einen schweren Dienst (p), weil sie provoziert wird (q). Die Regel wäre: Es ist schwer Dienst zu tun, wenn man provoziert wird (R). Sie gilt wohl in fast allen SY als konsensfähig.
Argument 10. Die Polizei darf sich nicht provozieren lassen. A10 löst einen GA von A8 nach der Struktur p weil q aufgrund von R in SY ein. Der Dienst ist schwer (p), weil die Polizei sich nicht provozieren lassen darf (q). Die Regel wäre: Es ist für Polizisten schwierig, auf Provokationen nicht zu reagieren (R), wenn sie im Dienst sind (SY).
Argument 11. Die Polizei schützt die Abgeordneten und den Rechtsstaat. A11 löst einen GA von A8 nach der Struktur von p weil q ein. Der Polizei wird gedankt (p), weil sie die Abgeordneten und den Rechtsstaat schützt (q). Weil das aber zu ihren normalen Aufgaben gehört, verstößt dieses gegen die Relevanz der Sprechaktregeln, so daß von einer ungewissen Stützung im argumentativen Sinn gesprochen werden muß.

Der Dank an die Polizei- und Sicherheitskräfte kann als nach dem Muster des Aufzeigens der Angemessenheit des Handelns aufgefaßt werden (ii.b)), da sie „den freiheitlichen Rechtsstaat schützen". Sich dafür als Politiker dankbar zu zeigen, ist legitimes Rollenhandeln. Indirect targets sind die Wähler.
Indirekt werden Polizei und Sicherheitskräfte adressiert, denen Redner 1 seinen Dank ausspricht (iv.b)). Die Danksagung kann aber nur gelingen, wenn der Gesprächsrahmen des Parlaments gesprengt wird und die abwesenden Polizeikräfte als participants aufgefaßt werden. An dieser Stelle wird so die Inszenierung durchbrochen, indem nicht Anwesende für alle kenntlich angesprochen werden. Durch den Beifall, den er dafür bekommt, wird er als „spokesman" der Abgeordneten der CDU/CSU, F.D.P. und SPD für diese Handlung ausgezeichnet, der im Sinne eines gemeinsamen „motive" handelt. Der Dank an die Polizisten geht aber von ihm aus. Er zeigt seine Verbundenheit ihnen gegenüber. Durch die Öffentlichkeit dieser Handlung stellt er den Dank und seine Verbundenheit mit der Polizei zur Schau. Damit erfüllt er die Erwartungen, die an ihn als ehemaligen Innenminister und Vertreter eines restriktiven Rechtsstaatsverständnisses - zumindestens auf seiten seiner Anhänger in Wahlkreis (iii.a)) und Öffentlichkeit (iii.c)) - gestellt werden (iii.e)). Er wirbt damit für seine Person und Partei und zwar sowohl bei naiven (iv.aa)) als auch bei weniger naiven (iv.ab)) Anhängern. Gleichzeitig setzt er die F.D.P. und SPD unter Druck, auf diesen Dank zu reagieren. Applaudieren sie nicht, kann es ihnen als mangelnde Unterstützung der Polizei und des Rechtsstaats ausgelegt werden, und zwar sowohl von seiten der Polizei, als auch von seiten der Zuschauer. Mit ihrem Applaus distanzieren sie sich aber von den Demonstranten und deren Sympathisanten unter den Zuschauern, was ein Problem ist, da es ja selbst unter den Parlamentariern dieser Parteien Gegner der Gesetzesvorlage gibt. Bei der SPD wird dieser Konflikt gelöst, indem sich nur

Teile der Fraktion am Applaus beteiligen[2]. Das Äußerungsdesign ist damit hochgradig komplex. Die Überleitung durch „deswegen" legt eine logische Verbindung zum vorher Gesagten nahe. Dadurch, daß SPD-Abgeordnete sich dem Dank nicht verschließen können und Redner 1 für diesen Augenblick als ihren spokesman anerkennen, erkennen sie auch seine vorherigen Ausführungen indirekt mit an, aus denen er ja seinen Dank ableitet, und daß, obwohl sie inhaltlich zum Teil durchaus anderer Meinung sein dürften.
Nach dem Applaus, der in erster Linie ebenfalls Wählern und den Polizeibeamten gelten dürfte und nicht dem Redner, gibt Redner 1 seine Sichtweise der Polizeiarbeit wieder, die allerdings durch den vorangegangenen Applaus durchaus einen verallgemeinernden Stellenwert bekommt. Sie liefert auch formal die Begründung für den Dank an die Polizisten, die scheinbar Außergewöhnliches leisten. Was Redner 1 da inhaltlich beschreibt, ist aber keineswegs außergewöhnliche Polizeiarbeit, sondern eben normale Polizeiarbeit bei Demonstrationseinsätzen, die die Ausübung des Demonstrationsrechts beim Schutz von Menschen und Gebäuden gewährleistet. Daß diese Arbeit zum Aufgabenprofil der eingesetzten Polizisten gehört, weiß keiner besser als Redner 1, der ehemalige Bundesinnenminister, aber auch die anderen Abgeordneten dürften sich darüber im klaren sein[3]. Die großartige Leistung, die Redner 1 hervorhebt, können dann wohl nur die Betroffenen selbst und naivere Zuschauer würdigen.

Mein zweites Wort ist eine Mahnung zur Besonnenheit und zur Verantwortung, eine Mahnung an alle: innerhalb dieses Saales und außerhalb unseres Parlaments.

8. S.13504, Spalte 1, Zeile 28-31: A12., i.b), iii.a), iii.b), iv.aa), iv.ab)

Diese Adressierung ist wieder indirekt verbal und zwar an „alle: innerhalb des Saales und außerhalb des Parlaments". Hier hebt Redner 1 die Inszenierung erneut auf. Die Ermahnung wäre sinnlos, würde sie nicht außerhalb des Parlaments gehört werden. Er erklärt sowohl Anwesende wie Abwesende zum target seiner Äußerung. Indem er zu Verantwortung und Besonnenheit mahnt, erfüllt er die Rollennorm der Politikerrolle, angemessen zu handeln. Eine solche Ermahnung kann gewöhnlich nur eine Person aussprechen, die selbst besonnen und verantwortungsvoll handelt. Durch diese Voraussetzung findet also eine Selbstzuord-

---

[2]Es soll hier nicht behauptet werden, daß diese Interessensabwägung reflektiert geschieht. Vielmehr gehe ich mit KLEIN und HOLLY davon aus, daß es zu den routinierten Verhaltensweisen von Politikern zu zählen ist, sich angemessen zu verhalten.

[3]Wohl auch darüber, daß das mit dem Sich-nicht-provozieren- lassen nicht immer gelingt, und solche Polizeieinsätze durchaus auch zu Schädigungen von Demonstranten führen.

nung Redner 1s unter die Besonnenen und Verantwortungsvollen statt: Imagearbeit oder dramaturgisches Handeln, mit dem bei den Wählern (iii.a)), seinen Parteigenossen (iv.aa), iv.ab)) und seiner Fraktion für ihn geworben wird (iii.b)).

Ich möchte am Beginn dieser Debatte gerne die Erklärung unseres Bundespräsidenten zitieren, der Anfang dieser Woche erklärt hat:
9. S.13504, Spalte 1, Zeile 32-34: A12., i.a), iii.a), iii.b), iii.c)
Argument 12. Alle sollten [illegible] sein.

Redner 1 leitet ein Muster der Informationslieferung (i.a)), nämlich über etwas, was der Bundespräsident gesagt hat, ein. Durch „unser" adressiert er indirekt alle Deutschen und macht sich so für einen kurzen Moment zu ihrem spokesman. Gleichzeitig bereitet er seine Rolle als relayer des Bundespräsidenten, d.h. einen Footing-Wechsel, vor. Dadurch wird der Bundespräsident indirekt verbaler Adressat. Als relayer des Bundespräsidenten fällt ein besonderes Licht auf Redner 1. Da der Bundespräsident im Gegensatz zu Redner 1 eher als liberal und bei allen beliebt gilt, scheint seine Bezugnahme seine Kompromißhaltung zu bestätigen und erfüllt die Werbungsfunktion bei Wählern (iii.a)) und im Plenum (iii.c)). Außerdem kann das als formaler Versuch gedeutet werden, die politische Bandbreite innerhalb der CDU/CSU als Fraktionsvorsitzender zu repräsentieren. So wirbt er auch innerhalb der Fraktion für sich (iii.b)).

„Im Laufe der Woche berät der Deutsche Bundestag über das Asylrecht.
10. S.13504, Spalte 1, Zeile 35-36: A13., i.a), iii.a), iii.b), iii.c)
Argument 13 (umfaßt die Segmente 10. und 11.). Der Bundespräsident sagt, daß die Beratungen über das Asylrecht im Bewußtsein über seine Bedeutung geführt werden.

Redner 1 spricht als relayer des Bundespräsidenten zeitlich versetzt und kündigt das Ereignis an, das er gerade mitbestimmt. So führt er die Muster des vorangegangenen Segments weiter.

Wir dürfen alle davon ausgehen, daß dies in tiefem Bewußtsein der leidvollen Erfahrungen geschieht, die uns unsere eigene Geschichte über die elementare Bedeutung des Rechtes auf Asyl lehrt.
11. S.13504, Spalte 1, Zeile 36-40: A14., i.a), ii.b), iii.a), iii.b), iii.c)
Argument 13 (umfaßt die Segmente 10. und 11.). Der Bundespräsident sagt, daß die Beratungen über das Asylrecht im Bewußtsein über seine Bedeutung geführt werden.

Der Bundespräsident legitimiert die Abstimmung (ii.b)), indem er die Angemessenheit des Handelns behauptet: tiefes Bewußtsein, elementare Bedeutung usw.. Ansonsten kann von einer Fortsetzung der begonnenen Muster durch die Fortsetzung des Zitats ausgegangen werden. Adressiert sind indirekt „wir alle", d.h. wohl alle Deutschen.

Ein Zeichen dafür sind die ernsten Auseinandersetzungen der vergangenen Monate zu diesem Thema.
12. S.13504, Spalte 1, Zeile 40-42: A15., i.a), ii.b), iii.a), iii.b), iii.c)
Argument 14. Der Bundespräsident sagt, daß ernste Auseinandersetzungen zu diesem Thema geführt wurden.
A14 löst einen GA von A13 nach der Struktur p weil q aufgrund von R in SY ein. Eine Formulierungsmöglichkeit wäre: Die Beratungen werden im Bewußtsein über die Bedeutung des Asylrechts geführt (p), weil ernste Auseinandersetzungen geführt werden (q), aufgrund der Regel, daß man sich der Bedeutung von Auseinandersetzungen bewußt ist, wenn man sie ernst führt (R), wenn die Auseinandersetzungen bei uns stattfinden (SY).

Es wird die Angemessenheit begründet indem über den Sachverhalt der Auseinandersetzungen informiert wird. Es liegen also Fortsetzungen der Muster des vorangegangenen Segments vor.

Jetzt stehen die Entscheidungen dort an, wo sie nach unserer Verfassung hingehören: im Bundestag und im Bundesrat.
13. S.13504, Spalte 1, Zeile 42-45: A16., i.a), ii.b), iii.a), iii.b), iii.c)
Argument 15. Der Bundespräsident sagt, daß die Entscheidungen in Bundestag und Bundesrat getroffen werden müssen.
Argument 16. Der Bundespräsident sagt, daß die Verfassung dieses Vorgehen vorsieht. A16 löst einen GA von A15 nach der Struktur p weil q aufgrund von R in SY ein. Die Entscheidungen müssen in Bundestag und Bundesrat getroffen werden (p), weil sie dort der Verfassung nach hingehören (q). Die Regel ist: Gesetze werden vom Bundestag und Bundesrat verabschiedet (R). Sie gilt im demokratischen System der Bundesrepublik Deutschland (SY).

Es wird wieder eine Sachinformation für die Wähler geliefert, die das Handeln durch Betonung seiner Angemessenheit für sie legitimiert. So werden die begonnenen Muster fortgesetzt.

„Eindringlich"
- so der Bundespräsident -

„bitte ich alle Bürgerinnen und Bürger, die Beratungen und Beschlüsse dieser Verfassungsorgane mit Aufmerksamkeit zu verfolgen und mit Besonnenheit zu begleiten.
14. S.13504, Spalte 1, Zeile 45-50: A17., i.a), iii.a), iii.b), iii.c)
Argument 17. Der Bundespräsident hat die Bürger gebeten, die Entscheidungsbildung mit Besonnenheit zu verfolgen.

Redner 1 führt einen Footing-Wechsel durch, indem er seine Relayer-Tätigkeit kurz unterbricht, um einen Punkt des Zitierten besonders hervorzuheben, auf dessen Wichtigkeit es ihm als author anzukommen scheint. Raffiniert ist an diesem Einschub, daß er inhaltlich darauf hinweist, daß Redner 1 nur relayer des Bundespräsidenten ist. Durch den Footing-Wechsel an dieser Stelle wird aber das Zitierte besonders betont und dadurch eine Bedeutungsveränderung durchgeführt, die sich rein inhaltlich nicht nachweisen läßt, da sie lediglich in „trans" liegt. So schleicht sich Redner 1 ein Stück weit in die Textbedeutung des Präsidententextes ein, ohne daß es ihm nachzuweisen wäre. Er kann sich ja immer noch damit herausreden, eine Verständigungssicherung vorgenommen zu haben, um klar zu machen, daß es sich immer noch um ein Zitat handele.
Danach ist Redner 1 wieder als relayer tätig. Daß gerade „eindringlich" so hervorgehoben wird, hat wohl seine Bewandnis mit der Ernsthaftigkeit und der persönlichen Bedeutung, die der Bundespräsident dem folgenden beimißt. Diese dramaturgische Seite des Beitrags wird von Redner 1 herausgestellt, um eine emotionale Bindung der Weizsäckerfreunde an seinen Redebeitrag herzustellen. Inhaltlich wird eine Aufforderung als Bitte durchgeführt, die an die „Bürgerinnen und Bürger" indirekt adressiert ist. Sie sollen sich ihrer Rolle als mündige Staatsbürger entsprechend verhalten, d.h. die „Entscheidungen aufmerksam verfolgen" und „besonnen begleiten". Bis auf das Legitimationsmuster werden die die begonnenen Muster so weitergeführt.

Jeder Versuch, Bundestag oder Bundesrat von außen mit rechtswidrigen Mitteln unter Druck zu setzen oder gar Gewalt auszuüben, wäre nur ein Anschlag auf unsere Verfassung, er würde keinem Asylbewerber nützen und am Ende vor allem den Ausländern und denen schaden, die auf Achtung und Schutz ihrer Menschenwürde unter uns angewiesen sind."
15. S.13504, Spalte 1, Zeile 50-58: A18., A19., i.a), i.c), iii.a), iii.b), iii.c)
Argument 18. Der Bundespräsident sagt, daß Versuche, den Bundestag rechtswidrig unter Druck zu setzen, ein Anschlag auf die Verfassung wären, der den Ausländern schaden würde.
Argument 19. Der Bundespräsident sagt, daß die Ausländer auf die Achtung und den Schutz ihrer Menschenwürde angewiesen sind. A19 löst einen GA von A18 ein. Allerdings wird nur die Struktur p weil q aufgrund von R realisiert, wobei R

implizit bleibt. Ein Anschlag auf die Verfassung schadet den Ausländern (p), weil sie auf den Schutz ihrer Menschenwürde angewiesen sind (q), aufgrund der Regel, daß Angriffe auf die Verfassung diese als Ganze schwächen (R) und der Schutz der Menschenwürde aufgrund der Verfassung gewährt wird. Würde man noch SY als Bundesrepublik Deutschland hinzunehmen, wäre die Argumentation hinfällig, da ja neben dem Grundgesetz auch völkerrechtliche Verträge existieren, die den Schutz der Menschenwürde bindend vorschreiben, egal, was im Grundgesetz steht. Die Stützung ist also ein wenig wacklig.

Der Bundespräsident liefert eine Information über einen Sachverhalt (i.a)) und eine Einschätzung der Folgen aus seiner politischen Position heraus (i.c)). Raffiniert dabei ist, daß er eventuellen Gegnern schon ausmalt, daß sie das Gegenteil des von ihnen Erstrebten erreichen würden. Während die Äußerung des Präsidenten vor dem Debattentag wohl noch als ziemlich konsensfähig gelten durfte, geschieht eine Veränderung dadurch, daß Redner 1 sie zeitlich versetzt anbringt. Der „Versuch, Bundestag oder Bundesrat von außen mit rechtswidrigen Mitteln unter Druck zu setzen" hat durch die Demonstrationen im Vorwege der Debatte konkrete Züge angenommen. Jeder participant (vielleicht bis auf den Bundespräsidenten) weiß, daß die Demonstrationen damit gemeint sind und daß das Zitat die Demonstranten kritisieren soll und es in dieser Kontextualisierung wohl auch tut. Die Frage ist nur, ob der Bundespräsident die Wahrnehmung des Demonstrationsrechts bereits als Anschlag auf die Verfassung gewertet hätte. Redner 1 macht sich durch den Zeitpunkt der Kontextualisierung zum co-author, obwohl er in der Rolle des relayer bleibt, wodurch er die Werbungsmuster (iii.a), iii.b) und iii.c)) weiterführt. Inwieweit seine Mitautorenschaft von den anderen Interaktanten wahrgenommen wird, ist allerdings zweifelhaft.

Ich denke, wir alle sollten uns diese Ermahnung unseres Staatsoberhauptes zu eigen machen.

> *(Beifall bei der CDU/CSU und der F.D.P. sowie bei Abgeordneten der SPD)*

16. S.13504, Spalte 1, Zeile 59-62: A20., i.b), iii.a), iii.b), iii.c)
Argument 20. Alle sollten die Ermahnung des Bundespräsidenten berücksichtigen. Einige GAs von A20 wurden bereits in A13-A19 eingelöst. Dadurch wird A20 durch A13-A19 gestützt.

Redner 1 fordert dazu auf, der Aufforderung des Bundespräsidenten zu entsprechen (i.b)). Damit zeigt er noch einmal deutlich seine Verbundenheit zum Bundespräsidenten und erfüllt die damit verbundenen Werbungsmuster für sich in Wahlkreis (iii.a)), Fraktion (iii.b)) und Plenum (iii.c)), wie sie bereits zu Beginn

des Zitats beschrieben wurden. Er stellt sich dadurch nicht nur als relayer des Bundespräsidenten dar, sondern auch als dessen sponsor und spokesman in einer Person.
Indem er „wir alle” zur Adressierung benutzt, stellt er nicht nur den Bezug zum letzten indirekten verbalen Adressaten (alle: innerhalb und außerhalb) wieder her, er reiht sich diesmal mit ein und ordnet sich selbst als indirect target der von ihm zitierten Äußerung ein. Durch diese Bescheidenheitsgeste wird wieder positive Imagearbeit betrieben. Diese Heraushebung des Bundespräsidenten wird mit Beifall von CDU/CSU, F.D.P. und Abgeordneten der SPD bedacht. Die Bedingungen für den Beifall sind ähnlich wie vorher. Der Bundespräsident stellt eine Autorität dar, die in der Bevölkerung hohes Ansehen genießt. Wer sich nicht hinter ihn stellt, setzt sich der Gefahr aus, unpopulär zu handeln und Wähler und Parteimitglieder zu vergraulen. Allerdings wird durch Redner 1 das Zitat gegen die Demonstranten gerichtet, mit denen sich einige der Abgeordneten und vor allem einige der Wähler und Sympathiesanten der F.D.P. und SPD solidarisch fühlen. Innerhalb der SPD findet daher wieder ein Splitting statt. Bei dieser werbewirksamen Imagepflege stehen dann auch die CDU/CSU und F.D.P.-Abgeordneten sowie einige SPD-Abgeordnete nicht zurück und unterstützen Redner 1 und dadurch indirekt den Bundespräsidenten durch Beifall.
Gerichtet ist die Äußerung durch „wir alle” und „unseres” sowohl an die anwesenden Abgeordneten als auch an die abwesenden Staatsbürger, nur daß die Abgeordneten versuchen, sich an der Eigenwerbung bei den Wählern durch die Berufung auf den Bundespräsidenten zu beteiligen.

Zu der Besonnenheit, zu der wir verpflichtet sind, gehört, meine verehrten Kolleginnen und Kollegen, auch ein verantwortlicher Umgang mit der Wahrheit, gerade in dieser Debatte und heute.
17. S.13504, Spalte 2, Zeile 1-4: A21., i.b)
Argument 21. Zur Besonnenheit gehört der Umgang mit der Wahrheit.

Redner 1 liefert eine Darstellung seiner politischen Position (i.b)). Allerdings hat er ihr Allgemeingültigkeit verliehen: er hat den Begriff „Besonnenheit” eingeführt, hat ihn durch das Bundespräsidentenzitat als konsensfähig abgesichert, hat ihn als allgemeingültig eingefordert und ist darin bestätigt worden und betätigt sich nun als Interpret des Begriffs. Allerdings ist die inhaltliche Aussage, die er trifft - der verantwortliche Umgang mit der Wahrheit gehört zur politischen Besonnenheit - wohl konsensfähig.
Er spricht direkt die Abgeordneten in ihrer Rolle als Abgeordnete (Kolleginnen und Kollegen) an, sie sind interlocuter. Gleichzeitig sind die Wähler indirect targets, da ihnen ein Kriterium für die Qualität des politischen Handelns nahegelegt wird, anhand dessen sie die Politiker überprüfen können: der Umgang mit der

Wahrheit. Wieder stellt sich die Frage, wie das doppelte Design durch die Zuschauer verstanden wird. Sehen sie sich als indirect target oder nur als audience an. Durch den Adressierungswechsel, d.h. durch die Existenz eines interlocuters, für den die Äußerung auf jeden Fall auch bestimmt ist, scheint die Existenz der impliziten Adressaten in ihrem Bewußtsein auf jeden Fall nicht besonders hervorgehoben zu werden.

Wer hier in diesem Saal oder außerhalb sagt, Gegenstand der Debatte sei die Abschaffung des Asylrechts in der Bundesrepublik Deutschland, der sagt nicht die Wahrheit.

(Beifall bei der CDU/CSU und der F.D.P. sowie bei Abgeordneten der SPD, Zeile 9-10)

18. S.13504, Spalte 2, Zeile 4-10: A22., i.c), iii.a), iii.b), iv.aa), iv.c)
Argument 22. Die Gesetzesgegner sagen die Unwahrheit.

Der formale Anschluß an das bisher Ausgeführte wird durch den Begriff „Wahrheit" hergestellt, der sich alle verpflichtet fühlen sollten.
Es handelt sich dabei um eine implizite Adressierung, und zwar: „Wer hier in diesem Saal oder außerhalb sagt, Gegenstand der Debatte sei die Abschaffung des Asylrechts...". Auch wenn der Personenkreis eingegrenzt und benannt wird (siehe CLARK/CARLSON) und so eine direkt verbale Adressierung vorliegt, bezieht sich die implizite Adressierung auf alle Gegner, da sich inhaltlich auf das Hauptargument der Gesetzesgegner bezogen wird (i.c)). Es scheint unabhängig davon zu sein, ob jemand tatsächlich im Saal oder außerhalb den Wortlaut, den Redner 1 verwendet, äußert. Redner 1 übernimmt die Thesenaufstellung der Gesetzesgegner, indem er sich selbst zu ihrem relayer macht, also kurz einen Footing-Wechsel vornimmt, indem er ihre politische Position wiederzugeben scheint. Das entspricht dem Muster Informationslieferung über die Kritik an den Positionen des Gegners. Die Gegner gehen von der Abschaffung des alten Asylrechts aus. Verzwickt daran ist, daß ja weiterhin ein Asylrecht existieren wird und kein Gegner ernsthaft behauptet, daß es kein Asylrecht mehr geben wird. Gemeint ist, daß das alte Asylrecht im neuen keine Berücksichtigung mehr findet. Diese Differenzierung läßt Redner 1 fallen und unterstellt den Adressaten bewußtes Lügen, wenn sie von Abschaffung des Asylrechts reden. So macht er sich zum co-author und fügt eine Bedeutung ein, die sich leicht kritisieren läßt und die er dann denen, als deren relayer er auftritt, anlastet. Die Abgeordneten wissen, daß es sich um eine Verkürzung der Argumentation des Gegners handelt. Für sie reichen die genannten Sachverhalte aus, um die Argumentation der Gegner vor Augen zu haben und Redner 1s Angriff als parteiliche Stellungnahme zur Position des Gegners zu entlarven, die von seiner Position aus gerechtfertigt ist. Das Publikum

aber, das durch die direkte Adressierung der Kolleginnen und Kollegen ausgeblendet wurde, ist teilweise weniger gut informiert. Naivere Teile setzen die Position der Redner 1-Gegner mit der Behauptung, das Asylrecht solle abgeschafft werden, gleich, gehen also von einer korrekten Relayer-Schaft Redner 1s aus. Konservative Klientel sehen sich dann darin bestätigt, daß der Gegner lügt - wie offensichtlich ist, da es ja um die Verabschiedung eines Asylgesetzes geht (iv.aa)). Der Vorwurf des Lügens, von Redner 1 erhoben, ist für sie eine Sachverhaltsdarstellung und entspricht dem, wovor der Bundespräsident gewarnt hat. Das Thema „die Gegner lügen" ist für naivere Parteimitglieder und Wähler im Wahlkreis (iii.a)) eingeführt und wird so zum Vollzug eines Werbungsmusters für Redner 1, der gegen diese Lügen zu Feld zieht. Der direkte Vorwurf des Lügens ist so stark, daß er für die Presse eine warenmäßig attraktive Nachricht darstellt (iv.c)) und so ebenfalls werbend auf sie wirkt.
Für den Angriff auf die Gegner gibt es Beifall von CDU/CSU (iii.b)), F.D.P. und Abgeordneten der SPD. Vermutlich handelt es sich ausschließlich um Befürworter der Gesetzgebung. Die Unterstützung des subtilen Angriffs auf seiten der SPD ist allerdings schwer zu erklären, da er sich ja auch auf Mitglieder ihrer Fraktion erstreckt. Die Unterstützung eines Angriffs auf Teile der eigenen Fraktion erstaunt.

Nachdem die Diskussionen so lange geführt worden sind, muß man vermuten, daß jemand dann gegen besseres Wissen nicht die Wahrheit sagt.
19. S.13504, Spalte 2, Zeile 11-13: A23., A24., i.c), iii.a), iii.b), iv.c)
Argument 23. Nach den Diskussionen wissen alle, daß das Asylrecht erhalten bleibt. A23 löst einen GA von A24 nach der Struktur von p weil q aufgrund von R ein. Die Gesetzesgegner lügen (p), weil nach den Diskussionen alle wissen, daß das Asylrecht erhalten bleibt (q). Die Regel wäre: Wenn etwas lange diskutiert wird, kennt man sich im Diskutierten aus (R). Wenn also jemand über das Ergebnis eine andere Meinung als Redner 1 vertritt, kennt er aufgrund von R die Wahrheit und sagt deshalb absichtlich die Unwahrheit.
Argument 24. Die Gesetzesgegner lügen.

Ohne direkte Adressierung wiederholt Redner 1 den Vorwurf des Lügens und verstärkt ihn, indem er behauptet, daß das Lügen bewußt geschieht. Diese Behauptung begründet er mit den langen Diskussionen, die er bereits vorher als geführt herausgestellt hat. Die Muster des Kritisierens des gegnerischen Standpunktes (i.c) und der Werbung bei Wählern (iii.a)), Fraktion (iii.b)) und Presse (iv.c)) werden wiederholt oder fortgeführt.

Die Entscheidung, die wir zu treffen haben, ist wichtig für den inneren Frieden in unserem Land, für das friedliche, gute Miteinander von deutschen und ausländi-

schen Mitbürgern und für unsere Fähigkeit, auch in Zukunft Verfolgten Schutz, Zuflucht, Aufnahme zu bieten.
20. S.13504, Spalte 2, Zeile 14-19: A25., A26., A27., i.a), i.b)
Argument 25. Die Entscheidung ist wichtig für den inneren Frieden.
Argument 26. Die Entscheidung ist wichtig für das gute Miteinander von Deutschen und Ausländern.
Argument 27. Die Entscheidung ist wichtig für weitere Schutzgewährung für Verfolgte. A27 löst einen GA von A22 nach der Struktur von p weil q aufgrund von R ein. Die Gesetzesgegner sagen die Unwahrheit (p), weil die Entscheidung wichtig für weitere Schutzgewährung für Verfolgte ist (q). Die Regel wäre: Wer ein wichtiges Gesetz für die Aufnahme von Verfolgten erläßt,
der schafft das Asylrecht nicht ab (R).

Die Zuordnung von Handlungsmustern fällt schwer. Einerseits kann davon ausgegangen werden, daß „wir" (die Abgeordneten, denn nur sie treffen die Entscheidung) den Wortlaut der Äußerung für konsensfähig halten. Insofern handelt es sich um ein Informationsmuster, das die Wichtigkeit der Abstimmung (i.a)) den Wählern vor Augen führt. Andererseits ist dieser Konsens nur dadurch gewährleistet, daß „die Entscheidung, die wir zu treffen haben" aktantenabhängig unterschiedlich ist: aus Redner 1s Sicht heißt sie, den Gesetzen zuzustimmen, aus Sicht von Gesetzesgegnern heißt sie, die Gesetze abzulehnen. Es geht also um die heterogene Interpretation der Äußerung. Die Heterogenität wird aber nicht deutlich gemacht, sondern eine Interpretation im Sinne Redner 1s liegt nahe (i.b)). Daher ist von einem Muster der Darstellung des eigenen Standpunktes auszugehen.
Die weiteren indirekten Adressierungen „unserem Land" (die Deutschen), „deutschen und ausländischen Mitbürgern" und „Verfolgten" erschweren die Zuordnung weiter. So werden alle Betroffenen in einer Äußerung angesprochen. Diese Betonung des Gemeinsamen läßt die Gegensätze, die zwischen den einzelnen Betroffenen in der Beurteilung der Gesetze bestehen, verschwinden. Insofern kann davon gesprochen werden, daß versucht wird, die eigene Position vor naiveren Wählern als konsensfähig erscheinen zu lassen.

Es leben in der Bundesrepublik Deutschland 6,5 Millionen Ausländer.
21. S.13504, Spalte 2, Zeile 19-20: A28., i.a)
Argument 28. Es leben 6,5 Millionen Ausländer in Deutschland.
Hier wird eine Information über einen Sachverhalt geliefert (i.a)). Es kann höchstens dahingehend unterschieden werden, daß die Abgeordneten auf einen Bereich in ihrem Wissen hingewiesen werden, während die Zuschauer zum Teil neues Wissen geliefert bekommen.

Sie leben ganz überwiegend - das muß auch so bleiben oder höchstens noch besser werden - friedlich und freundlich mitten unter uns.
22. S.13504, Spalte 2, Zeile 20-23: A29., A30., i.a), i.b), iii.d)
Argument 29. Sie leben friedlich und freundlich unter uns.
Argument 30. Das muß so bleiben.

Auch hier wird wieder eine Information über einen Sachverhalt geliefert (i.a)). Allerdings findet hier durch den Gebrauch von „freundlich", was als eine subjektive Wahrnehmung Redner 1s [illegible] ist, zusätzlich eine Bewertung statt, in der er [illegible] Wahr[illegible]. Der Einschub stellt eine politische Position und Forderung Redner 1s dar (i.b)). Es werden damit drei Muster parallel durchgeführt: Information über einen Sachverhalt, Information über die eigene Position und Werbung für sich als Ausländerfreund (iii.d)). Indirekt adressiert werden die Ausländer und die Deutschen („unter uns"). Alle Inhalte dürften bei den Adressaten konsensfähig sein, weshalb sich bei der Mustermischung keine Schwierigkeiten ergeben.

Es wird auch nach der Entscheidung des heutigen Tages keine Abschottung der Bundesrepublik Deutschland gegenüber ausländischen Mitbürgern, solchen, die zu uns kommen wollen und zu uns kommen werden, geben.
23. S.13504, Spalte 2, Zeile 23-27: A31., i.a), i.b)
Argument 31. Es wird nach der Gesetzesänderung keine Abschottung geben.

Redner 1 führt wieder das Muster der Darstellung seiner eigenen Position durch (i.b)), da er eine Prognose über die Auswirkung des Gesetzes aufstellt, die von Gesetzesgegnern nicht geteilt wird: es werde nicht abgeschottet. Da es sich aber um ein zukünftiges Ereignis handelt, über das im Indikativ gesprochen wird, kann es aber auch als Informationshandlung über die Auslegung des Gesetzes in der Zukunft, an der Redner 1 maßgeblichen Einfluß haben wird, gedeutet werden (i.a)). Insofern wäre es als eine Art Versprechen aufzufassen. Näheren Aufschluß gibt die Formulierung „solchen, die zu uns kommen wollen und zu uns kommen werden". Je nachdem, wie das „und" verstanden wird, kommen die, die wollen, ohne daß eine Abschottung stattfände - das ist aber selbst nach der alten Rechtssprechung nicht der Fall gewesen, da dieses als ungehinderte Zuwanderung aufzufassen wäre. Oder es wird sich nicht gegen die abgeschottet, die kommen wollen und kommen werden. Wer aber kommt, wird durch das Gesetz festgelegt, und das wird als Abschottung aufgefaßt und nicht das Verhalten gegenüber den durch das Gesetz Zugelassenen. Die Kritik des Abschottens wird durch Redner 1 in diesem Fall dann so modifiziert, das sie angreifbar ist. Diese Doppeldeutigkeit der Formulierung spricht dafür, das Muster adressatenspezifisch als Informationsmuster, d.h. die Inhalte als verbindlich, aufzufassen. Natürlich gilt das nur für

Zuschauer, die nicht über die Abschottungsproblematik informiert sind oder sie aus Gesinnungsgründen nicht wahrhaben wollen. Andere, z.B. die Abgeordneten, deuten das Muster als Standpunktbestimmung. Als indirekte Adressaten finden sich alle Bundesbürger durch ein doppeltes „uns" in Verbindung mit „Bundesrepublik Deutschland" wieder. Ein Bezug der Äußerung auf sich wird ihnen damit nahegelegt.

Es werden in den nächsten Jahren - völlig unabhängig von dem, was wir entscheiden - 200000 bis 250000 zusätzliche ausländische Mitbürger jedes Jahr allein im Wege des Familiennachzugs auf Grund bestehender Regelungen unseres Ausländergesetzes zu uns kommen.
24. S.13504, Spalte 2, Zeile 28-33: A32., i.a), i.b)
Argument 32. Der Familiennachzug bringt Ausländer nach Deutschland. A32 löst einen GA von A31 nach der Struktur von wenn p dann erst recht q. Solange man sich nicht gegen Ausländer abschottet (p), schottet man sich nicht gegen Asylbewerber ab (q). Das entspräche der formalen Stützung. Besondere Überzeugungskraft kann aber nicht zugeschrieben werden, da kein argumentativer Zusammenhang zwischen Asylrecht und Familiennachzug in einem rational aufgebauten System besteht. Um den Zusammenhang herstellen zu können, müßten Ausländer und Asylbewerber gleichgesetzt werden, was Redner 1 hier zu tun scheint. Durch diesen (bewußten) Fehler verläßt Redner 1 aber das argumentative Muster.

Redner 1 liefert eine Informationshandlung über den Familiennachzug (i.a)). An dieser Argumentationsstelle werden sie als Ausländer aufgefaßt, die nicht abgeschottet werden, um die Nichtabschottung durch das Gesetz zu belegen. Informierte Zuschauer wissen, daß der Familiennachzug zwar im Ausländergesetz geregelt ist, in dem durch das zu verabschiedende Gesetzespaket auch eine asylrechtsrelevante Änderung (die Versorgungsansprüche betreffend) stattfindet, daß aber nur diese vage Verbindung zwischen der Grundrechtsänderung und den geschilderten Tatsachen besteht (i.b)). Asylrechtsproblematik und Zuwanderungspolitik werden an dieser Stelle vermischt und lassen sich von uninformierten Zuhörern auch nicht entwirren. Ihnen wird die Scheinhaftigkeit des Belegs nicht deutlich, und sie nehmen es als Informationsmuster im richtigen Kontext wahr. Daß sie und nicht nur die Abgeordneten indirekt adressiert sind, wird durch „unseres" und „zu uns kommen" nahegelegt. Die Abgeordneten werden allerdings durch „wir" (Entscheidungsträger) indirekt adressiert.
Hier wird ein Informationsmuster adressatenspezifisch entweder richtig (für weniger gut Informierte) oder nur zum Schein (Informierte erkennen, daß kein Zusammenhang zum Thema besteht) durchgeführt.

Wir haben in den letzten Jahren über 300000 Flüchtlinge aus dem Bürgerkriegsgebiet im ehemaligen Jugoslawien in Deutschland aufgenommen, mehr als jedes andere europäische Land.
25. S.13504, Spalte 2, Zeile 33-36: A33., i.a), i.b), iv.a) Argument 33. Es wurden bereits viele Bürgerkriegsflüchtlinge aufgenommen. A33 löst ebenfalls einen GA von A31 nach der Struktur von wenn p dann erst recht q ein. Wenn in den letzten Jahren Bürgerkriegsflüchtlinge aufgenommen wurden (p), werden in den nächsten Jahren erst recht Asylbewerber aufgenommen (q). Die formale Stützung wäre hier noch abstruser, da kein Zusammenhang zwischen Bürgerkriegsflüchtlingen in den letzten Jahren und den Asylbewerbern in den kommenden Jahren besteht.

Erneut findet eine Informationshandlung statt (i.a)), die inhaltlich wieder nicht im Zusammenhang mit dem zu verabschiedenden Gesetz steht (i.b)). Sie ist auf die Vergangenheit bezogen und hat nur insofern Bedeutung für die Zukunft, als daraus Schlüsse auf eine Grundhaltung gezogen werden könnten, was Redner 1 an dieser Stelle allerdings noch nicht explizit durchführt. Für die Behauptung, daß eine Abschottung nach dem Gesetz nicht stattfinde, bleibt dieser Hinweis ohne Bedeutung - zumal, wie informierte Zuschauer wissen, die Bürgerkriegsflüchtlinge nicht als Asylbewerber aufgenommen wurden, da sie keine Flüchtlinge im Sinne der Genfer Flüchtlingskonvention waren.
Die indirekte Adressierung „wir", die sich an die Bundesbürger richtet, in Verbindung mit „mehr als jedes andere europäische Land" hebt einen anderen Aspekt hervor: den Stolz über die Leistung, der gerechtfertigt zu sein scheint, da die anderen ja weniger geleistet haben. Da es um die Leistung von „wir" geht, die Redner 1 zur Sprache bringt, führt er ein Werbungsmuster bei den Wählern (iv.a)) durch, indem er im Interesse von „wir" auf „wir"s Taten hinweist.

Wir haben uns im Bewußtsein unserer Verpflichtung gegenüber denjenigen unserer Landsleute, die durch Diktatur und Krieg in diesem Jahrhundert mehr zu leiden hatten als die meisten von uns, verabredet, daß wir auch in Zukunft Aussiedler, die zu uns kommen wollen, in einer Größenordnung wie in den letzten Jahren, zwischen 200000 und 230000 Jahr für Jahr, aufnehmen werden.

> *(Beifall bei der CDU/CSU und der F.D.P. sowie der Abg. Gerlinde Hämmerle (SPD))*

26. S.13504, Spalte 2, Zeile 36-46: A34., i.a), i.b), iii.a), iii.d), iv.b)
Argument 34. Es werden Aussiedler aufgenommen. A34 löst einen GA von A31 nach der Struktur von wenn p dann erst recht q ein. Wenn Aussiedler aufgenommen werden (p), wird sich erst recht nicht gegen Asylbewerber abgeschottet (q).

Die formale Stützung wird wieder unsinnig, weil zwischen Asylbewerbern und Aussiedlern kein Zusammenhang besteht.

Die dritte Informationshandlung (i.a)) bezieht sich auf die Zukunft. Es fehlt aber der Zusammenhang zwischen der Regelung der Zuwanderung der „volksdeutschen" Aussiedler und dem Asylgesetz (i.b)). Informierte Beobachter (Abgeordnete und Interessenverbände) wissen, daß beide Probleme zusammen unter dem Aspekt der Zuwanderung diskutiert wurden und es der CDU/CSU zu verdanken ist, daß die Zuwanderungszahlen nicht kleiner ausgefallen sind. Die Erinnerung daran kann durchaus werbend auf Parteimitglieder (iii.a), iii.b)) und die Betroffenen, d.h. auf deren Verbände (iv.b)), die als informiert gelten können, angesehen werden.
Gerichtet ist die indirekte Adressierung aber an „wir"/"uns"/"unserer" (die den Asylkompromiß ausgehandelt haben) und „unsere"/"uns"/"uns" (Bundesbürger). Uninformierten Zuschauern werden diese Aussiedler so als ausländische Mitbürger angepriesen (die sie nach CDU/CSU-Ansicht eben nicht sind, was ihren Ausnahmestatus rechtfertigt). Nur so kann ein Zusammenhang zur Redner 1-Argumentation hergestellt werden.
Hier passen also Informations- und Werbungsmuster überhaupt nicht zusammen. Der Beifall scheint dem Werbungsmuster zu gelten, das ja unzweifelhaft durchgeführt wird, während beim Informationsmuster der Zusammenhang fehlt. Unterstützt wird die Äußerung durch die CDU/CSU und die F.D.P., also der Regierungskoalition und der SPD-Abgeordneten Gerlinde Hämmerle, deren Beifall sich durch ihre Position als Ausschußvorsitzende des Ausschusses für Aussiedlerfragen rechtfertigt.

Wer vor diesem Hintergrund davon redet, die Bundesrepublik Deutschland solle abgeschottet werden, redet gegen besseres Wissen.
27. S.13504, Spalte 2, Zeile 47-49: A35., i.b), i.c), iii.a), iii.b), iv.aa), iv.ab), iv.c)
Argument 35. Die Gesetzesgegner lügen, wenn sie behaupten, die Bundesrepublik werde abgeschottet. A35 wiederholt A22, A23, A24 und A31. Dadurch wird A35 auch durch A32-A34, wie für A31 beschrieben, gestützt.

Hier liegen eine Darstellung des eigenen Standpunktes (i.b)) und gleichzeitig eine Kritik des gegnerischen Standpunktes (i.c)) vor. Die Erläuterungen zu 23. sollen wohl der Hintergrund sein, vor dem die Beurteilung stattfindet. So wird der Zusammenhang von 23. bis zu 27. behauptet. Das Problem liegt nur wieder darin, daß der Vorwurf der Abschottung durch die Grundrechtsänderung nie auf die beschriebenen Personengruppen bezogen wurde, außer durch Redner 1 selbst. Er macht sich wieder zum co-author der Gegner und fügt eine neue Bedeutung ein, tritt als ihr relayer auf (man beachte den erstmals zur Wiedergabe indirekter Rede

richtig benutzten Konjunktiv) und kritisiert die neue Bedeutung plausibel. Uninformierte Zuschauer werden so in die Irre geführt.
Er benutzt die modifizierte Abschottungskritik sogar, um den Gegnern zu unterstellen, sie würden lügen. Dieser Vorwurf, der ja durch „vor diesem Hintergrund" für uninformierte Zuschauer begründet ist, stellt die Legitimität des gegnerischen Handelns glaubhaft in Frage. Der Gegner wird als nicht ebenbürtig dargestellt, ein heftiger Angriff, der Neugier weckt und so werbewirksam auf die Presseberichterstattung wirkt (iv.c)). Im Sinne seiner Fraktion (iii.b), Parteigenossen (iv.aa), iv.ab)) und Wählerschaft (iii.a)) hat Redner 1 einen gelungenen Angriff auf den Gegner durchgeführt und so deren Interessen vertreten.

Er sagt nicht die Wahrheit; er redet falsch Zeugnis.

(Beifall bei der CDU/CSU und der F.D.P.)

28. S.13504, Spalte 2, Zeile 49-50: A35., i.b), i.c), iii.a), iii.b), iv.aa)
Argument 35. Die Gesetzesgegner lügen, wenn sie behaupten, die Bundesrepublik wird abgeschottet. A35 wiederholt A22, A23, A24 und A31. Dadurch wird A35 auch durch A32-A34 wie für A31 beschrieben gestützt.

Hier wird im Anschluß an 27. ein Muster der Darstellung der eigenen Position und parallel ein Muster der Kritik am gegnerischen Standpunkt durchgeführt. Das Muster kann sogar als noch umfassender aufgefaßt werden: durch die parallelen Konstruktionen und das gleichlautende Thema „Lüge" wird nahegelegt, daß es sich um dieselben Personen aus 27. und 28. handelt, also schon zum wiederholten Mal eine offensichtliche Lüge von Gesetzesgegnern ausgesprochen wird. Entsprechend hart fällt Redner 1s Urteil über seine Gegner aus. Rhetorisch geschickt beendet er das Thema mit einer Trias von Synonymen für „Lügen"[4], die im Teilzitat des achten Gebots, 2.Mose 20,16 in der Lutherübersetzung gipfeln: aus „Du sollst nicht falsch Zeugnis reden" wird bei Redner 1 „er redet falsch Zeugnis". So stellt er nicht nur die Verwerflichkeit der Gesetzesgegner als unchristlich dar, er profiliert sich auch als Politiker, der die christlichen Gebote als Handlungsmaßstab anerkennt. Dadurch wirbt er für sich, seine Partei und ihre Position bei allen Christen. Damit entspricht er dem Image der CDU und dem Selbstbild von Teilen ihrer Wähler und Mitglieder.
Diese gelungene Diffamierung und Selbstdarstellung wird von CDU/CSU und F.D.P. durch Beifall untermauert.

---

[4]Natürlich handelt es sich nicht um reine Synonyme - falls es sie geben sollte - sondern um Bezeichnungen, die sich durchaus in ihren Bedeutungen partiell unterscheiden.

Vor diesem Hintergrund können wir der Tatsache nicht ausweichen, daß im vergangenen Jahr zusätzlich 440000 Menschen unter Berufung auf das Recht auf Asyl zu uns nach Deutschland gekommen sind, von denen die allermeisten nicht tatsächlich politisch verfolgt sind.
29. S.13504, Spalte 2, Zeile 52-57: A36., A37., i.a)
Argument 36. 1992 kamen 440000 Asylbewerber zusätzlich nach Deutschland.
Argument 37. Die meisten Asylbewerber wurden politisch nicht verfolgt.

Geliefert wird ein Informationsmuster, das konsensfähig als zutreffend beurteilt werden kann (i.a)). Inhaltlich paßt es zur Asylproblematik. Die Abgeordneten kennen die Zahlen, während uninformierte Zuschauer aufgeklärt werden. Indirekte Adressaten sind „wir" und „uns", was sich auf die Bundesbürger beziehen läßt.

Vor dem Hintergrund dieser Zahlen müssen wir der Tatsache ins Auge sehen, daß Monat für Monat in diesem Jahr 1993 50000 unter Berufung auf das Recht auf Asyl, obwohl sie ganz überwiegend nicht politisch verfolgt sind, Aufnahme in der Bundesrepublik Deutschland suchen und für einen zu langen Zeitraum finden.
30. S.13504, Spalte 2, Zeile 57-63: A38., A39., i.a)
Argument 38. 1993 kamen 50000 Asylbewerber pro Monat nach Deutschland, die überwiegend nicht verfolgt worden waren.
Argument 39. Die Asylbewerber finden für einen zu langen Zeitraum Aufnahme.

Es wird ein Informationsmuster realisiert, durch das über einen neuen Aspekt - dic monatlichen Zuwanderungszahlen 1993 - informiert wird (i.a)). Die Adressierung von „wir" ist unklar, sie kann sich sowohl auf die Abgeordneten als auch auf die Bundesbürger beziehen. Interessant ist die parallele Konstruktion zu 4.. Gleich ist die Einleitung „vor dem Hintergrund", dann kommt eine Zuwanderungszahl, auf das Jahr bezogen 1992 und monatlich 1993, und dann kommt die Feststellung, daß die meisten Personen nicht verfolgt wurden. Inhaltlich neu ist damit nur die Zahl, der Rest wird wiederholt.
Die Bewertung „für einen zu langen Zeitraum" ist konsensfähig und soll deshalb als Information gewertet werden.

Wir wissen aus den anderthalb Jahrzehnten, in denen wir um dieses Problem und mit diesem Problem ringen, daß es ohne eine Ergänzung unseres Grundgesetzes eine zureichende Steuerungsmöglichkeit nicht gibt.
31. S.13505, Spalte 1, Zeile 1-5: A40., A41., i.a), i.b)
Argument 40. Das wissen wir aus Erfahrung. A40 löst einen GA von A41 nach der Struktur von p weil q ein. Es besteht keine Steuerungsmöglichkeit (p), weil es

die Erfahrung zeigt (q). Es wird keine Stützung durch eine Regel oder ein System, in dem solch eine Behauptung gelten könnte, durchgeführt.
Argument 41. Es gibt keine ausreichende Steuerungsmöglichkeit ohne Gesetzesänderung.

Hier liegt ein Muster der Informationslieferung über die eigenen Standpunkte vor (i.b)). Das „wir" bezöge sich dann auf die CDU/CSU-Fraktion. Zu bewerten ist die Aussage aufgrund der Entstehungsgeschichte der Gesetzesänderung, bei der SPD und F.D.P. sich ja erst gegen Ende des Jahres 1992 mit einer Grundgesetzänderung abgefunden hatten. Personen, die diese Enstehungsgeschichte nicht überblicken, wird nahegelegt, daß Redner 1 für die Abgeordneten oder zumindestens für die Befürworter spricht (i.a)). Durch das zweite „wir" werden die Bundesbürger ausgeschlossen, da nicht davon gesprochen werden kann, daß sie seit anderthalb Jahrzehnten mit dem Problem ringen. Es ist adressatenspezifisch unklar, für wen Redner 1 als spokesman in Erscheinung tritt.

Wir, die Verantwortlichen von Bund und Ländern, haben in diesen anderthalb Jahrzehnten alles versucht, was ohne Änderung des Grundgesetzes möglich war.

(Beifall bei der CDU/CSU und der F.D.P. -
Widerspruch bei der SPD)

32. S.13505, Spalte 1, Zeile 5-10: A42., i.a), i.b), iii.b), iv.aa), iv.ab)
Argument 42. Wir haben alles versucht, was möglich war. A42 löst einen GA von A41 nach der Struktur von p weil q aufgrund von R ein. Es gibt keine Steuerungsmöglichkeit (p), weil wir alles versucht haben (q), aufgrund der Regel, daß wenn alles vergeblich versucht wurde, es keine Möglichkeit mehr gibt (R).

Bestreiten des GAs von A42 durch die SPD.

Wieder wird eine Informationshandlung über die Standpunkte von „wir" geleistet. Diesmal werden die indirekt Adressierten eindeutig spezifiziert als „die Verantwortlichen von Bund und Ländern". Redner 1 macht sich so zum spokesman von CDU/CSU, F.D.P. und SPD. Vor dem Hintergrund der SPD-Kritik an der CDU-Asylpolitik und der unwiderlegten These von SPD-Politikern, daß die CDU/CSU das Beschleunigungsgesetz von 1992 boykottiert habe, liegt hier eine Anmaßung vor, die den Gegnern die Meinung der CDU/CSU unterstellt. Diese Unterstellung ist wieder nur adressatenspezifisch wahrzunehmen, und zwar nur von informierten Zuhörern. Der Versuch Redner 1s, die Meinung seiner Partei (i.b)) als gesellschaftlichen Konsens darzustellen (i.a)), ist so gleichzeitig als versuchtes Werbungsmuster vor seinen Parteigenossen (iv.aa), iv.ab)) und innerhalb seiner Fraktion (iii.b) zu deuten. So ließe sich der Beifall der Regierungsparteien als Zustimmung zum Werbungsmuster verstehen. Bei der SPD gibt es hingegen Widerspruch, der sich gegen die spokesman-Anmaßung richtet. Der Widerspruch ist wieder nur an die Zuschauer gerichtet, da die anwesenden Abgeordneten ja über die falsche Musterdurchführung informiert sind. Hier liegt ein Versuch vor, das Äußerungsdesign zu verändern. Eine Hörergruppe, die gleichzeitig durch den Redner eine Sprecherfunktion (spokesman) zugeordnet bekam, hat aufgrund dieser Zuordnung in den Beitrag des Redners interveniert, um ihn richtigzustellen.

Liebe Kolleginnen und Kollegen von der sozialdemokratischen Bundestagsfraktion, unglücklicherweise tragen ihre Parteifreunde in einem Großteil der Bundesländer derzeit Verantwortung.
33. S.13505, Spalte 1, Zeile 11-14: i.b), iv.aa), iv.ab)

Redner 1 geht auf den Widerspruch der SPD-Abgeordneten ein. Er rechtfertigt seine Äußerung als spokesman. Das Muster ist eine Informationslieferung über den eigenen politischen Standpunkt Redner 1s (i.b)). Durch „unglücklicherweise" macht er klar, daß es sich um seine persönliche Einschätzung des beschriebenen Sachverhalts handelt. Da es sich aber auch um eine Bewertung des politischen Gegners handelt, wirbt Redner 1 für sich bei seinen Parteigenossen (iv.aa), iv.ab)) durch die Kritik am gemeinsamen Gegner.
Interessant ist das Äußerungsdesign: die SPD-Abgeordneten sind interlocuter, die allerdings über die Information, die Redner 1 ihnen vermittelt, bereits im Bilde sind. Daß sie trotzdem „gemeint" sind geht aber aus der Weiterführung des Musters in den nächsten Sätzen hervor. Weiter sind sie intermediary für das Werbungsmuster der Parteigenossen Redner 1s und für die Wähler, denen die Unangemessenheit des Widerspruchs der SPD-Abgeordneten aufgezeigt werden soll. Es existieren also zwei indirect targets und ein interlocuter, der gleichzeitig intermediary ist. Durch die Existenz eines interlocuters wird die Existenz der indirect targets im Bewußtsein ansatzweise verschleiert, wenn KÜHN geglaubt werden kann.

Reden Sie einmal mit denen!
34. S.13505, Spalte 1, Zeile 14-15: A43., i.b), i.c), iv.aa), iv.ab)
Argument 43. Die SPD-Landespolitiker sind Redner 1s Meinung. A43 löst einen GA von A42 nach der Struktur p weil q aufgrund von R in SY ein. Es wurde alles versucht (p), weil die SPD-Landespolitiker derselben Meinung sind (q), aufgrund der Regel, daß etwas wahr ist, was von den politischen Gegnern gemeinsam anerkannt wird (R), wenn sie sich im politischen System der Bundesrepublik bewegen (SY).

Die Aufforderung, die direkt an die SPD-Abgeordneten adressiert ist, ergibt ihren Sinn nur im Zusammenhang mit dem vorherigen Muster. Redner 1 behauptet so indirekt, daß die Landespolitiker der SPD seine Selbstzuschreibung als spokesman unterstützen würden (i.b)). Der Sinn ist so nur über eine Schlußfolgerung zu erschließen. Im Prinzip läuft der Schluß nur ab, weil die Muster sonst gegen das Relevanzkriterium verstoßen würden. Es muß also zuvor unterstellt werden, daß Redner 1s Äußerungen im Zusammenhang stehen, bevor man den Sinn von 34. erschließen kann. Dadurch stellt er eine Behauptung über die politische Meinung des Gegners auf, d.h. er nimmt eine Einschätzung der gegnerischen Meinung als Informationsdarstellung vor. Schon an der Sache ist, daß er sich damit ja wieder (zwangsläufig) zum spokesman des politischen Gegners macht (i.c)) und damit gegen die Parteigenossen dieses Gegners antritt. Da der Gegner (SPD-Landesregierung) nicht anwesend ist, kann er auch nicht widersprechen, d.h. es können nur die Parteigenossen die Eigenschaft als spokesman hinterfragen. Für uninformierte Zuhörer bleibt die Frage, ob Redner 1 zu Recht als spokesman auftritt, offen. So existiert die Möglichkeit, daß die Zuschauer die Äußerung nicht als dreiste Anmaßung, sondern als schlagfertige Richtigstellung interpretieren. Zumindestens auf die Parteigenossen (iv.aa), iv.ab)) wirkt die Maßregelung der SPD-Abgeordneten werbend, da deren Fehlverhalten dargestellt wird, was auch in ihrem Sinne ist.
Obwohl hier ein eindeutiger interlocuter existiert, die SPD-Abgeordneten sollen ja endlich damit aufhören, Redner 1 seine Anmaßung vorzuhalten, gibt es parallel indirect targets, mit denen unterschiedliche Muster durchgeführt werden.

Wir haben die Asylgesetze, die Asylverfahrensgesetze, ein dutzendmal geändert, Verfahren beschleunigt, Arbeitsverbote eingeführt und wieder abgeschafft - es hat am Ende alles nichts genützt, und es reicht schon gar nicht, liebe Kolleginnen und Kollegen, ohne eine Änderung des Grundgesetzes, seit der Eiserne Vorhang weggefallen ist und Europa und Deutschland nicht mehr teilt.

(Freimut Duve (SPD): Das ist aber nicht seit eineinhalb Jahrzehnten! - Weitere Zurufe von der SPD)
35. S.13505, Spalte 1, Zeile 15-25: A44., A45., i.a), i.b), iv.aa), iv.ab)
Argument 44. Die Asylgesetze wurden dutzendmal geändert. A44 löst einen GA von A42 nach der Struktur von p weil q aufgrund von R in SY ein. Es wurde alles versucht (p), weil die Gesetze dutzendmal geändert wurden (q), aufgrund der Regel, daß sehr viele Gesetzesänderungen den Willen, alles zu tun, belegen (R), da sich die Handlungsmöglichkeiten der Politiker in diesem Bereich auf die Gesetzgebung beschränken (SY).
Argument 45. Die Lage hat sich durch den Wegfall des Eisernen Vorhangs verschlimmert. A45 löst einen GA von A41 mit der Struktur von p weil q aufgrund

von R ein. Es geht nicht ohne Gesetzesänderung (p), weil sich die Lage verschlimmert hat (q), aufgrund der Regel, daß das, was schon bei einer günstigeren Lage nicht geht, in einer schlechteren Lage noch weniger durchgeführt werden kann (R).

Bestreiten der Angemessenheit eines GAs von A45: Der Eiserne Vorhang ist erst gefallen, nachdem Redner 1s Position bereits fest stand.

Hier werden parallel zwei unterschiedliche Muster durchgeführt: einmal findet eine Informationshandlung über Tatsachen statt (i.a)), zum anderen werden eine Bilanz und eine Folgerung daraus gezogen, die als Information über den politischen Standpunkt Redner 1s gewertet werden muß (i.b)). Während das erste Muster einen deutlichen inhaltlichen Bezug zum vorher Gesagten aufweist, ist das Argument, das die eigene Meinung stützt, im Argumentationszusammenhang irrelevant.
Die Informationshandlung faßt für die Abgeordneten Tatsachen zusammen, während die Zuschauer teilweise neu informiert werden. Bei der Bewertung dieser Tatsachen liegen aber in der Frage des „warum es nichts genützt hat" durchaus unterschiedliche Bewertungen vor. Redner 1s Ansicht, daß es nichts nützen konnte, stehen die Boykottierungsthese und die Kritik der CDU/CSU-Asylpolitik von Teilen der SPD gegenüber. Die indirekte Adressierung „wir", die sich wieder auf die Abgeordneten als Gesetzgeber bezieht, scheint diesen Unterschied wieder tendenziell nivellieren zu wollen, zumindestens für weniger gut informierte Zuhörer. Die direkte Adressierung der SPD-Politiker, die dann stattfindet und die das Muster der Darstellung der eigenen Meinung einleitet, ist mit dem Hinweis auf ein neues Faktum verbunden. Dieses stützt zwar Redner 1s Argumentation für eine Grundgesetzänderung, rechtfertigt aber nicht die Darstellung des langen Prozesses der Versuche, das „Problem in den Griff zu bekommen", da die Maueröffnung zeitlich später liegt. Die Anführung des neuen Arguments, dessen Wichtigkeit auch uninformierten Zuschauern in der Asylfrage bekannt sein dürfte, gekleidet als Information an den Gegner, stellt eine Art Belehrung dar, mit der der Gegner bloßgestellt wird, da er über diesen zentralen Aspekt anscheinend informiert werden muß. Durch die Darstellung des Gegners als uninformiert (weniger informiert als der uninformierte Wähler wenigstens) wird ein aggressives Werbungsmuster für die eigene Partei (iv.aa), iv.ab)) durchgeführt. Hier scheint die Rolle der SPD-Abgeordneten allein die des intermediary zu sein. Dadurch ergibt sich allerdings für sie die Möglichkeit zu reagieren.
Der Einwand in Form eines Zwischenrufs weist auf den fehlenden Argumentationszusammenhang zu A45 durch den Hinweis, daß die Forderungen der CDU/CSU schon vor dem Zusammenbruch erhoben wurden, hin. Der Zwischenruf ist eindeutig an den Redner adressiert, der so auch interlocuter ist. Aber wie KÜHN bereits festgestellt hat, liegen wichtige Adressaten auf der Seite der Zu-

schauer, nämlich die Wähler, die eigenen Parteigenossen im Wahlkreis und damit verbunden auch in der Fraktion, die sich durch ihr Mitglied repräsentiert sehen. Ihnen zeigt Duve, daß Redner 1 schlecht argumentiert hat und daß er damit bei Duve nicht durchkommt. Somit gelingt Duve ein Volltreffer, da Redner 1 tatsächlich ein Fehler unterlaufen ist.

Nein, aber in anderthalb Jahrzehnten. - Ich könnte Ihnen, Herr Duve, Erklärungen der früheren Bundesregierung, Beschlußfassungen der Regierung Schmidt hier vorlesen.

36. S.13505, Spalte 1, Zeile 26-39: A46., i.b)

Argument 46. Redner 1 könnte Duve Regierungserklärungen der Regierung Schmidt vorlesen. A46 löst einen GA von A45 nach der Struktur von p weil q ein. Es bleibt aber bei dieser formalen Struktur, die keine inhaltliche Präzisierung oder Stützung erhält. Somit ist sie argumentativ unbrauchbar.

Da der Einwand ein Vorwurf an Redner 1 ist, der seine Glaubwürdigkeit als Redner betrifft, muß er reagieren. Die Reaktion ist direkt an Duve adressiert. Redner 1 gibt seinen Fehler zu - zu offensichtlich ist Duves Einwand. Er initiert ein double-bind, das er nicht zu Ende führt. Durch „Nein, aber..." wird einmal zugegeben, daß der Einwand richtig ist. Durch das „aber" wird aber eine Argumentationsstruktur nahegelegt, die das „nein" entkräften könnte. Auf die Entlastung wartet man aber vergeblich, Redner 1 fällt so schnell nichts ein. Trotzdem ist es besser als nichts, da durch die Verwendung des „double-binds" nahegelegt wird, daß ein solches Argument existiert. Da Redner 1 also auf der inhaltlichen Ebene keine Schlagfertigkeit beweisen kann, aber der Äußerung Duves bereits Beachtung gezollt und damit betont hat, muß er eine andere Strategie der Imagebewahrung anwenden. Er entschließt sich für den Gegenangriff (siehe HOLLY und S.67-73 dieser Arbeit). Er stellt die Behauptung auf (i.b)), er könne seine Thesen durch Berufung auf die frühere SPD-Regierung belegen, was Duve auch bekannt sei.

Duve wird durch diese Anwort wahrscheinlich nicht überzeugt worden sein, die Schlagfertigkeit Redner 1s läßt ihn wohl auch nicht die Partei wechseln. Redner 1 hat aber vor den indirect targets, den Wählern und den Parteigenossen, vermieden, als offensichtlich, weil selbst eingestanden, einer voreiligen Äußerung überführt worden zu sein. So hat er vielleicht nicht gerade geworben, aber doch einen drohenden Imageverlust abgewiesen.

Auch Sie kennen sie.

37. S.13505, Spalte 1, Zeile 29: A47., i.b)

Argument 47. Duve kennt die Regierungserklärungen. A47 löst GA von A46 nach der Struktur von p weil q aufgrund von R ein. Redner 1 braucht die Erklärungen nicht vorzulesen (um damit einen GA zu erfüllen) (p), weil Duve sie bereits kennt (q), aufgrund der Regel, daß man niemandem das zu erklären braucht, was er schon weiß (R).

Durch die Informationshandlung über den Wissensstand von Duve (i.b)) wird begründet, daß Redner 1 seine Behauptungen des vorangegangenen Musters nicht abstützen muß: es würde gegen das Relevanzkriterium verstoßen, ihm etwas Bekanntes zu erzählen. Dadurch wird Duve allerdings direkt als interlocuter adressiert und könnte widersprechen. Bei den indirect targets, die nicht wissen, worum es geht, und darauf angewiesen sind, Redner 1 zu glauben, würde nicht gegen das Relevanzkriterium verstoßen. Sie scheinen hier außer acht gelassen zu werden. Der Inszenierungscharakter kommt voll zum Tragen, da gerade bei diesem Teil der Rede die indirect targets besonders wichtig sind, was allen Beteiligten klar ist. Duve widerspricht nicht und läßt Redner 1 so die Illusion aufbauen, er habe keinen Blödsinn erzählt. Das ist als Imageschonung zu werten, die vielleicht das Gesprächsklima im Bundestag positiv beeinflussen soll. Für die Zuschauer, die das Geplänkel nicht so deuten, wird auf diese Weise eine Informationshandlung über die Regierungserklärungen von Schmidt geliefert.

Es lohnt sich doch nicht!
38. S.13505, Spalte 1, Zeile 29-30: A48., i.b)
Argument 48. Es lohnt sich nicht. A48 löst einen GA von A47 in der Form von p weil q ein. Die Erklärungen brauchen nicht vorgelesen zu werden (p), weil es sich nicht lohnt (q). Eine inhaltliche Konkretisierung des Argumentationsganges findet aber nicht statt.

Redner 1s Bewertung: „Es lohnt sich doch nicht!" zielt sogar auf die Darstellung einer übereinstimmenden Beurteilung von Redner 1 und Duve in diesem Punkt (i.b)). Damit hätte Duve durch die Nichtbenutzung von Informationen Redner 1 einen Scheinvorwurf gemacht. Von der Scheinhaftigkeit wüßte Duve und wüßte Redner 1, weshalb sie von Redner 1 auch nicht entschleiert werden bräuchte. Dieser Logik folgend, braucht Redner 1 den Beweis seiner These auch nicht anzutreten, was bei dem mangelnden Zusammenhang der Antwort zum Vorwurf auch sehr praktisch erscheint. Seine drohende Imageeinbuße ist endgültig abgewendet worden. Zusätzlich wird Duve als unredlich und für das Publikum zum Schein agierend dargestellt. So wird indirekt wieder auf das vorherige Thema angespielt: Duve sagt die Unwahrheit wider besseres Wissen, er redet falsch Zeugnis! Das ist in der Tat sehr schlagfertig.
Die Adressierung ist wieder direkt an Duve gerichtet. Er ist interlocuter, der aufgefordert wird, solche unsachlichen Zwischenrufe zu unterlassen. Die indirect targets sind die Zuschauer, die nun vermittelt bekommen, „was Duve für einer

ist". Für naivere Parteimitglieder wird so sicherlich ein Werbungsmuster durchgeführt.

Wir, die CDU/CSU und die F.D.P., die Koalition, haben immer gesagt - und zwar schon vor dem Wegfall des Eisernen Vorhangs, als wir noch gar nicht zu hoffen gewagt haben, daß 1989 so Glückliches in Deutschland und Europa stattfinden würde -, daß mit der Abschaffung der Binnengrenzen in Europa eine Harmonisierung des Asylrechts in Europa zwingend notwendig werden wird, die ebenfalls nicht ohne eine Grundgesetzänderung möglich ist.
39. S.13505, Spalte 1, Zeile 31-39: A49., A50., i.a), i.b)
Argument 49. Die europäische Asylrechtsharmonisierung ist notwendig.
Argument 50. Die Harmonisierung kann ohne Änderung des deutschen Grundrechtes nicht durchgeführt werden.

Hier werden ein Informationsmuster über Sachverhalte, Teile der Argumentationsgeschichte der Koalition (i.a)), und Informationsmuster über die Einstellung der CDU/CSU zur europäischen Asylrechtsharmonisierung und Redner 1s Bewertung der Wiedervereinigung durchgeführt (i.b)). Daß es sich bei der Bewertung der Asylrechtsharmonisierung um eine Einstellung und nicht um Tatsachen handelt, wird allerdings durch die Verwendung des Indikativs ein wenig verschleiert, so daß uninformierte Zuhörer glauben könnten, es handele sich um eine konsensfähige Einschätzung der Asylrechtsharmonisierung.
Die argumentationsgeschichtliche Darstellung kann als Tatsachendarstellung aufgefaßt werden, da Redner 1 als spokesman der CDU/CSU und der F.D.P. spricht, der er ja als Fraktionsvorsitzender der CDU/CSU-Fraktion auch ist. Allerdings ist es fraglich, wie innerhalb der F.D.P. die Aussage aufgenommen wird, daß man dort schon immer eine Grundgesetzänderung wollte. Das ist nicht korrekt, wird aber auch nicht moniert, wahrscheinlich, um die unrühmliche Beteiligung der F.D.P. an der Diskussion nicht wieder ins Bewußtsein zu rücken. Sie war ja erst später zu einer Grundgesetzänderung bereit gewesen, und zwar durch die Lesart einer europäischen Lösung, damit hat Redner 1 dann doch irgendwie recht. Nur der Zeitpunkt ist falsch und dadurch auch seine ganze Argumentation, zumindestens was die F.D.P. betrifft.
Uninformierten Zuschauern wird dieses aber nicht bewußt und die F.D.P. verzichtet aus besagten Gründen auf eine Richtigstellung.
Der Einschub „und zwar schon vor dem Wegfall des Eisernen Vorhangs" stellt formal wieder einen Zusammenhang zur Kritik Duves her, der allerdings inhaltlich nicht existiert.

Auch dieses haben wir schon Mitte der 80er Jahre gewußt und gesagt.
40. S.13505, Spalte 1, Zeile 39-40: A51., i.b)
Argument 51. Das wußte die Koalition bereits seit Mitte der 80er Jahre.

Hier liegt wieder ein Informationsmuster über den politischen Standpunkt, die Argumentation der CDU/CSU Mitte der 80er Jahre, vor (i.b)). Redner 1 äußert dieses als spokesman, was korrekt ist und durch die indirekt adressierten CDU/CSU-Abgeordneten auch nicht hinterfragt wird. Es handelt sich um keine Tatsachenbeschreibung, da „gewußt" verwendet wird und man nur wissen kann, was auch wahr ist. Die Meinungen zur Verträglichkeit des alten Asylrechts mit einer europäischen Lösung sind allerdings geteilt, wie bereits dargelegt wurde.
Durch „auch" wird die Voraussetzung gemacht, daß bereits vorher etwas genannt wurde, was die CDU/CSU „Mitte der 80er Jahre gewußt und gesagt" hat. Das kann aber nur auf die Steuerungsmöglichkeiten des Asylproblems bezogen sein, die nach Redner 1 ohne Änderung des Asylgrundrechts nicht möglich wären, „schon gar nicht...seit der Eiserne Vorhang weggefallen ist". Diese Aussage war aber von Duve in Frage gestellt worden. Sie wird hier implizit wieder aufgestellt und gestützt. So ist das Muster immer noch als Werbungsmuster zu verstehen, daß das angekratzte Image Redner 1s wieder herstellen soll.
Wer direkt angeredet wird, alle Abgeordneten oder die SPD-Abgeordneten, ist nicht klar zu ermitteln. Auf jeden Fall bleiben die Wähler die indirect targets, denen vermittelt wird, daß die Entscheidung, die getroffen wird, seit langem von der CDU/CSU gefordert wurde. Dadurch wirbt Redner 1 für sich und seine Partei als Betreiber vorausschauender Politik.

Offene Grenzen in Europa ohne Kontrollen erzwingen eine gemeinsame Asyl- und Zuwanderungspolitik in der europäischen Gemeinschaft.

(Beifall bei der CDU/CSU sowie bei Abgeordneten der F.D.P.)
41. S.13505, Spalte 1, Zeile 41-45: A52., i.a), i.b)
Argument 52. Offene Grenzen erzwingen eine gemeinsame Politik. A52 löst einen GA von A49 nach der Struktur von p weil q aufgrund von R in SY ein. Eine europäische Harmonisierung ist notwendig (p), weil die offenen Grenzen eine gemeinsame Politik erzwingen (q), aufgrund der Regel, daß gemeinsame Grenzen eine gemeinsame Politik erfordern (R) in einem demokratischen Europa (SY).
Hier wird ein Informationsmuster über eine Tatsache durchgeführt, die die Harmonisierung des Asylrechts in Europa begründet (i.a)). Diese Erläuterung ist wohl in erster Linie an die Zuschauer gerichtet, da die Abgeordneten über diesen Tatbestand informiert sind. Wahrscheinlich soll dadurch die Argumentation von Redner 1 gestützt werden. Allerdings wird der strittige Punkt, ob eine Harmonisierung nur durch eine Grundgesetzänderung zu erreichen ist, nicht erwähnt. Im

Textzusammenhang wird diese Tatsachendarstellung also als Begründung eingesetzt, obwohl sie, wie informierte Zuhörer wissen, im Zusammenhang nur eine politische Position darstellt (i.b)). Es handelt sich also wieder um ein adressatenspezifisch zu verstehendes Muster, das Meinungen als Tatsachen verkauft.
Dieses Doppelmuster wird durch Beifall bei CDU/CSU und F.D.P. gestützt. Die SPD hält sich zurück, und zwar, wie zu vermuten steht, nicht, weil sie die Meinung über eine europäische Lösung nicht teilen würde, sondern weil der Argumentationszusammenhang für die SPD nicht passend ist

Anders ist auch an dem Tatbestand nichts zu ändern, daß bis zum heutigen Tag zwei Drittel aller Asylbewerber, die nach Europa kommen, in die Bundesrepublik Deutschland kommen.

(Beifall bei der CDU/CSU)

42. S.13505, Spalte 1, Zeile 46-50: A53., i.a), i.b)
Argument 53. Ohne Harmonisierung und Grundgesetzänderung kann nicht verhindert werden, daß 2/3 der Asylbewerber Europas nach Deutschland kommen. A53 löst einen GA von A49 in der Struktur von p weil q ein. Die Harmonisierung ist notwendig (p), weil sonst 2/3 der Asylbewerber nach Deutschland kommen (q).

Redner 1 führt ein Informationsmuster über seine politischen Ansichten durch (i.b)), das mit einer Information über Sachverhalte kombiniert wird (i.a)). Durch die Verbindungen durch „anders" und „auch", die auf die vorherigen Argumente hinweisen, wird das Muster inhaltlich mit den vorangegangenen Mustern verbunden.
Der logische Fehler, der dadurch zustande kommt, daß das, was bis zum „heutigen Tage" geschehen ist, nicht geändert werden kann und wahrscheinlich auch nicht gemeint ist, sondern eine Prognose, was geschähe, wenn keine Grundgesetzänderung stattfände, wird Redner 1 nicht angelastet. Das hängt wahrscheinlich mit der Mündlichkeit der Rede zusammen. Man weiß, was gemeint ist und das reicht. Das Muster ist adressatenunabhängig als solches zu erkennen.
Der Beifall der CDU/CSU stützt die von Redner 1 dargestellte Position, d.h. er macht die Zuschauer auf den Stellenwert der Äußerung Redner 1s aufmerksam.

Der Grund dafür, rechtlich jedenfalls, liegt ganz einfach darin - damit sind wir beim Kern unserer Beratung und Entscheidung -, daß unser Grundgesetz in Art.16 seiner noch geltenden Fassung einen weitreichenderen Schutz für politisch

Verfolgte bietet als die Genfer Flüchtlingskonvention, deren Mitglied wir wie alle anderen zivilisierten Staaten dieser Erde sind.
43. S.13505, Spalte 1, Zeile 51-58: A54., i.a), ii.a)
Argument 54. 2/3 der Asylbewerber kommen nach Deutschland, weil das Grundgesetz über den Schutz der Genfer Flüchtlingskonvention hinaus geht. A54 löst explizit einen GA von A53 in der Struktur von p weil q ein.

Der Sachverhalt, der durch das Informationsmuster von 43. eingebracht wurde, wird durch ein weiteres Informationsmuster erklärt (i.a)). Sämtliche Propositionen des Satzes können als konsensfähig angenommen werden, auch die Einschätzung, daß es sich beim weitreichenderen Schutz durch das Grundgesetz verglichen mit der Flüchtlingskonvention um den „Kern" der „Beratung und Entscheidung" handelt. So findet eine Begründung des eigenen Standpunktes durch Sachverhaltsdarstellungen statt, wie es der Informationsfunktion der Plenardebatte in der Theorie auch zukommt. Die indirect targets liegen in der Zuschauerschaft, die informiert wird, aber auch die Abgeordneten werden noch einmal an die sachlichen Gründe, die für die Position der CDU/CSU sprechen, erinnert und vielleicht umworben.
Redner 1 liefert die rechtliche Erklärung für den Sachverhalt der Belastung der Bundesrepublik: das bisherige Grundrecht bietet weitreichenderen Schutz als die Genfer Flüchtlingskonvention; ebenfalls eine Sachverhaltsdarstellung, die den Tatsachen entspricht. Gleichzeitig bringt er ein Lob auf die Genfer Flüchtlingskonvention aus, die er mit den zivilisierten Staaten der Erde verbindet. Aus der Verbindung der Sachverhalte entwickelt er den politischen Standpunkt der CDU/CSU zur Grundgesetzänderung. Diese Art der Argumentation: Begründung der eigenen Position durch unumstritten geltende Sachverhalte, weist die Rationalität des Handelns nach und dient so der Legitimation des politischen Handelns (ii.a)). Die Änderung deutet er zudem als Internationalisierung des Deutschen Rechts, was als politisch angemessen gelten kann. Auch dieser Nachweis dient der Legitimation des politischen Handelns. Hier findet also eine Werbung und Imagearbeit einer anderen Qualität statt. Geworben wird durch vorbildliche Erfüllung der Rollennorm des Bundestagspolitikers für ihn und seine Partei.

Wenn nur ein einziges Land, die Bundesrepublik Deutschland, in seiner verfassungsrechtlichen Schutzgewähr über die Schutzgewähr der Genfer Konvention hinausgeht - es gibt keine zweite Verfassung auf dieser Erde, die dies tut -, dann braucht man sich hinterher nicht zu wundern, wenn zwei Drittel aller Asylbewerber in Europa nach Deutschland kommen.
44. S.13505, Spalte 1, Zeile 59 - S.13505, Spalte 2, Zeile 4: A55., i.b), i.c), iv.a)
Argument 55. Da Deutschland das einzige Land mit dieser Schutzgewähr ist, braucht sich niemand darüber zu wundern. A55 löst einen GA von A54 in der

Struktur von p weil q ein. Es kommen 2/3 der Asylbewerber nach Deutschland (p), weil Deutschland das einzige Land mit solch einer Schutzgewähr ist (q).
Hier liefert Redner 1 eine neue Information (i.a)). Allerdings wird das Informationsmuster in die Form einer Schlußprozedur gebracht. Diese Schlußfolgerung soll die Offensichtlichkeit der Richtigkeit des Arguments betonen (i.b)). Es wird so getan, als gebe es jemanden, der sich wundere. Das kann nur der Gegner sein, da Redner 1 und seine Partei ja Bescheid wissen. Dem ist die Offensichtlichkeit noch nicht klar geworden. Durch diese Implikationen kann das Muster auch als Werbungsmuster aufgefaßt werden, daß dem Gegner mangelndes Vermögen, Schlußfolgerungen zu ziehen, unterstellt (iv.a)). Es ist fast müßig hier noch einmal zu betonen, daß den Gegnern der genannte Zusammenhang klar ist und er von niemandem bezweifelt wird. Der sich Wundernde existiert in der Realität also nicht. Über dieses Wissen verfügen uninformierte Zuschauer eventuell nicht. Für sie kann also tatsächlich von einem Werbungsmuster gesprochen werden.

Das ist der Grund, warum ohne eine Grundgesetzänderung dieses nicht zu erreichen ist.
45. S.13505, Spalte 2, Zeile 4-5: A56., i.b)
Argument 56. Es muß eine Grundgesetzänderung durchgeführt werden. A56 wiederholt A50 und wird entsprechend durch A54 und A55 gestützt.

Redner 1 führt ein Informationsmuster über seinen eigenen Standpunkt durch (i.b)), indem er aus 43. und 44. formal eine Folgerung ableitet „das ist der Grund". Indirekt wendet er sich damit auch gegen die Gegner der Grundgesetzänderung. Es wird jedoch keine neue Information gegenüber 43. und 44. geliefert. Die dreifache Musterdurchführung mit annähernd gleichem Inhalt kann nur durch rhetorische Gründe erklärt werden, die hier nicht im Zentrum der Erklärung stehen.

Wer die Singularisierung der Bundesrepublik Deutschland beseitigen will, der muß unseren grundrechtlichen Schutz für politisch Verfolgte an das Niveau der Schutzgewähr der internationalen Staatengemeinschaft, wie es in der Genfer Konvention seinen Ausdruck findet, anpassen.
46. S.13505, Spalte 2, Zeile 6-11: A57., i.a), i.b)
Argument 57. Um eine Asylrechtsharmonisierung durchführen zu können, müssen gemeinsame rechtliche Grundlagen geschaffen werden. A57 löst GAs von A50 und A56 in der Struktur von p weil q durch. Das Grundrecht muß geändert werden (p), weil nur so die Asylrechtsharmonisierung durchgeführt werden kann (q).

Hier wird nochmals der Standpunkt der CDU/CSU als Informationsmuster realisiert (i.b)), und zwar wieder als Schlußprozedur aus einer Sachverhaltsinformation (i.a)). Es bietet die Darstellungen der vier vorherigen Punkte in umgekehrter Lesart. Damit wird zwar keine neue Information, aber eine Handlungsanweisung gegeben. Die Adressierungen bleiben gleich.

Nichts anderes ist der Gegenstand der heutigen Beratung und Entscheidung.

(Beifall bei der CDU/CSU und der F.D.P.)

47. S.13505, Spalte 2, Zeile 11-14: A58., i.b)
Argument 58. Das ist der Gegenstand der heutigen Beratung.

Redner 1 führt ein Informationsmuster über seinen Standpunkt durch (i.b)).

Wer dies als Abschaffung des Schutzes für Verfolgte bezeichnet, der behauptet, daß der Rest der zivilisierten Staaten dieser Erde politisch Verfolgte nicht schützt.
48. S.13505, Spalte 2, Zeile 15-18: A59., i.a), i.c), iv.a)
Argument 59. Wer sagt, daß das Asylrecht abgeschafft wird, bestreitet, daß die anderen Staaten Asyl gewähren.

Es liegt ein Informationsmuster über die Einschätzung des gegnerischen Standpunktes vor (i.c)). So wird der Gegner indirekt „wer dies als Abschaffung des Schutzes..." adressiert, aber vor allem vor den Zuschauern als indirect targets die Minderwertigkeit der gegnerischen Auffassung betont. Das funktioniert wieder durch einen Footing-Wechsel: Redner 1 schlüpft in die Rolle des spokesman der Gegner (i.a)), die „dies als Abschaffung des Schutzes für Verfolgte" bezeichnen, um daraufhin diese Position wieder ganz als Redner 1 zu kritisieren. Diese Kritik besteht aus einer Schlußfolgerung aus den Argumenten des Gegners, die offenkundig absurd zu sein scheint. Die Unsinnigkeit der gegnerischen Argumente wird damit aufgezeigt. Der einzige Schönheitsfehler ist, daß informierte Zuschauer wissen, daß sich die Kritik der Gegner, das Asylrecht werde abgeschafft, nicht auf die Harmonisierung an sich bezieht. Niemand würde sich der Anpassung an die Genfer Flüchtlingskonventionen widersetzen und ihre Anwendung als Abschaffung des Asylrechts bezeichnen - obwohl die Genfer Flüchtlingskonvention kein Individualrecht auf Asyl kennt. Die Kritik richtet sich gegen die Durchführung und die Interpretation der Genfer Flüchtlingskonvention. Die verkürzte Darstellung setzt die Gegner augenfällig ins Unrecht, hier in den Gegensatz zur Genfer Flüchtlingskonvention und den zivilisierten Staaten. Die informierten Abgeordneten wissen wieder, daß es sich um einen fingierten Vorwurf handelt.

Es kann von einem erneuten Täuschungsversuch der naiveren Zuschauer gesprochen werden. Erst durch diese Verfälschung wird die Argumentation wirklich absurd. Redner 1 bringt so den Ansatzpunkt seiner Kritik erst durch verfälschte Wiedergabe ins Spiel. Bei seinen Parteigenossen mag das als Werbungsmuster durchgehen, da der Gegner als dumm dargestellt wird. Auch naivere Wähler werden von der Weisheit der CDU/CSU und der Unfähigkeit der Kritiker überzeugt (iv.a). Das gelingt aber nur durch die mangelnde Informiertheit der Zuschauer. Wieder ist von einem adressatenspezifisch unterschiedlich durchgeführten Muster zu sprechen.

Dazu haben wir Deutsche am Ende dieses Jahrhunderts nun wirklich keinen Grund.
49. S.13505, Spalte 2, Zeile 18-19: A60., i.b), i.c), iv.a)
Argument 60. Dazu haben die Deutschen keinen Grund.

Es folgt ein Informationsmuster über die eigene politische Überzeugung (i.b)) mit einer direkten Adressierung an alle Deutschen, d.h. auch die Zuschauer, bei der Redner 1 sich selbst einschließt: „wir Deutsche". Das Raffinierte an dieser Adressierung ist die Verbindung von expliziten Adressaten und der Herstellung des Bezugs zur Proposition der Äußerung. Dadurch, daß wir Deutsche nicht das Recht haben, es aber als Redner 1 oder dessen Parteigänger auch gar nicht beanspruchen, wird die Adressierung inhaltlich auf die Gegner eingeschränkt: angesprochen werden alle, aber gemeint sind, das wissen alle, nur wenige. So wird der Vorwurf in eine allgemeine Aussage gehüllt, um den Angriff zu kaschieren. Es bleibt immer die Rückzugsmöglichkeit zu behaupten, man habe eine allgemeine Aussage statt einer eingeschränkten Kritik geäußert. Es wird der Eindruck von Bescheidenheit erweckt, bzw. dem Gegner wird Unbescheidenheit unterstellt. So liegt auch ein Muster der Kritik an der Meinung des Gegners vor (i.c)), die auf der gleichen Anmaßung der falschen Positionswiedergabe beruht. Damit verbunden werden adressatenspezifisch auch entsprechende Werbungsmuster wie in 48. (iv.a)) realisiert.

Ich denke, daß auch in der Asylpolitik am deutschen Wesen die Welt nicht genesen sollte; vielmehr sollten wir uns vielleicht etwas mehr vergewissern, was andere im Schutz für Verfolgte weltweit für richtig, notwendig, angemessen und vertretbar halten.

(Beifall bei der CDU/CSU und der F.D.P.)
50. S.13505, Spalte 2, Zeile 19-25: A61, A62., i.b), iii.a), iii.b), iii.e)
Argument 61. Die Welt sollte nicht am deutschen Wesen genesen. A61 löst einen

GA von A60 nach der Struktur von p weil q ein. Die Deutschen haben keinen Grund, den anderen vorzuwerfen, sie hätten kein Asylrecht (p), weil die Deutschen sich nicht als weltweites Vorbild aufspielen sollten (q). Dieses Argument mag zwar eine löbliche Einstellung der Selbstbeschränkung bekunden, zur Stützung innerhalb der Argumentation ist es allerdings wenig geeignet.
Argument 62. Die Deutschen sollten sich bei der Asylgewährung an anderen Staaten orientieren. A62 löst einen GA von A60 in der Struktur von p weil q ein. Die Deutschen haben keinen Grund, den anderen vorzuwerfen, sie hätten kein Asylrecht (p), weil die Deutschen sich an anderen Staaten orientieren sollten. Argumentativ ist die Äußerung genauso unbefriedigend wie 61.

Die Darstellung des eigenen Standpunktes, „ich denke", durch ein Informationsmuster (i.b)) wird mit Hilfe einer ausführlichen Paraphrase wiederholt und explizit gemacht.
Weiter noch wird durch ein Zitat aus der Zeit des deutschen Chauvinismus „am deutschen Wesen die Welt genesen", von dem man sich absetzt, der Gegner als ignorant und man selbst als weltoffen dargestellt[5]. Das ist besonders pikant, weil diese Vorwürfe sonst immer in entgegengesetzter Richtung geäußert werden, was ihren „Warenwert" für die Presse erhöht (iii.e)). Die Darstellung ist Werbung vor Wählern (iii.a)) und Selbstdarstellung als Rhetoriker pur und weist keine Spur von Information auf. Die Aktion wird durch Beifall bei CDU/CSU und F.D.P. gestützt (iii.b)).
Die indirekte Adressierung der Abgeordneten durch „wir", mit der Redner 1 sich als deren spokesman zu erkennen gibt, ist in diesem Fall korrekt, da er als Abgeordneter spricht und seine Meinung über das gemeinsame Handeln äußert.

Nur so können wir Mißbrauch bekämpfen, den es in einem zu großen Umfang gibt.
51. S.13505, Spalte 2, Zeile 26-27: A63., i.b), iii.a), iv.a)
Argument 63. Nur so kann der zu große Mißbrauch bekämpft werden. A63 löst einen GA von A50 und A56 in der Struktur von p weil q ein. Das Grundgesetz muß geändert werden (p), weil nur so der Mißbrauch bekämpft werden kann (q). Es handelt sich im Prinzip um eine Wiederholung, deren Geltungsansprüche nicht weiter untermauert werden.

---

[5]Dieser ursprünglich FICHTE und dem klassischen Gedankengut zuzuordnende Ausspruch bekam bereits seit 1850 seine nationalistische Interpretation, die die weltbürgerliche Ausrichtung seiner Entstehung in Vergessenheit geraten ließ. So in Emanuel GEIBELs Gedicht „Deutschlands Beruf" von 1861: *„Und es mag am deutschen Wesen - Einmal noch die Welt genesen".* Aus: BEUTIN, Wolfgang u.a. (Hrsg.): Deutsche Literaturgeschichte. Von den Anfängen bis zur Gegenwart, 3.Aufl. Stuttgart 1989, S.202.

Wieder wird ein Informationsmuster über den politischen Standpunkt Redner 1s (i.b)) durchgeführt. Dabei kann die Einschätzung als konsensfähig gelten, daß es Mißbrauch in zu großem Umfang gibt. Aus dieser Sachverhaltsinformation wird eine Einschätzung, indem behauptet wird, nur durch eine Grundgesetzänderung („nur so") könne der Mißbrauch bekämpft werden. Deutet man das „nur so" jedoch als auf eine gemeinsame europäische Lösung bezogen, ist auch dieses konsensfähig, weil sie einerseits ohne Grundgesetzänderung für durchführbar erachtet wird und andererseits nur in Verbindung mit einer Grundgesetzänderung für möglich gehalten wird. Der Konflikt wird so durch die Ambiguität von „europäische Lösung" gebannt.
Die indirekte Adressierung, die durch „wir" geleistet wird, ist nicht klar: es können die Abgeordneten sowie die Bundesbürger gemeint sein. Da er aber seine Meinung als Abgeordneter äußern darf, bleibt die Zuschreibung als spokesman korrekt. Mit der Betonung des großen Mißbrauchs macht sich Redner 1 zum Sprecher unzufriedener Bürger, die durch die Hetzkampagnen in den Medien die Abschaffung des Mißbrauchs als eigentliches Problem der Asylfrage vermittelt bekommen haben. So kann von der parallelen Durchführung eines Werbungsmusters für die Wähler (iii.a)) und (iv.a)) gesprochen werden.

Nur so, verehrte Kolleginnen und Kollegen, können wir im übrigen den kriminellen Organisationen, die Schlepperbanden heißen und die Menschenhandel betreiben, die Geschäftsgrundlage entziehen, indem wir die besondere verfassungsrechtliche Situation in Deutschland an den europäischen und weltweiten Standard anpassen.

> *(Beifall bei der CDU/CSU und der F.D.P. sowie Beifall der Abg. Gerlinde Hämmerle (SPD))*

52. S.13505, Spalte 2, Zeile 27-37: A64., i.b)
Argument 64. Nur durch eine Grundgesetzänderung können Schlepperbanden bekämpft werden. A64 löst einen GA von A50 und A56 in der Struktur von p weil q ein. Das Grundgesetz muß geändert werden (p), weil nur so Schlepperbanden bekämpft werden können (q). Auch die GAs dieser These werden nicht weiter gestützt.

Wieder wird ein Informationsmuster über den politischen Standpunkt Redner 1s durchgeführt (i.b)). Es ist eng mit dem vorangegangenen Muster verbunden. Die Adressierung ist klar, weil sie direkt an die Abgeordneten „verehrte Kolleginnen und Kollegen" geht. Dadurch kann auch die indirekte Adressierung „wir" auf diese Personengruppe bezogen werden. Wie das vorangegangene Muster wird es mit „nur so" eingeleitet, allerdings wird es als auf die Grundgesetzänderung bezogen erklärt „indem wir...". So wird im nachhinein auch eine klare Deutung für

das vorangegangene Muster geliefert. Als neuer inhaltlicher Aspekt kommt hinzu, daß die Schlepperkriminalität nach Redner 1s Meinung nur durch eine Grundgesetzänderung bekämpft werden könne. So wird ein neues Argument für die Grundgesetzänderung geliefert. Das Informationsmuster kann aktantenunabhängig als solches gedeutet werden. Für die Spokesman-Rolle gilt das, was bereits in den drei vorangegangenen Mustern gesagt wurde.
Der Beifall bei der CDU/CSU und der F.D.P. und bei Frau Hämmerle kann als Stützung oder Betonung des neuen Argumentes gesehen werden.

Ich habe schon gesagt, und ich wiederhole es: Dies alles bedeutet nicht, daß wir die Bundesrepublik Deutschland gegenüber irgendjemandem abschotten.
53. S.13505, Spalte 2, Zeile 38-41: A65., i.b), i.c)
Argument 65. Es findet keine Abschottung der Bundesrepublik statt. Hier wird A35 wiederholt.

Redner 1 liefert ein Informationsmuster über die politischen Absichten der Befürworter, zu deren spokesman er sich durch die indirekte Adressierung „wir" macht (i.b)). Indirekt macht er sich auch zum spokesman der Gegner, die den Vorwurf erheben, daß die Bundesrepublik abgeschottet werde (i.c)). Der Vorwurf wird zurückgewiesen. Das entspricht der eigenen Einstellung, und da die Meinung des Gegners auch nicht verfälscht wiedergegeben wurde, liegt ein aktantenunabhängig durchgeführtes Informationsmuster vor. Der Unterschied zwischen Abgeordneten und Zuschauern besteht nur darin, daß die Abgeordneten den Standpunkt schon kennen, weil sie besser informiert sind.

Auch das sich einigende Europa schottet sich nicht ab.
54. S.13505, Spalte 2, Zeile 41-42: A66., i.b), i.c)
Argument 66. Auch Europa schottet sich nicht ab.

Für dieses Muster gilt das gleiche wie für das vorangegangene. Ein Vorwurf der Gegner (i.c)), der richtig wiedergegeben wird, wird bewertet und damit die eigene Position kundgetan (i.b)).

Wir verlagern mit der Entscheidung, die wir heute zu treffen haben, unsere Probleme auch nicht auf unsere Nachbarn in Europa.
55. S.13505, Spalte 2, Zeile 42-44: A67., i.b), i.c)
Argument 67. Die Gesetzesänderung verlagert die deutschen Probleme nicht auf die Nachbarn.

Hier wird ebenfalls ein Informationsmuster über die Einstellung Redner 1s (i.b)) zu einer Kritik des Gegners (i.c)) durchgeführt. Er macht sich durch „wir" zum spokesman der Befürworter der Gesetzesänderung. Allerdings steckt ein Haken in „der Entscheidung, die wir heute zu treffen haben". Die Entscheidung kann nur die über die Änderung des Grundgesetzes sein und ja oder nein lauten. Von dieser Entscheidung kann man sagen, daß sie heute zu treffen sei. Probleme verlagert werden mit dieser Entscheidung aber nur bei einer Zustimmung und nicht mit der Entscheidung selbst. Hier fehlt ein richtiger Bezug. Er stellt sich nur ein, wenn davon ausgegangen wird, daß die Entscheidung, die „wir heute zu treffen haben" gleichbedeutend mit einer Zustimmung gesetzt wird. Aus der Sicht Redner 1s ein durchaus vernünftiger Schritt, da er die Gesetzesänderung als einzige Lösung der Probleme ansieht. Da mit „wir" aber auch SPD-Abgeordnete gemeint sind, für die er spricht, taucht die Schwierigkeit auf, daß innerhalb der SPD-Fraktion durchaus unterschiedliche Ansichten existieren, welche Entscheidung zu treffen ist. Ein Anspruch, über die alleinige Lösung zu verfügen, wird in der SPD-Fraktion nicht vertreten. So wird eine leicht verdeckte Spokesman-Anmaßung durchgeführt. Damit kann weniger informierten Zuschauern Einigkeit suggeriert werden. Innerhalb der SPD kann Unfrieden bei den Gegnern des Kompromisses geschürt werden, weil die Umstrittenheit der Gesetzesänderung innerhalb der SPD auch innerhalb der Gruppe der Befürworter verdeckt wird.

Auch dies ist nicht wahr.
56. S.13505, Spalte 2, Zeile 44-45: A67., i.b), i.c)
Argument 67. Die Gesetzesänderung verlagert die deutschen Probleme nicht auf die Nachbarn.

Hier wird die Bewertung der gegnerischen Position durch Redner 1 noch einmal betont (i.b)), d.h. er führt ein Informationsmuster zur Einschätzung der Position seiner Gegner durch (i.c)). Interessant ist der Bezug von „auch". Einmal kann es sich auf die direkt vorangegangenen Muster beziehen. Zum anderen wird aber auch das alte Thema „der Gegner lügt" wieder ins Bewußtsein gebracht. Dadurch kann der Satz auch als Werbungsmuster für Parteigenossen angesehen werden.

Es werden auch in Zukunft, nach der Änderung oder Ergänzung des Art.16 unseres Grundgesetzes, noch genügend Verfolgte und Nichtverfolgte in die Bundesrepublik Deutschland kommen.

(Zurufe von der SPD)
57. S.13505, Spalte 2, Zeile 45-49: A68., i.b)
Argument 68. Es werden noch genügend Verfolgte und Nichtverfolgte nach

Deutschland kommen. A68 löst einen GA von A65 in der Struktur von p weil q ein. Es findet keine Abschottung statt (p), weil noch genügend Verfolgte nach Deutschland kommen (q). Die Äußerung selbst läßt selbst viele GAs offen, so daß ihre stützende Funktion fraglich bleiben muß.

Das Informationsmuster stellt die Bewertung der Auswirkungen des Gesetzes in der Zukunft dar. Durch den prognostischen Charakter ist das Muster leicht als Meinungsbekundung zu erkennen (i.b)).
Die saloppe Formulierung „noch genügend Verfolgte und Nichtverfolgte" zeigt die Distanz Redner 1s zu den Asylbewerbern, die er nur als Quantität wahrzunehmen scheint, ungeachtet ihres Schicksals und des Sachverhalts ihrer Verfolgung. Das Kriterium „genügend" ist völlig unangebracht und drückt Ablehnung aus. Die Parallelsetzung von Verfolgten mit Nichtverfolgten, indem man sie unter das unangebrachte Kriterium summiert, verstärkt die Ablehnung noch. Diese Äußerung kann wohl nur bei einer Klientel Wohlwollen finden, die jegliche Zuwanderung ablehnt, und dort als Werbungsmuster angenommen werden.
Entsprechend wird Redner 1 durch Zurufe der SPD unterbrochen, die wahrscheinlich Mißfallen ausdrücken sollen.

Wir wollen mit unserer Regelung, mit der wir uns anpassen an das Niveau der Schutzgewähr aller anderen zivilisierten Staaten, insbesondere der europäischen Staaten, ja nichts anderes als eine faire Lastenverteilung in Europa erreichen, die wir aber erst erreichen können, wenn wir eben nicht mehr Schutz gewähren als alle anderen.
58. S.13505, Spalte 2, Zeile 50-56: A69., i.b)
Argument 69. Die Gesetzesänderung soll zur Lastenverteilung führen.

Es wird ein Informationsmuster über die Intentionen, die die Befürworter der Gesetzesänderung mit ihrer Position verbinden, gegeben (i.b)). Damit stellt Redner 1 seine Entgleisung wieder richtig, d.h. er faßt seine Äußerung in konsensfähige Formeln. Er spricht dabei wieder von „wir", was alle Befürworter zu meinen scheint, da er ja - ohne es allerdings explizit zu machen - auf die Vorwürfe der SPD-Abgeordneten eingeht und so seine Spokesman-Rolle durch Zugeständnisse absichert.
Die „wir"s sind allerdings unterschiedlich besetzt: das erste bezieht sich auf die Befürworter, das zweite, in Verbindung mit uns, kann wohl nur auf „die Deutschen" bezogen sein, während das dritte die Abgeordneten zu meinen scheint und das vierte sich wieder auf „die Deutschen" bezieht. Es kommt allerdings zu keinen Schwierigkeiten, da Redner 1 für alle Fälle durch seine Positionsrolle als Abgeordneter in der Situationsrolle des Redners die Spokesman-Rolle zusteht. Konsens wird dadurch erreicht, daß klar ist, daß es sich um politische Einstellun-

gen handelt, für die kein Wahrheits-, sondern nur ein Wahrhaftigkeitsanspruch erhoben wird.

Wenn es noch eines Beweises bedurft hätte, dann wäre das zwischen der Bundesregierung und der Regierung der Republik Polen geschlossene Abkommen der letzte Beweis, daß wir unsere Nachbarn, die weiter östlich gelegen sind, gerade nicht mit den Problemen alleine lassen wollen.
59. S.13505, Spalte 2, Zeile [illegible]: A70., i.b), i.c)
Argument 70. Das Abkommen mit Polen beweist, daß die Probleme nicht auf die Nachbarn abgeschoben werden. A70 löst einen GA von A67 in der Struktur von p weil q ein. Es werden die Probleme nicht auf die Nachbarn verlagert (p), weil es ein Abkommen mit Polen gegeben hat. Die offenen GAs von A70 werden durch A71 und A72 eingelöst.

Redner 1 führt ein Informationsmuster zur Darstellung seines Standpunktes durch (i.b)). Darin bewertet er eine Tatsache, um damit die zuvor geäußerte Intention als glaubwürdig zu belegen. Als Beleg für diese Intention des Handelns führt er den Vertrag mit Polen an, der Polen bei der Bewältigung der durch die Asylgesetzänderung entstehenden Probleme helfen soll. Indirekter Adressat ist Polen, d.h. die polnische Regierung, von der behauptet wird, daß man ihr geholfen hat. Die Hilfe wird durch Sachverhaltsdarstellungen erläutert. Es findet wieder überwiegend Informationsabgabe statt. Dadurch wendet er sich auch gegen die Kritik von Gegnern (i.c)), daß die Asylbewerber zu Lasten der östlichen Nachbarn abgeschoben würden.
Das „wir" bezieht sich auf die Koalitions-Abgeordneten, da sie für das Abkommen verantwortlich sind. Die Muster werden, wie auch die vorangegangenen, nicht vor Aktanten verdeckt durchgeführt.

In diesem Abkommen sichern wir unseren polnischen Nachbarn nicht nur Hilfe bei der Bewältigung der Probleme zu, sondern wir sichern auch ausdrücklich zu, daß, wenn Polen morgen - so wie heute Deutschland - mit zu vielen Asylbewerbern überfordert sein sollte, wir einen Teil dieser Flüchtlinge oder Asylbewerber aus Polen in Deutschland weiterhin aufnehmen wollen, weil wir auch Polen mit den Problemen nicht alleine lassen wollen.
60. S.13506, Spalte 1, Zeile 1-9: A71., A72., A73., i.a), i.b)
Argument 71. Polen ist Hilfe bei der Problembewältigung zugesichert worden. A71 löst einen GA von A70 in der Struktur von p weil q aufgrund von R in SY ein. Das Abkommen beweißt, daß die Probleme nicht verlagert werden (p), weil Polen Hilfe zugesichert wurde, aufgrund der Regel, daß man auf jemanden, dem

man Hilfe zusichert, nicht seine Probleme verlagert (R), sofern es sich im Rahmen zwischenstaatlicher Verträge abspielt (SY).
Argument 72. Wenn Polen zu viele Asylbewerber haben sollte, ist Polen Hilfe zugesagt worden. A72 löst einen GA von A70 in der Struktur von p weil q aufgrund von R in SY ein. Das Abkommen beweißt, daß die Probleme nicht verlagert werden (p), weil Polen im umgekehrten Fall behandelt wird wie die Bundesrepublik jetzt von Polen behandelt wird (q), aufgrund der Regel, daß man seine Probleme nicht abschiebt, wenn eine Regelung greift, die man auch für sich selbst anerkennt (R). Das gilt für die Ebene zwischenstaatlicher Verträge (SY).
Argument 73. Wir wollen Polen nicht mit Problemen alleine lassen. Wiederholung von A70, weshalb GAs von A73 durch A71 und A72 gestützt werden. A73 löst einen GA von A74 nach der Struktur von p weil q aufgrund von R ein. Die Deutschen dürfen nicht allein gelassen werden (p), weil sie Polen nicht alleine lassen (q), aufgrund der Regel, daß der, der andere nicht alleine läßt, Unterstützung verdient (R). Ob das so einfach auf zwischenstaatliche Beziehungen angewendet werden kann, darf bezweifelt werden, weshalb die Relevanz der angewendeten Regel nicht als in SY gegeben interpretiert wird. Die Begründung in SY wird aber in A75 nachgeliefert, so daß doch von einer komplexen Begründung gesprochen werden kann.

Es handelt sich hierbei um ein Informationsmuster über Sachverhalte (i.a)), d.h. den Inhalt des Abkommens mit Polen. Dadurch soll immer noch die Intention von 58. als aufrichtig geäußert, d.h. durch Sachverhalte gestützt, begründet werden (i.b)). Das „wir" bezieht sich auf „die Bundesbürger", d.h. auf den Souverän, der durch Redner 1 in seiner Rolle als Abgeordneter und Fraktionsvorsitzender der CDU/CSU als spokesman vertreten wird.

Nur, auch wir Deutschen dürfen uns mit den Problemen mitten in Europa nicht alleine lassen.

(Beifall bei der CDU/CSU und der F.D.P.)
61. S.13506, Spalte 1, Zeile 9-12: A74., i.b)
Argument 74. Wir Deutschen dürfen „uns auch nicht" alleine lassen.

Wieder wird ein Informationsmuster über die Einstellung Redner 1s durchgeführt (i.b)). Er leitet daraus, daß die Bundesrepublik Polen zu helfen bereit ist, ab, daß auch den Deutschen geholfen werden müsse. Er verschweigt dabei, daß es sich bei der Hilfe für Polen um eine Hilfe zu einem Problem handelt, das durch die deutsche Politik erst entstehen wird. So kommt es zu einer raffinierten Konstruktion: von Polen kann Hilfe erwartet werden, weil Polen geholfen wird. Die Hilfe für Polen besteht aber darin, den Schaden, den man dort durch die Asylgesetzge-

bung hervorgerufen hat, zu mindern. Polens Hilfe besteht darin, den Schaden zuzulassen. Hier werden Ursache und Wirkung vertauscht, was allerdings wieder nur die besser Informierten erkennen. Weniger gut Informierten wird hier ein wesentlicher Teil relevanter Information vorenthalten. Diese fast schon zynisch zu nennende Art der Argumentation verrät sich durch die Satzkonstruktion, die unlogisch zu sein scheint: wir Deutschen dürfen uns nicht mit den Problemen alleine lassen. Sagen will er wohl: wir dürfen nicht alleine gelassen werden. Und so wird es auch wohl verstanden (kann es auch wegen der Mündlichkeit der Rede), [illegible] man den Beifall. Aktiv und Passiv werden hier vermischt. Was grammatikalisch falsch anmutet ist inhaltlich durchaus berechtigt. So wird die Hilfe von Polen ja nicht der Bundesrepublik angetragen, sondern durch die innerstaatliche Gesetzgebung einfach erzwungen. Man hat sich die Hilfe also durchaus aktiv genommen, so haben „wir" „uns" „nicht alleine gelassen".
Das „wir" bezieht sich auf die Bundesbürger, für die Redner 1 weiterhin als autorisierter spokesman spricht.

Eine faire Lastenverteilung im europäischen Zusammenhang ist eine notwendige Voraussetzung dafür, daß wir auch eine europäische Gemeinsamkeit und Zusammenarbeit in der Ursachenbekämpfung dieser Flucht- und Wanderungsbewegungen erreichen.
62. S.13506, Spalte 1, Zeile 13-18: A75., i.a), i.b)
Argument 75. Eine faire Lastenverteilung ist Voraussetzung für eine europäische Zusammenarbeit. A75 löst einen GA für A73 und A74 in der Struktur von p weil q aufgrund von R in SY ein. Die Deutschen dürfen nicht alleine gelassen werden (p), weil sie die Polen nicht alleine lassen (q), aufgrund der Regel, daß derjenige Hilfe beanspruchen kann, der Hilfe gewährt (R) im System der fairen Lastenverteilung als Grundlage der europäischen Zusammenarbeit (SY).

Wieder wird ein Informationsmuster über Redner 1s politische Einstellung durchgeführt (i.b)). Diese Einstellung kann allerdings als konsensfähig angesehen werden. Eventuell liegt dadurch ein Informationsmuster über einen Sachverhalt vor (i.a)). Das „wir" bezieht sich auf die Bundesbürger, die so indirekt adressiert werden. Für sie ist die Information auch gedacht.

Sie haben es mir lange nicht geglaubt, aber wenn Sie sich heute in der südlichen Oberrheinebene mit Ausländer- oder Polizeibehörden unterhalten, dann wissen Sie, daß diese ganz überwiegend damit beschäftigt sind, daß Hunderte von sogenannten Asylbewerbern aus Algerien Woche für Woche über die französisch-deutsche Grenze nach Deutschland kommen und nicht zurückgeschoben werden

können - obwohl Frankreich sie selbstverständlich zurücknehmen könnte -, weil unser Grundgesetz uns daran hindert.
63. S.13506, Spalte 1, Zeile 19-29: A76., i.a), i.c), iii.d), iv.a)
Argument 76. Es können Hunderte von algerischen Asylbewerbern, die über die deutsch-französische Grenze kommen, aufgrund des Grundgesetzes nicht zurückgeschickt werden. A76 löst einen GA von A49 in der Struktur von p weil q ein. Es muß eine Asylrechtsharmonisierung geschehen (p), weil Hunderte von Asylbewerbern nicht zurückgeschickt werden können (q).

Redner 1 führt ein Informationsmuster über Sachverhalte durch (i.a)). Die SPD-Abgeordneten hätten ihm lange nicht geglaubt (i.c)). Dadurch wird vorausgesetzt, daß sie ihm jetzt glauben. Zum Beweis der Wahrheit führt er Auskünfte der Ausländer- und Polizeibehörden in der südlichen Oberrheinebene an. Die einzelnen Propositionen sind sicherlich unterschiedlich leicht als wahr bzw. umstritten zu erkennen. Ob Redner 1 nicht geglaubt wurde, ist eher umstritten. Es sieht wohl eher so aus, als wenn man seine Einschätzung der Relevanz der Grenzübertritte nicht geteilt hätte. Die Informationen der Behörden scheinen wiederum leicht als wahr zu identifizieren zu sein. Ebenso die Feststellung, daß das Grundgesetz „uns" daran hindert, die Antragsteller ohne Asylverfahren wieder abzuschieben. Interessant ist wieder die Adressierung: indirekt werden die Ausländer- und Polizeibehörden der südlichen Oberrheinebene angesprochen. Redner 1 verbreitet im Bundestag Informationen über deren Arbeitsbedingungen und macht sich so indirekt zu ihrem Fürsprecher (iii.d)). Dadurch, daß es sich um Behörden und wieder um die Polizei handelt, stellt Redner 1 erneut seine Solidarität mit der Polizei dar. Gleichzeitig adressiert er direkt verbal wahrscheinlich die SPD-Fraktion mit „Sie". Gestützt wird diese Adressierung durch die Proposition des „Redner 1-nicht-geglaubt- habens", die sich nur auf Redner 1s politische Gegner beziehen kann. Redner 1 nicht zu glauben, fand in der Vergangenheit statt, es heute besser zu wissen, vorausgesetzt, man zieht Erkundigungen ein, im Präsens. Durch diese Chronologie wird den Gegnern unterstellt, daß sie jetzt wissen, daß sie damals im Unrecht waren. Damit stellt sich Redner 1 nicht nur als vorausschauender Politiker dar, die SPD erscheint auch als weniger weitblickend. So wird ein Werbungsmuster für Redner 1 und seine Partei gegenüber Wählern und Parteigenossen durchgeführt (iv.a)).

Das ist doch ein Mißbrauch der europäischen Situation, den wir ändern müssen.

(Beifall bei der CDU/CSU und der F.D.P.)
64. S.13506, Spalte 1, Zeile 29-31: A77., i.b), ii.b)
Argument 77. Dabei handelt es sich um einen Mißbrauch der europäischen Situation, der geändert werden muß. A77 löst einen GA von A76 und indirekt von A49

in der Struktur von p weil q aufgrund von R ein. Die Asylbewerber können nicht zurückgeschickt werden, was geändert werden muß (p), weil die Situation mißbraucht wird (q), aufgrund der Regel, daß Mißbrauch geändert werden muß (R).

Hierbei handelt es sich wieder um ein Informationsmuster über den politischen Standpunkt Redner 1s (i.b)), der allerdings von vielen geteilt wird. Mit „wir" sind wahrscheinlich die Abgeordneten indirekt adressiert, da nur sie in der Lage sind, eine Änderung herbeizuführen. Die Zuschauer sind die indirect targets, denen die eigene Position nahegebracht wird. Durch den herausgestellten Mißbrauch dient eine Änderung des Zustandes der Legitimation des politischen Handelns (ii.b)), da die Angemessenheit der Handlung durch die Verhinderung des Mißbrauchs herausgestellt wird.
CDU/CSU und F.D.P. unterstützen diese Aussage durch Beifall.

Wenn wir die Ursachen besser bekämpfen wollen, können wir das nur in europäischer Gemeinsamkeit tun.
65. S.13506, Spalte 1, Zeile 32-34: A78., i.a), i.b), ii.b)
Argument 78. Die Ursachen können nur in europäischer Gemeinsamkeit bekämpft werden.

Es wird ein Informationsmuster über einen konsensfähigen Standpunkt (i.b)), insofern also über eine Tatsache, durchgeführt (i.a)). Das „wir" bezieht sich auf alle Parlamentarier, die so indirekt adressiert werden. Es wird mit der Wiedergabe einer politischen Position verbunden, die als konsensfähig gelten muß: die europäische Lösung bei der Ursachenbekämpfung. Dadurch wird eine Legitimation des politischen Handelns beschrieben (ii.b)).

Niemand macht sich eine Illusion darüber, daß bei den dramatischen Ungleichgewichten zwischen Ost und West in Europa und Süd und Nord auf dieser einen Erde die globalen Verteilungskämpfe dramatischer werden und daß in diesen Wanderungsbewegungen ein Risiko innen- wie außenpolitisch für die Stabilität der freiheitlichen Demokratien Europas liegt.
66. S.13506, Spalte 1, Zeile 34-41: A79., i.a)
Argument 79. Die Demokratien Europas sind durch die Ungleichgewichte und Wanderungsbewegungen auf der Welt gefährdet.

Hier wird ebenfalls ein Informationsmuster über Sachverhalte durchgeführt (i.a)), die als unbestritten gelten können. Als die einzige Ausnahme kann die Behauptung „niemand macht sich eine Illusion darüber" angesehen werden. Dieses wird gerade immer den Befürwortern der Gesetzesänderung von ihren Gegnern vorgeworfen. Durch die explizite Erwähnung durch Redner 1 müßte man ihm aber schon Lügen vorwerfen, um diesen Standpunkt in diesem Zusammenhang zu vertreten. Deshalb bleibt es bei der Einschätzung als Informationsmuster.

Wir sollten mehr als bisher unsere Anstrengungen darauf konzentrieren.
67. S.13506, Spalte 1, Zeile 41-42: A80., i.b), ii.a)
Argument 80. Die Anstrengungen sollten darauf konzentriert werden.

Redner 1 leitet seinen politischen Standpunkt, über den er informiert, aus dem vorangegangenen Muster ab (i.b)). Damit legitimiert er sein Handeln durch den Nachweis von Rationalität (ii.a)). Dieser Standpunkt ist wieder konsensfähig. Die indirekt durch „wir" adressierten Abgeordneten kennen den Standpunkt, der Gegenstand des Asylkompromisses war, die Zuschauer als indirect targets werden jedoch informiert.

Nur, um in anderen Ländern Not und Elend besser zu bekämpfen, brauchen wir neben europäischer Zusammenarbeit auch die Erhaltung der Voraussetzungen für die Handlungsfähigkeit unserer Bundesrepublik Deutschland.
68. S.13506, Spalte 1, Zeile 43-47: A81., A82, i.a), i.b), ii.a)
Argument 81. Die Handlungsfähigkeit muß gewahrt bleiben.
Argument 82. Nur handlungsfähig kann anderen Ländern geholfen werden. A82 löst einen GA von A81 in der Struktur von p weil q aufgrund von R ein. Man muß handlungsfähig bleiben (p), weil man nur handlungsfähig helfen kann (q), aufgrund der Regel, daß man nur helfen kann, wenn man dazu auch real in der Lage ist (R).

Eigentlich wird hier wieder ein Informationsmuster über einen selbstverständlichen Sachverhalt durchgeführt (i.a)), das mit „wir" indirekt an die Bundesbürger gerichtet ist. Ihre Erwähnung an dieser Stelle hat jedoch strategische Gründe, die adressatenspezifisch durchschaut werden können: als Voraussetzung für Engagement wird die „innere Stabilität" der Bundesrepublik herausgestellt, sicherlich noch eine konsensfähige Sachverhaltsdarstellung. Insider, d.h. alle Abgeordneten und informierten Zuhörer, wissen hier bereits, wie Redner 1s Argumentation weitergehen wird. Es wird hier eine komplexe Argumentation der CDU/CSU eingeleitet: zuviele Asylbewerber gefährden den inneren Frieden, ohne inneren Frieden kann keine Asylpolitik betrieben werden, ohne Asylpolitik gibt es keine Asylbewerber, zuviele Asylbewerber führen so zur Abschaffung der Asylbewerber, eine asylbewerberfreundliche Politik muß deren Zuwanderung stark begrenzen. So wird hier aktantenabhängig entweder ein Informationsmuster über Sachverhalte oder eine umstrittene Begründung der eigenen Standpunkte durchgeführt (i.b) und (ii.a).

Das heißt, wir müssen die innere Stabilität unseres freiheitlichen Rechtsstaats bewahren.
69. S.13506, Spalte 1, Zeile 47-49: A83., i.a), i.b)
Argument 83. Das bedeutet, daß die innere Stabilität gewahrt bleiben muß

Für dieses Informationsmuster gelten die gleichen Bedingungen wie für 68.. Eigentlich stellt es eine Informationshandlung über eine Selbstverständlichkeit dar (i.a)). Durch die Betonung der Selbstverständlichkeit wird aber eventuell schon nahegelegt, daß „die Stabilität unseres freiheitlichen Rechtsstaats" gefährdet sein könnte (i.b)) und (ii.a)). Mit „wir" werden indirekt die Abgeordneten adressiert, d.h. die Adressierung der indirect targets ein wenig verdunkelt.

Unsere Verantwortung gebietet eben, nicht nur nach vielleicht edlen Motiven und hehren Zielen zu fragen, sondern auch die Folgen unseres Tuns und unseres Unterlassens zu bedenken.
70. S.13506, Spalte 1, Zeile 50-53: A84., i.a), i.c), (ii.a), ii.b))
Argument 84. Die Verantwortung gebietet, nach Folgen des Unterlassens zu fragen.

Redner 1 liefert hier ein Informationsmuster über sein Selbstverständnis über seine Aufgaben als Politiker, das als konsensfähig angesehen werden kann (i.a)). Allerdings kann durch die Formulierung „nach vielleicht edlen Motiven", die Distanz ausdrückt, geschlossen werden, daß Kritik an der gegnerischen Auffassung geübt wird, die sich auf „vielleicht" edle Motive beschränkt (i.c)). Diese Interpretation wird durch das Wissen um den Gegensatz sogenannter Realpolitiker, die eine Beachtung der Folgen ihres Tuns für sich in Anspruch nehmen, zu idealistischen Politikern, denen diese pragmatische Sichtweise abgesprochen wird, gestützt. Redner 1 kann auf ein bekanntes Bewertungsschema zurückgreifen und sich so bei seiner Kritik auf ein Minimum an Anspielung beschränken.
Die indirekte Adressierung durch „unsere" richtet sich an die Abgeordneten, denen er aber nichts Neues erzählt. Er äußert aber als spokesman eine konsensfähige Beurteilung.

So müssen wir vorausschauend handeln und erkennbaren Gefährdungen rechtzeitig begegnen.
71. S.13506, Spalte 1, Zeile 53-55: A85., i.a), (ii.a)), (ii.b))
Argument 85. Es muß vorausschauend gehandelt werden.

Hier wird ein weiteres Informationsmuster über die Einschätzung der Aufgaben der Politiker durchgeführt, das konsensfähige Inhalte hat (i.a)). Durch „wir" werden wieder die Abgeordneten indirekt adressiert.

Verehrte Kolleginnen und Kollegen, ob wir heute noch rechtzeitig sind, ist die Frage.
72. S.13506, Spalte 1, Zeile 55-57: A86., i.b), (ii.a)), ii.b)
Argument 86. Es ist fraglich, ob rechtzeitig gehandelt wurde.

Hier liefert Redner 1 eine Einschätzung der Situation in Form eines Informationsmusters (i.b)). Indem er in Frage stellt, ob man jetzt (durch die Grundgesetzänderung) noch rechtzeitig handelt, bewertet er seine Position zur Gesetzesänderung als den zwei vorher geäußerten Mustern zur Aufgabenstellung der Politiker gemäß. Dadurch stellt er die Angemessenheit des eigenen politischen Handelns dar und legitimiert es so (ii.b)). Die Handlung an sich wird nicht in Frage gestellt. Schwierigkeiten, ob die Handlung den Anforderungen entspricht, hat Redner 1 nur bezüglich des Zeitpunkts der Handlung. Damit leitet er eine umfangreiche Kritik der SPD-Abgeordneten ein, die er im folgenden für die Verspätung verantwortlich macht (was auch korrekt ist, nur unterschlägt er dabei den Koalitionspartner F.D.P. und die Kritik an der Gesetzesänderung innerhalb der SPD, die durchaus begründet wird).

Es ist eher zu spät als zu früh.

(Beifall bei der CDU/CSU sowie bei Abgeordneten der F.D.P.)
73. S.13506, Spalte 1, Zeile 57-59: A86., i.b), (ii.a)), ii.b)
Argument 86. Es ist fraglich, ob rechtzeitig gehandelt wurde.

Hier wird ein Informationsmuster über Redner 1s Position zum Zeitpunkt der Grundgesetzänderung geleistet (i.b)), das adressatenunabhängig gleich verstanden werden kann. Er wiederholt inhaltlich einen Teil des vorangegangenen Musters (so auch ii.b)). Der Beifall der CDU/CSU und von einigen F.D.P.-Abgeordneten unterstützt diese Position. Bei den F.D.P.-Abgeordneten verwundert diese Haltung, da die Position ihrer Partei zur Grundgesetzänderung erst kurz vorher geändert wurde, man also vorher gar nicht handeln wollte. Ob die Unterstützung der Vernebelung dieser Tatsache durch Redner 1 vor uneingeweihten Wählern durch den Beifall unterstützt werden soll, kann nicht sicher beantwortet aber immerhin vermutet werden.

In der gemeinsamen Erklärung der Deutschen Bischofskonferenz und des Rats der Evangelischen Kirche in Deutschland zur Aufnahme von Flüchtlingen und zum Asylrecht vom 26. November vergangenen Jahres heißt es:
74. S.13506, Spalte 1, Zeile 60 - S.13506, Spalte 2, Zeile 2: i.a), (ii.a)), (ii.b)), iv.a), iv.b)
Zur Stützung des Musters und der darin geäußerten Einstellung zitiert Redner 1 aus einer Erklärung der „Deutschen Bischofskonferenz" und des „Rats der Evangelischen Kirche in Deutschland", die er damit indirekt adressiert. Das ist als Informationsmuster über einen Sachverhalt einzuschätzen (i.a)). Dadurch, daß er sich zum „relayer" macht, stützt er nicht nur seine Argumentation durch eine autorisierte Institution, die unparteilich für Menschenrechte eintritt, er stärkt auch sein Image als christlicher Politiker, der Forderungen der Kirche in sein politisches Handeln einbringt. So führt er ein Werbungsmuster mit seiner Wählerschaft (iv.a)) und den kirchlichen Organisationen durch (iv.b)), indem er der „christlichen Gesinnung" Gehör verschafft. Der Zusammenhang zum Asylrecht wird lediglich von Redner 1 als Einleitung des Zitats hergestellt.

„Die Unsicherheit nimmt zu.
75. S.13506, Spalte 2, Zeile 2: A87., i.a), i.b), (ii.a)), (ii.b)), iv.a), iv.b)
Argument 87. Die Kirche sagt: Die Unsicherheit nimmt zu. A87 löst einen GA von A86 nach der Struktur p weil q ein. Es wurde eventuell nicht rechtzeitig gehandelt (p), weil die Kirche festgestellt hat, daß die Unsicherheit zunimmt.

Hierbei handelt es sich um ein Informationsmuster über einen Sachverhalt (i.a)). Durch die Einnahme der Rolle des relayers findet ein Footing-Wechsel statt, durch den im Gesamtmuster die Einstellung von Redner 1 vertreten wird (i.b)). Da er weiterhin die kirchlichen Äußerungen publik macht, führt er die Werbungsmuster (iv.a)) und (iv.b)) fort.

Dies ist der Nährboden, auf dem Aggression und Protest wachsen und Fremde oft zum Sündenbock gemacht werden."
76. S.13506, Spalte 2, Zeile 2-5: A88., i.a), i.b), (ii.a)), (ii.b)), iv.a), iv.b)
Argument 88. Die Kirche sagt: Das führt zu Fremdenfeindlichkeit. A88 löst einen GA von A86 nach der Struktur p weil q ein. Es wurde eventuell nicht rechtzeitig gehandelt (p), weil die Kirche festgestellt hat, daß die zunehmende Unsicherheit zu Fremdenfeindlichkeit führt. A88 löst einen GA von A89 in der Struktur von p weil q ein. Die Unsicherheit muß bekämpft werden (p), wenn sie zu Fremdenfeindlichkeit führt.

Hier werden die Muster von 75. fortgesetzt. Der Zusammenhang in der Erklärung (siehe Anhang 4) selbst wirft doch ein etwas anderes Licht auf die Interpretation des Zitats: *„Die gesellschaftlichen und wirtschaftlichen Probleme der deutschen Vereinigung stellen die Menschen im Osten Deutschlands vor besonders große Schwierigkeiten. Die Unsicherheit nimmt zu. Dies ist der Nährboden, auf dem Aggression und Protest wachsen und Fremde oft zum Sündenbock gemacht werden. Damit kann dann auch eine stillschweigende Sympathie mit Gewalttätern einhergehen. Gewaltakte gegen Ausländer sind ebenso wie Anschläge auf jüdische Gedenkstätten eine Schande für unser Land. Der Staat muß mit allen ihm zu Gebote stehenden rechtsstaatlichen Mitteln der Gewalt entgegentreten."*
Ebenfalls in der Erklärung steht: *„Die Aufnahme von Flüchtlingen ist zugleich eine moralisch verpflichtende Aufgabe, ohne deren Übernahme ein Gemeinwesen die Grundlagen eines humanen Zusammenlebens verliert."* Es liegt so auf der Hand, daß Redner 1 als relayer durch die Auswahl und die neue Kontextualisierung des Textabschnittes diesen in seiner Bedeutung verändert, ohne dieses kenntlich zu machen.

Wenn dies so ist, dann müssen wir diesen Nährboden bekämpfen, indem wir dieser Verunsicherung entgegenwirken.
77. S.13506, Spalte 2, Zeile 5-7: A89., i.b), (ii.a)), (ii.b)), iv.a), iv.b)
Argument 89. Es muß die Unsicherheit bekämpft werden.

Redner 1 führt ein Informationsmuster über seine politische Position durch (i.b)). Das geschieht in Form einer Folgerung aus den Zitaten. So werden die Werbungsmuster weitergeführt (iv.a) und iv.b)). Es muß wieder ein Footing-Wechsel durchgeführt werden, damit Redner 1 wieder als author auftreten kann. Mit „wir" werden die Abgeordneten indirekt adressiert. Die Äußerung selbst ist sicherlich konsensfähig.

Wir schulden unseren Bürgern, wenn wir die Freiheit stabil halten wollen, eine Ordnung, die das friedliche Zusammenleben der Menschen sicherstellt.
78. S.13506, Spalte 2, Zeile 8-10: A90., i.b), (ii.a)), (ii.b))
Argument 90. Den Bürgern wird eine Ordnung geschuldet, die das friedliche Zusammenleben sicherstellt.

Ein weiteres Informationsmuster über die eigene Position, für das die gleichen Bedingungen gelten wie für die beiden vorangegangenen, wird durchgeführt (i.b)).

Nur wenn wir unseren Bürgern das Gefühl geben und bewahren, daß dieser freiheitliche Rechtsstaat in der Lage ist, eine solche Ordnung des Zusammenlebens zu garantieren, schaffen wir die notwendigen und unverzichtbaren Grundlagen für Toleranz und für entspanntes Miteinander von Deutschen und Ausländern in diesem Land.
79. S.13506, Spalte 2, Zeile 11-17: A91., i.b), (ii.a)), (ii.b)), iii.a), iv.a)
Argument 91. Nur so werden die Grundlagen für Toleranz geschaffen. A91 löst einen GA von A90 nach der Struktur von p weil q ein. Den Bürgern wird die Ordnung geschuldet (p), weil nur so die Grundlagen für Toleranz geschaffen werden (q). Die GAs von A91 werden allerdings nicht weiter gestützt.

Dieses Informationsmuster über Redner 1s Position kann nicht mehr als konsensfähig eingestuft werden (i.b)). Die Toleranz gegenüber Ausländern wird von ihm von einem „Gefühl" der Bürger dem Rechtsstaat gegenüber abhängig gemacht. Innerhalb von „wir", was sich auf die Abgeordneten bezieht und diese so indirekt adressiert, wird die Grundlage für Toleranz sicherlich auch außerhalb des Rechtsstaatsdenkens innerhalb eines Kultur- oder Humanitätsbegriffs verortet. Es ist aber klar, daß er seine Position entfaltet, und so wird das Muster aktantenunabhängig durchgeführt.
Die indirekte Adressierung „unseren Bürgern" wendet sich direkt an die zuschauenden Wähler. Die Bezeichnung der Bürger als „unsere" weckt eine Form der persönlichen Identifikation, es suggeriert Nähe. Die doppelte Nennung „unsere Bürger" verstärkt diesen Effekt noch. Dadurch, daß Redner 1 behauptet, die Abgeordneten schuldeten ihnen etwas, stellt er sich zusätzlich als Vertreter der Bürger dar, der ihre Ansprüche gegenüber der Politik vertritt. Dadurch betreibt er nicht nur intensive Werbung bei Wählern und Wahlkreis (iii.a), iv.a)) für sich und seine bürgernahe Partei, durch die Betonung seiner Nähe zu den Bürgern kann er implizit den Vorwurf der Nichtberücksichtigung des Wählerwillens bei den Gesetzesgegnern vorbereiten.

Nur wenn wir die Zuwanderung nach Deutschland besser steuern und begrenzen können, als es bisher möglich ist, sichern wir auch für die Zukunft ein friedliches und freundliches Miteinander von deutschen und ausländischen Mitbürgern.
80. S.13506, Spalte 2, Zeile 17-22: A92., i.b), ii.a), ii.b)
Argument 92. Nur so wird ein friedliches Miteinander gesichert. A92 löst einen GA von A90 nach der Struktur von p weil q ein. Den Bürgern wird die Ordnung geschuldet (p), weil nur so ein friedliches Miteinander gesichert wird (q). Die GAs von A92 werden selbst nicht weiter gestützt.

Hier wird ein weiteres Informationsmuster zur Position Redner 1s durchgeführt (i.b)). Für die Aussage, d.h. die Konsensfähigkeit der Äußerung, gilt das, was

bereits zu 79. gesagt wurde. Hier wird klar Redner 1s alleinige Position vertreten. Durch die permanente Betonung der öffentlichen Sicherheit kann sogar von Redner 1 als author gesprochen werden, der zwar als spokesman seiner Partei handelt, auf diese Art und Weise der Argumentation aber als individuell profilierter Politiker zu erkennen ist.
Indirekt adressiert werden neben Deutschen und Ausländern auch die deutschen und ausländischen Mitbürger. Die Parallelsetzung zeigt, daß beide gleiche Interessen haben, die von Redner 1 vertreten werden: das friedliche Miteinander[6].
An dieser Stelle wird auch ein komplexes Legitimationsmuster des politischen Handelns abgeschlossen, das die Rationalität (ii.a)) und die Angemessenheit der Gesetzesänderung (ii.b)) nachzuweisen versucht hat. Es begann mit 70. und der Herausstellung allgemein gültiger Anforderungen an politisches Handeln, führte dann über eine Situationsbeschreibung, deren Zutreffen durch ein Zitat abgesichert wurde, daß ein Handlungsbedarf im Sinne des vorher Beschriebenen vorliegt, zu einer durch Allgemeinplätze abgestützten Darstellung der Gesetzesänderung als Erfüllung des Handlungsbedarfs. Kennzeichnend für dieses Muster ist die überwiegend informative Zwecksetzung der Einzelmuster, aus denen es zusammengesetzt ist.

Der frühere Bundeskanzler Willy Brandt hat in seiner Regierungserklärung vom 18.Januar 1973 - so lange ist das her: mehr als 20 Jahre - davon gesprochen, daß es notwendig geworden ist, daß wir sehr sorgsam überlegen, wo die Aufnahmefähigkeit unserer Gesellschaft erschöpft ist und wo soziale Vernunft und Verantwortung Halt gebieten.
81. S.13506, Spalte 2, Zeile 23-29: A93., i.a), i.b), (iii.a)), (iv.aa)), (iv.ab))
Argument 93. Bundeskanzler Willy Brandt sagte 1973, daß über die Erschöpfung der Aufnahmefähigkeit nachgedacht werden sollte. A93 löst einen GA von A86 in der Struktur von wenn p dann q ein. Es ist wahrscheinlich schon zu spät (p), weil Brandt bereits 1973 davor gewarnt hatte (q).

Redner 1 liefert eine Informationshandlung über eine Sachverhaltsdarstellung, nämlich einen Auszug aus der Regierungserklärung (i.a)). Er gibt eine Inhaltswiedergabe und muß daher als spokesman des damaligen Bundeskanzlers Willy Brandt und nicht als sein relayer interpretiert werden. Allerdings wird er zum co-

---

[6]Interessant ist, daß sich das Gefühl einstellt, daß mit unseren Bürgern nur die deutschen Bürger gemeint sind. Die Parallelsetzung erfolgt zwischen Deutschen und Ausländern und deutschen und ausländischen Mitbürgern, deutsche und ausländische Bürger werden nicht genannt. Könnte das Gefühl durch irgendetwas begründet werden, wären weitere Schlüsse zur Interpretation zu ziehen. Hierfür liefert der Ansatz aber keine Möglichkeiten. Ein rein rhetorischer Ansatz käme hier wahrscheinlich weiter.

author durch seine Kontextualisierung der Brandt-Äußerungen (i.b)). Das zeigt ein Blick in die besagte Regierungserklärung (siehe Anhang 5): *„Nun zu einem anderen, aus unserer Sicht wichtigen Gegenstand: In unserer Mitte arbeiten fast zweieinhalb Millionen Menschen aus anderen Nationen; mit ihren Angehörigen bilden sie eine starke Minderheit in unserem Land. Wir wissen, daß es allzuoft die Not ist, die sie zu uns führt. Wir wissen aber auch, wie sehr sie mit ihrem Fleiß zu unser aller Wohlstand beitragen, und das sollten wir anerkennen. (Beifall bei den Regierungsparteien und bei Abgeordneten der CDU/CSU) Es ist aber, meine Damen und Herren, notwendig geworden, daß wir sehr sorgsam überlegen, wo die Aufnahmefähigkeit unserer Gesellschaft erschöpft ist und wo soziale Vernunft und Verantwortung Halt gebieten. Wir dürfen das Problem nicht dem Gesetz des augenblicklichen Vorteils allein überlassen."* Hier wird nicht nur die Aussage relativiert, es handelt sich auch um das Gastarbeiterproblem. Asylbewerber werden mit keiner Silbe erwähnt. Diese Verfälschung ist schon als dreist zu bezeichnen.
Durch den vorgegebenen Inhalt wird aber seine Argumentation des Legitimationsmusters gestützt.
Durch „so lange ist das her: mehr als 20 Jahre" wird nicht nur eine Information geliefert. Im Zusammenhang mit dem von Duve an Redner 1 gerichteten Zwischenruf hatte Redner 1 versucht, die Kritik auf die zeitliche Entfernung zu reduzieren, um dann zu belegen, daß er seit langem seine Forderungen vertrete und die Kritik Duves dadurch irrelevant sei. Hier reibt er ihm - sozusagen als Retourkutsche - die lang zurückliegende Regierungserklärung unter die Nase. Sie soll belegen, daß in Duves eigener Partei die Diskussion schon lange geführt worden sei, was den Einwand noch irrelevanter macht. Allerdings wird er durch diese Verkürzung der Kritik dem Einwand immer noch nicht gerecht.
Implizit liegt eine Adressierung der SPD-Abgeordneten vor, indem ihr ehemaliger Bundeskanzler herangezogen wird.

Ihr früherer Fraktionsvorsitzender Herbert Wehner hat am 15. Februar 1982 in einer Sitzung des SPD-Parteivorstands gesagt:
„Wenn wir uns weiterhin einer Steuerung des Asylproblems versagen, dann werden wir eines Tages von den Wählern, auch unseren eigenen, weggefegt, dann werden wir zu Prügelknaben gemacht werden.
82. S.13506, Spalte 2, Zeile 30-37: A94., i.a), i.b), (iii.a)), (iv.aa)), (iv.ab))
Argument 94. Der SPD-Fraktionsvorsitzende Wehner sagte 1982, daß ohne eine Steuerung des Asylproblems die Wähler den Politikern das Vertrauen entziehen würden.

Hier wird ein weiteres Informationsmuster über Sachverhalte durchgeführt (i.a)), und zwar über ein Zitat von Wehner. Direkt adressiert werden jetzt die SPD-

Abgeordneten durch „Ihr". Für das Zitat findet ein Footing-Wechsel statt. Redner 1 wird zum relayer und Wehner zum sponsor. Durch „wir" werden die SPD-Vorstandsmitglieder indirekt und alle SPD-Politiker implizit adressiert. Inhaltlich wird die Argumentation Redner 1s vertreten, allerdings kompromißloser formuliert. Die Frage ist allerdings, ob Wehner - wie vorher auch Brandt - die Steuerung des Asylproblems so zwangsläufig mit einer Grundgesetzänderung verbindet, wie Redner 1 dies tut. In diesem Zusammenhang stimmt das Zitat nicht, da es sich auf die Asylpolitik an sich und nicht auf die alleinige Forderung nach einer Grundgesetzänderung bezieht. Das ist aber ein entscheidender Unterschied, denn schließlich kann nicht unterstellt werden, die SPD habe nicht einfachgesetzlich an der Lösung des Asylproblems gearbeitet (i.b)).

Ich sage euch: Wir sind am Ende mit schuldig, wenn faschistische Organisationen aktiv werden.
83. S.13506, Spalte 2, Zeile 37-39: A95., i.a), i.b), (iii.a)), (iv.aa)), (iv.ab))
Argument 95. Wehner sagte, daß die SPD ohne Steuerung mit schuldig wäre, wenn faschistische Organisationen aktiv werden würden.

Hier werden die Muster von 82. weitergeführt und entsprechend gilt dieselbe Beschreibung. Nur die Adressierung wird noch verschärft, indem Redner 1 durch „ich" direkt in die Positionsrolle des ehemaligen Fraktionsvorsitzenden und in die Statusrolle „Wehner" schlüpft, um als Wehner die Vorstandsmitglieder zu ermahnen.

Es ist nicht genug, vor Ausländerfeindlichkeit zu warnen; wir müssen die Ursachen angehen, weil uns sonst die Bevölkerung die Absicht, den Willen und die Kraft abspricht, das Problem in den Griff zu bekommen."
84. S.13506, Spalte 2, Zeile 39-44: A96., i.a), i.b), (iii.a)), (iv.aa)), (iv.ab))
Argument 96. Wehner sagte, daß die Ursachen für Ausländerfeindlichkeit angegangen werden müßten, da sonst die Bevölkerung das Vertrauen verlöre.

Hier werden die Muster von 82. und 83. weitergeführt. Es gelten die Beschreibungen der genannten Muster.

Sie hätten vielleicht früher auf ihre früheren Vorsitzenden von Partei und Fraktion hören sollen.

(Beifall bei der CDU/CSU sowie bei Abgeordneten der F.D.P.) 85. S.13506, Spalte 2, Zeile 45-48: A97., i.c), iii.a), iv.aa), iv.ab)
Argument 97. Die SPD hätte früher auf ihre Vorsitzenden hören sollen. A97 löst

einen GA von A86 in der Struktur von p weil q ein. Es ist wahrscheinlich schon zu spät (p), weil die SPD nicht auf ihre Vorsitzenden gehört hat (q).

Durch dieses Muster, was die Position Redner 1s zur Haltung des Gegners wiedergibt, wird eine Folgerung aus den Zitaten gezogen (i.c)). Die SPD-Abgeordneten werden durch „Sie" direkt adressiert. Inhaltlich wird ihnen vorgeworfen, nicht auf Brandt und Wehner gehört zu haben. Dieser Vorwurf setzt die Übereinstimmung Brandt, Wehners und Redner 1s bei der Einschätzung der Grundgesetzänderung voraus. Diese Übereinstimmung ist nicht gegeben, wie herausgestellt wurde und wie informierte Zuschauer wissen. Für uninformierte Zuschauer ist dieses nicht klar. Ihnen wird vor Augen geführt, daß die SPD trotz besseren Wissens eine Entscheidung gegen den Willen ihrer Parteiführung verzögert hat. Das kann als Werbungsmuster für Redner 1 und seine Partei gegenüber Wählern (iii.a)) und den eigenen Parteiangehörigen (iv.aa) und iv.ab)) gedeutet werden.
Diese Werbung wird durch CDU/CSU und Abgeordnete der F.D.P. unterstützt.
Insgesamt müssen 81. - 85. als ein komplexes Muster der Kritisierung des Standpunkts des Gegners (i.c)) und der Werbung vor den Wählern (iii.a), iv.aa), iv.ab)) gedeutet werden. Die Informationsmuster über Sachverhalte sind funktional untergeordnet. Wehner adressiert seinen Ratschlag direkt an seine (damaligen) Kollegen vom SPD-Parteivorstand. Er liefert eine Analyse, die Ausländerfeindlichkeit auf die fehlende „Steuerung des Asylproblems" zurückführt, die den Eindruck der Unfähigkeit der verantwortlichen Politiker bei der Bevölkerung erzeuge. Das bestätigt die Argumentation, die Redner 1 zuvor gegen die SPD-Politik geleistet hat. Redner 1 nutzt diese Übereinstimmung, um den SPD-Politikern vorzuwerfen, sie hätten eher auf Brandt und Wehner hören sollen. Er adressiert sie direkt mit „Sie". Als Präsupposition seines Vorwurfs steckt durch die Verwendung von „früher" drin, daß die SPD jetzt auf die Ratschläge höre. Gemeint ist damit wohl die Zustimmung zur Grundgesetzänderung. Dieser raffinierte Zug zur Herabsetzung des Images der SPD, in dem Redner 1 mit sehr prominenten SPD-Politikern, die zwar indirekt adressiert sind, sich aber aufgrund ihres Todes nicht gegen ihre Vereinnahmung wehren können, quasi eine Allianz gegen die Politik der anderen SPD-Politiker eingeht, dient reinen Werbungszwecken. Den naiveren Wählern führt er die SPD als wider besseres Wissen handelnd vor. Die naiveren Parteigenossen wissen dies ohnehin und können wohlwollend vermerken, daß Redner 1 dies wieder einmal plausibel in Szene gesetzt hat. Die weniger naiven Wähler können sich über Redner 1s Raffinesse freuen und seine Parteigenossen sehen, daß er werbewirksam gegen die SPD, d.h. für die CDU/CSU tätig, wird. Die Informationsabgabe und Legitimation des eigenen Handelns bzw. die rationale Kritik an der gegnerischen Politik ist nicht in Ansätzen zu erkennen. Entsprechend wird seine Aktion durch Beifall der CDU/CSU und von Abgeordneten der F.D.P. gestützt.

Aber, verehrte Kolleginnen und Kollegen, ich finde, es ist heute nicht der Tag zum Nachkarten.

(Lachen bei der SPD und dem Bündnis 90/Die Grünen)

86. S.13506, Spalte 2, Zeile 49-52: A98., i.b), iii.a), iii.b)
Argument 98. Heute ist nicht der Tag zum Nachkarten.
Anzweifelung des GA von A41 durch Gelächter

Redner 1 liefert ein Informationsmuster über seine Einstellung zum Stellenwert der Debatte (i.b)). Durch „ich finde" wird das deutlich gekennzeichnet. Er gibt sich als author zu erkennen und adressiert direkt die Abgeordneten.
Seine dargestellte Einstellung wird wohl von allen Abgeordneten geteilt: es sei heute nicht der Tag zum Nachkarten. Die Metapher „nachkarten" steht für verbissenes, am Rande der Unfairneß stattfindendes Kämpfen. Schließlich hat so etwas bei der Diskussion einer Grundgesetzänderung nichts zu suchen. Hier sollte wohl ausgewogen und „besonnen", wie Redner 1 bereits angemahnt hatte, argumentiert werden. Der Witz ist nur, daß Redner 1 gerade solch einen unsauberen Trick erfolgreich durchgeführt hat, als er reine Parteiwerbung betrieben hat. Die adressierten SPD-Abgeordneten haben Grund zur Annahme, Redner 1 mache sich über sie lustig. Die CDU/CSU-Abgeordneten können zufrieden sein, weil Redner 1 die SPD-Abgeordneten vorführt (iii.a) und iii.b)). Sie können nichts gegen den Inhalt seiner Äußerung einwenden. Im Imagekampf hat er eine neue Dimension erreicht: die Äußerung ist sarkastisch und wendet sich inhaltlich gegen Sarkasmus in der Debatte.
Deutlich wird diese neue Dimension auch durch die Reaktion bei der SPD und Bündnis 90/Die Grünen. Sie „lachen" (das bedeutet spöttisches Lachen nach der Kommentierung der Stenographischen Berichte), d.h. sie reagieren ebenfalls mit Sarkasmus auf Redner 1. Formal läßt sich dieses als Abstreiten der Aufrichtigkeit der Handlung von Redner 1 deuten.

Wenn Sie sich in einer so schwierigen Debatte, in der Sie sich auch miteinander und untereinander schwertun, an Worte Ihrer früheren Partei- und Fraktionsvorsitzenden erinnern lassen, so hoffe ich, daß dies auch für Ihre eigene Entscheidungsfindung ein hilfreicher Beitrag ist.

(Beifall bei der CDU/CSU)

87. S.13506, Spalte 2, Zeile 53-59: A99., i.b), iii.a), iii.b)
Argument 99. Redner 1s Ausführungen sind ein hilfreicher Beitrag zur Entscheidungsfindung bei der SPD. A99 löst den GA der Wahrhaftigkeit von A98 in der Struktur von p weil q ein. Daß nicht nachgekartet werden soll, ist ernst gemeint (p), weil Redner 1 einen Beitrag zur Entscheidungsfindung liefert. Der GA der

Aufrichtigkeit von A99 kann aber ebenfalls bestritten werden, wodurch die Stützung hinfällig wird.

Wieder wird ein Informationsmuster über die Einstellung Redner 1s geliefert (i.b)), das direkt an die SPD-Abgeordneten „Sie" adressiert wird. Er stellt seine Bemerkungen, die das Lachen provoziert hatten, als Hilfe für die Entscheidungsfindung bei der „sich auch miteinander und untereinander" schwertuenden SPD dar. Das liefert einen formalen Beleg für die Aufrichtigkeit seiner Aufforderung, das Nachkarten zu unterlassen. So wird formell die Inszenierung einer sachlichen Debatte aufrechterhalten. Doch nimmt ihm nun wirklich keiner der Anwesenden und wahrscheinlich auch keiner der Zuschauer seine propagierte Hilfeleistung ab. Auch sind die Angesprochenen ja nicht die einzigen, die gelacht haben. Auf Bündnis 90/Die Grünen geht er erst gar nicht ein. Hier scheint der Sarkasmus die Inszenierungsgrenze zu überschreiten, ohne daß die Inszenierung schaden nimmt: alle wissen, Redner 1 nimmt die SPD hoch (iii.a)).
Der Beifall seiner Fraktion, der sein Handeln unterstützt, scheint den Erfolg dieses Handelns jedenfalls zu belegen (iii.b)).

Wenn Sie in der Lage wären, in der die Mitglieder der CDU/CSU-Bundestagsfraktion - mich selbst eingeschlossen - sind, also über mehr als eineinhalb Jahrzehnte gewarnt, gebeten, gemahnt, bedrängt, gerungen hätten und bis zum heutigen Tag immer wieder an Ihrem Widerstand gescheitert wären, dann könnten Sie verstehen, welches Maß an Selbstdisziplin und Zurückhaltung für uns heute erforderlich ist.

(Beifall bei CDU/CSU)

88. S.13506, Spalte 2, Zeile 60 - S.13507, Spalte 1, Zeile 8: A100., A101., i.b), i.c), iii.a), iii.b), iv.a)
Argument 100. Für Redner 1 und die CDU/CSU ist ein hohes Maß an Selbstdisziplin erforderlich.
Argument 101. Die CDU/CSU hat immer gewarnt und ist am Widerstand der SPD gescheitert. A101 löst einen GA von A100 nach der Struktur von p weil q aufgrund von R ein. Ein hohes Maß an Selbstdisziplin ist bei der CDU/CSU notwendig (p), weil sie immer gewarnt hatte und am Widerstand der SPD gescheitert ist (q), aufgrund der Regel, daß, wer immer am Widerstand der anderen gescheitert ist, am Tag seines Sieges Grund zum Nachkarten besitzt (R). Der Geltungsanspruch der Regel im bundesrepublikanischen Parlamentarismus ist sicherlich umstritten.

Wieder wird ein Informationsmuster über die Position Redner 1s durchgeführt, das direkt an die SPD-Abgeordneten adressiert ist (i.b)).

Er macht sich zum „spokesman" der CDU/CSU-Fraktion, der er seiner Positionsrolle nach auch tatsächlich ist. Er behauptet, es sei ein hohes Maß an Selbstdisziplin seiner Fraktion notwendig. Er sagt nicht explizit, was sie den Angesprochenen erspart, aber möglicherweise ist das Nachkarten gemeint, worauf verzichtet wird. Redner 1 würde sich damit weiter auf der formalen Ebene bewegen. Konkret wird er hingegen bei der Erläuterung, was ihn zum Nachkarten veranlassen könnte: die jahrelange Verweigerungshaltung der SPD, trotz aller Bemühungen der CDU/CSU. Damit kritisiert er die Haltung der SPD, und zwar grundsätzlich, da er ihnen politisches Handeln zum richtigen Zeitpunkt abspricht (i.c)). Für sich und seine Partei betreibt er Werbung bei den Wählern (iii.a), iv.a)).
Diese Muster werden durch Beifall seiner Fraktion unterstützt (iii.b).

Wenn Sie das Entsetzliche, was sich außerhalb dieses Hauses zur Stunde vollzieht,

(Zurufe von der SPD: Was denn?)

und den Schaden, der für das friedliche Zusammenleben von deutschen und ausländischen Mitbürgern in den letzten Jahren eingetreten ist, weil man unseren Mahnungen und Warnungen und Forderungen lange nicht gefolgt ist, bedenken, sollten wir uns schnell darauf konzentrieren.
89. S.13507, Spalte 1, Zeile 9-17: A102., A103., A104., A105., i.b), i.c)
Argument 102. Es vollzieht sich außerhalb des Hauses Entsetzliches. A102 löst einen GA von A100 nach der Struktur von p weil q ein. Ein hohes Maß an Selbstdisziplin ist bei der CDU/CSU notwendig (p), weil sich außerhalb des Hauses Entsetzliches vollzieht (q). Sinn ergibt die Stützung nur, wenn davon ausgegangen werden kann, daß die Haltung der SPD an den Vorgängen „draußen" Schuld ist. Das ist aber ein sehr umstrittener GA, der erst in A104 aufgestellt und dort nicht weiter gestützt wird.

Ein GA wird durch Zwischenrufe der SPD problematisiert.

Argument 103. Es hat Schaden im friedlichen Miteinander gegeben. A103 löst einen GA von A100 nach der Struktur von p weil q ein. Ein hohes Maß an Selbstdisziplin ist bei der CDU/CSU notwendig (p), weil es Schaden im friedlichen Miteinander gegeben hat (q).
Argument 104. Alles ist passiert, weil die SPD nicht auf die CDU/CSU gehört hat. A104 löst GAs von A100, A102 und A103 ein. Die Struktur ist p weil q. Es gibt Grund zum Nachkarten (p), es vollzieht sich Entsetzliches (p), es hat Schaden gegeben (p), weil die SPD nicht auf die CDU/CSU gehört hat (q). Der GA von q wird nicht weiter gestützt, und so bleibt die Stützung fragmentarisch.

A104 stützt einen GA von A105 in der Struktur von p weil q. Es sollte schnell getan werden, was die CDU/CSU gefordert hat (p), weil die Nichtbeachtung bereits zu Schaden geführt hat.
Argument 105. Es sollte sich schnell darauf konzentriert werden, zu tun, was die CDU/CSU gefordert hat.
Einige GAs werden durch einen Zwischenruf der SPD-Abgeordneten Schmidt-Zadel bestritten.

Hier findet ein Informationsmuster über die Position Redner 1s statt (i.b)). Er schiebt inhaltlich die Verantwortung für die Demonstrationen und die Ausländerfeindlichkeit dem Zögern der SPD zu. Durch „lange nicht gefolgt" wird implizit vorausgesetzt, daß man jetzt den Forderungen der CDU/CSU nachkommt (i.c)). Die Aufforderung, sich jetzt darauf zu konzentrieren, dient der Selbstdarstellung als zupackender Politiker.
Bemerkenswert ist die Erwähnung von „dem Entsetzlichen, was sich außerhalb des Hauses zur Stunde vollzieht". Damit können nur die Demonstrationen gegen die Änderung des Asylrechts gemeint sein. Die weisen aber nun absolut keinen Zusammenhang zum jetzigen Thema auf, da sie alles, nur nicht ausländerfeindlich motiviert sind. Als entsetzlich werden sie auch nicht von den direkt verbal Adressierten angesehen, da es sich immerhin um die Wahrnehmung eines Grundrechts handelt und nicht um einen Angriff auf die Stabilität der bundesrepublikanischen Freiheit. Das als entsetzlich zu bezeichnen, scheint höchstens Solidarität beim rechten Spektrum der CDU/CSU zu erzeugen. Die SPD reagiert auch mit Zurufen, die nach einer Erläuterung des Entsetzlichen verlangen, um aufzuzeigen, daß Redner 1 hier einen Fehler begangen hat. Redner 1 geht aber nicht auf die Einwürfe ein, sondern erweitert die politische Situation auf die letzten Jahre, in denen dem friedlichen Zusammenleben deutscher und ausländischer Mitbürger Schaden zugefügt wurde. Der Sachverhalt des Schadenzufügens ist wieder unbestritten. Die Folgerung, daß der Schaden entstanden sei, weil die SPD nicht auf die CDU/CSU gehört habe, ist wieder die bekannte parteipolitische Position. Der Schluß, den Redner 1 daraus zieht, man möge jetzt endlich mit der Gesetzesänderung den Ermahnungen der CDU/CSU nachgeben, ist wieder eine parteipolitische Position, die weder auf der SPD- noch auf der CDU/CSU-Seite geteilt wird. Wieder wird nur für die Zuschauer argumentiert.

> *(Regina Schmidt-Zadel (SPD): „Wollen Sie uns zur Ablehnung zwingen?"),*

90. S.13507, Spalte 1, Zeile 18-19: Zwischenruf

Regina Schmidt-Zadel von der SPD reagiert auf dieses Manöver mit einem Zwischenruf, durch den sie Redner 1 adressiert. Es handelt sich um eine rhetorische

Frage, ob Redner 1 die SPD zur Ablehnung zwingen wolle. Das will Redner 1 natürlich nicht. Schmidt-Zadel weist ihn darauf hin, daß er, wenn er weiter Wahlkampf auf Kosten der SPD betreibe, einige SPD-Mitglieder zu stark provozieren könnte. Damit warnt sie ihn, seine Strategie der Diffamierung aufzugeben.

Nein, ich möchte Sie einladen, die Debatte und die Entscheidung mit dem notwendigen Ernst und mit der notwendigen Verantwortung zu führen.

(Beifall bei der CDU/CSU)

91. S.13507, Spalte 1, Zeile 20-23: A106., i.b), iii.b), iv.a)
Argument 106. Redner 1 möchte zum verantwortungsvollen Debattieren einladen. A106 geht auf den im Zwischenruf problematisierten GA von A105 ein.

Redner 1 liefert ein Informationsmuster über seinen politischen Standpunkt als author (i.b)). Er reagiert auf den Zwischenruf, indem er die Frage wörtlich nimmt (die Möglichkeit besteht aufgrund der Ambiguität der rhetorischen Fragen) und beantwortet. In seine Antwort, die er direkt an Schmidt-Zadel adressiert, fließt eine Absichtserklärung seines Redebeitrags ein: er möchte dazu einladen, die Debatte und die Entscheidung mit dem notwendigen Ernst zu führen. Das Thema ist alt und die Notwendigkeit einer ernsten Debatte unbestritten. Aber wieder steht der Inhalt im Gegensatz zu Redner 1s eigenem Handeln. Der Sarkasmus wird fortgesetzt und durch das Wort „einladen" neu zugespitzt. Es suggeriert, daß die SPD zur sachlichen Auseinandersetzung eingeladen werden müsse, d.h. daß sie sie nicht ohne weiteres sachlich führen würde. Weiter wird vorausgesetzt, daß Redner 1 in der Lage ist, diese Einladung auszusprechen, also nichts unternimmt, was einer sachlichen Auseinandersetzung schaden könnte. Solche Präsuppositionen zu machen, während man den Gegner provoziert, ist vor einem Publikum schon zynisch, aber scheinbar sehr wirkungsvoll (iv.a)), wie der Beifall bei der CDU/CSU beweist (iii.b)).

Ich möchte insbesondere diejenigen, die das, was heute zur Entscheidung ansteht, ablehnen wollen, bitten, so viel Respekt vor der Meinung der Andersdenkenden auch in der Debatte aufzubringen, wie wir sie vor ihrer anderen Meinung immer aufgebracht haben und auch in dieser heutigen Debatte aufbringen werden.

(Lachen bei der SPD)

92. S.13507, Spalte 1, Zeile 24-30: A107., A108., i.b)
Argument 107. Die Gesetzesgegner sollen den Befürwortern Respekt entgegenbringen.
Argument 108. Die Gesetzesbefürworter haben den Gegnern Respekt entgegen-

gebracht. A108 löst einen GA von A107 in der Struktur von p weil q aufgrund von R ein. Die Gesetzesgegner sollen Respekt entgegenbringen (p), weil ihnen auch immer Respekt gezollt wurde (q), aufgrund der Regel, daß Respekt Gegenseitigkeit erfordert und erzeugt (R).

Der GA, daß den Gesetzesgegnern Respekt gezollt wurde, wird von der SPD durch Lachen problematisiert.

Redner 1 führt ein Informationsmuster über seine Einstellung durch (i.b)). Damit schließt er seine Attacken mit einer Bitte an „diejenigen, die das, was heute zur Entscheidung ansteht, ablehnen wollen”, die er so direkt adressiert. Er bittet sie, soviel Respekt den Befürwortern gegenüber aufzubringen, wie diese immer vor ihnen gehabt haben. Eine Forderung, die nur recht und billig ist. Betrachtet man aber Redner 1s Attacken gegen diese Personen nur in dieser Debatte, wirkt seine Bitte doch eher aufgesetzt. Von Respekt seinerseits war nicht viel zu erkennen. Es geht wohl eher darum, seine prinzipielle Auffassung von Parlamentsarbeit noch einmal vor der Wählerschaft zur Schau zu stellen. Deshalb wird dieser Beitrag wieder mit Lachen bei der SPD kommentiert, das er diesmal übergeht, vielleicht um sein formales Friedensangebot nicht wieder durch sein tatsächliches Verhalten zu karrikieren.
Die Sachverhaltsdarstellung, die CDU/CSU habe ihren Gegnern Respekt entgegengebracht, wird durch das Lachen bei der SPD auf ironische Weise abgestritten.

Wir haben intensive Gespräche zwischen den Verantwortlichen der Fraktionen geführt, und vor allem die Kolleginnen und Kollegen im Innenausschuß dieses Hauses haben in den zurückliegenden Wochen und Monaten intensive Beratungen geführt, für die ich mich bei allen Kolleginnen und Kollegen aller Fraktionen bedanken möchte.

(Beifall bei CDU/CSU sowie bei Abgeordneten der F.D.P. und der SPD)

93. S.13507, Spalte 1, Zeile 31-40: A109., A110., i.a), i.b), iii.c)
Argument 109. Danksagung an die Kollegen des Innenausschusses.
Argument 110. Es haben intensive Gespräche stattgefunden. A110 löst einen GA von A109 nach der Struktur p weil q ein. Es gebührt den Kollegen Dank (p), weil sie hart gearbeitet haben (q).

Redner 1 führt ein Informationsmuster über Sachverhalte durch (i.a)), an das er ein Informationsmuster über seine Position anfügt (i.b)). Zu dieser Position gehört das Dankesmuster, was er gegenüber den Mitgliedern des Innenausschusses durchführt.

Redner 1 spricht wieder von „wir" und macht sich dadurch diesmal zum „spokesman" der Verantwortlichen in den Fraktionen. Er bedankt sich für die Sacharbeit aller am Asylkompromiß Beteiligten, was als konsensfähig gelten kann. Er adressiert direkt die Kolleginnen und Kollegen des Innenausschusses, bei denen er sich bedankt. Da diese Danksagung überparteilich ist, kann sie als versöhnliche Geste interpretiert werden, die die sachliche Auseinandersetzung über das ernste Thema nun auch inhaltlich wieder in den Mittelpunkt stellt. Entsprechend wird diese Handlung auch von allen Beteiligten des Asylkompromisses, der CDU/CSU und von Abgeordneten der F.D.P. und SPD mit Beifall unterstützt (iii.c)).

Ich sage noch einmal: Wir sollten diese Debatte in Respekt auch vor den Argumenten des jeweils Andersdenkenden führen.
94. S.13507, Spalte 1, Zeile 41-43: A111., i.b)
Argument 111. In der Debatte sollte man vor den Andersdenkenden Respekt haben. A111 formuliert die Regel von A108 und stützt den GA von A112 nach der Struktur von p weil q. Die Gesetzesgegner sollten den Befürwortern Respekt zollen (p), weil man dem Andersdenkenden Respekt zollen sollte (q).

Wieder wird ein Informationsmuster zur Position Redner 1s durchgeführt (i.b)). Die Wiederholung der politischen Maxime, daß man Respekt vor den Argumenten der politisch Andersdenkenden haben sollte, wirkt versöhnlich, da sie nicht direkt an einen Angriff anschließt und ehrlich gemeint sein könnte. Das „wir" bezieht sich jetzt wieder auf alle Abgeordneten. Indirect targets sind, wie fast immer, die Zuschauer, denen der Wille zum angemessenen parlamentarischen Umgang gezeigt wird.

Aber das gilt auch für diejenigen, die seit langem überzeugt sind, daß ohne eine Änderung des Grundgesetzes der innere Friede in diesem Lande nicht zu bewahren ist.
95. S.13507, Spalte 1, Zeile 43-46: A112., i.b)
Argument 112. Die Gesetzesgegner sollten den Befürwortern Respekt zollen. A112 wiederholt A108.

Redner 1 führt ein weiteres Informationsmuster über seine Position durch (i.b)). Er bezieht die allgemeine Anforderung des vorangegangenen Musters auf die Tolerierung seiner Position durch seine politischen Gegner, die implizit adressiert werden.

Wenn wir im gegenseitigen Respekt und im Bewußtsein um unsere Verantwortung diese Debatte heute führen und entscheiden, dann dienen wir dem friedlichen Zusammenleben von deutschen und ausländischen Mitbürgern, dann dienen wir unserem freiheitlichen Rechtsstaat.
96. S.13507, Spalte 1, Zeile 46-52: A113., i.b)
Argument 113. Wenn man den Andersdenkenden Respekt zollt, dann dient man dem friedlichen Miteinander.

Es wird ein erneutes Informationsmuster über seine Position durchgeführt (i.b)). Er schließt seinen Beitrag aber mit einer Aufforderung, den Respekt zu wahren, und stellt heraus, daß eine diese Form der Auseinandersetzung in den wesentlichen Belangen der Lösung der Probleme entgegenkommt. Das entspricht dem Selbstverständnis der parlamentarischen Demokratie und ist insofern fast konsensfähig.
Nur ist fraglich, was das verantwortliche Führen der Debatte mit dem friedlichen Zusammenleben von deutschen und ausländischen Mitbürgern zu tun hat.

Darum möchte ich Sie bitten.
97. S.13507, Spalte 1, Zeile 52-53: A114., i.b)
Argument 114. Bitte um friedliches Miteinander. Der GA von A114 wurde durch A90 gestützt. Die Bitte ist gerechtfertigt (p), weil die Politiker den Bürgern das friedliche Miteinander schulden (q).

Hier wird eine Bitte ausgesprochen. Man kann davon sprechen, daß Redner 1 über seine Einstellung bezüglich des Handelns der Abgeordneten dadurch berichtet (i.b)). Eleganter wäre hier eine Deutung nach CLARK/CARLSON als informativer Akt. Insgesamt gehört dieses Muster noch zum Muster von 96.. Abgeschlossen wird das Muster dann durch 98.. Meines Erachtens liegt hier eine falsche Interpretation oder ein Druckfehler in der Interpunktion vor. 97. und 98. würde ich nur durch einen Doppelpunkt trennen und so zusammenfassen, indem 98. als nähere Erläuterung zu 97. zu verstehen wäre. Es ist allerdings nicht auszuschließen, daß die Stenographen über Betonungen Redner 1s zu ihrer Interpretation gekommen sind, dem Sinn also näher kommen. Dieses Problem wurde prinzipiell bereits vorher erörtert und kann nicht umgangen werden.

Tun wir unsere Pflicht!

(Anhaltender Beifall bei der CDU/CSU und der F.D.P.)
98. S.13507, Spalte 1, Zeile 53-55: A115., i.b)
Argument 115. Bitte um Pflichterfüllung. Der GA von A115 wird ebenfalls durch

A90 gestützt. Die Bitte ist gerechtfertigt (p), weil die Politiker den Bürgern das friedliche Miteinander schulden (q).

Musterfortsetzung von 97.. Redner 1 kann mit „Tun wir unsere Pflicht!" schliessen, da von dieser Systemanforderung alle seine Mitparlamentarier betroffen sind. Sein Beitrag bekommt die Rückendeckung der CDU/CSU und F.D.P. durch anhaltenden Beifall.

2.2. Redner 2: Klose

Hans-Ulrich Klose (SPD): Frau Präsidentin! Meine sehr geehrten Damen und Herren!
1. Seite 13507, Spalte 1 Zeile 58-59: Begrüßung: ii.b)
Durch die direkte Ansprache werden Präsidentin und Abgeordnete zu interlocutern der Rede. Durch die Begrüßung entspricht Redner 2 der Situationsrollennorm des Redners. Die Einhaltung des Begrüßungsrituals[7] kann als Muster der Legitimation (ii.b)) aufgefaßt werden, da gezeigt wird, daß er der Rollennorm gegenüber angemessen handelt.

Das Thema wird uns auch in den kommenden Jahren beschäftigen,
denn die Ursachen für die anhaltende Fluchtbewegung von Ost nach West und von Süd nach Nord verschwinden nicht von heute auf morgen.
2. S.13507, Spalte 1, Zeile 59 - S.13507, Spalte 2, Zeile 4: A1., A2., i.a), i.b)
Argument 1. Das Thema wird uns in den kommenden Jahren beschäftigen.
Argument 2. Die Wanderungsbewegung wird anhalten. A2 löst einen GA von A1 in der Struktur von p weil q aufgrund von R ein. Das Thema wird uns noch weiter beschäftigen (p), weil die Wanderungsbewegung anhalten wird (q), aufgrund der Regel, daß, solange es Wanderungsbewegungen gibt, Asylbewerber nach Deutschland kommen werden (R).

Es findet die Klärung eines Sachverhalts statt, der den Abgeordneten bekannt ist, für naivere Wähler aber neu sein könnte (i.a)). Es wird zwar eine Prognose gestellt, diese ist jedoch konsensfähig. Die Sachverhalte, die zur Stützung der Prognose herangezogen werden sind ebenfalls konsensfähig. Es ist also auch von

[7]Es ist für die Begrüßung der Präsidentin unerheblich, ob Klose sich bereits mit ihr unterhalten hat oder nicht. Sie hat rituell adressiert zu werden.

einem Muster der Darstellung des eigenen Standpunktes von Redner 2 auszugehen (i.b)). Dadurch wird der Stellenwert, den Redner 2 der Debatte beimißt, festgelegt. Die Abgeordneten werden indirekt durch „uns" adressiert.

Es wird lange dauern, bis sich in den Nachfolgestaaten der ehemaligen Sowjetunion stabile rechtsstaatliche und demokratische Strukturen bilden.

3. S.13507, Spalte 2, Zeile 4-7: A3., i.a)

Argument 3. Es wird lange dauern, bis die SU Nachfolger demokratische Strukturen gebildet haben. A3 löst einen GA von A2 in der Struktur von p weil q aufgrund von R ein. Die Wanderungsbewegung wird anhalten (p), weil es lange dauern wird, bis die SU-Nachfolgestaaten demokratische Strukturen gebildet haben (q), aufgrund der Regel, daß die Menschen aus undemokratischen Staaten fliehen (R).

Es wird ein Sachverhalt dargestellt, der konsensfähig ist. So wird ein Muster der Informationslieferung durchgeführt (i.a)). Allerdings bietet diese Information weder für die Abgeordneten, noch für die Wähler etwas Neues. Das Muster dient der Stützung der These von 2. Adressierungen finden nicht statt.

Das enorme Wohlstandsgefälle wird sich gewiß nicht in wenigen Jahren einebnen lassen.

4. S.13507, Spalte 2, Zeile 7-9: A4., i.a)

Argument 4. Das Wohlstandsgefälle wird bleiben. A4 löst einen GA von A2 in der Struktur von p weil q aufgrund von R ein. Die Wanderungsbewegung wird anhalten (p), weil das Wohlstandsgefälle bleiben wird (q), aufgrund der Regel, daß die Menschen vor der Armut in reichere Länder fliehen (R).

Wieder wird ein Informationsmuster durchgeführt, indem eine Behauptung aufgestellt wird, die konsensfähig ist und die keinen Neuheitswert besitzt (i.a)).

Die Welt ist geteilt in arm und reich.

5. S.13507, Spalte 2, Zeile 9: A5., i.a)

Argument 5. Die Welt ist in arm und reich geteilt. A5 löst einen GA von A2 in der Struktur von p weil q aufgrund von R ein. Die Wanderungsbewegung wird anhalten (p), weil das Wohlstandsgefälle bleiben wird (q), aufgrund der Regel, daß die Menschen vor der Armut in reichere Länder fliehen (R).

Es wird eine konsensfähige Behauptung aufgestellt. So wird wieder ein Informationsmuster durchgeführt, das keine neue Information bringt (i.a)).

Europa bleibt geteilt durch eine Wohlstandsgrenze.
6. S.13507, Spalte 2, Zeile 10: A6., i.a)
Argument 6. Europa weist eine Wohlstandsgrenze auf. A6 löst einen GA von A1 in der Struktur von p weil q ein. Das Thema wird uns weiter beschäftigen (p), weil Europa eine Wohlstandsgrenze hat (q).

Wieder wird ein Informationsmuster durchgeführt, indem eine konsensfähige Behauptung aufgestellt wird, die für sich genommen keine Neuigkeit darstellt (i.a)). Ihren Sinn bekommt sie, wie auch die anderen Äußerungen, durch die Begründung der These von 2.. So wird ein reines Argumentationsmuster durchgeführt.

Sie verläuft an der Ostgrenze der Bundesrepublik Deutschland.
7. S.13507, Spalte 2, Zeile 11-12: A6., i.a)
Argument 6. Europas Wohlstandsgrenze verläuft an Deutschlands Ostgrenze. A6 löst einen GA von A1 in der Struktur von p weil q aufgrund von R ein. Das Thema wird uns weiter beschäftigen (p), weil Europas Wohlstandsgrenze an Deutschlands Ostgrenze verläuft (q), aufgrund der Regel, daß Menschen aus ärmeren Ländern versuchen, in reichere Länder einzuwandern (R).

Wieder wird ein Informationsmuster durchgeführt, indem eine konsensfähige Behauptung aufgestellt wird, die für sich genommen keine Neuigkeit darstellt (i.a)). Ihren Sinn bekommt sie, wie auch die anderen Äußerungen, durch die Begründung der These von 2..

Wir eignen uns schlecht als Grenzland in einem faktisch weiterhin geteilten Europa, denn wir, die Deutschen, im Zentrum Europas lebend, durchlaufen zur Zeit selber eine Phase der Instabilität.
8. S.13507, Spalte 2, Zeile 13-16: A7., A8., i.b)
Argument 7. Deutschland eignet sich schlecht als Grenzland.
Argument 8. Die Deutschen durchlaufen eine instabile Phase. A8 löst einen GA von A7 in der Struktur von p weil q ein. Deutschland eignet sich schlecht als Grenzland (p), weil die Deutschen eine instabile Phase durchlaufen (q).

Es wird ein Informationsmuster über die politische Position Redner 2s durchgeführt (i.b)). Es ist sicher nicht konsensfähig, daß Deutschland eine Phase der Instabilität durchläuft und sich deshalb nicht als Grenzland eignet. Interessant ist die indirekte Adressierung „wir, die Deutschen". Damit macht sich Redner 2 zum spokesman der Deutschen, der er als Abgeordneter auch ist.

Wir sind wieder ein Land, ein Volk.
9. S.13507, Spalte 2, Zeile 16-17: A9., i.a)
Argument 9. Die Wiedervereinigung ist noch nicht voll durchgeführt. A9 löst einen GA von A8 in der Struktur von p weil q ein. Die Deutschen durchlaufen eine instabile Phase (p), weil die Wiedervereinigung noch nicht beendet ist (q).

Redner 2 führt ein Informationsmuster über die Situation in Deutschland nach der Wiedervereinigung durch (i.a)).

Aber dieses Volk lebt in unterschiedlichen Wirklichkeiten.
10. S.13507, Spalte 2, Zeile 17-18: A9., i.a)
Argument 9. Die Wiedervereinigung ist noch nicht voll durchgeführt. A9 löst einen GA von A8 in der Struktur von p weil q ein. Die Deutschen durchlaufen eine instabile Phase (p), weil die Wiedervereinigung noch nicht beendet ist (q).

Redner 2 führt ein weiteres Informationsmuster über die Situation in Deutschland nach der Wiedervereinigung durch (i.a)).

Heute wissen wir: Es wird länger dauern, bis zusammengewachsen ist, was zusammengehört, eine Generation mindestens; und das trotz des massiven Finanztransfers von West nach Ost in Höhe von 150 Milliarden Mark pro Jahr und mehr.
11. S.13507, Spalte 2, Zeile 18-23: A9., i.a), i.b), iii.b), iv.aa), iv.ab), iv.b)
Argument 9. Die Wiedervereinigung ist noch nicht voll durchgeführt. A9 löst einen GA von A8 in der Struktur von p weil q ein. Die Deutschen durchlaufen eine instabile Phase (p), weil die Wiedervereinigung noch nicht beendet ist (q).

Redner 2 führt ein Informationsmuster über die Situation in Deutschland nach der Wiedervereinigung durch (i.a)), die er auch bewertet (i.b)). Dabei spielt er auf ein Zitat von Willy Brandt an „Heute wächst zusammen, was zusammen gehört". Das kann aufgrund des Stellenwerts Willy Brandts in der SPD als Werbungsmuster für seine Person innerhalb seiner Partei, naivere (iv.aa)) und weniger naive Parteigenossen (iv.ab)) umfassend, und seiner Fraktion (iii.b) angesehen werden. Außerdem wird durch das Zitat an die Solidarität mit den fünf neuen Bundesländern appelliert, bei denen er so ebenfalls wirbt (iv.b)). Die Nennung der Höhe der Finanzleistung wirbt im Plenum, da sie eine politische Leistung würdigt, die von den Regierungsparteien zu verantworten ist. Durch „wir" werden alle Wähler indirekt adressiert. Er nimmt so explizit seine Rolle als spokesman „des Volkes" wahr.

Wenn es aber schon in Deutschland so lange dauern wird, bis die innerdeutsche Wohlstandsgrenze verschwindet, um wieviel länger wird es in Europa dauern, da doch die Hilfe von Westeuropa für Osteuropa und, um auch dies zu sagen, die des reichen Nordens für den armen Süden bei weitem geringer ist als die Hilfe von Deutschland (West) allein für Deutschland (Ost).
12. S.13507, Spalte 2, Zeile 24-31: A10., A11., i.a), i.b), iii.c)
Argument 10. Wenn das Wohlstandsgefälle in Deutschland noch andauert, dann dauert das Wohlstandsgefälle auf der Welt noch länger an. A10 löst einen GA von A1 in der Struktur von p weil q aufgrund von R ein. Das Thema wird uns noch länger beschäftigen (p), weil das Wohlstandsgefälle noch länger andauern wird (q), aufgrund der Regel, daß das weltweite Wohlstandsgefälle schwerer zu beseitigen ist als das innerdeutsche (R), was noch nicht gelungen ist.
Argument 11. Die finanzielle Hilfe für Ostdeutschland ist größer als die weltweite Hilfe. A11 löst einen GA von A10 in der Struktur von p weil q ein. Das weltweite Wohlstandsgefälle wird schwerer zu beseitigen sein als das innerdeutsche (p), weil die innerdeutsche Finanzhilfe größer ist als die weltweite (q).

Redner 2 stellt hier eine rhetorische Frage, die so offensichtlich ist, daß die Stenographen sogar darauf verzichten, ein Fragezeichen zu setzen. So wird eine Informationshandlung über den Sachverhalt durchgeführt, daß die Wohlstandsgrenze in Europa noch lange existieren wird (i.a)), der eine Bewertung aus Redner 2s Position heraus erfährt (i.b)). Als Begründung wird die innerdeutsche Situation angeführt, die trotz einer günstigeren Ausgangslage Parallelen aufweist. Indirekt wird noch einmal im Plenum geworben, da die große Leistung für die neuen Bundesländer herausgestellt wird (iii.c)).

Wir alle wissen es und müssen es gerade heute aussprechen: Das Problem der Zuwanderung wird uns weiter beschäftigen, und zwar massiv.
13. S.13507, Spalte 2, Zeile 32-34: A12., i.b)
Argument 12. Die Zuwanderung wird uns weiter beschäftigen. Wiederholung von A1. Damit gelten auch die Stützungen durch A2, A6 und A10 für A12.

Durch ein Informationsmuster über die Position Redner 2s (i.b)) wird eine Schlußfolgerung aus 10., 11. und 12. gezogen, indem es zu 2. in Bezug wird und zu dessen Stützung herangezogen wird. Fraglich ist, wer mit „wir" adressiert ist. Die „Deutschen", die vorher indirekt angesprochen waren, oder nur die Abgeordneten, da nur sie es „heute aussprechen" können, da sie die Redner stellen.

Nach einer Umfrage der Europäischen Gemeinschaft wollen in den nächsten Jahren rund 20 Millionen Osteuropäer sicherlich oder wahrscheinlich nach

Westeuropa auswandern.
14. S.13507, Spalte 2, Zeile 34-38: A13., i.a)
Argument 13. 20 Millionen Osteuropäer wollen nach Westeuropa. A13 löst einen GA von A1 und A12 in der Struktur von p weil q aufgrund von R ein. Das Thema Zuwanderung wird uns weiter beschäftigen (p), weil 20 Millionen Osteuropäer nach Westeuropa wollen (q), aufgrund der Regel, daß 20 Millionen Zuwanderer in Westeuropa auch zum Teil nach Deutschland einzuwandern versuchen werden (R).

Redner 2 liefert ein Informationsmuster über einen Sachverhalt, der wenigen bekannt sein dürfte, da es sich um konkrete Zahlen handelt (i.a)). Der Sachverhalt stützt direkt seine Position von 13. und 2..

Wie viele im Süden auf gepackten Koffern sitzen, wissen wir nicht.
15. S.13507, Spalte 2, Zeile 38-39: A14., i.a)
Argument 14. Im Süden sitzen viele auf gepackten Koffern. A14 löst einen GA von A1 und A12 in der Struktur von p weil q aufgrund von R ein. Das Thema Zuwanderung wird uns weiter beschäftigen (p), weil im Süden viele auswandern wollen (q), aufgrund der Regel, daß Auswanderer aus dem Süden auch nach Deutschland einzuwandern versuchen werden (R).

Redner 2 liefert ein Informationsmuster über einen Sachverhalt, nämlich die Existenz von „Wirtschaftsflüchtlingen" auf der Südhalbkugel (i.a)).

Wenn es so ist und wenn es so bliebe, daß rund 70% aller Zuwanderer aus Osteuropa in die Bundesrepublik Deutschland kommen, dann gewinnt man ein Gefühl für die wirkliche Dimension des Problems.
16. S.13507, Spalte 2, Zeile 40-43: A15., i.a)
Argument 15. 70% der Zuwanderer aus Osteuropa kommen bisher nach Deutschland. A15 löst einen GA von A16 in der Struktur von p weil q ein. Das Problem ist nicht lösbar, nur steuerbar (p), weil 70% von 20 Millionen nach Deutschland kommen wollen (q).

Es findet eine weitere Informationshandlung über einen Sachverhalt statt, nämlich die prozentuale Verteilungsmenge der Zuwanderer nach Deutschland (i.a).

Es ist nicht lösbar, nur steuerbar.
17. S.13507, Spalte 2, Zeile 43-44: A16., i.b)
Argument 16. Das Problem ist nicht lösbar, nur steuerbar. A15 löst einen GA von

A1 und A12 in der Struktur von p weil q ein. Die Zuwanderung wird uns weiter beschäftigen (p), weil das Problem nicht lösbar, sondern nur steuerbar ist (q).

Es findet ein Informationsmuster über die Position Redner 2s, daß das Problem nicht lösbar ist, statt. Die Position wird aus der Sachverhaltsdarstellung in einer Schlußfolgerung abgeleitet (i.b)).

Aber wie? Die Wanderung einfach geschehen lassen, das geht nicht.
18. S.13507, Spalte 2, Zeile 44-45: A17., i.b)
Argument 17. Die Wanderung kann nicht zugelassen werden. A17 löst einen GA von A16 in der Struktur von p weil q ein. Das Problem ist nicht lösbar, nur steuerbar (p), weil die Wanderung nicht zugelassen werden kann (q).
A17 löst aber auch einen GA von A19 in der Struktur von p weil q ein. Den Nachbarn muß beim Aufbau geholfen werden (p), weil die Wanderung nicht zugelassen werden kann (q).

Redner 2 liefert ein Informationsmuster zu seiner politischen Position. Eingeleitet durch eine Frage, die er sich selbst stellt, stellt er eine Behauptung auf, die als konsensfähig gelten kann (i.b)).

Die Mauer und die mit Stacheldraht und Minen gesicherten Grenzen will niemand wiederaufrichten.
19. S.13507, Spalte 2, Zeile 46-47: A18., i.b)
Argument 18. Mauern sollen nicht wieder errichtet werden. A18 löst einen GA von A16 in der Struktur von p weil q ein. Das Problem ist nicht lösbar, nur steuerbar (p), weil die Mauern nicht wieder errichtet werden sollen (q).
A18 löst aber auch einen GA von A19 in der Struktur von p weil q ein. Den Nachbarn muß beim Aufbau geholfen werden (p), weil die Mauern nicht wieder errichtet werden sollen (q).

Redner 2 liefert ein weiteres Informationsmuster zu seiner politischen Position. Er stellt eine Behauptung auf, die als konsensfähig gelten kann (i.b)).

Was wir tun müssen, ist klar:
20. S.13507, Spalte 2, Zeile 48: i.b)
Gliederung.

Wir müssen unseren Nachbarn im Osten Europas beim Aufbau demokratischer und marktwirtschaftlicher Strukturen helfen; mit „wir" meine ich die Deutschen, die Westeuropäer, die Amerikaner, die Japaner.
21. S.13507, Spalte 2, Zeile 48: A19., i.b)
Argument 19. Den Nachbarn muß beim Aufbau geholfen werden.

Wieder liefert Redner 2 ein Informationsmuster über seine politische Meinung (i.b)). Interessant ist die Adressierung „wir", die er erläutert als auf die Deutschen, Westeuropäer, Amerikaner und Japaner bezogen. Damit erweitert er die Perspektive von „wir Deutsche" oder „wir Abgeordnete" auf andere Staaten, auf deren Handeln er keinen direkten Einfluß hat. Damit nimmt er sich ein Stück weit aus der Verantwortung. Da er keine direkten Forderungen an die Politik stellt, sind seine Ausführungen sicherlich konsensfähig.

Weit über 50% aller Hilfe für Ost- und Südosteuropa ist bisher aus Deutschland gekommen.
22. S.13507, Spalte 2, Zeile 48-52: A20., i.a)
Argument 20. Über 50% der Hilfe für den Osten ist aus Deutschland gekommen. A20 löst einen GA von A21 in der Struktur von p weil q aufgrund von R ein. Die anderen müssen mehr tun (p), weil bisher über 50% der Hilfe von Deutschland bestritten wurde (q), aufgrund der Regel, daß eine Verhältnismäßigkeit der Hilfe stattzufinden hat (R).

Redner 2 führt ein Informationsmuster über einen Sachverhalt (i.a)), den prozentualen Beitrag der deutschen Hilfe für Osteuropa, durch.

Ich beklage das nicht, sage aber: Die anderen müssen mehr tun.

(Beifall bei der SPD, der CDU/CSU und der F.D.P.)
23. S.13507, Spalte 2, Zeile 52-54: A21., i.b)
Argument 21. Die anderen (Westeuropäer, Amerikaner und Japaner) müssen mehr tun.

Redner 2 führt ein Informationsmuster über seinen Standpunkt durch (i.b)). Die Bewertung findet unter Berücksichtigung von 21. statt. Sie kann wieder als konsensfähig gelten. Diese Einschätzung wird durch den Beifall von SPD, CDU/CSU und F.D.P. bestätigt, der die Ausführungen Redner 2s unterstützt.

Wir alle müssen mehr tun, um dem Süden zu helfen, damit er Anschluß gewinnt an die Entwicklung in der sogenannten Ersten Welt.
24. S.13507, Spalte 2, Zeile 58-60: A22., i.b)
Argument 22. Alle müssen mehr tun, um dem Süden zu helfen.

Hier wird ein Informationsmuster über den eigenen Standpunkt durchgeführt (i.b)). Es wird eine Lösung für das Problem angeboten, was im Vorangegangenen entwickelt wurde. Dabei wird mit „wir" wieder indirekt eine internationale Adressierung vorgenommen. Damit wird aber, wie bereits zuvor, das nationale Problem des Asylrechts in internationale Kompetenzen verlagert, d.h. die eigene Verantwortbarkeit eingeschränkt.

Fluchtursachen bekämpfen! Das ist das Thema.

> *(Beifall bei der SPD sowie bei Abgeordneten der CDU/CSU und der F.D.P.)*

25. S.13507, Spalte 2, Zeile 60-63: A23., A24., i.b)
Argument 23. Fluchtursachen müssen bekämpft werden. A23 löst einen GA von A22 in der Struktur von p weil q ein. Alle müssen mehr tun, um zu helfen (p), weil Fluchtursachen bekämpft werden müssen (q).
Argument 24. Das ist das Thema.

Wieder führt Redner 2 ein Handlungsmuster zur Darstellung seines politischen Standpunktes durch (i.b)).
Die Argumentation ist konsensfähig, wie der Beifall von SPD, CDU/CSU und F.D.P. zeigt.

Gefragt sind nicht Bekenntnisse, sondern Handlungen.
26. S.13508, Spalte 1, Zeile 1-2: A25., i.b), ii.b), iii.a)
Argument 25. Handlungen sind gefragt.

Redner 2 führt ein Informationsmuster über seinen Standpunkt durch (i.b)), der allerdings einen Allgemeinplatz darstellt. Dadurch zeigt er einen Bezug zur Angemessenheit seines eigenen Handelns auf. D.h. er führt ein Legitimationsmuster durch (ii.b)). Durch die Betonung des Handelns stellt er sich als zupackenden Politiker dar und wirbt so vor seinen Wählern (iii.a)).

Darüber, was im einzelnen zu tun ist, haben uns die Entwicklungspolitiker wiederholt informiert.
27. S.13508, Spalte 1, Zeile 2-3: A26., i.b)
Argument 26. Welche Handlungen gefragt sind, haben die Entwicklungspolitiker gesagt.

Hier wird ein weiteres Informationsmuster über die Position Redner 2s durchgeführt (i.b)). Er erläutert dadurch, was er sich unter „Handeln" aus 26. vorstellt. Die Frage ist, wen er mit „uns" anspricht, die vorher genannten Staaten oder die Abgeordneten.

Wir sollten auf sie hören.

(Beifall bei der SPD)
28. S.13508, Spalte 1, Zeile 3-5: A27., i.b), i.c)
Argument 27. Es sollte auf sie gehört werden.
Redner 2 führt ein Informationsmuster zu seiner Position durch (i.b)). Mit „wir sollten auf sie hören" behauptet er implizit „wir" haben es bisher versäumt, auf sie zu hören. Da Redner 2 aber auf sie hört und meint, daß „Handlungen" gefragt sind, kann dieses Versäumnis nur der Regierung angelastet werden, die nicht hören will. Diese Betrachtung legt nahe, daß eine Kritik am Gegner durchgeführt wird (i.c)). Sie bleibt jedoch sehr verdeckt. Dennoch bestätigt die SPD die Äußerungen Redner 2s mit Beifall. Gleichzeitig macht sich Redner 2 zum relayer der Entwicklungspolitiker, deren Anspruch, ernst genommen zu werden, er vertritt.

Ich will hinzufügen, daß das Thema „Flucht und Fluchtursachen" natürlich auch eine militärische Seite hat.
29. S.13508, Spalte 1, Zeile 6-8: A28., i.a), ii.a)
Argument 28. Die Fluchtursachen haben einen militärischen Aspekt.

Redner 2 führt ein Informationsmuster über einen Sachverhalt hinzu, der unbestritten sein dürfte (i.a)), und leitet so ein Legitimationsmuster durch Nachweis der Rationalität seines Handelns ein (ii.a)). Für die Wähler kann der Zusammenhang neu sein, da nicht ohne weiteres erkannt werden kann, was der Sachverhalt mit dem Asylrecht zu hat.

Die hohe Zahl von Kriegs- und Bürgerkriegsflüchtlingen beweist es.
30. S.13508, Spalte 1, Zeile 8-9: A29., i.b), ii.a)
Argument 29. Die hohe Zahl von Krieg- und Bürgerkriegsflüchtlingen beweist es.

A29 löst einen GA von A28 in der Struktur von p weil q aufgrund von R in SY ein. Die Fluchtursachen haben einen militärischen Aspekt (p), weil es eine hohe Zahl von Kriegs- und Bürgerkriegsflüchtlingen gibt (q). Das gilt aufgrund der Regel, daß Kriegs- und Bürgerkriegsflüchtlinge vor den Folgen militärischer Auseinandersetzungen fliehen (R). Sie werden erst als solche benannt, wenn sie vor militärischen Aktionen fliehen (SY).
A29 löst auch einen GA von A30 in der Struktur von p weil q aufgrund von R in SY ein. Es wäre sinnvoll, über den militärischen Aspekt zu reden (p), weil es eine hohe Zahl von Kriegs- und Bürgerkriegsflüchtlingen gibt (q), aufgrund der Regel, daß es Sinn macht, über wichtige Aspekte zu reden (R), wenn man auf parlamentarischem Wege ein Problem lösen will (SY).

Redner 2 führt ein Informationsmuster zu seinem Standpunkt durch (i.b)), durch das die Existenz des Sachverhalts von 29. belegen soll. Das Legitimationsmuster (ii.a)) aus 29. wird weitergeführt. Damit spricht Redner 2 einen wunden Punkt der eigenen Partei an. Die Vereinbarung einer Regelung für Bürgerkriegsflüchtlinge war Bestandteil des Parteitagsbeschlusses und des Asylkompromisses vom Dezember 1992, konnte jedoch in den Verhandlungen mit der CDU/CSU und der F.D.P. noch nicht umgesetzt werden. Hier wird das brisante Thema angerissen. Redner 2 ist in der Klemme. Den Regierungsparteien gegenüber muß er das Fehlen kritisieren, den Kritikern in der eigenen Partei muß er das Fehlen plausibel machen. Er wird dieses Thema später wieder aufnehmen, um eine ausführliche Kritik an der Regierungspolitik durchzuführen.

Darüber zu reden, würde Sinn machen, denn dann ginge es um Hilfe und nicht um die den Außenminister so sehr bedrückende Frage des außenpolitischen Gewichts der Bundesrepublik Deutschland, um das Mitreden und das Dabei-sein-Dürfen.

(Beifall bei der SPD)

31. S.13508, Spalte 1, Zeile 9-15: A30., A31., A32., i.b), i.c), ii.a), iii.a), iii.b), iv.a)
Argument 30. Es wäre sinnvoll, über den militärischen Aspekt zu reden.
Argument 31. Dann ginge es um Hilfe für Menschen. A31 löst einen GA von A30 in der Struktur von p weil q ein. Es wäre sinnvoll, über den militärischen Aspekt zu reden (p), weil es dann um Hilfe für Menschen ginge (q). Die Regel wird in A33 nachgeliefert.
Argument 32. Dem Außenminister geht es um das Mitreden. A32 löst einen GA von A31 in der Struktur von p weil q ein. Es geht jetzt nicht um Hilfe für Menschen (p), weil es dem Außenminister um das Mitreden geht (q). Die GA von

A32 sind wohl sehr strittig und werden selbst nicht gestützt, so daß die Stützung von A31 mangelhaft bleibt.

Redner 2 führt ein Informationsmuster über seinen Standpunkt durch, indem er eine Behauptung aufstellt, die er durch weitere Behauptungen unterstützt (i.b)). Durch den darauf folgenden Konjunktiv Irrealis behauptet er indirekt, daß der Außenminister, den er indirekt adressiert, sich um diesen Aspekt nicht kümmere, und das, obwohl es geboten sei. Das begonnene Legitimationsmuster (ii.a)) wird durch die Schlußfolgerung „würde Sinn machen" weitergeführt, wird also gleichzeitig abgebrochen, indem herausgestellt wird, daß gerade das „sinnvolle" Handeln in der Realität nicht umgesetzt wird. Er setzt dieses nicht vollzogene „sinnvolle" Handeln dem Engagement des Außenministers um das außenpolitische Gewicht im Sinne eines „Dabei-sein-Dürfens" entgegen, das er schon durch die Formulierung ins Lächerliche zieht (i.c)). Durch den Konjunktiv in Verbindung mit „Sinn-machen" wird mittels der Konstruktion stark nahegelegt, daß Redner 2 dieses Handeln des Außenministers als sinnlos ansieht. Dieser Angriff ist für Wähler (iii.a)), uninformierte Zuschauer und Parteigenossen inszeniert (iv.a)). Redner 2 ist ebenso wie den anderen Abgeordneten klar, daß die Politik des Außenministers sinnvoll ist und daß es seine Aufgabe ist, das internationale Gewicht der Bundesrepublik im Ausland zu stärken. Im Prinzip hat auch Redner 2 gar nichts dagegen[8], er nutzt aber die Gelegenheit zur verkürzten Darstellung der Politik, weil er innerhalb seiner Partei und der Öffentlichkeit erwarten kann, daß sie seine Kritik mit dem von ihnen[9] auf breiter Front abgelehnten internationalen Einsatz von Bundeswehrsoldaten verbinden und auf diesen Aspekt verkürzen. So macht er sich zum Sprachrohr der öffentlichen Kritik an der Außenpolitik und bietet gleich eine scheinbar konstruktive Alternative an. Hier wird, wie es schon bei Redner 1 der Fall war, mit Verkürzung der Politik des Gegners gearbeitet, um seine Argumente daraufhin ins Lächerliche ziehen zu können. Weiter führt er eine Kritik am politischen Standpunkt des Gegners durch, indem er den Außenminister angreift und ihm illegitime Motive für seine Politik unterstellt.
Diese Kritik an der Regierung an einem Punkt, wo Redner 2 unter Rechtfertigungsdruck gegenüber der eigenen Partei steht, scheint darin seine funktionale Begründung zu haben. So hat er zwar den kritischen Punkt erwähnt, lenkt aber von ihm ab, indem er harsche Kritik am politischen Gegner übt, die im Prinzip

[8]Man beachte Kloses damalige Position in der Diskussion um den Einsatz der deutschen Luftwaffe in Kampfeinsätzen zur Unterstützung von UNO-Einsätzen außerhalb Deutschlands.

[9]Beim Argument der gesellschaftlichen Ablehnung der Kampfeinsätze von deutschen Tornados muß man sich die Situation zum Zeitpunkt der Debatte vergegenwärtigen. Heute scheint sich die Akzeptanz allgemein durchgesetzt zu haben.

irrelevant im Hinblick auf das Asylrecht ist. So betreibt er Werbung vor uninformierten Parteimitgliedern und Wählern im Wahlkreis.
Dieser Angriff wird auch durch die SPD-Abgeordneten unterstützt, die applaudieren.

Über Hilfe für Menschen wäre mit Sozialdemokraten allemal zu reden; Prestigeprobleme - auch außenpolitische - interessieren uns weniger.

(Beifall der SPD)

32. S.13508, Spalte 1, Zeile 16-19: A33., A34., i.b), i.c), iii.a), iii.b), iv.aa), iv.ab)
Argument 33. Hilfe für Menschen interessiert die SPDler. A33 löst einen GA von A31 in der Struktur von p weil q ein. Über Hilfe für Menschen zu reden wäre sinnvoll (p), weil Hilfe für Menschen die SPD interessiert (q).
Argument 34. Prestigeprobleme interessieren SPDler nicht.

Es folgt eine Informationslieferung über eine politische Überzeugung von Redner (i.a)). Es wird ein Selbstverständnis der SPD offengelegt, zu deren spokesman er sich - gerechtfertigterweise - erklärt (iii.b)). Dieses positiv besetzte Parteiimage, das der Politik des Außenministers entgegengesetzt wird, wirbt bei Parteigenossen (iv.aa) und iv.ab)) und Wählern (iii.a)). Gleichzeitig wird der Gegner kritisiert, der dieses Selbstverständnis nicht zu besitzen scheint (i.c)). Indirekt werden alle Parteimitglieder durch „Sozialdemokraten" und „uns" adressiert.

„Hilfe für Menschen" kann nicht bedeuten, daß wir alle, die in Not sind, bei uns aufnehmen.

33. S.13508, Spalte 1, Zeile 20-21: A35., i.b), ii.a)
Argument 35. Hilfe für Menschen bedeutet, daß nicht alle aufgenommen werden können.

Redner 2 liefert ein Informationsmuster über seine politische Einstellung (i.b)), nämlich wie seine Umsetzung von 32. aussieht. Dadurch führt er ein Legitimationsmuster für seine und die von der Mehrheit der SPD-Fraktion verfolgten Politik an (ii.b)). Die Wiederholung der emotionsbeladenen Phrase „Hilfe für Menschen" mit seinen imagewirksamen Auswirkungen auf die SPD-Anhänger mildert den Inhalt der Äußerung ab. Hier ergreift Redner 2 nämlich Partei, indem er die Asyldiskussion auf die Aufnahmekapazität beschränkt, eine Voraussetzung, die von den innerparteilichen Gegnern abgelehnt wird. Es geht um nichts Geringeres als um das Individualrecht des Individuums gegen den Staat, das aushebelt wird, weil nicht „alle, die in Not sind, bei uns" aufgenommen werden können.

Das schaffen wir nicht; das überfordert uns tatsächlich und emotional.
34. S.13508, Spalte 1, Zeile 22-23: A36., i.b), ii. a), iii.a), iii.b), iv.aa), iv.ab)
Argument 36. Das schaffen wir tatsächlich und emotional nicht. A36 löst einen GA von A35 in der Struktur von p weil q ein. Hilfe heißt, daß nicht alle aufgenommen werden können (p), weil wir das nicht schaffen können (q).

Hier wird das Legitimationsmuster von 33. (ii.b)) durch ein Muster des Nachweises der Rationalität des Handelns (ii.a)) gestützt. Die Rationalität wird allerdings nur durch Behauptungen hergestellt, die allerdings konsensfähig sein dürften. Fraglich ist, wer mit „wir" und „uns" gemeint ist. Sinn ergäben nur die „Deutschen" als solche. Redner 2 macht sich so wieder zum spokesman der Wähler, die seiner Meinung nach überfordert werden könnten. Dem stellt er sich entgegen und führt so Werbungsmuster gegenüber den Wählern (iii.a)), seiner Partei (iv.aa), iv.ab)) und seiner Fraktion (iii.b)) durch.

Dabei lege ich übrigens auf folgende Feststellung Wert:
35. S.13508, Spalte 1, Zeile 24-25: A37., i.b), (ii.b))
Argument 37. 70% der Bevölkerung wollen, daß das Asylrecht geändert wird.

Redner 2 führt ein Informationsmuster zu seiner Position durch (i.b)).

Etwa 70% der Bevölkerung - eher mehr - wollen, daß wir unser Asylrecht ändern.
36. S.13508, Spalte 1, Zeile 25-26: A37., i.a), ii.b), iii.a), iv.aa), iv.ab)
Argument 37. 70% der Bevölkerung wollen, daß das Asylrecht geändert wird.

Redner 2 führt ein Informationsmuster zu einem Sachverhalt durch (i.a)). Da der Sachverhalt die Einstellung der Wähler betrifft, führt er gleichzeitig ein Legitimationsmuster (ii.b)) durch. Die Wähler, die eine Änderung wollen, werden indirekt adressiert. Für sie führt er ein Werbungsmuster durch, indem er ihre Interessen vertritt (iii.a), iv.aa), iv.ab).

Diese 70% als zumindest tendenziell ausländerfeindlich einzustufen halte ich für absolut falsch.
37. S.13508, Spalte 1, Zeile 26-28: A38., i.b), i.c), ii.b), iii.a), iv.aa), iv.ab)
Argument 38. Die 70% der Bevölkerung sind nicht ausländerfeindlich.

Hier informiert Redner 2 über seine Einstellung zu seinen Wählern (i.b)). Die Sachverhaltsdarstellung wendet sich gegen einen Vorwurf, der von Redner 2 indirekt eingebracht wird: diejenigen unter der Bevölkerung, die das Asylrecht ändern wollten, seien ausländerfeindlich (i.c)). Dadurch werden die begonnenen Werbungsmuster (iii.a), iv.aa), iv.ab) und das Legitimationsmuster (ii.b)) weitergeführt

Ich bestreite den Wahrheitsgehalt solcher Behauptungen.

(Beifall bei der SPD, der CDU/CSU und der F.D.P.)

38. S.13508, Spalte 1, Zeile 28-31: A38., i.b), i.c), ii.b), iii.a), iv.a)

Argument 38. Die 70% der Bevölkerung sind nicht ausländerfeindlich.

Redner 2 betont seine Behauptung (i.b)) noch einmal durch eine Wiederholung mit einer explizit performativen Formel. Interessant ist folgendes: der Vorwurf der Ausländerfeindlichkeit wird nicht insofern konkretisiert, daß nachvollziehbar wäre, wer ihn in dieser Form geäußert haben könnte. Nur dem Sinn nach muß man ihn den Asylkompromißgegnern zuordnen (i.c)). Ich denke aber, daß, weil ihn niemand in dieser Form geäußert hat und auch niemand direkt beschuldigt wird, dieses getan zu haben, auch niemand direkt angegriffen wird. Diese Scheinattacke dient nur der Eigenwerbung Redner 2s (iii.a)), der diesen imaginären Vorwurf nutzt, um sich eindeutig auf die Seite der 70% der Bevölkerung zu stellen, die eine Änderung des Asylrechts wollen. Er verteidigt sie, macht sich zu ihrem spokesman. Dadurch stellt er sich als Volksvertreter dar, der den Willen der Wähler im Parlament vertritt und sie gegen ungerechtfertigte Vorwürfe schützt (iv.a)). Gleichzeitig stützt diese Aussage des Vollzugs des Volkswillens natürlich die Gesetzesänderung. Hier wird eine starke Legitimation des politischen Handelns geleistet (ii.b)). Der Wille des Souveräns wird erfüllt.

Wegen der Wählerumschmeichelung gibt es auch Beifall bei SPD, CDU/CSU und F.D.P..

Wir Deutschen leben schon seit vielen Jahren mit vielen Menschen aus anderen Ländern und Kontinenten zusammen - zumeist friedlich und freundlich.

39. S.13508, Spalte 1, Zeile 32-34: A39., i.a), iv.a), iv.aa), iv.ab)

Argument 39. Die leben seit vielen Jahren friedlich mit Ausländern zusammen. A39 löst einen GA von A38 in der Struktur von p weil q aufgrund von R in SY ein. 70% der Bevölkerung sind nicht ausländerfeindlich (p), weil sie seit vielen Jahren friedlich mit Ausländern zusammenleben (q), aufgrund der Regel, daß, wer friedlich mit Ausländern zusammenlebt, nicht ausländerfeindlich ist (R), wenn er sich in Deutschland befindet (SY).

Es folgt eine Begründung für 37. durch ein Informationsmuster zu einem Sachverhalt, der konsensfähig ist (i.a)). Die Identifizierung mit der Bevölkerung wird mit der indirekten Adressierung von „wir Deutschen" fortgesetzt, für die Redner

2 hier eine Aussage als deren selbsternannter spokesman trifft, die sicherlich innerhalb der Vertretenen konsensfähig sein dürfte: „wir Deutschen" leben „zumeist friedlich und freundlich" „mit vielen Menschen aus anderen Ländern und Kontinenten" zusammen (iv.a)). Diese Formulierung ist nicht zufällig, da durch sie die Internationalität (Länder und Kontinente) - durch Hervorheben des gemeinsamen Kriteriums Mensch, das nur geographisch und staatlich differenziert wird - statt des Andersseins, wie es zum Beispiel bei der Bezeichnung „Ausländer" der Fall sein dürfte, hervorgehoben wird. Entsprechend logisch ist dann auch die Behauptung, daß diese Personengruppe als ausländische Mitbürgerinnen und Mitbürger aufgefaßt werde[10]. Mit der Hervorhebung der Internationalität wird wieder an das Selbstverständnis der Parteimitglieder appelliert, da die Internationalität in der Geschichte der Arbeiterbewegung immer eine besondere Stellung einnahm (z.B. Willy Brandt als Vorsitzender der sozialistischen Internationale). So ist auch wieder von Werbungsmustern innerhalb der Partei zu sprechen, indem alte Images aufgefrischt werden (iv.aa), iv.ab)).

Wir sprechen von ausländischen Mitbürgerinnen und Mitbürgern.
40. S.13508, Spalte 1, Zeile 34-36: A40., i.b), iii.a), iv.a)
Argument 40. Wir sprechen von Mitbürgern und meinen es so. A40 löst einen GA von A38 in der Struktur von p weil q aufgrund von R in SY ein. 70% der Bevölkerung sind nicht ausländerfeindlich (p), weil sie von Mitbürgern sprechen und es auch so meinen (q), aufgrund der Regel, daß, wer Ausländer als Mitbürger bezeichnet und es auch so meint, nicht ausländerfeindlich ist (R), wenn er sich in Deutschland befindet (SY).

Redner 2 fügt ein Informationsmuster über seine Position an (i.b)), das das vorangegangene Muster stützt. Er spricht weiterhin für die Deutschen „wir" und äußert sich als deren spokesman zu deren Verhältnis zu Ausländern, das er als positiv darstellt. So betreibt er wieder Werbung vor den positiv vertretenen Wählern (iii.a), iv.a)).

Und das ist keine Redewendung; wir meinen es so.
41. S.13508, Spalte 1, Zeile 36-37: A40., i.b), iii.a), iv.a)
Argument 40. Wir sprechen von Mitbürgern und meinen es so. A40 löst einen GA von A38 in der Struktur von p weil q aufgrund von R in SY ein. 70% der

---

[10]Im Gegensatz dazu steht Schäubles Rede, der mit Bürgern anfängt und über Deutsche und Ausländer zu deutschen und ausländischen Mitbürgern kommt. Dort wird trotz der am Schluß stehenden gleichen Formulierung doch das trennende Moment betont, und zwar dadurch, daß immer der Dualismus deutsch-ausländisch betont wird.

Bevölkerung sind nicht ausländerfeindlich (p), weil sie von Mitbürgern sprechen und es auch so meinen (q), aufgrund der Regel, daß, wer Ausländer als Mitbürger bezeichnet und es auch so meint, nicht ausländerfeindlich ist (R), wenn er sich in Deutschland befindet (SY).

Redner 2 führt die Muster von 41. weiter.

Dennoch gibt es bei vielen Menschen eine zunehmende Angst vor Überforderung und Wohlstandsverlusten durch die massenhafte mißbräuchliche Inanspruchnahme des Asylrechts.
42. S.13508, Spalte 1, Zeile 38-41: A41., i.a), i.b), iii.a), iii.c), iv.aa), iv.ab)
Argument 41. Es gibt bei vielen eine Angst vor Wohlstandsverlusten durch Asylmißbrauch. A41 löst einen GA von A37 in der Struktur von p weil q ein. 70% wollen, daß das Asylrecht geändert wird (p), weil es bei vielen eine Angst vor Wohlstandsverlusten durch Asylmißbrauch gibt.

Es wird ein Informationsmuster über Redner 2s Einschätzung der Einstellung von Bürgern zu Asylbewerbern durchgeführt (i.b)), das die Angst vor sozialem Abstieg thematisiert. Dieses Muster wird mit einem Informationsmuster über einen Sachverhalt (i.a)) verbunden. Gleichzeitig dient dieses Muster der Begründung von 4. Redner 2 macht sich zum Fürsprecher dieser Menschen und führt so ein Werbungsmuster bei Parteiangehörigen (iv.aa), iv.ab)), Wählern (iii.a)) und im Plenum (iii.c)) durch. Dieses Muster ist bei den Befürwortern der Gesetzesänderung konsensfähig, Gegner werden wohl bezweifeln, daß es in der Bevölkerung eine „Angst vor Überforderung durch die massenhafte mißbräuchliche Inanspruchnahme" gibt. Sie stellen eher ein Abwehrverhalten gegen Fremde fest, das unabhängig davon ist, ob jemand „das Asylrecht mißbraucht" hat oder ob er rechtmäßig in der Bundesrepublik ist. Hier schiebt Redner 2 der Bevölkerung, als deren spokesman er auftritt, die Argumentation der eigenen Gefolgsleute in der Partei unter.

Und wer wollte bestreiten, daß es die gibt?

(Zuruf von der F.D.P.: Sehr richtig!)
43. S.13508, Spalte 1, Zeile 41-43: A42., i.b)
Argument 42. Es gibt Asylmißbrauch. A42 löst einen GA von A41 in der Struktur von p weil q ein. Es gibt eine Angst vor Wohlstandsverlusten durch Asylmißbrauch (p), weil es Asylmißbrauch tatsächlich gibt (q). Die Stützung ist nicht besonders gelungen, da sie sich nur auf einen Nebenaspekt von A41 bezieht.

Wieder wird eine rhetorische Frage gestellt und so ein Informationsmuster über Redner 2s Einschätzung durchgeführt (i.b)), daß die Annahme der massenhaften mißbräuchlichen Inanspruchnahme des Asylrechts in 42. zutrifft. Diese Behauptung ist sicherlich konsensfähig, auch innerhalb der Gegnerschaft der Gesetzesänderung.
Gestützt wird die Äußerung durch einen Zuruf aus der F.D.P..

Die Menschen hier wollen, daß wir dies und die ungebremste Zuwanderung stoppen.
44. S.13508, Spalte 1, Zeile 44-45: A43., i.b), ii.b), iii.a), iii.b), iii.c), iv.a)
Argument 43. Die Menschen wollen, daß der Asylmißbrauch und die ungebremste Zuwanderung gestoppt werden. A43 löst einen GA von A37 in der Struktur von p weil q ein. 70% wollen, daß das Asylrecht geändert wird (p), weil die Menschen wollen, daß Asylmißbrauch und ungebremste Zuwanderung gestoppt werden (q).
A43 löst gleichzeitig einen GA von A45 in der Struktur von p weil q ein. Der Asylkompromiß versucht, das zu leisten (p), weil die Menschen wollen, daß Asylmißbrauch und ungebremste Zuwanderung gestoppt werden (q).

Redner 2 führt ein Informationsmuster über seine Einstellung (i.b)), die Einstellung der Wähler betreffend, durch. So gibt er vor, sie zu vertreten, und legitimiert so sein politisches Handeln (ii.b)). Gleichzeitig wirbt er vor diesen „Menschen" dadurch, daß er ihre Interessen vertritt (iii.a), iv.a)). Daß er dieses offen macht, wirbt für ihn innerhalb der Fraktion (iii.b)). Da es den Kompromiß allgemein betrifft, wirbt er auch für sich innerhalb der Plenums (iii.c)), jedenfalls, was die Befürworter der Gesetzesänderung angeht. Mit „wir" adressiert er indirekt jetzt wieder die Abgeordneten.

Sie wollen ganz überwiegend aber auch, daß wir das Asylrecht für wirklich politisch Verfolgte sichern.

> *(Beifall bei der SPD sowie bei Abgeordneten der CDU/CSU und der F.D.P.)*

45. S.13508, Spalte 1, Zeile 45-49: A44., i.b), ii.b), iii.b), iii.c), iv.a)
Argument 44. Die Menschen wollen, daß das Asylrecht für Verfolgte erhalten bleibt. A44 löst einen GA von A45 in der Struktur von p weil q ein. Der Asylkompromiß versucht, das zu leisten (p), weil die Menschen wollen, daß das Asylrecht für Verfolgte erhalten bleibt (q).

Die Muster werden hier weitergeführt. Durch die Unterstellung des Wählerwillens, daß das Asylrecht für politisch Verfolgte gesichert werden soll, bringt Redner 2 eine Beschreibung der Befürworter der Gesetzesänderung als angeblichen Wählerwillen vor (i.b)). Damit bereitet er eine Legitimation des politischen Handelns (ii.b)) als den Wünschen der Wähler entsprechend vor (iii.a), iv.a)). Spannend ist die Behauptung, daß das Asylrecht für wirklich politisch Verfolgte gesichert werden soll, vor dem Hintergrund von 33., daß nicht allen, die in Not sind, geholfen werden kann. Hier scheint eine grundsätzlich andere Haltung propagiert zu werden.
Entsprechend der gelungenen Legitimations- und Werbungsarbeit gibt es unterstützenden Beifall der SPD, CDU/CSU und F.D.P. (iii.b), iii.c)).

Der Asylkompromiß, auf den wir uns im Dezember vergangenen Jahres geeinigt haben und den wir heute gesetzgeberisch in zweiter und dritter Lesung umsetzen, versucht, das zu leisten.
46. S.13508, Spalte 1, Zeile 50-53: A45., i.b), ii.b), (iii.a)), (iii.b)), (iii.c)), (iv.a))
Argument 45. Der Asylkompromiß versucht, das zu leisten.

In einem Legitimationsmuster (ii.b)), das durch ein Informationsmuster über die Position Redner 2s (i.b)) realisiert wird, wird versucht, die Verbindung von 44. und 45. als handlungsmotivierend darzustellen. Dadurch werden dieselben Muster vollzogen wie in den beiden vorangegangenen Äußerungen.

Drei Teile sind zu unterscheiden: der geänderte Art.16, jetzt 16a des Grundgesetzes, die verfahrensrechtlichen Begleitgesetze und das Asylbewerberleistungsgesetz.
47. S.13508, Spalte 1, Zeile 54-57: A46., i.a)
Argument 46. Es sind drei Teile beim Asylkompromiß zu unterscheiden.

Redner 2 führt ein Informationsmuster über einen Sachverhalt für die Wähler durch (i.a)). Die Abgeordneten kennen das Gesetz, über das sie abstimmen bereits, erfahren so nichts Neues.

Meinerseits einige Anmerkungen zu dem neuen Art.16a, der unter verfassungsästhetischen Gesichtspunkten nicht eben ein Meisterwerk geworden ist.

(Dr. Wolfgang Redner 1 (CDU/CSU): Das ist wahr!)
48. S.13508, Spalte 2, Zeile 1-5: A47., i.b)
Argument 47. Artikel 16a ist kein verfassungsästhetisches Meisterstück.

Es wird ein Informationsmuster über Redner 2s Einschätzung des Gesetzes geleistet (i.b)). Für Wähler, besonders für uninformierte, dürfte diese Einschätzung aber überraschend sein.
Die Bemerkung richtet sich so als Information an die Zuschauer und Gerichte und kann als konsensfähig gelten. Redner 2 zeigt seine Distanz zu einem Ergebnis, für das er sich eingesetzt hat. Die Kritik daran kann an das Image seiner innerparteilichen Gegner gerichtet sein, denen er als Verlierer im Konflikt so zum Teil zugesteht, berechtigte Kritik geäußert zu haben, und sie so aufwertet.
Die konsensfähige Kritik wird auch durch Redner 1s Zwischenruf „Das ist wahr!" hervorgehoben. Damit bestätigt er Redner 2s Einschätzung und vermeidet von vornherein jeden Vorwurf, dafür allein verantwortlich zu sein, weil er es nicht bemerkt habe.

Aber das war für uns auch nicht entscheidend.
49. S.13508, Spalte 2, Zeile 6: A48., i.b)
Argument 48. Das war nicht entscheidend.

Redner 2 führt ein Informationsmuster über die Einschätzung der Befürworter der Gesetzesänderung durch (i.b)). Fraglich ist, ob er nur der spokesman der SPD-Befürworter oder aber aller Befürworter ist. Für die Befürworter in der SPD nimmt er die Rolle des spokesman zurecht in Anspruch.

Entscheidend ist, daß der Abs.1 noch immer lautet: Politisch Verfolgte genießen Asylrecht.

> *(Beifall bei der SPD sowie bei Abgeordneten der CDU/CSU und der F.D.P.)*

50. S.13508, Spalte 2, Zeile 6-10: A49., i.b)
Argument 49. Entscheidend ist der Wortlaut von Abs.1: Politisch Verfolgte genießen Asyl. A49 löst einen GA von A47 in der Struktur von p weil q ein. Daß Art.16a verfassungsästhetisch kein Meisterstück geworden ist, war nicht entscheidend (p), weil entscheidend war, daß der Wortlaut von Abs.1 dem Wortlaut des alten Art.16 Abs.2 Satz 2 gleicht.
Das Muster der politischen Einschätzung der Befürworter wird fortgeführt (i.b)). Der Beifall bei SPD und Abgeordneten der CDU/CSU und F.D.P. bestätigt, daß sie ihre Sponsor-Schaft für die Äußerung Redner 2s anerkennen.

Damit ist das Asylrecht als Individualrecht erhalten geblieben, was niemand in seiner Bedeutung unterschätzen sollte.
51. S.13508, Spalte 2, Zeile 11-13: A50., i.a), i.b), v.)
Argument 50. Das Individualrecht bleibt erhalten. A50 löst einen GA von A49 in der Struktur von p weil q ein. Entscheidend ist der Wortlaut von Abs.1 (p), weil so das Individualrecht erhalten bleibt (q).

Hier wird ein Informationsmuster über die Einschätzung Redner 2s zum Verständnis des Gesetzes gemacht (i.b)), d.h. er liefert gleichzeitig einen Interpretationshinweis für die Rechtssprechung (i.a), v.)).

Daraus folgt nämlich, daß wir politisch Verfolgten das individuelle Asylrecht sichern müssen, entweder bei uns oder bei anderen, mit denen wir in Asylfragen zusammenarbeiten.
52. S.13508, Spalte 2, Zeile 13-16: A51., i.a), i.b), v.)
Argument 51. Das individuelle Asylrecht kann bei uns oder bei anderen gesichert werden.

Hier wird ein Informationsmuster über die Einschätzung Redner 2s zum Verständnis des Gesetzes gemacht (i.b)), d.h. er liefert gleichzeitig einen Interpretationshinweis für die Rechtssprechung (i.a), v.)). Umstritten ist seine zweite Erläuterung, daß dieses bei „uns" oder bei „anderen" geschehen könnte. Implizit sind damit die Bundesrepublik und die europäischen Staaten gemeint. Nur ist das Problem, daß die anderen Staaten eben kein individuelles Recht auf Asyl kennen. Dieses Redner 2 bekannte Problem ignoriert er bei seiner Äußerung. Adressiert ist die Darstellung der politischen Position an die Wähler und Parteigenossen als Informationsabgabe. Sie bleibt unvollständig.

Sichere Herkunftsländer und sichere Drittstaaten können nicht beliebig benannt werden.
53. S.13508, Spalte 2, Zeile 17-18: A52., i.a)
Argument 52. Sichere Drittstaaten können nicht beliebig genannt werden.

Die Äußerung ist nach dem Muster einer Informationslieferung über einen Sachverhalt zu interpretieren, da sie den unbestrittenen Gesetzesinhalt wiedergeben (i.a)). Diese Information kann nur für die Wähler relevant sein, die bisher wenig informiert waren.

Es müssen bestimmte Kriterien erfüllt sein.
54. S.13508, Spalte 2, Zeile 18-19: A53., i.a), ii.b)
Argument 53. Es müssen Kriterien erfüllt sein, die vom Verfassungsgericht überprüft werden können.

Wieder wird eine Information über einen Sachverhalt geliefert (i.a)). Dieser Sachverhalt legitimiert den Sachverhalt von 53. durch die Hervorhebung der Überprüfung der Rechtmäßigkeit des Verfahrens durch das Verfassungsgericht (ii.b)). So wird auch ein Legitimationsmuster durchgeführt.

Das Verfassungsgericht kann nachprüfen, ob diese Kriterien erfüllt sind.
55. S.13508, Spalte 2, Zeile 19-23: A53., i.a), ii.b)
Argument 53. Es müssen Kriterien erfüllt sein, die vom Verfassungsgericht überprüft werden können.

Wieder wird eine Information über einen Sachverhalt geliefert (i.a)). Dieser Sachverhalt legitimiert den Sachverhalt von 53. durch die Hervorhebung der Überprüfung der Rechtmäßigkeit des Verfahrens durch das Verfassungsgericht (ii.b)). So wird auch ein Legitimationsmuster durchgeführt.
Es handelt sich bei 53., 54. und 55. um eine Erklärung zu den Absätzen 2 und 3 des neuen Asylgesetzes. Das kann als versuchter Beleg für den Einfluß von Artikel 1 auf die Drittstaatenregel angesehen werden. Damit würde es Redner 2s These, daß es die Hauptsache sei, Art.1 zu haben, stützen. Die indirekte Adressierung des Verfassungsgerichts liefert einen Bezug zur größten Autorität auf dem Gebiet der Verfassung und dient der Abstützung der Argumentation Redner 2s.

Die Staaten der Europäischen Gemeinschaft gehören dazu.
56. S.13508, Spalte 2, Zeile 22-23: A54., i.a), i.b)
Argument 54. Die Staaten der EG, Österreich, Polen, Tschechische Republik, Schweiz und die skandinavischen Länder sind sichere Drittstaaten.

Es findet eine Information über einen Sachverhalt statt (i.a)), allerdings nur, wenn man die Einschätzung Redner 2s und der anderen Befürworter teilt (i.b)), daß in diesen Staaten die Kriterien erfüllt sind. Kritiker haben an diesem Punkt auf die Schwächen der Asylgewährung in diesen Ländern hingewiesen. Es handelt sich so um eine Information über die Einschätzung der Befürworter, die aber bereits Ausdruck im Gesetz gefunden hat und so schon einen Sachverhalt darstellt. Uninformierte Zuhörer bleiben über diesen Punkt im dunkeln, ihnen wird lediglich die Vermittlung des Sachverhalts nahegelegt.

Dort werden die Genfer Flüchtlingskonvention und die Europäische Menschenrechtskonvention akzeptiert und angewendet.
57. S.13508, Spalte 2, Zeile 23-25: A55., i.a)
Argument 55. Dort werden die Flüchtlingskonvention und die Menschenrechtskonvention anerkannt und angewendet. A55 löst einen GA von A54 in der Struktur von p weil q ein. Die Staaten der EG usw. sind sichere Drittstaaten (p), weil dort die Flüchtlingskonvention und die Menschenrechtskonvention anerkannt werden (q). Die Stützungsregel wird in 61. aufgeführt.

Hier führt Redner 2 ein weiteres Informationsmuster zu Sachverhalten durch (i.a)), die 56. begründen, d.h. er legt die Gründe für seine Beurteilung von 56. offen.

Gleiches gilt jedenfalls für Polen, die Tschechische Republik, Österreich, die Schweiz und die skandinavischen Länder.
58. S.13508, Spalte 2, Zeile 25-27: A54., i.a)
Argument 54. Die Staaten der EG, Österreich, Polen, Tschechische Republik, Schweiz und die skandinavischen Länder sind sichere Drittstaaten.

Hier führt Redner 2 ein weiteres Informationsmuster zu Sachverhalten durch, die 56. erklären (i.a)).

Alle diese Staaten sind heute nach übereinstimmender Beurteilung sichere Drittstaaten.
59. S.13508, Spalte 2, Zeile 27-29: A56., i.a), (i.b)), (ii.b))
Argument 56. Dort wird das Asylrecht gewährleistet. A56 löst einen GA von A54 in der Struktur von p weil q ein. Die Staaten der EG usw. sind sichere Drittstaaten (p), weil dort das Asylrecht gewährleistet wird (q).

Hier führt Redner 2 ein weiteres Informationsmuster zu Sachverhalten durch, die 56. erklären (i.a)).

In allen wird das Asylrecht für politisch Verfolgte gewährleistet.
60. S.13508, Spalte 2, Zeile 29-30: A56., i.a), i.b), (ii.b))
Argument 56. Dort wird das Asylrecht gewährleistet. A56 löst einen GA von A54 in der Struktur von p weil q ein. Die Staaten der EG usw. sind sichere Drittstaaten (p), weil dort das Asylrecht gewährleistet wird (q).

Ein Informationsmuster über einen Sachverhalt wird von Redner 2 geliefert (i.a)). Es gehört jedoch mehr Wissen dazu als Redner 2 liefert, um erkennen zu können, daß der Sachverhalt nicht unbedingt zur Stützung der Argumentation Redner 2s herangezogen werden kann (i.b)). Es wird zwar ein Asylrecht gewährleistet, aber eben kein individuelles wie in Deutschland.

Es gibt geordnete Verfahren und vergleichbare Standards.
61. S.13508, Spalte 2, Zeile 30-31: A57., i.a), (i.b)), ii.b)
Argument 57. Dort gibt es geordnete Verfahren und vergleichbare Standards. A57 löst GAs von A55 und A56 in der Struktur von p weil q ein. Es wird die Flüchtlingskonvention richtig angewendet (p), und es wird dort das Asylrecht richtig gewährleistet (p), weil es geordnete Verfahren und vergleichbare Standards gibt (q).

Das Informationsmuster über einen weiteren Sachverhalt (i.a)) stellt nur die Rechtsstaatlichkeit des Verfahrens fest. Dadurch wird aber die Drittstaatenregel legitimiert (ii.b)).

Es ist deshalb angemessen, wenn im Verhältnis zu diesen Staaten nach dem Stellvertreterprinzip verfahren wird.
62. S.13508, Spalte 2, Zeile 32-34: A58., i.b), ii.b)
Argument 58. Dadurch ist das Stellvertreterprinzip gerechtfertigt. A58 löst einen GA von A57 in der Struktur von p weil q ein, indem die Stützungsregel, die in 57. zur Stützung von A55 und A56 angewendet wird, expliziert wird. Geordnete Verfahren und vergleichbare Standards sind relevant (p), weil durch sie das Stellvertreterprinzip gerechtfertigt wird (q).

Redner 2 liefert ein Informationsmuster über seine Einstellung in Form einer Schlußfolgerung (i.b)). Dadurch legitimiert er die Drittstaatenregel (ii.b)) und schließt so das Legitimationsmuster, das sich von 59.-62. erstreckt. Die Erläuterung, in den Ländern sei das Asylrecht gewährleistet und es existierten geordnete Verfahren und vergleichbare Standards, muß als Position der Befürworter gedeutet werden. Die Kritiker wenden schließlich ein, daß im Ausland nicht das deutsche Asylrecht gelte und es eben unterschiedliche Standards gäbe, hervorgerufen durch unterschiedliche inhaltliche Deutungen der Konventionen, dadurch zu unterschiedlicher Rechtsanwendung käme. Die Position wird als solche nicht gekennzeichnet und bekommt so für uninformierte den Stellenwert einer Sachverhaltsdarstellung.
Mit der geäußerten Position begründet Redner 2 das im Gesetz manifestierte Stellvertreterprinzip, das er in Sachverhaltsdarstellungen ausführlich erklärt.

Geprüft, bejaht oder abgelehnt wird das Asylrecht in dem Schengen- oder Drittstaat, den der Asylbewerber zuerst erreicht.
63. S.13508, Spalte 2, Zeile 34-36: A59., i.a)
Argument 59. Das Verfahren wird im Drittstaat durchgeführt.

Es wird ein Informationsmuster über eine Sachverhaltsdarstellung durchgeführt, die die Drittstaatenregel erläutert (i.a)). Neu ist diese Information wieder nur für die Wähler.

Ein Asylrecht und, vorgeschaltet, ein Recht auf ein Verfahren in einem Land ihrer Wahl gibt es aber für Asylbewerber nicht.
64. S.13508, Spalte 2, Zeile 36-38: A60., i.a)
Argument 60. Es existiert kein Recht auf Wahl des Asyllandes.

Auch hier wird ein Informationsmuster über einen Sachverhalt, den Inhalt des Gesetzes betreffend, durchgeführt (i.a)).

Das ist die entscheidende Einschränkung gegenüber der bisherigen Regelung.
65. S.13508, Spalte 2, Zeile 38-40: A61., i.b)
Argument 61. Das ist der Unterschied zum vorigen Asylrecht.

Es wird ein Informationsmuster über Redner 2s Einschätzung des Gesetzes durchgeführt (i.b), die von Kritikern wohl nicht so geteilt werden würde.

Diese Einschränkung muß sein, weil sich sonst nichts ändert, da andernfalls weiterhin bei allen, die in die Bundesrepublik Deutschland kommen, hier geprüft und hier entschieden werden muß.
66. S.13508, Spalte 2, Zeile 40-44: A62., i.a), i.b), ii.a)
Argument 62. Ohne die Einschränkung würde sich die Situation nicht ändern. A62 löst einen GA von A59 in der Struktur von p weil q ein. Das Verfahren wird im Drittstaat durchgeführt (p), weil sich sonst die Situation nicht ändern würde (q).

Redner 2 liefert ein Informationsmuster über seine Einstellung (i.b)), die er mit einer Sachverhaltsdarstellung verbindet (i.a)). So führt er ein Legitimationsmuster durch, indem er die Rationalität seines Handelns nachzuweisen versucht (ii.a)).

Das widerspräche der Systematik von Schengen und Dublin.
67. S.13508, Spalte 2, Zeile 44-45: A63., i.a), i.b), ii.b)
Argument 63. Die Verträge von Schengen und Dublin verlangen eine Änderung der Situation. A63 löst einen GA von A62 in der Struktur von p weil q aufgrund von R ein. Die Situation muß geändert werden (p), weil die Verträge von Dublin und Schengen es verlangen (q), aufgrund der Regel, daß völkerrechtliche Verträge erfüllt werden müssen.

Redner 2 liefert eine Informationshandlung über seine Einstellung (i.b)). Mit ihr legitimiert er die Drittstaatenregel (ii.b)). Interessant ist hier die Adressierung. Durch die Nennung von Schengen und Dublin sind die uninformierten Zuschauer und Wähler von der Bedeutung des Gesagten ausgeschlossen, da sie nicht wissen können, daß sich dahinter zwei Verträge verbergen, geschweige denn, was der Inhalt dieser Verträge ist (i.a)). Insofern besitzt diese Aussage für sie wenig Überzeugungskraft. Innerhalb der Abgeordnetenschaft sind diese Abkommen bekannt und ebenso die Positionen dazu. Hier weiß man, daß Redner 2 die Position der Befürworter vertritt, die davon ausgehen, daß die Verträge nicht auf der Basis des alten Grundgesetzes erfüllt werden könnten. Er scheint sich also in erster Linie an informierte Zweifler innerhalb der eigenen Partei zu wenden, die er noch überzeugen kann.

Das widerspräche, um dies ebenfalls zu sagen, auch der Beschlußlage meiner Partei, die die Drittstaatenregelung durch Beschluß des Bonner Parteitags im November 1992 ausdrücklich akzeptiert hat.
68. S.13508, Spalte 2, Zeile 45-49: A64., i.a), i.b), ii.b), iv.aa)
Argument 64. Der SPD-Parteitag hat eine Änderung der Situation verlangt. A64 löst einen GA von A62 in der Struktur von p weil q aufgrund von R ein. Die Situation muß geändert werden (p), weil der SPD-Parteitag es verlangt hat (q), aufgrund der Regel, daß die SPD-Abgeordneten die SPD-Parteitagsbeschlüsse umzusetzen haben.

Hier wird ein weiteres Informationsmuster über die Einstellung Redner 2s durchgeführt (i.b)). Damit legitimiert er weiterhin die Drittstaatenregel (ii.b)). Da er sich zum spokesman seiner Partei erklärt, der er tatsächlich auch ist, scheint dieses für naivere Wähler und Parteiangehörige (iv.aa)) plausibel zu sein (i.a)). Bei informierteren Kritikern innerhalb der eigenen Partei wird er aber auf wenig Gegenliebe stoßen. Die Drittstaatenregel war auf dem Parteitag im Paket mit anderen Maßnahmen gebilligt worden, die in den Verhandlungen um den Asylkompromiß nicht durchgesetzt werden konnten. Ob die Drittstaatenregel in dieser Form also noch dem Willen des Parteitags entspricht, dürfte durchaus umstritten sein, wie es auch die Beiträge einiger SPD-Abgeordneter nahelegen.

Durch die Äußerung wird eine thematische Überleitung zum Thema „Lage in der SPD" durch die Erwähnung des Parteitages hergestellt.

Sie wissen, meine Damen und Herren, und haben es mit Sorge und mit Häme begleitet:
69. S.13508, Spalte 2, Zeile 50-51: A65., i.a), i.b), i.c)
Argument 65. Viele Abgeordnete haben die Diskussion in der SPD mit Häme begleitet.

Redner 2 führt eine Informationshandlung über einen Sachverhalt durch (i.a)). Er adressiert die „Damen und Herren", in diesem Fall nimmt er die Anrede für alle Abgeordneten vom Beginn seiner Rede direkt wieder auf. Die „Sorge" und „Häme", die allerdings unterstellt wird, kann auf die SPD-Mitglieder kaum zutreffen (i.c)), da diese ja beteiligt an dem waren, was auf solche Art kommentiert (i.b)) worden war: das stellt Redner 2 durch eine indirekte Adressierung „Sozialdemokratinnen und Sozialdemokraten" im nächsten Segment heraus. Er schränkt also seine Adressierung selbst wieder ein.

Nicht wenige Sozialdemokratinnen und Sozialdemokraten hatten schon mit diesem Bonner Parteitagsbeschluß ihre Schwierigkeiten.

(Hans-Joachim Fuchtel (CDU/CSU): Selber schuld!)
70. S.13508, Spalte 2, Zeile 51-56: A66., i.a)
Argument 66. Viele SPD-Mitglieder waren gegen den Parteitagsbeschluß.

Redner 2 liefert eine Informationshandlung über einen Sachverhalt ab (i.a)).

Manch einer hat deswegen die Partei verlassen, manch einer nach vielen Jahren der Mitgliedschaft.
71. S.13508, Spalte 2, Zeile 57-58: A67., i.a), iv.aa), iv.ab)
Argument 67. Viele Mitglieder haben aufgrund des Beschlusses die Partei verlassen.

Redner 2 führt ein weiteres Informationsmuster über einen Sachverhalt durch (i.a)). Dabei geht er nicht auf den Zwischenruf ein, sondern adressiert indirekt diejenigen, die wegen des Beschlusses die Partei verlassen haben. Als Imagepflege dieser Personen ist wohl die Erwähnung zu verstehen, daß manche langjährige Parteimitglieder waren. Bei diesen Personen führt er so ein Werbungsmuster durch (iv.aa), iv.ab)).

Darüber mit einem Achselzucken zur Tagesordnung überzugehen ist meine Sache nicht,

(Beifall bei der SPD)

zumal ich für die Motive derer, die für die Beibehaltung der gegenwärtigen Regelung plädieren, sehr wohl Verständnis habe.
72. S.13508, Spalte 2, Zeile 58 S.13509, Spalte 1, Zeile 3: A68., A69., i.b), iii.a), iii.b), iv.aa), iv.ab), iv.ac)
Argument 68. Das nimmt Redner 2 nicht leicht.
Argument 69. Redner 2 hat Verständnis für die Motive der Ausgetretenen. A69 löst einen GA von A68 in der Struktur von p weil q ein. Redner 2 nimmt das nicht leicht (p), weil er Verständnis für die Motive der Ausgetretenen hat (q).

Hier führt er ein Informationsmuster über seine Einstellung durch (i.b)). Er betont, daß er diese Geschehnisse ernst nimmt, was eine weitere Imagepflege für die Betreffenden als ernstzunehmende innerparteiliche Opposition darstellt (iv.aa), iv.ab)). Indem er ihnen das zugesteht, stellt Redner 2 sich selbst auch als zwischen den Positionen vermittlungsfähig, d.h. als guter Parteiführungspolitiker für seine Parteigenossen, dar, der auch die andere Meinung respektieren kann (iii.b)). Für die Partei wird in der Öffentlichkeit Werbung im Sinne von offener Diskussionskultur betrieben (iii.a), iv.ac)). Die eigene Imagepflege wird noch durch die altertümelnde Wendung in Versform *„ist meine Sache nicht"*[11] dramaturgisch gesteigert. Redner 2 stilisiert sich in Ansätzen fast zu einer tragischen Figur hoch. Diese Aktionen werden mit Beifall von der SPD gestützt.

Der alte Art.16 ist doch nicht zufällig in unser Grundgesetz geraten.
73. S.13509, Spalte 1, Zeile 4-5: A70., i.a), iii.b), iv.aa), iv.ab)
Argument 70. Der alte Art.16 ist aus guten Gründen ins Grundgesetz aufgenommen worden. A70 löst einen GA von A69 in der Struktur von p weil q ein. Redner

---

[11]Redner 2 lehnt sich wahrscheinlich an Goethes „Götz von Berlichingen", 1. Akt, Herberge im Wald, an:

„MARTIN: In Gottes Namen! (Sie stoßen an) Ich kann die müßigen Leute nicht ausstehen; und doch kann ich nicht sagen, daß alle Mönche müßig sind; sie tun, was sie können. Da komm ich von St. Veit, wo ich die letzte Nacht schlief. Der Prior führte mich in den Gar ten; das ist nun ihr Bienenkorb. Vortrefflicher Salat! Kohl nach Herzens Lust! Und besonders Blumenkohl und Artischoken, wie keine in Europa!

GÖTZ: **Das ist also Eure Sache nicht**. "

(aus: Johann Wolfgang von GOETHE, Werke in vier Bänden, Band IV, herausgegeben und eingeleitet von Gerhard Stenzel, Salzburg 1983, S.21.)

2 hat Verständnis für die Motive der Ausgetretenen (p), weil der alte Art.16 aus guten Gründen ins Grundgesetz aufgenommen wurde (q).
A70 löst einen GA von A71 in der Struktur von p weil q ein.
Redner 2 nimmt die Gründe ernst, weil der alte Art.16 aus guten Gründen ins Grundgesetz aufgenommen wurde (q).

Wieder wird ein Informationsmuster über einen Sachverhalt durchgeführt (i.a)). Durch den Sachverhalt wird der Standpunkt der Gegner der Gesetzesänderung gestützt. Dadurch wirbt Redner 2 für sich innerhalb der SPD-Fraktion (iii.b)) und der SPD-Angehörigen, die gegen die Gesetzesänderung sind (iv.aa), iv.ab)). Er präsentiert sich wieder als integrativer Fraktionsvorsitzender.

Dafür gab und gibt es gute historisch und politisch-moralische Gründe.
74. S.13509, Spalte 1, Zeile 5-6: A70., i.a), iii.b), iv.aa), iv.ab)
Argument 70. Der alte Art.16 ist aus guten Gründen ins Grundgesetz aufgenommen worden. A70 löst einen GA von A69 in der Struktur von p weil q ein. Redner 2 hat Verständnis für die Motive der Ausgetretenen (p), weil der alte Art.16 aus guten Gründen ins Grundgesetz aufgenommen wurde (q).
A70 löst einen GA von A71 in der Struktur von p weil q ein.
Redner 2 nimmt die Gründe ernst, weil der alte Art.16 aus guten Gründen ins Grundgesetz aufgenommen wurde (q).

Wieder wird ein Informationsmuster über einen Sachverhalt durchgeführt (i.a)). Durch den Sachverhalt wird der Standpunkt der Gegner der Gesetzesänderung gestützt. Dadurch wirbt Redner 2 für sich innerhalb der SPD-Fraktion (iii.b)) und der SPD-Angehörigen, die gegen die Gesetzesänderung sind (iv.aa), iv.ab)). Er präsentiert sich wieder als integrativer Fraktionsvorsitzender.

Ich nehme diese Gründe ernst, ich verstehe sie und respektiere sie.
75. S.13509, Spalte 1, Zeile 6-8: A71., i.b), iii.b), iv.aa), iv.ab)
Argument 71. Redner 2 nimmt die Gründe ernst.

Hier führt er ein Informationsmuster zu seiner Einstellung durch. Dadurch werden die Werbungsmuster von 74. und 75. gestützt.

Noch vor zwei Jahren habe ich ähnlich argumentiert wie jene knapp hundert Kolleginnen und Kollegen der SPD-Fraktion, die dem Asylkompromiß nicht zustimmen werden.
76. S.13509, Spalte 1, Zeile 8-11: A72., i.b), iii.b), iv.aa), iv.ab)

Argument 72. Redner 2 hat früher ähnlich argumentiert. A72 löst GAs von A69 und A71 in der Struktur von p weil q ein. Redner 2 hat Verständnis für die Motive der Ausgetretenen (p), und Redner 2 nimmt die Gründe ernst (p), weil Redner 2 früher ähnlich argumentiert hat (q).

Redner 2 führt ein Informationsmuster über seine Position durch (i.b)). Inhaltlich drückt er Nähe zur Auffassung seiner Gegner aus und führt so die Werbungsmuster weiter (iii.b), iv.aa), iv.ab)). Die Bezeichnung „Kolleginnen und Kollegen" hebt zusätzlich die Gemeinsamkeit der Gegner hervor.

Ich bitte aber auch um Respekt für die anderen, für die Mehrheit der Fraktion, die wie ich angesichts der tatsächlichen Entwicklung ihre Position geändert haben und heute für eine Änderung des Grundgesetzes stimmen werden.
77. S.13509, Spalte 1, Zeile 12-16: A73., A74., ii.b), iii.b), iv.aa), iv.ab)
Argument 73. Bitte um Respekt für Gesetzesbefürworter.
Argument 74. Die Mehrheit der Fraktion hat aufgrund der Tatsachen ihre Position geändert und stimmt für die Gesetzesänderung. A74 löst einen GA von A73 in der Struktur von p weil q ein. Der Respekt für Gesetzesbefürworter ist gerechtfertigt (p), weil sie ihre Position aufgrund der Fakten geändert haben (q).

Durch die Bitte um Verständnis für die Mehrheit wirbt Redner 2 weiter bei Parteigenossen (iv.aa), iv.ab)) und Fraktion (iii.b)) für sich. Er hebt dadurch das Rationale der Auseinandersetzung in einer Demokratie hervor, was das parlamentarische Handeln in der SPD allgemein legitimiert (ii.b)).

Auch wir wollen das Asylrecht für politisch Verfolgte erhalten.

(Beifall des Abg. Dieter Wiefelspütz (SPD))
78. S.13509, Spalte 1, Zeile 16-18: A75., i.b)
Argument 75. Auch die Gesetzesbefürworter wollen das Asylrecht erhalten. A75 löst einen GA von A73 in der Struktur von p weil q ein. Der Respekt für die Gesetzesbefürworter ist gerechtfertigt (p), weil sie auch das Asylrecht erhalten wollen (q).

Redner 2 führt ein Informationsmuster über eine Einstellung durch (i.b)). Dabei spricht er als spokesman der Befürworter einer Gesetzesänderung („wir"), der er auch ist (iii.a), iii.b)). Seine Aussage wird durch Beifall von Wiefelspütz unterstützt.

Wir fürchten aber, daß es am Ende in der Massenhaftigkeit der Zuwanderung verlorengeht, weil es wegen Überlastung und Überforderung weder rechtlich noch tatsächlich gewährleistet werden kann.

(Beifall bei der SPD sowie bei Abgeordneten der CDU/CSU und der F.D.P.)

79. S.13509, Spalte 1, Zeile 19-24: A76., A77., i.b), ii.a), iii.b), iii.c)
Argument 76. Die Befürworter befürchten, daß das Asylrecht ohne Änderung verloren geht.
Argument 77. Wegen der Überlastung kommt es dazu, daß es nicht mehr gewährleistet werden kann. A77 löst einen GA von A76 in der Struktur von p weil q ein. Die Befürworter befürchten, daß das Asylrecht verloren geht (p), weil es durch Überlastung dazu kommt, daß es nicht mehr gewährleistet werden kann (q).

Es wird ein weiteres Informationsmuster über die Einstellung von Redner 2, indem er als spokesman der Befürworter spricht, durchgeführt (i.b)). Gleichzeitig führt er ein Legitimationsmuster durch, indem er eine rationale Begründung anführt (ii.a)). Diese Muster werden durch Beifall des sponsors (SPD, Abgeordnete der CDU/CSU und F.D.P.) bestätigt (iii.b), iii.c)).

438191 Asylbewerber waren es im vergangenen Jahr, allein in Hamburg 20460.
80. S.13509, Spalte 1, Zeile 25-26: A78., i.a), iii.a), iv.a)
Argument 78. Im letzten Jahr kamen 438191 Asylbewerber nach Deutschland, und davon 20460 nach Hamburg. A78 löst einen GA von A77 in der Struktur von p weil q ein. Es existiert eine Überlastung (p), weil im letzten Jahr 438191 Asylbewerber nach Deutschland kamen (q).

Redner 2 führt ein Informationsmuster zu Sachverhalten durch (i.a)). Die konkreten Zahlen sind wahrscheinlich - zumindestens was die Zahlen für Hamburg angeht - weder den Abgeordneten noch den Wählern bekannt.
Gleichzeitig kann von Werbungsmustern gesprochen werden, die Redner 2 durchführt. Dadurch, daß er Hamburgs Situation in den Vordergrund rückt, vertritt er nicht nur die Sorgen und Nöte der Kommunen (als deren spokesman) (iv.a)), sondern wirbt speziell in seinem Hamburger Wahlkreis für sich als Hamburger Interessenvertreter (iii.a)).

Das sind etwa so viele, wie im vergangenen Jahr in Großbritannien Aufnahme gefunden haben - woraufhin dort das Asylrecht verschärft wurde.
81. S.13509, Spalte 1, Zeile 26-29: A79., i.a), i.b), ii.b)
Argument 79. England hatte soviele Asylbewerber wie Hamburg, worauf das

Asylrecht verschärft wurde. A79 löst einen GA von A77 in der Struktur von p weil q ein. Es existiert eine Überlastung (p), weil England schon die Asylbewerberzahlen von Hamburg zum Anlaß genommen hat, sein Asylrecht zu verschärfen (q).

Redner 2 führt ein Informationsmuster zu Sachverhalten durch (i.a)). Der Vergleich der Größenordnungen kann als Legitimationsmuster aufgefaßt werden, da es gerechtfertigt erscheint, Maßnahmen zu ergreifen, die ein anderes Land bereits in weniger kritischer Situation getroffen hat (ii.b)). Was Redner 2 verschweigt, ist die Unvergleichbarkeit der deutschen mit der englischen Situation, da in Großbritannien ein Einwanderungsrecht existiert, das es vielen Immigranten ermöglicht, dort Aufenthalt zu finden, ohne einen Asylantrag stellen zu müssen. Er führt so eine Scheinargumentation durch, über deren Scheinhaftigkeit er sich auch im klaren ist (i.b)). Informierte Zuhörer können das ebenfalls durchschauen. Naiveren, uninformierten Wählern wird aber die Schlüssigkeit nahegelegt.

161324 kamen in den ersten vier Monaten dieses Jahres, davon 7861 nach Hamburg, das ich nur beispielhaft für andere Kommunen nenne.
82. S.13509, Spalte 1, Zeile 29-32: A80., i.a), iii.a), iv.a)
Argument 80. In diesem Jahr kamen bereits 161324 nach Deutschland, und davon 7861 nach Hamburg. A80 löst einen GA von A77 in der Struktur von p weil q ein. Es existiert eine Überlastung (p), weil in diesem Jahr bereits 161324 Asylbewerber nach Deutschland kamen (q).

Redner 2 führt die Werbungsmuster (iii.a), iv.a)) von 80. weiter, indem er weitere Informationsmuster über Sachverhalte (i.a)) liefert.

Wir alle wissen, daß die Kommunen es nicht mehr schaffen.
83. S.13509, Spalte 1, Zeile 32-33: A81., i.a), iii.a), iv.a)
Argument 81. Alle wissen, daß es die Kommunen nicht mehr schaffen. A81 löst GAs von A84 und A85 in der Struktur von p weil q ein. Die betroffenen Deutschen leben unter sich verschlechternden Lebensverhältnissen (p), und die Bevölkerung fühlt sich bedroht (p), weil es die Kommunen nicht mehr schaffen (q).

Redner 2 führt ein Informationsmuster über einen Sachverhalt durch (i.a)). Dadurch wird seine Rolle als spokesman der Kommunen noch einmal betont und entsprechende Werbungsmuster durchgeführt (iii.a), iv.a)). Zusätzlich spricht er als spokesman von „wir". Das kann sich nur auf die Abgeordneten beziehen, die so indirekt adressiert werden. Dadurch, daß er sie bei der Vertretung kommunaler

Interessen berücksichtigt, führt er ein Werbungsmuster für sich innerhalb des Plenums durch.

Es gibt keine Wohnungen mehr, keine leerstehenden Häuser, keine Hotel- oder Heimplätze.
84. S.13509, Spalte 1, Zeile 33-34: A82., i.a), iii.a), iv.a)
Argument 82. Es gibt keine Wohnungen mehr. A82 löst einen GA von A81 in der Struktur von p weil q ein. Alle wissen, daß es die Kommunen nicht mehr schaffen (p), weil es keine Unterbringungsmöglichkeiten mehr gibt (q).

Durch Informationsmuster über Sachverhalte, die die Sachverhalte von 83. erläutern (i.a)), führt Redner 2 seine Werbungsmuster (iii.a), iv.a)) fort. Er weist Kenntnis der kommunalen Probleme durch eine detaillierte Situationsbeschreibung der Unterbringung von Asylbewerbern in Hamburg nach.

Auf Schiffen wohnen die Menschen auf engstem Raum und in Containerdörfern, für die es inzwischen kaum noch geeignete und erschlossene Flächen gibt.
85. S.13509, Spalte 1, Zeile 35-38: A82., i.a.), iii.a), iv.a) Argument 82. Es gibt keine geeigneten Stellflächen für Containerdörfer mehr. A82 löst einen GA von A81 in der Struktur von p weil q ein. Alle wissen, daß es die Kommunen nicht mehr schaffen (p), weil es keine Unterbringungsmöglichkeiten mehr gibt (q).

Durch Informationsmuster über Sachverhalte, die die Sachverhalte von 83. erläutern (i.a)), führt Redner 2 seine Werbungsmuster (iii.a), iv.a)) fort. Er weist Kenntnis der kommunalen Probleme durch eine detaillierte Situationsbeschreibung der Unterbringung von Asylbewerbern in Hamburg nach.

Von den finanziellen Belastungen, die mit diesem Zustrom verbunden sind, will ich nicht reden.
86. S.13509, Spalte 1, Zeile 39-40: A83., i.a), i.b), iii.a), iv.a)
Argument 83. Es gibt finanzielle Belastungen, von denen Redner 2 nicht reden will. A83 löst einen GA von A81 in der Struktur von p weil q ein. Alle wissen, daß es die Kommunen nicht mehr schaffen (p), weil es finanzielle Belastungen gibt (q).

Redner 2 liefert hier ein Informationsmuster über einen Sachverhalt (i.a)), den er gelichzeitig bewertet (i.b)). Dabei macht er sich zum spokesman der Hamburger und führt so die Werbungsmuster weiter (iii.a), iv.a)).

Von den Folgen aber muß geredet werden, die das alles für die eigene Bevölkerung hat.
87. S.13509, Spalte 1, Zeile 40-42: A84., i.b), iii.a), iii.b), iv.a)
Argument 84. Die betroffenen Deutschen leben unter sich verschlechternden Lebensverhältnissen.

Redner 2 liefert hier ein Informationsmuster über seine Einstellung zu einem Sachverhalt (i.b)). Dabei macht er sich ausdrücklich zum spokesman der Hamburger und führt so die Werbungsmuster weiter (iii.a), iv.a)), die er noch um Eigenwerbung in der Fraktion ergänzt, weil er eine gelungene Repräsentation seiner Partei durchführt (iii.b)).

Wer z.B. in Hamburg in einem Stadtteil mit hohem Asylbewerberanteil lebt, der spürt die Auswirkungen sehr direkt und sehr konkret.
88. S.13509, Spalte 1, Zeile 42-45: A84., i.a), iii.a), iii.b), iv.a)
Argument 84. Die betroffenen Deutschen leben unter sich verschlechternden Lebensverhältnissen.
Redner 2 liefert hier ein Informationsmuster über einen Sachverhalt. Dabei macht er sich zum spokesman der Hamburger und führt so die Werbungsmuster weiter (iii.a), iii.b), iv.a)).
Auf jeden Fall zeigt es, daß er sich mit der Hamburger Situation auskennt und bereit ist, sie im Bundestag zur Sprache zu bringen. So macht er Werbung für sich und seine Partei speziell bei Hamburgern, unabhängig davon, ob es sich um Parteimitglieder oder nur um Wähler handelt. Dadurch wirbt Redner 2 auch innerhalb der Partei für seine Person als Parteivertreter. Der Eindruck, sich in Sachfragen auf kommunaler Ebene auszukennen, wird durch die relativ ausführliche Darstellung der Hamburger Unterbringungsmöglichkeiten von Asylbewerbern zementiert. Es handelt sich um unbestrittene Fakten. Das Kostenproblem, das die Kommunen tragen müssen, schneidet er hingegen nur kurz an, um zu den Folgen der Asylbewerberunterbringung allgemein und für die Hamburger Bürger speziell zu kommen. Er adressiert indirekt „die eigene Bevölkerung" und „wer z.B. in Hamburg in einem Stadtteil mit hohem Asylbewerberanteil lebt".

Die Menschen dort sind nicht etwa ausländerfeindlich, aber ihre Lebensverhältnisse verschlechtern sich oft in bedrückender Weise; sie fühlen sich bedroht, persönlich und sozial.

> *(Beifall bei der SPD sowie bei Abgeordneten der CDU/CSU und der F.D.P.)*

89. S.13509, Spalte 1, Zeile 45-50: A84., A85., A86., i.a), i.b)., iii.a), iv.a)

Argument 84. Die betroffenen Deutschen leben unter sich verschlechternden Lebensverhältnissen.
Argument 85. Die Bevölkerung fühlt sich sozial und persönlich bedroht.
Argument 86. Die betroffene Bevölkerung ist nicht ausländerfeindlich.

Redner 2 liefert hier ein Informationsmuster über Sachverhalte (i.a)) und seine Einstellung dazu (i.b)). Dabei macht er sich ausdrücklich zum spokesman der Hamburger und führt so die Werbungsmuster weiter (iii.a), iii.b), iv.a)).
Auf jeden Fall zeigt es, daß er sich mit der Hamburger Situation auskennt und bereit ist, sie im Bundestag zur Sprache zu bringen. So macht er Werbung für sich und seine Partei speziell bei Hamburgern, unabhängig davon, ob es sich um Parteimitglieder oder nur um Wähler handelt. Dadurch wirbt Redner 2 auch innerhalb der Partei für seine Person als Parteivertreter. Der Eindruck, sich in Sachfragen auf kommunaler Ebene auszukennen, wird durch die relativ ausführliche Darstellung der Hamburger Unterbringungsmöglichkeiten von Asylbewerbern zementiert. Es handelt sich um unbestrittene Fakten. Er behauptet, daß sich die Lebensverhältnisse dieser Bürger verschlechterten, da sie sich sozial und persönlich bedroht fühlten. Durch „bedrückend" stellt er seine persönliche Verbundenheit zu dieser Personengruppe heraus.

Es wäre nicht richtig, das alles zu leugnen.
90. S.13509, Spalte 1, Zeile 51: A87., i.b), iii.a), iii.b), iv.a)
Argument 87. Es wäre falsch, die Entwicklung zu leugnen.
Redner 2 liefert hier ein weiteres Informationsmuster über seine Einstellung (i.b)). Dadurch wird sein Eingreifen legitimiert (ii.b)). Da es sich immer noch um die Probleme Hamburgs handelt, führt er auch die entsprechenden Werbungsmuster fort (iii.a), iii.b), iv.a)). Er stellt sich als zupackender Volksvertreter dar.

Es ist gefährlich, einfach untätig zuzusehen, wie sich die Verhältnisse entwickeln.
91. S.13509, Spalte 1, Zeile 51-53: A88., i.b), ii.b), iii.a), iii.b), iv.a)
Argument 88. Es wäre falsch, der Entwicklung tatenlos zuzusehen.

Redner 2 liefert hier ein weiteres Informationsmuster über seine Einstellung (i.b)). Dadurch wird sein Eingreifen legitimiert (ii.b)). Da es sich immer noch um die Probleme Hamburgs handelt, führt er auch die entsprechenden Werbungsmuster fort (iii.a), iii.b), iv.a)). Er stellt sich als zupackender Volksvertreter dar.

Es gefährdet am Ende - das ist meine sehr konkrete Angst - die Stabilität unserer Demokratie,

(Beifall bei SPD und der CDU/CSU sowie bei Abgeordneten der F.D.P.)

zumal da die Versuchung, mit diesen Problemen und den damit verbundenen Ängsten und Sorgen politisch Schindluder zu treiben, groß ist.
92. S.13509, Spalte 1, Zeile 53-60: A89., A90., i.b), i.c), ii.a), iii.b), iii.c), iv.aa), iv.ab)
Argument 89. Dadurch würde die Demokratie gefährdet. A89 löst GAs von A87 und A88 in der Struktur von p weil q ein. Es wäre falsch, die Entwicklung zu leugnen (p), es wäre falsch, der Entwicklung tatenlos zuzusehen (p), weil dadurch die Demokratie gefährdet würde (q).
Argument 90. Die Versuchung, mit den Problemen politisch Schindluder zu treiben, ist groß. A90 löst einen GA von A89 in der Struktur von p weil q ein. Dadurch würde die Demokratie gefährdet (p), weil die Versuchung, mit den Problemen politisch Schindluder zu treiben, groß ist (q).

Die Lieferung eines weiteren Informationsmuster zu Einstellungen Redner 2s (i.b)) dient der Legitimation durch den Nachweis der Rationalität des Handelns (ii.a)), d.h. der Gesetzesänderung. Dieses Muster wird durch Beifall von SPD, CDU/CSU und von F.D.P.-Abgeordneten unterstützt (iii.b), iii.c)). Nach dem Beifall konkretisiert er die „Gefährdung der Demokratie", indem er die Instrumentalisierung der Probleme für parteipolitische Agitation anführt. Durch den Ausdruck „Schindluder treiben" nimmt er in seiner Bewertung dieses Verhalten auch emotional verurteilend Stellung (i.c)). Obwohl er sich vorsichtig ausdrückt und von einer Versuchung spricht, die groß sei, ohne auf die Konkretisierung einzugehen, ist klar, daß er auf das Verhalten der CDU/CSU und der Republikaner anspielt. Klar ist dieses den Abgeordneten, den Parteimitgliedern sowie informierten Zuhörern, da es sich um eine häufig geäußerte Position der SPD handelt, daß die betreffenden Parteien das Problem zur Profilierung mißbrauchen[12]. So kritisiert Redner 2 den politischen Gegner und führt so Werbungsmuster vor den Parteimitgliedern (iv.aa), iv.ab)) und der Fraktion durch.

Den demokratischen Parteien - das wissen wir inzwischen, wie ich hoffe - nützt das nicht, nur den Rattenfängern von rechts.
93. S.13509, Spalte 1, Zeile 60 - S.13509, Spalte 2, Zeile 2: A91., A92., i.b), i.c), ,ii.a), iii.a), iii.b), iii.e), iv.aa), iv.ab), iv.c)

---

[12]Das ist eine Position, die sich durchaus belegen läßt, wie die Ausführungen zur Entwicklungsgeschichte des Asylrechts in der Bundesrepublik zeigt.

Argument 91. Den demokratischen Parteien nützt das Schindluder treiben nicht. A91 löst einen GA von A93 in der Struktur von p weil q ein. Das Geschäft des Schindluder-Treibens der Rattenfänger sollte von den demokratischen Parteien nicht betrieben werden (p), weil es den demokratischen Parteien nichts nützt (q). Argument 92. Den Rattenfängern von rechts nützt das Schindluder-Treiben.

Hier führt Redner 2 ein Informationsmuster über seine Einstellungen durch (i.b)), mit denen er die Muster aus 92. (ii.a), iii.b), iii.c), iv.aa), iv.ab)) weiterführt. Mit den „Rattenfängern von rechts" sind wohl implizit die Republikaner gemeint, die mit ausländerfeindlicher Agitation Wahlerfolge erzielt hatten. Den „demokratischen Parteien" nütze das „Schindluder-Treiben" nichts. Damit sind indirekt alle demokratischen Parteien adressiert. Implizit ist jedoch klar, daß sich die Adressierung auf die CDU/CSU bezieht, die die Asylproblematik als Wahlkampfthema instrumentalisiert und so zur Vergiftung des politischen Klimas beigetragen hat (i.c)). Redner 2 weist nur vorsichtig auf dieses Fehlverhalten hin „das wissen wir inzwischen, wie ich hoffe", was von anderen explizit als Angriff formuliert wird. Durch diese milde Kritik vermeidet er einen offenen Angriff auf die CDU/CSU, der der eigenen Position auch schaden würde, da man sich ja mit ihr arrangiert hat. Sie wird aber doch geäußert, d.h. man kann Redner 2 nicht vorwerfen, die Tatsache der Instrumentalisierung der Asyldebatte verschwiegen zu haben, jedenfalls nicht denen, die ohnehin bereits von ihr wußten. Uninformierte werden es auch weiterhin bleiben.
Die Ermahnung an die Abgeordneten, die indirekt mit „wir" adressiert werden, das Geschäft der „Rattenfänger" nicht zu betreiben, schließt diese minimale Kritik. Dieses „wir" ist interessant, da es sich an alle Politiker, zumindestens alle Bundestagsabgeordneten zu richten scheint. Implizit ist aber klar, daß es sich auf die CDU/CSU beschränkt. Zu denen gehört Redner 2 aber nicht, obwohl er sie mit „wir" adressieren kann. Hier liegt ein Embedding vor, das jeder durchschaut. Die Adressierung findet im Rahmen aller Abgeordneten statt, weshalb „wir" benutzt werden kann. Implizit existiert ein zweiter Rahmen, der Redner 2 ausschließt, der aber zum Verständnis der Äußerung gesehen werden muß. Innerhalb dieses Rahmens ist „wir" falsch verwendet. Es handelt sich hier also um eine Interferenzerscheinung, die durch die Doppelrahmung des Embeddings erzeugt wurde.
Durch die Verwendung des Ausdrucks „Rattenfänger" stellt Redner 2 noch einmal seine emotionale Bewertung und Betroffenheit dar, mit der er sich als Persönlichkeit profiliert. Die Stärke und Unsachlichkeit der Bewertung macht die Äußerung zu einem Medienereignis, das die Chance hat, in den Nachrichten zu erscheinen (iii.e), iv.c)). Da parallel Werbungsmuster durchgeführt werden, handelt es sich hier um einen Textabschnitt, der fast alle Handlungsmuster des Debattenbeitrags simultan realisiert.

Deren Geschäft sollten wir aber wahrlich nicht betreiben.

(Beifall bei der SPD sowie bei Abgeordneten der CDU/CSU und der F.D.P.)

94. S.13509, Spalte 2, Zeile 3-6: A93., i.b), iii.a), iii.b), iii.c) iii.e), iv.aa), iv.ab)
Argument 93. Das Geschäft der Rattenfänger sollte von den demokratischen Parteien nicht betrieben werden.

Ein weiteres Informationsmuster zur Einstellung Redner 2s (i.b)) ermahnt zur Abgrenzung von den „Rattenfängern". Dadurch wird einmal festgestellt, daß die Abgeordneten von Redner 2 nicht zu den Rattenfängern gerechnet werden. Es werden die Werbungsmuster von 93. jedoch weitergeführt (iii.a), iii.b), iii.e), iv.aa), iv.ab), iv.c). Dadurch wird der Kritik an der CDU/CSU die Schärfe genommen. Es wird das Gemeinsame von „wir" gegenüber den Rattenfängern betont. Dadurch versöhnt er die Abstimmungspartner aus der CDU/CSU und macht Werbung im Plenum (iii.c)). Der Beifall von SPD und Abgeordneten von CDU/CSU und F.D.P., der Redner 2s Äußerungen stützt, zeigt, daß dieses gelungen ist.

Dem Entwurf eines Gesetzes zur Änderung des Grundgesetzes werden wir mehrheitlich zustimmen.

95. S.13509, Spalte 2, Zeile 7-8: A94., i.a)
Argument 94. Die SPD wird der Grundgesetzänderung mehrheitlich zustimmen.

Redner 2 führt ein Informationsmuster über einen Sachverhalt durch, der bereits allen bekannt ist (i.a)). Er dient als Überleitung zum nächsten Thema. Das „wir" bezieht sich auf die SPD-Fraktion, was sich implizit entnehmen läßt.

Die Zustimmung ist uns durch die zur Umsetzung der sogenannten Drittstaatenregel notwendige Vereinbarung mit Polen möglich gemacht worden.

96. S.13509, Spalte 2, Zeile 9-11: A95., i.b), ii.b)
Argument 95. Die Zustimmung wurde durch die Vereinbarung mit Polen möglich. A95 löst einen GA von A94 in der Struktur von p weil q ein. Die SPD wird der Grundgesetzänderung mehrheitlich zustimmen (p), weil die Zustimmung durch die Vereinbarung mit Polen möglich wurde (q).

Redner 2 führt ein Informationsmuster über seine Einstellung (i.b)) und die der Befürworter der Gesetzesänderung innerhalb der SPD durch. Er ist als Fraktionsvorsitzender und Verhandlungsführer beim Asylkompromiß deren spokesman und kann entsprechend auftreten. Damit wird ein weiteres Legitimationsmuster für die eigene Entscheidung angefangen (ii.b)).

Wir haben das Zustandekommen einer solchen Vereinbarung nicht zum Junktim erklärt, aber doch von Anfang an deutlich gemacht, daß ohne eine solche Vereinbarung mit unserer mehrheitlichen Zustimmung nicht zu rechnen sei.
97. S.13509, Spalte 2, Zeile 11-16: A96., i.a)
Argument 96. Ohne die Vereinbarung hätte die SPD nicht zugestimmt. A96 löst einen GA von A95 in der Struktur von p weil q ein. Die Zustimmung wurde durch die Vereinbarung mit Polen möglich (p), weil die SPD ohne Vereinbarung nicht zugestimmt hätte (q).
A96 löst einen GA von A97 in der Struktur von p weil q ein. Die Bundesregierung hat die Verhandlungen geführt (p), weil die SPD ohne Vereinbarung nicht zugestimmt hätte (q).

Hier handelt es sich um ein Informationsmuster über einen Sachverhalt (i.a)), nämlich die Verhandlungsposition der SPD. Ansonsten werden die Muster von 96. fortgeführt.

Die Bundesregierung hat das ernst genommen und die Verhandlungen mit Polen unverzüglich begonnen und zu einem auch aus unserer Sicht guten Ergebnis geführt.
98. S.13509, Spalte 2, Zeile 16-19: A97., i.b)
Argument 97. Die Bundesregierung hat deshalb die Verhandlungen mit Polen geführt und erfolgreich beendet.

Redner 2 führt ein Informationsmuster zu seiner Einstellung (als spokesman) durch (i.b)). Er behauptet, die Verhandlungsposition der SPD habe dazu geführt, daß die Bundesregierung die Verhandlungen aufgenommen habe, was die Regierung sicherlich anders sieht. Dadurch wird die Bundesregierung indirekt adressiert, während die Politiker der Regierungsparteien implizit adressiert werden. Ebenfalls indirekt adressiert werden die Polen. Durch die konsensfähige Beurteilung des Verhandlungsergebnisses als gut wird die Regierung in ihrer Arbeit gelobt. Das vermittelt den Eindruck, Redner 2 bemühe sich, ein Image als distanzierter, vorurteilsloser Beobachter zu wahren. Die Betonung der Gemeinsamkeit steht im Gegensatz zur Aufgabe des Oppositionsführers, die er an anderen Stellen durchaus wahrnimmt.

Das ist ein großer und wichtiger Schritt; denn erstens wollten wir nicht den Eindruck entstehen lassen, wir, die Deutschen, würden unsere Probleme zu Lasten unseres östlichen Nachbarn lösen.
99. S.13509, Spalte 2, Zeile 19-23: A98., A99., i.b)
Argument 98. Die Verhandlungen waren wichtig.
Argument 99. Es wird gezeigt, daß die östlichen Nachbarn nicht allein gelassen werden. A99 löst einen GA von A98 in der Struktur von p weil q ein. Die Verhandlungen waren wichtig (p), weil gezeigt wird, daß die östlichen Nachbarn nicht allein gelassen werden (q).

Redner 2 führt ein weiteres Informationsmuster über seine Einstellung (die der Befürworter der Gesetzesänderung innerhalb der SPD) durch (i.b)). Indirekt adressiert werden hier „wir, die Deutschen". Aufgegriffen und dementiert wird eine Kritik an der Drittstaatenregel, die Lösung der deutschen Asylprobleme auf Kosten seiner östlichen Nachbarn.

Zweitens wollten wir mit einer Vereinbarung mit Polen einen Einstieg schaffen in das von uns angestrebte europäische Verteilungs- und Lastenverteilungsverfahren.
100. S.13509, Spalte 2, Zeile 23-26: A100., i.b), ii.a)
Argument 100. Es bedeutet den Einstieg in das europäische Lastenverteilungsverfahren. A100 löst einen GA von A98 in der Struktur von p weil q ein. Die Verhandlungen waren wichtig (p), weil sie den Einstieg in das europäische Lastenverteilungssystem bedeuten (q).

Es wird ein Informationsmuster über die Einstellung der Gesetzesbefürworter durchgeführt (i.b)). Dadurch wird eine Legitimationshandlung, die die Rationalität des Handelns nachweist, durchgeführt (ii.a)).

Wir brauchen eine europäische Lösung.
101. S.13509, Spalte 2, Zeile 27: A101., i.b), ii.a)
Argument 101. Eine europäische Lösung wird gebraucht.

Ein weiteres Informationsmuster über eine Einstellung Redner 2s dient (i.b)) der weiteren Legitimierung (ii.a)). Die geäußerte Einstellung ist nämlich vorbehaltlos konsensfähig und wird zur Begründung von 100. eingesetzt. Er wechselt wieder die Adressaten durch „wir". Vom Bezug auf die Befürworter wird „wir" als sich auf alle Deutschen beziehend erweitert, für die Redner 2 als Abgeordneter als spokesman ebenfalls tätig werden darf.

Wir wußten und wissen aber, daß wir sie ohne Änderung unserer Rechtslage nicht bekommen.
102. S.13509, Spalte 2, Zeile 27-29: A102., i.b)
Argument 102. Ohne Grundgesetzänderung findet keine europäische Lösung statt.

Redner 2 führt ein Informationsmuster zu seiner Einstellung durch (i.b)). Es handelt sich um eine weitere Begründung der europäischen Lösung: sie werde benötigt, sei aber ohne Grundgesetzänderung nicht möglich gewesen. Diese Begründung gibt die politische Position Redner 2s und der Regierungsparteien wieder, kann aber nicht als konsensfähig innerhalb der SPD gelten. Die indirekte Adressierung „wir" bezieht sich so einmal nur auf die Befürworter der Änderung und kurz darauf (weiteres „wir") auf die in 101. bereits angeführten Deutschen. Durch diesen Wechsel wird ein Konsens auch in der Einschätzung der Notwendigkeit der Änderung nahegelegt. Das „wir" der Befürworter ist praktisch in zwei „wir"s aller Deutschen eingebettet.

Die Vereinbarung mit Polen hat, wenn Sie so wollen, Pilotfunktion.
103. S.13509, Spalte 2, Zeile 29-30: A103., i.b)
Argument 103. Das Abkommen mit Polen hat Pilotfunktion, Verhandlungen mit der Tschechischen Republik und Ungarn müssen folgen.

Hier führt Redner 2 ein weiteres Informationsmuster über seine Einstellung durch (i.b)). Darin erläutert er den Zusammenhang von 100. und 101.. Die Wendung „wenn Sie so wollen" richtet sich allgemein an die Zuhörer und kennzeichnet eine Informationsabgabe Redner 2s an sie.

Weitere Vereinbarungen, bilateral und multilateral, müssen folgen, vor allem mit der Tschechischen Republik und mit Ungarn.
104. S.13509, Spalte 2, Zeile 31-34: A103., i.b)
Argument 103. Das Abkommen mit Polen hat Pilotfunktion, Verhandlungen mit der Tschechischen Republik und Ungarn müssen folgen.

Hier führt Redner 2 ein weiteres Informationsmuster über seine Einstellung durch (i.b)), die die vorangegangene Äußerung spezifiziert.

Ich möchte übrigens die Gelegenheit nutzen, nicht nur der Bundesregierung zu bestätigen, daß sie im Falle Polen fair verhandelt hat, sondern auch ganz ausdrücklich der polnischen Regierung für ihr außerordentliches Verständnis für unsere deutschen Probleme zu danken und für die Bereitschaft, mit uns bei der Lösung dieser Probleme zusammenzuarbeiten.

(Beifall bei der SPD, der CDU/CSU und der F.D.P.)

105. S.13509, Spalte 2, Zeile 35-43: A104., A105., A106., i.b), i.c), iii.a), iii.b), iii.c), iv.a)
Argument 104. Die Bundesregierung hat fair verhandelt.
Argument 105. Dank an die polnische Regierung.
Argument 106. Die polnische Regierung hatte außerordentliches Verständnis. A106 löst einen [illegible] von A105 in der Struktur von p weil q ein. Der Dank an die polnische Regierung ist gerechtfertigt (p), weil sie ein außerordentliches Verständnis gezeigt hat (q).

Redner 2 liefert ein weiteres Informationsmuster über seine Positionen (i.b)). Er kleidet sie in ein ausdrückliches Lob an die Bundesregierung und an die polnische Regierung, die so direkt adressiert werden. Durch den Inhalt des Lobs an die Regierung werden Kritiker implizit adressiert, da ihrer Kritik an den „unfairen Verhandlungen" explizit widersprochen wird. Redner 2 stützt so die Politik der Bundesregierung. Der Dank an die polnische Regierung gilt ihrem Verständnis für die deutschen Probleme; implizit wird wieder der Opposition widersprochen, die behauptet, daß Polen unter Druck gesetzt und zum Vertrag gezwungen wurde (i.c)). Es wird so noch einmal das gemeinsame Handeln von Regierung und Opposition betont. Neben Anbiederung wirkt diese Darstellung auch als Beweis für die Handlungsfähigkeit und Bereitschaft der Opposition, Problemlösungen vor Parteiengeplänkel zu stellen. So führt er Werbungsmuster nicht nur innerhalb des Plenums (iii.c)) durch, sondern auch innerhalb der Partei (iv.a), iv.ab)) und Wählerschaft (iii.a)) profiliert er sich als politischer Pragmatiker, durchaus im Sinne der Fraktion (iii.b)).
Das Lob für die gemeinsame Arbeit wird durch Beifall bei SPD, CDU/CSU und F.D.P. unterstützt.

Ich bin übrigens nach einem Besuch in Prag und Bratislava sicher, daß wir auch mit den dortigen Regierungen zu Vereinbarungen gelangen können, wenngleich sich dort wegen der erst kürzlich erfolgten Teilung des Landes zusätzliche Schwierigkeiten ergeben.
106. S.13509, Spalte 2, Zeile 44-49: A107., i.a), i.b), iii.a), iii.b), iv.aa), iv.ab)
Argument 107. Redner 2 geht davon aus, daß mit den Regierungen in Prag und Bratislava Ergebnisse erzielt werden können.

Redner 2 führt Informationsmuster zu Sachverhalten (i.a)) und seinen Einstellungen (i.b)) durch. Er führt seine Besuche in den Hauptstädten der Tschechischen und Slowakischen Republiken, die er so indirekt adressiert, an. Dadurch unterstreicht er noch einmal den Eindruck der aktiven und konstruktiven Oppositionspolitik, der werbewirksam auf die Wähler zielt (iii.a)): Redner 2 macht Außenpolitik. Dadurch führt er die Werbungsmuster von 105. (iii.b), iv.aa), iv.ab) weiter.

Immerhin, die Bereitschaft, mit uns bei der Lösung des Zuwanderungsproblems zusammenzuarbeiten, ist auch dort vorhanden.
107. S.13509, Spalte 2, Zeile 49-51: A108., i.a) i.b), iii.a), iii.b), iv.aa), iv.ab)
Argument 108. Die Bereitschaft ist vorhanden. A108 löst einen GA von A107 in der Struktur von p weil q ein. Redner 2 geht von einer Einigung aus (p), weil die Bereitschaft vorhanden ist (q).

Redner 2 führt Informationsmuster zu einem Sachverhalt (i.a)) und seiner Einstellung dazu (i.b)) durch. Dadurch führt er die Werbungsmuster von 105. und 106. (iii.a), iii.b), iv.aa), iv.ab)) weiter.

Das Verhandlungsangebot gegenüber der Tschechischen Republik liegt vor.
108. S.13509, Spalte 2, Zeile 51-53: i.a)
Argument 109. Das vorliegende Verhandlungsangebot scheint der SPD fair zu sein. A109 löst einen GA von A107 in der Struktur von p weil q ein. Redner 2 geht von einer Einigung aus (p), weil das vorliegende Angebot Redner 2 fair zu sein scheint (q).

Ein weiteres Informationsmuster zu einem Sachverhalt wird durchgeführt (i.a)).

Es erscheint uns fair.
109. S.13509, Spalte 2, Zeile 53: A109., i.b)
Argument 109. Das vorliegende Verhandlungsangebot scheint der SPD fair zu sein. A109 löst einen GA von A107 in der Struktur von p weil q ein. Redner 2 geht von einer Einigung aus (p), weil das vorliegende Angebot Redner 2 fair zu sein scheint (q).

Eine weiteres Informationsmuster zu einer Einschätzung Redner 2s wird durchgeführt (i.b)). Er liefert eine weitere Begründung seiner Einschätzung der Erfolgsaussichten durch seine Behauptung, das vorliegende Verhandlungsangebot an die Tschechische Republik erscheine „uns" (der genaue Bezug bleibt unklar) fair. Er stellt sich so als engagierter und kompetenter Kommentator der Regierungspolitik dar. Das entspricht der Rollenerwartung an eine handlungsfähige Opposition, wenn auch die Zustimmung zur Regierungspolitik diesen Eindruck leicht trübt. So werden die Werbungsmuster fortgeführt.

Meine Damen und Herren, es gibt, wie Sie wissen, einen Punkt, der uns die Zustimmung zu den asylrechtlichen Begleitgesetzen sehr schwer macht.
110. S.13509, Spalte 2, Zeile 54-56: A110., i.b)
Argument 110. Ein Punkt macht der SPD die Zustimmung zu den Begleitgesetzen schwer.

Redner 2 liefert ein Informationsmuster über seine Position (i.b). Er adressiert die Abgeordneten „Damen und Herren" direkt. Durch „uns" referiert er wieder auf die SPD-Abgeordneten. Durch „wie Sie wissen" durchbricht er die Inszenierung, da er offen gegen ein Relevanzkriterium verstoßen würde, wenn er nur Bekanntes von sich gäbe. Die Zuschauer wissen aber über diesen Punkt nicht unbedingt Bescheid und so bleibt die Äußerung sinnvoll.

Ich rede von dem vielzitierten Paragraphen 34a Abs.2, der es den Verwaltungsgerichten verbietet, Asylbewerbern, die in einen sicheren Drittstaat abgeschoben werden sollen, vorläufigen Rechtsschutz zu gewähren.
111. S.13509, Spalte 2, Zeile 56-60: A111., i.a), ii.a)
Argument 111. Paragraph 34a Abs.2 verbietet die Gewähr vorläufigen Rechtsschutzes. A111 löst einen GA von A110 in der Struktur von p weil q ein. Ein Punkt macht der SPD die Zustimmung schwer (p), weil er den vorläufigen Rechtsschutz verbietet (q).

Redner 2 liefert ein Informationsmuster über weitere Sachverhalte (i.a)). Sie sind den Abgeordneten bekannt, informieren aber die Wähler über die Kritik der SPD, die so rational begründet und legitimiert wird (ii.a)).

Wir haben darüber lange geredet und verhandelt, leider ohne Ergebnis.
112. S.13509, Spalte 2, Zeile 60-62: A112., i.a), i.b)
Argument 112. Die Verhandlungen über den Rechtsschutz waren ergebnislos. A112 löst einen GA von A110 in der Struktur von p weil q ein. Ein Punkt macht der SPD die Zustimmung schwer (p), weil über ihn vergeblich verhandelt wurde (q).

Er schließt ein weiteres Informationsmuster über Sachverhalte an (i.a)), die wieder die Wähler informieren und so die eigene Position begründen (i.b)). Worauf sich „wir" bezieht, ist schwer zu sagen. Möglich wären die SPD-Fraktion, aber auch alle am Asylkompromiß Beteiligten.

Dabei sehe ich sehr wohl, daß die Gewährung vorläufigen Rechtsschutzes die Wirksamkeit der gesamten Drittstaatenregelung in Frage stellen könnte.
113. S.13509, Spalte 2, Zeile 60 - S.13510, Spalte 1, Zeile 3: A113., i.b), ii.b)
Argument 113. Ohne Einschränkung des Rechtsschutzes kann die Drittstaatenregelung ins Leere laufen. A113 löst einen GA von A114 in der Struktur von p weil q ein. Der Rechtsschutz muß eingeschränkt werden (p), weil ohne Einschränkung die Drittstaatenregelung ins Leere laufen kann (q).

Redner 2 führt ein Informationsmuster über seine Position durch (i.b)). Es handelt sich dabei auch um eine Bewertung der Position des Gegners. Durch die differenzierte Darstellung der Standpunkte wird ein weiteres Legitimationsmuster des eigenen Handelns als angemessen durchgeführt (ii.b)).

Sie muß beschränkt sein - ist es auch nach unseren Vorstellungen - auf ganz besondere Ausnahmefälle.
114. S.13510, Spalte 1, Zeile 3-5: A114., A115., i.b), ii.b)
Argument 114. Der Rechtsschutz muß eingeschränkt werden.
Argument 115. Die Einschränkung des Rechtsschutzes muß auf besondere Ausnahmefälle beschränkt werden.

Redner 2 führt ein Informationsmuster über seine Position durch (i.b)). Durch die differenzierte Darstellung wird das Legitimationsmuster des eigenen Handelns weitergeführt (ii.b)).

Die Möglichkeit gänzlich auszuschließen und die Betroffenen allein auf das Bundesverfassungsgericht als erste und einzige Instanz zu verweisen, ist verfassungsrechtlich höchst problematisch, um es milde zu formulieren.

(Beifall bei der SPD)
115. S.13510, Spalte 1, Zeile 6-11: A116., i.b), i.c), iii.b), iv.aa), iv.ab), v.)
Argument 116. Die generelle Beschränkung ist verfassungsrechtlich bedenklich. A116 löst einen GA von A115 in der Struktur von p weil q aufgrund von R in SY ein. Die Einschränkung des Rechtsschutzes muß auf besondere Fälle beschränkt werden (p), weil eine generelle Beschränkung verfassungsrechtlich bedenklich ist (q). Das geschieht aufgrund der Regel, daß Gesetze verfassungsrechtlich unbe-

denklich sein sollen (R), sofern sie in der Bundesrepublik Bestand haben sollen (SY).

Ein weiteres Informationsmuster über Redner 2s Position (i.b) begründet eine Position aus 113.. Gleichzeitig wird dadurch Kritik an der CDU/CSU geübt (i.c)), was als Werbungsmuster vor Parteigenossen (iv.aa), iv.ab)) aufgefaßt werden kann. Innerhalb der Koalition entspricht er den Bedürfnissen der innerparteilichen Gegner, indem er einen ihrer Standpunkte vertritt (iii.b)).
Indirekt wird das Verfassungsgericht adressiert und es wird auch wieder ein Hinweis zur Auslegung des Gesetzes gegeben, indem Redner 2 explizit darauf hinweist, daß Teile der Befürworter diesen Teil des neuen Asylgesetzes für verfassungsrechtlich nicht einwandfrei hält (v.).

Sie, meine Damen und Herren von der Koalition, sollten das noch einmal bedenken; denn das Risiko, vom Verfassungsgericht alsbald korrigiert zu werden, erscheint mir beträchtlich.
116. S.13510, Spalte 1, Zeile 12-15: A117., A118., i.b), i.c), iii.b), iv.aa), iv.ab)
Argument 117. Die Befürworter sollten das bedenken.
Argument 118. Es besteht die Gefahr, vom Verfassungsgericht korrigiert zu werden. A118 löst einen GA von A117 in der Struktur von p weil q aufgrund von R in SY ein. Die Befürworter sollten das bedenken (p), weil die Gefahr besteht, vom Verfassungsgericht korrigiert zu werden (q), aufgrund der Regel, daß es peinlich ist, vom Verfassungsgericht korrigiert zu werden (R), wenn man in der Bundesrepublik Gesetze erläßt (SY).

Redner 2 führt ein Informationsmuster über eine weitere Einstellung durch (i.b)), das er in eine Aufforderung kleidet. Er wiederholt 115. und zieht eine Folgerung daraus. Dadurch führt er auch die Kritik- und Werbungsmuster (i.c), iii.b), iv.aa), iv.ab)) weiter. Die Mahnung ist trotz direkter Adressierung der CDU/CSU-Abgeordneten lediglich an die Zuschauer gerichtet, da die Entscheidung über die Abstimmung bereits laut Fraktionsordnung gefallen ist. Das wissen alle Abgeordneten. Hier wird also die reine Inszenierung aufgeführt.

Auf ein ungelöstes Problem möchte ich Sie aufmerksam machen.
117. S.13510, Spalte 1, Zeile 16-17: A119., i.b)
Argument 119. Im Asylkompromiß wurde sich auf die Schaffung eines Status für Bürgerkriegsflüchtlinge geeinigt.

Redner 2 führt ein Informationsmuster zu seiner Einstellung durch (i.b)), mit dem er zum nächsten Thema überleitet. Dabei adressiert er die Abgeordneten durch „sie" direkt.

Wir haben uns in dem Asylkompromiß vom Dezember vergangenen Jahres darauf geeinigt, einen besonderen Status für Bürgerkriegsflüchtlinge zu schaffen.
118. S.13510, Spalte 1, Zeile 17-20: A119., i.a)
Argument 119. Im Asylkompromiß wurde sich auf die Schaffung eines Status für Bürgerkriegsflüchtlinge geeinigt.

Hier wird ein Informationsmuster über einen Sachverhalt durchgeführt, der den Abgeordneten bekannt ist (i.a)). Er greift ein Thema auf, das er schon in 30. angesprochen hat. Dieses Thema ist problematisch für ihn, da die Durchsetzung des Status für Bürgerkriegsflüchtlinge zu seinen Verhandlungsaufgaben gehört hat. Er hat sie nicht durchsetzen können, stimmt aber trotzdem für die Gesetzesänderung. Besonders den Parteiangehörigen ist Redner 2 verpflichtet, da er ja als deren Interessenvertreter verhandelt hat, ohne ein Ergebnis erzielt zu haben.

Kriegs- und Bürgerkriegsflüchtlinge sind keine Asylbewerber. 119. S.13510, Spalte 1, Zeile 20-21: A120., i.b)
Argument 120. Kriegs- und Bürgerkriegsflüchtlinge sind keine Asylbewerber, werden aber trotzdem aus finanziellen Gründen künstlich ins Verfahren gedrückt.
A120 löst einen GA von A119 in der Struktur von p weil q ein. Im Asylkompromiß wurde sich auf die Schaffung eines Status für Bürgerkriegsflüchtlinge geeinigt (p), weil sie keine Asylbewerber sind, sondern künstlich aus finanziellen Gründen ins Verfahren gedrückt werden (q).
A120 löst auch einen GA von A121 in der Struktur von p weil q ein. Die SPD will ändern, daß die Bürgerkriegsflüchtlinge künstlich ins Asylverfahren gedrückt werden (p), weil sie keine Asylbewerber sind (q).
A120 löst auch einen GA von A122 in der Struktur von p weil q ein. Es muß zuerst die Finanzierung gelöst werden (p), weil die Bürgerkriegsflüchtlinge aus finanziellen Gründen künstlich ins Asylverfahren gedrückt werden.

Hier liefert er ein Informationsmuster zu einer Einstellung von ihm (i.b)), die als konsensfähig eingestuft werden kann. Damit rechtfertigt er den Sachverhalt von 118..

Sie werden aber immer noch künstlich in das Asylverfahren hineingedrückt, weil sonst die finanziellen Lasten allein bei den Kommunen hängenbleiben.

(Beifall bei der SPD)
120. S.13510, Spalte 1, Zeile 21-25: A120., i.a), i.b), iii.b), iv.aa), iv.ab)
Argument 120. Kriegs- und Bürgerkriegsflüchtlinge sind keine Asylbewerber, werden aber trotzdem aus finanziellen Gründen künstlich ins Verfahren gedrückt.

A120 löst einen GA von A119 in der Struktur von p weil q ein. Im Asylkompromiß wurde sich auf die Schaffung eines Status für Bürgerkriegsflüchtlinge geeinigt (p), weil sie keine Asylbewerber sind, sondern künstlich aus finanziellen Gründen ins Verfahren gedrückt werden (q).
A120 löst auch einen GA von A121 in der Struktur von p weil q ein. Die SPD will ändern, daß die Bürgerkriegsflüchtlinge künstlich ins Asylverfahren gedrückt werden (p), weil sie keine Asylbewerber sind (q).
A120 löst auch einen GA von A122 in der Struktur von p weil q ein. Es muß zuerst die Finanzierung gelöst werden (p), weil die Bürgerkriegsflüchtlinge aus finanziellen Gründen künstlich ins Asylverfahren gedrückt werden.

Ein weiteres Informationsmuster über die Position Redner 2s (i.b)) kritisiert die Praxis der Anerkennung von Bürgerkriegflüchtlingen. Durch die Kritik wird Redner 2 seiner Rolle als Oppositionsführer gerecht, und so führt er entsprechende Werbungsmuster durch (iii.b), iv.aa), iv.ab)). Die Kritik kann aber auch als Sachverhaltsdarstellung aufgefaßt werden, berücksichtigt man die Ausführungen zur Entwicklung der Asylgesetzgebung nach MÜNCH (i.a)). Dieses Kritikmuster wird von Abgeordneten der SPD gestützt.

Das genau wollen wir ändern.
121. S.13510, Spalte 1, Zeile 26: A121., i.b), ii.a)
Argument 121. Das will die SPD ändern.
Redner 2 führt ein Informationsmuster über die Einstellung der SPD-Fraktion durch (i.b)), als deren spokesman er auftritt. Damit führt er ein Legitimationsmuster der eigenen Politik durch, das die Rationalität des Handelns nachweist (ii.a)).

Wir schaffen es aber nicht, solange die Frage der Finanzierung nicht gelöst ist.
122. S.13510, Spalte 1, Zeile 26-28: A122., i.b)
Argument 122. Dazu muß erst die Finanzierungsfrage gelöst werden.

Ein weiteres Informationsmuster über seine Einstellung, die eine komplexe Begründung seiner Kritik an der Regierung einleitet, wird durchgeführt (i.b)). Mit „wir" kann er eigentlich nur alle Abgeordneten meinen, er muß also von seinem „wir", bezogen auf die SPD-Fraktion, abrücken. So wird klammheimlich die Position der SPD-Fraktion als allgemeingültig unterstellt. Die eingeleitete Kritik bekommt so ein zusätzliches Gewicht, da sie ja auch im Sinne der Regierungsparteien zu sein scheint. Dieser Sponsor-Schaft entziehen sich die CDU/CSU- und F.D.P.-Abgeordneten nicht. Wahrscheinlich erkennen sie die sich anbahnende Gefahr noch nicht.

Ich sehe bisher leider weder beim Bund noch bei den Ländern die Bereitschaft, sich über diese Frage zu verständigen.
123. S.13510, Spalte 1, Zeile 29-31: A123., i.b), i.c)
Argument 123. Bund und Länder unternehmen nichts zur Lösung der Finanzierung.

Redner 2 führt ein Informationsmuster über weitere Einschätzungen seinerseits (i.b)) durch. Diese Einschätzungen stützen die Kritik an den fehlenden Handlungen der Regierung (i.c)). Eine direkte Schuldzuweisung fehlt allerdings noch, so daß nur von einem diffusen Angriff geredet werden kann, der, weil er keine genaue Stoßrichtung erkennen läßt, nicht als Werbungsmuster interpretiert werden kann.

Bei den Solidarpaktverhandlungen hat man das Problem - wie soll ich sagen? - vergessen, und jetzt fühlt sich keiner angesprochen.
124. S.13510, Spalte 1, Zeile 31-33: A124., i.b), iii.a), iii.b), iv.aa), iv.ab)
Argument 124. Bei den Solidarpaktverhandlungen wurde das Thema vergessen, und jetzt fühlt sich keiner zuständig. A124 löst einen GA von A123 in der Struktur von p weil q ein. Bund und Länder unternehmen nichts zur Lösung der Finanzierung (p), weil bei den Solidarpaktverhandlungen das Thema vergessen wurde und sich jetzt keiner zuständig fühlt (q).

Ein weiteres Informationsmuster über Redner 2s Einstellungen (i.b)) erläutert den Vorwurf der verpaßten Handlungen. Durch die ironische Formulierung „wie soll ich sagen? - vergessen" zeigt sich Redner 2 als zur Ironie fähiger Politiker, führt so also ein Imagemuster durch, das werbungsfähig für seine Person ist (iii.a), iii.b), iv.aa), iv.ab)). Die Frage „wie soll ich sagen?" ist natürlich lediglich rhetorisch gemeint. Redner 2 weiß ganz genau, was er sagen will, wie die Selbstinszenierung zeigt. Durch die Ironie wird die Kritik entschärft.

Das ist nicht in Ordnung; denn ganz abgesehen davon, daß wir die Kommunen nicht einfach hängenlassen können, auf diese Art und Weise wird ein Teil des Asylkompromisses unterlaufen.

(Beifall bei der SPD)
125. S.13510, Spalte 1, Zeile 33-38: A125., A126., A127., i.b), i.c), ii.b), iii.d), iv.aa), iv.ab), iv.b)
Argument 125. Das ist nicht in Ordnung. A125 löst einen GA von A131 in der Struktur von p weil q ein. Die SPD wird auf das Thema zurückkommen (p), weil „das" nicht in Ordnung ist (q).

Argument 126. Die Kommunen dürfen nicht hängengelassen werden. A126 löst einen GA von A125 in der Struktur von p weil q ein. Das ist nicht in Ordnung (p), weil die Kommunen nicht hängengelassen werden dürfen (q).
Argument 127. Der Asylkompromiß wird unterlaufen. A127 löst einen GA von A125 in der Struktur von p weil q ein. Das ist nicht in Ordnung (p), weil dadurch der Asylkompromiß unterlaufen wird (q).
A127 löst auch einen GA von A130 in der Struktur von p weil q ein. Bund und Länder sind angesprochen, etwas zu unternehmen (p), weil der Asylkompromiß unterlaufen wird (q).

Redner 2 führt ein Informationsmuster über seine Einstellungen durch (i.b)). Er kommt zur Sache und spricht seine Kritik explizit (i.c)) aus und begründet seine Kritik durch Verweis auf den Asylkompromiß, d.h. auf seine Sponsor-Schaft innerhalb der SPD (iii.b), iv.aa), iv.ab)), und die Lage der Kommunen, d.h. auf Interessengruppen, die er zu vertreten vorgibt (iii.d), iv.b)). So führt er Werbungsmuster bei diesen Gruppen durch, was durch Beifall von SPD-Abgeordneten unterstützt wird. So legitimiert er sein politisches Handeln als Handeln für die durch ihn Repräsentierten (ii.b)). Mit „wir" adressiert er wieder alle Abgeordneten und unterstellt ihnen durch diese Eigenschaft als spokesman wieder eine übereinstimmende Auffassung. Diese Einschätzung kann von der CDU/CSU nicht geteilt werden, da sie sich ja einer Regelung verweigert.

Die Asylbewerberzahlen werden künstlich aufgebläht; es entstehen zusätzliche Verfahren, die die Durchführung der notwendigen Verfahren für wirkliche Asylbewerber verzögern.
126. S.13510, Spalte 1, Zeile 39-42: A128., i.a), ii.a)
Argument 128. Die Asylbewerberzahlen werden aufgebläht. A128 löst einen GA von A125 in der Struktur von p weil q ein. Der Asylkompromiß wird unterlaufen (p), weil die Asylbewerberzahlen aufgebläht werden (q).
Argument 129. Die zusätzlichen Verfahren verzögern die notwendigen Verfahren, so daß der Beschleunigungseffekt verpufft. A129 löst einen GA von A127 in der Struktur von p weil q ein. Der Asylkompromiß wird unterlaufen (p), weil die zusätzlichen Verfahren die notwendigen Verfahren verzögern (q).

Ein Informationsmuster über Sachverhalte (i.a)) liefert die rationale Begründung für die Notwendigkeit der von der SPD angestrebten Handlung. So findet ein Legitimationsmuster auf rationaler Basis statt (ii.a)).

Der Beschleunigungseffekt verpufft.
127. S.13510, Spalte 1, Zeile 42-43: A129., i.b), ii.a)

Argument 129. Die zusätzlichen Verfahren verzögern die notwendigen Verfahren, so daß der Beschleunigungseffekt verpufft. A129 löst einen GA von A127 in der Struktur von p weil q ein. Der Asylkompromiß wird unterlaufen (p), weil die zusätzlichen Verfahren die notwendigen Verfahren verzögern (q).

Ein Informationsmuster über seine Einschätzung (i.b)) liefert die Folgerung, daß an diesem Punkt der Asylkompromiß zum Scheitern gebracht wird. Diese Argumentation ist sicher überspitzt, bringt aber den Kritikpunkt deutlich hervor und kann so noch als rationale Legitimierung aufgefaßt werden (ii.a)).

Der Bund ist angesprochen, und die Länder sind angesprochen.
128. S.13510, Spalte 1, Zeile 44-45: A130., i.b)
Argument 130. Bund und Länder sind angesprochen, etwas zu unternehmen.

Das Informationsmuster über eine Einstellung Redner 2s (i.b)) nennt wieder die Verantwortlichen, ohne jedoch eine genaue Trennung von CDU/CSU, F.D.P. und SPD vorzunehmen. Daher bleibt die Aufforderung wieder als an alle gerichtet diffus.

Wir, die SPD-Bundestagsfraktion, werden auf das Thema beharrlich immer wieder zurückkommen.

(Beifall bei der SPD)
129. S.13510, Spalte 1, Zeile 45-48: A131., i.b), i.c), iii.a), iii.b), iv.aa), iv.ab)
Argument 131. Die SPD-Fraktion wird auf das Thema zurückkommen.

Durch das letzte Informationsmuster über seine Einstellungen (i.b)) und die seiner Partei findet eine Schuldzuweisung statt. Allerdings nur indirekt und so noch imageschonend für den Gegner. Redner 2 stellt heraus, daß seine Partei auf eine Lösung gedrängt hat und weiter drängen wird. Daraus läßt sich nur der Schluß ziehen, daß der Grund dafür, daß nichts getan wurde, bei den anderen Parteien liegen muß (i.c)). Die Vorwürfe der Abschnitte 123.-128. werden so auf gegen den Gegner gerichtet präzisiert. Dadurch werden doch noch die Werbungsmuster in der eigenen Partei (iv.aa), iv.ab)) und bei den Wählern (iii.a)) durchgeführt. Die Selbststilisierung von „wir, die SPD-Bundestagsfraktion" als zum Handeln Treibende, wendet sich auch an das Selbstverständnis der Partei und fördert so das Zusammengehörigkeitsgefühl. Dadurch wirbt Redner 2 für sich als Fraktionsvorsitzenden und Integrationsfigur (iii.b)).

Meine Damen und Herren, zwei Anmerkungen zum Schluß.
130. S.13510, Spalte 1, Zeile 48-49: Gliederung
Hier liegt nur ein Informationsmuster zur Gliederung der eigenen Rede vor.

Die erste: Es wird immer wieder bezweifelt, ob die Neuregelung des Asylrechts wirklich etwas bringt.
131. S.13510, Spalte 1, Zeile 50-51: A132., i.c)
Argument 132. Es gab Zweifel, ob die Neuregelung etwas bringt.

Redner 2 liefert ein Informationsmuster über die Einstellung der Gegner einer Gesetzesänderung. Er referiert einen ihrer Kritikpunkte (i.c)).

Meine Antwort: Ja, sie bringt etwas.
132. S.13510, Spalte 1, Zeile 52: A133., i.b)
Argument 133. Die Neuregelung bringt etwas.

Daraufhin bringt er ein Informationsmuster zu seiner eigenen Einstellung (i.b)). Damit geht er auf 131. ein indem er das Gegenteil behauptet.

Ich könnte aber keine Zahlen nennen, hielte es auch für unverantwortlich, dies zu tun, zumal die eigentliche Wirkung der Neuregelung nicht in den neuen gesetzlichen Möglichkeiten liegt, die freilich nicht geringzuschätzen sind, sondern in dem dadurch angestoßenen Prozeß einer Europäisierung des Problems.
133. S.13510, Spalte 1, Zeile 52-58: A134., A135., A136., i.b), ii.a)
Argument 134. Redner 2 kann keine Zahlen nennen.
Argument 135. Redner 2 hält das Zahlen-Nennen für unverantwortlich. A135 löst einen GA von A134 in der Struktur von p weil q ein. Redner 2 kann keine Zahlen nennen (p), weil er das Zahlen-Nennen für unverantwortlich hält (q).
Argument 136. Die Wirkung liegt in der europäischen Lösung und nicht in den Gesetzen. A136 löst einen GA von A135 in der Struktur von p weil q ein. Redner 2 hält das Zahlen-Nennen für unverantwortlich (p), weil die Wirkung in der europäischen Lösung und nicht in den Gesetzen liegt (q).
A136 löst auch einen GA von A137 in der Struktur von p weil q ein. Die unmittelbare Entlastung wird eher gering sein (p), weil die Wirkung in der europäischen Lösung und nicht in den Gesetzen liegt (q).
A136 löst auch einen GA von A138 in der Struktur von p weil q ein. Die länger- und mittelfristige Entlastung wird spürbar sein (p), weil die Wirkung in der europäischen Lösung und nicht in den Gesetzen liegt (q).

Ein weiteres Informationsmuster zu seiner Einstellung (i.b)) schränkt die eigene Position insofern ein, als er zugibt, keine objektiven Belege für die Richtigkeit seiner These aufbringen zu können. Er begründet aber, warum diese Belege nicht gebracht werden können. So legitimiert er wieder seine Entscheidung durch den Nachweis der Rationalität des Handelns (ii.a)).

Die unmittelbare, sofort wirksame Entlastung wird eher gering sein.
134. S.13510, Spalte 1, Zeile 58-60: A137., i.b)
Argument 137. Die unmittelbare Entlastung wird eher gering sein.

Er liefert ein Informationsmuster über seine Einstellung (i.b)), die 133. bestätigt und als Information über die Auswirkung des Gesetzes aufzufassen ist.

Mittel- und längerfristig wird die Entlastung aber spürbar eintreten.
135. S.13510, Spalte 1, Zeile 60-61: A138., i.b), ii.a)
Argument 138. Länger- und mittelfristig gibt es eine spürbare Entlastung.

Diese Einschätzung führt Redner 2 durch ein weiteres Informationsmuster über seine Einstellung weiter (i.b)), indem er Vorteile der Gesetzesänderung nennt. Diese Erwartung legitimiert dann die Gesetzesänderung, so daß von einem rationalen Legitimationsmuster (ii.a)) zu sprechen ist.

Eines muß aber klar sein:
136. S.13510, Spalte 2, Zeile 1: A139., i.b)
Argument 139. Eine Lösung ohne Zuwanderer gibt es nicht.

Redner 2 führt ein inhaltsleeres Gliederungsmuster durch, das in 137. gefüllt wird.

Eine Lösung des Asylproblems in dem Sinne, daß künftig keine Menschen mehr kommen, gibt es nicht.

(Zustimmung bei der SPD)
137. S.13510, Spalte 2, Zeile 1-4: A139., i.b)
Argument 139. Eine Lösung ohne Zuwanderer gibt es nicht.

Redner 2 führt ein Informationsmuster über seine Einstellung zum Asylgesetz durch (i.b)). Damit wiederholt er seine Grundeinstellung, mit der er die Rede begonnen hat: 2. „Das Thema wird uns auch in den kommenden Jahren beschäftigen, ...” und 13. „Wir alle wissen es und müssen es gerade heute aussprechen: Das Problem der Zuwanderung wird uns weiter beschäftigen, und zwar massiv.” Diese Grundaussage wird von SPD-Abgeordneten gestützt.

Das haben wir immer gesagt, hier im Plenum und auf der Straße.
138. S.13510, Spalte 2, Zeile 5-6: A140., i.b)
Argument 140. Das wurde immer offen von der SPD vertreten.
Ein weiteres Informationsmuster über die Einstellung der SPD Fraktion zu diesem Punkt wird durchgeführt (i.b)). Damit versucht er, eine konstante Problemeinschätzung bei der SPD zu suggerieren. Durch „wir” macht er sich wieder zum spokesman der Fraktion.

Wir wiederholen es heute.
139. S.13510, Spalte 2, Zeile 6: A141., i.b), i.c), iv.aa), iv.ab)
Argument 141. Das Problem ist nicht lösbar, sondern nur steuerbar. A141 wiederholt A16 und löst einen GA von A139 in der Struktur von p weil q ein. Eine Lösung ohne Zuwanderer gibt es nicht (p), weil das Problem nicht lösbar, sondern nur steuerbar ist (q).

Redner 2 liefert ein Informationsmuster über die Einstellung seiner Fraktion als spokesman der SPD-Fraktion (i.b)). Durch diese Aussage streicht er die Kontinuität der Einschätzung der politischen Situation heraus. Das heißt, er legt den Asylkompromiß als Lösungsversuch unter dieser Perspektive aus, d.h. er zeigt, daß in ihm sozialdemokratische Vorstellungen durchgesetzt werden. Gleichzeitig begegnet er Vorwürfen, die das „Umkippen” der SPD in der Frage der Änderung des Grundgesetzes kritisieren, indem er die Behauptung aufstellt, aufgrund kontinuierlicher Einschätzungen gehandelt zu haben. Damit werden inner- und außerparteiliche Gegner bekämpft (i.c)). Für seine Parteimitglieder in den Wahlkreisen verkauft er den Kompromiß als Erfolg der SPD-Politik, so daß sie sich in ihrem Selbstbild als Mitglieder einer konstruktiv handelnden Partei bestätigt fühlen, die eine kontinuierliche Politik verfolgt (iv.aa), iv.ab)).

Wir können das Problem nicht lösen, wir können es nur begrenzen und damit beherrschbar machen.
140. S.13510, Spalte 2, Zeile 6-8: A141., i.b), i.c), iv.aa), iv.ab)
Argument 141. Das Problem ist nicht lösbar, sondern nur steuerbar. A141 wiederholt A16 und löst einen GA von A139 in der Struktur von p weil q ein. Eine

Lösung ohne Zuwanderer gibt es nicht (p), weil das Problem nicht lösbar, sondern nur steuerbar ist (q).

Redner 2 liefert ein Informationsmuster über die Einstellung seiner Fraktion. Er wiederholt damit seine Kernthesen von 2., 13. und 137. als spokesman der SPD-Fraktion. Durch diese Aussage streicht er die Kontinuität der Einschätzung der politischen Situation heraus. Das heißt, er legt den Asylkompromiß als Lösungsversuch unter dieser Perspektive aus, d.h. er zeigt, daß in ihm sozialdemokratische Vorstellungen durchgesetzt werden. Gleichzeitig begegnet er Vorwürfen, die das „Umkippen" der SPD in der Frage der Änderung des Grundgesetzes kritisieren, indem er die Behauptung aufstellt, aufgrund kontinuierlicher Einschätzungen gehandelt zu haben. Damit werden inner- und außerparteiliche Gegner bekämpft (i.c)). Für seine Parteimitglieder in den Wahlkreisen verkauft er den Kompromiß als Erfolg der SPD-Politik, so daß sie sich in ihrem Selbstbild als Mitglieder einer konstruktiv handelnden Partei bestätigt fühlen, die eine kontinuierliche Politik verfolgt (iv.aa), iv.ab)).

Nun die zweite und letzte Anmerkung:
141. S.13510, Spalte 2, Zeile 9: Gliederung
Redner 2 liefert eine Strukturierung seines Beitrags, die inhaltsleer bleibt.

Ich bin gestern nach den Beratungen und nach der Abstimmung in der eigenen Fraktion gefragt worden, ob ich froh und zufrieden mit dem Ergebnis sei.
142. S.13510, Spalte 2, Zeile 9-12: A142., i.b)
Argument 142. Redner 2 ist nicht froh über das Ergebnis der Abstimmung innerhalb der Fraktion.

Redner 2 leitet ein Informationsmuster über die Position seiner Parteigenossen ein, die unsicher sind. Das soll als Informationsmuster über Redner 2s eigene Position gewertet werden (i.b)). Dabei geht er auf seine Zufriedenheit mit dem Ergebnis als Fraktionsführer ein. Eingeleitet wird dies mit einer angeblich an Redner 2 gestellten Frage, die er wiedergibt, um sie dann beantworten zu können.

Ich habe diese Frage nicht beantworten können, kann es auch heute nicht.
143. S.13510, Spalte 2, Zeile 12-14: A142., i.b)
Argument 142. Redner 2 ist nicht froh über das Ergebnis der Abstimmung innerhalb der Fraktion.

Redner 2 liefert ein Informationsmuster über seine Einstellung (i.b)). Dabei geht er auf seine innere Zerrissenheit ein.

Wie könnte ich froh sein über eine Entscheidung, bei der mein inneres Abstimmungsverhältnis ähnlich gespalten ist wie das der Fraktion?
144. S.13510, Spalte 2, Zeile 14-16: A143., i.b), iii.b), iii.e), iv.aa), iv.ab), iv.c)
Argument 143. Redner 2 ist innerlich zerstritten wie die Fraktion. A143 löst einen GA von A142 in der Struktur von p weil q ein. Redner 2 ist nicht froh über das Abstimmungsergebnis (p), weil er innerlich zerstritten ist wie die Fraktion (q)

Redner 2 liefert ein Informationsmuster über weitere Einstellungen (i.b)). Dabei geht er auf seine Zufriedenheit mit dem Ergebnis als Fraktionsführer ein. Er drückt weiter seine innere Zerissenheit aus. Dadurch führt er Werbungsmuster bei Parteiangehörigen durch (iii.b), iv.aa), iv.ab)). Ebenfalls wirbt er durch dieses Eingeständnis der Unsicherheit bei der Presse, die dieses als berichtenswert auffaßt (iii.e), iv.c)).

Vielleicht sind die inneren Mehrheitsverhältnisse etwas günstiger.
145. S.13510, Spalte 2, Zeile 17-18: A143., i.b), iii.b), iii.e), iv.aa), iv.ab), iv.c)
Argument 143. Redner 2 ist innerlich zerstritten wie die Fraktion. A143 löst einen GA von A142 in der Struktur von p weil q ein. Redner 2 ist nicht froh über das Abstimmungsergebnis (p), weil er innerlich zerstritten ist wie die Fraktion (q).

Redner 2 liefert ein Informationsmuster über eine weitere Einstellung (i.b)). Er drückt innere Zerrissenheit aus, auch wenn er zugesteht, von der Richtigkeit seines Handelns überzeugt zu sein. Er lehnt die Freude über seinen Sieg in der Fraktion ab[13]. Mit diesem Zugeständnis kommt er der innerparteilichen Opposition entgegen. Er zeigt keine Freude über den Sieg gegen sie, sondern betont noch einmal, wie ernstzunehmend sie seien. Das ist eine klare positive Imagearbeit gegenüber Verlierern. Vor Publikum diese Imagearbeit zu leisten, erhöht ihren Wert für die Betroffenen. Gleichzeitig wird vor der außerparteilichen Öffentlichkeit gezeigt, daß die inhaltlichen Differenzen in der SPD nicht zu einer Entsolidarisierung der Gegner führt, sondern daß man achtungsvoll miteinander umgeht. Es wird so Streitkultur demonstriert. So führt Redner 2 die Werbungsmuster aus 144. weiter (iii.b), iii.e), iv.aa), iv.ab), iv.c))

---

[13]Die mehrheitliche Zustimmung zur Gesetzesänderung in der SPD-Fraktion ist als Sieg Kloses zu interpretieren, da er der SPD-Verhandlungsführer war und so auch für das Ergebnis mitverantwortlich ist.

Aber das will ich sagen:
146. S.13510, Spalte 2, Zeile 19: Gliederung: Strukturelle Ankündigung einer Erläuterung in 147., die inhaltlich leer bleibt.

Froh und ungeteilt glücklich ist bei uns niemand mit der zu treffenden Entscheidung.
147. S.13510, Spalte 2, Zeile 19-21: A144., i.b), iii.b), iii.e), iv.aa), iv.ab), iv.c)
Argument 144. In der SPD ist niemand völlig glücklich. A144 löst einen GA von A142 in der Struktur von p weil q aufgrund von R ein. Redner 2 ist nicht froh über das Ergebnis der Abstimmung (p), weil in der SPD niemand froh über das Ergebnis ist (q), aufgrund der Regel, daß, wenn alle SPD-Mitglieder nicht froh sind, auch Redner 2 nicht froh sein kann, weil er auch SPD-Mitglied ist (R).

Das Informationsmuster wiederholt die Einstellung Redner 2s als Einstellung der Partei. Dadurch führt er die Muster von 147. weiter.

Bei uns allen bleibt Zweifel, mehr oder weniger stark, aber doch unüberhörbar.
148. S.13510, Spalte 2, Zeile 21-22: A145., i.b), iii.b), iii.e), iv.aa), iv.ab), iv.c)
Argument 145. Alle in der SPD haben Zweifel. A145 löst einen GA von A144 in der Struktur von p weil q ein. In der SPD ist niemand völlig glücklich (p), weil alle Zweifel haben (q).

Das Informationsmuster wiederholt die Einstellung Redner 2s als Einstellung der Partei. Dadurch führt er die Muster von 147. weiter.

Darauf wollte ich im bewußten Gegensatz zu jenen hinweisen, die hier und draussen auf der Straße, immer ganz genau und sicher wissen, was richtig und moralisch ist.

(Lebhafter Beifall bei der SPD - Beifall bei der F.D.P.)
149. S.13510, Spalte 2, Zeile 22-27: A146., i.b), i.c), iii.a), iii.b), iii.e), iv.aa), iv.ab), iv.c)
Argument 146. Mit ihren Zweifeln befindet sich die SPD im Gegensatz zu den Besserwissern, die sich immer sicher sind.

Redner 2 führt ein Informationsmuster zu seiner Einstellung (i.b)) und zur Einstellung seiner Gegner durch. Er kritisiert damit die anderen Parteien (i.c)), die außer der F.D.P. eine einhellige Meinung vertreten haben, insbesondere aber die CDU/CSU, die die Diskussionen in der SPD öffentlich als Schwäche interpretiert.

Diese Kritik kann als Werbung für die Presse interpretiert werden (iii.e), iv.c)). Damit hebt er die Diskussionskultur innerhalb der SPD noch einmal hervor, was das Selbstverständnis der Parteimitglieder als pluralistisch stärkt. Er stellt sich den Wählern aber auch als Vertreter einer Partei vor, in der Meinungsbildung als Prozeß betrieben wird, im Gegensatz zum Vertreten von vorgefertigten Meinungen und starren Haltungen. Die Modernität und Rationalität solch eines - wenn auch lediglich propagierten - Politikverständnisses wirkt werbewirksam zumindestens auf intellektuelle Ansprüche stellende Wähler. So werden Werbungsmuster vor Parteimitgliedern (iv.aa), iv.ab)), Abgeordneten (iii.c)), Fraktion (iii.b)) und Wählern (iii.a)) und Kritikmuster gegenüber den Gegnern durchgeführt.
Entsprechend lebhaften Beifall gibt es bei den „diskutierenden" Parteien. In diesem Fall: SPD und F.D.P..

Zufrieden? Na schön, unzufrieden bin ich nicht.

(Zustimmung bei der CDU/CSU)

150. S.13510, Spalte 2, Zeile 28-29: A147., i.b), iii.a), iii.b), iii.c)
Argument 147. Redner 2 ist nicht unzufrieden mit dem Ergebnis.

Hier wird ein Informationsmuster über die Einstellung Redner 2s durchgeführt (i.b)). Er hebt mittels des zweiten Teils der Frage, die er als an sich selbst gestellt ausgibt, hervor, daß er nicht unzufrieden ist. Dieses Mittel ist hochgradig dramaturgisch und dient der Selbstdarstellung. Einmal die Frage an sich selbst, lakonisch kurz, dann die eigene Antwort mit „na schön" eingeleitet, als ob er gezwungen würde, etwas Unangenehmes preiszugeben. Das Unangenehme besteht darin, seinen Sieg zuzugeben. Das einzig Unangenehme daran ist, daß es wie Angeben aussehen und die innerparteilichen Gegner vergraulen könnte. So, von sich selbst unter Rechtfertigungsdruck gesetzt, ist Redner 2 nun gezwungen, seinen Erfolg zuzugeben. Durch den Zwang entgeht er der zu aufdringlichen Selbstbeweihräucherung. Es bleibt aber der Eindruck einer notdürftig kaschierten Selbstgefälligkeit. Dadurch werden Werbungsmuster für seine Person bei Wählern (iii.a)) und Fraktion (iii.b)) durchgeführt. Durch die Hervorhebung der Zufriedenheit hebt er auch die Qualität des Verhandlungsergebnisses hervor und wirbt so als Interessenvertreter der Änderungsbefürworter innerhalb des Plenums (iii.c)).
Seine Zufriedenheit mit dem Ergebnis wird durch Zustimmung bei der CDU/CSU unterstützt.

Es war ein langer Weg seit jener Debatte vom April 1992, als wir schon einmal nahe beieinander schienen, bis heute.

151. S.13510, Spalte 2, Zeile 30-32: A148., i.a), i.b), ii.b)
Argument 148. Das Ergebnis hat viel Arbeit gekostet. A148 löst einen GA von A147 in der Struktur von p weil q aufgrund von R ein. Redner 2 ist nicht unzufrieden mit dem Ergebnis (p), weil es sehr schwierig zu erreichen war (q), aufgrund der Regel, daß man mit dem, was schwierig zu erreichen war, nicht unzufrieden zu sein braucht (R).

Ein Informationsmuster über Sachverhalt (i.a)) und Einstellungen (i.b)) begründet Redner 2s Zufriedenheit und legitimiert so durch die Hervorhebung der langen Beratungszeit das politische Handeln Redner 2s als angemessen (ii.b)).

Heute schaffen wir es, hoffe ich, ein Stück notwendiger Veränderung oder Anpassung an veränderte Wirklichkeiten.
152. S.13510, Spalte 2, Zeile 32-34: A149., i.b), ii.a)
Argument 149. Das Ergebnis schafft ein Stück notwendiger Veränderung. A149 löst einen GA von A147 in der Struktur von p weil q ein. Redner 2 ist nicht unzufrieden (p), weil das Ergebnis ein Stück notwendiger Veränderung schafft (q).

Es wird ein Informationsmuster über eine Einstellung Redner 2s durchgeführt (i.b)). Es begründet Redner 2s Zufriedenheit und legitimiert so durch die Hervorhebung der Rationalität das politische Handeln Redner 2s (ii.a)).

Daß dies möglich ist, sollte beachtet werden.
153. S.13510, Spalte 2, Zeile 34-35: A150., i.b), iii.a), iv.a)
Argument 150. Daß das Ergebnis möglich war, ist beachtenswert. A150 löst einen GA von A147 in der Struktur von p weil q ein. Redner 2 ist nicht unzufrieden (p), weil es beachtenswert ist, daß das Ergebnis möglich war (q).

Redner 2 führt ein Informationsmuster über seine Einstellung durch (i.b)). Dadurch hebt er die Verständigung über die Zweidrittelmehrheit als Leistung hervor. Das ist als Werbungsmuster vor den Wählern zu verstehen (iii.a), iv.a).

Denen, die die schwierige Arbeit in Verhandlungsrunden, Arbeitsgruppen und Ausschüssen geleistet haben, gilt jedenfalls Dank und Anerkennung.
154. S.13510, Spalte 2, Zeile 36-38: A151., A152., i.b), iii.a), iii.c), iv.a)
Argument 151. Dank an die Mitarbeiter in Ausschüssen und Arbeitsgruppen
Argument 152. Die Arbeit war schwer. A152 löst einen GA von A151 in der Struktur von p weil q ein. Der Dank an die Mitarbeiter ist gerechtfertigt (p), weil die Arbeit schwer war (q).

Redner 2 führt ein Informationsmuster über seine Einstellung durch (i.b)). Diese Einstellung ist allerdings innerhalb der Gruppe der Befürworter konsensfähig. Er bedankt sich durch direkte Adressierung bei „denen, die die schwierige Arbeit in Verhandlungsrunden, Arbeitsgruppen und Ausschüssen geleistet haben", d.h. er spricht überparteilich seinen Dank aus. Dadurch hebt er noch einmal die Gemeinsamkeiten und die konstruktive Zusammenarbeit heraus und führt Werbungsmuster innerhalb des Plenums (iii.c), aber auch bei den Wählern durch (iii.a), iv.a)) durch.

Ich nenne als Beispiel aus meiner Fraktion den Kollegen Gerd Wartenberg.
155. S.13510, Spalte 2, Zeile 38-40: A153., i.b)
Argument 153. Dank an Wartenberg

Redner 2 führt ein Informationsmuster über die Einstellung der SPD-Fraktion, als deren spokesman er auftritt, durch (i.b)). Er äußert beispielhaften Dank an Gerd Wartenberg aus der eigenen Fraktion, der direkt adressiert wird.

Was er in den letzten Monaten geleistet hat, werden wir nicht vergessen.

(Lebhafter Beifall bei der SPD)
156. S.13510, Spalte 2, Zeile 40-42: A154., i.b), iii.a), iii.b), iv.aa), iv.ab)
Argument 154. Wartenbergs Leistungen wird die Fraktion nicht vergessen. A154 löst einen GA von A153 in der Struktur von p weil q ein. Der Dank an Wartenberg ist gerechtfertigt (p), weil er etwas geleistet hat, was die Fraktion ihm nicht vergessen wird (q).

Redner 2 führt ein Informationsmuster über die Einstellung der SPD-Fraktion, als deren spokesman er auftritt, durch (i.b)). Wartenberg wird versprochen, daß „wir", was sich auf die SPD-Fraktion beziehen muß, sein Engagement nicht vergessen würden. Dieser Dank der Partei, zu deren sponsor sich Redner 2 wieder macht, wird durch lebhaften Beifall der SPD gestützt (iii.b)). So wird innerparteilicher Arbeits-einsatz gelobt und werbewirksam öffentlich gemacht. Damit wird Wartenbergs Stellung in seiner Partei und bei seinen Wählern im Wahlkreis gestärkt (iii.a), iv.aa), iv.ab)).

2.3. Redner 3: Hirsch

Dr. Burkhard Hirsch (F.D.P.): Herr Präsident! Meine Damen und Herren!
1. S.13545, Spalte 2, Zeile 7-8: ii.b)

Durch die Begrüßung verhält sich Redner 3 den Rollennormen der Situationsrolle des Sprechers im Bundestag konform. Dadurch findet eine Legitimierung des Handelns als parlamentarisch statt (ii.b)).

Ich spreche hier gleichzeitig für meinen Kollegen Gerhart Baum.
2. S.13545, Spalte 2, Zeile 8-9: A1., i.a)
Argument 1. Redner 3 spricht für Baum mit.

Redner 3 führt eine Informationshandlung über einen Sachverhalt durch (i.a)). Er stellt seine Sprecherrolle klar, indem er feststellt, daß er für sich und für Gerhart Baum spricht. Damit ist er author und spokesman zugleich. Baum wird so indirekt adressiert.

Wir haben bei der Einbringung der Gesetzentwürfe erklärt, daß wir ihnen trotz der Fortschritte für Bürgerkriegsflüchtlinge und beim Erwerb der deutschen Staatsangehörigkeit nicht zustimmen können.
3. S.13545, Spalte 2, Zeile 10-13: A2., i.a), i.b), (ii.a))
Argument 2. Baum und Redner 3 können den Gesetzentwürfen trotz Fortschritten nicht zustimmen.

Redner 3 führt ein Informationsmuster über einen Sachverhalt durch (i.a)), der die Einstellung von Redner 3 und Baum zum Gesetz festhält (i.b)). Zur Einschätzung gehört eine positive Wertung der Entwicklung und damit eine Würdigung der Gegner.

Entgegen unserer Hoffnung haben weder die Beratungen noch die eindringlichen Ratschläge vieler Sachverständiger in der Anhörung wesentliche Verbesserungen erbracht.
4. S.13545, Spalte 2, Zeile 13-17: A3., i.b), ii.a)
Argument 3. Es ist zu keinen wesentlichen Verbesserungen, weder durch die Beratungen, noch durch die Ratschläge Sachverständiger in der Anhörung, gekommen. A3 löst einen GA von A2 in der Struktur von p weil q ein. Baum und Redner 3 stimmen nicht zu (p), weil es keine wesentlichen Verbesserung gegeben hat (q).

Redner 3 liefert ein Informationsmuster über die Einstellung als Begründung für 3. (i.b)). Damit führt er ein Legitimationsmuster der Handelns durch den Nachweis der Rationalität durch (ii.a)), das er schon in 3. begonnen hat.

Die Entwürfe widersprechen humanitären Grundsätzen.

5. S.13545, Spalte 2, Zeile 18-19: A4., i.b), ii.a)

Argument 4. Die Entwürfe widersprechen humanitären Grundsätzen. A4 löst einen GA von A2 in der Struktur von p weil q aufgrund von R in SY ein. Baum und Redner 3 stimmen nicht zu (p), weil die Entwürfe humanitären Grundsätzen widersprechen (q), aufgrund der Regel, daß das [illegible] humanitären Grundsätzen entsprechen muß (R), jedenfalls innerhalb des Grundgesetzes (SY)

Redner 3 führt ein Informationsmuster zur Einstellung zum Gesetz durch (i.b)). Das führt zur Begründung von 3.. Das Legitimationsmuster von 4. wird weitergeführt (ii.a)).

Sie sind mit unseren völkerrechtlichen Verpflichtungen aus der Genfer Konvention nicht vereinbar.

> *(Beifall bei Abgeordneten der F.D.P. und der SPD sowie beim Bündnis 90/Die Grünen)*

6. S.13545, Spalte 2, Zeile 19-24: A5., i.b), ii.a)

Argument 5. Die Entwürfe sind mit den völkerrechtlichen Verpflichtungen nicht vereinbar. A5 löst einen GA von A2 in der Struktur von p weil q aufgrund R in SY ein. Baum und Redner 3 stimmen nicht zu (p), weil die Gesetze völkerrechtlichen Verpflichtungen widersprechen (q), aufgrund der Regel, daß Völkerrecht über Landesrecht geht (R), in der internationalen Staatengemeinschaft (SY).

Ein weiteres Informationsmuster zur Einstellung erläutert 5. (i.b)) und führt das Legitimationsmuster (ii.a)) weiter. Die geäußerte Einschätzung wird durch den Beifall von vermutlichen Gesetzesgegnern in SPD, F.D.P. und Bündnis 90/Die Grünen gestützt.

Sie verstoßen gegen bisher tragende Grundsätze unserer Verfassung.

7. S.13545, Spalte 2, Zeile 25-26: A6., i.b), ii.a)

Argument 6. Die Entwürfe verstoßen gegen tragende Verfassungsgrundsätze. A6 löst einen GA von A2 in der Struktur von p weil q aufgrund von R in SY ein. Baum und Redner 3 stimmen nicht zu (p), weil die Gesetze gegen tragende Verfassungsgrundsätze verstoßen (q), aufgrund der Regel, daß neue Gesetze nicht gegen Verfassungsgrundsätze verstoßen dürfen (R), im Rechtssystem der Bundesrepublik Deutschland (SY).

In diesem Informationsmuster über die Position (i.b)) wird parallel zu 6. das Legitimationsmuster durch eine Erläuterung weitergeführt (ii.a)).

Wir erkennen die große Not unserer Gemeinden.
8. S.13545, Spalte 2, Zeile 27: A7., i.b), ii.b)
Argument 7. Baum und Redner 3 kennen die Not in den Gemeinden.

Ein Informationsmuster über die Position von Redner 3 und Baum (i.b)) bestätigt einen Sachverhalt, der von den Gesetzesbefürwortern zur Begründung ihrer Haltung angeführt wird. Dadurch weisen sie nach, daß sie die gegnerische Argumentation durchaus kennen und sich rational mit ihr auseinandersetzen. So legitimieren sie ihr Handeln als angemessen im Sinne einer gründlichen unvoreingenommenen Entscheidungsfindung (ii.b)). Durch die Erfüllung der Rollennorm eines verantwortungsbewußten Politikers betreiben sie Werbung im parlamentsimmanenten Sinne.

Wir verstehen auch, daß die Aufnahmebereitschaft unserer Bevölkerung begrenzt ist.
9. S.13545, Spalte 2, Zeile 28-29: A8., i.b), ii.b)
Argument 8. Baum und Redner 3 verstehen, daß die Aufnahmebereitschaft begrenzt ist.

Durch ein weiteres Informationsmuster zur Einstellung (i.b)) führen sie 8. (ii.b)) weiter, indem sie ein weiteres Argument der Gegner bestätigen.

Es ist auch richtig, daß der Zustrom von Flüchtlingen insbesondere aus Osteuropa zu gemeinsamen europäischen Lösungen zwingt, die unsere westlichen Nachbarn bisher verweigern.
10. S.13545, Spalte 2, Zeile 29-33: A9., A10., i.b), ii.b)
Argument 9. Der Zustrom von Flüchtlingen zwingt zu einer europäischen Lösung.
Argument 10. Die gemeinsame Lösung wurde bislang von den Nachbarn verweigert.
Das Informationsmuster zur Einstellung (i.b)) bestätigt wieder einen zentralen Punkt der gegnerischen Argumentation und führt so die initiierten Muster fort (ii.b)).

Aber was reden wir eigentlich von gemeinsamen europäischen Lösungen, wenn unser Koalitionspartner noch nicht einmal bereit ist, den Flüchtlingsbegriff der Genfer Konvention in unser Asylgesetz aufzunehmen!
11. S.13545, Spalte 2, Zeile 33-37: A11., A12., i.b), i.c), iii.a)
Argument 11. Es handelt sich bei den Gesetzen nicht um eine europäische Lösung, obwohl von ihr geredet wird.
A11 löst auch einen GA von A13 in der Struktur von p weil q ein. Das Reden von einer europäischen Lösung ist unangemessen (p), weil es sich bei den Gesetzen nicht um eine europäische Lösung handelt (q).
Argument 12. Die CDU/CSU ist nicht bereit, den Flüchtlingsbegriff der Genfer Konvention aufzunehmen. A12 löst einen GA von A11 in der Struktur von p weil q aufgrund von R ein. Es handelt sich bei den Gesetzen nicht um eine europäische Lösung (p), weil die CDU/CSU nicht bereit ist, den Flüchtlingsbegriff der Genfer Konvention aufzunehmen (q). Das geschieht aufgrund der Regel, daß eine Lösung nur europäisch sein kann, wenn sie ihre Grundbegriffe der Genfer Konvention entnimmt (R).

Ein Informationsmuster zur Einstellung (i.b)) greift 10. auf, um durch eine nähere Erläuterung eine Kritik am gegnerischen Standpunkt anzubringen (i.c)). Der Angriff geht gezielt gegen den Koalitionspartner CDU/CSU. Dadurch macht sich Redner 3 in der Fraktion vielleicht nicht beliebt, innerhalb der Wählerschaft kann dies aber als Profilierung angesehen und als Werbungsmuster durchgeführt werden (iii.a)). Das „wir" wird durch die folgende Proposition erstmalig auf alle Abgeordneten, vielleicht auch auf alle an der Diskussion beteiligten, erweitert. Es kann dadurch analog zum „unsere" verwendet zu werden. Gleichzeitig wird die Allgemeingültigkeit der Kritik impliziert, da sie nicht mehr als reine Stellungnahme von Redner 3 und Baum gekennzeichnet ist.

Das geht nicht.

(Beifall bei Abgeordneten der F.D.P. und der SPD sowie beim Bündnis 90/Die Grünen)

12. S.13545, Spalte 2, Zeile 37-40: A13., i.b)
Argument 13. Das geht nicht.

Ein Informationsmuster zur Einstellung greift 11. (i.b)) auf, um eine explizite Bewertung des Gegners vorzunehmen (i.c)). Der Angriff geht gezielt gegen den Koalitionspartner CDU/CSU. Es werden die Muster aus 11. weitergeführt (iii.a)). Die Kritik wird von den Änderungsgegnern in F.D.P., SPD und Bündnis 90/Die Grünen mit Beifall unterstützt.

Ich danke dem Flüchtlingskommissar Koisser für seine Arbeit.
13. S.13545, Spalte 2, Zeile 41-42: Danksagung A14., i.b)
Argument 14. Dank an den Flüchtlingskommissar Koisser.

Das Informationsmuster der Einstellung (i.b)) wird durch eine Danksagung an den Flüchtlingskommissar durchgeführt. Redner 3 adressiert direkt den „Flüchtlingskommissar Koisser", bei dem er sich für seine Arbeit bedankt. Der Dank hängt wohl inhaltlich noch mit der Aufnahme des Flüchtlingsbegriffs in das Asylrecht zusammen, die von Koisser angestrebt wurde. Obwohl Redner 3 von „ich" spricht, scheint es mir nahezuliegen, daß er auch Baum meint, für den er ja mitspricht. „Ich" scheint auf jeden Fall stärker und verbindlicher als „wir" zu sein[14]. Unabhängig davon wird dadurch seine Kritik an fehlender Internationalität gestärkt, daß er einen Vertreter der Vereinten Nationen adressiert.

Der erhabene Satz „Politisch Verfolgte genießen Asylrecht" gehört zum Kernbestand unserer Verfassung.
14. S.13545, Spalte 2, Zeile 43-45: A15., i.a)
Argument 15. Der alte Artikel 16 gehört zum Kernbestand der Verfassung.

Redner 3 führt ein Informationsmuster über einen Sachverhalt durch (i.a)), der seine Position der Ablehnung der Gesetzesänderung stützt.

Er bleibt formal erhalten; in Wirklichkeit wird er fast völlig beseitigt.

> *(Beifall bei Abgeordneten der F.D.P. und der SPD sowie beim Bündnis 90/Die Grünen)*

15. S.13545, Spalte 2, Zeile 45-49: A16., i.b)
Argument 16. Er wird formal erhalten, in Wirklichkeit aber fast abgeschafft.
Hier führt er ein Informationsmuster über seine Position zum Inhalt des neuen Gesetzes in bezug auf das alte (in 14. angesprochene) durch (i.b)).

Wenn man wissen will, ob ein Gesetz hinnehmbar ist, dann darf man sich nicht an den Umgehungsmöglichkeiten, den möglichen Schlupflöchern orientieren, man

---

[14]Den Nachweis muß ich wieder schuldig bleiben und kann stattdessen meine Hoffnungen nur in einen rhetorischen Ansatz setzen, der solche Phänomene des „Sprachgefühls" besser beschreiben kann.

muß vielmehr prüfen, wie der Gesetzgeber ein Problem tatsächlich regeln möchte.
16. S.13545, Spalte 2, Zeile 50-54: A17., i.a)
Argument 17. Bei der Prüfung eines Gesetzes darf man sich nicht an seinen Schlupflöchern orientieren, sondern daran, wie der Gesetzgeber ein Problem lösen will.

Redner 3 führt ein Informationsmuster über eine juristische Maxime durch, die wohl konsensfähig sein dürfte (i.a)).

Durch die vorgesehene gesetzliche Regelung werden die Grenzen der Bundesrepublik Deutschland für diejenigen fast vollständig geschlossen, die sich auf das Asylrecht berufen.
17. S.13545, Spalte 2, Zeile 54-57: A18., i.a)
Argument 18. Für Asylbewerber werden die Grenzen durch das Gesetz geschlossen. A18 löst einen GA von A16 in der Struktur von p weil q aufgrund von R ein. Der Artikel 16 wird in Wirklichkeit fast abgeschafft (p), weil die Grenzen für Asylbewerber geschlossen werden (q), aufgrund der Regel, daß ein Asylgesetz nicht die Grenzen für Asylbewerber schließen darf, da es das Problem lösen und keine Schlupflöcher bieten soll (R), zumindestens im deutschen Rechtssystem (SY).

Redner 3 führt ein Informationsmuster über einen Sachverhalt durch (i.a)). Er steht in Verbindung mit 16., da er den Widerspruch des Gesetzes zur juristischen Maxime belegen soll.

Wer mit dem Flugzeug kommt, wird im Flughafen in einem wirklich nachlesenswerten Verfahren abgefertigt.
18. S.13545, Spalte 2, Zeile 57-59: A19., i.b)
Argument 19. Flugzeugreisende Asylbewerber werden in einem nachlesenswerten Verfahren abgefertigt. A19 löst einen GA von A16 in der Struktur von p weil q aufgrund von R in SY ein. Der Artikel 16 wird in Wirklichkeit fast abgeschafft (p), weil Flugzeugreisende in einem bemerkenswerten Verfahren abgefertigt werden (q), aufgrund der Regel, daß für flugreisende Asylbewerber keine nachlesenswerten Verfahren angemessen sind (R), im Rechtssystem der Bundesrepublik (SY).

Hier führt Redner 3 ein Informationsmuster über seine Einstellung zu einem Punkt des Asylgesetzes durch (i.b)), genauer zur Umsetzung des neuen Grundgesetzes im neuen Asylverfahrensgesetz.

Jeder Flüchtling, der über irgendein Nachbarland einreisen will oder aus irgendeinem Nachbarland heimlich unsere Grenze überquert hat, kann in der Zukunft ohne jede Anhörung aus der Bundesrepublik dorthin zurückgeschickt werden.
19. S.13546, Spalte 1, Zeile 1-5: A20, i.a)
Argument 20. Jeder Flüchtling, der über ein Nachbarland einreist, kann ohne Anhörung ausgewiesen werden. A20 löst einen GA von A16 in der Struktur von p weil q aufgrund von R in SY ein. Der Artikel 16 wird in Wirklichkeit fast abgeschafft (p), weil jeder Flüchtling, der über ein Nachbarland einreist, ohne Anhörung ausgewiesen werden kann (q), aufgrund der Regel, daß eine Anhörung immer stattfinden sollte (R), wenn man sich in einem Rechtsstaat befindet (SY).

Hier wird ein Informationsmuster über einen Sachverhalt (i.a)), nämlich ebenfalls eine Konkretisierung des neuen Grundgesetzes (Art.16a Abs.4) und des neuen Asylverfahrensgesetzes (Paragraph 19 Abs.3) durchgeführt.

Es ist egal, ob er in seiner Heimat politisch verfolgt wird oder nicht;

(Anke Fuchs (Köln) (SPD): Stimmt doch nicht!)

es ist egal, ob ihm in seiner Heimat eine unmenschliche Behandlung oder Todesstrafe droht; es ist egal, ob das Transitland, dem wir den Flüchtling zuschieben, die Genfer Konvention nach denselben Grundsätzen auslegt und handhabt wie wir; es ist egal, ob das Transitland nach seiner Asylpraxis den Flüchtling seinerseits weiterschieben wird oder nicht.
20. S.13546, Spalte 1, Zeile 5-15: A21., A22., A23., A24., i.a)
Argument 21. Die Abschiebung ist unabhängig davon, ob eine Verfolgung stattfindet oder nicht. A21 löst einen GA von A16 in der Struktur von p weil q aufgrund von R in SY ein. Der Artikel 16 wird in Wirklichkeit fast abgeschafft (p), weil der Aspekt der tatsächlichen Verfolgung nicht berücksichtigt wird (q), aufgrund der Regel, daß politische Verfolgung Berücksichtigung finden muß (R), wenn Abs.1 lautet „Politisch Verfolgte genießen Asyl" (SY).

Bestreiten des GAs von A21 durch Anke Fuchs

Argument 22. Die Abschiebung ist unabhängig davon, ob eine unmenschliche Behandlung oder Todesstrafe droht. A22 löst einen GA von A16 in der Struktur von p weil q aufgrund von R in SY ein. Der Artikel 16 wird in Wirklichkeit fast abgeschafft (p), weil der Aspekt der unmenschlichen Behandlung oder Todesstrafe nicht berücksichtigt wird (q), aufgrund der Regel, daß unmenschliche Behandlung und Todesstrafe als politische Verfolgung aufzufassen sind (R), im Sinne von Abs.1 (SY).

Argument 23. Unabhängig davon, ob das Transitland die Genfer Konvention wie Deutschland auslegt. A23 löst einen GA von A16 in der Struktur von p weil q aufgrund von R in SY ein. Der Artikel 16 wird in Wirklichkeit fast abgeschafft (p), weil es keine Rolle spielt, ob ein Transitland die Genfer Konvention anders als die Bundesrepublik auslegt (q), aufgrund der Regel, daß eine Abschiebung nur gerechtfertigt ist, wenn im Abschiebestaat gleiche Beurteilungskriterien angewendet werden (R), im Rahmen von Abs.1 „Politisch Verfolgte genießen Asyl" (SY).

Argument 24. Die Abschiebung ist unabhängig davon, ob eine Kettenabschiebung stattfindet. A24 löst einen GA von A16 in der Struktur von p weil q aufgrund von R in SY ein. Der Artikel 16 wird in Wirklichkeit fast abgeschafft (p), weil eine Kettenabschiebung nicht ausgeschlossen wird (q), aufgrund der Regel, daß Kettenabschiebungen dazu führen können, daß Asylbewerber, die sich in Deutschland melden, in Staaten ein Asylverfahren durchlaufen müssen, in die sie nach deutschem Recht nicht abgeschoben werden dürften (R). Unter der Perspektive des Individualrechts von Abs.1 wäre das unmöglich (SY).

Hier führt Redner 3 ein Informationsmuster über einen Sachverhalt durch (i.a)). Es betrifft die Auswirkung der Drittstaatenregelung (Art.16a Abs.2) auf die sogenannte „Kettenabschiebung". Das Zutreffen dieses Sachverhalts wird von Anke Fuchs durch einen Zwischenruf bestritten, auf den Redner 3 nicht weiter eingeht[15].

Vor der Abschiebung aus der Bundesrepublik wird dem Flüchtling jeder noch so minimale Rechtsschutz verweigert.

21. S.13546, Spalte 1, Zeile 15-18: A25., i.a)

Argument 25. Den Flüchtlingen wird vor der Abschiebung Rechtsschutz verweigert. A25 löst einen GA von A16 in der Struktur von p weil q aufgrund von R in SY ein. Der Artikel 16 wird in Wirklichkeit fast abgeschafft (p), weil den Flüchtlingen vor der Abschiebung Rechtsschutz verweigert wird (q), aufgrund der Regel, daß Rechtsschutz nicht verweigert werden darf (R), laut Verfassung der Bundesrepublik Deutschland (SY).

---

[15]Das Ignorieren geschieht zu recht, wie ich meine. Schließlich hat Klose selbst herausgestellt, daß die Verantwortung der Entscheidung über die Asylgewährung an die europäischen Transitländer abgegeben wird. Hirsch hat diesem Verfahren nur durch Fallbeschreibungen Leben eingehaucht.

Redner 3 liefert ein weiteres Informationsmuster über einen Sachverhalt (i.a)), die Umsetzung von Art.16a Abs.4 in Paragraph 34a Abs.2 des Asylverfahrensgesetzes: die Einschränkung der Rechtswegegarantie für Asylbewerber.

Er hat nur noch eine minimale Chance, wenn er seine Reisepapiere vernichtet oder wenn er rechtliche Besonderheiten unseres Nachbarn Österreich ausnutzt oder noch besser, wenn er sich vor der deutschen Küste mit einem Boot aussetzen läßt.
22. S.13546, Spalte 1, Zeile 18-22: A26., i.b)
Argument 26. Er hat nur Chancen, wenn er Lücken nutzt (Reisepapiere vernichtet etc.). A26 löst einen GA von A16 in der Struktur von p weil q aufgrund von R in SY ein. Der Artikel 16 wird in Wirklichkeit fast abgeschafft (p), weil der Flüchtling nur Chancen hat, wenn er Lücken nutzt (q), aufgrund der Regel (17), daß ein Gesetz nicht hinnehmbar ist, wenn es sich an den Schlupflöchern orientiert (R), im Rechtssystem der Bundesrepublik (SY).
GAs von A26 werden durch A18-A25 in der Struktur von p weil q eingelöst. Er hat nur Chancen, wenn er Lücken nutzt (p), weil die Grenzen für Asylbewerber geschlossen werden (q), weil flugreisende Asylbewerber lediglich abgefertigt werden (q), weil jeder Flüchtling, der über ein Nachbarland einreist, ohne Anhörung ausgewiesen werden kann (q), weil den Flüchtlingen vor der Abschiebung Rechtsschutz verweigert wird (q).
A26 löst einen GA von A27 in der Struktur von p weil q ein. Das wird geschehen (p), weil er nur Chancen hat, wenn er die Lücken nutzt (q).

Redner 3 führt ein Informationsmuster über seine Einstellung durch (i.b)). Dadurch begründet er indirekt der Verstoß gegen die juristische Maxime und begründet seinen politischen Standpunkt.

Und genau das wird geschehen.
23. S.13546, Spalte 1, Zeile 22-23: A27., i.b)
Argument 27. Das wird geschehen.

Redner 3 führt ein Informationsmuster über seine Einstellung durch (i.b)). Er zieht eine Folgerung aus 22.. Da er eine von allen unerwünschte Situation beschrieben hat, dient dieser Abschnitt der Legitimierung des eigenen Standpunkts durch den Nachweis des rationalen Handelns.

Wir haben nach der Genfer Flüchtlingskonvention die eigene Verpflichtung, einem Flüchtling in der Bundesrepublik rechtliches Gehör und Rechtsschutz zu gewähren.

24. S.13546, Spalte 1, Zeile 24-27: A28., i.b)
Argument 28. Die Genfer Flüchtlingskonvention verpflichtet dazu, in Deutschland Rechtsschutz zu gewähren.

Redner 3 führt ein weiteres Informationsmuster über seinen politischen Standpunkt durch (i.b)). Es folgt ein Hinweis, der mit „wir" wieder an alle Abgeordneten gerichtet ist, daß nach der Genfer Flüchtlingskonvention Flüchtlingen Gehör und Rechtsschutz zu gewähren ist. Die vorangegangenen Argumente haben sich gerade mit der Abschaffung dieses Rechtsschutzes für die meisten Fälle befaßt. Entsprechend folgerichtig ist die Kritik, daß mit dem Gesetz Völkerrecht verletzt werde. Sie wird von Redner 3 auch konkretisiert (in 25.), indem er feststellt, daß die Last, die der Bundesrepublik zugemutet wird, durch ein innerstaatliches Gesetz „unseren Nachbarn" zugeschoben wird. Dadurch werden die Nachbarstaaten indirekt adressiert. Allerdings ist sein Argumentationsgang wieder eine Position in der Auseinandersetzung, da die Abschiebung der Verantwortung von den Befürwortern des Gesetzes ja als „Lastenausgleich" aufgefaßt wird.

Wir verletzen unsere völkerrechtlichen Verpflichtungen, wenn wir diese versprochene eigene Leistung einfach durch ein innerstaatliches Gesetz unseren Nachbarn zuschieben, ihnen sozusagen die Flüchtlingslast zumuten, die wir selbst nicht mehr tragen wollen.
25. S.13546, Spalte 1, Zeile 27-32: A29., A30., i.b)
Argument 29. Durch die neuen Gesetze werden die völkerrechtlichen Verpflichtungen verletzt.
Argument 30. Die Gesetze schieben die Flüchtlingslast den Nachbarn zu. A30 löst einen GA von A29 in der Struktur von p weil q ein. Durch die Gesetze werden die völkerrechtlichen Verpflichtungen verletzt (p), weil sie die Flüchtlingslast den Nachbarn zuschieben (q).

In diesem Informationsmuster über die Position Redner 3s (i.b)) erläutert er seine Position von 24.. Die Erläuterungen sind ebenfalls umstritten. Redner 1 und Redner 2 sind in ihren Reden auf sie eingegangen, um sie zu entkräften.

Wir verändern damit auch die Rechtslage des Flüchtlings, solange es keine inhaltliche Harmonisierung des Asylrechts mit unseren Nachbarn gibt.

(Beifall bei Abgeordneten der SPD)
26. S.13546, Spalte 1, Zeile 33-36: A31., A32., i.a)
Argument 31. Es wird durch die Drittstaatenregel die Rechtslage der Flüchtlinge verändert.

Argument 32. Solange gibt es keine inhaltliche Harmonisierung des Asylrechts. A32 löst einen GA von A31 in der Struktur von p weil q aufgrund von R in SY ein. Es wird durch die Drittstaatenregel die Rechtslage der Flüchtlinge verändert (p), weil es keine inhaltliche Harmonisierung des Asylrechts gibt (q), aufgrund der Regel, daß eine Beurteilung nach anderen Grundsätzen die Rechtslage verändert (R), wenn man nicht im Land seiner Wahl ein Verfahren durchläuft (SY).

Hier führt Redner 3 wieder ein Informationsmuster über einen Sachverhalt durch (i.a)). Dieser Sachverhalt stützt 24. und 7.. Die Argumentation setzt Kenntnisse voraus, über die selbst informierte Zuhörer nicht verfügen müssen, nämlich die Kenntnis der Abkommen von Schengen und Dublin sowie die Argumentation der Befürworter der Drittstaatenregel, die behaupten, daß der alte Art.16 Abs.2 Satz 2 erhalten worden ist. Die Darstellung ist damit nicht an die Wähler, sondern an die informierten Abgeordneten gerichtet. Der Beifall der SPD-Abgeordneten unterstützt die Analyse von Redner 3.

Ein Flüchtling, der sich bei uns meldet, vertraut sich uns und unserer Rechtsordnung an und nicht irgendeinem anderen Staat. 27. S.13546, Spalte 1, Zeile 37-39: A33., i.b)
Argument 33. Ein Flüchtling, der sich in Deutschland meldet, vertraut sich dem deutschen Rechtssystem an. A33 löst einen GA von A31 in der Struktur von p weil q ein. Es wird durch die Drittstaatenregel die Rechtslage der Flüchtlinge verändert (p), weil ein Flüchtling, der sich in Deutschland meldet, sich dem deutschen Rechtssystem anvertrauen will (q).

Redner 3 liefert ein Informationsmuster über seine Einstellung (i.b)). Mit dem Muster erläutert er den Sachverhalts von 26..

Wir haben uns verpflichtet, ihm zu helfen, und nicht, darauf zu vertrauen, daß unser Nachbar ihm helfen wird.
28. S.13546, Spalte 1, Zeile 39-41: A34., i.b)
Argument 34. Es besteht die Verpflichtung, ihm selbst zu helfen und nicht durch andere helfen zu lassen. A34 löst einen GA von A31 in der Struktur von p weil q ein. Es wird durch die Drittstaatenregel die Rechtslage der Flüchtlinge verändert (p), weil die Verpflichtung besteht, dem Flüchtling selbst zu helfen und nicht durch andere helfen zu lassen (q).

Redner 3 liefert ein Informationsmuster über seine Einstellung (i.b)). Mit dem Muster erläutert er den Sachverhalts von 26..

Es kann auf die Dauer nicht verborgen bleiben, daß diese Gesetze das verfassungsrechtliche Asylrecht nur um den Preis seiner praktischen Bedeutungslosigkeit erhalten.
29. S.13546, Spalte 1, Zeile 42-45: A35., i.b), i.c)
Argument 35. Die Gesetze erhalten das Grundrecht um den Preis seiner praktischen Bedeutungslosigkeit. A35 wiederholt A16, und so werden die GAs von A35 entsprechend durch A18-A26 gestützt.
Redner 3 führt ein Informationsmuster zu seiner Einstellung durch. Er wiederholt 7., 15. und 16. durch eine Schlußfolgerung aus 26. und 27.. Dadurch führt er ein Informationsmuster (i.b)) über seine Kritik am Gegner, den Gesetzesbefürwortern (i.c)), durch.

Sie führen politisch nicht zu einer Lastenteilung, sondern dazu, daß unsere Nachbarn ihrerseits ihre Grenzen ebenfalls gegen Flüchtlinge abschotten.
30. S.13546, Spalte 1, Zeile 45-48: A36., i.b), ii.a)
Argument 36. Die Gesetze werden nicht zu einer Lastenverteilung, sondern zu einer erweiterten Abschottung führen. A36 löst einen GA von A38 in der Struktur von p weil q aufgrund von R in SY ein. Die freiheitliche Substanz wird verändert (p), weil die Gesetze nicht zu einer Lastenverteilung, sondern zu einer Abschottung führen (q), aufgrund der Regel, daß es zur freiheitlichen Substanz gehört, eine Lastenverteilung zu erreichen (R), in den Vorstellungen vieler Bürger - siehe A39 - (SY).

In diesem Informationsmuster über eine Einstellung von Redner 3 (i.b)) wird eine Prognose aufgestellt, die den Intentionen der Gesetzesbefürworter widerspricht. So wird wieder versucht, durch den Nachweis der Rationalität der eigenen Handlung die Ablehnung der Gesetze zu legitimieren (ii.a)). Es werden wieder „unsere Nachbarn" indirekt adressiert.

Ob wir wollen oder nicht, wir bekämpfen auf diese Weise nicht die Fluchtursachen, sondern wir wehren Flüchtlinge ab.
31. S.13546, Spalte 1, Zeile 48-50: A37., i.b), ii.a)
Argument 37. So werden Flüchtlinge bekämpft anstatt Fluchtursachen. A37 löst einen GA von A38 in der Struktur von p weil q aufgrund von R in SY ein. Die freiheitliche Substanz wird verändert (p), weil Flüchtlinge statt Fluchtursachen bekämpft werden (q), aufgrund der Regel, daß es zur freiheitlichen Substanz gehört, daß nicht Flüchtlinge, sondern Fluchtursachen bekämpft werden (R). Diese Regel bezieht sich auf die Vorstellungen vieler Bürger - siehe A39 - (SY).

Ein weiteres Informationsmuster über die Einstellung von Redner 3 (i.a)) führt die Muster von 30.(ii.a)) weiter. Wieder behauptet er, die Befürworter würden gegen ihre eigenen Intentionen handeln.

Wir verändern damit im Bewußtsein vieler Mitbürger die freiheitliche Substanz unseres Staates, deretwegen sie sich ihm in besonderer Weise verbunden fühlen.
32. S.13546, Spalte 1, Zeile 50-53: A38., i.b), iii.a), iv.ab)
Argument 38. Dadurch wird die freiheitliche Substanz verändert, aufgrund der sich viele Bürger mit dem Staat identifizieren.

Redner 3 führt ein Informationsmuster über seine Einstellung durch (i.b)). Es zweifelt die Repräsentation des Wählerwillens durch die Gesetzesänderung an. Damit macht er sich zum spokesman „vieler Bürger", was wohl eher auf eine extrem liberal eingestellte Wählergruppe bezogen ist. Für diese Gruppe vollzieht er ein Werbungsmuster (iii.a), iv.ab)).

Handlungsfähigkeit beweisen heißt für diese Bürger eben nicht, Flüchtlinge einfach abzuwehren, sondern heißt, eine gemeinsame europäische Flüchtlingspolitik zu erreichen, die zu einer wirklichen Bekämpfung der Fluchtursachen und zu einer wirklichen Lastenverteilung führt.
33. S.13546, Spalte 1, Zeile 54-59: A39., i.b), iii.a), iv.ab)
Argument 39. Die Bürger wollen eine europäische Politik zur Fluchtursachenbekämpfung und Lastenverteilung und nicht zur Flüchtlingsabwehr.

Redner 3 erläutert in diesem Informationsmuster über seine Einstellung 32. (i.b)), indem er den Willen der Bürger aufdeckt (iii.a), iv.ab)).

Dafür ist hier nichts - nicht einmal in Ansätzen - zu erkennen.
34. S.13546, Spalte 1, Zeile 59-60: A40., i.b)
Argument 40. Von Lastenverteilung und europäischer Flüchtlingspolitik ist nichts zu erkennen. A40 löst einen GA von A38 in der Struktur von p weil q aufgrund von R in SY ein. Die freiheitliche Substanz wird verändert (p), weil von Lastenverteilung und europäischer Flüchtlingspolitik nichts zu erkennen ist (q), aufgrund der Regel, daß eine europäische Politik und Lastenverteilung zur freiheitlichen Substanz gehören (R), nach den Vorstellungen der Bürger (A39) (SY).
A40 löst auch einen GA von A41 in der Struktur von p weil q ein. Baum und Redner 3 lehnen das Gesetz ab (p), weil von Lastenverteilung und europäischer Flüchtlingspolitik nichts zu erkennen ist (q).

Redner 3 führt ein Informationsmuster über seine Einstellung durch (i.b)). In diesem zieht er den Schluß einer Entfremdung der Volksvertreter von ihrem Souverän aus 32. und 33., da den Wünschen der Wähler nicht entsprochen wird.

Darum lehnen wir sowohl die vorgeschlagene Verfassungsänderung wie auch das darauf aufbauende Gesetz ab.

(Beifall bei Abgeordneten der F.D.P. und der SPD sowie bei der PDS/Linke Liste und dem Bündnis 90/Die Grünen)

35 S.13546, Spalte 2, Zeile 1-6: A41, i.b)
Argument 41. Darum [illegible] Daum und Redner 3 das [illegible]

Redner 3 führt ein Informationsmuster zu einer Einstellung durch (i.b)). Er begründet die Ablehnung der Gesetze mit 34.. Für diese Rede erhält er den Beifall aller Gegner der Gesetzesänderung, die ihn so als ihren spokesman akzeptieren.

3. Asylbewerberstatistik (nach: MÜNCH, Ursula: Asylpolitik in der Bundesrepublik Deutschland. Entwicklung und Alternativen. 2. aktualisierte Auflage, Opladen 1993, S.252 u. 253)

Asylbewerberstatistik

Erläuterung:

WE	Westeuropa, einschließlich Türkei
OE	Osteuropa, einschließlich Albanien und Jugoslawien
AS	Asien
AM	Nord-, Süd-, Mittelamerika und Australien
AF	Afrika
STL	Staatenlose (meist Palästinenser) oder ungeklärt
+	Zahlenangaben auch beim Bundesinnenministerium nicht vorhanden

Da das Bundesamt bis zum Inkrafttreten des Ausländergesetzes 1965 nur für die Anerkennung von Flüchtlingen im Sinne der Genfer Flüchtlingskonvention zuständig war, sind in der Asylbewerberstatistik bis 1966 nur diese Asylsuchenden - meist Ostblockflüchtlinge - erfaßt (vgl. BT-Drs. 8/448 vom 16. 5. 1977, S. 1)

Quellen:

- Angaben von 1953 bis 1965 nach Amnesty international, Bewährungsprobe, 1978, S. 408.
- Angaben für die Jahre 1966 bis 1976 nach BT-Drs. vom 16. 5. 1977, S. 2.
- Angaben für die Jahre 1977 und 1978 nach BT-Drs. 8/2946 vom 6. 6. 1979, S. 7.
- Angaben für die Jahre 1979 bis 1984 nach Statistisches Bundesamt (Hrsg.), Jahrbuch, 1986, S. 69.
- Angaben für 1985 nach v. Pollern, Asylbewerberzahlen, 1986, S. 67.
- Angaben für 1986 nach v. Pollern, Asylbewerberzahlen, 1987, S. 28f.
- Angaben für 1987 nach v. Pollern, Asylbewerberzahlen, 1988, S. 61f.
- Angaben für 1988 nach v. Pollern, Asylbewerberzahlen, 1989, S. 23.
- Angaben für 1989 nach v. Pollern, Asylbewerberzahlen, 1990, S. 19.
- Angaben für 1990 nach v. Pollern, Asylbewerberzahlen, 1991, S. 78.
- Angaben für 1991 nach v. Pollern, Asylbewerberzahlen, 1992, S. 24.
- Angaben für 1992 nach Auskunft des Bundesinnenministeriums.

Asylbewerber 1953-1992

Jahr	Fälle	Personen	davon Personen aus:					
			WE	OE	AS	AM	AF	STL
1953	1.906							
1954	2.169							
1955	1.927							
1956	2.284							
1957	3.112							
1958	2.740							
1959	2.258	3.009						
1960	2.143	2.980						
1961	1.971	2.722						
1962	2.010	2.550						
1963	2.599	3.238						
1964	3.788	4.542						
1965	3.816	4.337						
1966	3.495	4.370	+	4.108	+	+	+	42
1967	2.424	2.992	+	2.652	+	+	+	31
1968	4.066	5.608	234	5.012	24	15	120	32
1969	7.937	11.664	300	10.811	62	13	112	96
1970	6.423	8.645	370	7.393	44	15	186	221
1971	4.302	5.388	285	3.488	87	28	230	306
1972	4.521	5.289	319	3.086	72	14	327	525
1973	4.792	5.595	294	2.868	84	53	336	503
1974	8.183	9.424	402	2.875	241	606	629	1.118
1975	8.230	9.627	469	2.595	3.037	385	714	718
1976	8.854	11.123	961	2.370	3.493	448	627	1.026
1977	13.859	16.410	1.291	2.693	6.520	449	1.266	1.806
1978	28.223	33.136	7.543	3.628	11.423	381	2.883	2.919
1979	41.953	51.493	18.192	4.288	22.352	207	3.295	3.159
1980	92.918	107.818	58.073	7.736	31.998	217	8.339	1.455
1981	39.555	49.391	6.337	14.832	19.215	160	5.910	2.937
1982	30.897	37.423	3.719	11.545	13.274	140	6.885	1.860
1983	16.335	19.737	1.563	5.026	8.152	114	3.484	1.398
1984	27.834	35.278	4.193	7.360	16.849	86	5.868	922
1985	54.805	73.832	7.530	10.644	44.298	97	8.093	3.170
1986	67.429	99.650	8.705	16.458	56.575	142	9.486	8.283
1987	35.974	57.379	11.432	25.197	15.961	206	3.568	1.015
1988	62.270	103.076	14.886	56.530	23.006	316	6.548	1.790
1989	77.621	121.318	20.034	53.353	32.718	320	12.479	2.414
1990	124.476	193.063	22.087	79.544	60.900	402	24.210	5.920
1991	166.514	256.112	23.885	142.777	50.612	293	36.094	2.451
1992	303.196	438.191	28.346	282.183	56.480	356	67.408	3.418

4. Ausschnitt aus der Erklärung der Deutschen Bischofskonferenz und des Rats der Evangelischen Kirche vom 26.11.92

epd Dokumentation - 36a - 51/92

Der Rat der Evangelischen Kirche in Deutschland

und die katholische Deutsche Bischofskonferenz:

Gemeinsame Erklärung

zur Aufnahme von Flüchtlingen und zum Asylrecht

Hannover / Bonn, 26. November 1992 (vgl. die Beschlüsse auf den S. 11 - 14)

I.

Die Kirchen haben sich in den letzten Jahren immer wieder für den Schutz politisch Verfolgter und die Hilfe für Flüchtlinge eingesetzt. Die evangelische und die katholische Kirche wenden sich heute gemeinsam mit dem dringenden Appell an die politisch verantwortlichen Kräfte in Bund, Ländern und Gemeinden, eine Asyl- und Flüchtlingspolitik in die Wege zu leiten, die das Grundrecht auf Asyl für politisch Verfolgte schützt und im erforderlichen Umfang die Zuwanderung steuert und begrenzt. Angesichts der großen Not sind einfache Antworten und glatte und umfassende Lösungen nicht möglich. Unser Handeln darf in der Spannung zwischen dem ethisch Gebotenen und dem tatsächlich Möglichen die Orientierung an der unveräußerlichen Menschenwürde eines jeden einzelnen nicht aufgeben. Parlamente und Regierungen müssen jetzt die Kraft aufbringen, gemeinsam die nächsten möglichen Schritte zu tun.

Freundlichkeit gegenüber Fremden und die Bereitschaft zur Hilfe sind in der Bevölkerung nach wie vor groß. Wir danken den vielen, die sich in der konkreten Arbeit vor Ort Tag für Tag bewähren und Vorbildliches leisten. Über allen Problemen dürfen wir die geübte große Hilfsbereitschaft nicht vergessen oder gering achten. Jedoch werden die Belastungen durch die große Zuwanderung in den Gemeinden immer stärker spürbar. Die gesellschaftlichen und wirtschaftlichen Probleme der deutschen Vereinigung stellen die Menschen im Osten Deutschlands vor besonders große Schwierigkeiten. Die Unsicherheit nimmt zu. Dies ist der Nährboden, auf dem Aggression und Protest wachsen und Fremde oft zum Sündenbock gemacht werden. Damit kann dann auch eine stillschweigende Sympathie mit Gewalttätern einhergehen.

Gewaltakte gegen Ausländer sind ebenso wie Anschläge auf jüdische Gedenkstätten eine Schande für unser Land. Der Staat muß mit allen ihm zu Gebote stehenden rechtsstaatlichen Mitteln der Gewalt entgegentreten. Wir alle sind verantwortlich dafür, der Gewalt zu wehren, das Recht zu schützen und den inneren Frieden wiederherzustellen.

5. Ausschnitt des Stenographischen Bericht von der Regierungserklärung Willy Brandts vom 18.01.73

Deutscher Bundestag — 7. Wahlperiode — 7. Sitzung. Bonn, Donnerstag, den 18. Januar 1973 131

Bundeskanzler Brandt

Auch bei den älteren Mitbürgern geht es nicht allein um die Sicherung der materiellen Existenz, sondern gleichzeitig um die Hilfe zur menschlichen Selbstbehauptung. Gelingen kann sie nur, wenn staatliche und private Kräfte über ihre Pflichten hinaus für die **ältere Generation** zusammenarbeiten. Ich zögere nicht, hier unmittelbar an den Familiensinn zu appellieren, der hier und dort zu verkümmern droht. Man muß es wieder lernen, Solidarität gegenüber den Nächsten zu üben — es sind oft die Eltern, die Großeltern.

(Beifall bei den Regierungsparteien.)

Die Geschichte unserer modernen Zivilisation ist auch die Geschichte eines oft dramatischen **Kampfes gegen die Krankheit.** Der medizinische Fortschritt muß allen unseren Bürgern gleichermaßen zugute kommen. Das gilt besonders für die ärztliche Versorgung auf dem Lande.

Wir werden die gesundheitliche Aufklärung verstärken und das Arzneimittelrecht neu ordnen. Für
(B) die Vorsorge und Früherkennung von Krankheiten muß — durch weiterentwickelte Krankenversicherung — mehr getan werden. Am Grundsatz der freien Arztwahl und einer freien Ausübung der Heilberufe wollen wir festhalten.

(Beifall bei den Regierungsparteien.)

Vor allem müssen wir — und dies ist ein weiterer Schwerpunkt — den **Mißbrauch von Rauschmitteln** verhindern helfen.

(Beifall bei allen Fraktionen.)

Unser Aktionsprogramm gibt dazu die Richtpunkte. Wir können, wir dürfen es nicht hinnehmen, daß viele unserer jungen Menschen durch die Profitinteressen weniger Rauschgifthändler in eine verhängnisvolle Abhängigkeit getrieben werden. Der Handel mit harten Drogen ist die Anstiftung zum Selbstmord auf Raten.

(Beifall bei den Regierungsparteien und bei Abgeordneten der CDU/CSU.)

Nun zu einem anderen, aus unserer Sicht wichtigen Gegenstand: In unserer Mitte arbeiten fast zweieinhalb Millionen **Menschen aus anderen Nationen;** mit ihren Angehörigen bilden sie eine starke Minderheit in unserem Land. Wir wissen, daß es allzuoft die Not ist, die sie zu uns führt. Wir wissen aber auch, wie sehr sie mit ihrem Fleiß zu unser aller Wohlstand beitragen, und das sollten wir anerkennen.

(Beifall bei den Regierungsparteien und bei Abgeordneten der CDU/CSU.)

Es ist aber, meine Damen und Herren, notwendig (C)
geworden, daß wir sehr sorgsam überlegen, wo die Aufnahmefähigkeit unserer Gesellschaft erschöpft ist und wo soziale Vernunft und Verantwortung Halt gebieten. Wir dürfen das Problem nicht dem Gesetz des augenblicklichen Vorteils allein überlassen.

(Beifall.)

Also wird es auch gelten, diese Dinge im Zusammenhang darzustellen und Lösungsvorschläge daraus abzuleiten.

Dies ist eine riesenhafte und komplexe Aufgabe für alle, vom Bund bis zu den Unternehmensleitungen. Sie verlangt den solidarischen Geist, den die Arbeitnehmer und ihre Gewerkschaften vielfach schon bewiesen haben. Für alle Bürger wird die gute Nachbarschaft mit diesen Minderheiten die tägliche Toleranzprobe, eine Reifeprüfung ihres demokratischen Bewußtseins sein.

Irmtraud Rösler / Karl-Ernst Sommerfeldt (Hrsg.)

Probleme der Sprache nach der Wende

Beiträge des Kolloquiums in Rostock am 16. November 1996

Frankfurt/M., Berlin, Bern, New York, Paris, Wien, 1997.
160 S., zahlr. Abb. u. Tab.
Sprache – System und Tätigkeit. Herausgegeben von Gerhard Bartels, Inge Pohl und Karl-Ernst Sommerfeldt. Bd. 23
ISBN 3-631-30846-9 · br. DM 54.–*

Der Band enthält die Beiträge des Kolloquiums „Probleme der Sprache nach der Wende", das am 16. November 1996 vom Institut für Germanistik der Universität und vom Landesvorstand des Kulturbundes Mecklenburg und Vorpommern e.V. in Rostock veranstaltet wurde. Im Mittelpunkt standen Veränderungen der deutschen Sprache in den neuen Bundesländern nach der Wende 1989 (u.a. Rolle des Niederdeutschen, Sprachkritik, Veränderungen im Bereich der Medien, in der Sprache der Jugend, auch in der Werbung).

Aus dem Inhalt: Betrachtet werden Veränderungen der deutschen Sprache vor allem in den neuen Bundesländern nach der Wende (in den Medien, der Sprache der Jugend, der Werbung; Rolle des Niederdeutschen; Sprachkritik)

Kolibri 360 GmbH
Ferdinand-Jühlke-Straße 7
99095 Erfurt, Deutschland
produktsicherheit@kolibri360.de

Druck:
CPI Druckdienstleistungen GmbH
im Auftrag der
Kolibri 360 GmbH
Ferdinand-Jühlke-Str. 7
99095 Erfurt